KB156147

|제3권|

현대 형법학
- 형법에서 자유와 근대성의 재조명 -

Freedom and Modernity

안 성 조

景仁文化社

머리말

　어느덧 필자의 주저라 할 수 있는 현대 형법학 제3권을 집필하게 되었다. 제1권과 제2권은 주로 여태까지 국내 형법학계에는 잘 소개되지 않았던 내용들을 다루었다면, 본권에서는 형법학의 지도원리라고 할 수 있는 자유와 근대성을 대주제로 삼아 필자의 연구성과들을 소개하고자 하였다. 이러한 결정의 배경에는 형법학자 본연의 자세와 초심(初心)으로 돌아가 그동안의 연구방향과 학문적 정체성을 되돌아보고픈 생각이 크게 작용한 탓도 있다. 모름지기 학문적으로 한 걸음 앞으로 내딛기 위해서는 끊임없이 변화, 즉 창의적 융합을 추구해야 하겠지만 출발점을 되새기는 것도 나름의 의미가 있으리라. 역설적으로 들리겠으나 『생명이란 무엇인가?』의 저자인 린 마굴리스의 말을 빌리자면, 살아있는 생물은 자기생산적 물질대사를 통해 자신을 유지한다. 즉 동일한 상태를 유지하려면 변화해야 한다. 따라서 학자라면 지속적으로 자신의 학문 외적 환경과 소통을 추구해야 하며, 그것은 결국 그 학문의 경계와 정체성을 유지해 가려는 노력의 일환으로 보아야 할 것이다. 이러한 순환과정이 없다면 그 학문은 결국 정체되고 죽은 학문이 되지 않을까? 그동안 집필한 본서의 의도도 그러한 노력의 한 과정으로 이해하는 것이 적절할 것 같다. 다만 새로운 학문적 지평을 열어 가더라도 늘 그러한 작업의 총체적 의미를 되새기는 과정도 역시 필요하다. 과학철학자인 한스 라이헨바흐의 지적처럼 현대 물리학의 새 지평을 연 양자역학이 그 개척자들에 의해 그것이 과연 무엇을 의미하는지 제대로 이해되지 못한 채 발전되어 왔다는 사실은 모든 학문의 연구자들에게 시사하는 바가 크다. 그의 적절한 비유처럼 자신이 하는 학문적 연구가 지니는 의미, 즉 그 이론에 대한 철학적 해석이 없이 단순히 지적 호기심으

iv

로 수행하는 연구는 "언제라도 가라앉아 버릴 수 있는 호수 위를 걷는 것"과 다름없을 것이다. 이러한 취지에서 본권의 집필을 기획하게 되었다고 할 수 있겠다. 덧붙여, 개인적으로는 본서의 작업이 칸트와 롤즈의 표현을 빌리자면 이론이성적 고찰과 실천이성적 고찰 간의, 아울러 순수 실천이성의 관점과 경험적 실천이성의 관점 간의 체계적이고 정합적인 이해를 향한 고난한 여정으로 자리매김되어 주기를, 그리고 같은 고민을 하고 있는 독자들에게는 하나의 방향성을 제시해 줄 수 있는 안내글이 되어주기를 희망한다.

　자유와 근대성. 이 두 개념은 상호 매우 밀접하며 가족유사적 관계에 있다. 즉 근대성은 자유의 가치를 출발점으로 하고 자유는 근대성의 울타리 아래에서 성숙해질 수 있다. 다시 말해 형법에서의 근대성이란 공평하고 자유롭게 행복을 추구하는 사람들이 타인의 자유추구와 충돌하지 않게끔 자신의 행동을 실천이성의 판단에 따라 조정할 수 있는 자유로운 행동의 울타리가 필요하며, 형법은 바로 그 울타리 역할에 머물러야 한다는 뜻이다. 이것이 비록 18세기의 계몽사상과 사회계약설의 영향 하에 구체화된 이념이기는 하지만, 그보다 훨씬 이전의 키케로도 "법은 우리가 자유로울 수 있는 조건이다"라는 말로 양자의 핵심을 간파한 바 있다. 양자의 관계에 대해서는 이미 여러 선구적인 연구문헌에서 심도있게 다루어진 바 있기 때문에 여기서는 그 각론적인 측면, 즉 개별 논문의 주제와 연관지어 자유와 근대성의 의미를 재조명해 보고자 한다. 이를 통해 그동안 어떤 면에서는 소홀하게 다루어져 왔다고 말할 수 있는 두 개념이 형법학에 지니는 가치와 의의를 새로운 관점에서 드러내 보일 수 있다고 생각한다. 다만 본서에서 다루고 있는 주제인 형법에서의 자유와 근대성은 우리나라의 역사적 맥락, 다시 말해 실제 근대법의 계수과정에서 접근하고 있는 개념은 아니라는 점을 미리 밝혀두고 싶다. 이에 대한 연구도 이미 다수의 문헌으로 출간되어 있지만, 본서에서 필자가 주목하려는 형법의 본령(本領)으로서의 두 개념은 아마도 세계사적 지평 내지 지성사적 맥락에서의 자유주의나 근대성과 밀접할 것이다. 독자들에게 이 점에 대한 양해를 구하는 바이다. 우리나라의 실제 역사적 맥락에서의 근대형법 연구는 필자에게 제반여건이 갖추어 졌을 때, 후속작업을 기약해 두고자 한다.

본서가 출간되기까지 물심양면으로 많은 도움을 주신 분들께 지면을 통해 감사의 마음을 전해드리고자 한다.

필자가 본서의 제3권을 집필하게 된 직접적인 계기가 있다면 그것은 바로 작년에 국내외 공저자 30여 명과 함께 집필해 출간한 바 있는『법학에서 위험한 생각들(법문사, 2018)』이라고 말해도 될 것이다. 국내외의 법학분야 교수, 실무가는 물론 심리학자들도 공저자로 참여한, 유례를 찾기 힘든 공저집필 프로젝트였다. 그 책에서 필자는 리처드 도킨스를 비판하며 자유의지의 실재성을 주장하였고, 이는 형벌의 정당화 근거가 될 수 있다고 논증한 바 있다.[1] 필자와 같은 입장에 선 공저자들도 있었지만 어떤 공저자들은 자유의지의 존재와 형벌의 정당성에 회의적 입장을 보이며 형벌제도의 대안을 모색하기도 하였는데, 이러한 관점의 대립을 보면서 형법학에서 자유와 근대성의 개념을 재음미해 보아야 할 필요성을 강하게 느꼈던 것이다. 이밖에도 그 책에서 놀라운 식견으로 다양한 측면에서 본서를 집필할 수 있도록 참신한 아이디어와 고민거리를 제공해 준 모든 공저자들께 감사를 드리고 싶다. 특히 대표 편집자로 참여해 주시면서 기획부터 출간까지 필자가 실무적인 일을 담당해 원만히 처리할 수 있도록 지속적인 조언과 격려를 아끼지 않으신 윤진수 교수님(서울대)과 한상훈 교수님(연세대)께 깊이 감사를 드린다. 그 책에 흔쾌히 공저자로 참여해 주시며 필자의 연구작업에 대해 따뜻한 격려와 긴요한 조언, 지지를 보내주신 오영근 교수님(한양대)과 김현철 교수님(이화여대)께도 각별한 사의를 표하고 싶다. 법률가들의 공저작업에 흔쾌히 외국 공저자로 참여해 주시면서 형벌의 기능에 대하여 심리학자로서의 인상적인 견해를 조언해 주신 스티븐 핑커 교수님(하버드대)께도 감사를 드리는 바이다. 아울러 세 차례에 걸쳐 진행되었던 공저자 워크샵의 개최를 지원해 준 제주대 법과정책연구원과

---

1) 본서의 주제와도 깊이 연관되어 있어 이 글은 본서의 제2장에 재수록하였다.

연세대 법심리과학융합센터, 그리고 서울대 아태법연구소 관계자 여러분께 깊이 감사를 드린다. 각각의 워크샵에서 공저자가 아님에도 불구하고 흔쾌히 사회와 토론을 맡아 주셨던 전지연 교수님과 박동진 교수님(연세대), 그리고 김도균 교수님(서울대)께도 너무나 큰 도움을 베풀어 주셔서 감사하다는 말씀을 전해드리고 싶다. 특히 서울대에서 개최된 공저자 워크샵에는 여러 교수님들이 관심을 갖고 참여해 주셨는데, 그 고마운 발걸음을 잊을 수 없다. 그 자리를 빛내 주신 이용식 교수님과 박준 교수님, 정긍식 교수님과 최봉경 교수님께도 깊이 감사를 드린다. 그 워크샵을 적극 후원해 주신 아태법연구소장 이상원 교수님께 각별한 사의를 표하고 싶다.

본서의 제2장의 주제인 '인공지능 로봇의 형사책임'에 대해서 지속적인 관심을 갖고 깊이 천착할 수 있도록 오래 전부터 여러 뜻깊은 계기를 마련해 주신 전지연 교수님(연세대)과 이 주제를 다루면서 만나게 된 학문적 동료이자 '로봇형법' 분야에서 세계적으로 유명한 전문가인 Gabriel Hallevy 교수(Ono Academic College)님께도 그 따뜻한 조언과 격려에 심심한 감사의 뜻을 전해드린다. 아울러 본서의 가장 중요한 주제라고 할 수 있는 '자유의지와 책임'의 문제에 대해 칸트적 관점에서 긴 지면을 할애해 심도 있는 논평을 보내 주신 임미원 교수님(한양대)께도 이 자리를 통해 진정으로 감사하다는 말씀을 전하고 싶다.

또 하나의 중요한 계기가 있다면 그것은 분명 2018년 연말에 사법연수원 법관연수에서 행했던 강연이었을 것이다. 강연내용은 필자가 그동안 단독으로 혹은 공저로 출간했던 저서들의 논제들을 축약한 것이었는데, 그 강연에 참석한 여러 판사님들이 보여준 열의와 진지한 태도는 지속적인 저술작업을 하도록 필자를 고무하기에 충분한 것이었다. 강연자로 나선 필자의 한 마디 한 마디 모두 흥미로운 눈빛으로 경청해 주었고, 질문은 날카롭고 핵심적인 것이었으며, 강의가 끝난 후 필자를 찾아와 어떤 부분에서는 생각이 놀라울 정도로 일치한다며 가감없이 속마음을 보여주어 향후 연구의욕을 한층 고취시켜 주었다. 법관연수의 대주제는 「재판의 본질」이었다. 참여해 주셨던 모든 판사님들, 특히 초청 강연을 위해 직접 수차례 연락을 주신 김지향 판사님(사법연수원)과 공두현 판사님(대구지법)께 감사를 드린다.

마찬가지로 필자에게 지적으로 크나큰 자극과 영향을 준 계기가 하나 더 있다면, 필자가 한국 법철학회의 연구이사로 활동하며 추진했던 법철학 월례독회에서 발표를 해 주셨던 분들과의 의미있는 지적 교류를 빼놓을 수 없을 것이다. 발제를 흔쾌히 수락해 주셨던 윤진수 교수님, 한상훈 교수님, 전중환 교수님(경희대), 그리고 천현득 교수님(서울대), 최정규 교수님(경북대), 박지윤 박사님(서울대)께도 깊이 감사드리며, 그 각각의 발제에 토론자로 임해 주신 이계일 교수님(원광대)과 강일신 박사님(헌법재판연구원), 김현철 교수님, 양천수 교수님(영남대), 그리고 김건우 교수님(GIST), 송옥렬 교수님(서울대), 이소영 교수님(제주대)께도 그 자리를 더욱 가치있게 만들어 주셔서 감사하다는 말씀을 전해드리고자 한다.

본서의 제2권은 2016년에 대한민국학술원 우수도서로 선정된 바 있는데, 이 역시 빠트릴 수 없는 중요한 집필 계기일 것이다. 본서의 학술적 가치를 높게 평가해 주어서 필자로 하여금 본서의 제3권을 의욕적으로 집필해 나아갈 수 있게 동기를 부여해 주신 모든 심사위원님들께 이 자리를 통해 깊이 감사드린다. 이번에도 물론, 이 책은 그 후의에 대한 의무감과 보답의 표시이기도 하다.

양창수 교수님(한양대)께서는 언제나 그렇듯 필자의 기 출간 저서들에 대해 서신으로 짧은 촌평을 보내주셨다. 본서가 그 감사한 서신에 대한 화답이 될 수 있다면 필자에게는 크나큰 기쁨이 될 것이다.

책을 저술하는 것은 하나의 예술작품을 만드는 과정에 비유될 수 있다. 법을 예술에 비유할 수 있듯이 말이다. 그동안 출간한 제1권과 제2권도 그러했지만, 책은 결코 차가운 이성과 계획만으로는 만들어지지 않는다. 여기저기서, 때로는 우연히 다가온 계기들이 복합적으로 작용하여 하나의 작품으로 완성된다. 그래서 돌이켜 보면 이 책은 어쩌면 나의 책이기도 하지만 필자가 정신적으로 빚을 지고 있는 모든 분들의 책이기도 하리라.

끝으로 사랑하는 딸 제인과, 아들 하준, 그리고 아내 예리에게 항상 고맙고 보고 싶다는 말을 전한다. 제2권을 쓸 당시 유치원생이던 제인은 어느덧 의젓한 초등학교 2학년생이 되었고, 하준은 가끔 투정을 부리기는 하지만 어린이집을 고맙게도 잘 다니고 있다. 그리고 금년은 아내와의 결혼 10주년이 되는 해이기도 하다. 가족들과의 깊은 사랑과 교감이 없었다면 본권의 기획과 추진은 단언컨대 힘들었을 것이다.

2019년 눈부신 여름에
안 성 조

본서의 기초가 된 저자의 연구업적 목록

제3권의 구성 및 편집방식은 본서 제1권 및 제2권과 크게 다르지 않다. 필자가 그동안 발표한 논문과 글을 전체 주제와 연관해 주제별로 묶어서 적절히 배치한 것으로, 기존 저작물의 내용 및 제목 등에 단행본으로서의 통일성을 기하기 위해 일정한 형식적 변형과 내용적 보완 및 수정을 가하였다. 그 과정에서 어떤 논문은 원래의 내용이 상당히 많이 수정되기도 하였고, '생각의 변화'로 일부 원문의 내용은 삭제되기도 하였다. 생각을 바꾼 이유는 기존의 입장을 재검토하며 일부 오류나 논지전개상의 결함 등을 발견했기 때문이기도 하고, 전체 내용을 정합적으로 재배열 하는 과정에서 드러난 '이질적 논거'를 제거하기 위한 것이기도 하다. 형식적인 측면에서 이번에는 글의 각주 형식을 전체적으로 일관되게 통일시키지는 않았다. 그보다는 독자들에게 해당 파트의 글을 본서의 주제와 연결시켜 이해할 수 있도록 '글 소개' 부분을 되도록 상세하고 입체적으로 구성하는 데 역점을 두었다. 그럼에도 각주 등 여러 형식적인 요소를 상당부분 훌륭하게 통일시켜 준 경인문화사측에 감사의 뜻을 전한다. 모쪼록 저자와 출판사측의 노력이 독자들에게 잘 전달될 수 있기를 희망한다.

본서를 집필하는 데 참조한 필자의 저작물 목록은 다음과 같다. 이들 중 일부 저작물의 제목은 본서에서 수정하였음을 미리 밝혀둔다.

안성조, "자유의지와 형벌의 정당성", 법철학연구 제21권 제2호, 2018.
_____, "도킨스의 틀린 생각 - 도덕원칙으로서 응보는 인간행동에 관한 과학적 관점과 양립불가능하지 않다 - ", 윤진수·한상훈·안성조 공편저, 『법학에서 위험한 생각들』(법문사, 2018)

_____, "인공지능 로봇의 형사책임 – 논의방향의 설정에 관한 몇 가지 발전적 제언 –", 법철학연구 제20권 제2호, 2017.

_____, "효당 엄상섭의 형법이론과 형법사상", 서울대학교 법학 제58권 제1호, 2017.

_____, "확신범에 대한 대책 – 예비적 고찰: 확신범에게 적법행위의 기대가능성이 있는가? –", 제주대학교 법과정책, 제23권 제2호, 2017.

_____, "형법 제16조에 대한 유기천 교수의 해석론 연구", 제주대학교 법과정책 제22권 제2호, 2016

_____, "법과 진화론: 법에 대한 진화론적 고찰의 몇 가지 함의", 인간연구 제33호, 2016.

_____, "대학 내 교수 성희롱의 법·제도적 방지책 수립을 위한 시론 – 예비적 고찰로서 성희롱의 유형화와 판단기준의 제안 –", 한양대학교 법학논총 제33권 제2호, 2016.

_____, "미국 판례 상 집단인식의 법리와 의도적 인식회피 – 결합론에 대한 비판과 조직모델적 대안의 검토 –", 안암법학 제34호, 2011.

_____, "플레처의 집단책임론에 대한 비판적 재론", 서울대학교 법학 제51권 제1호, 2010.

목 차

§ 7. 형법의 근대성과 진화이론

§ 8. 대학 내 교수 성희롱의 법·제도적 방지책 수립을 위한 시론
  —예비적 고찰로서 성희롱의 유형화와 판단기준의 제안—

§ 9. 미국 판례 상 집단인식의 법리와 의도적 인식회피
-결합론에 대한 비판과 조직모델적 대안의 검토-

§ 10. 플레처의 집단책임론에 대한 비판적 재론

§ 1. 자유의지와 형벌의 정당성

"막대가 돌을 움직이고, 그 막대는 손에 의해 움직이고,
그 손은 인간이 움직인다."

Aristotle, *Physics*, 256a

"인간은 선택의 자유를 통해 선한 본성이 완성된다. 고로 악인은 그의
죄악으로 타락하게 되어 정당한 벌을 받는 반면, 정의로운 자는 그의
덕행으로 인해 마땅히 칭찬을 받는다."

- Tatian, *Oratio ad Graecos*

[글 소개]

이 글은 형벌부과의 근거로서 자유의지에 관한 것이다. 우리가 형벌
을 정당한 것으로 여기는 이유는 그것이 행위자의 의사의 자유를 기초
로 하고 있기 때문이다. 만일 우리가 일종의 기계에 불과한 존재이거나
오로지 남의 명령이나 지시대로만 움직인다면 우리는 자신의 행위에
대한 책임을 질 수 없고, 또한 타인의 행위를 비난할 수 없다. 이러한
규범적 판단은 법계를 막론하고 널리 보편적으로 받아들여지고 있는
것으로 저 유명한 임마누엘 칸트에 의하면 '실천이성의 사실'이기도 하
다. "x+2 > x+1"이란 명제가 이론이성의 사실이듯이 자유의지를 가진
행위자가 범법행위를 저지른다면 우리는 그를 벌할 수 있고, 벌해야 하
며 그는 스스로 죄책감을 가져야 한다. 그런데 이러한 모든 규범적 판
단의 전제가 되는 것은 바로 자유의지의 존재이다. 만일 자유의지가 진
화적으로 각인된 환상에 불과하거나 단지 국가가 사법작용을 위해 필

요로 하는 허구라면 우리의 도덕체계 전반은 물론이고 법체계도 그 정당성과 진실성을 잃어버리게 될 것이다.

그럼에도 불구하고 한 가지 매우 놀라운 사실은 적어도 법학의 영역에서는 인간의 자유의지 내지 의사의 자유 존부 문제를 심도 있게 다루거나 탐구한 연구문헌이 의외로 매우 적고, 설령 있다고 하더라도 본질적이고 핵심이 되는 민감한 쟁점을 논외로 하거나 피상적 수준에서 다룬 것들이 대부분이다. 본고는 바로 이러한 문제의식에서 자유의지의 문제를 정면으로 다루어 보고자 한 것이다. 이러한 결정에는 필자의 평소 문제의식만 작용한 것은 아니다. 마침 두 분의 한국 법철학계의 거목이신 김영환 교수님과 장영민 교수님께서 정년을 맞이하시는 때에 이를 기념하는 한국법철학회 학술대회에서 발표요청을 받아 고심 끝에 선정한 주제가 자유의지였던 것이다. 존경하는 두 분 교수님의 업적과 학계에 끼친 영향만큼이나 법학에서 비중 있는 주제이기에 기념학술회의에서 발표하기에 적절한 주제라고 사료되었다.

이 글의 요지는 간단히 말하면 다음과 같다.

오늘날 자유의지를 부정하는 여러 입장들, 특히 리벳실험으로 대표되는 신경과학계의 결정론적 입장과, 모든 물리적 현상에는 인과관계가 있으므로 인간의 의사결정도 근본적으로는 물리적 수준으로 환원될 수 있다고 본다면 인과율을 벗어날 수 없다고 보는 라플라스식 물리적 결정론이 학계는 물론 대중적으로도 폭넓은 관심과 지지를 얻고 있음은 주지의 사실이다. 그러나 이와 같은 과학적 결정론은 과장된 측면이 있으며, 오히려 자유의지는 과학적 관점과도 충분히 양립가능한 개념이라는 것이 이 글의 주된 논지이다.[1] 어찌 보면 너무 당연한 결론 같겠지만, 놀랍게도 구체적인 논증을 통해 이러한 결론에 이르는 선행연구는

---

1) 다만, 리벳실험을 결정론적으로 해석하는 견해에 대한 반박은 본고에서 직접적으로 다루지는 않았다. 이 점에 대해서는 이미 국내에서도 매우 잘 논증된 글이 있다. 朴注勇·高旼照, "자유의지에 대한 Libet의 연구와 후속연구 – 신경과학적 발견이 형법에 주는 시사점을 중심으로 –", 서울대학교 법학 제52권 제3호, 2010 참조.

그동안 거의 없었다고 말해도 과언이 아니다. 본고에서는 과연 어떠한 논증을 통해 그러한 귀결에 이르고 있는지 독자들이 흥미롭게 봐 주기를 바란다.

또 다른 중요한 결론이 있다면 그것은 형법적으로 문제되는 자유의지는 일반적으로 철학이나 심리학에서, 혹은 대중적으로 논의되는 자유의지와는 차이점이 있다는 사실이다. 일반적으로 자유의지는 A와 B라는 옵션이 있을 경우 이 중에서 어느 것이나 선택할 수 있고, 또 그 경우에 다른 옵션을 선택할 가능성이 있음을 의미하지만, 형법적으로 문제되는 자유의지는 범죄를 결행할 당시에 타행위가능성, 즉 적법하게 행위할 수 있었을 가능성과 능력이 있다는 사실을 제한적으로 의미하며, 그 경우에 적법행위의 실행은 단지 가능성의 차원이 아니라 법적으로 도덕적으로 요청되고 강제되는 의무라는 점에서 범법행위의 결의는 의무위반으로서의 성격도 있음을 간과해서는 안 된다는 점을 입론하였다. 요컨대 일상적으로 논하는 자유의지와 형법적 의미의 자유의지는 다소 차이가 있다는 것이다. 전자의 경우 자유의지는 단순한 심리적 사실의 일부로서 주관적으로 체험되는 것이지만, 후자의 경우엔 적법행위로의 결의가 단지 양자택일적 가능성이 아니라 의무로서 누구에게나 준수가 요청되고 기대되고 있다는 점에서 규범적 성격이 있다. 따라서 범행의 결의는 단지 양자택일적인 타행위가능성이라는 한 개인의 주관적인 심리적 사실로부터가 아니라 공적 의무위반이라는 사실로부터도 책임이 발생한다는 점에서 객관적인 성격이 있음을 입론하였다. 달리 말하면 법의 영역에서 자유의지의 발현은 규범적으로 요청되고 있으므로 일상적인 의미의 자유의지의 발현과 비교해 그 결과에 대한 책임을 논하는 데 있어서 객관적 지표를 제공해 주고 있다고 볼 수 있으므로, 순수한 심리적 사실의 문제로 환원되지 않는다는 장점이 있다는 것이다. 순수 심리적 사실로서의 자유의지는 어떤 측면에서는 입증하기 곤란하다는 단점이 있다. 그동안 샘 해리스와 같은 (신경)과학자들이 비판적으로 공격해 온 측면이 바로 순수한 심리적 사실로서의 자유의지는 환상에 불과하다는 것이었다.[2] 즉, 인간은 자신의 의사결정의 궁극의 원인을 의식할 수도, 통제할 수도 없기 때문에 결정되어 있는 존재에 불과하다는 것이다. 그에 비해 법학의 영역에서는 자유의지의 발현이 규범적으로 요청되고 있다는 점은 법적 책임귀속을 인정하는 데 있어서 자유의지 비판론자들이 제기할 수 있는 그와 같은 이론적 장애요인을 상당수 제거해 주는 역할을 해 주므로 훨씬 간명한 논증을 가능케 해준다. 왜냐하면 설령 비판론자들의 주장처럼 의사결정의 궁극적 원인들은 의식에 잘 드러나지 않는다고 할지라도, 적어도 우리는 규범적으로 요청되는 의무사항을 준수할 수 있는 모종의 '능력' 만큼은 명백히 갖추고 있고, 이처럼 행동을 적법한 방향으로 조정할 수 있는 '통제력'3)이 있다는 사실은 관점을 바꾸어 보면 아르투어 카우프만의 통찰처럼 결국 '자유의지'의 존재를 전제하지 않고는 설명될 수 없기 때문이다. 그러므로 법의 영역에서 우리에게 구비되어 있다고 전제되는 자유의지는 일반적으로, 혹은 (신경)과학계통에서 다루어지는 자유의지보다 상당히 제한된 의미를 지닌다는 점을 많은 독자들이 공감해 주기를 바란다.4)

Ⅰ. 자유의지는 형벌의 전제조건인가?

일반적으로 자유의지의 존재는 책임비난의 전제조건으로 널리 받아들여지고 있다. 즉 적법하게 행위할 수 있었음에도 불구하고 불법을 결의한 데 대한 도덕적 비난이 가능하려면 행위자에게 자유의지가 온전히 구비되어 있을 것이 요청된다는 것이다. 또 그래야만 형벌은 단순히 결과책임주의에 머물지 않고 "책임 없이는 형벌 없다"는 원칙에 부합되

---

2) 샘 해리스/배현 역, 자유의지는 없다 (시공사, 2012) 참조.
3) 유기천 교수는 이를 '저항력' 또는 '의지력'이라고 표현하고 있는 듯하다. 이 점에 대해서는 유기천, 개정 형법학[총론강의] (법문사, 2011), 53면.
4) 물론 법적 맥락에서의 자유의지가 특별한 의미를 지닌다고 하더라도 순수 심리적 사실로서의 자유의지의 존부문제는 중요하다. 그것은 결정론자들의 지적처럼 우리의 법체계와 도덕체계의 진실성을 떠받치고 있는 삶의 전제이기 때문이다.

는 정당한 형벌이 된다고 여겨진다. 이는 오늘날 별다른 큰 이견 없이 거의 확고하게 정립되어 이론적, 실무적으로 명시적으로든 묵시적으로든 수용되고, 통용되고 있는 생각과 신념으로 형법(학)은 물론 법학일반의 존립기반이자, 대원칙이며, 일종의 도그마임은 주지의 사실이다.

그런데 언제부터인가 이러한 대전제에 대해 여러 진영에서 다양한 측면에서 의문을 제기하며 비판과 도전을 해오고 있다. 그 주된 취지는 "책임 없이는 형벌 없다"는 원칙이 사실은 그 존립기반이 매우 취약한 자유의지란 개념에 의존하고 있지 않느냐는 것이고, 또 그렇다면 형벌의 정당성도 상당히 훼손되지 않겠느냐는 것이다. 나아가 굳이 자유의지를 전제 하지 않더라도 형벌을 통한 개인행동의 조절이 가능하고 법익보호와 사회질서의 유지가 가능하다면 "비난 없는 형벌"도 가능하지 않겠느냐는 논의로까지 전개되고 있다. 사실상 "형법학과 형법실무는 그들의 기초가 해명불가능하다는 분명한 사실을 그냥 견뎌온" 것이고, 따라서 "자유와 책임 그리고 형벌의 문제는 해결되지 않은 채 미래의 형법이론과 형법실무로 넘어가고 말았다."는 양심적 자성의 목소리도 드높다.[5]

본고는 많은 회의적 비관론에도 불구하고 자유의지가 실천이성의 관점에서 볼 때 단지 요청될 뿐 아니라 명백히 실재하며[6] 책임과 비난

---

5) 귄터 엘샤이트·빈프리트 하세머/배종대 역, "非難없는 刑罰", in: 책임형법론 (홍문사, 1995), 119-120면.

6) 윤리학자 폴 테일러 교수에 의하면 "윤리학의 전 영역에서 가장 중요하면서도 또한 가장 어려운 문제 중의 하나는 의지의 자유가 실재하는 것이나 아니면 환상이냐 하는 것이다." 폴 테일러/김영진 역, 윤리학의 기본원리 (서광사, 2018) 참조. 본고에서 자유의지의 실재증명은 비록 엄격한 방식과 수준은 아닐지라도 (1) 결정론과의 양립가능성을 입론하고, (2) 형법적 논의에 요구되는 자유의지의 특수성을 구명함으로써 최소한 형법의 영역에서 형벌근거책임에 필요한 자유의지를 인정하는 데에는 큰 무리가 없다는 점을 보여주고자 한다. 다만, 책임이 선험적으로 확정되어 있어서, 그 부과대상이나 고려되는 형사제재 및 예방목적에 대한 고려와는 무관하게 독립하여 실재하는 것으로 이해하는 '책임실재주의(Schuldrealismus)'를 주장하려는 것은 아니다. 결론 부분에서 논급하겠지만, 책임이란 정신적 구조물은 그 형성배경에 있어서 가해자와 피해자, 그리고 처벌의 정도와 목적 등 다양한 합목

의 전제조건이고 형벌을 정당화 해주는 기능을 한다는 점을 입론해 보고자 한다. 그리하여 형법학과 윤리학의 영역에서 자유의지는 여전히 존재의의가 있다는 점의 논증에 역점을 두겠지만, 다만 자유의지와 관련해 기존의 논의에서 잘 드러나지 않았던 부분들을 새롭게 조명해 보고 이를 통해 몇 가지 새로운 명제를 제시해 보고자 하는데 첫째, 신경과학자들이 비판하는 자유의지 개념과 형법학에서 요구되는 자유의지 개념은 상당히 다른 것이며, 둘째 자유의지가 비단 칸트가 말한 예지계, 실천적 이성의 측면에서만 관념할 수 있는 것이 아니라, 현상계(감성계)의 영역에서도 충분히 관념할 수 있고 실천적으로 유의미하게 기능할 수 있는 개념이라는 점을 논증해 보고자 한다.

II. 칸트의 자유의지론은 얼마나 강건하게 구축되어 있는가?

1. 칸트의 자유의지 개념에 대한 여러 갈래의 도전들

자유의지의 존부문제는 형법(학)의 초석과 같은 위상을 차지하는 문제임에도 불구하고 이와 관련해 그동안 적어도 국내 형법학계에서는 놀랍게도 이렇다 할 명시적인 입장을 찾아볼 수 없고, 대다수 견해는 상당히 유보적이며 애매한 입장으로 일관하고 있다. 즉 자유의지는 "적극적으로 입증될 수는 없으며"[7], "엄격히 말해 '국가에 필요한 허구

___
적적 동인의 상호역학 속에서 발생한 것으로 보이기 때문이다. 요컨대 본고에서 "자유의지가 실재한다."는 의미는 그것이 인간의 한 부분이라거나 혹은 시공간에 존재하는 어떤 실체라는 의미가 아니라 그것은 결정론 과 무모순적이며, 인간의 믿음이나 욕구와 같은 지향적 상태(intentional states)처럼 어떤 심적 사태나 정신적 상태이지만, 실제로 인간의 행동을 이해하고 예측하는 데 매우 유용한 개념이라는 뜻이다. Marc V.P. Slors, "Intentional System Theory, Mental Causation and Empathic Resonance", Erkenntnis 67(2) (2007), at 323 참조.

(staatsnotwendige Fiktion)'에 불과할 수 있으나"8), "문명화·사회화·인간
화 과정을 거쳐 사회문화적인 규범구조 안으로 편입된 것으로"9), "자유
와 책임은 불가분의 관계에 있는 것이기 때문에"10), "시민들의 일반적
인 경험에 비추어 볼 때 형법의 영역에서 인간에게 자유의지가 있는 것
으로 취급해도 크게 무리를 범하는 것은 아니"11)라는 것이다. "존재론
적으로는 증명될 수 없지만, 규범적으로는 의미를 가질 수 있다."12)는
말도 이와 같다.13) 한 마디로 정리하자면 자유의지는 적극적으로 그 존
부를 논할 수는 없지만 법의 적용이라는 실천적 측면에서 규범적으로
요청된다는 것이다. 다만 자유의지를 긍정한다고 해도 환경과 소질의
영향도 간과할 수 없으므로 절대적인 것이 아니라 상대적인 것으로 보
아야 한다는 견해도 제시돼 있다.14)

　　형법학자들을 비롯해 아마도 대부분의 법률전문가들이 이렇게 신중
한 입장을 취하는 것은 이 개념 자체가 윤리학자와 철학자는 물론 과학
자들 사이에서도 첨예한 대립을 보이는 '논쟁적' 개념이기 때문일 터이
겠지만, 바로 그 애매한 태도 자체가 또 다른 비판의 대상이 되기도 한
다. 즉 자연과학의 최신지식에 대한 엄밀한 검토와 수용도 없이, 일상

---

7) 김일수·서보학, 새로쓴 형법총론 (박영사, 2006), 358면.
8) 배종대, 형법총론 (홍문사, 2013), 426면.
9) 박상기, 형법총론 (박영사, 2007), 219면.
10) 임웅, 형법총론 (법문사, 2009), 271면.
11) 신동운, 형법총론 (법문사, 2015), 360면.
12) 이재상, 형법총론 (박영사, 2009), 292면; 이재상·장영민·강동범, 형법총론 (박영
　　사, 2017), 305면.
13) 필자는 오래 전 자유의지 문제와 관련해 직접적인 답은 아니지만 "자유의지를
　　전제하는 것은 우리의 삶의 형식(form of life)의 일부이다"라고 이를 긍정하는
　　입장을 밝힌 바 있다.
14) 오영근, 형법총론 (박영사, 2012), 398면. 패트리샤 처칠랜드도 지적하고 있듯이
　　오늘날 일반인들이 생각하는 자유의지는 바로 이러한 의미의 상대적 자유의지를
　　의미하는 것으로 보이며, 법(실무)분야의 경우도 마찬가지이다. 따라서 이를 군이
　　'상대적' 자유의지라고 칭할 필요도 없을 것이다. 모든 것에 구애받지 않고 절대
　　적 자유를 누리는 마법같은 자유의지를 생각한다면 그것은 환상에 불과할 것이
　　다. 아르투어 카우프만도 절대적 자유의지는 무의미하다고 지적한다.

시민의 소박한 믿음과 심리학적 지식 정도에 기초해 형법(학)의 체계를
세우며, 행위자의 책임여부를 판단하는 것이 과연 정당화될 수 있느냐
는 것이다.15) "형법학은 결정론도 비결정론도 모두 입증이 불가능하고
형법적 체계도 역시 적어도 이러한 토대 없이도 인간의사자유의 경험
적 확인을 통해서 정당화될 수밖에 없다는 '구세주 같은 원리'로써 모
면하고 있다."는 비판도 같은 맥락이다.16) 이는 흡사 형사소송에서 합
리적 의심이 남아있는 증거에 기초해서 유죄판단을 내리는 것과 마찬
가지라는 비난으로 생각된다.

그러면 우리는 이 지난한 문제의 해결을 위해 우선적으로 어디로 눈
을 돌려보아야 할까? 관련해 많은 선행연구가 있지만 필자가 판단하기
에도 그렇고, 이 분야의 연구에 있어서 선구자라고 할 수 있는 독일의
법철학자 아르투어 카우프만의 조언17)에 따르자면, 역시 자유의지 개념
에 지대한 공헌을 하였고 이 분야의 지도적 위치에 있는 칸트의 철학적
입장이다.18)

카우프만의 지적처럼 자유개념에 관한 한 칸트의 통찰 뒤로 후퇴해
서는 안 된다는 점에 깊이 공감하므로 칸트적 의미의 자유의지 개념을
현 시점, 그리고 형법학자의 시각에서 재조명해 보고19) 이에 대한 도전

---

15) 김성룡, "형사법의 근본원칙을 다시 생각함", 경북대학교 법학논고 제58집, 2017,
    343면.
16) 한스 요하임 히르쉬/하태훈 역, "책임원칙과 책임원칙의 형법적 기능", in: 책임형
    법론 (홍문사, 1995), 56면.
17) 아르투어 카우프만/김영환 역, 법철학 (나남, 2007), 505면과 520면 참조. 카우프
    만에 의하면 자유의지와 관련해 칸트의 이론보다 더 근원적이고 명료한 것은 없
    다고 한다.
18) 또한 자유의지에 대한 칸트의 입장은 여러 선행연구에서 곡해되거나 오해되고
    있는 측면도 적지 않다고 보이므로 이 점에 대해서도 논급할 필요가 있다고 보
    며, 이와 관련해 본고의 논지전개상 필요한 부분에 국한시켜 언급해 보고자 한다.
19) 칸트의 자유개념은 다양한 이론적 맥락에서 재조명되기도 한다. 일례로 드워킨은
    칸트의 자기입법, 즉 자율성 개념이 통합성을 필요로 하는데, 자율의 이념은 통
    합성을 통해 직접 증진되는 특별한 측면이 있기 때문이라고 한다. 로널드 드워킨/
    장영민 역, 법의 제국 (아카넷, 2004), 274면.

과 비판적 관점들에 대해 검토해 본 후에 여전히 자유의지가 유의미한 형벌 정당화의 조건임을 입론해 보고자 한다.

논의에 앞서 필자가 보기에 적절한 자유의지 개념의 핵심표지를 카우프만의 입장을 따라서 제시하자면, 우선 자유의지가 원인과 동기, 근거도 없는 의지를 뜻하지 않는다. 이것은 '자의'나 '변덕'을 의미할 뿐이고 그것은 오히려 부자유의 한 형태이다. 자유로운 선택이란 항상 어떤 근거들에 의해 '결정되는' 선택이지 아무 근거 없는 변덕스러운 선택이 아니다. 이러한 맥락에는 자유의지는 일정부분 '결정성'을 함축한다. 다음으로 무엇이든 임의적으로 선택할 수 있다는 의미의 자유는 아무런 의미가 없다. 그것은 오히려 '무관계성', '길을 잃음', '탈세계성'을 의미한다.[20] 이러한 의미에서 보면 자유의지가 될 수 있는 후보 중 매우 유망한 대상은 '자신의 이성의 힘으로 통찰력 있게 결정하는 능력', 다시 말해 '자기책임적 자기결정으로서의 자유'인 '자율'이 될 수 있을 것이다. 칸트가 바로 이러한 의미의 자유의지를 정립해 주었다.[21]

일단 칸트 이론체계 내에서의 내적 정합성과 관련된 여러 세부 쟁점은 사상하고 칸트적 의미의 자유의지를 간단히 요약하자면, 우선 자유란 "인과계열의 원인성을 스스로 제공하여 어떤 상태를 자발적으로 개시할 수 있으면서(자발성으로서의 자유)[22] 현상계에서의 감각적 충동

---

20) 아르투어 카우프만/김영환 역, 앞의 책, 508-509면. 자유의지를 이렇게 이해하는 관점은 본고에서 다루는 여러 논자들의 이론에서도 간취될 수 있다.
21) 다만 칸트적 의미의 자유의지 개념은 기본적인 정립방향에 있어서는 타당하지만 다소 협소하다고 볼 수 있는데 이 점에 대해서는 결론 부분에서 후술하기로 한다.
22) 칸트는 이를 두고 "자기에서 자기를 결정하는 능력"이라고 표현하기도 한다. 잘 알려져 있듯이 우주론적 자유는 세계의 시초를 설명하려는 형이상학적 욕구로부터 만들어진 '선험적 이념'이라면, 자율적 자유는 도덕의 가능성을 정초하려는 실천적 욕구에서 만들어진 것이다. 이 우주론적 자유는 모든 인과계열, 즉 우주의 제1원인자라는 의미를 갖지만 자율적 자유는 도덕적 행위자가 실천이성에 따라 스스로 정한 도덕법칙에 스스로를 복종시킬 때 성립하는 자유이다. 이처럼 둘 다 '자유'로 통칭되지만, 양 자유가 서 있는 문제 지평은 상이하다는 점은 칸트의 자유개념을 검토하는 데 있어서 유의할 필요가 있다. 이 점에 대한 적절한 지적은 문성학, "선험적 자유에서 자율로서의 자유로", 철학연구 제94집, 2005, 122면

의 강제와 경향성을 극복하고(소극적 자유) 보편적인 법칙에 따라[23] 자기입법을 할 수 있는 자율성(자율로서의 자유)"을 의미하고, 자유의지란 그러한 의미의 자유를 실현하는 능력[24]을 의미한다고 보면 큰 무리는 없을 듯하다.[25]

이렇게 칸트가 구축한 의미의 자유의지 개념에 대한 가장 근본적인 비판은 필자가 보기에는 크게 세 가지 측면에서 찾아볼 수 있다.

(1) 과연 칸트의 양립가능론은 타당한 논증인가?

가. 비판논거

첫째, 칸트는 비록 현상계의 자연법칙적 인과관계가 예지계의 자유원인성과 양립가능하다고 설명[26]하고 있지만 과연 이것이 가능하느냐

이하 참조.

23) 법칙에 따르는 것이 자유로운 이유는 "법칙은 부자유를 의미할 터인 우연에서 주체를 구하기" 때문이다. F. 카울바하/백종현 역, 칸트 비판철학의 형성과정과 체계 (서광사, 1992), 222면.

24) 칸트에 의하면 "의지란 어떤 법칙의 표상에 적합하게 행위를 규정하는 능력"이고, 역시 같은 맥락에서 "의지란 이성이 경향성에서 독립하여 실천적으로 필연이라고 인정하는 것 즉 선이라고 인정하는 것만을 선택하는 능력, 즉 실천이성 그 자체"다. 한편 칸트는 동물적 의지와 자유로운 의지 즉 인간의 의지를 구분하면서 전자는 '감성적으로 규정되는 의지'로 후자는 '감각적 충동으로부터 독립적이며 따라서 이성에 의하여 표상된 동기에 의하여 규정되는 의지'라고 설명하기도 한다.

25) 문성학 교수는 칸트가 입론한 자유를 우주론적 자유와 실천적 자유(소극적 자유와 자율로서의 자유)로 구분하면서, 이 중에 우주론적 자유와 자율로서의 자유는 자기 원인적으로 어떤 사태를 개시할 수 있는 자발성의 능력을 가졌다는 점에서 공통적인 요소를 갖고 있다고 한다. 문성학, 앞의 논문, 123면. 그리고 이 자유의 자발적 측면이 적극적 자유개념을 구성한다고 한다.

26) 코스가드는 칸트이론을 '양립주의'로 기술하는 것에 대해 각별히 주의할 필요가 있다고 지적한다. 즉 양립주의는 대부분 동일한 관점에서(이론적이고 설명적인 관점에서) 자유와 결정론이 양립가능하다고 주장하는데, 칸트는 그렇게 하고 있지 않기 때문이라고 한다. Christine M. Korsgaard, Creating the Kingdom of

는 것이다.27)

먼저 칸트의 주장을 들어보자.

"도덕적 명령은 인과법칙적으로는 불가능하더라도 마땅히 있어야 할 것이 발생하기를 요구한다. 자연의 만물은 법칙에 따라 움직인다. 오직 이성적 존재자만이 법칙의 표상에 따라, 즉 원리에 따라 행위하는 능력 즉 의지를 갖고 있다. 법칙으로부터 행위를 도출하기 위해서는 이성을 필요로 하기 때문에, 의지는 실천적 이성 외의 아무것도 아니다. 만약 이성이 의지를 결정하는 것이 필연적이라면, 객관적으로 필연이라고 인식되는 이성존재자의 행위는 주관적으로도 필연이다. 다

Ends (Cambridge Univ. Press, 1996), at 187. 그녀에 의하면 "칸트철학에서 의지의 자유는 이론적으로 정립될 수 없다. 그것을 정립하는 것은 예지계에 대한 지식을 획득하는 것인데, 이는 우리가 가질 수 없는 어떤 것이다. 의지의 자유는 다만 실천적 요청으로서, 따라서 오직 실천적 관점에서만 주장된다." Christine M. Korsgaard, *Ibid.*, at 174-175. 이러한 맥락에서 그녀는 칸트를 '실천적 양립주의자(practical compatibilism)'라고 규정하기도 한다. 칸트에 따르면 "이성의 사변적 사용의 관심은 최고의 선험적 원리들에까지 이르는 객관의 인식에 있고, 실천적 사용의 관심은 궁극적인 완전한 목적과 관련하여 의지를 규정하는 데 있다."고 하므로 코스가드의 지적은 분명 경청할 만하다. 하지만 칸트가 실천이성비판에서 '사변 이성과의 결합에서 순수 실천이성의 우위에 대하여'란 표제로 "비록 이성능력이 이론적 의도에서 어떤 명제들을 주장하여 확립하는 데 충분하지 않다 해도, 이 명제들이 그와 모순되지 않는다면, 바로 이 명제들을, 이것들이 순수 이성의 실천적 관심에 불가분리적으로 속하자마자, (중략) 이 명제들을 사변이성으로서 그가 그의 권한 안에 가지고 있는 모든 것과 비교하여 **연결해보려고 해야만 한다**는 것이다. 그럼에도 유념해야 할 것은, 이런 일은 이론이성의 통찰이 아니라, 어떤 다른, 곧 **실천적 의도에서 이론이성 사용을 확장하는 것**[이다]. 그러므로 순수 사변이성과 순수 실천이성이 한 인식으로 결합함에 있어서, 이 결합이 선험적으로 이성 자신에 기초한, 그러니까 필연적인 것이라고 한다면, **실천이성이 우위를 갖는다**." 실천이성비판 V 120. 칸트에 의하면 우리는 실천이성의 관심과 사변이성의 관심을 모순되지 않게 연결해보려고 해야만 하고 이는 곧 '실천적 의도에서 이론이성 사용을 확장하는 것'이다. 그렇다면 자유와 결정론의 양립가능성 검토하는 작업은 칸트적 맥락에서도 충분히 의미 있고, '자유의지'의 정립을 위해 이론이성의 사용을 확장하는 작업으로 볼 수 있을 것이다.
27) 이 점에 대한 정치한 문제제기로는 문성학, "결정론과 자유의지론은 양립가능한가? 철학논총 제12집, 1996, 387면 이하 참조.

시 말하면 의지란 이성이 경향성에서 독립하여 실천적으로 필연이라고 인정하는 것 즉 선이라고 인정하는 것만을 선택하는 능력이다."

"현상계의 인과계열을 벗어날 것을 요구하는 당위는 이성에서 생겨난다. 따라서 이성의 본성은 '자발성'이고 이성의 자발성은 우리에게 자기입법적인 당위를 부과한다. 당위, 즉 도덕의 질서의 자연의 질서와는 전혀 다른 종류의 질서이다. 이 당위의 보편타당한 형식이 곧 정언명령이다. (1) 그런데 당위의 명령이 인간에게 행위를 요구할 때, 그 행위는 자연적 조건 아래서만 가능하다. 그러나 (2) 자연적 조건들은 행위자의 예지적 성격에 의한 내면적 결의까지 규정하지는 못한다. 왜냐하면 예지적 성격이 결단할 때 의거하게 되는 이성은 순수한 자발성으로서 감성적 제약, 즉 자연적 조건들로부터 독립해 있기 때문이다."[28]

요컨대 인간의 행위는 그 내면적 결의에 있어서는 자유이며, 그 현상적 측면에서는 인과법칙의 지배를 받으면서도 그 내면적 결의의 자유원인이 현상계의 인과계열을 절단하지 않는다는 것이다.

이에 대해 다음과 같은 반론이 제기되었다.

만일 어떤 사람이 도덕법칙에 대한 순수한 존경심에서 정언명령에 따라 거짓말을 하고 싶은 유혹을 극복했다고 했을 때, 칸트는 실천이성에 따라 자유가 실현된 동시에 자연적 인과계열도 절단되지 않았다고 주장하겠지만, 그 주장이 참이 되기 위해서는 거짓말의 유혹이라는 자연적 원인이 주어지면 거짓말을 해야만 "자연적 인과성이 절단되지 않았다"고 말할 수 있다는 것이다.[29]

나. 비판논거 검토

일응 타당해 보이는 지적이지만, 칸트가 현상계의 '인과법칙'을 말할 때 과연 그 인과법칙이 무엇을 의미하는 것인지 면밀히 살펴볼 필요

---

28) 나를 의욕하도록 하는 자연적 근거가 아무리 많더라도, 이러한 것들은 당위를 산출할 수가 없고, 도저히 필연적이 되지 않는 항상 제약된 의욕만을 산출할 뿐이다.

29) 문성학, 앞의 논문, 396면.

가 있다. 칸트가 자연세계는 예외없이 인과법칙에 따라 규정된다고 말할 때 인과법칙은 "물리-화학적인 필연적 계기 관계뿐만 아니라, 심리-생물학적인 필연적 계기 관계까지 포함한다."[30] 그렇다면 상기 칸트 인용구 밑줄 그은 (1)에서 "당위의 명령이 인간에게 행위를 요구할 때, 그 행위는 자연적 조건 아래서만 가능하다."는 말의 뜻은 위 거짓말 사례에서도 보는 관점에 따라 충분히 '양립가능한' 해석이 가능하다. 즉, "마땅히 거짓말을 해서는 안 된다"는 당위의 명령으로부터 자연의 유혹 ─ 이 경우 심리적인 계기로 분류하면 ─ 을 극복하고 거짓말은 하지 않고 진실한 말을 했다고 해보자. 비록 심리적 인과계열은 단절되었다고 볼 수 있겠지만, 그 밖의 물리-화학적이고 생물학적인 인과계열들, 예컨대 진실한 말을 육체적 거동을 수반해 상대방에게 입과 혀를 통해 하는 데 필요한 계기들은 온전히 유지된다. 예컨대 심리적 계기라는 어떤 한 자연적 계기로부터 독립해 진실한 말을 할 경우 그러한 행동은 여전히 물리-화학적이고 생물학적인 인과관계에 의해 설명될 수 있다는 것이다. 여기서 논리의 핵심은 "현상계에서의 발생의 원인은 절대적으로 결정적인 것은 아니며"[31] 따라서 자유의지로서의 실천이성은 자연적 원인에 독립해서, 그 강제력과 영향력에 반하여 일련의 사건을 자기로부터 시작할 수 있는 원인성이 될 수 있다는 것이다. 이와 같은 맥락에서 백종현 교수는 다음과 같은 사례를 제시한다.

"전철에 탄 어떤 청년이 서 있는 노인에게서 자신이 앉아있던 좌석을 양보하는 경우를 생각해 보자. 이 사례에서 청년은 마음의 경향대로라면 그냥 눌러앉고 싶었지만, 이성의 명령에 의해 노약자에게 좌석을 양보했다. 그의 행동은 자연의 필연적 인과계열을 벗어나 있지만 그의 행동은 여전히 자연 안에서 일어난 한 사태이다. 즉 그는 전차의 좌석에서 몸을 일으켜 세워 넘어지지 않게 손잡이를 잡으면서 "여기 앉으십시오!"라고 혀를 통해 말하였다는 것이다. 즉 그의 행위는 비록 자연적 인과계열을 벗어난 자유의 원인성에 의한 것이지만 자연적 조건 하에서만 가능하다는 것이다. 결국 그의 행위는 자연물인 신체의 거동에 의해 수행되는바,

---

30) 임마누엘 칸트/백종현 역, 실천이성비판 (아카넷, 2009), 357면.
31) 임마누엘 칸트/백종현 역, 앞의 책, 같은 면.

두 다리가 균형을 이루어야 하고, 전철의 이동 중 물리법칙에 따라 넘어지지 않게
손잡이를 꼭 잡아야 하며, 혀의 생물학적, 물리-화학적 발성과정에 의해 말을 해
야만 가능해지기 때문이다."

정리하자면 저 청년의 자유의지에 따른 행동은 비록 자연의 경향성
이 의도했던 방향으로는 아니지만 여전히 자연적 인과법칙 하에 이루
어지고 있다는 것이다. 우리는 물리-화학적 법칙이나 생물학적 법칙이
인간과 동물, 무생물에게 보편적이며 뒤바뀔 수 없다는 사실을 잘 알고
있다. 그와 동시에 자연의 경향성, 예컨대 거짓말의 유혹이나 안락함의
욕구 등은 절대적으로 우리를 구속하지는 않는다는 점도 역시 잘 알고
있다.[32] 바로 그러하기 때문에 우리는 실천이성의 명령으로 자연의 경
향성을 극복하면서도 자연법칙에 따라 행동을 할 수 있는 것이다. 헌데
그렇다면 칸트는 왜 군이 물리-화학적, 혹은 생물학적 자연법칙 외에
심리적 계기 역시 인과계열의 하나로 분류한 것일까? 여기서 칸트의 다
음과 같은 언명을 음미해볼 필요가 있다.

"생명이 없는 자연, 혹은 동물적 생명을 갖는 자연에 있어서 우리는 어떠한 능
력도 감성적 제약을 받는 것으로 생각하는 이외의 다른 근거를 발견하지 않는다."

이 경우 '감성적 제약'은 곧 인과적 제약을 의미한다. 그러므로 동물
이나 무생물들은 철두철미 인과법칙에만 종속되어 있고 도덕법칙과는
무관하다는 것이다.[33] 따라서 종합적으로 다시 해석해 보자면 칸트에
의하면 동물이나 무생물은 절대적으로 물리-화학적인, 혹은 심리-생물
학적인 모든 측면에서의 인과법칙의 지배를 받지만 오직 인간만이 그

---

32) 이러한 필자의 입장은 코스가드의 칸트 해석과도 일치한다. 그녀에 따르면 "우리
는 행위를 현상으로 바라보는 한, 그것을 인과적으로 결정된(causally determined)
것으로 보아야지 단순한 욕망이나 경향성에 의해 반드시 결정된(necessarily as
determined by mere desire and inclinations) 것으로 보아서는 안 된다."고 한다.
나아가 우리의 행위는 도덕적 숙고와 도덕적 열망에 의해 결정된 것으로 볼 수도
있다고 한다. Christine M. Korsgaard, *Ibid.*, at 210.

33) 문성학, 앞의 논문(각주 22), 120면의 각주 5)번 참조.

인과계열에 단절을 가져올 수 있는 예지적이고 인격적인 존재라는 의미로 해석된다. 달리 말하면 현상적 존재로서의 인간은 동물이나 무생물과 마찬가지로 철저하게 인과법칙의 지배를 받지만, 그와 동시에 인간은 예지적 존재이기도 하므로 현상적 욕구를 극복하고 실천이성에 따라 자발적 행동을 개시할 수 있다는 것이다. 이러한 해석이 타당하다면, 칸트의 양립가능론은 여전히 지지될 수 있을 것이다.

다만 혹자는 다음과 같이 반문할 수 있을 것이다. 만일 우리가 자연적 경향성이나 욕구에 따르지 않는 행위를 하는 계기는 도덕법칙의 명령에 의한 경우도 있지만 일상생활에서 더 빈번한 경우는 그러한 경향성이나 욕구를 스스로 조절할 수 있는 능력, 즉 모종의 또 다른 자유가 있기 때문이 아니냐는 것이다. 예컨대 인간은 진화적 동인에 의해 달고 기름진 음식을 즐기는 자연적 성향을 타고난다. 하지만 현대사회에서 대다수의 사람들은 이러한 욕구를 합리적으로 극복하고 제어하면서 산다. 마찬가지로 타인에 대한 공격적(폭력적) 성향도 자연적으로 주어진 자기보존 본능의 하나이다. 그러나 많은 사람들은 이러한 욕구를 다른 방식으로 분출하거나 나름의 준칙에 의해 조절하며 지낼 수 있다. 이런 경우에 굳이 실천이성이나 정언명령 없이도 자연의 인과계열은 단절될 수 있다는 것이다. 이와 관련해 치좀은 다음과 같이 지적한다.[34]

"우리들 각각은 행위의 순간 부동의 '제1의 운동자(prime mover unmoved)'가 된다. 행위를 하는 가운데 우리는 어떤 사건들의 발생원인이 되며, 그 어떤 것도 −혹은 그 어떤 사람도− 이러한 사건들의 발생원인인 우리에게 원인이 되지 못한다. 만약 우리가 이처럼 부동의 운동자라면, 그리고 만약 우리의 행위들 혹은 우리가 책임져야 하는 것들이 인과적으로 결정된 것이 아니라면, 그것들은 우리의 욕구들에 의해 인과적으로 결정되지 않는다. 이러이러한 욕구들과 믿음들이 제시되고 이러이러한 자극들이 주어지면, 행위자는 이러저러하게 행동할 것이라는 점이 인과적으로 필연적이다라고 주장할 수 없다."

---

34) Roderick Chisholm, "Human Freedom and the Self", in: Free Will (Hackett Publishing Company, 2009), at 181.

요컨대 치좀에 의하면 "욕구나 동기의 경향성이 곧 필연성을 의미하는 것은 아니다"[35])는 것이고 이로부터 현상계(감성계)에서도 자유의지를 관념할 여지가 있다고 볼 수 있을 것이다. 이 점은 필자가 보기에 칸트가 '자유의지'의 개념적 범위와 관련해 간과한 측면으로 생각되는데, 현상계에 속한 인간에게도 모종의 '자유'를 관념할 수 있다는 것이다. 이 점에 대해서는 후술하기로 한다.

(2) 만일 실천이성 역시 신경프로세스의 일부라면?

가. 비판논거

다음으로 오늘날 칸트적 자유의지 개념이 당면한 보다 더 중대한 난관은 실천이성 자체가 현대의 주류 신경과학자들이 주장하는 '뇌-마음 동일론'의 연장선상에서 보면 뉴런의 발화에 의한 신경프로세스의 일부에 불과하다면 자연의 인과법칙을 벗어날 수 있는 예지적 차원에서의 자유의지는 완전히 소멸하고 말 것 아니냐는 비판이다.[36])

칸트와 유사하게 소위 '행위자 원인론(agent causation)'을 주장하는 치좀에게도 같은 맥락의 의문이 제기된 바 있다. 치좀의 이론을 간단히 설명하자면 인과성은 크게 두 범주로 나눌 수 있는데 첫째, 어떤 한 사건이나 사태가 다른 사건이나 사태를 원인으로 가지는 경우 '외재적

---

35) 이 점에 대해서는 Roderick Chisholm, *Ibid.*, at 182-184. 치좀에 의하면 "어떤 사건을 발생시키려는 유혹에 저항할 수는 있지만, 그것의 발생을 허용하려는 유혹에 저항할 수 없는 경우에 필연성을 갖지 않으면서 경향성을 띠게 된다." 치좀은 평소에는 우리의 욕구들이 필연성은 갖지 않지만 경향성을 띤다고 주장할 수 있다고 한다.

36) 비슷한 취지에서 토머스 네이글은 다음과 같이 언급한 바 있다. "만약 의지 그 자체의 근본적 작용들이 의지의 제어범위를 벗어난 선행적 상황의 산물이라면, 어떻게 우리가 그것들에 대해 책임질 수 있단 말인가? (중략) 그의 제어범위를 벗어난 것의 영향력에 주목하면, 결과적으로 책임의 주체인 자아는 단순한 사건의 배열로 흡수되어, 소멸하는 것처럼 보인다." 토머스 네이글, "도덕적 운수", in: 자유의지와 결정론의 철학적 논쟁(간디서원, 2004), 302-304면.

(transeunt) 인과성'이 있다고 하고, 둘째, 사건과는 구별되는(distinguished from an event) 어떤 행위자가 사건이나 사태의 원인이 되는 경우에 '내재적(immanent) 인과성'이 있다는 견해이다. 내재적 인과성의 사례는 아리스토텔레스가 '물리학'에서 찾을 수 있다고 한다. "이리하여 막대가 돌을 움직이고, 그 막대는 손에 의해 움직이고, 그 손은 인간이 움직인다(thus, a staff moves a stone, and is moved by a hand, which is moved by a man)."는 기술에는 외재적 인과성의 사례들로 분석될 수 있는 것들도 있지만 손동작의 원인은 행위자 자신이 될 수 있다는 것이다. 치좀은 여기서 손동작이 뇌 속에서 발생했던 어떤 사건들을 원인으로 갖는다고 말하는 것도 가능하지만, 뇌 속에서 발생한 사건들 중의 하나는 다른 어떤 사건을 원인으로 갖는 것이 아니라 행위자를 원인으로 가질 것이라는 점을 강조한다.[37]

그런데 치좀의 이론에 대해서는 다음과 같은 반론이 가능하다.

"만약 그 사람이 무엇인가를 한다면, 아리스토텔레스의 논의가 시사하듯이, 그가 한 것은 손을 움직이는 일이다. 그렇지만 확실히 그는 그의 뇌에 대해서 어떤 일도 하지 못한다. 그는 자신이 뇌를 가지고 있다는 사실조차 모를 수 있다. 그리고 만약 그가 뇌에 대해서 어떤 일도 하지 않으며, 그의 손동작이 뇌 속에서 발생한 그 무엇을 원인으로 갖는다면, '외재적 인과성'과 양립불가능한 것으로서 '내재적 인과성'을 채택하는 것은 무의미하다. 왜냐하면 모든 것이 사건들이나 사태들 간의 인과적 관계의 문제이기 때문이다."[38]

이 문제와 관련해 줄리언 바지니는 다음과 같이 말한다.

"따라서 문제는 결정론이 아니라, 물리학 분야에서 흔히 인과적 폐쇄(causal closure)라고 일컬어지는 것이다. 그에 따르면 모든 물리적 사건은 물리적 원인을 지니며, 양자물리학(quantum physics)이든 카오스이론(chaos theory)이든 이 사실은 바뀌지 않는다. 신경세포는 다른 신경세포 때문에 활동하는 것이지 머릿속에 든 영혼 같은 혼령이 그렇게 하라고 시켜서가 아니다. (중략) 신경세포 발화의 유

---

37) Roderick Chisholm, *Ibid.*, at 177.
38) Roderick Chisholm, *Ibid.*, at 177.

일한 원인은 물리적 원인이다. 바로 이 부분 때문에 사람들은 자유의지에 대해 걱정하게 된다. 결국 자유의지에 대한 과학적 회의주의의 뿌리는 결정론이 아니라 유물론(the root of scientific scepticism about free will is not determinism but materialism), 즉 모든 것은 물질로 이루어져 있다는 견해다. (중략) 특히 우리가 걱정하는 것은 실제로 우리를 움직이게 만드는 원인이 욕망, 믿음, 생각이 아니라 원자의 충돌이라는 사소한 물리적 과정이라는 점이다. 생각, 믿음, 욕망, 감정은 단순한 '부수현상(epiphenomena)'일 뿐 행동의 실질적 동인(real drivers of action)은 신경프로세스의 부산물(by-products of neural processes)에 불과하다는 것이다."[39]

특히 칸트와 관련해 백종현 교수는 다음과 같이 지적한다.

"누군가는 이른바 '예지적 원인'으로서의 '이성의 말'이라는 것도 두뇌 세포의 인과 연관적 운동으로 설명할 수 있으며, 그렇게 설명되어야 한다고 말할는지 모르겠다. 가령 (전철 사례) 그 청년은 전철 안에 서 있는 노인을 육안을 통해 보았고, 이 감각 내용이 두뇌에 전달되었으며, 그런 정보를 입수한 두뇌가 그에 대한 조처로서 이전부터 축적되어 있던 사회예절이라는 정보기제에 따라 몸을 일으켜 세우고 양보의 말을 하게 한 것이라고."

또한 같은 맥락에서 김남호 교수는 지적한다.

"프랑크퍼트에 있어서 2차적 의지도 어디까지나 욕구에 속하다. 인간은 1차적 욕구를 반성적 자기평가 능력을 통해 욕구할지 혹은 하지 말아야 할지를 결정한다. 그러나 롯(G. Roth)과 같은 강한 결정론자들은 여전히 2차적 의지 역시 무의식적 메커니즘이 만들어낸 결과물이며, 의식적 반성행위는 (변연계 등) 두뇌활동의 부산물에 지나지 않는다고 주장하려 할 것이다. 또한 신경과학의 발전과 함께 약물 등과 같은 신경기술을 통해 의식적 내용을 조작하는 일이 가능해질 것이다."[40]

이상의 문제제기가 칸트적 자유의지 개념에 심각한 위협을 초래할 수 있는 이유는 순수 실천이성의 산물인 자유의지가 현상계 밖에서 작동하며 자연적 인과법칙의 지배를 받지 않는다는 점과 모순되기 때문

---

39) Julian Baggini, Freedom Regained (Granta, 2016), at 14-15.
40) 김남호, "강한 결정론과 그 대안으로서의 합리주의적 양립론", 인간연구 제33호, 2017, 161면 참조.

이다. 현대 과학이 밝혀낸 바에 따르면 -아마도 칸트시대에는 명확히 알려지지 않았겠지만- 욕구와 추론, 의지 등 인간의 대부분의 의식적 활동은 두뇌의 신경프로세스로 설명될 수 있고, 그렇다면 의식적 숙고에 해당하는 실천이성의 활동 역시 자연적 인과법칙에 종속될 수밖에 없기 때문이다.

나. 비판논거 검토

A. 치좀의 견해

치좀은 반론에 대해 행위자가 자신의 뇌에 대해 무엇인가를 하지 못한다는 것은 맞는 말이지만, 그로부터 행위자가 그의 뇌 속에서 발생한 그 무엇의 내재적 원인이 아니었다는 결론은 나오지 않는다고 응수한다. 즉, 막대기를 잡고 무엇인가를 하려 할 때, 자신이 전혀 알지 못하고 의도하지도 않은 채 주변의 여러 공기입자들을 움직이고 많은 잔디 잎들을 그것들이 받고 있는 압력으로부터 풀어주며, 그림자를 이동하게 되는 등 "행위자가 하는 일이라고는 할 수 없는" 일이 발생하지만, 그는 분명 의도한 어떤 일을 한 것이고 따라서 그 일의 원인이 될 수 있는 것처럼, 뇌 속의 사건은 공기 입자들의 운동과 마찬가지로 막대를 집는 과정에서 그가 발생시켰던 어떤 것일 수도 있다는 점에 주목하면[41] 비록 행위자가 뇌에 대해서 혹은 뇌와 관련하여 아무 일도 하지 않는다는 것이 맞는다고 할지라도 뇌 속의 사건은 공기 입자들의 운동과 마찬가지로 행위자가 막대를 집는 과정에서 발생시킨 어떤 것일 수도 있기 때문이라고 한다.[42] 요점은 "누군가 A를 하는 경우(내재적 인과성에 의해) 그는 뇌 속에 어떤 사건을 발생시키고(he makes a certain cerebral event happen), 이 뇌 속 사건은(외재적 인과성에 의해) A가 발생하도록 한다는 것이다."

---

41) 다만 차이가 있다면 공기 입자들의 운동의 발생원인은 막대운동인 반면, 뇌 속에서 발생한 사건은 막대운동의 원인이라는 점이다.

42) Roderick Chisholm, *Ibid.*, at 178.

B. 백종현 교수의 견해

문제제기에 대해 백종현 교수는 당위는 자연적 근거로 설명될 수 없으며, 즉 사회예절이라는 (신경학적으로) 두뇌에 축적된 정보 자체가 어떻게 만들어졌는가를 물어야 한다고 반문한다. 즉 그것은 단순한 신경과정에 따른 정보가 아니며, 하나의 당위로서 오로지 실천이성의 판단과정에 따른 귀결로서 존재하기 때문에, 사회예절이라는 정보에 따른 행위는 결과적으로 순수 실천이성의 활동에 따른 산물이라는 것이다. 즉 사회예절이라는 두뇌 정보에 따르는 자연적 행위도 도덕적 행위가 될 수 있다는 의미로 보인다.

C. 김남호 교수의 견해

김남호 교수는 프랭크퍼트의 견해가 욕구의 위계는 구별했지만, 욕구의 근거(sources)를 구별하지 못했다는 점에 주목해 반박논거를 제시한다. 즉 순수한 물리화학적, 생물학적 욕구에 의한 동기로서의 의지라면 그것은 신경프로세스의 일부에 불과하겠지만, 순수한 가치판단체계에 근거한 의지라면 그것은 이성을 통해 더 가치있는 것을 찾게끔 만들어주는 행위가 되어 순수 이성이 들어설 자리가 확보될 수 있다는 것이다. 요컨대 실천이성의 명령이나 가치판단의 과정은 신경프로세스로 설명될 수 없다는 의미로 보인다. 이는 자연적 욕구에 기초한 의지는 신경프로세스의 일부겠지만, 순수한 가치판단의 문제는 실천이성이 개입되는 다른 층위에 놓인다는 주장으로 생각된다.

D. 줄리언 바지니와 마이클 가자니가의 견해

상기 논급한 바와 같이 치좀은 자신의 견해에 대한 반론을 논박하며 뇌 속의 사건이 다른 사건이 아닌 행위자가 야기한 것으로(some cerebral event is caused not by any other event, but by the agent) 이해할 수 있다고 주장하였지만, 이는 관점에 따라서는 '인과성의 돌연한 중단'으로도 볼 여지가 있고 따라서 자칫 "과학을 부정해 물리학적 법칙을 웃음거리로 만드는" 이론으로 평가될 수도 있다는 점에서 '행위자가 뇌 속

사건을 야기하는 인과과정'에 대한 보다 '과학적 설명'이 요구된다고 하겠다. 이는 후술하듯 하향식 인과관계가 해명해 줄 수 있을 것이다.

　아울러 백종현 교수와 김남호 교수의 해결책에도 적지 않은 문제가 있다고 생각한다. 문제의 핵심은 실천이성의 활동자체가 신경프로세스로 설명된다면, 인과법칙의 지배를 벗어난 칸트의 자유의지는 도대체 어디에서 찾을 수 있느냐는 것인데, 도덕규범 자체가 실천이성의 산물이므로 전철에서 노약자에게 자리를 양보하는 신경과정은 단순히 신경프로세스로 설명될 수 없다고 하는 주장이나, 가치판단은 실천이성이 개입하는 활동으로 단순한 신경프로세스 이상의 작업이라는 주장은 모두 "실천이성 자체가 신경프로세스라면?"라는 질문을 우회하고 있을 뿐 직접적인 해명을 해주지 못하고 있기 때문이다. 특히 김남억 교수는 프랭크퍼트가 욕구의 위계만 구별하고 각각의 근거를 구별하지 못했다고 주장하는바, 이는 프랭크퍼트의 본래 논지에서도 벗어나 있는 것으로 보인다. 프랭크퍼트의 입장에 의하면 "나는 인간의 2차적 의욕(second order volitions)들이 반드시 그 자신의 1차적 욕구(first order desires)에 대한 그의 도덕적 입장(moral stance)을 표현한다고 제안하려는 것이 아니다. 인간이 그의 1차적 욕구들을 평가하는 것이 도덕적 관점(view of morality)에서 유래하는 것이 아닐 수도 있다. 게다가 인간은 자신의 2차적 의욕의 형성에 있어서 변덕스럽기도 하고 무책임하기도 하며, 문제점에 대해 신중한 숙고를 하지 않을 수도 있다."[43] 따라서 그것이 순전히 실천이성에 의한 가치판단과정을 의미한다고 보기도 어렵다.[44]

　이에 대해서는 무엇보다 줄리언 바지니의 통찰에 주목할 필요가 있

43) Harry Frankfurt, "Freedom of the Will and the Concept of a Person", in: Free Will (Hackett Publishing Company, 2009), at 204-205.
44) 게리 왓슨은 프랭크퍼트의 욕구위계이론에 대해 적확한 비판을 가하는데, 왓슨에 의하면 프랭크퍼트의 구분법은 플라톤의 영혼분할론과 유사하지만, 프랭크퍼트는 영혼을 고차적 의욕과 저차적 욕구로 구분하는 반면, 플라톤과 왓슨 자신은 행동을 유발하는 동기의 원천, 즉 그 원천이 이성인지 아니면 정념이나 갈망인지의 구분법에 따르고 있다고 한다. 게리 왓슨, "자유로운 행위", in: 자유의지와 결정론의 철학적 논쟁 (간디서원, 2004), 214-246면 참조.

다. 그는 다음과 같이 지적한다.

"의식에서 뇌가 핵심역할을 담당한다는 사실을 고려할 때, 우리가 어떤 결정을 내리기 전에 뇌에서 아무 일도 일어나지 않는다면 그거야말로 놀랄 일이 아니겠는가? 신경세포의 발화가 아니라면 달리 무엇이 생각을 가능하게 할 수 있다는 말인가? 그러나 아직 우리는 정신과 뇌의 관계를 이해하지 못하기 때문에, 둘의 관계를 어떤 식으로 말해야 할지 알 수 없다. 예를 들어 우리는 리벳의 실험을 설명할 때 '우리'가 인식하기 전에 '우리 뇌'가 결정한다는 식으로, 마치 뇌가 우리의 일부가 아닌 것처럼 말하기가 아주 쉽다. 이것은 '부분-전체 오류(mereological fallacy)'[45], 즉 부분을 전체로 파악하는 오류의 한 형태다."[46]

다시 말해 바지니에 의하면 리벳의 실험을 전혀 다른 방식으로 해석될 수 있는데, "우리의 결정은 우리를 위해 우리 뇌에 의해 이루어진다"는 것이다. 물론 바지니의 견해에 대해 다음과 같이 반박할 수 있을 것이다. 리벳의 실험상 시간적으로 선행하는 것은 무의식적 신경과정이었으므로 그것이 의식적 결정을 인과적으로 '야기한' 것이라고 말이다. 하지만 이는 단선적인 해석이다. 만일 우리의 모든 의식적 결정이 그에 상응하는 무의식적 신경과정에 순차적으로 '후행'하여 발생할 뿐, 이 두 가지 차원의 결정이 내용적으로 '항상' 일치할 수 있다면, 따라서 의식적인 사고의 자유선택은 시간차만 있을 뿐, 무의식적 선택과정과 동일한 것이다.[47] 리벳과 유사한 실험을 통해[48] 도출한 결론에 대해 베를린

---

45) '부분-전체 오류'란 신경과학자들이 범하기 쉬운 오류로서 예컨대 심리적 개념이나 속성들은 인간 전체에 귀속시켜야 비로소 의미를 갖는데, 이를 뇌나 뇌의 부분들로 귀속시키면 전혀 무의미해진다는 것이다. 이 개념에 대해서는 이을상, "신경과학이 철학적 반성을 필요로 하는 까닭은?", 철학논총 제81권, 2015, 181면 이하 참조.

46) Julian Baggini, Ibid., at 23.

47) 동일한 생각으로는 마이클 셔머/김명주 역, 도덕의 궤적 (바다출판사, 2018), 495면. 셔머는 다음과 같이 말한다. "내 뇌의 어느 영역이 선택을 내리든, 그러한 선택을 하는 것은 여전히 나-자유의지와 자기결정권을 지닌 존재-이다."

48) 이 실험은 기본적으로 리벳의 실험과 유사하나, 자기공명영상장치(fMRI)를 통해 관찰된 두뇌 부위는 리벳의 실험과 달리 전전두피질(prefrontal cortex)였고, 딜런

베른슈타인 컴퓨터신경과학(Computational Neuroscience)센터의 신경과
학자인 존 딜런 헤인즈는 "나의 의식적 의지는 나의 무의식적 의지와
일치한다. 이것은 동일한 과정이다(My conscious will is consistent with
my unconscious will — it's the same process")."고 말했다.[49]

(신경)과학적 회의주의에 의하면 우리의 믿음, 욕구, 의도, 생각 등
의식적 사고는 신경학적 프로세스에 불과하므로 우리의 행동에 아무런
기여를 하지 못한다는 것인데, 다시 말해 "우리의 생각 등은 인과적 효
능(causal efficacy)을 갖지 않는다."고 자유의지 회의론자들은 주장하지
만 바지니에 의하면 리벳의 실험을 포함해 사람들의 의식적 사고와 행
동 간에 아무런 관계가 없다는 사실을 증명한 실험은 지금껏 존재하지
않는다. 우리의 결정에 무의식적 신경과정이 개입되고 있음을 밝힌 여
러 연구에도 불구하고 우리가 하는 행동의 대부분은 명백히 생각이나
이성과 신념에 기반한다는 것이다. 그는 다음과 같이 말한다.

> "인간의 정신과 행동에 관해 논할 때 의식적 사고(conscious thought) 차원, 생
> 화학적 뇌(biochemical brain) 차원, 그리고 기초물리학(fundamental physics) 차원
> 에서 설명이 가능하다. 그런데 만일 어떤 일이 왜 일어나는지에 대한 유일하게
> 옳은 설명은 가장 근본적이고 낮은 수준에서 이루어져야 한다는 환원주의적 입장
> 을 진지하게 받아들일 경우, 뇌과학은 행동에 대해 결코 '진정으로(really)' 설명하
> 지 못할 것이다. 사건이 일이 왜 일어나는지에 대한 궁극적 환원주의적 설명
> (ultimate reductionist account)을 제공하는 분야는 심리학이나 신경과학이 아니라
> 물리학이다(Physics rather than psychology or neuroscience provides the ultimate
> reductionist account of why things happen)."[50]

에 의하면 리벳이 준비전위를 측정한 부위인 대뇌피질 표면은 거의 행동결정의
마지막단계에서 활성화되는 부위에 불과하고 최초의 결정(initial decision)을 수
행하는 부위가 아니다. 따라서 딜런의 연구팀이 확인한 두뇌의 무의식적 결정과
의식적 행동결정 사이의 시간차이는 리벳의 경우보다 긴 7초로 나타났다.

49) Ewen Callaway, Brain scanner predicts your future moves, *13 New Scientist*
(2008) 참조.

50) Julian Baggini, *Ibid.*, at 38.

그러나 바지니는 이러한 환원주의 패러다임이 잘못되었음을 지적한다. 현대과학에 의하면 "전체는 부분의 총합보다 크다." 즉 모든 것을 기본법칙으로 환원한다고 해서 이로부터 다시 전체 우주를 복원할 수는 없다는 것이다. "우리는 뇌가 어떻게 움직이는지 살펴볼 수 있고 소립자와 관련해 벌어지는 모든 현상을 이론적으로 설명할 수 있다. 그렇지만 입자의 움직임을 지배하는 법칙을 확인할 수 없으며, 뇌처럼 복잡한 기관에 입자들이 배열될 때 어떤 일이 일어나는지를 이 법칙을 바탕으로 알아낼 수도 없다. 물리적 우주가 의식을 발생시키긴 하지만, 물리법칙은 의식과 관련해 어떠한 예측도 하지 않는다."

한 마디로 "전체 시스템은 시스템의 각 요소들의 작용을 아는 것만으로는 예측할 수 없는 방식으로 움직인다."는 것이다. 예컨대 양자물리학은 뉴턴물리학보다 더 근본적이지만, 뉴턴의 법칙을 해체해서 양자역학으로 대체할 수는 없다.[51]

마찬가지로 인지신경과학자 마이클 가자니가는 마음이 어떻게 작동하는지에 대해서 뇌과정만 연구해서는 예측할 수도, 이해할 수도 없다는 점을 지적한다. 그 이유는 마음과 의식은 뇌과정에 불과한 것으로부터 야기되는 '창발적 속성'인데 이런 과정들로 이루어진 복잡한 조직은 근본적 물리차원에서는 나타나지 않던 새로운 속성을 만들어내기 때문이다. 즉, 믿음, 생각, 욕구와 같은 정신의 상태는 모두 뇌의 활동으로부터 비롯되고, 결과적으로 그런 것들이 이런저런 방식으로 행동하려는 우리의 결정에 영향을 미칠 수 있으며, 또 영향을 미친다는 것이다.

가자니가는 다음과 같이 말한다.

"나는 뇌를 설명하는 이론가들, 그러니까 모든 정신이 아직 발견되지 않은 신경상태와 동일하다고 주장하는 신경환원주의자들이 이를 증명할 수 있다고 생각하지 않는다. 내 생각에 의식적 사고는 창발된 속성이다. 신경으로는 사고를 설명

---

51) 독일의 형법학자 히르쉬도 이 점에 대한 인식을 통해 결정론적 사고방식이 다른 방향으로 나아갈 수 있는 가능성을 논급한 바 있다. 한스 요하임 히르쉬/하태훈 역, 앞의 논문, 71-72면 참조.

할 수 없다. 그저 소프트웨어와 하드웨어가 상호작용할 때 일어나는 일과 유사한 사고의 현실성이나 추상성을 입증할 뿐이다. 정신은 두뇌로부터 독립된 속성이면서 동시에 완전히 뇌에 종속된 속성인 것이다."

"창발을 이해하는 열쇠는 서로 다른 차원의 구조가 있다는 사실을 이해하는 것이다. 자동차만으로는, 자동차 부속만으로는 교통체증과 교통이라는 현상을 분석할 수 없다. 부분만으로는 알 수 없는 새로운 법칙이 발생한 것이다. 뇌도 마찬가지다. 뇌는 결정공식을 따르는 자동기계지만 뇌 하나만 떼어놓고 분석해서는 책임이라는 기능을 상상할 수 없다. 책임이란 사회적 교류에서 발생하는 삶의 차원에서 존재하며 사회적 교류에는 둘 이상의 두뇌가 필요하다. 둘 이상의 뇌가 상호작용할 때 예측불가능한 새로운 일들이 발생하고 그와 함께 새로운 규칙도 생겨난다. 원래 존재하지 않았지만 이처럼 새로운 규칙을 통해 얻은 두 가지 특성이 바로 책임과 자유다. 이 둘은 (결정론적) 뇌에서는 발견할 수 없다. 책임과 자유는 다수의 두뇌들에서, 그러니까 사람들 사이의 교류에서 발생한다."[52]

바지니에 의하면 상기 최신과학의 입장은 "우리로 하여금 신념, 욕구, 의도 같은 것들을 불가사의하고 비물리적인 것으로 여기도록 하지 않으면서도, 그것들이 실제로 어떻게 무언가를 변화시킬 수 있는지 알려준다. (중략) 이것은 우리가 자유의지에 대해 생각할 때 명심해야 할 가장 중요한 과학적 사실이다. 뇌가 생각의 엔진이라면, 생각 자체는 아무것도 바꿀 수 없는 것처럼 보이기가 아주 쉽다. 복잡계이론은 어떤 이상하고 기괴하며 초자연적이고 비물리적인 의지나 영혼을 상정할 필요 없이, 이것이 어떻게 틀릴 수 있는지 증명한다. 생각, 믿음, 욕구가 상황을 일으키는 원인이 될 수 있다는 견해는 시대에 뒤떨어진 형이상학이 아니라 완전히 최신과학임(not outmoded metaphysics, but bang up-to-date science)을 보여주는 것이다."[53]

요컨대 바지니의 견해에 따르면 이성적 숙고는 비록 신경적(혹은 물리적) 기반을 갖고 있다고 하더라도 그 자체로 독립적인 행동의 원인이 될 수 있다는 것이다.

---

52) 이상의 내용은 마이클 가자니가/박인균 역, 뇌로부터의 자유 (추수밭, 2012), 199면과 207-208면.
53) Julian Baggini, *Ibid.*, at 40-41.

아울러 바지니는 우리의 생각을 원인으로 파악하지 않으면서도 생각이 얼마나 인과적 효능이 있는지 이해하는 또 다른 방법도 제시한다. 소위 '원인과 이유'의 구분법이 그것이다. 그에 의하면 인간의 행동은 인과관계의 연쇄의 결과라고 단순히 주장할 수도 있지만, 행동은 분명 이유에 의해 초래되며, 그 이유를 이해하지 않고서는 누가 왜 특정한 행동을 하는지 제대로 이해할 수 없다. 예를 들어 내가 일어나서 불을 켠다면 불이 켜지는 원인은 내 신체의 거동과 손의 움직임, 그리고 스위치가 움직여 전류가 흐른 데 있지만, 내가 그렇게 행동한 이유는 어둠 속에서 원하는 물건을 찾고 싶었기 때문이다. "우리는 이유가 무엇인지 말할 때 행동의 원인을 규명하지는 않는다. 행동의 원인은 생리학적인 무언가가 되어야 하지만 이유는 그렇지 않다. 이유 역시 그 자체로 생리학적 대상 내지 기반을 지니고 있기는 하지만 이유는 원인과 다르다. 이유는 우리가 그 행동을 왜 하고 싶은지 설명하거나 확인한다."[54]

바지니의 견해를 정리하자면, 인간의 행동은 이유에 근거하며, 그 이유에는 바로 특정한 이성적 숙고나 믿음, 욕구 등이 포함될 수 있다는 것이다. 이는 결과적으로는 전술한 비환원주의 패러다임과 같은 입장으로 해석할 수 있을 것이다.

결론적으로 줄리언 바지니는 "철학에 관한 지식이 없는 대다수 신경과학자와 그 옹호자들은 그들의 연구결과로 다룰 수 있는 범위 이상을 주장해왔다. 많은 사람들이 믿음과 행동의 물리적 신경적 원인을 발견하는 소위 신 라플라스 프로젝트에 열중하고 있다. 우리가 행동의 신경학적 원인을 찾을 경우 눈에 보이는 행동의 원인은 신경학적 원인뿐이며, 따라서 이것이 행동의 유일한 원인이라는 결론은 당연히 비논리적이고 비약이다"라고 하며 자유의지에 대한 (신경)과학의 도전은 과장된 것이라고 지적한다.[55]

---

54) Julian Baggini, *Ibid.*, at 41.
55) Julian Baggini, *Ibid.*, at 57.

E. 소결

필자는 칸트가 제시한 예지계/현상계의 구분법을 그대로 따르는 노선에서 최신과학의 입장과 상기 여러 철학적 통찰을 수용하여 이 문제에 대한 해법을 제시해 보고자 한다. 즉 예지계의 실천이성의 활동은 자연법칙적 인과계열을 벗어날 수 있지만, 결과적으로 자유의지에 따른 행동은 자연법칙적으로(물리-화학적, 생물학적 인과관계는 물론 미시적 차원에서 신경학적 인과프로세스)에 부합되게 설명될 수 있다는 것이다. 사실 거짓말의 유혹이나 안락함의 경향성 자체에 이미 신경학적 프로세스가 작동하고 있음은 자명한 사실이다. 욕구와 성향 자체가 뇌과학적으로는 신경활동의 산물이기 때문이다. 그럼에도 불구하고 그러한 자연적 욕구와 성향을 이성적 의지로 극복하는 기제는 그 자체도 물론 신경학적 프로세스의 산물이겠지만,[56] 우리에게 있는 조절능력이라는 또 다른 층위의 신경적 프로세스의 산물이면서, 순수 실천이성을 가동시키는 신경기제의 산물이기도 할 것이다. 즉, 순수 실천이성은 자연적 욕구와 경향성에 반하는 행동을 명령하고 있지만, 이 과정 역시 신경학적 프로세스 차원에서 자연적 인과계열 내에 가능하다는 것이다. 여기에는 어떤 논리적 모순도 없다. 인간의 자유의지는 굳이 물리법칙으로부터 벗어날 필요가 없다는 것이다.

일찍이 무어(G.E. Moore)는 "(a) 그는 다르게 행위할 수 있었다."는 진술의 의미는 오로지 "(b) 만일 그가 다르게 행동하기로 선택했다면, 그는 다르게 행동했을 것이다."라는 뜻으로 분석될 수 있고, 그리고 이러한 사실은 모든 사건은 원인이 있다는 인과율 내지 결정론과 전혀 모순되지 않음을 언어분석 방식으로 논증하여 결정론과 자유의지의 양립가

---

56) 이 점에 대한 신경학적 증거에 대해서는 마이클 셔머/김명주 역, 앞의 책, 498-499면. 셔머는 의도된 행동을 억제할 수 있는 의지를 '하지 않을 자유의지'로 보면서 '자유거부의지'라고 명명한다. 그는 관련 실험결과를 제시하며 "억제에 관여하는 신경망이 의사결정에 관여하는 신경망보다 상위에 있고, 이는 그러한 충동과 그 충동에 따라 내린 결정이 더 상위에 있는 의사결정 신경망들에 의해 번복될 수 있[다]."고 말한다.

능성에 여러 시사점을 제공해 준 바 있다. (b)는 결정론과 양립가능하고, 만일 (a)와 (b)가 같은 의미라면 (a)도 결정론과 양립하기 때문이다.[57]

같은 맥락에서 소위 마음-뇌 동일론의 입장에 서 있는 신경철학의 선구자인 패트리샤 처칠랜드 역시 다음과 같이 인상적인 말을 남겼다.[58]

> "만일 자유의지는 환상이다라는 말이 의미하는 바가 우리가 숙고하고 선택하는 것을 가능하게 해주는 신경기제가 있으므로 우리는 자유의지를 가질 수 없다는 것이라면? 기가 막힐 노릇이다. 그렇다면 그들은 진정한 선택을 위해서는 무엇이 필요하다고 생각하는 것일까? 비물리적 영혼?"

그렇다면 자유의지가 구체적으로 어떻게 신경프로세스와 양립할 수 있다는 것일까? 이 점에 대해서 저명한 인지신경과학자이자 신경윤리학자인 마이클 가자니가는 다음과 같은 가능성을 보여준다.

> "신경과학에서 하향식 인과관계란 정신적 상태가 신체의 상태에 영향을 미친다는 뜻이다.
> 거시 A 수준에서의 생각이 미시 B의 물리적 수준에서 신경세포에 영향을 줄 수 있다는 말이다. 이론생물학자 데이비드 크라카우어가 든 예를 보면, 우리가 컴퓨터 프로그래밍을 할 때, 전자(electrons)의 수준인 미시B 수준에서 프로그래밍하는 것이 아니라 실제로 더 상위의 수준인 거시 A(예컨대 Lisp 프로그 래밍) 수준에서 한다는 것이다. 그러면 거시 A가 정보의 손실 없이 미시물리학으로 번역

---

57) G.E. Moore, *Ethics* (Oxford Univ. Press, 1912), at 90. 이러한 무어의 논증에 대해 치좀은 (b)는 (a)가 틀렸음에도 불구하고 옳을 수 있음을 지적한 바 있다. 예컨대 어떤 살인자는 만일 그가 다르게 선택했다면 다르게 행동할 수도 있었던 사람이지만, 그럼에도 불구하고 그와 동시에 다르게 행동할 수 없었던 그런 사람이기도 하다는 것이다. 치좀의 견해에 대해서는 Roderick Chisholm, *Ibid.*, at 175-176.

58) 처칠랜드는 (그녀의 주장대로라면) 칸트류의 철학자들이 주장하는 반인과적 자유의지는 일반 대중의 자유의지 개념과는 동떨어진 것으로 보며 법률적, 일상적 맥락에서 유용하고 적절한 자유의지 개념은 '자기조절능력'으로서의 '자유의지' 개념이라고 주장한다. 패트리샤 처칠랜드/박제윤 역, 신경건드려보기 (철학과 현실사, 2014), 248면. 칸트가 반인과적 자유의지를 주장했다는 처칠랜드의 주장은 오해가 있다고 보인다. 칸트는 예지계에서의 자유가 자발성을 가질 수 있음을 입론했지만 동시에 현상계의 인과법칙과 양립가능함을 주장하고 있기 때문이다.

된다(compiled down). 즉, A가 B의 원인이 된다. 물론 A는 물리적으로는 B로 만들어졌고, 모든 단계의 번역은 B의 물리학을 통해 오로지 B에서 이루어진다."[59]

처칠랜드와 가자니가의 견해를 종합하면 우리의 욕구와 의지 등은 신경학적 기제를 통해 발현되며, 그렇다고 미시차원의 신경프로세스가 거시차원의 욕구와 의지를 인과적으로 결정하는 것은 아니고, 욕구와 의지 등은 거시차원에서 타인과의 상호작용 속에서 독립된 법칙을 따르면서 하향식으로 신경프로세스에 인과적으로 영향을 줄 수 있다는 것이다.[60]

그렇다면 다음과 같이 정리할 수 있다. 우리에게는 두 가지 차원의 신경학적 프로세스가 있는데 하나는 자연적 욕구와 성향에 따르려는 것이고, 다른 하나는 이성적 자유의지에 따르려는 것이다. 이 둘은 모두 자연법칙적 인과관계에 의해 설명이 가능하지만, 전자는 동물적 성향(자기애의 준칙)을 우위에 둔 것이고, 후자는 인격적 결단(도덕성)을 우위에 둔 것이라는 차이가 있을 뿐이다. 어느 경우든(칸트라면 후자의 경우만 자유롭다고 보겠지만) 우리는 '자유롭게'게 결정을 내리며, 그 신경학적 과정은 인과적으로 해명이 가능하다.

결정론이란 용어는 어떤 의미에서는 잘못된 것이다. 흔히 결정론의 의미는 엑스트롬(L.W. Ekstrom)이 잘 표현해 주듯 "어떤 행위자의 과거 사실이 그를 '물리적으로 가능한 유일한 특수한 상태인' 하나의 특정한

---

59) 이 부분의 내용은 마이클 가자니가의 원서를 참조했음을 밝혀둔다. Michael S. Gazzaniga, Who's in Charge? (HarperCollins, 2011), at 138-139.

60) 이와 유사한 맥락에서 물리학자인 카를로 로벨리는 다음과 같이 말한다. "자유롭다는 것이 우리의 행동이 자연의 법칙에 의해 제한되지 않음을 의미하지는 않습니다. 자유롭다는 것은 우리 뇌 안에서 작용하는 자연의 법칙에 의해 제한되는 것을 의미합니다. 자유로운 결정은 우리 뇌에 있는 수십억 개의 신경세포들 사이에서 활발하게 일어나는 상호작용의 결과에 의해 이루어집니다. 즉, 신경세포들의 상호작용이 우리의 판단을 정의할 때 우리의 자유로운 결정이 이루어지는 것입니다." 카를로 로벨리/김현주 역, 모든 순간의 물리학 (쌤앤파커스, 2016), 127-128면.

결단의 상태로 밀어붙이는(pushing)"[61] 식으로 이해되고 있지만, 어떤 현상계의 사건도 인과관계로 설명될 수 있을 뿐이지,[62] 항상 어느 쪽으로 '불가피하게' 결정되어 있다고는 말할 수는 없다.[63] 만일 결정론이 그런 의미라면 그것은 '숙명론'이 될 것이다. 유비적으로 형법상 인과관계와 객관적 귀속을 구분하는 사고방식은 바로 이 점을 잘 드러내 보여

---

61) 이처럼 인과적 결정론의 의미를 '밀어붙이기(pushing)'로 특징짓는 견해로는 L.W. Ekstrom, "Protecting Incompatibilist Freedom", *American Philosophical Quarterly* 35(3) (1998), at 284-285.

62) 필자와 정확히 같은 생각으로는 A.J. Ayer, "Freedom and Necessity", in: Free Will (Hackett Publishing Company, 2009), at 146-147. 에이어에 의하면 "결정론은 하나의 사건이 다른 사건의 효력 속에 어느 정도는 내재한다는 것을 시사하는 경향이 있기는 하지만, 실제로는 **이 두 사건들이 상호 연관된다는 것만을 의미**하기 때문이다. 그리고 이러한 맥락에서 같은 논지가 '필연성'이라는 단어와 심지어는 '원인'이라는 단어에까지 적용된다. (증략) 그러나 거듭 말하지만 한 유형의 사건이 발생되는 순간, 다른 유형의 사건도 앞의 사건과 시간적 관계 혹은 시간-공간적 관계 속에서 발생한다는 것만이 사실이다. 그 밖의 것은 모두 은유일 뿐이다. 인과성과 자유 사이에 어떤 대립이 존재한다고 생각하게 되는 것은 은유 때문이지 사실 때문은 아니다. (중략) 결정론이 의미하는 바가 적절한 일반법칙과 과거에 관한 일련의 특정한 사실로부터 일련의 미래의 사실을 연역하는 일이 원리적으로 가능하다는 것뿐이라면, 이것이 틀림 없기는 하지만, 내가 운명의 포로가 되는 것을 함축하지 않는다."

63) 최용철 교수도 적절하게 "우리의 당혹감은, 인간 행위를 포함하여 어떤 사건이든 그에 선행하는 원인에 의해 필연적으로 발생한다는 이론인 결정론이 모든 사건의 불가피성을 함축하는 것으로 이해되고 있다는 데서 비롯된다."고 지적한다. 최용철, "자유의지와 결정론의 철학적 논쟁", in: 자유의지와 결정론의 철학적 논쟁(간디서원, 2004), 21면. 동 문헌에 의하면 논리실증주의로 유명한 빈서클의 지도자인 모리츠 슐리크도 자유의지와 결정론의 문제에 대해 유사한 견해를 피력한다. "[이] 문제는 우리가 마땅히 해야 할 바를 규정하고 명령하는 '규범적' 규칙과 자연 속에서 발생하는 사건들을 기술할 목적으로 사용되는 '기술적' 법칙을 혼동함으로써, '강제'를 '법칙'자체의 속성으로 오해할 때 생긴[다]." 즉 심리학적 법칙이 인간의 행위를 기술할 뿐 인간으로 하여금 어떤 결단을 내리도록 강제하지 않듯이, 자연법칙의 본질은 그것이 모든 사실에 적용된다는 보편성을 의미할 뿐 어떤 강제성을 의미하지는 않는다는 것이다. 이 점에 대해서는, 최용철, 앞의 논문, 20면 참조.

준다고 할 수 있다. 왜냐하면 행위와 결과 간에 합법칙적 조건관계가 인정된다고 해도 객관적 귀속이 부정되어 발생한 결과를 행위자의 작품으로 귀속시킬 수 없는 경우가 있다는 의미는 특정 행위와 결과 간에 인과적 연관성이 인정되더라도 그 행위로부터 결과가 반드시 결정되어 있지는 않다는 의미이기 때문이다. 다시 말해 인과적 연관성과 결정성은 구분되어야 할 개념이다.

(3) 만일 자유의지가 조작가능하다면?

저명한 칸트 연구자인 크리스틴 코스가드는 다음과 같은 흥미로운 주장을 한 바 있다.

> "당신은 오늘 당신의 모든 움직임이 당신의 두뇌 속에 이식된 전자적 장치(electronic device implanted in your brain)에 의해서 프로그램화되어 있다는 것을 안다. 그런데 이 장치는 당신의 사고과정을 무시하지도, 당신의 움직임을 기계적으로 만들지도 않으며, 오히려 그것들을 통해서 작동한다. 즉 그것들이 당신의 생각을 결정할 것이다. (중략) 여기에서 중요한 것은 프로그램화되어 있는 것을 추측해서 그것과는 다르게 행동하려고 노력해도 당신이 무엇을 할 것인지를 결정하는 데 도움이 되지 않는다는 점이다. 그것은 단지 결정을 내리는 데 방해가 될 뿐이다. 어떤 것을 하기 위해서 단지 프로그램화되어 있다는 사실을 무시하고, 당신이 마치 자유로운 것처럼 무엇을 할 것인가를 결정하기만 하면 된다. 당신은 그 결정이 가짜라고 생각할 것이지만, 그것은 아무런 차이도 내지 않는다. 칸트가 이성이 자신을 의식하면서 판단을 내릴 때 다른 곳으로부터 지도를 받는 것은 도저히 생각할 수 없다고 말할 때, 핵심은 마치 내가 자유로운 것처럼 선택할 수밖에 없다는 점이다. 이것은 내가 스스로 완전히 결정되어 있다고 믿는 것과 절대적으로 양립가능함을 아는 것이 중요하다. 칸트가 말하고자 하는 요지는 결정에 필연적인 이론적 가정에 관한 것이 아니라, 다만 결정이 이루어지는 관점의 근본적인 특징에 관한 것이다."[64]

상기 코스가드의 주장은 설령 내가 두뇌 속의 전자장치에 의해 프로

---

64) Christine M. Korsgaard, *Ibid.*, at 162-163. 상기 인용구는 본문의 내용을 일부 발췌, 재편집한 것이다.

그램 된 상태라 하더라도, "결정이 이루어지는 관점의 근본적 특징에 비추어 볼 때" 그 결정이 비록 가짜라고 생각할 지라도 나는 여전히 자유로운 것처럼 선택할 수밖에 없다는 것이다. 그런데 이 견해에 대해서는 자연스럽게 다음과 같은 의문이 떠오른다. 그렇다면 만일 실제로 우리의 의식 또는 자유의지가 현대과학의 기술적 도움을 받아 조작가능하다면 그것을 과연 진정한 자유의지라고 볼 수 있을 것인가? 또 그러한 조작은 도덕적으로 정당화될 수 있을까? 바로 이러한 문제의식의 극단에는 다음과 같은 견해가 있다. 유발 하라리는 '호모 데우스'에서 다음과 같이 말한다.

"(뇌의 감각영역과 보상영역에 전극이 이식된) 로봇 쥐는 -상기 코스가드의 사례처럼- 다른 누군가가 자신을 통제하고 있다고 느끼지도 않고, 자기 의지에 반하는 일을 강압적으로 하고 있다고 느끼지도 않는다. (중략) 인간을 대상으로 한 실험들은 인간 역시 쥐처럼 조종할 수 있다는 사실, 뇌의 적소를 자극해 사랑, 분노, 두려움, 우울 같은 복잡한 감정들을 일으키거나 없앨 수 있다는 사실을 보여준다. 최근 미국 육군은 사람들의 뇌에 컴퓨터칩을 이식하는 실험을 시작했는데, 이 방법으로 외상 후 스트레스 증후군을 겪는 병사들을 치료할 수 있기를 기대한다. (중략) '경두개 직류 자극기'로 불리는 이 헬멧에는 두피 외부에 부착하는 전극들이 달려있고, 그 전극들을 통해 약한 전자기파를 특정한 뇌 영역으로 보내면 그 영역의 활성이 높아지거나 억제된다. 미국 육군은 훈련과 실전에서 병사들의 집중력과 전투능력을 향상시킬 수 있기를 희망하며 이 헬멧을 실험하는 중이다. (중략) 이 기술이 성숙한다면, 또는 뇌의 전기패턴을 조작하는 다른 방법이 발견된다면, 인간사회와 사람들에게 어떤 영향을 미칠까? 사람들은...자유주의 세계의 일상적인 목표를 달성하기 위해 자신들의 뇌 회로를 조작할 것이다. 즉 그런 조작을 통해 공부와 일을 더 효율적으로 한다든지, 게임과 취미에 더 몰입한다든지, 수학이나 축구 등 특정한 순간의 관심사에 집중할 수 있을 것이다. 하지만 그런 조작이 일상화되면 고객의 자유의지라는 것도 우리가 구매할 수 있는 또 하나의 제품이 될 것이다."[65]

하라리는 자유의지가 컴퓨터칩이나 경두개 직류자극기에 의해 조작됨으로써 강화되거나 더 나아가 상품이 될 수 있다는 점에 대한 문제의

---

65) 유발 하라리/김명주 역, 호모 데우스 (김영사, 2015), 393-398면 참조.

식을 보여주고 있다. 이러한 전망은 먼 미래의 일이 아니다. 소위 '인지
능력 향상을 위한 뇌 과학기술'은 상당한 수준에 도달한 상태이고, 이
를 허용할 것인지 여부에 대한 찬반논의가 마이클 센델 등 윤리학자는
물론 법률가들 간에도 이미 전개되고 있다. 부정론자들은 이 기술이 인
간의 존엄성과 자율성을 훼손시키므로 비윤리적이라고 보는 반면, 긍정
론자들은 누구나 새로운 기술로 탄생한 다양한 기회를 누릴 권리가 있
으며 적절한 규제를 토대로 보급되면 많은 사람이 혜택을 누릴 수 있을
것이라고 낙관한다. 부정논거를 더 찾아보면 이 기술이 부유한 사람들
에게만 독점될 경우의 형평성 문제, 그리고 기술적인 인지능력 향상이
'진정한 노력'의 가치를 훼손시킬 수 있다는 문제가 있다.[66]

만일 뇌과학 기술이 허용된다면 칸트적 의미의 자유의지는 얼마나
가치를 잃게 될까? 도덕법칙에 대한 존경심과 의무감에서 비롯된 행위
가 아니라 단지 뇌 조작기술에 의해 인도되어 결과적으로 도덕법칙에
부합되는 행위를 하게 된다면 이것은 칸트의 입장에서는 명백히 도덕
적인 행위가 되지 못할 것이다. 하지만 만일 이 기술이 행위자의 도덕
적 인지능력을 향상시킴으로써 자유의지의 발현을 돕는다면, 또 만일
그러한 인지능력이 떨어지는 행위자를 정상인의 수준으로 끌어올림으
로써 정언명령에 따를 수 있도록 도와주는 역할을 한다면 그들의 행위
는 어떻게 평가하는 것이 옳을까? 또 그들의 의지는 진정한 의미의 자유
의지라고 볼 수 있을까? 아울러 어떤 사람은 유년기부터 이러한 기술의
혜택을 받아 평생 범죄를 저지르지 않고 좋은 덕성을 유지하며 살 수
있는 반면, 부의 불균형으로 인해 어떤 계층의 사람들은 범죄와 악덕의
유혹에 쉽게 빠져든다면 그 불공정함은 책임과 형벌을 논정하는 데 있
어서 어떻게 고려해야 할까? 필자가 보기에 자유의지와 관련해 앞으로
논쟁이 진지하게 펼쳐져야 할 지점은 바로 여기에 있다고 생각한다.[67]

---

66) 이상의 논의에 대해서는 윤진수·한상훈·안성조 편저, 법학에서 위험한 생각들
(법문사, 2018) 참조.
67) 비슷한 맥락에서 정신병질자, 즉 사이코패스의 '도덕적 판단능력의 부재'는 행위
자의 타고난 도덕적 운(luck)의 하나로서 형법의 공정한 적용을 위해서 책임능력

III. 칸트의 자유의지와 형법의 해석

1. 타행위가능성과 자유의지

일반적으로 형법학에서 책임은 비난가능성으로 이해되며 이는 타행위가능성, 즉 적법하게 행위할 가능성이 있었음에도 불구하고 불법을 결의하고 행위한 데 대한 도덕적 비난가능성을 의미한다. 그리고 바로 여기서, 타행위가능성은 자유의지를 전제한 개념으로 널리 받아들여지고 있다. 자유의지가 없다면 행위 당시 다르게 행위할 수 있었다고 평가할 수 없고, 따라서 행위자에 대한 책임비난이 불가능해지거나 곤란해질 것이기 때문이다.

그런데 그동안 형법상 책임원칙과 자유의지의 존부에 대한 가장 집중적인 비판은 바로 이 '타행위가능성'에 초점이 맞추어져 있었다고 보아도 과언이 아니다. 그 논지는 크게 세 가지인데, 첫째, 책임은 자유를 전제로 하는데, 인간의 자유 즉 타행위가능성은 과학적으로 증명되지 않는다.[68] 둘째, 설령 그러한 자유가 이론적으로 구명되더라도 형사소송에서 특정한 행위자에 의해 실현된 자유를 확인하는 것은 불가능하다.[69] 셋째, 형사소송에서의 책임비난의 근거인 개인의 자유, 즉 타행위

판단에 고려되어야 한다고 주장한 글로는, 안성조, "사이코패스의 형사책임능력", 형사법연구 제20권 제4호, 2008. 동 논문에 대한 공감을 표시하는 견해로는 이상돈, 형법강론 제2판 (박영사, 2017), 294면; 김동현, "인지과학의 관점에서 바라본 자유의지와 형사책임론의 문제", 서울대학교 법학 제51권 제4호, 2010, 304면. 또한 이러한 문제의식에서 파생될 수 있는 또 다른 쟁점은 뇌가 환경과 문화의 영향을 크게 받는 사실에 주목할 때 문화적 프로그래밍을 통해 독재자와 권력자들이 사람들의 뇌를 자신들의 구미에 맞게 바꾸려고 하는 시도에 어떻게 저항할 것인가의 문제이다. 이와 관련해 티모시 테일러는 "우리가 자유의지를 고수하는 것은 그것을 교묘한 방식으로 무력화하려는 권력자들에게 큰 위협이 된다."고 지적한다. 티모시 테일러, "뇌는 문화의 산물이다", in: 위험한 생각들 (갤리온, 2007), 83-87면.

68) 아르투어 카우프만/김영환 역, "형법상 책임원칙에 관한 시대불변의 성찰들", in: 책임형법론 (홍문사, 1995), 15면.

가능성이 입증될 수 없다면 책임척도는 평균인의 타행위가능성이 될 터인데, 이렇게 되면 평균적인 사람이라면 적법행위를 하였을 텐데(일반적 타행위가능성), 행위자는 그렇게 하지 않았다는 비난이 곧 책임이 된다. 이는 평균적인 규범으로부터 일탈함으로써 행위자는 비난을 받고 또한 책망을 받게 되는 결과를 가져오는바, 여기서 평균인은 관념적 허구에 불과할 뿐이고, 결과적으로 책임비난의 근거가 자유의지의 남용과 오용에 있는 것이 아니라 기대되는 평균적 행동과 행위자의 실제 행동 간의 차이에 있게 되므로 결국 '자유의지'에 핵심인 실제적 타행위가능성은 무의미해 진다는 것이다.[70]

필자가 보기에 상기 비판은 전통적 의미의 책임원칙의 타당성과 유용성에 대한 반박논거로서 일반적인 자유의지 개념이 형법적 논의의 맥락에 놓이게 될 때 노정되는 문제점을 적실히 지적하고 있다는 점에서는 일응 타당하다고 생각된다. 하지만 형법적 논의에서 요구되는 자유의지나 타행위가능성은 분명 일상적인 개념과는 구별이 되고, 또 구별해야 하는 개념이라는 사실에 주목해 보면 위 문제는 상당부분 자연스럽게 해소될 수 있다고 본다. 예컨대 형법은 책임능력을 사물변별능력과 행위통제능력으로 정의하고 있는데 일상적으로는 사물변별능력이 일반적으로 합리적 판단을 할 수 있는 능력으로 이해되지만, 범죄와 형벌과 관련해서는 옳고 그름, 즉 적법과 불법을 구별할 수 있는 능력인 시비변별능력을 의미하고, 행위통제능력 역시 일반적으로 행동을 합리적인 방식으로 조종할 수 있는 능력을 뜻하지만, 형법에서는 시비변별판단에 따라서 자신의 행위를 법의 요구에 따르게 할 능력인 의사결정능력을 의미한다.[71] 이처럼 형법상의 용어들이 일상적 의미보다는 한정적으로 보다 특수한 외연을 지니고 있다는 점에 주목하면 타행위가능성 역시 그러한 관점에서 해석되어야 함은 자명해 보인다. 주지하다시

69) 권터 엘샤이트·빈프리트 하세머/배종대 역, 앞의 논문, 123면.
70) 권터 엘샤이트·빈프리트 하세머/배종대 역, 앞의 논문, 125-126면; 배종대, 형법총론 (홍문사, 2013), 430면.
71) 신동운, 앞의 책, 374면.

피, 타행위가능성이란 일반적으로 이것이 아닌 저것을 선택하여 할 수 있는 가능성이 아니라 오로지 '적법행위의 가능성'으로 이해되고 있다. 간단히 말해서 형식적 표현과 달리 오로지 '적법하게 행위할 수 있는 가능성'이 행위자에게 있는가, 있다면 그럼에도 불구하고 불법을 결의한 데에 대해 책임비난을 가하겠다는 것이 형법의 태도인 것이다. 이러한 관점에 서서 타행위가능성을 바라보면, 칸트적 의미의 자유의지가 결코 "이것이든 저것이든 자유롭게 선택할 수 있는 의지"가 아니라 오로지 "실천이성의 능력에 의해 도덕법칙에 따르려는 의지", 선의지72)라는 사실과 어떤 접점을 갖고 있음을 깨닫게 된다. 다시 말해 칸트적 의미에서 보면 자유의지가 있다는 것은 도덕적으로 행위할 수 있다는 것이고, 이를 가능케 해 주는 실천이성의 능력은 정상인 누구에게나 내재해 있는 것이므로 행위자를 도덕적으로 비난하게 되는 경우란 그러한 자유의지에 따라서 도덕적으로 행위할 수 있음에도 불구하고 그렇게 행위하지 않은 때가 될 것이다. 그렇다면 칸트에게 타행위가능성이란 도덕적으로 행위할 수 있는 가능성이고, 이는 정상적인 사람이 정상적인 상황에 있는 경우라면 누구에게나 열려있는 가능성으로 볼 수 있는 것이고 따라서 도덕적 비난의 근거가 될 수 있다. 이러한 논리 구조에 비추어 보면 형법상의 타행위가능성도 충분히 칸트적으로 재구성할 수 있는바, 다시 말해 정상적인 사람들은 실천이성의 관점에서 볼 때 누구에게나 자유의지가 있고,73) 따라서 정상적인 상황이라면 언제나 적법하

---

72) 선의지란 보편화될 수 있는 준칙만을 법칙으로 채택하고, 경향성의 유혹을 물리치고 그렇게 채택된 법칙에 따라서 행동하려는 의지를 뜻한다. 그리고 그렇게 채택된 법칙에 대한 의식이 인간이라면 누구에게나 있다는 점에서 칸트는 그것을 실천이성의 사실이라고 부른다. 문성학, "선의지와 형식주의, 그리고 책임", 철학연구 제102집, 2007, 222면.

73) 칸트에 의하면 실천이성의 사실로부터 인간은 누구나 "자유가 있다"는 점이 증명된다고 한다. 실천이성의 사실이란 도덕법칙을 의지의 결정근거로서 의식하는 우리의 의식이다. 우리가 순수한 이론적 원칙들을 의식하는 것과 꼭 마찬가지로, 우리는 순수한 실천법칙들을 의식할 수 있다고 한다. 여기서 도덕법칙은 "우리가 의지에 대한 준칙을 구성하자마자" 우리에게 우리의 자유를 드러내 보여주는데,

게 행위할 수 있는 가능성이 있으나 이때 만일 불법을 결의했다면 그 점에 대한 도덕적 비난이 가해져야 한다는 것이다. 만일 이러한 이해방식이 옳다면 타행위가능성에 대한 상기 비판들은 의미를 잃게 될 것이라고 생각한다. 분명 일반적인 행위자에게 적법행위가능성은 존재하며, 이는 누구에게나 전제되는 것이므로 이는 형사소송에서 굳이 입증될 필요가 없는 것이고, 따라서 굳이 평균적 타행위가능성이란 기준도 설정될 필요가 없을 것이기 때문이다. 반대로 말하면 실제적 타행위가능성은 형법적으로 전제되고 있고, 또 그러한 태도는 타당하다는 것이다.

칸트는 '너는 해야만 한다. 그러므로 너는 할 수 있다(Du kannst, denn du sollst)'는 유명한 말을 남겼다. 도덕적 명령은 자연의 경과 속에서는 결코 발생할 수 없는 일이 발생하기를 요구한다. 그러나 그것이 발생할 방도가 원천적으로 봉쇄되어 있다면, 도덕적 명령은 불합리한 명령일 것이며, 그런 불합리한 명령을 실천하려는 인간의 노력은 헛되고 어리석은 것이 될 것이다. 그러므로 도덕적 명령이 불합리한 것이 아닌 한, '너는 해야만 한다. 그러므로 너는 할 수 있다'는 것은 실천이성이 불가피하게 받아들이지 않을 수 없는 사실, 즉, 실천이성의 사실이다. 실천이성의 사실이란 "X+5 보다는 X+8 크다."는 것이 선천적 종합판단에 따른 '이론이성의 사실'이듯이, 실천이성을 가진 사람이라면 누구나 필연적으로 받아들일 수밖에 없는 의심할 수 없는 사실을 말한다. 이러한 맥락에서 보면 칸트의 '실천이성비판' 전체가 "'실천적 선천적 종합판단이 있다'는 실천이성의 사실에 기초해서 그 사실의 가능성 조건을 검토하는 방식으로 해명된 실천이성의 사실들의 체계"로 볼 수 있을 것이다.[74]

우리의 자유가 드러난다는 것은 우리가 심지어 우리의 가장 강한 경향성에 저항할 수 있다는 점에서이며, 마땅히 저항해야 하는 경우가 있기 때문에 그것에 저항할 수 있다는 것이다. 실천이성비판 V 30. 이로부터 "도덕법칙은 자유의 인식근거이다"라는 칸트의 유명한 명제가 나온다.

74) 이상의 논지에 대해서는 문성학, "칸트 윤리학에서 실천이성의 사실", 철학연구 제90집, 2004, 124-125면 참조. 동 문헌에 따르면 실천이성의 사실은 두 가지 측

현상계에서 자연의 경향성에 유혹되기 쉬운 인간에게 도덕법칙은 의무이자 명령으로 주어지는데, 우리는 이것을 "따를 수 있음"이 전제된다. 이를 형법적으로 해석해 보자면, 칸트의 자유의지론에 의하면 인간은 적법행위를 해야만 하고 "적법행위를 할 수 있다." 도덕률을 따르는 것은 실천이성의 관점에서 의무이자 명령인 것처럼, 현실의 법적 관점에서도 형법률의 금지규범을 따르는 것도 수범자로서의 의무이자 국가의 명령이다. 그리고 여하한 의무와 명령은 그 전제로서 그것을 준수할 수 있음이 전제되어 있다는 것은 분명 '실천이성의 사실'이다. 준수할 수 없는 법규는 애당초 규범으로서 실효성이 없을 것이기 때문이다. 그렇다면 칸트적 자유의지는 적법행위가능성을 함축한다고 말할 수 있고 이것은 누구에게나 내재되어 있는 것으로 전제된다 할 것이므로 칸트적 자유의지 개념 하에서 형법적 의미의 타행위가능성을 입론하는 것은 적절한 해석으로 보인다.

전술한 바와 같이 칸트는 실천이성의 관점에서 자유의지를 전제하고 있으나 법학자나 윤리학자들의 일반적인 이해방식과 달리 책임을 자유의지에 기초해 타행위가능성이 있었음에도 불구하고 그렇게 하지 않은 데 대한 비난으로서 규정하려는 적극적 시도를 하고 있는 것 같지는 않다.[75] 일반적으로 자유의지란 우리가 선과 악 중에서 선택할 때

면에서 설명될 수 있는데, 하나는 모든 도덕적 명령은 그 내용적 다양성에도 불구하고 "너는 마땅히 X를 해야만 한다."는 공통의 형식으로 주어진다는 사실이고, 다른 하나는 도덕법칙은 자의성과 특수성을 배제하는 방식으로 제정되어 한다는 사실이라고 한다. 이로부터 실천이성의 사실은 "실천이성을 지닌 사람이라면 누구나 받아들일 수밖에 없는 모든 실천철학적 원리"가 된다. 예컨대 "자유는 도덕법칙의 존재근거이고, 도덕법칙은 자유의 인식근거이다."라는 명제도 실천이성의 사실이 된다.

75) 코스가드의 칸트 해석에 따르면 우리는 자신과 타인에게 항상 책임을 물어야 한다. 그러나 그 이유는 예지적 자유(noumenal freedom)가 우리에게 이론적 사실로서 알려져 있기 때문이 아니다. 그것은 도덕법칙이 모든 인격에게 있는 인간성에 따를 수 있도록 우리에게 명령하는, 상대방에 대한 존중(respect) 때문이다. 우리가 서로에게 책임을 묻는 것은 그것이 인격으로서 서로간의 상호작용에 본질적이기 때문이다. Christine M. Korsgaard, *Ibid.*, at 212.

사용하는 것을 말하며 이를 '도덕적 또는 중립적(moral or neutral) 자유'
로 일컬을 수 있다면, '선한 혹은 이성적(good or rational) 자유'는 우리
가 도덕적으로 행위할 때 사용하는 자유로 그것은 우리가 열정이나 욕
구에 '종속되지(enslaved)' 않는다는 것이다. 주로 칸트가 의도한 자유가
이에 해당한다.[76) 그런데 칸트는 나아가 중립적 자유를 부정하기까지 한
다. 칸트에 의하면 "자유는 이성적 주체가 자신의 법칙수립적인 이성에
반대되게 선택할 수 있다는 사실에 근거해서 결코 정립될 수 없다. 경험
이 충분할 정도로 자주 이것이 발생함을 증명한다고 해도 그렇다."고 한
다.[77) 요컨대 칸트적 관점에서 자유의지는 오로지 도덕법칙을 따르는 것
이고 따라서 자유의지가 악행을 선택하는 것을 생각할 수 없다는 것이
다.[78) 이러한 맥락에서 코스가드는 중립적 자유란 칸트적 의미에서 보면
"선택을 모든 외적인 영향에서 독립적인 것으로 만드는" '소극적 자유'
의 결과이거나 '모든 결정의 부재(absence of all determination)'라고 한
다.[79) 또한 코스가드는 이성적 주체에게 도덕성은 자유의지의 본성적

---

76) Christine M. Korsgaard, *Ibid.*, at 161-162.
77) 이를 두고 이로부터 혹자는 칸트가 자유와 도덕성의 그토록 엄격한 동일성을 견
   지함으로써 도덕적인 책임지움에 대한 자신의 설명을 포기할 수밖에 없다고 비
   판을 가하기도 한다. Christine M. Korsgaard, *Ibid.*, at 172.
78) 물론 견해에 따라서는 문성학 교수처럼 인간이 악행에 대해 책임을 지는 것은
   정언명령을 따르기로 결정하지 않고 아니라 자기애의 준칙을 따르기로 선택하였
   기 때문이라고 보기도 한다. 문성학, "선의지와 형식주의, 그리고 책임", 철학연
   구 제102집, 2007 참조. 이와 관련해 아르투어 카우프만은 칸트의 자유의지에 깊
   이 천착하고 이를 형법적으로 수용하면서도 칸트의 자유의지 개념이 형법상의
   타행위가능성과 부정합적일 수 있다는 점에 대해 특별한 관심을 보이지 않는다.
   단지 "내가 자유롭게 명령(Gebot)에 찬반으로, 선과 악, 내 스스로를 위하거나 또
   는 거역해서 결정할 수 있다는 것이 관건이 된다."고 한다. 즉 실천이성의 명령에
   거역하거나 따를 수 있는 자유가 있다는 설명인데, 하지만 일반적으로 이해되는
   칸트적 의미의 자유의지란 곧 실천이성의 명령에 따르려는 의지이고, 여기에는
   달리 선택의 여지를 관념할 수 없다. 카우프만의 견해에 대해서는 아르투어 카우
   프만/김영환 역, 앞의 책, 511-512면 참조.
79) 반면 적극적 자유의 개념은 "소극적 자유가 실제로 어떤 것을 선택할 것인가에 대
   한 질료적인 설명"을 의미한다. 따라서 칸트에 의하면 단일한 자유 개념이 존재하

조건이고 따라서 도덕성보다 경향성을 우선시하는 것은 이유없이 자신의 자유를 희생하는 격이 된다고 한다. 요컨대 중립적 자유에 의해 악덕을 선택하는 것은 경향성을 우선시 하는 것이고[80] 아무런 동기나 이유 없이 자신의 자유를 포기하는 '모든 결정의 부재'로 볼 수 있다는 것이다. 한 마디로 실천이성의 관점에서 악덕은 생각이 불가능하다는 것이 칸트의 견해이므로, 칸트는 별도로 중립적 자유를 논급할 필요가 없었다는 해명이다.

칸트에 의하면 자유의지는 실천이성의 요청이다.[81] 그런데 요청은 아무런 이론적, 설명적 역할을 하지 않는다. 따라서 중립적 자유의 한 형태인 '자유롭지만 악한 의지'는 비록 순수 실천이성의 관점에서는 생각 불가능하지만(unintelligible), 이론적으로는 불가능하지 않다.[82] 이론이성의 관점에서 보면 악을 행하거나 도덕적 의무를 회피하는 것은 너무나 쉽게 이해될 수 있다. 그러나 실천이성의 예지적 관점에서는 단순한 경향성의 대상을 위해 자유를 희생한다는 것은 전혀 생각할 수 없는 일이다. 거듭 말하지만 칸트에게 있어서 자유로운 행위란 그 태도가 내적 도덕법칙과 일치하는 데서 성립하는 것이다. 카울바하에 의하면 이것은 "나의 의사결정과 신의 의사결정이 동일하다"는 사상의 표명이기도 하다.[83]

며, 도덕법칙이 그것의 유일한 적극적 개념이라고 한다. Christine M. Korsgaard, *Ibid.*, at 162.

80) 칸트 철학에서는 도덕법칙 내지 의무와 경향성은 항상 긴장 관계에 있다. 다만 칸트는 어떤 경우든 경향성은 추방되어야 한다고 보지는 않으며, 따라서 누군가 자신의 의무를 기꺼이 경향성에 따라 행하는 것은, 만약 그것이 단지 경향성으로 '인하여' 생긴 것만 아니라면 비도덕적인 것은 아니다. 다시 말해 경향성이 나의 의지결정에 수반할 수는 있는 것이다. 이에 대해서는 F. 카울바하/백종현 역, 앞의 책, 199면과 211면.

81) 실천이성비판 V 132.

82) Christine M. Korsgaard, *Ibid.*, at 173.

83) F. 카울바하/백종현 역, 앞의 책, 193면. 카울바하에 의하면 실천이성과 도덕법칙에 대한 칸트사상의 요체는 "자연과 마찬가지로 인간 주관에도 도덕적 기본구조가 갖추어져 있고, 이 기초 위에서 인간은 스스로 자기 자신의 필연적 내적 자연

물론 칸트는 다음과 같이 직접적으로 타행위가능성을 책임비난의 근거로서 논급하는 듯 보이기도 한다.

"이성적 존재자는 그가 저지른 법칙에 어긋나는 모든 행위에 대해서, 비록 그 것이 지나간 것의 현상으로 충분히 규정되고 그런 한에서 불가피하게 필연적인 것이라 할지라도 그는 그런 행위를 하지 않을 수도 있었다고 정당하게 말할 수 있다. 왜냐하면 그 행위는 그 행위가 규정한 모든 지나간 것과 함께 그 자신이 만드는 그의 성격의 유일한 현상에 속하고, 이 성격에 의해 그는 모든 감성에 독립적인 원인으로서의 자기에게 저 현상들의 원인성 자신을 돌리기 때문이다."84)

"그들에게 부여된 그들 마음씨의 희망 없는 자연적 성질에도 불구하고 다른 사람들과 꼭 마찬가지로 책임이 있는 것처럼, 이런 질책이 충분한 근거가 있다고 여긴다. (중략) 그때 그들의 현상들은 태도의 한결같음으로 인해 자연 연관성을 알 수 있도록 해 주는 것이지만, 그러나 이 자연 연관성이 의지의 나쁜 성질을 필연적이도록 만드는 것은 아니고, 그것은 오히려 자유의지로 받아들인 악한 불변적 원칙들의 결과이며, 이런 원칙들이 의지를 더욱더 비난받고 벌받아야 하는 것으로 만드는 것이다."85)

요컨대 칸트적 의미의 자유의지는 실천적 관점에서 '이성적' 자유의지로만 규정되지만, 드물게 '중립적' 자유의지처럼 논급하기도 함으로써 혼동을 주고 있는 듯 보이기도 한다. 이와 관련해 코스가드의 말을 살펴볼 필요가 있다.

"인간의 삶은 자신의 성격이나 근본원리의 선택으로 간주된다. 칸트에 따르면 인간은 특정한 동인, 소위 말해서 행위 근거의 후보자로서 우리에게 나타나는 충동에 종속되어 있다. 그런 것들에는 도덕법칙에 대한 존경뿐만 아니라 욕구와 경향성이 있다. 칸트는 이런 동인들을 전적으로 무시할 정도로 우리가 자유로운 것은 아니라고 믿는다. 오히려 우리의 자유는 동인의 위상을 결정하는 능력, 즉 자

본성에 적합하게 하나의 도덕법칙을 표출하며 감정을 통해 스스로 그것을 의식할 수 있다."고 한다.

84) 실천이성비판 V 97-98.
85) 실천이성비판 V 100.

기애가 도덕성에 의해 지배되는 것인지, 아니면 도덕성이 자기애에 종속될 것인 지를 선택하는 능력에 그 본질이 있다."[86]

코스가드에 의하면 자기애의 준칙이나 도덕법칙 중 어느 것을 우위 에 둘 것인가에 대한 인간의 '근본적인(fundamental)' 선택[87]이 우리가 현상적인 행위를 책임지도록 만든다고 한다. 여기서 그녀는 '근본적 선 택'이란 표현을 쓰고 있음에 주목할 필요가 있다. 즉 상기 인용구에서 칸트가 비록 중립적 의미의 자유의지도 인정하는 듯 보이는 언명을 하 고는 있지만, 엄밀히 말하면 그것은 단순히 선과 악, 혹은 적법과 불법 사이의 선택이 아니라 그러한 결과를 낳게 되는 성격(character)이나 근 본원칙 사이의 선택으로서 "우리가 마치 자신의 성격을 창조한 것처럼 생각해야 하며 또 실제로 그렇게 생각한다."는 측면을 강조함으로써 "어떻게 성격을 선택하는 일이 궁극적으로 행동을 낳게 되는지"와 관련 하여 책임의 성격을 규정짓는 방식을 보여주고 있는 것이므로[88] 칸트 스스로 '중립적 자유'를 부정하는 언명을 한 것이나 '이성적 자유'로서 의 자유의지 개념을 입론한 것과 모순되지 않게 정합적으로 해석될 수 있다고 보인다.

종합해 보자면, 칸트에 있어서 자유의지는 실천적 관점에서 보면 도 덕법칙을 따르려는 선의지와 동일시되고 그러한 맥락에서 보면 형법상 의 타행위가능성은 충분히 존재의의가 유지될 수 있다고 생각된다. 형 법상의 타행위가능성은 행위자의 전체인격이나 성격형성과는 무관한 것으로 받아들여지고 있으므로[89] 타행위가능성을 언급한 듯 보이는 상 기 칸트의 언명은 그와는 직접적 관련이 없는 것으로 해석하는 것이 바 람직할 것이다.

---

86) Christine M. Korsgaard, *Ibid.*, at 202.
87) 코스가드에 의하면 이 근본적인 선택은 "예지계에서 시간과 무관하게 일어[난 다]."고 한다.
88) Christine M. Korsgaard, *Ibid.*, at 202-203.
89) 이 점에 대해서는 권터 엘샤이트·빈프리트 하세머/배종대 역, 앞의 논문, 123-114면.

2. 형사책임과 관련된 자유의지의 특수성

전술한 바처럼 칸트적 자유의지 하에 형법적 타행위가능성을 관념할 여지가 있다고 할 때, 한 가지 유의할 사항이 있다. 자유의지와 관련된 일반적 논의에서 '선택의 자유' 내지 '타행위가능성'은 허용된 사항 중에서 어느 것이라도 자유롭게 선택할 수 있음을 의미하는 데 반해, 형법적 의미의 자유의지는 허용된 것과 금지된 것 중에서, 다시 말해 적법과 불법 중에서 어느 것을 자유롭게 선택할 수 있느냐가 관건이 되는 것이므로 양자를 동일평면상에서 논할 수 없다. 흔히 신경과학자들이 논급하는 자유의지 부재의 사례는 이런 것이다. 식당에서 음식을 어떤 것을 주문할 것인지 갈등하는 상황이나, 오늘 아침에 일어나 가장 먼저 무엇을 할 것인지 고민하는 상황이다. 즉 대체로 비슷한 정도로 허용된 것들 사이의 선택의 갈등상황이다. 다소 길지만 자유의지 부정론의 선두에 서 있는 미국의 신경과학자 샘 해리스의 주장을 소개하면 다음과 같다.

> "사실 나는 모두가 알 수 있도록 한 가지 실험을 해볼 작정이다. 이제부터 이 책이 끝날 때까지 내키는 대로 글을 쓸 것이다. 당연히 내가 쓰는 것은 무엇이든 내가 쓰기로 선택한 그 무엇이 될 것이다. 아무도 내가 이렇게 쓰도록 강요하지 않았다. 아무도 내게 주제를 지정하거나 특정 단어를 쓰도록 요구하지 않았다. 뿐만 아니라 '토끼'를 이 문장에 집어넣고 싶다면, 나는 그렇게 할 자유가 있다. (중략) 다름 아니라 '토끼'는 대체 어디서 나오는 걸까? 그 문장에 내가 '코끼리'를 넣지 않은 까닭은 뭘까? 나는 모른다. 물론 나는 '토끼'를 '코끼리'로 자유롭게 바꿀 수 있다. 하지만 그렇게 할 때 나는 그 이유를 어떻게 설명할 수 있을까? 두 가지 선택의 원인 모두를 나는 도저히 알 수가 없다."[90]

---

90) 샘 해리스, 자유의지는 없다 (시공사, 2012), 82-83면. 나는 내 행동의 궁극적 원인을 알 수 없다는 샘 해리스의 주장에 동의한다. 그러나 그렇다고 본고에서 입론하고 있는 자유의지가 부정되는 것은 아니다. 특히 자유의지를 적법행위의 가능성으로 이해하면 더욱 그러하다. 그런 면에서 샘 해리스의 대단히 영리하지만 눈물겨운 논증은 애처롭기까지 하다.

하지만 형법사책임과 관련된 자유의지는 그것들과 사뭇 다름에 유의할 필요가 있다. 굳이 칸트의 자유의지론에 기대지 않더라도 형법의 금지규범은 의무이자 명령이다. 그만큼 동기화 측면에서 있어서 여타의 갈등상황과는 상당히 다르다. 또한 그렇기 때문에 적법을 결의해야 하고 결의할 수 있었음에도 불구하고 불법의 택하기로 결의한다면 그것은 단지 타행위가능성 때문만이 아니라 의무와 명령의 위반이란 점에서 도덕적 비난가능성이 더 높아질 수밖에 없다. 예컨대 내가 어떤 물건을 두고 두 회사제품을 사이에서 고민을 하는데, 다른 모든 조건이 동일한데 한 회사는 윤리경영을 실천하는 곳이고, 다른 회사는 비윤리적 이윤추구에만 매진하는 곳이라고 한다면 당연히 전자의 제품을 구매하는 것이 옳은 행동이겠지만, 이러한 상황에서 후자를 선택할 경우에 내게 가해지는 비난보다는 불법을 결의할 때 내게 가해지는 도덕적 비난의 정도가 훨씬 강할 수밖에 없다는 것이다. 이는 단순히 자유로운 선택의 차원을 넘어 불법의 결의, 즉 범죄는 의무와 명령의 위반이라는 속성이 더해지기 때문이다. 이러한 점에 착안하여 형법학자들 중에서 책임의 근거를 아예 타행위가능성이 아니라 '의무의 객관적인 위반'이나 '다른 사람의 요구'로부터 재구성하려는 이론적인 시도도 있다. 소위 '비난 없는 형벌'을 주장하는 하세머와 엘샤이트는 다음과 같이 말한다.

> "여기서 말하는 책임의 근거는 객관적인 의미의 책임을 말한다. 즉 범죄자의 개인적 행위가능성이 아닌 어떤 의무의 객관적 위반이나 다른 사람의 요구로부터 나오는 책임을 말한다. 이것은 채권법의 채무개념과 매우 유사하다. 형법도 이와 같은 하나의 요구로 이해될 수 있다. 모든 시민에 대해 근거를 가지고 법률이 규정하며 제재를 구비한 요구로 생각할 수 있는 것이다. 이 요구는 법이 정한 영역을 지켜서 다른 사람의 이익을 침해하는 행위를 하지 않을 것을 내용으로 한다. 이런 방향에서 고찰한다면 형법적인 당위요구는 결코 자신의 윤리적 근거를 잃지 않을 뿐만 아니라 사회공학의 법률적기술적 도구로 전락하지도 않는다."[91]

이와 관련해 목적적 행위론의 주창자인 한스 벨첼의 형사책임론에

---

91) 귄터 엘샤이트·빈프리트 하세머/배종대 역, 앞의 논문, 137-138면.

주목할 필요가 있다. 벨첼은 자유의지의 개념과 관련해 칸트의 생각과
상당히 유사한 관점에서[92] 다음과 같이 책임이론을 전개한다.

> "인간은 동물과 달리 소극적으로는 생래적인 상태로부터 광범위하게 자유롭
> 고, 적극적으로는 그의 행위의 정당성을 자신의 통찰력으로써 발견하고 설정할
> 수 있는 능력이 있고, 또한 그렇게 해야 할 책무를 가지고 있다고 한다. 즉 인간의
> 진리와 의미, 가치에 맞추어 그의 행위를 책임있게 조종해야 하는데, 인간 정신으
> 로 하여금 이러한 규준에 구속해 두는 것이야말로 결정적으로 인간의 적극적인
> 징표가 되는 것이며, '유기체로부터의 실존적인 자유와 해방'에 속하는 것이 된다
> 고 한다. 인간은 인과적 강제를 의미와 가치에 의해 향도되는 조종으로 전환시키
> 고, 이렇게 함으로써 그가 바른 결정 대신에 그릇 결정하였다는 데 대하여 책임을
> 질 수 있다."[93]

요컨대 오로지 인간만이 인격으로서 모든 생물체 중에서 단순한 자
연적 존재라면 극복할 수 없는 본능적 행태양식으로부터 벗어나 자유
로운 의사에 의해 모든 새로운 현상계열을 스스로 개시하는 특권을 가
지고 있다는 것이므로 벨첼에게 있어서 자유의사란 '의미에 맞게 자기
결정을 할 수 있는 능력'을 뜻하고 여기서 자유는 '맹목적이고 무의미
한 인과적 관계를 떠나 의미합치적인 자기결정을 하는 자유'가 된다.
따라서 칸트의 '이성적 자유' 개념처럼 자유는 의미있는 것과 무의미한
것, 가치있는 것과 무가치한 것을 임의로 선택할 수 있는 가능성이 아
니며, 오로지 '의미합치적 자기결정을 통해 자연적 충동의 인과적 강제
로부터 해방되는 활동'으로서의 자유를 의미하는바, '악한 의사'란 가치
에 반하는 충동에 인과적으로 의존하는 것이고, 그런 의미에서 '부자유

---

92) 이 점에 대한 지적으로는 신치재, "한스 벨첼의 인격책임론에 관한 소고", 법학논
　　총 제23권, 1986, 95면 참조.
93) 벨첼의 책임이론에 대한 소개는 구모영, "자유의지와 형사책임", 동아법학 제18
　　호, 1995 참조. 동 문헌에 의하면 "여기서 말하는 자유는 결코 어떤 상태를 말하
　　는 것이 아니라 어떤 행동을 말하는 것으로 이는 충동으로부터 인과적 강제를
　　벗어나 의미합치적 자기규정에 이르는 행동이며, 이러한 행동이 없었을 때에는
　　책임이 문제된다."고 한다.

로운 의사'가 된다.

벨첼의 자유의사 개념에 따르면 책임은 "의미합치적 자기결정을 할수 있는 주체가 그러한 자기결정을 하지 않는 것"을 의미하고, 따라서 책임의 근거는 "악한 행동을 하기 위한 의미합치적 결의를 한 데 있는 것이 아니라 반가치적충동에 관여하고 의존하고 굴복했다는 데 있다."고 한다.[94]

상기 벨첼의 자유의사론은 칸트의 그것과 놀라울 정도로 유사한 측면이 많이 있음은 앞서 고찰한 바에 비추어 쉽게 이해할 수 있다. 오로지 선의지만을 자유의지로 보는 칸트의 입장과 맞닿아 있고, 그렇다면 책임의 근거도 "어떤 것이든 선택할 수 있다"는 의미의 '타행위가능성'이 아니라 적법행위를 결의하지 않고 자연적 충동에 굴복하였다는 점에서 찾고 있는 것이다. 벨첼은 책임을 "책임, 그 비난가능성은 공동사회질서의 의미에 맞는 요구에 따라서 결정하지 않고 그릇된 길로 선택한 것에 향해진다."고 규정하기도 하였던 바,[95] 이러한 생각은 상기 엘샤이트와 하세머의 구상으로도 이어진다.

물론 칸트나 벨첼의 책임근거와 엘샤이트와 하세머의 책임근거는 외견상으로는 유사하지만 실질에 있어서는 분명 차이가 있다. 전자는 도덕적 비난으로서의 책임을 인정하면서도 그에 더하여 의무와 명령의 위반으로서의 성격이 담겨있으나, 후자의 경우는 도덕적 '비난 없는 형벌'을 주장하면서 그보다는 공동체적 의무와 요구의 객관적 위반에서 책임비난의 근거를 찾고 있다는 점에 유의해야 할 것이다.

요컨대 자유의지에 기초한 형사책임의 근거는, 단지 타행위가능성에 있다고 보기는 어렵고, 그에 더하여 의무와 명령 또는 요구의 위반이라는 측면에서도 찾을 수 있다고 할 것인데, 이러한 책임구상은 칸트나

---

94) 이상의 내용은 신치재, 앞의 논문, 90-94면 참조. 동 문헌에 의하면 벨첼의 자유의사론은 하르트만의 그것에 대한 비판에서 나왔다고한다. 하르트만은 (벨첼처럼) 선 밖에 선택할 수 없는 자유는 이미 윤리적 자유가 아니고, 자유는 선의 선택이나 악의 선택에서 모두 가능한 것이라."라고 주장하였다. 동 문헌, 97면 참조.
95) 신치재, 앞의 논문, 102면.

벨첼의 이론에서도 찾을 수 있으며, 그러한 맥락에서 보면 일반적으로 말해지는 책임비난의 근거로서의 '타행위가능성'과 형사책임의 근거로서의 '타행위가능성'은 후자가 근거지음의 기능에 있어서 그 자체로는 미약하다는 점을 지적해 두고자 한다. 즉 동기화의 측면에 있어서 자유의지가 어느 한 방향, 즉 적법의 방향으로 훨씬 강력하게 작용하고 있다고 보아야 하므로 그만큼 타행위가능성을 인정할 여지는 커지고 그만큼 책임비난을 면할 가능성은 줄어들게 된다. 간단히 말해 형법적 맥락에서 보면 행위자의 자유의지는 선택의 여지가 일반적인 선택의 상황에 비해서 상당히 축소된다고 보아야 할 것이다.

3. '자발성'으로서의 자유의지와 형법의 해석

형법은 강도죄와 공갈죄에 있어서 폭행과 협박의 정도를 구분하고 있다. 즉 공갈죄의 폭행 또는 협박은 사람의 의사 내지 자유를 제한하는 정도로 족하고, 반드시 상대방의 반항을 억압할 정도에 이를 것을 요하지 않는다는 점에서 강도죄의 그것과 구별된다.[96] 강도죄의 폭행과 협박은 상대방의 의사를 억압하여 반항을 불가능하게 할 정도에 이를 것을 요한다.[97] 그리고 이로부터 다양한 법리가 논리적으로 뒤따르는데 예컨대 강취한 타인의 신용카드로 현금을 인출하면 이 경우 점유배제가 소유자의 의사에 반하는 것이기 때문에 소유자 등의 사용승낙 자체가 존재하지 않는 것으로 평가되어 현금지급기 관리자의 의사에 반해 그의 점유를 침해한 것이 되어 절도죄가 성립하나, 만일 갈취한 현금카드로 동일한 행위를 하면, 비록 '하자있는 의사에 기해'[98] 교부받은 것이기는 하나 피해자의 '사용승낙'이 있다고 보아 현금지급기 관리자의 의사에 반하는 것은 아니므로 절도죄는 별도로 성립하지 않고 현금카

---

96) 대법원 2001.3.23. 2001도359.
97) 대법원 2004.10.28. 2004도4437.
98) 이 말은 "자유로운 의사에 기하지 아니한" 경우를 뜻하는 것으로 해석될 수 있다.
   이주원, 특별형법 (홍문사, 2016), 610면 참조.

드 자체의 갈취행위와 이를 사용한 현금지급기에서의 예금인출행위를
포괄하여 하나의 공갈죄가 성립한다고 한다.[99]

상기 판례의 태도에 비추어 보면 대법원은 (자유로운) 의사가 제한
된 행위와 자유의사가 완전히 억압된 행위를 각각 구분하여 각기 다른
법적 평가를 하고 있는 것으로 보인다. 그런데 상기 판례에서 논급하고
있는 자유의사는 칸트적 의미에서 보면 '자발성'으로서의 자유의지 개
념과 유사한 것으로 보인다. 즉 자발성이 부분적으로 침해된 행위와 완
전히 비자발적 행위를 구분하는 것과 유사한 태도이기 때문이다. 달시
말해 '덜 자발적인 의사'와 '비자발적인 의사'를 구분하고 있는 것이다.
피해자의 측면에서 보면 '덜 자발적인 의사로 갈취당한' 현금카드에 대
해서는 그래도 '사용승낙'이 있다고 보아 현금지급기 관리자의 점유를
침해하지는 않는다고 보는 반면, '비자발적 의사로' 강취당한' 카드에
대해서는 피해자의 사용승낙이 전혀 없으므로 현금지급기 관리자의 점
유를 침해하는 것으로 법리를 구성하고 있다. 또한 행위자의 측면에서
보면 상대방의 자유를 일부 제약한 행위와 완전하게 억압한 행위로 구
분할 수 있으며, 후자의 경우 상대적으로 '더 강한 자발성'이 있다고 평
가해 전자에 비해서 더 중한 법정형을 부과하고 있는 것으로 해석할 여
지도 있다고 본다.

상기 사례만 보더라도 형사실무에서 자유(로운) 의사는 단순히 형법
적 의미의 책임여부를 논정하는 추상적, 의제적 개념에 머무는 것이 아
니라 개별 구성요건의 성립여부와 형량을 판단하는 데 있어서도 매우
실질적인 기능을 하고 있다는 점에서 상당히 실질적이고 실천적인 개
념이라고 말할 수 있을 것이다. 샘 해리스는 "자발적 행동과 비자발적
행동에는 차이가 있지만 그 차이는 자유의지라는 보편적 개념을 전혀
지지하지 못한다(더구나 자유의지에 의존하지도 않는다)."라고 주장한
바 있지만[100]에 자발성의 요소를 포함하고 있는 칸트적 의미의 자유의

---

99) 대법원 2007.5.10. 2007도1375.
100) 샘 해리스, 앞의 책, 21면. 이 말은 자유의지가 없어도 자발적 행위와 비자발적
      행위는 구별될 수 있고 상이하게 평가될 수 있다는 것이다.

지 개념 하에서 판례의 용어법과 법리를 이해하는 것이 크게 무리가 없다면, 자발성의 판단에 있어서도 자유의지는 유용한 개념이 된다고 생각한다.

IV. 자유의지 없는 책임개념은 가능한가?

1. 현행 형법의 태도

자유의지와 책임에 대한 장구한 논쟁의 역사에도 불구하고 우리 대법원은 의외로 오래 전부터 '자유의지' 혹은 '자유의사', '자유로운 의사'라는 표현을 자연스럽게 사용하며 자유의지의 존재를 이미 전제하거나 법리적 판단에 유용한 개념으로 수용하고 있다. 예를 들어 대법원은 과거 "본조(형법 제10조)에서 말하는 사물을 판별할 능력 또는 의사를 결정할 능력은 자유의사를 전제로 한 의사결정의 능력에 관한 것"이라고 일찍이 판시[101]한 이래 최근에는 "책임주의는 형사법의 대원칙이고, 사적 자치의 원칙 내지 자기책임의 원칙은 민사법의 대원칙이다. 이러한 대원칙을 관통하는 이념은 사람이 자유로운 의사에 따라 선택하여 행한 행위와 그 결과에 대해 스스로 구속되고 책임을 진다는 자유주의이다." "그동안 대법원은 사기죄는 타인을 기망하여 착오에 빠뜨리고 그 처분행위를 유발하여 재물, 재산상의 이득을 얻음으로써 성립하고, 그 처분행위는 재산적 처분행위로서 주관적으로는 피기망자에게 처분의사 즉 처분결과에 대한 인식 및 그 결과를 실현하려는 의사가 있어야 하고, 객관적으로는 이러한 의사에 지배된 행위가 있어야 한다고 해석하여 왔으며, 또한 피기망자가 자유의사로 직접 재산상의 손해를 초래하는 작위에 나아가거나 또는 부작위에 이른 것이 처분행위라고 해석함으로써 자유의사에 의한 행위임을 전제로 하여 채권을 행사하지 아

---

101) 대법원 1968. 4. 30. 선고 68도400 판결.

니하는 부작위도 처분행위가 된다고 판시하였다."고 설시한 바 있
다.[102] 또한 명시적으로 '자유의지'란 표현을 사용한 것으로는 "국가 등
이 제조·판매한 담배에 표시상의 결함이 존재하는지 문제 된 사안에서,
언론보도와 법적 규제 등을 통하여 흡연이 폐를 포함한 호흡기에 암을
비롯한 각종 질환의 원인이 될 수 있다는 것이 담배소비자들을 포함한
사회 전반에 널리 인식되게 되었다고 보이는 점, 흡연을 시작하는 것은
물론이고 흡연을 계속할 것인지는 자유의지에 따른 선택의 문제로 보
[인다]."[103]는 판결도 있다. 상기 판결들은 모두 '자유의지(의사)'의 존
재를 긍인하면서 법적 판단에 전제하는 것으로 해석할 수 있을 것이다.
역시 책임주의를 강조하는 입장에서 인간의 자유의지를 긍정한 것으로
볼 수 있는 외국의 판례로는 1952년의 독일연방대법원 판결을 찾아볼
수 있다. 동 판결에 의하면 "형벌은 책임을 전제로 한다. 책임은 비난가
능성이다(Strafe setzt Schuld voraus. Schuld ist Vorwerfbarkeit). 책임이
라는 반가치 판단을 통해 행위자에게 그가 적법하지 않게 행위하였으
며, 적법하게 행위하고 법을 결정할 수 있었음에도 불구하고 불법을 결
정하였다는 점에 대하여 비난이 가해진다. 책임비난의 내적 근거는 인
간은 자유롭고 책임을 질 수 있으며, 윤리적으로 자기결정을 할 수 있
는 소질을 가지고 있어서 그렇기 때문에 법을 결정하고 불법을 결정하
지 않을 수 있는 능력을 갖고 있다는 점[에 있다](Der innere Grund des
Schuldvorwurfes liegt darin, daß der Mensch auf freie, verantwortliche,
sittliche Selbstbestimmung angelegt und deshalb befähigt ist, sich für das
Recht und gegen das Unrecht zu entscheiden können)."[104] 자유의지와 책
임원칙에 관하여 양국 대법원의 판단은 대동소이한 것으로 보인다.

그러면 이러한 실무의 태도와 비교해서 과연 현행 형법의 태도는 어
떠한지 검토할 필요가 있을 것이다.

---

102) 대법원 2017. 2. 16. 선고 2016도13362 전원합의체 판결 중 반대의견에 대한
보충의견 참조.
103) 대법원 2014. 4. 10. 선고 2011다22092 판결.
104) BGHSt 2, 194.

주지하다시피 형사법의 대원칙으로 널리 받아들여지고 있는 책임원칙(주의)은 '당황스럽게도' 현행법 어디에도 명문으로 규정되어 있지 않다. 형법전의 책임과 관련된 조문을 모두 찾아보아도 책임원칙은 보이지 않는다. 책임능력과 관련된 조문에서도 마찬가지다. 이처럼 명문의 규정이 없다고 하여 실정법적인 근거를 전혀 찾을 수 없는 것은 아닌데, 헌법재판소[105]와 학설[106]은 책임원칙은 인간의 존엄과 가치를 규정한 헌법 제10조에서 그 실정법적 근거를 찾을 수 있다는 해석론을 제시하고 있다.[107] 이러한 제반 사정으로부터 현행법은 과연 책임귀속과 형벌부과의 전제조건으로 자유의지나 자유의사를 요구하고 있는 것인지 자연스럽게 의문이 제기될 수밖에 없다.[108]

생각건대, 실정법이 모든 전제하고 있는 원리를 명시적으로 규정할 필요는 없을 것이다. 형법전에 규정되어 있지 않지만 해석상, 그리고 실무적으로 널리 통용되고 있는 원칙은 많다. '해악의 원칙(harm principle)'이나 '유추금지원칙'도 그중 하나다. 형사소송법에 '위법수집증거배제법칙(형소법 제308조의2)'이 명문화된 것은 그리 오래 전 일이 아니다. 책임원칙이 형법전에 명문화되어 있지 않은 이유는 다른 측면도 있겠지만 보는 관점에 따라서는 지극히 자명한 보편타당한 원칙이어서 그럴 수도 있다. 그렇다면 책임원칙이 함축하는 의지의 자유와 타행위가능성 역시 여전히, 그리고 확고하게 실질적 기능을 유지하고 있다고 판단하는 것도 무리는 아닐 것이다.

---

105) 헌재 2007.11.29. 2005헌가10.
106) 신동운, 앞의 책, 358면.
107) 이러한 사정은 독일의 경우도 마찬가지다. Jeschek/Weigend, Lehrbuch des Strafrechts AT, 1996, S. 23.
108) 이러한 입장에 서 있는 글로는 김성룡, 앞의 논문, 344면 이하 참조. 동 문헌에 의하면 현행법의 책임능력 규정은 심신장애가 없는 자들은 모두 자유의사를 가졌다고 볼 수 있는가에 대해 침묵하고 있으며, 그 결과 행위자에게 자유의사가 결여된 경우라도 이로 인해 곧바로 책임무능력이나 책임감경의 사유가 되지는 않는 것으로 해석될 수 있다고 한다.

2. 새로운 책임개념 가능성

전술한 바와 같이 현행법이 명시적으로 선언하거나 요구하고 있지 않다면, 또 책임비난의 전제로서의 자유의지가 이론적으로 구명되기 극히 힘든 논란의 여지가 있는 개념이라면, 그 전제부터 불확정한 상태에 있는 비결정론에 근거한 자유의지를 근거로 행위자에게 도덕적 비난이 스며들어 있는 형벌을 부과하는 것은 부당하다는 입장109)에서 여러 수정된 형태의 책임개념이 제안되고 있다. 세부적인 차이는 있지만 그 주된 공통된 특징을 추출하면 다음과 같은 요소로 구성된다.

1) 비난 없는 형벌, 비난 없는 책임

일찍이 배종대 교수는 책임과 자유의지, 그리고 타행위가능성에 대해 결정론과 비결정론의 논쟁은 역사적 유물로서 그럼에도 형법이 인간의 보편적인 자유의지를 전제하는 것은 '국가에 필요한 허구'에 불과하다고 갈파하면서 다음과 같이 주장하였다.

"평균인이라면 적법행위를 하였을 텐데(일반적 타행위가능성), 당신은 그렇게 하지 않았다는 비난이 곧 책임내용이 된다. 따라서 개인적 타행위가능성을 평가·판단하는 기준은 어디까지나 평균인의 일반적 타행위가능성이다. 행위자가 개인적 타행위가능성 때문에 비난이 가하여지지 않는다는 점에 주목할 필요가 있다. 왜냐하면 행위자의 개인적 타행위가능성을 알기 위해서는, 그러한 자유가 실제로 존재하였고, 그리고 그 자유가 그가 선택한 행위와 사이에 인식·측정가능하여야 하는데, 그것의 객관적 증명이란 불가능하기 때문이다. 결국 경험적 기준인 개인적 타행위가능성은 규범화된 기준인 일반적 타행위가능성으로 대체되고, 이것이 책임비난의 유일한 판단근거로 작용한다. (중략) 형벌은 책임을 전제로 하지만 그러나 책임 때문에 처벌되는 것은 아니다. 책임이 형벌의 근거가 되지는 않는다. 따라서 책임의 비난요소는 아무런 근거가 없을 뿐 아니라 도움도 되지 않는다. 비난은 객관적이고 중립적이어야 할 국가적 반작용을 감정적으로 만든다. 국가에

---

109) 예컨대 김성룡, 앞의 논문, 357면.

맡겨진 사명은 범죄에 대한 법치국가적 처리이지 감정적 비난은 아니다. 범죄에
대한 행위자의 상이한 내적 관여단계가 형벌에 반영되어야 한다는 비례의 요청은
헌법의 평등원칙과 부합한다."110)

　　요컨대 허구적 개념인 평균인의 타행위가능성을 전제로 책임비난을
가하는 것은 불합리하며, 이는 단지 비결정론, 즉 자유의지에 대한 믿음
에서 기인하는 태도라고 비판한다. 따라서 책임은 형벌의 근거(소위
Begründungsschuld)가 아니라 형벌을 제한하는 수단(소위 Begrenzung-
sschuld)으로 보아야 하므로 종래의 '형벌 근거적' 책임원칙은 범죄에
대한 행위자의 내적 관여의 정도와 형벌 사이에 비례관계가 있어야 한
다는 '형벌 제한적' 관점에서 '비례성 원칙'에 의해 대체되어야 한다는
것이다. 독일의 하세머와 엘샤이트도 이와 유사한 취지의 '비난 없는
형벌(Strafe ohne Vorwurf)'을 주장한 바 있다.111) 그들은 다음과 같이
주장한다. 다소 길지만 내용의 중요도를 감안해 소개하기로 한다.

　　"형법이론은 다른 학문과 달리 해명되지 않은 근본문제를 허용해서는 안된다.
타인의 권리에 침해를 근거지어야 하는 이론은 매우 강한 정당성을 가지지 않으
면 안된다. 형벌은 책임을 전제한다는 명제에 대해 의심을 품는 사람은 없다. 책
임은 자유 속에서만 가능하다. 따라서 법관은 책임을 확정하기 위해서는 각 사안
마다 개인적 타행위가능성을 확인해야 할 필요가 있다. 그러나 이 문제는 결정주
의와 비결정주의의 싸움에 휘말리게 되고, 언제나 그렇듯 증명가능한 확정을 내
릴 수 있는 사안이 아니다. 형사소송에서 범죄자의 충동이 완전하게 밝혀지면 심
리적 인과관계의 고리에 관한 지식을 그만큼 더 많이 얻을 수 있다. 그러나 그와
같은 사실이 규명되지 않는 한 법관은 별 고민없이 피고인에게 의사자유가 있는
것으로 믿고, 또 그것을 책임비난의 토대로 삼는 것이다. 그러나 아무리 인간의
자유를 증명하기 위해 노력해도 형사소송에서 자유를 -그것도 그때 그때 특정
한 행위자에 의해 실현된 자유를- 확인하는 것은 불가능하다. 형법이론은 이런
문제를 극복하든지 문제점을 약화시키는 시도를 해야 한다. 그러한 시도의 하나

---

110) 배종대, 앞의 책, 429-436면 참조.
111) 귄터 엘샤이트·빈프리트 하세머/배종대 역, 앞의 논문, 119면 이하 참조. 이 점
　　에 대해서는 구모영, 앞의 논문, 102면. 배종대 교수의 문제의식에 공감을 표하
　　는 글로는, 김동현, 앞의 논문, 305면 참조.

는 '모든 형법책임은 개별행위책임(Einzeltatschuld)'는 명제를 들 수 있다. 이 이론은 행위자의 전체인격을 형사소송의 사실확정으로부터 분리하고, 다만 현재 비난받는 행위를 통해 직접 독성을 보인 심리상태에만 집중한다. 하지만 심리적 요인은 범행 가운데 직접 나타나기보다는 행위자의 인격 속에 뿌리를 두고 그 속에서 형성된다는 점을 (고려하면), 이 이론은 책임문제에 항복한 것으로 보인다. 판결의 필수내용인 비난을 제외하더라도 형법에서 책임개념을 추방해야 할 필요는 없을 것 같다. 그런 사고에서도 부담의 근거는 여전히 범죄자의 책임일 수밖에 없을 것이다. 여기서 말하는 책임의 근거는 객관적인 의미의 책임을 말한다. 즉 범죄자의 개인적 행위가능성이 아닌 어떤 의무의 객관적 위반이나 다른 사람의 요구로부터 나오는 책임을 말한다. 이것은 채권법의 채무개념과 매우 유사하다. 형법도 이와 같은 하나의 요구로 이해될 수 있다. 모든 시민에 대해 근거를 가지고 법률이 규정하며 제재를 구비한 요구로 생각할 수 있는 것이다. 이 요구는 법이 정한 영역을 지켜서 다른 사람의 이익을 침해하는 행위를 하지 않을 것을 내용으로 한다. 이런 방향에서 고찰한다면 형법적인 당위요구는 결코 자신의 윤리적 근거를 잃지 않을 뿐만 아니라 사회공학의 법률적기술적 도구로 전락하지도 않는다. 책임원칙을 이 세상의 땅바닥으로 내려놓으면, 책임원칙은 그 형벌제한사상을 통해 일반법원칙인 비례성원칙과 매우 가깝다는 점이 판명된다."112)

하세머와 엘샤이트의 논지를 요약하자면, 자유의지와 책임의 존재를 이론적으로나 형사소송에서 입증하는 것은 불가능하므로 종래의 책임원칙은 과감히 포기되거나 수정되어야 하며, 따라서 비난가능성으로서의 책임개념이 아니라 어떤 의무의 객관적 위반이나 타인의 요구로부터 나오는 책임개념으로 수정할 것을 제안하면서 이렇게 할 경우 책임원칙은 비례성원칙으로 대체될 수 있다는 것이다. 과학적 도전에 직면한 인간의 자유의지의 입증 불가능성의 문제를 극복하거나 그 심각성을 약화시키기 위해 가장 바람직한 방법은, 현행 실무와 학설의 지배적 견해처럼 형법상의 책임을 '개별행위책임'으로 축소시키는 방식보다는 새로운 객관적 책임개념과, 책임원칙을 대체할 비례성원칙을 도입하는 것이 타당하다는 입장으로 보인다.

그렇다면 이와 같은 입장에 있는 과학자의 입장도 들어보자. 신경과

---

112) 상이 인용구는 귄터 엘샤이트·빈프리트 하세머/배종대 역, 앞의 논문, 119-149 면의 내용을 발췌해 이해의 편의를 위해 재구성한 것임을 밝혀둔다.

학자인 데이비드 이글먼은 비난과 책임 같은 회고적 개념들을 완전히 포기해야 한다고 주장한다. 그에게 중요한 문제는 누가 혹은 무엇이 과거에 일어난 일 때문에 비난받아야 하는가가 아니라, 같은 일을 반복하지 않도록 하기 위해 어떻게 뇌를 재설계할 수 있는지 여부이다. 이러한 맥락에서 보면 '비난받아 마땅함(blameworthiness)'이란 개념은 필요하지 않다는 것이다.

> "바람직한 처벌은 신경과학과 조화를 이루어야 한다. 그러기 위해서는 처벌을 일방적인 비난이 아닌, 공정한 접근법으로 대체해야 할 것이다. 먼저 신경 가소성, 즉 뇌의 회로변경 능력을 실험적으로 측정할 지표를 찾아보자. 전두엽이 완전히 발달하지 않은 십대, 행동을 교정할 수 있는 사람들에게 가혹한 처벌은 적절할 것이다. 그러나 전두엽 손상으로 전혀 사회화시킬 수 없는 사람은 다른 종류의 시설로 보내야 하지 않겠는가? 정신지체자나 정신분열증 환자도 마찬가지다. 그들을 처벌하는 것은 일부 사람들의 보복심리는 충족시킬지 몰라도 사회 입장에서는 그렇게 행동할 이유가 없다. (중략) 나는 '비난받아 마땅함'을 다시 정의하자고 말하고 싶지는 않다. 이를 법률용어에서 제거하자는 것이다."[113]

이와 유사한 입장은 철학자들에게서도 발견된다. 줄리언 바지니는 고대로부터 현재에 이르기까지 서구에서 펼쳐진 자유의지 논쟁을 폭넓게 검토하면서 다음과 같은 결론에 이른다.

> "비난을 그만두어서는 안 되며, 오히려 신중하게 이용해야 한다. 철학자 해나 피커드는 미움, 분노, 원망 그리고 이처럼 부정적 감정을 일으키는 감각과 관련된 '정서적(affective)' 비난을 피해야 한다고 주장한다. 행위주체성 장애를 보이는 환자들의 경우, 그들을 스스로 선택할 수 있는 책임 있는 행위주체로 대하는 것은 매우 중요하지만, 이들이 정서적으로 격렬한 비난을 받는다면 개선에 도움이 되지 않는다는 사실을 확인했다. 그래서 피커드는 '비난 없는 책임(responsibility without blame)'에 관심을 갖는다. 그녀가 비난없는 책임을 조건으로 지정할 때, 이것은 결국 '정서적 비난이 없는 책임'을 말한다. 이러한 의미의 책임은 '공정한 비난(detached blame)'을 함축한다. 공정한 비난은 '비난받을 만하다는 판단 혹은 믿음(a judgement or belief of blameworthiness)'이고 이로부터 제재로 이루어질 수

---

113) 데이비드 이글먼/김소희 역, 인코그니토 (쌤앤파커스, 2011), 228-229면.

있다. 하지만 정서적 비난이라는 '감정적 가시(emotive sting)'를 드러내지는 않는
다."114)

요컨대 바지니의 입장은 여전히 책임과 비난의 필요성은 인정하지
만, 비난의 긍정적 효과를 담보하기 위해서는 공정한 비난은 필요하지
만 정서적 비난은 지양되어야 한다는 주장이다.

2) 자기조절능력으로서 자유의지

한편 전통적인 의미의 자유의지 개념을 수정하여 '자기조절능력'으
로 대체할 것을 제안하는 견해도 등장하고 있다.
신경철학자인 패트리샤 처일랜드는 다음과 같이 말한다.

"자유의지에는 완전히 다른 두 가지 뜻이 있다. 첫째, 전혀 인과적이지 않다는
것을 의미할 수 있다. 즉 자신의 목표, 정서, 동기, 지식, 혹은 그 어떤 것에 의해
서도, 전혀 인과되지 않는다. 어떻게 해서든 자유의지는 이성에 의해서 어떤 결정
을 창조적으로 내린다. 이것이 자유의지의 반인과적(contra-causal) 의미이다. 여기
서 '반인과적'이라는 것은 실제로 자유의지는 어느 것에 의해서도, 혹은 적어도
뇌의 활동과 같은 어느 물리적인 것에 의해서도 인과되지 않는다는 철학적 이론
을 반영한다. 이 입장에 따르면 의사결정은 인과적 선행에서 벗어나서, 즉 물리적
뇌작용과 상관없이, 창조적으로 만들어진다. 철학자 칸트는 대략적으로 그러한
견해를 유지했으며, 칸트를 따르는 일부 현대 철학자들 또한 그러했다. 둘째, 일
상적 의미로, 일반인들은 형법이 반인과적 의미에서 자유의지를 요구하지 않는다
고 믿고 있다. 이성은 지각이고 정서이며, 기억이고 문제의 해답이며, 어떤 미래
의 결과에 대한 평가이자 어떤 증거 가치에 대한 판단인바, 이러한 것들 중 어느
것이라도 이성이 될 수 있으며, 모든 그러한 것들은 거의 확실히 말해서, 물리적
뇌에서 나오는 여러 기능들을 포함한다. 자신의 행위를 의도하고, 자기가 무엇을
하는지 알고 있으며, 제정신이라면, 그리고 만약 그 결정이 강제되지 않은 것이라
면, '자유의지'를 발휘한 것이다. 우리들은 자발적인, 강제되지 않은, 의도적 행위
에 대한 전형이 무엇인지 상당히 잘 알며, 일상은 물론 법정에서도 명확한 의미로
의도적(intentional)이며 자발적(voluntary)이라는 범주를 사용한다. 이러한 의미는
법률적 맥락에서 사용되는 의미이기도 하다. "자유의지는 환상이다라는 주장은

---

114) 이하 바지니의 견해는 Julian Baggini, *Ibid.*, at 149.

반-인과적 자유의지가 환상임을 의미한다. 보통사람들은 자유의지가 반인과적이라고 생각하지 않는다. 자기조절은 분명히 환상이 아니다. 자기조절이 비록, 나이, 기질, 습관, 수면, 질병, 음식 및 신경계 작용에 영향을 미치는 많은 다른 요소들 등에 따라서 다양하게 달라진다 해도 그러하다. 그럼에도 불구하고 진화는, 고질적 충동행동을 도태시킴으로써 대체적으로 정상적인 뇌는 정상적으로 조절하도록 키워냈다."

처칠랜드의 견해에 따르면 '반인과적' 자유의지는 마법에 가까운 능력을 요구하는 것으로서 포기되어야 하며 '자기조절능력'으로서의 자유의지가 일상적으로, 또 법률적으로도 받아들여지고 있으므로 이를 채택해야 한다는 것이다. 나아가 자기조절능력이 일정한 신경기제를 토대로 한다고 하여 결정론과 양립 불가능해지는 것은 아니고, 오히려 신경기제를 토대로 해야만 자기조절능력이 발휘될 수 있다고 하여 '양립가능론'을 제안하고 있다.

다음으로 줄리언 바지니는 몇 가지 중요한 수정된 자유의지의 개념요소들을 제시한다.[115] 첫째, 자유의지가 곧 타행위가능성을 함축하고 있음은 잘못된 믿음이다. 그 이유는 인간의 행동은 그의 성격이나 성향, 가치관, 역사 등을 기반으로 이루어지기 때문이다. 우리가 흔히 이 사실을 간과하고 행동이 선택적으로 이루어진다고 보는 이유는 행동할 때 성격이나 성향, 가치관 등으로부터 전혀 강요를 느끼지 않기 때문이라고 한다. 즉 선택을 만들어낸 힘이 뚜렷하게 드러나지 않기 때문이라는 것이다. 따라서 우리는 언제든 실제로 선택한 것을 선택하도록 되어 있다고 볼 수 있으므로, 그러한 한에서 '타행위가능성'은 실제로는 매우 적다고 말할 수 있지만, 그것이 우리의 자유의지에 의한 선택이 미래의 일에 영향을 주지 못한다는 것은 아님에 유의해야 한다고 강조한다. 또 선택이 성격이나 가치관을 바탕으로 이루어지지 않는다면 선택은 한낱 변덕에 불과할 것이라는 점도 지적하며 '자유'와 '변덕'은 구별해야 한다고 한다. 둘째로 우리에게는 분명 어떤 의미에서 자신의 행동을 조절

---

115) 이하의 내용은 Julian Baggini, *Ibid.*, at 119-156의 내용을 발췌, 요약한 것이다.

할 수 있는 자기통제력(self-control)이 있는데, 전통적으로 생각하는 막연한 의지의 자유가 아니라 이러한 자기통제역량이야말로 비난, 칭찬, 책임을 유지하기 위해 필요한 모든 것이다. 따라서 진정한 자유의지란 본질적으로 "모든 요소가, 변함없이, 원활하게 작동하는 건강한 통제 시스템"으로 간주하자고 제안한다. 요컨대 현실적 형태의 자유의지로는 우리를 자기 행동의 창시자가 아니라 다만 조절자가 되도록 요구하는 것으로 충분하다는 것이다. 셋째, 바지니는 책임의 핵심을 과거형 타행위가능성이 아니라 미래형으로 이해할 것을 제안한다. "다른 식으로 할 수 있었다."라는 과거시제를 "다른 식으로 할 수 있을 것이다"라는 미래시제로 바꾸자는 것이다. 왜냐하면 우리는 모든 사항을 고려한 결과 어떤 사람이 행동한 그 순간 다른 식으로는 할 수 없었다고 판단할 수 있지만 그들이 다른 식으로 행동했을 대안적 세계는 실제 존재한 세계에서 그리 멀리 있지 않았음을 인정해야 하고, 따라서 사람들에게 책임을 물을 때 요점은 이미 지난 일을 돌이켜 평가하는 것이 아니라, 현재 그들의 모습을 있는 그대로 바라보고, 그들에게는 다른 식으로 행동하기 위해 이용할 수 있는 지식과 기술과 도구가 모두 갖추어져 있으므로, 앞으로 보다 바람직하게 행동할 수 있고 또 그래야만 한다는 사실을 깨닫게 하는 것이 중요하기 때문이라고 주장한다. 즉 누군가 자유의지가 있다는 것은 그들이 자신의 행동을 수정할 수 있다는 것이며, 그렇기 때문에 비난이 효과적이고 타당한 것이다. 요컨대 그의 생각의 핵심은,

> "비난을 받아들이라는 것은 역사가 똑같이 반복될 경우, 잘못을 저질렀던 순간 다른 식으로 행동했을지 모른다는 형이상학적 요구를 하는 것이 아니다. 비난을 받아들이라는 것은 지식과 경험과 능력을 갖춘 성숙한 사람이라면 같은 상황에서 다른 식으로 행동할 수 있었고 행동했어야 한다는 의미다. 이것이 바로 우리가 중점을 두어야 할 생각이며, 장차 우리의 행동을 수정하게 만들 생각이다."

이어서 바지니는 강한 의미의 결정론은 잘못된 것임을 다음과 같이 논박한다.

"여기에는 강한 역설이 있다. 우리에게는 자유의지가 없고 우리는 의식 뒤에 숨은 원인의 꼭두각시라는 설명을 믿는 경우, 실제로 행동에 변화가 일어난다. 그런데 이 말은 그 자체로 의식적 믿음이 행동에 영향을 준다는 사실을 매우 분명하게 입증한다. 고로 우리의 의식적 숙고가 아무것도 변화시키지 않는다는 견해를 받아들이는 사람은 자신이 부인하는 바로 그것을 입증하는 셈이다."

이상의 내용을 종합하면, 인간의 행동은 어느 정도 성격과 성향, 가치관 등에 의해 '결정되어' 있기 때문에 전통적 의미의 책임과 자유의지가 전제하는 타행위가능성은 잘못된 것이지만, 자기조절능력으로서의 자유의지는 명백하게 존재하는 것이고 이러한 맥락의 자유의지 개념 하에서 타행위가능성은 과거에 달리 행위할 수 있었다는 점이 아니라고 다른 식으로 행동할 수 있을 것이다라는 개념으로 수정될 필요가 있으며, 따라서 책임비난의 의미는 지식과 경험 등이 성숙한 사람이라면 같은 상황에서 다른 식으로 행동할 수 있었고 그렇게 행동했어야 한다는 것이므로, 앞으로 보다 바람직하게 행동할 수 있고 또 그래야만 한다는 사실을 깨닫게 하는 것이 중요한데, 그러므로 책임비난은 여전히 행동의 수정을 위해 타당한 것이 된다는 것이 바지니의 주장이다.

3) 소결

먼저 '비난 없는 형벌'로 축약되는 상기 견해는 자유의지의 입증불가능성과 평균적 타행위가능성의 부당성에 주목하며 여러 새로운 대안들을 제시해 주고 있지만, 본고의 입론이 옳다면, 적어도 칸트적 의미의 자유의지는 결정론과도 양립가능하고, 책임원칙은 물론 형법상의 주요 개념과 개별 법리에 정합적으로 수용하는데 별다른 무리가 없다고 보이므로 굳이 새로운 대안으로 나아가야 할 충분한 근거를 찾기 어렵다는 점에서 재고될 필요가 있다고 생각한다.

또한 '자기조절능력'으로서의 자유의지 개념을 제안하고 있는 견해들은 여러 신경과학적 사실에 기초하여 자유의 형이상학적 요소들을 제거하고 일상적으로 충분히 납득가능하고 수용가능하며 결정론과도

양립가능한 '현실적인 자유'를 제시해 보려고 하고 있으나, 결정론과의
양립가능성은 상기 검토한 바대로 크게 문제될 점이 없다고 생각되고,
자기조절능력을 자유의 핵심요소로 간주할 경우 전통적인 책임원칙과
어떻게 조화될 것인지 여러 의문을 남기게 된다는 점에서 역시 재고될
필요가 있을 것이다. 예컨대 모종의 결정론을 수용하면서 과거형 타행
위가능성을 부정하고 미래형 타행위가능성을 제시하는 것은 단지 자기
조절능력의 기능과 필요성을 부각시키는 방편일 뿐 별다른 의미가 없
다고 할 것이고, 그럼에도 불구하고 바지니처럼 '비난'의 요소를 완전히
제거하지 못하고 미래의 '행위교정'을 촉진하기 위한 도구적 개념으로
남겨두는 것은 그 자체로 아직 '자유의지'의 미덕에 대한 믿음을 완전
히 떨쳐버리고 있지 못함을 자인하는 것처럼 보인다. 아르투어 카우프
만의 통찰력 있는 지적처럼 책임비난과 형벌이 행위자의 성격을 자극
해서 법에 부합되도록 ─자기조절능력을 발휘하도록─ 영향을 주기 때
문에 비로소 의미있고 필연적으로 보인다면 여기에는 이미 인간은 자
유로운 존재라는 사실이 전제된다는 점을 잊어서는 안 된다.116)

3. 추측해 본 자유의지와 책임의 기원

이상 고찰해 본 바와 같이 자유의지와 책임에 대한 믿음이 여전히
우리의 규범적 삶과 인격적 상호작용에 필수적이고 유의미하며, 다른
대안을 찾기가 어려울 정도로 그토록 떨쳐버리기 어려울 만큼 근원적
인 것들이라면 이들이 과연 어떻게 그러한 존재로 자리매김하게 되었
는지 그 유래를 이론적으로나마 추적해 보는 것도 여러 측면에서 의미
가 있을 것이다.117)

---

116) 아르투어 카우프만/김영환 역, 앞의 책, 515면 참조.
117) 흥미롭게도 칸트는 '추측해 본 인류역사의 기원'이란 글에서 인간이 본능의 지
　　배를 받는 피조물에서 이성적인 존재로 발달하는 단계를 사변적으로 재구성해
　　본 바가 있다. 이에 대한 소개로는 Christine M. Korsgaard, *Ibid.*, at 112.

고대 철학자인 미하엘 프레데에 따르면 '의지의 자유(freedom of the will)'라는 표현은 철학자이자 기독교 신학자였던 타티안(Tatian)이라는 인물이 기원 후 2세기 무렵에 최초로 사용하기 시작했고, 이후 자유의지 개념은 기독교의 영향으로 보편화되었다고 한다.[118] 타티안에 의하면 자유의지는 '악인이 정당하게 처벌받을 수 있기 위해서(in order that the badman maybe justly punished)' 요구되었다고 한다.[119] 이 점은 매우 중요하다고 생각하는데, 악을 행한 자가 '정당하게' 처벌되기 위해서 자유의지가 요구되었다는 것은 악행을 저지른 자도 그에 대한 책임비난이 인정되지 않는다면 처벌의 정당성을 수긍할 수 없음을 함축하기 때문이다. 프레데도 기원 전의 자유의지나 책임개념에 대해서는 명확히 밝혀주지 못하고 있는데, 문헌적으로 접근하기 힘든 고대사회의 인간의 단면을 드러내 보여주는 데에는 진화론적 접근방법이 그나마 가장 적실성이 있을 것이다. 진화론적 관점에서 보면 자유의지도 자체도 진화의 한 결과물로 이해할 수 있을 것이라는 추측은 전부터 제기되어 왔다.[120] 적응을 위해 자연선택이 자유의지를 디자인했다는 가설이다. 다

---

118) Michael Frede, A Free Will (Univ. of California Press, 2011), at 102-103.
119) Julian Baggini, *Ibid.,* at 79.
120) 김동현, 앞의 논문, 286면. 동 문헌은 자유의지의 발생사에 대한 진화론적 해명이 인간의 자유의지에 대한 직관적 확신을 보완해 주는 역할을 한다고 긍정적으로 해석한다. 반면 한스 벨첼은 자유의지가 '진화'의 산물이 아니며 오히려 생래적 행태의 광범위한 '퇴화'로 인해 형성되었다는 독특한 견해를 취하고 있다. 이 점에 대해서는 신치재, 앞의 논문, 90-91면 참조. 자유의지가 진화의 산물이라고 주장하는 대표자로는 대니얼 데닛이 있다. 그의 이론에 따르면 "자유의지는 인간의 많은 인지적 특징들에서 생긴다. 여기에는 자기 '자신을 의식'하고 타인도 그렇다고 의식하는 것, 이러한 사실을 전달할 수 있는 '상징적 언어', 수많은 신경자극들로부터 많은 행동옵션을 만들어낼 수 있는 '복잡한 신경회로', 타인들이 무엇을 생각하는지 이해할 수 있는 '마음이론', 옳고 그른 선택을 판단하는 '진화된 도덕감정' 등이 포함된다."고 한다. 이러한 인지적 특징들 덕분에 인간은 특정 순간에 열려 있는 많은 행동경로들의 결과를 평가할 수 있고 실제로 그렇게 하므로 이로부터 자유의지가 나온다는 것이다. 한 마디로 우리 조상들은 진화사를 통해 생존과 번식에 실질적으로 도움이 되는 방식의 행동을

만 그 세부적 논의는 아직까지 소개된 바가 없기 때문에 이하에서는 하나의 가설과 그에 대한 필자의 보충적 견해를 제시해 보고자 한다.

동서고금을 막론하고 응보(retribution)는 모든 문화에서 발견되며 마찬가지로 응보행위를 규율하는 규범과 믿음체계 역시 편재해 왔기 때문에 인간사회의 보편적 특성(human universals)으로 볼 수 있다. 그런데 보복(retaliation)은 어떤 의미에서는 명백히 비이성적인 것이다. 보복은 피해를 원상회복할 수도 없고 종종 매우 중대한 비용과 위험을 초래하기 때문이다. 그럼에도 불구하고 응보로서의 보복행위는 왜 그토록 편재하는 것일까? 칸트적 관점에서 보자면 응보나 처벌은 정언명령이고 실천이성은 누구에게나 내재해 있기 때문이라고 말할 수 있겠지만, 진화론자들은 그 나름의 이론적 관점에서 접근한 설명을 내놓고 있다.

진화론적 관점에 따르면 응보적 태도(attitudes)나 성향(dispositions)은 적응도를 높이는(fitness enhancing) 행동전략이거나 심리적 기제이기 때문에 자연선택된 것이다. 이 입장에 따르면 어떤 종류의 감정이나 태도는 사회적 협력(social coordination)을 향상시키는 행동을 동기화하기(motivate) 때문에 자연선택된다. 즉 그러한 감정들은 목전의 자기기익(immediate self-interest)을 거스르고 장기적으로 생존과 번식에 도움이 되는 행동을 동기화하기 때문에 특별한 가치가 있다. 이 관점에 따르면 응보적 감정도 상호 이타적인 행동을 동기화하기 때문에 선택된 것이다. 같은 맥락에서 분개심이나 죄책감 같은 감정도 장기적인 이득을 위해 목전의 자기이익이란 유혹을 거부하기 위해서 선택된 것으로 이해할 수 있다. 이러한 관점에 의하면 형벌의 기능도, '이타적 형벌(altruistic punishment)', 다시 말해 비용을 감수하며 비협력자를 처벌하는 형벌이라는 점에서 찾을 수 있으며 이로 인해 한 사회의 협력을 위한 규범체계가 안정화될 수 있다고 한다. 요컨대 세부적인 설명방식에 차이는 있지만 진화론적 관점에서 보자면 응보적 감정은 협력을 동기화하기 위

___

선택했고, 이는 행동을 선택하는 신경구조의 진화로 이어졌다는 견해다. 데닛의 입장을 잘 정리해 주고 있는 문헌으로는 마이클 셔머/김명주 역, 앞의 책, 500-501면 참조.

한 수단으로 진화된 심리적 기제로 볼 수 있다.

그런데 상기 진화론적 설명방식에는 한 가지 논리적 연결고리가 빠져있다. 앞서 언급한 바와 같이 보복은 분명 단기적으로는 자기이익에 반할 수 있고 비용과 위험도 초래할 수 있다. 그렇다면 인간의 고도로 성숙된 인식능력은 두 가지 측면에서 자신에게서 솟아나는 응보감정에 대해 의문을 가질 수 있음은 자명하다. 하나는 과연 그 특별한 감정이 자신의 단기적 이익이란 측면에서 도움이 될 수 있느냐는 것이고, 다른 하나는 그 응보감정이 우리가 진실이라고 믿는 신념에 부합되느냐는 것이다. 다시 말해 인간의 정교한 인식능력은 응보적 감정과 그로 인한 행동을 자제시킴으로써 그 감정과 행동의 적응적 과업을 완수하지 못하게 만들 수 있다는 것이다. 이로부터 결국 적응문제(adaptive problem)121)가 발생하는데, 응보적 행동은 여전히 장기적으로 사회적 협력을 강화함으로써 적응도를 높여주는 기제이지만, 인간이 지닌 성숙한 인식능력은 응보적으로 행동하지 않도록 만들기 때문이다. 따라서 인간은 자신의 인식능력으로 인한 적응도 감쇄효과를 상쇄할 만한 '그 무엇'을 필요로 하게 되었고, 타믈러 소머스에 의하면 '그 무엇'의 역할을 하는 것은 바로 '도덕적 책임에 대한 규범과 믿음(norms and beliefs about responsibility)'이라는 가치체계이다.122) 다시 말해 누군가 비난과 처벌을 받아야 한다는 믿음은 자신의 분노와 같은 태도를 수반하면서 이를 통해 적응도를 높이게끔 응보적 감정을 일으키고 또 보복행동을 하도록 만든다는 것이다.

결론적으로 자유의지와 도덕적 책임 및 비난과 처벌에 대한 규범과 믿음은 행위자로 하여금 응보적 태도를 합리적인 것으로 받아들이게

---

121) 적응형태란 눈, 두 손, 특정한 대상에 대한 공포나 욕구와 같은 심리적 성향처럼 자연선택과 성선택에 의해 진화된 결과물이며, 그 덕분에 유기체는 특정 문제를 해결할 수 있다. 적응형태 덕분에 해결할 수 있는 문제를 적응문제라고 한다. 적응문제는 곧 생존과 번식의 문제를 말한다.

122) 이상의 내용은 Tamler Sommers, Relative Justice (Princeton Univ. Press, 2012), at 36-38.

만들어 주어서 응보적 태도와 적응적 행동 사이의 결합을 강화시키는 데 도움을 준다는 것이 소머스의 주장이다. 여기서 말하는 규범과 믿음 체계란 "정당한 처벌과 도덕적 비난은 도덕적 죄책(guilt)을 함축하고, 죄책은 도덕적 책임(responsibility)을 함축하며, 도덕적 책임은 자유를 함축한[다]"는 규범적 판단의 논리적 연쇄[123]를 말한다고 볼 수 있고, 이것이 바로 응보적 태도를 합리적인 것으로 만들어 주는 '그 무엇(something else)'에 해당한다는 것이다.

'응보적 성향과 행동의 진화'에 대하여 소머스가 소개한 진화론적 설명방식은 필자가 일련의 연구작업을 통해 주장한 바 있는 사적 보복 행위의 진화론적 이해방식과 거의 정확히 일치한다.[124] 다만 필자는 '받은 대로 되갚는' 원칙이라 할 수 있는 '팃포탯(Tit for Tat)'이라는 행동전략 내지 성향이 인류의 진화과정을 통해 '진화적으로 안정한 전략(evolutionarily stable strategy: ESS)'이 되었고, 이로부터 '동해보복적' 성향이 보편적 심리기제로 자리잡게 되었다고 입론한 점에서 '방법론적' 차이가 있을 뿐이다. 그의 주장에서 한 가지 주목할 만한 부분은 '응보적 성향내지 행동'이 '인간 지성의 능력'으로 인해 감쇄될 수 있으며 따라서 이를 상쇄하기 위해 '책임이라는 규범과 믿음'이 요구되었다고 논증한 점이다. 지성적 존재로서의 인간의 특수성으로 인해 우리는 자기 내면의 감정과 성향에 대해서도 반성적으로 성찰을 할 수 있고 이로 인해 응보적 성향과 행동이 억제되는 것을 막기 위해서 처벌, 죄책, 책임, 자유 등의 규범과 믿음의 체계가 생겨났다는 것이다. 이 과정에서 소믈러는 명시적으로 논급하고 있지 않지만, 그 의중에는 책임 등의 신념체계 역시 진화의 산물이라는 논지가 함축되어 있다고 생각한다. 다만 그가 적절히 부연설명하지 못함으로써 다소의 혼란을 주는 이유는

---

123) 이 점에 대해서는 P.F. Strawson, "Freedom and Resentment", in: Free Will (Hackett Publishing Company, 2009), at 149.

124) 필자의 연구를 한데 엮은 것으로는 안성조, 현대 형법학 제2권 (경인문화사, 2016). 법과 진화론의 관계에 대한 폭넓은 연구방향과 방법론의 제시로는 김혜경·안성조·양천수·윤진수·한상훈, 법과 진화론 (법문사, 2016).

자연선택에 의한 유기체의 행동적, 심리적 성향의 진화는 언급하면서 규범과 신념의 체계가 어떻게 진화할 수 있는가에 대해서 침묵하고 있기 때문일 것이다.

이해를 돕기 위해 부연하자면, 책임이라는 규범과 믿음의 체계는 자연선택을 통해 후대로 유전되는 생물학적 유전자는 아니지만, 소위 문화적 선택을 통해 널리 퍼져나갈 수 있는 문화적 유전자인 어떤 생각(idea)과 신념의 복합체라는 점에서 리처드 도킨스가 개념화한 바 있는 '밈컴플렉스(meme-complex)'의 하나로 볼 수 있을 것이다.[125] 어떤 밈이 선택되는 동인은 여러 가지가 있지만 그 대표적 동인 중의 하나는 바로 인간의 생존과 본능에 도움이 된다는 사실이다. 즉 책임이라는 규범과 믿음의 체계는 응보적 감정을 합리적으로 만들어 주고, 응보적 감정은 사회적으로 상호적 이타성을 촉진시켜 사회적 협력을 가능하게 하는 기능을 하여 궁극적으로 적응도를 높여주게 되므로, 이처럼 생존과 번식에 기여를 하는 밈컴플렉스이므로 문화적으로 선택되었다는 것이다. 물론 밈은 그것이 생물학적 적응도와 무관하게 선택되기도 하지만, 소블러는 책임개념이 생물학적 적응도를 향상시키는 과업에 도움이 되므로 선택되었다는 흥미로운 주장을 하고 있는 것이다.[126]

소블러의 주장은 필자에게는 특히 인상적인데, 그 이유는 오랜 전부터 그와 유사한 생각을 갖고 있었기 때문이다. 우리는 왜 책임이라는

---

125) 밈이론에 대한 폭넓은 설명으로는 수전 블랙모어/김명남 역, 밈 (바다출판사, 2010). 밈복제가 성공적이기 위한 다양한 조건에 대해서는 안성조, 앞의 책, 256면 이하 참조.

126) 물론 소블러의 주장이 후성규칙(epigenetic rules)을 통해 책임이라는 규범과 믿음의 가치체계가 진화했음을 전제하고 있다고 볼 여지도 있을 것이다. 후성규칙은 문화의 진화를 어느 방향으로 정향시켜 유전자와 문화를 연결시켜 주는 '정신발달의 유전적 규칙성'을 말한다. 그러나 후성규칙의 문화에 대한 영향력은 제한적이라는 점을 고려할 때 책임은 순전한 '자연선택'의 결과라기보다는 '유전자-문화 공진화(co-evolution)'의 산물이거나 어쩌면 전적으로 '문화적 선택'의 산물이라고 설명하는 것이 더 유망해 보인다. 이러한 생각을 지지해 주는 글로는 정상모, "유전자와 문화: 후성규칙의 덫", 철학논총 제56집, 2009 참조.

'삶의 형식(form of life)' 속에서 살 수밖에 없을까? 왜 우리는 책임을 지고, 지우는 삶의 형식을 벗어날 수 없는 것일까? 이에 대해 다양한 배경설명이 필요하겠지만 다른 지면에서 다루어 보기로 하고, 우선 진화적 관점에서 책임이라는 규범체계가 필요하게 된 이유를 설명해 보기로 하자. 필자의 생각은 소믈러의 그것과 착상은 같지만 방향은 다르다.

틋포탯이라는, 혹은 동해보복적 성향이 자연선택되었다고 할 때, 이로부터 발생하게 되는 적응문제는 필자가 보기에는 인간 지성의 간섭으로 인해 발생한다기 보다는 동해보복이라는 인간들 사이의 사적 보복이 벌어지는 실제적인 맥락에서 기인한다. 이론적으로 보면 틋포탯이라는 동해보복의 성향이 적응도를 높이는 기제이므로 진화했다는 논리는 명쾌해 보이지만 소믈러는 실제로 응보적 성향이 적절히 작동하기 위해서는 보복을 가하는 피해자가 감수하게 되는 단기적 불이익이나 위험이란 측면을 고려할 때 책임이라는 규범체계가 필요할 것이라는 점을 적절히 논구해 내고 있다고 생각한다. 즉 소믈러는 주로 응보적 행동을 취하는 자의 입장에서 책임개념의 역할을 부각시키고 있다면, 필자가 주목한 바는 애초에 타인의 법익을 침해한 가해자의 입장에서 책임의 역할이 중요할 것이라는 사실이다. 간단히 설명하자면, 만일 고대 근동지역의 어느 마을에서 갑이 을을 고의로 살해하였다. 그러면 통상 을의 친족 중 가장 가까운 성인 남성이 갑에게 '피의 보복(blood feud)'을 가한다. 형식적으로는 별 문제가 없어 보이는 시나리오지만, 실제로 이러한 상황이 발생하면 과연 그 어떤 가해자가 순순히 피해자 측의 보복을 받아들이겠는가? 실제로 관련 전거에 의하면 보복을 할 만한 신체적, 물리적 능력이 없어서 보복을 못 하는 경우도 있었고, 보복을 하다가 오히려 가해자로부터 공격을 당하는 경우도 있었다.[127] 이 말은 틋포탯의 행동원리가 적절히 작동하기 위해서는 가해자의 입장에서 자신의 죄책에 대해 책임을 인식하고 돌아올 결과를 감수하려는 태

---

127) 이러한 사례들과 함께 고대 근동지역의 사적 보복관습을 폭넓게 다루고 있는 문헌으로는 안성조, 현대 형법학 제1권 (경인문화사, 2011), 33-65면 참조.

도가 있지 않으면 안 된다. 그렇지 않으면 '보복의 악순환'으로 인해 공동체는 붕괴되고 만다. 물론 바로 이 '보복의 악순환'을 방지하기 위해 '탈리오 법칙'이 형성된 것이기는 하지만, 그렇다 하더라도 실제로 복수의 집행현장에서 일정한 신념에 기초한 규범체계가 작동하지 않으면 '동해보복'은 형식적인 원리에 그치고 말 것이다. 바로 여기서 가해자 스스로 자신의 행위에 대한 책임을 통감하면서, 스트로슨의 표현을 빌리자면 처벌을 '그에 마땅한(due)' 또는 '정당한(just)' 것으로 받아들이려는 태도가 요구된다고 할 것이고,[128] 이를 요구하는 규범체계가 작동해야 한다는 것이다. 그것이 바로 책임이다. 이러한 관점에서 보자면 책임개념은 적응적 기제로서의 '응보적 성향'이 보다 잘 작동하기 위해 필요한 '그 무엇'을 구성하는 규범과 신념의 체계이다. 결론은 소믈러와 같지만 관심의 방향은 피해자측이 아닌 가해자에 놓여 있다는 점에서 다르다. 종합하자면 피해자측의 응보적 성향을 감쇄하는 요인을 제거하기 위해서도 －비록 단기적으로는 불이익이나 위험부담은 있겠지만 반드시 정의를 실현하겠다는 합리적 동기를 불러일으킨다는 점에서－ 책임은 필요하고, 가해자 역시 피해자측의 처벌을 그에 마땅하고 정당한 것으로 수용하게 함으로써 '보복의 악순환'이란 적응문제로부터 벗어나게 해 준다는 점에서도 책임은 필요하다고 본다.

　여기서 필자의 접근방식이 소믈러의 방식과 두드러진 차이점을 가져오는 바를 논해 보고자 한다. 소믈러는 책임개념이 필요하고 진화하게 된 이유를 부분적으로 설명해 주기는 하지만, 정작 본고에서 핵심적인 주제인 '자유의지'에 대해서는 별다른 해명을 해 주지 못한다. 하지만 필자의 관점에서 책임개념의 유래에 접근을 해 보면 왜 그토록 '자유의지'가 책임과 관련해 중요한 것인지 바라볼 수 있는 하나의 '이론적 창'을 얻게 된다. 또 간단히 설명해 보자. 만일 우리의 규범체계가 가해자로 하여금 자신의 행위에 책임을 져야 한다고 요구한다면, 이를 가장 효과적으로 요구할 수 있는 방법은 무엇일까? 그것은 분명 "가해

---

128) P.F. Strawson, *Ibid.*, at 168.

자 자신에게서 비롯된, 결과를 그에게 귀속시킬 수밖에 없는 '그 무엇' 때문에 그러하다"는 논리적 형식을 갖추고 있어야 함은 자명할 것이다. 그렇지 않고서는 달리 가해자를 설득력 있게 납득시킬 방법은 존재하지 않거나, 있다 하더라도 부차적일 것이다. 바로 이 지점에서 우리가 인류의 역사와 문화를 통해 알고 있는 모든 가치체계 중에서 '자유의지'를 대체할 만한 것을 찾을 수 있을까? 만약 그런 것이 없다면, 어떻게 '자유의지'가, 책임개념을 구성하는 핵심적 요소의 하나로서 규범적으로 요청될 수밖에 없는지에 대해 적응문제의 관점에서 그 유래를 추론해 볼 수 있을 것이고 그와 함께 책임과 형벌의 여러 전제조건 중에서 '자유의지'의 고유한 위상을 자리매김해 볼 수 있을 것이다. 만일 이러한 입론이 옳다면, 어째서 '책임과 자유의지'의 필연적 연관관계를 부정하는 도덕이론[129]보다, 그 둘 간의 논리필연적, 실천적 연관성을 지

---

129) '자유의지'가 '타행위가능성'을 함축하는 책임이론이 책임비난을 감수해야 할 가해자의 입장에서는 더 설득력이 있을 것이므로, 이러한 연관관계를 부정하는 책임이론이 왜 그토록 격렬한 논쟁의 표적이 되기 쉬운지도 추측할 수 있다. 예컨대 프랭크퍼트에 의하면, "도덕적 책임과 의지의 자유 사이의 관계는 매우 광범위하게 오해되어 왔다. 행위자에게 도덕적 책임이 인정되는 조건이, 오로지 그가 행위시 의지가 자유로울 때라는 것은 옳지 않다."고 한다. 누군가 도덕적으로 책임이 있다는 것이 곧 그가 자신이 원했던 어떤 의지라도(whatever will he wanted) 소유할 수 있음을 함축하지는 않는다는 것이다. 나아가 그는 "누군가 자신이 하기를 원했던 일을 했고, 그 일을 한 이유는 그가 그 일을 하기를 원했기 때문이고, 그 일을 하도록 동기 유발한 의지는, 그가 원했던 의지였기 때문에, 그의 의지였다고 가정해 보자. 그렇다면 그는 자기의 자유의지에 따라 (of his own free will) 자유롭게 행위했던 것이다. 그가 다르게 행동할 수 있었다고 가정하더라도 그는 다르게 행위하지는 않았을 것이다. 그리고 설령 그가 다른 의지를 가질 수 있었다고 가정하더라도, 그는 다른 의지를 원하지는 않았을 것이다."라는 논지를 펼친다. 이에 대해서는 Harry Frankfurt, *Ibid.*, at 210. 잘 알려져 있듯 프랭크퍼트는 누군가에게 도덕적 책임을 묻기 위해서는 그에게 타행위가능성이 있어야 한다는 이른바 '대안가능성 원리(principle of alternate possibilities)'가 틀렸음을 주장하며 결정론과 도덕적 책임이 양립가능하다고 주장한다. 이에 대해서는 Harry Frankfurt, "Alternate Possibilities and Moral Responsibility", in: Free Will (Hackett Publishing Company, 2009), at 185-195.

지하는 이론이 오늘날까지 상대적으로 더 보편적인 것으로 받아들여지고 있고, 법학의 영역에서도 여전히 굳건하게 자리잡고 있는지를 해명해 줄 수 있을 것이다. 이 점과 관련해 아르투어 카우프만의 다음과 같은 성찰은 경청해야 할 것이다.

> "'비난 없는 형벌'은 형벌을 받는 자 스스로가 이해하지 못한다는 점이다. 만약 사람들이 범죄행위를 저지른 자에게 그 행위로 인한 책임이나 비난을 가하지 않기로 한다면, 그 범죄자는 아마도 모든 형사제재를 부당하다고 느낄 뿐만 아니라, 더 나아가 의심할 바 없이 재사회화에 협력할 용의도 갖지 않을 것이다. 많은 경우 비난이 치유적인 효과를 갖는다는 것은 확실하다. 그것이 오늘날 일반적이지 않다고 해서 이 점으로부터 책임형법을 폐지한다는 주장이 추론될 수는 없다. 오히려 행위자가 피해자와 사회에 대한 책임을 감지할 수 있도록 행형을 고치자는 요구만이 도출될 뿐이다."130)

V. 맺음말

1. 몇 가지 비교와 검토

(1) 칸트, 치좀, 프랭크퍼트의 자유의지론의 비교

이제 자유의지론과 관련된 몇 가지 견해를 비교, 검토하면서 논의를 마무리 하고자 한다.

본고는 칸트의 자유의지론에서 출발하여, "자발적이고 자연의 욕구과 경향성을 극복할 수 있으며, 자율적으로 자기결정을 할 수 있는 능력"으로서 칸트적 자유의지 개념이 여러 도전에도 불구하고 정립가능

프랭크퍼트의 이론에 대한 다양한 갈래의 비판에 대해서는 홍지호, "프랭크퍼트식 사례는 양립가능론에 도움을 줄 수 있는가?", 철학연구 제77집, 2007과 최승락, "자유의지와 결정론 문제에 있어 프랭크퍼트의 양립가능론에 대한 비판: 대안가능성 원리를 중심으로", 호원논집 제21권, 2014 참조.

130) 아르투어 카우프만/김영환 역, 앞의 논문, 33면.

하며, 형법상의 책임개념의 구성과 관련해 상당히 정합적으로 해석될 수 있는 유의미한 논의의 단초들을 제공해 주고 있다고 논증하였다. 하지만 칸트의 자유의지 개념은 실천이성의 능력에 기초한 선의지로 이해됨으로써 예지계는 물론 현상계에도 속한 총체적 인격체로서의 인간의 자유의지를 모두 포괄하기에는 다소 불만족스럽다는 점을 서두에 언급한 바 있다. 아울러 칸트가 자유의지를 선의지로만 국한하면서 그럼에도 불구하고 자신의 성격을 형성하게 되는 자기애의 준칙과 도덕성의 준칙 중 양자택일을 하는 '자유의지'를 언급함으로써 전자와 다른 이 개념의 성격에 대하여 의문을 남기고 있음을 지적한 바 있다.

우선 칸트의 자유의지론과 핵심 생각을 공유하는 치좀의 견해를 보자.

치좀은 전술한 바와 같이 '내재적 인과성'이란 개념을 가져와 소위 '행위자 원인론(agent causation)'을 입론함으로써 행위자 자신이 부동의 제1 운동자가 됨으로써 자연계의 인과계열의 한 원인이 될 수 있음을 논증하였다.

칸트와 비교해 보면 '자발성'으로서의 자유라는 측면에서 결정론과 양립가능성을 입론하고 있다는 점에서 유사하다. 다만 치좀은 자연의 경향성을 극복하는 능력으로서의 자유의지나, 자율로서의 자유에 대해서는 언급하지 않고 있다. 바로 이 점 때문에 치좀의 견해에 대해 프랭크퍼트는 다음과 같이 비판한다.

"치좀에 의하면 사람이 자유로운 행위를 수행할 때마다 그 행위는 신비롭다. 행위의 순간 우리 각자는 부동의 제1 운동자가 된다. 이러한 설명은 인간 이하의 종에 속하는 동물들이 여기서 정의내리는 자유를 향유한다는 것을 의심하게 하는 어떤 근거도 제시하지 못한다. 치좀은 인간이 손을 움직일 때 기적을 행한다는 것을 토끼가 발을 움직일 때 기적을 행한다는 것에 비해 좀 더 그럴 듯하게 만들 어떤 사항도 언급하지 않는다."[131]

요컨대 치좀의 이론은 인간의 행위가 자연인과계열의 원인이 될 수

---

131) Harry Frankfurt, *Ibid.*, at 209-210.

있다는 점을 내재적 인과성 개념을 통해 입론했지만, 같은 논리라면 토끼와 같은 동물들의 행위도 부동의 제1 운동자, 즉 자유로운 행위자가 될 수 있다는 반론인 것이다. 주지하다시피 칸트의 자유의지론은 이러한 비판에 맞설 수 있는 논지를 갖추고 있다. 동물과 달리 인간은 자연의 경향성을 벗어날 수 있고 이성의 능력으로 보편적 법칙을 세우고 따를 수 있기 때문이다. 여기서 프랭크퍼트의 지적은 중요한 사실을 하나 일깨워 주는데, 만일 치좀의 이론이 옳다면 자유는 굳이 칸트처럼 실천이성을 요구하지 않는다. 우리가 반드시 도덕적으로 행위할 때만 자유로운 존재인 것은 아니라는 것이다. 이 점은 바로 칸트와 구별되는 지점이다.

프랭크퍼트는 치좀 이론의 난점, 즉 동물과 구별되는 인간 고유의 자유의지를 입론하기 위해서 1차적 욕구와 2차적 욕구 및 의욕을 구분하는 자유이론을 정초한다. 물론 칸트와는 전혀 다른 방식이다. 그에 따르면 인간과 다른 생물체 사이의 하나의 본질적 차이는 인간의 의지구조 내에서 발견될 수 있다고 한다. 그의 이론에 의하면 인간이나 동물이나 단순히 이것 혹은 저것을 하거나 하지 않으려는 욕구를 가지는데 이를 '1차적 욕구'라고 한다. 반면 인간에게 고유한 특질은 2차적 욕구와 2차적 의욕을 형성할 수 있다는 점에 있다. 전자는 어떤 욕구나 동기를 갖기를(혹은 갖지 않기를) 원하는 욕구를 뜻한다. 후자는 2차적 욕구 중에서 어떤 욕구나 동기가 자신의 의지가 되기를 원하는 경우를 말한다. 예를 들어 약물중독자를 치료하는 의사가 단지 중독환자들의 욕구가 어떤 것인지 더욱 잘 이해하기 위해서 약물에의 욕구를 원한다고 할 때에 이 의사는 약물복용의 욕구를 원하고는 있지만 실제로는 약물을 복용하지 않으려는 분명한 욕구를 가지고 있는 것이다. 따라서 그의 2차적 욕구는 그의 의지가 되어야 하는 욕구는 아니라고 볼 수 있는데 그가 원하는 바는 오로지 약물에 대한 욕구를 감식하는 데 있기 때문이다. 따라서 약물복용의 욕구를 갖고자 하는 그의 2차적 욕구는 실제로 그가 약물복용의 1차적 욕구를 가지고 있음을 함축하지 않는다.

반면 2차적 욕구 중에서 자신이 원하는 1차적 욕구가 그의 의지가 되기를 바라는 욕구가 될 때, 이를 2차적 의욕이라 한다. 이 경우 그는 X를 하려는 욕구가 단순히 그로 하여금 동기를 유발하는 욕구들 중 하나이기를 원하는 데 그치지 않고, 그 욕구가 실질적으로 행동하지 않을 수 없도록 만드는 실질적 욕구가 되기를 원한다. 이 경우 그는 X가 그의 의지가 되기를 원하는 것이며, 따라서 X를 하기를 원하는 1차적 욕구를 원하는 그의 2차적 욕구는 이미 X를 하려는 욕구를 가지고 있음을 함축한다.

프랭크퍼트에 의하면 2차적 욕구는 갖지만 2차적 의욕을 전혀 갖지 않는 행위자도 있을 수 있는데, 그는 그러한 행위자를 '방종체(wanton)'라고 부른다. 방종체의 본질적인 특징은 그가 그 자신의 의지에 관해 주의를 기울이지 않는다는 점에 있다. 여기에는 일부 성인들과 어린아이들, 그리고 동물이 포함될 수 있다고 한다. 방종체가 2차적 의욕을 갖지 않는다고 하여서 1차적 욕구에 따라 무분별하게 곧바로 행위를 이행함을 의미하지는 않는다. 방종체도 어떤 고차원의 합리적 사고능력으로 자신의 행위에 대해 추리하거나 숙고할 수 있기 때문이다. 다만 방종체는 합리적 인간과 달리 자신이 욕구 그 자체가 바람직한 것인가에 대해 관심을 갖지 않는다. 그는 자신의 의지가 어떤 것이어야 하는지의 문제를 도외시한다.

프랭크퍼트는 2차적 의욕의 형성능력 외에 인간의 고유한 특징은 의지의 자유를 향유할 수 있느냐에 있다고 한다. 의지의 자유는 행위의 자유와는 구별된다. 행위의 자유는 "자신이 하기를 원하는 것을 할 자유이다." 반면에 의지의 자유가 있다는 것은 "자신의 1차적 욕구를 갖기를 원하는 것을 의욕하는 데(to want to what he wants to want) 자유롭다는 것"을 의미한다. 다시 말해 2차적 의욕을 형성하는 데 자유로운 것을 의미하는 것으로 볼 수 있으며 이는 곧 자신이 의지하기를 원하는 바를 의지하는 데 자유롭다는 것, 또는 자신이 원하는 의지를 갖는데 자유롭다는 것을 의미한다. 요컨대 인간의 고유한 특징으로서 의지의 자유는, 그 의지가 자신이 갖기를 원하는 의지인지 여부에 달려 있는 것이다. 따라서 약물중독자 중에서 자신의 중독상태를 혐오하면서 약물복용의 욕구를 극복하기 위해 분투하지만 매번 약물복용의 욕구에 굴복하는 자가 있다면 그의 약물복용은 "자신의 자유의지에서 나오는 것이 아니다"라고 말할 수 있게 된다. 결론적으로 인간이 의지의 자유를 발휘한다는 것은 2차적 의욕에 대한 자신의 의지의 순응(conformity)을 확보하는 데 달려있다. 즉 자유의지의 향유는 2차적 혹은 그 이상의 고차적 욕구의 만족을 의미한다. 따라서 의지의 자유가 없는 경우란, 자신의 의지와 2차적 의욕 사이에 괴리가 있거나 그들 간의 일치가 노력이 아닌 우연에 달려 있는 경우가 된다. 방종체는 2차적 의욕을 전혀 갖지 못하므로 자유의지는 문제조차 되지 않는다.[132] 다소 상세하게 프랭크퍼트의 자유의지론을 소개한 것은 칸트의 자유의지와 대비시킬 필요가 있어서이기도 하지만, 그의 생각 중에는 칸트가 명시적으로 해명하지 않고 있는 부분, 즉 선의지와 근본악 중에서 악을 선택하는 결단을 내리는 '자유의지'는 어떤 성질의 것으로 보아야 할 것이지를 해명해 줄 수 있다고 보기 때문이다.

먼저 칸트와 비교해 보자면, 칸트는 욕구의 위계에 대해서는 일단 언급한 바가 없고, 단지 '동인(Triebfeder)'이란 용어를 자유로운 사람이 선택한 것들 중에 근거가 될 만한 것과의 관계를 가리키기 위해 사용한다. 여기에는 욕구와 경향성은 물론 도덕법칙에 대한 존경심도 포함된다. 그렇다면 동인은 프랭크퍼트의 이론에 의하면 대략 1차적 욕구에 상응하는 개념이라고 보면 큰 무리는 없을 것 같다. 칸트에 의하면 자유의지는 오로지 선의지인데, 선의지는 도덕법에 대한 존경심에서 비롯된다는 점에서 2차적 의욕을 형성할 수 있는 의지의 하나가 된다. 다만 프랭크퍼트는 2차적 의욕의 형성이 반드시 1차적 욕구에 대한 도덕적 입장을 표현하는 것은 아니라고 주장하므로, 선의지뿐만 아니라 자기애의 준칙과 같은 소위 '근본악'도 2차적 의욕을 형성할 수 있는 또 다른 의지가 될 수 있다. 그러므로 프랭크퍼트의 자유의지에 의하면 인간은 선의지도 근본악도 자유로운 선택이 가능하며, 칸트가 "자유의지로 받

---

132) 이상의 내용은 Harry Frankfurt, *Ibid.*, at 198-208 참조.

아들인 악한 불변적 원칙들의 결과이며, 이런 원칙들이 의지를 더욱더 비난받고 벌받아야 할 것으로 만드는 것이다."라고 말할 때의 '자유의 지'는 칸트적 의미의 자유의지라기보다는 오히려 프랭크퍼트식 자유의 지의 성격이 있음을 밝혀 두고자 한다.

(2) 선의지를 넘어선 자유의지의 가능성 전망

오늘날 자유의지와 관련된 대부분의 논의에서 '자유의지'의 의미는 칸트처럼 '선의지'로 국한되지 않는다. 전술한 바와 같이 치좀이나 프랭 크퍼트처럼 그 이상의 외연을 갖는 경우가 많다. 이 점은 하르트만이 지적하듯 오직 선만을 선택할 수 있는 의지는 이미 자유의지가 아니지 만, 칸트나 벨첼의 입장에서는 그 자체로 자연의 경향성을 극복한 것이 므로 자유의지로 볼 수 있다는 역설을 고려하면 논쟁의 여지가 남는 부 분이다. 칸트나 벨첼이 자유의지의 개념을 그와 같이 제한적으로 규정 한 데에는 나름의 중요한 이유가 있을 것이지만, 무엇보다도 그러한 자 유의지 개념은 일상적인, 그리고 윤리학이나 철학, 신경과학 계통에서 널리 통용되는 그것과 상당한 괴리가 있다는 점에서 재검토될 필요가 있다고 본다.[133] 더구나 앞서 검토해 본 바와 같이 대법원은 비단 형법 상 책임능력과 관련된 자유의지만을 언급하는 데 그치지 않고, 앞서 검 토한 바와 같이 '자발성'으로서의 자유의지라든지, 재산적 처분행위는 자유로운 의사에 기한 것이라든지[134], 흡연을 할 것인지 말 것인지는 자유의지의 선택에 맡겨져 있다는 것을 논급하고 있는바[135], 이러한 용 어법은 칸트적 의미의 '이성적' 자유의지의 외연을 넘어서는 것이므로

---

[133] 자연주의적 윤리학의 관점에 서 있는 마크 존슨에 의하면 심지어 '실천이성의 능력'이나 '자유의지'는 없다고 단언한다. 마크 존슨/노양진 역, 인간의 도덕 (서 광사, 2017), 60면 이하 참조. 책임원칙과 자연주의 윤리학의 양립가능성에 대 해서는 후속연구를 기약하기로 한다.

[134] 대법원 2017. 2. 16. 선고 2016도13362 전원합의체 판결 중 반대의견에 대한 보충의견 참조.

[135] 대법원 2014. 4. 10. 선고 2011다22092 판결.

자유의지 개념의 의미폭을 넓히는 방법을 강구할 필요가 있을 것이다.
먼저 치좀의 행위자 원인론은 인간의 행동은 이성에 기초한 것이든
아니는 그 자체로 자연인과계열의 한 원인이 될 수 있음을 적절히 시사
해 주고 있다. 또한 본고에서 입론한 바와 같이 그러한 이론은 자연과
학적 관점과도 양립할 수 있다. 그렇다면 굳이 칸트처럼 오로지 예지계
에 속한 인간만이 자유의지를 향유할 수 있다고 보는 것은 그 논리필연
성에 대해 계속적인 의구심을 남기게 될 것이라고 본다. 칸트가 자유를
부인할 수 없는 실천이성의 사실이라고 보는 것처럼, 건전한 통제능력
을 구비한 인간이라면 누구나 감정이나 충동, 욕구의 조절에 있어서도
일정한 수준의 자유를 관념할 수 있다는 점은 패트리샤 처칠랜드나 줄
리언 바지니의 견해처럼 신경과학적인 사실에 해당한다. 또한 칸트는
자연의 경향성을 극복할 수 있는 인간 고유의 능력에서 소극적 자유의
의미를 찾았지만, 프랭크퍼트는 반드시 도덕적 숙고에 기반하지 않더라
도 자유의지를 정초할 수 있는 이론적 구상을 보여주었다는 점을 고려하
면 자유의지의 문제는 단지 '이성'의 영역이 아니라 총체적 인격체로서
의 "인간이 자유로운가?"의 문제로[136] 보는 것이 적절하다고 생각한다.
다만 만일 자유의지의 외연이 이렇게 넓어지게 될 경우 형법상의 책
임원칙의 정립에 어떠한 영향을 주게 될 것인지가 문제될 것이다. 본고
에서는 형법상 책임비난의 근거로서의 타행위가능성은, 오로지 적법행
위의 가능성의 문제로 대체될 수 있고 그러한 한에서 칸트적 자유의지
개념은 형법상 책임원칙을 정립하는 데 있어서 매우 정합적으로 유의
미한 기여를 할 수 있다고 주장하였다. 그런데 자유의지의 개념이 달라
질 경우, 즉 총체적 인격체로서의 인간이 갖는 자유의지가 형법학의 영
역에서 재검토될 경우 다시 책임원칙에 대한 회의론이 제기되는 것은
아닌지 의문이 들 수 있다. 즉 형법상의 타행위가능성은 또다시 입증곤
란의 문제에 직면하게 되지 않겠느냐는 것이다. 하지만 자유의지 개념
의 변천은 형법상 타행위가능성의 의미론적 변화를 수반하지 않는다고

---

136) Roderick Chisholm, *Ibid.*, at 180.

보는 것이 타당하다. 왜냐하면 형법상 책임능력을 구성하는 사물변별능력과 의사결정능력이 특수한 의미를 갖게 됨은 여전히 그대로 유지되듯이, 타행위가능성도 역시 적법행위의 가능성이란 특수한 의미로 해석되어야 함은 자유의지의 개념변천과는 전혀 무관하기 때문이다. 그리고 '총체적 인격체로서의 인간의 자유의지'가 관건이 되더라도 여전히 칸트가 남긴 지적 유산들, 즉 실천이성의 사실로서 '자유와 책임'은 우리의 법체계와 도덕적 관행에 의미있게 다가오기 때문이다.

2. 글을 마무리하며

일찍이 유기천 교수는 "법에서 무의식의 역할의 인정은 그 자체 무의식적인 것이기 때문에, 그것은 종종 비이성적으로 작동한다(since in law the recognition of the role of the Unconscious is itself unconscious, it often operates irrationally)."고 경계하면서, 무의식적으로 직관적으로 옳은 판단을 탐색하는 것보다는 과학적 지식이 뒷받침되어 도달한 의식적인 방침이 자유사회의 형법 '운용의 묘(妙)'의 핵심이라고 말한 바 있다.[137] 형법이 무의식을 이미 무의식적으로 고려하고 있는 상황에서 이 무의식을 과학적 논의의 지평, 즉 입체심리학의 인식지평으로 가져와 이를 '의식적으로' 고려하는 것이 형법의 해석과 적용에 있어서 바람직하다는 것이다.[138]

본고에서 필자가 검토한 '자유의지'의 역할도 오랜 세월 '무의식적으로' 형법의 해석과 적용에 있어서 직관적으로 인정되어 왔고, 또한 앞으로도 그러할 것이라는 점에서 유기천 교수가 논급한 '무의식'의 처지와 크게 다를 바 없다고 생각한다. 그렇다면 그동안 당연히 전제되어

---

137) Paul K. Ryu/Hellen Silving, "Towards a Rational System of Criminal Law", 서울대학교 법학 제4권 제1호, 1962, 23-24면.
138) 장영민, "월송 유기천 교수의 형법관에 대한 토론문", in: 다시 유기천을 생각한다 (법문사, 2015), 233면 참조.

왔던 자유의지 개념을 본격적으로 이론적, 과학적 논의의 지평으로 가
져와 여러 차원에서 그 의의를 해명해 보는 작업은 실천적으로 '자유사
회'의 형법의 운용에 있어서 바람직한 결과를 가져다 줄 것이라고 생각
한다.

§ 2. 책임과 응보의 과학적 토대
- 물리적 결정론은 왜 과학적으로 지지될 수 없는가? -

[글 소개]

　아래의 글은 작년 여름에 공저로 출간된『법학에서 위험한 생각들』이란 책에 수록된 필자의 원고인 "도킨스의 틀린 생각"을 제목을 바꾸고 내용을 일부 수정, 가필한 것이다. 필자는 이 공저에 공동편집자로 참여하였는데, 참여인원이 무려 33인에 이르며 국내외 법률가들은 물론 심리학 전문가들도 참여하여 다양한 전공의 주제를 한 데 어우러지게 편집한 그 책은 여태까지 국내학계에서는 보기 드문 책이었고, 이에 필자는 오래 전부터 현재 국내 법학계에 논의될 필요가 있다고 생각해 오고 있던 쟁점을 다룬 글을 여기에 싣고 싶은 마음에 이 글을 의욕적으로 집필하게 되었던 것이다. 본서의 제1장에 수록된 글인 "자유의지와 형벌의 정당성"과 거의 유사한 시점에 완성된 글로서 상당부분 공통된 문제의식과 논거를 포함하고 있기는 하지만, 앞의 글에는 전혀 다루어지지 않았던 논의도 포함되어 있어서 결과적으로 '자유의지와 형사책임'의 문제를 포괄적이고 심층적으로 이해하는 데 있어서 상보적으로 독자들의 이해에 기여해 줄 수 있으리라 믿는다.[1]

　저명한 법철학자인 로널드 드워킨은 자유의지와 책임의 문제에 대해 일찍이 흥미로운 견해를 피력한 바 있다. 본서의 입장과 선명하게 대비되어 독자들의 이해에 도움이 되리라 생각되어서 간단히 그 주장

---

1) 이 문제에 대한 또 다른 측면의 인식의 지평을 넓혀주는 보충적 문헌을 보고자 한다면, 안성조, 인간의 존엄과 책임원칙, in: 인간 존엄과 가치의 형사사법적 실현(한국형사정책연구원, 2019) 참조.

의 요지를 말하면 다음과 같다. 일반적으로 책임은 외부의 힘에 영향을 받지 않고, 자유의지가 행위의 시원적인(originating) 원인으로 작용할 때에만 정당하게 부과될 수 있다고 여겨지지만(인과적 통제이론), 드워킨에 따르면 인과적 통제이론은 우리의 건전한 직관에는 부합되지만, 이를 지지해 주는 다른 합리적인 논변이 부재하며, 더 나아가 결정론의 위협에 취약하다는 점에서 다른 대안을 찾는 것이 바람직하다고 한다. 그는 다른 대안으로서 '능력 통제이론'을 주장한다. 이에 따르면 행위에 책임을 진다는 것은 행위자가 자신이 외부 세계에 대해 올바르게 인식하면서 자신의 '인격, 욕망, 신념 등에 따라 의식적으로 결정을 내릴 수 있는 능력'이 있기 때문이라고 한다. 우리의 결정은 진정한 사실이며 그 자체로 중요하고 인과적 설명에 의존하지 않는데, 왜냐하면 자신의 '삶'의 가치는 그 결정이 얼마나 좋은 결정인가에 달려있기 때문이라고 한다. 다시 말해 삶의 가치는 결정의 품격에 의존하지 그 결정의 머나면 혹은 우리에게 알려지지 않은 인과적 연력에 의존하지 않는다는 것이다. 이 원리에 따르면 최소한의 기본적 인지적 능력과, 규범에 자신의 결정을 일치시킬 수 있는 행위통제능력만 있으면 행위자는 책임을 면하지 못한다고 한다. 드워킨은 말한다. "우리가 능력의 원리를 우리의 책임체계의 윤리적 정초로 수용한다면, 우리 뇌 속의 전자역학에 대한 최첨단의 발견들을 두려움 없이 무한한 호기심만 가지고 지켜볼 수 있다."고. 요컨대 능력의 원리가 일정한 능력을 책임의 핵심요소로 만드는 이유는 "잘 살아야 할 전반적인 윤리적 책임에 비추어서 책임의 조건을 정하기 때문"이라는 것이다. 이 원리는 행위자가 삶의 어떤 과제, 이를 테면 '법준수'라는 과제를 수행할 능력이 있을 때에만 그 과제가 유효하다는 통찰에 기초하고 있다. 그러한 최소한의 기본적 인지적 능력과 제어능력이 없다면 그 과제(법준수)를 달성하지 못한 데 대해 책임을 물을 수 없다. 여기에 인과적 관점은 개입될 여지도 필요도 전혀 없다. 이로써 결정론은 책임과 양립가능해진다고 드워킨은 주장한다. 그의 일관된 주장인 '가치의 독립성' 테제와 '가치의 통일성' 테제에 따르면 어렵지 않게 예견될 수 있는 입장이기도 하다. 즉 사실과 독립되어 있고,

정합적으로 상호 의존하고 있는 가치의 체계들 간의 통일적인 해석에 비추어 볼 때 '능력 통제이론'이 더 나은 견해라는 것이다. 간단히 말해 여러 층위의 상호 밀접한 규범적 논거들과 정합적으로 해석되면서 그로부터 지지를 받는 이론은 바로 '능력 통제이론'이라고 한다.

요컨대 자유와 책임은 우리에게 주어진 삶의 형식과, 우리가 지닌 도덕체계에 정합적으로 잘 들어맞기 때문에 '내재적으로' 정당화될 수 있다는 뜻으로 필자는 드워킨의 입장을 이해한다. 이에 대한 '외부로부터의' 과학적 회의주의나 결정론의 위협은 설령 그것이 사실이라고 할지라도 그저 호기심 가득한 관심의 대상일 뿐이라는 것이다. 그는 말한다. "만일 결정론이 참이면, 우리의 삶의 방식은 부조리하다고 생각해야 할까?" 아니라는 것이 그의 답변이다.[2]

이상의 드워킨의 논변은 매우 설득력 있고, 대중적 호소력도 있으며 대안 없이 회의론과 비관론을 제기하는 일부 결정론자들에 대해 깊은 성찰과 반성의 계기를 마련해준다는 점에서 매우 가치 있고 주목할 만한 견해라고 생각한다. 또한 상당수 영향력 있는 학자들도 수긍하는 입장임에 분명할 것이다. 그런데 그의 논변에서 간과되고 있거나, 다소 미진하게 다루어지고 있는 쟁점이 하나 있다. 그는 비록 결정론이 참이라 하더라도 우리의 도덕적 관행이 부조리해 지는 것은 아니라고 입론하고 있지만, 만일 비결정론이 참이면 우리의 도덕적 관행은 더욱 진실해진다는 점에 대해서는 관심을 보이지 않는다. 이와 관련해 과학적 결정론자의 대표자라 할 수 있는 리처드 도킨스는 다음과 같이 말한다. "우리는 왜 앞서 말한 것처럼 범죄자를 수리와 교체가 필요한 고장 난 기계로 다루어야 한다는 결론을 받아들이는 것이 거의 불가능하다고 느끼는 것일까? 아마도 그것은 비난과 책임은 물론 사실은 선과 악 같은 정신적 구성물이 다윈식 진화에 의해 장구한 세월을 거쳐 우리 인간의 두뇌에 자리잡고 있기 때문이다. 즉, 비난과 책임은, 이 세상에서 과연

---

2) 이상의 드워킨의 입장은 로널드 드워킨/박경신 역, 정의론 (민음사, 2015), 354-399면 참조.

무엇이 벌어지고 있는지에 대한 더 진실에 가까운 분석을 짧게 단축시켜 주는 수단으로서 우리의 두뇌에 자리잡은 '지향적 행위자(intentional agent)'라는 '쓸모 있는 허구'의 한 단면이다." 다소 난해한 이 말의 상세한 의미에 대해서는 아래의 글에서 확인해 보기를 바라면서, 여기서 간단히 지적해 두고자 하는 바는, 결정론에 도덕적으로 의미있는 주장이 들어있다면, 자유와 책임이라는 '도덕적 가치체계의 진실성'에 대해 회의를 제기하고 있다는 점이다. 도킨스 자신도 드워킨과 마찬가지로 우리가 언젠가 과학적 진실을 깨닫게 됨으로써 결정론이 궁극적으로 참이라고 밝혀지더라도 우리는 현재의 도덕적 관행이 바뀌지 않고 그대로 유지할 것이라고 전망한다는 점에서 같은 입장이다. 그럼에도 불구하고 그는 도덕적 관행이 과연 진실한 것인지 과학적으로는 의문이라는 견해를 피력하고 있는 것이다. 요컨대 드워킨이 옳더라도 결정론은 '자유와 책임'이라는 도덕적 관행의 가치를 떨어트릴 수 있는 호소력이 있다는 점에서 도덕적 관점에서 경청할 만한 가치가 있다.[3] 그러한 관행의 진실성에 대한 의문이 남기 때문이다. 그로 인해 우리의 삶이 부조리해지는 것은 아니겠지만, 만일 비결정론이 옳다면 우리의 도덕적 삶은 더욱 진실한 것으로 여겨질 수 있다. 따라서 자유의지 문제는 법적, 도덕적 담론에서 보다 적극적인 탐구와 논의의 대상이 되어야 하고 우리가 더 좋은 삶을 위해서라면 이 문제를 회피해 가서는 안 된다고 볼 수 있다. 드워킨도 자신의 '능력 통제이론'이 '인과적 통제이론'의 입장에서 보면 '회피적'일 수 있음을 잘 알고 있다.[4] 그럼에도 불구하고 '비결정론'의 가능성에 대해서는 적극적인 검토를 하고 있지 않은 것은 어쩌면 그의 말 그대로 "이 이론들을 과학적으로 판단할 능력이 없[기]" 때문일 것이다. 하지만 그로 인해 현재의 도덕적 관행이 도

---

3) 이와 관련해 론 풀러는 다음과 같은 지적은 참고해 둘 만한다. "인간에게는 책임 있는 행동을 할 수 있는 능력이 없다는 견해가 받아들여진다면, 법의 도덕성은 그 의의를 잃게 된다." 론 풀러/박은정 역, 법의 도덕성 (서울대학교출판문화원, 2015), 230면 참조.

4) 로널드 드워킨/박경신 역, 앞의 책, 367면.

덕체계 '외부로부터의 전지적 관점'에 의하더라도 정당한 것으로 판명될 수 있고, 따라서 더욱 진실한 가치가 있는 것으로 드러날 수 있다는 점이 논의과정에서 간과되고 있음은 아쉬운 부분이다. 다시 말해, 결정론과 자유의지가 그저 양립가능한 것이 아니라, 과학적으로 볼 때, 결정론이 참이 아니기 때문에 자유의지는 온전히 옹호될 수 있다는 논의도 자유의지 담론에서 중요하다는 것이다.

바로 이러한 맥락에서 본서의 입장은 드워킨과 다르다. 필자가 보기에 오늘날 자유의지를 가장 크게 위협하는 논거로 판단되는 과학적 결정론의 가장 근원적 버전이라 할 수 있는 물리적 결정론은, 인간의 모든 행동과 의식적 결정이 물리적 수준으로 환원될 수 있다는 '물리적 환원주의'라는 잘못된 가설에 입각해 있기 때문에 틀린 것이며, 실제로 믿음과 욕구, 의지와 같은 인간의 정신적 속성은 그 자체로 '실재하는 패턴'이며 행동을 초래할 수 있는 '인과적 힘'이 있다. 이 점에서 드워킨과 다른 방식으로 '자유의지와 책임'의 문제를 다루며 조금 더 적극적으로 도덕체계의 진실성을 옹호하고 있다는 측면에서 독자들이 흥미롭게 이 글을 읽어주기를 바란다.

또 하나 본고에서 다루고 있는 중요한 논점이 있다면, 그것은 본서의 다른 장에서 논급하고 있는 이른바 자연주의적 윤리학설들로 분류할 수 있는 견해들, 예컨대 도덕의 생래적 성격을 주장하는 진화윤리학 등은 우리의 삶에서 도덕적으로 중요한 실천척 관행, 즉 자유와 책임의 문제를 적절히 해명해 내지 못하고 있다는 점에서 한계점이 노정되어 있다는 사실을 밝히고 있다는 것이다. 다시 말해 정당한 응보라든지 동정심이나 이타성 등 도덕의 구성물에 대해 본성으로서 혹은 성향으로서의 성격은 잘 구명해 내고는 있지만, 우리가 왜 의무감을 지니고 때로는 책임을 져야만 하는가에 대한 원리적인 해명은 결여되어 있다는 것이다. 물론 마이클 토마셀로의 이론은 다른 자연주의적 윤리학설과 달리 '상호의존가설'에 의해 인간의 도덕이 '협력'을 위해 진화해 왔다는 관점에서 다른 동물과 달리 '우리(We)'라는 개념을 발전시킬 수 있었고 이로 인해 나와 타인의 동등한 가치를 상호 인정하게 되었으며,

따라서 나 또는 타인의 역할이상에 대한 상호 '기대'에 어긋날 경우 그에 상응하는 책임을 묻고, 책임을 지는 도덕적 관행이 탄생했다고 설명하며 이로부터 모종의 '의무감'이 싹트게 되었다는 가설을 내세우고 있지만, 이러한 설명방식에서도 여전히 충분하게 해명되지 않고 있는 부분이 있다. 그것은 바로 우리가 어떤 때에 어느 정도로 '책임'을 지는 것이 정당화 되는가에 대해 침묵한다는 점이다. 이와 관련해 칸트는 이미 오래 전에 본성과 성향 등 자연적 근거에 의한 의지의 추동은 결코 당위를 산출할 수 없다고 역설한 바 있다. 예컨대 어떤 상황에서 동정심과 같은 도덕적 성향에 의한 행동은 결코 필연적 도덕법칙(정언명령)에 따른 행위와 같은 도덕적 위상과 가치를 지닐 수 없다는 것이다. 자유의지에 따른 행위가 아니기 때문이다. 이처럼 칸트의 윤리학체계에서는 인간의 본성, 성향, 소질 등과 자유(의지)와 책임의 관계가 명확하게 고찰되고 있다는 점에서 자연주의적 윤리학설과 대비를 이룬다. 짧은 분량의 글이라서 충분하지는 않겠지만, 이 글을 통해서 독자들이 그 한계점을 명확히 인식하는 계기가 마련될 수 있기를 희망한다. 이에 덧붙여 롤즈도 칸트를 원용하며 실천이성을 경험적 실천이성과 순수 실천이성으로 구분하는데, 자연주의 윤리학설이 주목하는 도덕적 본성은 그의 관점에 의하면 대체로 경험적 실천이성이 관여하는 영역에 국한될 뿐이라는 점을 여기서 간략히 논급해 두고자 한다.

I. 범죄자는 고장 난 기계일까?

지금으로부터 10여 년 전 대중적으로도 유명한 진화생물학자 리처드 도킨스는 "베이즐의 차를 때리는 것을 모두 다 멈추자(Let's all stop beating Basil's car)"라는 짧은 글에서 "도덕원칙으로서 응보는 인간행동에 관한 과학적 관점과 양립할 수 없다"는, 당시로서는 매우 도발적으로 보일 수 있는 주장을 펼친 바 있다. (형)법과 도덕, 나아가 법체계 전반의 권위에 대한 전면적인 도전으로 받아들여질 수 있는 위험한 명제를 제시한 것이다. 그의 글은 엣지(Edge) 재단 홈페이지의 2006년도 연례 질문5)에 게재되어 있고, 여기에 실린 110여명 저자들의 글을 편집, 번역해 국내에 단행본으로 출간한 책 '위험한 생각들'에도 수록돼 있다.6) 그런데 흥미롭게도 도킨스의 이 글은 같은 방식으로 영국과 미국 등의 몇몇 출판사에서 출간한 'What is your dangerous idea?'라는 제목의 영문원서에는 수록되어 있지 않은데, 일반 독자들은 물론 해당 분야의 전문가들 중에서도 이 사실을 아는 사람은 거의 없는 듯하다.

도킨스의 글은 여러 측면에서 도발적이다. 특히 필자에게 더 그렇게 느껴진 것은 1차적으로는 명백히 법관이나 법학자 등 법률가들을 겨냥해 응답을 끌어내려는 의도를 품고 있다고 보였기 때문이었다. 그럼에도 불구하고 외국과 달리 국내 법학계에서는 아직 이렇다 할 반응이 없다는 점은 매우 의아스러운 부분이다.

우선 나는 두 가지 점이 궁금했다. 첫째, 도킨스는 과연 어떤 근거에서 그와 같은 대담한 주장을 펼칠 수 있었던 것일까? 둘째, 그의 글은 어떤 이유에서 영미에서 출간된 원서에서는 수록되어 있지 않은 것일까?

순서를 바꾸어 먼저 두 번째 질문에 대해서 생각해 보기로 하자. 만일 독자들이 이 사실을 알게 되었다면 어떤 생각들을 떠올렸을까? 아마도 출판사측의 독자적인 결정이라든지 그 밖의 어떤 불가피한 사유가 있지 않았겠느냐는 등 다양한 추측이 가능할 것이다. 그런데 나는 직감적으로 도킨스가 자신의 주장을 즉각 철회한 것이 아닌가 하는 생각이 들었다. 학문적 직역에서는 이미 공간된 글이라도 이후 신념이 변하거나 정당한 반론을 접하게 되면 이를 어떠한 방식으로든 철회하는 편이

---

5) 엣지는 해마다 전 세계의 저명한 전문가들에게 특정한 주제의 질문을 던지고, 그들로부터 관련 논문을 받아 편집한 '세계질문센터'라는 특집을 홈페이지에 게재하는데, 참고로 2015년의 질문은 "생각하는 기계에 대해 당신은 어떻게 생각하는가?(What do you think about machines that think?)"고, 2006년의 질문이 바로 "당신의 위험한 생각은 무엇인가?(What is your dangerous idea?)"이다.

6) 존 브록만 편집/이영기 역, 위험한 생각들 (갤리온, 2007). 한국어판 책에서 그의 글 제목은 "유전자가 아니라, 범죄자의 유전자를 벌하라"로 번역되어 있다.

양심적인 태도로 평가될 수 있기 때문이다. 그에 대한 세간의 시선은 매우 다양하지만, 여러 저서를 통해 보여준 진화생물학자로서, 또한 탁월한 저술가로서의 면모에 비추어 볼 때 상기 글은 상대적으로 논리적 허점이 많아 보였기 때문에 더욱 그러한 생각을 하게 되었던 것이다. 다만 이러한 추정을 뒷받침할 만한 근거가 필요했고, 이를 찾기 위해 한동안 수소문을 한 끝에 필자의 생각이 옳았음을 확인할 수 있었다. 나의 궁금증을 시원하게 해소시켜 준 인물은 도킨스의 학문적 동료이자 저명한 미국 철학자인 대니얼 데닛이었다. 그는 이메일로 "당신의 생각이 옳다. 도킨스와 나는 그 문제에 대해 거듭 의견을 나누었고, 그는 범죄자를 베이즐 폴티의 고장난 차에 비유한 자신의 직관이 아주 정확한 것은 아니었다는 결론을 내렸다."라는 회신을 보내주었다. 결국 도킨스는 범죄자를 영국 TV 시트콤에 출연한[7] 베이즐 폴티(Basil Fawlty)의 고장 난 차에 비유한 직관은 적절하지 못했음을 시인했다는 것이다. 그렇기 때문에 그는 그 글을 기고한 것을 후회하였고, 철회하려고 노력했으나 엣지 홈페이지에서 글을 내리는 데는 실패했는데 다만 그 결실로서 영미에서 출간된 단행본에는 수록되지 않게 되었다는 것이다.[8] 그런데 데닛의 회신 내용을 받아들이는 데 있어서 유의할 점이 있다. 그가 "아주 정확한 것은 아니었다."고 신중하게 표현하고 있는 것으로 미루어 볼 때, 도킨스는 자신의 주장을 전면적으로 철회한 것은 아니고, 글에서 일부 비유가 적절하지 못했음을 뒤늦게 알게 되었다는 정도로 이해하는 편이 더 타당할 것이다.

그렇다면 과연 도킨스는 어떤 점에서 자신의 비유가 잘못되었음을 시인할 수밖에 없었을까? 이에 대해서는 첫 번째 질문에 대해 검토해

---

7) 영국 TV의 시트콤 주인공인 베이즐 폴티는 자신의 차가 고장 나서 출발하지 못하자 차에게 경고를 한 후 그래도 움직이지 않자 나뭇가지로 차를 거의 망가질 정도로 때린다.

8) 이 내용은 대니얼 데닛의 글 "Some Observations on the Psychology of Thinking About Free Will", in: *Are We Free? Psychology and Free Will* (Oxford Univ. Press, 2008), 253면에 수록되어 있다.

보면서 함께 살펴보도록 하겠다.

도킨스 주장은 이런 것이다. "도덕원칙으로서 응보(retribution)는 인간 행동에 관한 과학적 관점과 양립불가능하다. 과학자로서, 우리는 인간의 뇌가 인간이 만든 컴퓨터만큼 동일한 방식으로는 아니겠지만, 확실히 물리법칙의 지배를 받는다는 사실을 믿는다. 우리는 컴퓨터가 오작동할 때 컴퓨터를 처벌하지는 않는다. 하드웨어든 소프트웨어든 우리는 문제점을 찾아내 손상된 부품을 대체하는 방식으로 수리한다. 우리는 왜 살인범이나 강간범과 같은 '결함 있는 사람(defective man)'에게는 이와 동일한 방식으로 반응하지 못하는 것일까? 우리는 왜 베이즐 폴티를 비웃듯이 범죄자를 처벌하는 법관을 진정 비웃지 못하는 것일까? 살인자나 강간범은 결함 있는 부품이 있는 기계가 아닐까? 아니면 결함 있는 양육, 결함 있는 교육, 결함 있는 유전자는? 비난이나 책임과 같은 개념은 범법자들이 관련된 곳이면 어디든 자유롭게 퍼져나간다. 그러나 우리의 신경계에 관한 진정 과학적이고 기계론적(truly scientific, mechanistic) 관점은 책임이란 생각을, 감경되었든 아니든, 무의미한(nonsense) 것으로 만든다. 아무리 중한 범죄라 할지라도, 그것은 원칙적으로 피고인의 생리(physiology)와 유전(heredity), 그리고 환경(environment)이라는 선행조건의 탓으로 돌려져야 한다. 비난과 책임의 정도를 결정하는 법원의 심리는 폴티(Fawlty)의 자동차처럼 고장 난(faulty) 사람에게는 무의미한 것이 아닐까?"

이상의 도킨스의 주장은 분명 나름의 호소력은 있다. 또한 스스로 '과학자로서 우리는'이라고 지칭하듯이 실제로 상당수 과학자들이 공유하는 생각이기도 하다. 그리고 그동안 너무나 당연시 해왔던 범죄자에 대한 비난과 책임이라는 규범적 관행에 대해 과학자로서 비판적으로 의문을 제기하고 있다는 점에서 분명 경청할 만한 가치가 있다. 하지만 건전한 상식과 직관을 가진 독자라면 아마도 대부분 그의 논지에 어딘가 석연치 않은 점이 있다고 느낄 것이다. 글의 어느 대목이 그런 인상을 주는 것일까? 먼저 도킨스의 지지자이건, 적대적 비판자이건 그가 일찍이 자신의 유명한 저서인 '이기적 유전자'9)에서 인간을 비롯한 모든 동식물 등 유기체를 유전자가 스스로의 보호를 위해 만들어낸 '생존기계(survival machine)'라고 규정한 대목을 떠올릴 수 있을 것이다. 이러한 발상은 위 글에서 범죄자를 '결함 있는 기계'로 보는 관점으로 이어진다. 그는 "신경계에 관한 진정 과학적이고 기계론적 관점은 책임이란 생각을, 감경되었든 아니든, 무의미한 것으로 만든다."고 역설한다. 이 말은 무슨 의미일까? 약간의 교양이 있는 독자라면 파악했겠지만 여기서 말하는 '진정 과학적이고 기계론적 관점'은 '결정론(determinism)'을 뜻한다. 비록 도킨스는 결정론이란 말을 직접 사용하고 있지 않고 어쩌면 그 자신은 결정론의 관점에 서 있다고 인정하고 싶지 않을지도 모르겠지만, 그의 논지는 결정론과 핵심적인 생각을 공유한다. 결정론은 인간의 행동은 인과적으로 결정되어 있다는 입장으로서 그에 대해 비난을 가하거나 책임을 묻는 것은 무의미하다는 견해와 쉽게 결합한다. 일반적으로 책임비난이나 형벌은 인간의 '자유의지(free will)'에 따른 의사결정을 전제한다. 그런데 도킨스는 생리, 유전, 환경이 인간의 행동을 결정한다고 생각하고 있으므로, 인간의 행동이 전적으로 결정되어 있다면 그러한 것들이 무의미해질 수밖에 없다. 이런 맥락에서 보면 도킨스가 말한 '도덕원칙으로서의 응보[10]와 과학적 관점의 양립불가능성'은 '자유의지와 과학적 결정론의 양립불가능성'으로 재해석될 수도 있다.

어쨌든 그의 주장이 독자 일반에게 호소력 있게 다가오면서도 거부감도 불러일으키는 것은 바로 '자유의지와 결정론의 대립'이라는, 오랜 세월 치열하게 전개된 지적 논쟁의 전장(戰場)에서 일방적으로 '결정론'의 편을 들어주고 있기 때문일 것이다.

---

9) Richard Dawkins, The Selfish Gene (Oxford Univ. Press, 2006), at 19. 그는 태초의 원시수프에서 "살아남은 복제자는 자신이 들어가 살 수 있는 생존기계를 만든 것들이었다."고 주장한다.

10) '응보(應報)'란, 비단 보복이나 형벌뿐 아니라 칭찬과 보상 등 '응분의 대가를 받거나 치르게 하는 것' 일체를 포괄한다고 볼 수 있지만, 여기서는 도킨스 글의 맥락상 범죄자에 대한 책임비난과 형벌을 의미한다.

오늘날 자유의지와 결정론이라는 주제는 비단 전문적인 철학자와 윤리학자, 법학자 또는 과학자들 사이에서만 다루어지는 테마가 결코 아니다. 어느 정도 지식과 교양이 있는 독자들이라면 누구나 한번쯤은 고민해 봤을 만큼, 영화와 교양서적은 물론 일상에서도 흔히 접할 수 있는 이율배반(二律背反)의 한 사례이다. 저 유명한 철학자 칸트만 고투했던 문제는 아니라는 뜻이다. 그러므로 도킨스가 베이즐 폴티의 차에 범죄자, 즉 결함 있는 인간을 빗대어 책임과 처벌의 부당성을 주장하는 것은 상식적인 독자들이라면 쉽게 수긍하기 어려울 것이다. 이것은 어떤 관점을 취하느냐의 문제이고, 그와 생각이 다른 사람도 분명 많을 것이다. 하지만 그의 주장은 어떤 맥락에서는 분명 호소력 있게 다가오는 것도 사실이다.

왜냐하면 전통적 규범과 관행은 물론 현행법 역시 특수한 부류의 행위자들, 예컨대 정신병자 등에 대해서는 완전한 책임능력을 부여하지 않고 비난과 책임을 제한하면서 형벌감면의 효과나 보안처분 등 그에 합당한 제도를 마련해 두고 있다는 점에서 도킨스의 주장은 분명 일리가 있어 보인다. 그러한 부류의 범죄자들에게 비난을 가하고 책임을 지우는 것은 무의미하다. 이른바 '자유의지'가 제대로 작동하지 않는 자들이기 때문이다. 따라서 도킨스의 베이즐 폴티 직관은 바로 그 부분에서는 타당한 측면이 있다. 그러한 범죄자들은 관리와 치료의 대상이지 분명 처벌의 대상은 아니다. 형법적으로 "책임은 비난가능성"이므로 그들은 적법행위의 가능성이 없어서 도덕적으로 비난할 수 없는, 따라서 책임이 인정되지 않는 사람들이라고 평가된다.

그렇다면 도킨스가 자신의 직관이 완전히 정확하지 않았다고 시인한 부분은 어쩌면 베이즐 폴티 직관을 범죄자 일반으로 부주의하게 확대적용한 데 있다고 볼 수 있을 것이다. 하지만 필자가 보기에 그의 주장에는 상식적 이해의 수준을 넘어서는 상당히 전문적 이해를 요하는 복잡한 측면이 있기 때문에 보다 면밀한 검토가 필요하다고 본다. 이 점에 대해 살펴보기로 하자.

II. 책임과 비난은 단지 쓸모 있는
허구적 구성물에 불과한 것일까?

도킨스는 다음과 같이 말한다. "사람들에게 왜 중범죄를 사형이나 장기형에 처할 것을 지지하느냐고 묻는다면 그 이유는 대체로 응보와 관련된다. 예방과 갱생과 같은 이유도 들 수 있겠지만, 본심은 분명 악행에 대한 보복(payback)이라는 점에 있는 것이다. 우리 인간은 왜 앞서 말한 것처럼 범죄자를 수리와 교체가 필요한 고장 난 기계로 다루어야 한다는 결론을 받아들이는 것이 거의 불가능하다고 느끼는 것일까? 아마도 그것은 비난과 책임은 물론 사실은 선과 악 같은 정신적 구성물이 다윈식 진화에 의해 장구한 세월을 거쳐 우리 인간의 두뇌에 자리잡고 있기 때문이다. 즉, 비난과 책임은, 이 세상에서 과연 무엇이 벌어지고 있는지에 대한 더 진실에 가까운 분석을 짧게 단축시켜 주는 수단으로서(as a means of short-cutting a truer analysis of what is going on in the world) 우리의 두뇌에 자리잡은 '지향적 행위자(intentional agent)'라는 '쓸모 있는 허구(useful fiction)'의 한 단면이다."

다소 난해해 보이는 위 주장에 의하면 앞서 논의한 바와 같이 우리가 범죄자를 결함 있는 기계로 보아야 하는 것이 타당함에도 불구하고 그렇게 하지 못하고 반드시 범죄자에게는 응보를 가해야 한다고 생각하는 이유는 진화에 의해 우리의 두뇌 속에 자리잡은 비난과 책임, 선과 악이라는 정신적 구성물, 나아가 지향적 행위자라는 유용한 허구의 작동 때문이라는 것이다. 일단 우리의 본성에는 악행을 저지른 자에게 보복을 가하려는 뿌리깊은 응보적 성향이 있다는 사실을 함축하고 있다는 점에서 상기 주장은 진화심리학적 관점에 서 있음을 파악하기는 어렵지 않다. 다만 '비난과 책임'이라는 정신적 구성물이 '지향적 행위자라는 유용한 허구'의 한 단면이라는 그의 주장은 관련 배경지식에 대한 검토가 필요한 부분이다.

우선 인간의 응보적 성향은 너무나 근원적이어서 여기에는 진화적 토대가 있다는 점은 굳이 진화심리학이나 진화생물학의 여러 연구결과를 일일이 거시하지 않더라도[11] 동서고금(東西古今)의 인류 사회에서 사적 보복관습이 편재해 왔고[12] 그것이 오늘날에도 공형벌(公刑罰)이라는 제도화된 모습으로 온전하게 유지되고 있다는 사실만 보더라도 쉽게 간취할 수 있는 부분이다. 달고 기름진 음식에 대한 선호라든지 뱀이나 맹수에 대한 본능적 두려움처럼 인간은 가해자에 대해 보복을 가하려는 본성을 타고난다. 그것이 생존과 번식이라는 적응문제를 해결하는데 유리한 심리적 기제여서 자연선택되었기 때문이다. 이러한 맥락에서 도킨스는 그와 같은 인간의 본성이 인간행동에 관한 '과학적 진실'이 밝혀져 감에 따라 결국 극복 내지 계몽되어야 할 반성적 성찰의 대상이라는 견해를 제시하고 있다고 볼 여지도 있을 것이다. 수렵채집기의 원시조상에게는 매우 유용했던 달고 기름진 음식에 대한 선호가 오늘날에는 극복의 대상이 된 것처럼 말이다.

그런데 흥미로운 점은 그가 사람들이 응보적 성향을 떨쳐버리지 못하는 이유에 대해 "그것이 진화된 심리적 기제로서 마음에 자리잡고 있기 때문이다."라고 답하는 대신 "비난과 책임이라는 정신적 구성물이 다원적 진화에 의해 두뇌에 자리잡고 있기 때문"이라고 분석하고 있다는 사실이다. 전자의 해답이 독자들에게 상식적으로 이해가 더 쉬운 설명방식이고, 도킨스도 이를 모를 리가 없을 터인데, 후자의 방식으로 해답을 제시한 이유는 무엇일까? 이에 대한 답을 찾기 위해 일단 진화에 의해 비난과 책임이라는 정신적 구성물이 두뇌에 자리잡게 되었다는 주장의 의미를 해명해 볼 필요가 있을 것이다.

진화론적 관점에 따르면 응보적 감정과 태도나 성향은 적응도를 높여주는 심리적 특질이기 때문에 자연선택된 것이다. 즉 응보적 행동은 공동체 내에서 배신자를 억제하고 상호 이타성을 촉진하여 장기적으로

---

11) 이러한 연구결과를 소개하고 있는 안성조, 현대 형법학 제2권 (경인문화사, 2016) 참조.
12) 고대 근동지역에서의 혈족에 의한 '피의 보복(blood-feud)' 관습을 상세히 소개하고 있는 문헌으로는 안성조, 현대 형법학 제1권 (경인문화사, 2011) 참조.

볼 때 사회적 협력을 강화하는 역할을 하는데, 그러한 행동을 동기화하기 위해서는 응보적 감정과 태도 및 성향이 유용했고, 따라서 이들이 자연선택된 것이라고 본다. 그런데 어떤 행동이 실천에 옮겨지는 복잡한 맥락과 지성적 존재로서 인간의 특성은 보복행동의 감행에 일정한 제약조건을 가한다. 우선 응보행동에는 비용과 위험이 따르기 마련이다. 잘 생각해 보라. 가만히 앉아서 보복을 당하는 자가 어디 있겠는가? 그리고 보복은 단기적 이익과 불일치할 수도 있다. 보복에 드는 비용이 그로 인한 이득보다 클 경우 누가 보복행동을 쉽게 하겠는가? 다음으로 만약 진화론이 옳다면, 인간에게 특유한 고도의 지적 능력, 즉 자신의 지향적 상태를 성찰적으로 들여다볼 수 있는 사고능력은 인간의 다른 특질들과 함께 진화의 역사 속에서 함께 발달해 온 것으로 볼 수 있는데, 그 과정에서 고도의 인지능력은 자신의 응보감정, 태도, 성향에 대해 의심의 눈으로 그것이 과연 진실에 부합되는지 비판적으로 성찰할 수 있으므로 이 역시 응보적 행동을 억제하게 만들 수 있었을 것이다.13) 도킨스의 글을 보라. 바로 그가 이처럼 과학적 성찰을 통해 보복행동이 덧없다고 비판하고 있지 않은가?

이렇듯 인간의 응보적 성향이 적응적 이익이 있어서 진화해 왔다고 하여도 보복을 감행하는 현실적 맥락의 복잡함과 고도로 발달한 인간의 사고능력은 이를 억제하도록 만들어 적응도를 감쇄시킬 위험을 낳게 된다면, 자연선택은 그러한 감쇄효과를 상쇄할 만한, 다시 말해 인간의 응보적 성향을 합리적인 것으로 수용할 수 있게 만들어 주는 '그 무엇'을 요구하게 될 것이다. '그 무엇'에 해당하는 것은 응보적 감정과 태도와 성향은 물론 그로부터 동기화된 응보행동을 정당한 것으로 만들어 주는 기능을 해야 할 것이다. 일반적으로 인간의 어떤 행동을 정당한 것으로 만들어주는 것은 믿음과 규범과 가치의 체계이다. 따라서 응보적 성향이 단지 칸트가 말한 자연적 경향성14)의 하나에 머물지 않

---

13) 이러한 지적으로는 Tamler Sommers, Relative Justice (Princeton Univ. Press, 2012), at 36-38.

14) 본성, 소질, 성향, 본능, 경향성 등은 일상적으로든 학술적으로든 자주 사용하지

만 다소 주의가 필요한 용어이기도 하다. 예컨대 에드워드 윌슨은 인간의 본성은
곧 '후성규칙(epigenetic rules)', 즉 정신발달의 유전적 규칙성이라고 규정한다.
칸트는 과학자들 혹은 철학자들의 통상적 용법과도 다르게 정의하므로 더욱 주
의를 요한다. 칸트는 우선 인간이 본성적으로 선하거나 악하다고 말할 때의 본성
(Natur)은 순전한 '자연적 추동'을 의미하는 것이 아니라 '자유를 사용하는 주관
적 근거'로 규정한다. 왜냐하면 만일 본성이 순전히 자연적 원인에 의해 규정되
는 것이라면 인간이 선을 추구하거나 악을 추구하는 것 모두 '인과적 현상'에 불
과하므로 이에 대해 도덕적 평가를 내려 책임을 물을 수 없게 되기 때문이다.
그는 인간의 본성 안에는 선에의 근원적 소질로서 '동물성·인간성·인격성'이 있
고 악에의 성향으로 '허약성·불순성·사악성'이 있다고 한다. 선에의 소질과 악에
의 성향은 '자유를 사용하는 주관적 근거'가 되며 이로부터 선하거나 악한 마음
씨(Gesinnung) 및 준칙이 유래한다. 칸트에 의하면 '소질(Anlage)'이란 '어떤 존
재자에게 필요한 구성요소인 동시에 그러한 존재자이기 위한 그 구성요소들의
결합의 형식'이고, '성향'은 경향성(습성적 욕구)을 가능하게 하는 주관적 근거이
다. 그는 성향과 경향성의 중간에 '본능'이 있는데 이는 어떤 것을 행하거나 향유
하고자 하는 필요욕구라고 정의한다. 이상의 내용은 이마뉴엘 칸트/신옥희 역, 이
성의 한계 안에서의 종교 (이화여대 출판부, 2015), 25-39면과 이상익, 본성과 본
능－서양 人性論史의 재조명－(서강대 출판부, 2016), 205면 이하. 한편 백종현
교수는 상기 언급한 성향(propensio)을 '성벽'으로 번역하고 있다. 칸트의 인간
본성론이 함축하는 바는 인간에게 도덕적으로 선한 본성 및 소질이 있다고 하더
라도, 인간은 그것만으로는 아직 선한 것이 아니며, 이를 통해 악으로의 자연본
성적 성향을 극복하고 도덕법칙을 따르려는 준칙을 채택하려는 자유의지(선의
지)를 능동적으로 행사해야만 선해질 수 있다는 점이다. 다시 말해 선한 본성이
나 소질에 함유된 동기를 자신의 준칙으로 자유롭게 선택하느냐 않느냐에 의해
선하게도 되고 악하게도 되며 따라서 그에 대해 책임을 물을 수 있다는 것이다.
임마누엘 칸트/백종현 역, 이성의 한계 안에서의 종교 (아카넷, 2015), 38면과
208면 참조. 이처럼 칸트에게서는 본성, 성향, 소질 등과 자유(의지) 및 책임의
관계가 명확하게 고찰되고 있는 반면, 필자가 보기에 '도덕의 생래성'을 주장하
는 진화이론이나 윤리학 등은 이 점에 대한 면밀한 관심과 검토가 없거나 부족하
다고 생각된다. 이는 다윈 자신은 물론이고 이러한 관점에 서 있는 현대의 이론
가들인 에드워드 윌슨, 마크 하우저, 조너선 하이트, 조슈아 그린 등도 별반 다르
지 않다. 도킨스도 마찬가지다. 그는 인간의 상호적 이타성의 진화를 다루고 있
는 정치학자 로버트 액설로드의 저서 '협력의 진화' 추천의 글에서 밝히고 있듯
이 "자연선택된 뿌리깊은 이기심으로부터, 굳이 의도하지 않아도 거의 형제애나
다름없는 우애가 실제로 생겨난다. 이것이 액설로드의 비범한 책이 주는 고무적

고 보편타당한 도덕원칙으로 승격되어 우리에게 도덕법칙으로 작용하기 위해서는 이를 원리적으로 근거지울 수 있는 믿음과 규범의 체계가 필요한 바, 그것은 바로 도킨스가 우리의 두뇌에 자리잡은 '정신적 구성물'이라고 규정한 책임과 비난이라는 믿음과 규범의 가치체계인 것이다. 그렇다면 도킨스는 '책임과 비난에 기초한 도덕원칙으로서 응보'[15]라는 규범 및 가치체계가 자연선택이 만들어 낸[16] '유용한 허구'에 불과하다고 비판하면서 '도덕적 가치체계의 진실성'에 도전을 하고 있는 것이다. 즉, 정확히 말하면 그가 겨냥하고 있는 것은 '도덕원칙으로서의 응보'이지 단순한 '응보적 성향'이 아닌 것이다.

인 메시지이다."고 말하며 그 책의 의의에 대해 '순진한 낙관론이 아니라 믿음직한 낙관론'이라고 평가하지만, 칸트적 의미의 본성과 도덕 및 책임의 문제에 비추어 보면 이는 순진한 낙관론의 '다른 버전'에 불과해 보인다. 로버트 액설로드/이경식 역, 협력의 진화 (마루벌, 2016), 추천의 글 참조. 한편 칸트와는 다른 노선이지만, 생래적 도덕성이 어떻게 진정 합당한(reasonable) 것이 될 수 있는가를 자연주의적 윤리학의 관점에서 고찰하고 있는 문헌으로는 마크 존슨/노양진 역, 인간의 도덕 (서광사, 2017) 참조.

15) 응보는 왜 도덕원칙인가? 칸트에 의하면 응보나 처벌은 정언명령이다. 또한 만일 응보를 상대방에 대한 책임을 묻는 일체의 행위로 포괄적으로 규정한다면, 저명한 칸트 연구자인 크리스틴 코스가드의 칸트 해석에 따르면 우리는 자신과 타인에게 항상 책임을 물어야 한다. 그 이유는 도덕법칙이 모든 인격에게 있는 인간성에 따를 수 있도록 우리에게 명령하는, 상대방에 대한 존중(respect) 때문이다. 이 점에 대해서는 Christine M. Korsgaard, Creating the Kingdom of Ends (Cambridge Univ. Press, 1996), at 212.

16) 도킨스는 책임과 응보의 규범 및 가치체계가 자연선택에 의해 진화했다고 보고 있는데, 이는 문화도 후성규칙을 통해 유전자의 영향을 받는다는 점에서는 타당하지만(후성규칙은 그것을 산출하는 유전자가 선택되고 진화하는 것과 동일한 방식으로 선택되고 진화하므로), 후성규칙의 문화에 대한 영향의 한계를 고려하면 규범이나 가치체계는 단순히 '자연선택'의 산물이라기보다 '문화적 선택'의 산물로 보는 것이 더 타당할 것이다. 후성규칙(epigenetic rules)이란 문화의 진화를 어느 방향으로 편향시켜 유전자와 문화를 연결시켜 주는 '정신발달의 유전적 규칙성'을 말한다. 윌슨에 의하면 후성규칙이란 "세상을 특정한 방식으로 보게 만들고, 특정한 행동을 더 잘 배우게 만드는 신경형질"을 의미한다. 에드워드 윌슨/최재천·장대익 역, 통섭 - 지식의 대통합 - (사이언스북스, 2005), 268면 참조.

그렇다면 과연 도킨스의 말대로 책임과 비난은 단지 적응도를 높이기 위해 인간의 두뇌에 자리잡은 '허구적 구성물'에 불과한 것일까? 그는 왜 그러한 규범체계를 허구라고 말하는 것일까? 그것은 전술한 바와 같이 그가 인간행동을 과학적이고 기계론적으로 설명하는 것이 가장 진실에 부합된다고 생각하기 때문이다. 즉 범죄자를 고장 난 기계로 보는 관점을 취하는 이상 비난과 책임은 현실의 법과 도덕을 합리화시키는 허구적 구성물에 불과하다. 비난과 책임은 자유의지를 전제하지 않고는 무의미한 개념인데, 기계론적으로 결정된 세계라면 자유의지는 실제로는 존재하지 않으며, 따라서 그에 기초한 비난과 책임은 허구적 '믿음'에 불과할 것이기 때문이다. 그런데 과연 자유의지는 정말 허구에 불과한 것일까? 이 문제를 본격적으로 다루어 보기에 앞서 도킨스가 사용한 '지향적 행위자라는 쓸모 있는 허구'라는 표현에 주목해 볼 필요가 있다.

'지향적 행위자'라든지 '지향성(intentionality)'은 상당한 배경지식을 요하는 전문적인 철학용어이다. 그것은 일상적으로 '의도'로 번역되지만 그와는 다른 개념으로서 무엇을 '향함(directedness)' 내지 무엇에 '관함(aboutness)'이란 의미이다. 예컨대 우리가 뮤지컬을 보려고 '의도'한다고 말할 때 그 의도하는 것에 따르는 믿음, 바람, 희망, 두려움, 호와 불호, 지각 등은 모두 지향적 현상들이다.[17] 진화생물학자인 도킨스가 저 용어를 자신의 논지전개에 자연스럽게 사용하고 있음을 보면, 그와 절친한 학문적 동료인 대니얼 데닛의 영향을 엿볼 수 있다. 데닛은 '지향성'이란 용어를 '지향적 자세(intentional stance)'란 개념과 결부시킨 장본이기도 하다. 데닛에 의하면 우리는 대개 우리가 해석하려는 어떤 대상들에게, 그것이 인간이든 동물이든 아니면 로봇이든, 우리와 같은 마음(minds)을 부여하곤 한다. 지향적 자세[18]란 어떤 대상에 대해 그것이 마치 일정한 목적을 갖고, 세계에 대한 인식과 이해를 바탕으로 한

---

17) 이 용어는 19세기 말 독일의 철학자 브렌타노(F. Brentano)가 마음 혹은 정신현상의 특성을 설명하기 위해 도입한 용어이다.

18) 지향적 태도나 지향적 관점으로도 번역될 수 있다.

믿음(beliefs)과 욕구(desires)에 따라서 행동을 선택하는 합리적 행위자
라는 전제 하에 그것의 행동을 해석하는 전략을 의미한다. 한 마디로
어떤 대상의 행동을 예측하기 위해 그것을 합리적 행위자로 간주하는
전략을 말한다. 지향적 자세로 대상의 행동이 잘 예측되면, 그 대상은 '지
향계(intentional system)'로 볼 수 있다. 지향계는 지향적 자세에 의해 행
동이 예측되고 규명되는 존재이며, 데닛에 의하면 인간은 물론, 동식물과
체스 컴퓨터 등도 각각 정도의 차이는 있지만 지향계로 볼 수 있다.19)

　데닛의 지향계 이론으로부터 도킨스가 어째서 책임과 비난이 지향
적 행위자라는 쓸모 있는 허구의 한 단면이라고 말하고 있는지 가늠할
수 있는 단서를 발견하게 된다. 우선 '쓸모 있다'는 것은 우리가 지향적
자세를 취해봄으로써 타인 혹은 동식물과 로봇의 행동을 예측할 수 있
기 때문이다. 다만 '허구'라는 것은 지향적 자세가 예컨대 동식물과 로
봇 등을 합리적 행위자로 '가정'할 뿐 실제로 그러하다는 뜻은 아니기
때문이다. 그런데 도킨스는 왜 인간에 대해서조차도 타인을 지향적 행
위자로 해석하는 것이 '허구'라고 보는 것일까? 그것은 데닛의 이론을
조금 더 들여다보면 이해가 된다. 대상의 행동에 대한 예측전략에는 지
향적 자세만 있는 것은 결코 아니다. 우리는 던진 공의 운동이나 뿌린
씨앗이 언제 어떤 과실을 맺을 것인가에 대한 예측을 위해서는 다른 종
류의 자세를 취하곤 한다. 그중의 하나가 물리적 자세(physical stance)이
며 이는 물리학의 법칙에 따라 어떤 대상의 행동을 예측하는 것이고,
다른 하나는 설계적 자세(design stance)로서 어떤 대상이 특정한 구조로
설계되어 있으며 그 구조와 설계대로 작동할 것이라고 예측하는 전략
을 말한다. 전자의 예로는 상기 던진 공의 운동을, 후자의 예로는 씨앗
의 생장과정을 들 수 있을 것이다. 예측은 패턴의 인식으로 가능해진다.
대개 하나의 대상은 두 개 이상의 패턴 인식방법, 예측전략에 의해 해
석될 수 있지만, 각각의 전략은 각각의 대상에 따라서 가장 좋은 전략
이 어느 것인지 결정된다. 예컨대 체스 컴퓨터는 물리적 자세는 물론

---

19) 대니얼 데닛/이희재 역, 마음의 진화 (사이언스 북스, 2006), 71면.

설계적 자세에 의해서도 해석가능하지만, 게임에서 이기기 위한 최선의
전략은 그 컴퓨터를 게임에서 이기기 위해 가장 유리한 수를 두려는 합
리적 행위자로 간주하는 지향적 자세가 된다. 지향적 자세는 다른 자세
들에 비해 패턴인식을 가장 신속하게 효율적으로 할 수 있는 예측전략
이라는 특징이 있다.

상기 데닛의 이론에 입각해 본다면 도킨스가 '이 세상에서 과연 무
엇이 벌어지고 있는지에 대한 더 진실에 가까운 분석을 짧게 단축시켜
주는 수단으로서' '지향적 행위자'는 우리의 두뇌에 자리잡은 '쓸모 있
는 허구'라고 규정한 근거를 어렵지 않게 파악할 수 있게 된다. 과학자
로서 도킨스가 보기에는 인간의 행동에 대한 가장 진실에 가까운 분석
은 물리적 자세에 입각한 해석일 것이다. 그렇기 때문에 비록 지향적
자세에 입각해 타인의 행동을 해석하는 예측기법이, 긴 시간과 노력을
요하는 물리적 자세보다 훨씬 효율적이어서 자연선택에 의해 우리의
두뇌에 자리잡았다고 하더라도[20] 그것이 의존하는 패턴인식방법, 즉 인
간은 믿음이나 욕구와 같은 지향적 상태(intentional states)를 지닌 합리
적 행위자라는 가정은 어디까지나 허구에 불과한 것이 된다. 예컨대 체
스 컴퓨터를 물리적 법칙 수준에서 분석해 가면서 게임에 임하면 시간
적 제약 때문에 질 것은 자명하므로 따라서 지향적 자세로 대응을 하는
것이 가장 효과적인 전략이지만, 그렇다고 실제로 체스 컴퓨터에게 목
표와 믿음과 욕구가 있는 것은 아니므로 그것을 합리적 행위자로 보는
것은 단지 '쓸모 있는 허구'가 되는 것이다. 유사한 맥락에서 비록 인간
은 실제로 지향적 상태를 지니고 있다는 점에서는 체스 컴퓨터와 다르
지만, 우리가 지향적 자세에 입각해 잘못을 저지른 자를 비난하고 책임
을 물을 때, 그러한 판단의 전제가 되는 자유의지는 과학적 결정론에
비추어 볼 때 존립할 수 없으므로 타인에 대해 지향적 자세를 취해 그

---

20) 지향적 자세가 자연선택에 의해 우리 두뇌에 자리잡았다는 말은 어떤 종류의 인
지능력 혹은 특정한 인지적 태도가 자연선택되었다는 의미로 해석할 수 있을 것
이다. 이 점에 대해서는 마이클 토마셀로/이정원 역, 생각의 기원 (이데아, 2017)
24면 이하 참조.

를 비난하고 책임을 지우는 것도 역시 유용한 허구에 불과하다는 것이
도킨스의 입장인 것이다.

이상 고찰한 바를 정리해 보자면, 도킨스가 보기에 인간을 자유로운
선택을 할 수 있는 합리적 행위자로 간주하는 것은 분명 행동을 예측하
는데 있어서 유용하고 효과가 있지만 가장 진실한 관점이라 할 수 있는
과학적 기계론에 입각한 물리적 자세에 비추어 보면 이는 단지 계산을
단축시켜 주는 효율적 예측기법으로 허구에 불과하다. 그리고 그러한
허구에 기초한 책임과 비난이라는 규범체계 역시 우리의 두뇌에 자리
잡은 허구적 구성물에 불과한 것이 된다.

자, 그렇다면 이제 도킨스가 왜 그토록 대담한 주장을 하게 되었는
지 이론적 근거를 가늠해 볼 수 있게 되었다. 그러면 이제 다시 다음의
주제, 자유의지에 논의의 초점을 맞추어 보기로 하자.

III. 자유의지와 결정론, 그리고 책임

자유의지에 천착하기 시작하면, 누구나 궁금해 지는 점이 하나 있다.
자유의지란 말은 과연 언제부터 어떤 의미로 사용되기 시작했을까? 고
대인들도 과연 이 용어를 사용했을까? 찾아볼 수 있는 관련 기록과 문
헌에 의하면 기원 후 2세기 무렵의 어느 신학자가 최초로 사용하기 시
작했다고 한다. 그 이후 기독교의 영향으로 '자유의지'란 개념은 책임과
비난과 처벌의 기초로서 널리 인식, 확산되어 왔고,21) 오늘날 형법학에
서도 형벌의 근거로서의 책임은 행위자가 적법하게 행동할 수 있었음
에도 불구하고 그렇게 선택하지 않았다는데 대한 도덕적 비난가능성에
서 찾는 입장이 일반적이다. 물론 형법학설 중에는 자유의지를 환상에
불과한 것으로 평가하면서 다른 방식으로 형사책임의 기초를 세우려는
입장인 신파(新派), 소위 실증주의 학파의 이론도 있다. 현대의 형법학

---

21) Michael Frede, A Free Will (Univ. of California Press, 2011), at 102-103.

자들은 대체로 자유의지의 실천적 기능에 대해서는 긍정을 하면서도 자유의지의 실체에 대해서는 신중히 접근하는 편인데, 요컨대 적극적으로 입증될 수는 없으며, 단지 '국가에 필요한 허구(staatsnotwendige Fiktion)'에 불과할 수 있으나, 시민들의 일반적인 경험에 비추어 볼 때 형법의 영역에서 인간에게 자유의지가 있는 것으로 취급해도 크게 무리를 범하는 것은 아니며, 따라서 존재론적으로는 증명될 수 없지만, 규범적으로는 의미를 가질 수 있다는 입장을 취하고 있다.[22] 어떻게 보면 자유의지 긍정론과 부정론의 경계지점에서 애매한 태도를 취하고 있다고 볼 여지도 있겠으나 일반적으로 법률가들은 과학이나 철학, 신학 등 타학문분과 영역에서 논쟁이 첨예한 사안들에 대해서는 '중립적 입장'을 취할 수밖에 없고, 또 그렇게 하는 것을 미덕으로 여기고 있으므로, 상기 형법학자들의 견해를 그리 이해 못할 바는 아닐 것이라고 생각한다.[23]

그런데 여기서 비난과 책임을 '유용한 허구'라고 보는 도킨스의 입

---

22) 이상의 견해에 대해서는 대표적으로 김일수·서보학, 새로쓴 형법총론 (박영사, 2006); 박상기, 형법총론 (박영사, 2007), 219면; 배종대, 형법총론 (홍문사, 2013), 426면; 임웅, 형법총론 (법문사, 2009), 271면; 신동운, 형법총론 (법문사, 2015), 360면; 이재상·장영민·강동범, 형법총론 (박영사, 2017), 305면; 오영근, 형법총론 (박영사, 2012), 398면; 귄터 엘샤이트·빈프리트 하세머/배종대 역, "非難 없는 刑罰", in: 책임형법론 (홍문사, 1995), 119면 이하 참조..

23) 법학자들의 이러한 신중한 태도에 비해 국내외의 최고법원 판례 중 일부는 '자유의사', '자유의지' 등의 용어를 사용함으로써 명시적으로 자유의지를 긍정하는 입장을 취하고 있다. 예컨대 대법원 1968. 4. 30. 선고 68도400 판결(형법 제10조에서 말하는 사물을 판별할 능력 또는 의사를 결정할 능력은 자유의사를 전제로 한 의사결정의 능력에 관한 것[이다]); 대법원 2014. 4. 10. 선고 2011다22092 판결(흡연을 시작하는 것은 물론이고 흡연을 계속할 것인지는 자유의지에 따른 선택의 문제로 보[인다]). 그리고 BGH 2, 194, 200(Der innere Grund des Schuldvorwurfes liegt darin, daß der Mensch auf freie, verantwortliche, sittliche Selbstbestimmung angelegt und deshalb befähigt ist, sich für das Recht und gegen das Unrecht zu entscheiden können) 및 332 U.S. 596 (1948)(The court instructed the jury to disregard the confession if it found that he did not make the confession voluntarily and of his free will).

장이나 상기 형법학자들의 입장이 사실상 같은 것이 아닌가 하는 의문이 들 수 있을 것이다. 유사하지만 분명한 차이가 있다. 형법학자들을 비롯한 대부분 법률가들은 책임비난을 긍정하며 형벌의 근거로서 인정한다. 반면에 도킨스는 응보로서의 책임비난과 형벌을 언젠가 극복되어야 할 계몽의 대상으로 본다. 또한 이 문제에 대해 법률가들이 중립적 입장을 취하는 이유 중 하나는 대체로 어느 한쪽 입장의 당부에 대해 자신의 전문영역이 아닌 이상 '이론적' 확신이 없기 때문일 터인데, 반면 도킨스는 과학자로서 결정론에 대한 나름의 근거에 기초한 확신을 갖고 있다는 점이다. 어쨌거나 이하에서는 자유의지가 과연 그렇게 불안하고 불완전한 지위와 토대 위에 서 있는 개념인지, 현대과학의 관점에 입각해 볼 때에도 결정론이 과연 타당성을 유지할 수 있을 것인지 검토해 보기로 한다.

임마누엘 칸트에 의하면 자유는 크게 세 가지 층위에서 그 성격이 드러난다. 첫째, 스스로가 인과계열의 한 원인이 된다는 '자발성'으로서의 자유, 둘째, 현상계에서의 감각적 충동의 강제와 경향성을 극복하고 도덕적으로 옳은 행동을 할 수 있는 '선의지'로서의 자유, 그리고 마지막으로 보편타당한 도덕법칙을 스스로 세우고 따를 수 있는 '자율성'으로서의 자유가 그것이다. 그는 인간에게 실천이성에 의해 바로 그와 같은 자유를 실현할 수 있는 능력, 즉 자유의지가 있다고 한다.[24] 자유의지를 오로지 선을 행하려는 의지로 국한시키지만 않는다면 칸트가 말한 자유의지는 자발적으로, 유혹 등에 구애받지 않고, 자신이 세운 준칙을 따를 수 있는 능력이라는 점에서 오늘날 일반적으로 논의되고 있는 자유의지 개념에 잘 부합된다고 보아도 될 것이다. 그런데 주지하다시피 결정론은 이러한 자유의지가 불가능하다고 본다. 칸트는 비록 현상계(現象界), 즉 우리가 일상적으로 경험하는 감성적 세계의 인과법칙으로부터 벗어날 수 있는 자유의지를 예지계(睿智界)에서 가지고 있다는

---

24) 이상 칸트의 자유개념과 자유의지론에 대해서는 임마누엘 칸트/백종현 역, 순수이성비판 1 (아카넷, 2008)과 임마누엘 칸트/백종현 역, 실천이성비판 (아카넷, 2012)를 참조.

논리를 폄으로써 우리가 현상계의 인과법칙으로부터 어떻게 자유로울 수 있는지, 그와 동시에 그 인과법칙과 자유의지가 어떻게 양립가능한 지를 탁월하게 잘 해명해 주었지만, 결정론, 특히 도킨스식의 과학적 결정론은 칸트의 그러한 논지에도 치명적인 위협을 가할 수 있다.

칸트는 예지계에서 실천이성에 의해 자유의지의 발현이 가능하다고 말한다. 하지만 현대 과학의 주류적 견해에 의하면 인간의 인지와 의지 작용 역시 신경적 토대를 기반으로 하고 있다. 신경적 토대란 간단히 말해 뉴런의 발화에 의한 신경프로세스를 의미한다. 만일 이 견해가 옳다면, 칸트가 현상계로부터 '구원해 낸' 자유의지는 또 다른 라플라스의 악마[25])를 만나게 된다. 그 이유는 바로 실천이성의 활동 역시 신경과학적으로 보면 뉴런의 발화에 의한 자연적 인과법칙 하에 설명이 될 수 있기 때문이다. 요컨대 칸트는 실천이성은 자연의 인과법칙으로부터 자유롭게 도덕적 결정을 내릴 수 있다고 보지만, 현대과학의 관점에 의하면 실천이성 역시 신경프로세스라는 자연의 인과계열 내에 위치해 있고 따라서 자유의지가 설 자리는 없다는 것이다. 도킨스가 역설한 바, "과학자로서, 우리는 인간의 뇌가 인간이 만든 컴퓨터만큼 동일한 방식으로는 아니겠지만, 확실히 물리법칙의 지배를 받는다는 사실을 믿는다."는 주장도 바로 이러한 신경과학적 지식에 기초한 것으로 볼 수 있다. 한 마디로 모든 물리적 사건은 물리적 원인을 지니듯, 신경세포는 다른 신경세포 때문에 활동한다는 것이고, 이처럼 뉴런의 발화가 물리적 원인을 갖는다면 인간의 의식적 인지와 의지작용 역시 물리적 인과 계열 내에 놓일 수밖에 없다.

여기까지 보면, 결정론의 승리다. 칸트의 탁월한 통찰력과 우리의 일상적인 확고한 믿음에도 불구하고 자유의지는 이제, 과거 화학이론에

---

25) 18세기에 활동했던 프랑스의 수학자이자 천문학자로 그는 우리의 지성이 우주만물의 모든 것을 알 수 있을 만큼 전지하다면 천체의 움직임은 물론 작은 원자의 움직임까지도 하나의 공식으로 파악할 수 있을 것이라고 보았다. 이 가설에 의하면 자유의지는 설 자리를 잃는다. 그가 말한 전지전능한 지성을 라플라스의 악마 (Laplace's Demon)이라고 한다.

통용되었던 플로지스톤(phlogiston)처럼 소멸될 위기에 있는 것이다. 인간의 행동을 설명하기 위해 더 이상 필요 없는 개념이 될 위기에 처해 있다는 뜻이다. 하지만 현대 과학자들과 철학자들은 여기서 한 걸음 더 나아간다.

일찍이 분석철학자 무어(G.E. Moore)는 우리가 자유의지의 의미를 통상 타행위 가능성이 있다는 뜻으로 이해한다면 "그는 다르게 행위할 수 있었다."는 진술의 의미는 오로지 "만일 그가 다르게 행동하기로 선택했다면, 그는 다르게 행동했을 것이다."라는 뜻으로 분석될 수 있고, 그리고 이러한 사실은 모든 사건은 원인이 있다는 인과율 내지 결정론과 전혀 모순되지 않는다고 주장한 바 있다. 자유의지가 과학적 결정론과 양립할 수 있는 하나의 가능성을 보여준 것이다.26)

미국의 저명한 현대 철학자인 로데릭 치좀은 아리스토텔레스를 인용하며 다음과 같은 예를 든다. "이리하여 막대가 돌을 움직이고, 그 막대는 손에 의해 움직이고, 그 손은 인간이 움직인다."27) 이 간단한 사태들의 묘사에서 돌의 움직임과 막대의 움직임, 나아가 손동작과 인간 사이에는 '외재적(transeunt)' 인과성이 있음은 분명하나, 여기서 궁극적으로 손동작의 원인은 행위자 자신에게 있다는 사실에 주목한다. 그는 어떤 행위자가 사건이나 사태의 원인이 되는 경우에 '내재적(immanent) 인과성'이 있다고 한다. 요점은 만일 행위자 자신도 뇌 속의 사건을 지배할 수는 없고, 따라서 그 역시 외재적 인과성의 범주인 신경프로세스의 영향을 받는 것이 아니냐고 반문한다면, "누군가 A를 하는 경우, 내재적 인과성에 의해, 그는 뇌 속에 어떤 사건을 발생시키고, 이 뇌 속 사건은, 외재적 인과성에 의해, A가 발생하도록 한다는 것이다." 다시 말해 행위자 자신이 곧 신경프로세스의 한 원인이 된다는 것이다.28) 논리적으로도, 직관적으로도 명쾌해 보이지만, 과연 어떻게 행위자가 자

---

26) G.E. Moore, *Ethics* (Oxford Univ. Press, 1912), at 90.

27) Aristotle, *Physics,* 256a.

28) Roderick Chisholm, "Human Freedom and the Self", in: Free Will (Hackett Publishing Company, 2009), at 177-178.

신의 뇌 속 사건의 원인이 된다는 것일까? 우리는 흔히 뇌 속의 사건이
행동에 영향을 주는 '상향식' 인과관계에만 익숙해져 있어서 그 역은
거의 생각하지 못하는 경향이 있다. 따라서 행위자가 뇌 속 사건의 원
인이 된다는 설명이 잘 와 닿지 않는다. 하지만 인과관계에는 '하향식'
인과관계도 있다.

저명한 인지신경과학자이자 신경윤리학자인 마이클 가자니가는 다
음과 같이 말한다. "신경과학에서 하향식 인과관계(downward causation)
란 정신적 상태가 신체의 상태에 영향을 미친다(a mental state affects
a physical state)는 뜻이다. 거시(巨視) A 수준에서의 어떤 생각이 미시
(微視) B의 물리적 수준에서 신경세포에 영향을 줄 수 있다는 말이다.
이론생물학자 데이비드 크라카우어가 든 예를 보면, 우리가 컴퓨터 프
로그래밍을 할 때, 전자(electron)의 수준인 미시 B의 수준에서 프로그래
밍하는 것이 아니라 실제로 더 상위의 수준인 거시 A(예컨대 Lisp 프로
그래밍) 수준에서 한다는 것이다. 그러면 거시 A가 정보의 손실 없이
미시물리학으로 번역된다(compiled down). 즉, A가 B의 원인이 된다.
물론 A는 물리적으로는 B로 만들어졌고 모든 단계의 번역은 B의 물리
학을 통해 오로지 B에서 이루어진다. (뇌 혹은 마음과 관련시켜 보면)
더욱 심오한 사실은 이러한 상위 수준이 없다면 우리는 의사소통을 할
수 없다는 점이다. 왜냐하면 말을 하기 위해서, 마음의 번역기(mind
compiler)가 작동하는 대신, 움직이고 싶은 모든 입자를 특정해야 하기
때문이다."29) 요컨대 믿음, 생각, 욕구와 같은 정신의 상태는 모두 뇌의
활동으로부터 비롯되지만, 하향식으로 뇌의 활동에 영향을 줄 수 있고,
결과적으로 그런 것들이 이런저런 방식으로 행동하려는 우리의 결정에
영향을 미친다는 것이다. 다시 말해 생각이나 믿음, 욕구가 그 자체로
어떤 사태를 발생시키는 원인이 될 수 있다는 의미이다.30)

---

29) Michael S. Gazzaniga, Who's in Charge? (HarperCollins, 2011), at 138-139.
30) 이러한 하향적 인과과적을 보다 체계적으로 정치하게 입론하고 있는 문헌으로는
   P.U.Tse, "Free Will unleashed", New Scientist 218 (2013) P.U.Tse, The Neural
   Basis of Free Will: Criterial Causation (The MIT Press, 2013) 참조. 체(Tse)는

유사한 맥락에서 심리철학과 언어철학의 권위자인 존 설도 다음과 같이 말한다. "의식은 상위수준에서의 뇌가 보이는 생물학적 특질이다. 뇌에는 신경(신경교세포, 신경전달물질, 혈류 등과 함께) 말고는 없지만 뇌가 보이는 의식이라는 특질은 단위 신경수준에 영향을 미친다. 또한 개별 분자의 움직임이 원인이 되어 (바퀴의) 고형성(solidity)을 형성하듯 개별 신경의 활동이 원인이 되어 의식을 형성한다. 의식이 몸을 움직이게 할 수 있다고 말할 때 우리가 정작 말하고 있는 것은, 신경구조가 몸을 움직인다는 것이다. 그런데 신경구조가 그 방식으로 몸을 움직일 수 있는 것은, 신경구조가 바로 그 의식상태에 처해 있기 때문이다. 고형성이 바퀴의 특질인 것처럼, 의식은 뇌의 특질이다."[31]

신경철학의 선구자인 패트리샤 처칠랜드 역시 다음과 같이 인상적인 말을 남겼다.[32] "만일 자유의지는 환상이다라는 말이 의미하는 바가 우리가 숙고하고 선택하는 것을 가능하게 해주는 신경기제가 있으므로 우리는 자유의지를 가질 수 없다는 것이라면? 기가 막힐 노릇이다. 그렇다면 그들은 진정한 선택을 위해서는 무엇이 필요하다고 생각하는 것일까? 비물리적 영혼?"

그렇다면 치좀의 행위자-원인론(agent-causation)이 어떻게 가능해 지는지 이론적으로도 설명이 가능해진다. 가자니가와 설, 처칠랜드의 견해를 종합해 볼 때, 인간의 자유의지는 비록 신경학적 기제를 통해 발현되는 것은 분명하지만 그렇다고 미시차원의 신경프로세스가 거시차원의 인간의 행동을 결정하는 것은 아니고, 자신과 타인의 목표와 믿음과 욕구 등을 고려하여 거시차원에서 발현된 자유의지가 하향식으로 신경프로세스에 영향을 주면서 우리의 행동을 결정한다는 것이다.

자, 이정도면 이제 우리 자신이 어떻게 행위자-원인이 될 수 있는지

미국 다트머스 대학의 인지신경과학 교수이다. 체의 이론에 대해서는 안성조, 인간의 존엄과 책임원칙, in: 인간 존엄과 가치의 형사사법적 실현(한국형사정책연구원, 2019), 126-127면 참조.

31) 존 설/강신욱 역, 신경생물학과 인간의 자유 (궁리, 2010), 70-71면.

32) 패트리샤 처칠랜드/박제윤 역, 신경 건드려 보기 (철학과 현실사, 2014), 248면.

이론적 배경을 어느 정도 갖추게 되었다. 우리는 자유의지가 신경과학
적 인과관계 하에 놓여있어도 여전히 의미있고 유용한 개념이 될 수 있
다는 것을 알 수 있다.

조금 다른 측면에서 한 가지 더, 도킨스의 주장에서 지나치다고 생
각되는 점을 짚고 넘어가 보기로 하자. 전술한 바대로 도킨스는 인간의
행동은 물리법칙 하에 설명되는 것이 가장 진실에 부합된다고 믿고 있
다. 데닛의 물리적 자세도 바로 이러한 관점과 연관된다. 그런데 과연
인간의 행동이 전적으로 물리법칙에 의해 해석되거나 예측될 수 있을
까? 그것은 '무제약적 자유의지'가 정말 환상에 불과하듯, 과학자들의
'과대망상'은 아닐까? 이에 대해 노벨 물리학상 수상자 필립 앤더슨은
이러한 환원주의 패러다임이 잘못되었음을 지적한다. 그는 "환원주의 가
설(the reductionist hypothesis)은 결코 구성주의 가설(the constructionist
hypothesis)을 함축하지 않는다. 즉 모든 것을 단순한 기본법칙으로 환
원할 수 있는 능력이 그 법칙으로부터 출발해 우주를 복원할 수 있는
능력을 함축하지 않는다."고 한다. 그 이유는 예컨대 입자물리학에서 고
체물리학으로, 분자생물학에서 세포생물학으로 그 복잡성(complexity)
의 단계마다 전적으로 상이한 성질이 나타나는바, 그에 따라서 전적으
로 새로운 법칙과 개념, 그리고 일반화가 필요하기 때문이라고 한다. 요
컨대 심리학은 생물학의 법칙으로, 생물학은 화학의 법칙으로 환원될
수 없다는 것이다.[33]

앤더슨의 견해를 지지하며 영국의 철학자 줄리언 바지니는 다음과
같이 말한다. 현대과학은 점점 더 "전체는 부분의 총합보다 크다."는 명
제를 확증해 주고 있으며, "당신은 뇌가 어떻게 작동하는지 살펴볼 수
있고 이론상으로는 소립자와 관련해 벌어지는 모든 현상을 기술할 수
있다. 그렇지만 입자의 움직임을 지배하는 법칙을 살펴보는 것만으로는
이 법칙을 바탕으로 뇌처럼 복잡한 기관에 입자들이 배열될 때 어떤 일

---

33) Philip W. Anderson, "More Is Different", *177 Science 393* (1972), at 393. 이 논문
의 제목은 "더 많은(복잡한) 것은 다른 것이다" 정도로 이해하면 될 것이다.

이 일어나는지를 알아낼 수도 없다. 물리적 우주가 의식을 발생시키긴 하지만, 물리법칙은 의식을 예측 하지 않는다(The laws of physics do not predict consciousness)."34)

유사한 맥락에서 마이클 가자니가는 마음이 어떻게 작동하는지에 대해서 뇌의 신경프로세스만 연구해서는 예측할 수도, 이해할 수도 없다는 점을 지적한다. 그 이유는 마음과 의식은 뇌의 신경프로세스로부터 야기되는 '창발적 속성(emergent properties)'인데 이는 근본적인 물리적 수준에서는 나타나지 않던 새로운 속성이기 때문이다. 그는 다음과 같이 말한다. "나는 뇌상태(brain-state) 이론가들, 즉 모든 정신상태(mental state)가 아직 발견되지 않은 신경상태(neural state)와 동일하다고 주장하는 신경환원주의자(neural reductionist)들이 신경과 관련된 미시적 정보로부터 의시적인 사고나 심리를 예측할 수 있는 결정론적 모델을 증명할 수 있다고 생각하지 않는다. 내 생각에 의식적 사고는 창발된 속성이기 때문이다."

상기 견해들을 종합해 보자면, 인간의 행동에 대해 마음과 의식의 수준, 뇌와 신경의 수준, 물리적 수준에서 각각 일정부분 설명이 가능하겠지만, 이를 각 수준에서 전자를 후자의 수준으로 환원시켜 설명하는 것은 불가능하다는 것이다. 이 각각의 설명 중에 어느 것이 제대로 된 타당한 설명인지는 절대적인 것이 아니라 우리가 무엇을 이해하려고 하는지에 달려 있다. 예컨대 폴이 제인과 결혼하려는 이유는 뇌와 신경의 수준이나 물리법칙으로는 설명하기에 부적합하다. 결론적으로 말해, 앞서 논급한 바 있는 '하향식 인과관계'란 개념과 연관시켜 보면, 인간의 행동은 신경활동에서 창발한 정신적 상태, 즉 믿음과 의식적 사고와 욕구 등이 두뇌의 활동을 하향식으로 통제하면서 이루어진 결과라는 점에서, 이를 전적으로 물리적 수준으로 환원시켜 설명할 수는 없다.

덧붙여, 필자가 보기에 도킨스식 물리적 환원주의는 결정론을 함축하는바, 만일 결정론의 의미가, 단지 인과적 연관성이 있다는 의미를 넘

---

34) Julian Baggini, *Freedom Regained* (Granta, 2016), at 38-40.

어서 어떤 행위자의 과거사실이 그를 "물리적으로 가능한 유일한 특정한 상태로 밀어붙여(pushing), 단 하나의 미래가 결정되어 있다"는 견해를 뜻한다면 물리적 환원주의는 극복하기 매우 어려운 난관에 부딪치게 된다. 아인슈타인의 일반상대성이론과 더불어 20세기 물리학의 두 기둥 중 하나인 양자역학은 그러한 의미의 결정론과 양립할 수 없기 때문이다.[35] 물리학자 카를로 로벨리는 양자역학의 함의에 대해 "원자 수준에서는 우연이 작동하고 있으며, 뉴턴 물리학과 달리 초기 데이터로부터 미래를 정확히 예측할 수 없고, 단지 확률만을 계산할 수 있다."고 말한다. 요컨대 미래는 과거에 의해 하나로 결정되지 않는다는 것이다.[36] 이러한 관점에서 보면 물리적 환원주의에 따라 가장 근본적인 수준이라 할 수 있는 뉴런을 구성하는 물리적 입자단위로까지 내려가 보더라도 뉴런의 미시적 차원에서는 결정성이 부재할 수밖에 없고, 따라서 인간행동의 물리적 예측은 성취될 수 없는 목표가 될 것이다.

이처럼 물리적 환원주의는 잘못된 것이며 인간의 정신적 속성들이 뇌의 신경과정으로 환원될 수 없는 창발저거 속성이고 그 자체로 행동의 원인이 될 수 있다는 견해는 사실 데닛의 지향계 이론에도 암시되어 있다. 데닛에 의하면 물리적이든 지향적이든 각각의 자세에 의해 파악된 패턴은 동일한 대상에 대한 것이라 할지라도 서로 내용적으로는 다를 수 있지만 모두 '실재하는(real)' 것이라고 한다. 다시 말해 타인의 행동에 대해 지향적 자세를 취함으로써 파악되는 패턴, 즉 믿음이나 욕

---

35) 양자역학을 원용해 인간의 의식에는 본질적으로 비컴퓨팅적인 요소가 있으며, 따라서 우리의 두뇌의 신경활동에서 자유의지가 물리적으로 출현 가능하다고 논증하고 있는 문헌으로는 로저 펜로즈/노태복 역, 마음의 그림자 (승산, 2014) 참조. 펜로즈는 옥스퍼드 대학의 이론물리학 교수이다. 자유의지가 양자역학적으로 입론이 가능하다는 그의 이론에 대한 소개로는 안성조, 앞의 글(*인간의 존엄과 책임원칙*), 128-131면 참조.

36) 카를로 로벨리/김정훈 역, 보이는 세상은 실재가 아니다 (쎈앤파커스, 2018), 111-137면. 동 문헌에 따르면 거시적 세계에서 결정성이 나타나는 이유는 "이런 우연이, 이런 미시적 우발성이 만들어내는 변동이 일상생활에서 알아차리기에 너무 작다는 사실 때문"이라고 한다.

구와 같은 그의 지향적 상태는 그에 대해 물리적 자세를 취함으로써 인식할 수 있는 패턴과 마찬가지로 '실재하는 패턴(real pattern)'으로 보아야 한다는 것이다.[37] 그의 주장은 자칭 소위 '정신적 실재론자'의 입장으로서 그에 따르면, 믿음이나 욕구는 물리학에서 '중력의 중심(a centre of gravity)'처럼 가상의 지점을 지칭하는 개념처럼 어떤 실체나 대상은 아니지만 어떤 대상의 행동(또는 운동)을 매우 정확한 정도로 기술하고 예측할 수 있게 유용한 정보를 주는 개념이라는 점에서 '실재한다'고 한다. 달리 말하면 믿음과 욕구는 총체로서 인간의 어떤 '상태'이지 그의 '일부분'은 아니라는 뜻이다. 사람들은 실제로 무언가를 믿으며, 이는 실제로 피로감를 느끼는 것과 마찬가지이다.[38] 따라서 결국 만일 인간의 행동을 물리적 자세에 입각해서만 이해하려 한다면 지향적 자세에 의해서만 파악될 수 있는 실재하는 패턴을 보지 못하게 된다. 설령 예측은 되더라도 인간 행동에 대한 진정한 이해와 해석이 될 수 없다는 것이다. 이러한 맥락에서 바지니는 지향적 자세가 타인의 행동을 예측하는데 효과적인 이유에 대해 그것은 우리 인간이 '실제로' 생각하고 결정하고 의도하기 때문이라고 한다. '믿음'과 '욕구' 및 '의도'와 같은 지향적 상태는 분명 실재한다는 것이다.

이상의 논의를 정리해 보자. 필립 앤더슨과 마이클 가자니가, 그리고

---

37) Daniel C. Dennett, "Real Patterns", *88 The Journal of Philosophy 27* (1991), at 49.
38) 이 점에 대해서는 Marc V.P. Slors, "Intentional System Theory, Mental Causation and Empathic Resonance", *Erkenntniss* 67(2) (2007), at 323. 네덜란드 라드바우드 대학의 심리철학 및 언어철학 교수인 Slors에 따르면 지향적 자세와 관련된 데닛의 입장은 비트겐슈타인과 라일(Ryle), 콰인(Quine)의 여향을 받은 것이라고 한다. 참고로 Slors는 데닛의 입장이 정신적 상태의 실재성을 옹호하는 다른 엄격한 실재론보다는 온건한 실재론(mild realism)이라고 평가하는데, 그 주된 이유는 데닛은 정신적 상태가 행위를 야기시킬 수 있는 '인과적 효능(causal efficacy)'이 있다고 보는 '정신의 인과성(mental causation)'를 직접적으로 주장하지는 않고 있기 때문이라고 한다. 그러한 측면에서 데닛의 지향성 이론은 '실재론 겸 해석주의(realism cum interpretationism)'로 평가된다.

줄리언 바지니와 대니엘 데닛 등의 견해에 비추어 보면 인간의 행동은 물리적 수준으로 환원이 불가능한, 지향적 속성을 지닌 마음과 의식의 구성물들, 즉 믿음과 욕구, 의지, 사고 등이 타인의 지향적 상태와 상호작용한 결과로 이해할 수 있고, 비난과 책임, 도덕원칙으로서 응보도 바로 이러한 수준에서 이해될 때 참된 의미를 가질 수 있다. 따라서 이를 전적으로 뇌의 신경프로세스나 뉴런을 구성하는 입자들 간 물리법칙 수준으로 환원시켜 분석하려는 시도는 과학적으로도 지지받기 어려울 뿐만 아니라, 설령 가능하다고 하더라도 그러한 환원적 설명은 우리의 삶에 명백하게 실재하고, 실제로 작동하고 있는 것들에 대해 부당하게 눈을 감게 만들어 행동의 옳고 그름, 그리고 책임여부 등을 판단하는 데 필요한 적절한 수준의 정보와 패턴을 제시해 주지 못한다는 점에서 인간행동에 대한 진정하고 합당한 해석이 되기 어렵다. 범죄자는 왜 단지 '고장 난 기계처럼' 다루어질 수 없는 것일까? 응보와 책임은 왜 결코 초연하게 다룰 수 없을 만큼 우리의 삶과 '맞물려 있고' 또 그토록 '진지하게' 느껴지는 것일까? 아마도 그것은 '쓸모 있는 허구(useful fiction)'의 한 단면이 아니라, 인간에게 고유한 '삶의 형식(form of life)'의 한 단면이기 때문일 것이다.

그렇다면 이제 결론을 내릴 때가 된 것 같다. 분명 필자의 생각에도 어디엔가 오류나 오해가 있을 것이다. 또한 개인적으로 본서에서 논급한 견해들과 관련된 현대의 과학이론들 간의 내적 정합성에 대해 약간의 의문도 남아 있다.

하지만 나는 이제 이 글을 읽고 있는 독자들이 자유의지와 결정론 사이의 오랜 논쟁에서 가장 핵심적인 대립양상이 어떤 것인지 충분히 이해하였고 또 그로부터 도킨스의 생각이 어디에서부터 무엇이 잘못되었는지 스스로 가늠할 수 있게 되었으리라고 생각한다.

도킨스는 자신의 글을 다음과 같이 마무리한다. "나의 위험한 생각은 우리가 결국 이러한 과학적 진실을 깨닫게 됨으로써 책임과 비난을 그만두고 심지어 그것들을 조소하게 되리란 것이다. 베이즐 폴티가 자신의 차를 때릴 때 그를 비웃듯이. 하지만 나는 결코 그러한 수준의 계몽에까지 도달할 것 같지 않다는 점이 두렵다."고.

그가 그러한 수준의 계몽에 다다를 수 없는 이유에 대해 우리는 이렇게 답할 수 있다. 그것은 "도덕원칙으로서 응보는 인간행동에 관한 과학적 관점과 양립불가능하지 않기 때문"이라고.

§ 3. 인공지능 로봇의 형사책임

[글 소개]

이 글은 최근 어느 분야에서든지 관심과 주목을 끌고 있는 인공지능 로봇[1]에 대한 것이다. 법학에서 로봇이 관심을 끄는 이유는 고도의 지능과 자율성을 갖추고 있어 유사인격체의 하나로 볼 수 있는 로봇에게 법인격과 법적 책임을 인정할 수 있는가의 문제가 대두되고 있기 때문이다. 논쟁구도를 간략히 말하면 로봇에게도 법인의 법적 책임을 인정하는 것과 같은 이유로 책임을 인정할 수 있다고 보는 견해도 있는 반면, 그들에게는 인간의 인격에 필적할 만한 요소를 관념할 수 없으므로 책임을 지우는 것은 무리라는 견해가 대립하고 있다.

로봇의 형사책임은 자유와 근대성의 관점에서 보면 과연 어떤 결론이 도출될 수 있을까?

우선 근대형법의 구상에 따르면 개개의 시민이 책임을 지게 되는 것은 타인의 법익을 침해하였기 때문이다. 형법은 개개인의 법익을 보호하는 울타리 역할을 하기 때문에 법익침해 발생했다면 책임소재의 파악문제가 발생하게 될 것이고, 만일 로봇 이외에 결과발생에 책임을 져야할 자연인 행위자가 존재하지 않는다면, 그 로봇에게도 형사책임을 인정할 수 있느냐의 의문이 제기되는 것이다. 사실 근대형법에서 법익침해의 주체에 대한 고민은 깊지 않았다. 행위자라면 당연히 우리와 같은 인격체인 자연인이기 때문이다. 이로부터 두 가지 측면의 문제가 발생한다. 우선 근대형법이 기초해 있는 (가상의) 사회계약에 참여하지 않은 로봇에게도 법적 책임을 지울 수 있는가의 문제와, 다음으로 애초에

---

1) 최근에는 지능형 자율로봇이라는 용어도 사용된다.

사회계약은 설령 그것이 가상의 것이라 하더라도 자유롭고 평등한 인격체들 간의 합의를 전제로 한다면 로봇도 우리와 동등한 인격체로 볼 수 있는지의 의문도 떠오른다. 이 경우에는 로봇의 지능과 자율성이 과연 인간의 그것에 필적할 만하다고 평가할 정도인지가 관건이 될 것이다.

논의의 편의를 위해 우선 후자의 문제부터 살펴보기로 하자. 이에 대해서 약인공지능 혹은 강인공지능의 문제로 보고 강인공지능의 경우에는 인간에 유사한 인격체로 볼 수 있으므로 법인격은 물론 (형사)책임도 인정할 수 있다는 견해도 존재한다. 하지만 우리가 '자유'의 관점에서 로봇의 인격성을 고찰해 보자면, 다음과 같은 질문을 던질 수 있다. 과연 로봇에게도 자유(의지)란 것이 존재할 수 있을까? 또 로봇은 과연 자유를 원하기는 하는 것일까? 로봇에게 있어 자유는 권리와 가치로서 법의 보호를 받을 만큼 중요한 의미가 있다고 볼 수 있을까? 만일 이 모든 질문에 긍정적인 답변을 할 수 없다면 로봇에게 형사책임을 지우는 것은 무의미한 일이 될 것이다. 왜냐하면 그런 경우라면 로봇은 인간의 삶에서 자유의 의미를 이해할 수 없으므로 자신의 자율적 판단으로 그것을 보호해야 할 합리적 이유를 도출하지 못할 것이고, 마찬가지로 인간이 로봇의 자유를 침해하더라도 그것이 로봇에게 해악을 가져다주지 않는다면, 다시 말해 로봇이 그로 인해 고통을 느끼지 않는다면 가해자를 처벌할 필요성도 사라지게 된다.

어쩌면 그보다 더 중요한 다른 문제도 있다. 전술한 바와 같이 인공지능 로봇은 설령 그것이 우리와 동등한 수준의 지능과 자율성을 갖추고 있다고 평가된다 하더라도 애당초 —비록 사회계약은 가상의 계약이긴 하지만— 사회계약에 참여 내지 동의한 바가 없거나, 롤즈가 말한 '원초적 입장(original position)'이라는 관점에 설 수 있는 능력이 없다면 이들에게 국가형벌을 부과하는 것이 정당화될 수 있을까? 근대형법의 구상에 따르면 각 개인은 자신의 자유이익을 극대화 하되, 단 타인의 자유와 법익을 침해하지 않는 범위로 그 한계를 설정해 두고 있으며, 이러한 구상을 법적 강제를 통해 실현해줄 수 있는 제3의 장치로서 국가에게 형벌권을 위임하기로 자율적 결정을 내린 것으로 전제된다. 그

것이 우리가 일반적으로 이해하는 사회계약의 본질적 내용이다. 그런데, 이러한 자율적 판단을 내리기 위해서는 그 판단의 주체들은 동일한 삶의 형식을 공유하는 존재들이어야 한다. 다시 말해 상호 동등하게 자유로운 존재로서 인격적 상호작용을 할 수 있어야 한다. 즉 그들은 자연적 존재로서 생로병사의 과정을 겪고, 기본적으로 같은 것을 선호하고 같은 것을 회피하며, 타인의 마음을 공감할 수 있으며 대개 정의와 행복이라는 같은 목적을 추구한다. 또한 그들은 혈연적으로 혹은 문화적으로 상호 연결되어 있고 특정 소속감과 정체성을 형성하고 유지하며 긴밀히 상호 의존하고 있다. 이러한 삶의 형식에 속한 존재들 간에 사회계약이 필요했던 것이고, 그 결과물로서 국가라는 리바이어던이 탄생했던 것이다. 우리는 결코 무생물 혹은 동식물과 사회계약을 맺지 않는다. 무의미하기 때문이다. 그것들은 우리와 삶의 형식을 공유하지 않으므로 우리와 인격적 상호작용을 할 수 없는 존재들이다. 그러면 로봇은 어떤 존재로 평가되어야 할까? 우리와 삶의 형식을 얼마나 공유할 수 있을 정도로까지 진화할 수 있을까? 추측컨대, 로봇의 지능과 자율성이 아무리 높아져도 그들의 활동은 결코 우리의 삶의 형식에 속할 수는 없다. 도덕적 측면에서 볼 때 가장 기초적인 삶의 형식이라고 할 수 있는 공감능력이 작동하지 않는다. 생물학적으로는 공감능력은 거울뉴런의 정상적인 작동을 필요로 한다. 이러한 기제가 결여된 로봇은 우리와 같은 대상을 동일하게 평가하기 어렵다. 즉 선호와 회피와 숭앙의 대상이 상당부분 다를 수밖에 없다. 예컨대, 발전소는 인간의 삶에서도 중요한 곳이지만, 로봇에게는 그보다 얼마나 더 큰 의미를 갖겠는가? 로봇에게 사회적 지위나 부의 축적이 무의미하다면 그들에게 명예나 재산이 의미가 있을까? 생각해보라. 상식적으로도 이러한 존재가 우리와 동일한 조건 하에서 사회계약을 맺을 리가 만무하지 않겠는가?

이상 자유와 근대성이란 관점에서 인공지능 로봇의 형사책임에 대해 고찰해 보았다. 명확한 결론을 제시하는 않았지만 전술한 논지와 사례들만으로도 독자들은 충분히 그 결론을 가늠할 수 있으리라 생각한다.

아래의 글은 다소 이색적인 관점에서 같은 주제에 대해 고찰하고 있다. 일반적으로 법의 제정과 해석, 적용 및 준수는 전적으로 일상적인 의사소통의 범주 내에서 이루어진다. 이 말은 법이 우리들 상호간 이해가 가능한 교감과 판단의 범주 내에 있어야만 우리의 삶에서 의미를 지닐 수 있다는 것이다. 이는 법의 제정과 적용과정에 비추어 보더라도 명백한 사실로 드러난다. 민주적 절차를 통한 의회의 입법과정과 논증의무를 부담하는 법관의 판결절차를 살펴보면 법은 철저하게 '일상적인 의사소통'의 범주 내에서 정당성을 획득한다. 아무리 어떤 전문가가 특수한 법령의 제정의 필요성 혹은 법의 특수한 해석방식을 주장하더라도 그것이 시민들 일반의 일상적 논리적, 감정적 판단을 벗어나는 것이라면 그들을 설득할 수도 없고, 따라서 강제될 수 없다. 물론 주지하듯 법은 엄연히 전문적 지식의 영역에 속한다. 그러한 전문성은 시민들이 쉽게 접근하기 어려운 장벽이다. 하지만 개별 법령의 의미와 취지, 제정 배경 등은 누구든지 이해할 수 있는 '일상적' 수준으로 설명될 수 있고, 그러한 수준에서 의사소통이 이루어지면 누구나 법에 대한 판단에 있어서의 일치가 가능하고 따라서 법은 한 언어공동체에서 정상적으로 작동할 수 있다. 이와 같은 일상성은 우리의 삶에 있어서 보편적으로 드러나는 고유한 형식이다. 따라서 이를 '삶의 형식'이라 명명할 수 있으며, 삶의 형식은 우리의 삶에서 일상적인 판단의 일치를 - 규범적 판단의 일치를 포함해 - 가능케 해준다. 판단의 일치란 어려운 개념이 아니다. 우리가 고객이 가득한 어느 카페에 있었던 경험을 떠올려 보자. 앉을 틈이 없는 그곳에 한 테이블에서 고객이 자리를 뜬다. 아직 앉을 자리를 찾지 못하고 있던 나는 물론 대다수 고객의 시선을 그쪽을 향한다. 나와 그들은 서로의 시선과 표정을 통해 무엇을 원하고 있는지 헤아릴 수 있으며 이를 가능케 해주는 것이 바로 판단의 일치라는 것이다. 또 다른 예를 들어보자. 흔히 게임이론에 등장하는 죄수의 딜레마 게임이란 것이 있다. 죄수의 딜레마 게임이 전제하는 것은 죄수들 간의 판단의 일치다. 이처럼 판단의 일치는 우리가 삶을 정상적으로 영위할 수 있게 해주며, 또한 이성적 숙고를 통해서 객관성을 획득할 수 있게 해준다. 언어철학자 비트겐슈타인에 통찰에 의하면 판단의 일치는 삶의

형식이 일치하기 때문에 가능하다. 삶의 형식이 일치한다는 것은 구성
원들 사이에 행동과 반응이 일치한다는 것이다. 이로부터 우리가 일체
의 언어를 올바르게 사용하는 것도 가능해진다고 볼 수 있는데 왜냐하
면, 우리가 문법에 맞게 특정한 언어로 의사소통할 수 있는 것은 서로
간 동일한 '언어게임'에 참여하는 것이고, 이는 곧 서로 '삶의 형식'이
일치함을 의미하는 것이기 때문이다. 이는 법과 불법을 판단하는 법적
언어게임을 포함해 옳고 그름에 관한 일체의 규범적 언어게임에 대해
서도 마찬가지이다. 필자는 본서 제1권에서 '삶의 형식'을 규범적 맥락
에서 재해석하여 우리의 규범적 판단을 일치시켜 주는 사회문화적이고
생물학적인 제약조건을 '확장된 의미의 삶의 형식'이라고 규정한 바 있
다.2) 아래의 글은 이 중에서 특히 '생물학적 요소', 즉 한 종(species)으
로서 인류에게 공통된 진화적 배경을 기초로 인공지능의 로봇의 한계
를 드러내 보이고자 논증하고 있다.

I. 머리말

본고는 인공지능과 관련된 법적 쟁점 중 형사책임의 문제를 다루어
보고자 한다. 예컨대 인공지능이 탑재된 수술용 로봇이나 산업용 로봇
이 인명사고를 냈을 때, 이에 대한 책임의 소재 문제를 형법적 측면에
국한해 고찰해 보고자 한다. 이 경우에 과연 누가 책임을 지는 것이 정
당한 것인지, 이를테면 인공지능의 제조업자나 프로그래머 또는 그 사
용자인지, 아니면 인공지능 그 자신인지 관련 논의를 검토한 후 잠정적
결론을 내려 보고자 한다. 여기서 잠정적이라고 단서를 붙이는 이유는
현재의 기술수준을 전제로 하지 않을 수 없기 때문이다. 또 덧붙여 본
고에서는 미래의 기술수준을 상정한 형사책임의 문제도 논급해 보고자
한다. 어쩌면 많은 사람들은 이 부분에 대해 더 큰 궁금증을 갖고 있을

---

2) 안성조, 현대 형법학 제1권 (경인문화사, 2011), 475-479면 참조.

것이고, 또한 이 문제가 현 수준의 논의와도 맞물려 있기 때문이다.

인공지능의 형사책임문제에 대해 냉소적 시각을 지닌 일부 논자들은 법익침해를 발생시켰다고 해서 프로그램된 대로만 움직이는 인공지능 로봇이 어떻게 형사책임의 주체가 될 수 있겠느냐고 반문을 제기할 수 있을 것이다. 이해를 돕기 위해서 인공지능 연구의 대표적 거장 한스 모라벡(Hans Moravec)의 말을 들어보자.

> "물론 사회적으로 규제된 과제를 행하도록 하는 것만큼, 범죄를 저지르도록 로봇을 프로그램하기는 쉬울 것이고, 이런 일이 일어날 때 법적으로 책임지게 하는 방식도 고안될 것이다. 그러나 복잡한 로봇은 때때로 그들 스스로 주도적으로 말썽을 일으킬 것이다. 과거에 여러 차례 시간 내에 배터리를 충전할 수 없어 **고통받았던** 시뮬레이터가 장착된 로봇을 상상해보자. **로봇은 동력이 소진되는 것을 허락하는데 강하게 반발하도록 세팅될 것**이다. 로봇이 자물쇠가 잠긴 집 밖에 서 있고 배터리는 다 닳아간다고 가정하자. **로봇의 시뮬레이터는 해결책- 재충전을 가져올 행동의 조합- 을 찾으며 격렬하게 상이한 여러 시나리오를 휘젓듯 검토할 것이다.** 통상적인 행동의 조합이 목표도달에 실패함에 따라 시뮬레이터 검색은 더 이상 통상적이지 않은 가능성으로 확장된다. 이웃집이 가까이에 있고, 문은 열려 있을 수 있고, 집안에는 콘센트가 있을 것이다. 시뮬레이터는 로봇을 콘센트로 데려갈 시나리오를 발견한다. 집의 영역을 떠나는 것. 물론 **이것이 일으킬 말썽과 고통이 있지만 그것은 재충전되는 길을 찾을 가능성에서 오는 쾌락과 고통으로부터의 해방과 충분히 균형**을 이룬다. 로봇은 반복하여 이웃집 침입을 시뮬레이션하고, 그때마다 포함된 단계에 대한 조건지우기를 강화시키고, 그 행위 자체를 점점 더 그럴 법하게 만든다. 결국 훈련은 이미 충분한 상태에서 로봇은 시뮬레이터가 예상한 것보다 더 큰 말썽으로 연결될 가능성이 높은 경로를 걷기 시작한다."[3]

상기 모라벡이 묘사한 로봇은 결코 '프로그램된 대로만' 움직이는 기계가 아니다. 여기에 묘사된 '주거침입' 과정에서 인공지능 로봇을 형법상 행위주체로 간주하지 못하게 만드는 장애요인은 과연 무엇일까?

---

3) 한스 모라벡/박우석 역, 마음의 아이들 - 로봇과 인공지능의 미래 - (김영사, 2011), 92-93면 참조. 굵은 글씨체로 강조한 부분은 독자들의 이해의 편의를 위해 필자가 선별해 강조한 것임.

로봇의 고통과 고민과 의사결정과정은, 범죄자의 내면의 의식의 흐름과 거의 흡사하다. 아니 오히려 근대형법이 가정하고 있는 '합리적 이성인'이라는 인간상에 거의 이상적으로 부합되는 존재라고 말해도 크게 틀리지 않을 것이다. 현대과학이 발견한 인간의 실제 모습보다도 더 이성적인 숙고를 거치고, 자유의지를 통하여 스스로 의사를 결정할 수 있는 존재로 묘사되고 있지 않은가? 비록 가상의 사건이지만, 상기 사례는 인공지능의 '의사결정 과정'을 일반인들이 쉽게 이해할 수 있는 수준과 방식으로 기술해 주고 있다는 점에서 현단계의 형사책임 논의에도 시사하는 바가 매우 크다고 할 것이다.

이미 독일의 경우 소위 '로봇 형법(Strafrecht für Roboter)'에 대한 학술적 논의의 역사가 10여년에 이르고 있다고 한다.[4] 그에 비해 우리나라에서는 비교적 최근에야 이 분야가 주목을 받고 있는 듯하다. 근래에 인공지능과 형사책임을 주제로 한 논문이 여러 편 발간된 바 있다.[5] 이에 본고에서는 인공지능이 탑재된 로봇에게 직접적으로 형사책임을 긍정하려는 입장과 그 반대의 입장에서 제시된 논거를 비판적으로 검토해 보기로 한다. 비교적 양 진영의 논거를 망라적으로 제시하고 있는 두 문헌을 중심으로 현재 진행 중인 논의에 가담하여 각 진영의 논지를 면밀하게 분석하고 그 적실성을 평가해 보는 것을 1차적 목표로 할 것

---

4) 이에 대한 소개로는 김영환, "로봇 형법(Strafrecht für Roboter)?", 법철학연구 제19권 제3호, 2016, 148면.

5) 장연화·백경희, "왓슨의 진단조력에 대한 현행법상 형사책임에 관한 소고", 형사법의 신동향 제55호, 2017; 이인영, "인공지능 로봇에 관한 형사책임과 책임주의", 홍익법학 제18권 제2호, 2017; 송승현, "트랜스휴먼 및 포스트휴먼 그리고 안드로이드(로봇)에 대한 형법상 범죄주체의 인정여부", 홍익법학 제17권 제3호, 2016; 이원상, "4차 산업혁명에 있어 형법의 도전과제", 조선대 법학논총 제24권 제1호, 2017; 이주희, "인공지능과 법-지능형 로봇 및 운영자의 형사책임에 관한 고찰", 한국사회과학연구 제38권 제1호, 2016; 임석순, "형법상 인공지능의 책임귀속", 형사정책연구 제27권 제4호, 2016; 정정원, "인공지능(AI)의 발달에 따른 형법적 논의", 과학기술과 법 제7권 제1호, 2016; 홍태석·권양섭, "자율주행자동차 사고발생에 따른 형사책임의 귀속여부", 법학연구 제17권 제2호, 2017 등 참조.

이다. 다음으로 현재 국내외에서 진행 중인 논쟁에서 간과되고 있는 중요사항을 지적해 봄으로써 향후 인공지능과 형사책임에 관련된 논의가 지향해야 할 방향을 제시해 보는 것을 2차적 목표로 삼고자 한다. 이를 위해 우선 현 단계의 '약'인공지능 로봇에게 형사책임을 인정할 수 있는지, 긍정론과 부정론의 입장을 상세히 검토해 보고(II), 다음으로 양 진영의 논거들을 비판적으로 검토한 후(III), 이상의 논의를 종합적으로 분석하면서 그동안 인공지능의 형사책임 관련 논의에서 간과된 '형벌에 대한 진화론적 고찰'을 다루어 봄으로써 향후 논의가 생산적인 결론을 산출할 수 있도록 발전적인 몇 가지 제언을 해보고 미래의 '강'인공지능은 형사책임의 주체로서 완전한지에 대한 해답을 제시해 보면서(IV), 결론을 맺고자 한다(V).

II. 현 단계의 '약'인공지능에게 형사책임을 인정할 수 있는가?

1. 인공지능의 형사책임 부정론

(1) 인공지능의 직접적 형사책임 부정논거

먼저 인공지능 자체의 형사책임을 부정하는 논거는 다음과 같다.

첫째, 인공지능을 지닌 여하한 주체라도, 예컨대 로봇 등은 '인간성(personhood)'의 요건을 충족시키지 못한다. 오랜 철학적 논의에 의하면 인간성을 지녔다는 의미는 자기성찰능력(self-reflection capacity) 또는 자의식(self-consciousness)을 전제조건으로 해 성립한다. 그러한 조건을 갖춘 인격체만이 법과 행복과 고통의 의미를 알 수 있는바, 비록 인공지능은 스스로 학습하고 결정을 내릴 수 있지만, 자의식이 없기 때문에 자신의 의지에 의해 행동을 선택할 수 있는 자유의지를 가질 수 없고,

따라서 자신의 행동에 대한 책임을 질 수 없으며, 자기성찰능력의 결여로 인하여 자신의 과거와 미래가 하나의 인격체로 연결된 행위주체가 될 수 없다는 것이다. 더욱이 그로 인해 권리와 의무의 개념을 이해할 수 없다고 한다. 요컨대 인공지능 로봇은 자유의지에서 비롯되는 양심이 없기 때문에 자신의 행위의 선악을 판단할 수 없고, 따라서 자유로운 행위주체(free agent)로 보기 어려우므로 그 자신이 범한 해악에 대해 '인격적으로(personally)' 책임을 질 수 없다고 한다.6) 또한 인공지능 로봇에 대해 책임비난이 가능하다고 하더라도 이들은 형사처벌의 의미를 이해할 수 없기 때문에 처벌이 무의미하다고 한다. 즉, 인공지능 로봇은 자산을 소유하고 있지도 않고, 소유하고 있다는 인식도 없기 때문에 벌금형의 의미를 지닐 수 없고, 만일 물리적인 손상이나 파괴를 가하더라도 신체의 완전성을 유지하며 삶을 유지하려는 의지가 인공지능 로봇에게는 없기 때문에 체형(corporal punishment)이나 사형이 의미를 가질 수가 없다고 한다. 즉 인공지능은 형사처벌의 의미를 이해할 수 없고 따라서 자신의 죄책과 자신에게 가해진 처벌의 연관성을 깨닫지 못한다는 것이다.7) 이러한 논변은 다음과 같은 반대론과도 일맥상통한다. 즉 로봇은 인지능력이 있고 자율적으로 행동할 수 있지만 감응능력이 없고, 도덕적 판단능력을 갖추고 있지 못하기 때문에 법적 책임과 의무의 주체가 될 수 없고, 설령 인공지능 로봇에게 법인의 형사책임을 구성하는 방법과 유사하게 '전자적 인격(elektronische Person)'을 부여하여 '자연적 차원'이 아닌 '규범적 차원'에서 행위능력과 책임능력을 인정할 수 있다 하더라도 만일 이를 '형사처벌'하게 될 경우 '인간의 존엄성 원리'로부터 도출되는 책임원칙의 근본토대인 '비난가능성'이란 요소를

---

6) 이러한 견해로 Sabine Gless, Emily Silverman, & Thomas Weigend, "If Robots Cause Harm, Who Is To Blame? Self-Driving Cars and Criminal Liability", *19 New Crim. L. Rev. 412* (2016), at 416.

7) Sabine Gless, Emily Silverman, & Thomas Weigend, *Ibid.*, at 416-425. 유사한 맥락에서 현 단계에서는 인공지능의 형사책임 인정이 어렵다는 견해로 보이는 이주희, 앞의 논문, 136면; 정정원, 앞의 논문, 202면.

빼어버리는 격이 되어버리고 따라서 형벌의 선고가 갖는 진지함과 도 덕적 요소가 사라져 '형벌의 존엄성'이 훼손될 수 있다는 것이다.[8]

그러므로 현 단계 수준의 소위 '약'인공지능[9]에 대해서는 직접적인 형사책임을 부과할 수 없으며 따라서 단지 그 배후에 있는 자연인 행위 자(human behind the machine)에 대해서 형사책임을 부과할 수 있는 방 법을 모색해야 한다고 본다.

(2) 대안: 배후자(Operator)[10]의 과실책임

그 방법은 바로 제조업자(producer)나 프로그래머(programmer) 그리 고/또는 소유자(owner) 등(이하 '배후자(operator)'로 통칭함)에게 법익침 해에 대한 과실책임을 지우는 것이다. 이를테면 만일 고의적으로 타인 에게 해악을 가하도록 인공지능 로봇을 프로그램하였다면 도구를 이용 한 고의범으로서의 형사책임을 지울 수 있겠지만, 그런 경우는 드물 것 이므로 여기서 문제되는 것은 주로 과실로 포섭되는 사안들이다.

형법상 과실의 일반적인 법리에 따르면 행위자가 어떤 해악을 예견 할 수 있고, 또 회피할 수 있었음에도 불구하고 주의의무(due care)를 다하지 못해 해악이 발생한 경우 과실범이 성립한다. 예컨대 자율주행 자동차의 경우 자신이 처한 환경에 대한 독자적 분석과 판단 하에 자율

---

8) 김영환, 앞의 논문, 151-160면.
9) 강한 인공지능(strong AI)과 약한 인공지능(weak AI)란 구분은 본래 철학자 존 설(John Searle)에서 유래된 것으로 그는 "정확한 입력과 출력을 갖추고 적절하 게 프로그램된 컴퓨터는 인간이 마음을 가지는 것과 완전히 같은 의미로 마음을 가진다."고 보고 이를 '강한 AI'라고 명명하였고, 반면 '약한 AI'는 반드시 마음 을 지닐 필요는 없고 한정된 지능에 의해서 지적 문제를 해결할 수 있는 인공지 능을 의미한다. 마쓰오 유타카/박기원 역, 인공지능과 딥러닝 (동아 엠앤비, 2016), 58면. 강한 인공지능 개념은 인간의 마음이나 뇌의 활동을 정보처리과정 으로, 사고는 계산과정으로 환원될 수 있다는 입장으로 보인다.
10) 'Operator'의 번역어로 인공지능을 생산, 프로그램, 사용하는 사람을 통칭하는 취 지에서 '배후자'를 사용하기로 한다.

적 행동을 취하기 때문에 배후자라도 그에 대한 예측이 불가능한 경우
가 많다. 하지만 이러한 '예측불가능성(unpredictability)'이 곧 배후자의
책임감면을 가져오지는 않는다. 오히려 그러한 예측불가능성으로 인해
배후자에게는 적절한 주의의무가 발생하게 된다. 이것은 마치 동물원에
서 관리자가 호랑이를 풀어놓아 관람객을 해쳤을 경우, 호랑이의 통제
불가능성 때문에 면책되지 못하고 오히려 그러한 위험을 예측하여 회
피하지 못한 과실책임을 지게 되는 것과 같은 이유에서 비롯된다. 독일
의 경우 '민법상 제조물책임 법리'에 의해 발달되어 온 기준들이 '형법상
제조물 책임(criminal product liability)' 법리에 도입되었고 이는 미국의
경우도 크게 다르지 않다.[11] 예컨대 자율주행 자동차와 같은 안전하지
못한 제조물(unsafe products)을 생산하는 제조업자는 제품을 시장에 내놓
기 전에는 현재수준의 과학적, 기술적 기준을 충족시키는지와 고객에 대
한 안전성이 충분히 테스트되었는지 등에 대해 확인해야 한다. 또한 제품
을 시장에 내놓은 후에는 지속적으로 고객들의 개선의견(feedback)을 점
검하고 제품에 의해 발생한 사고나 해악에 대한 불평에 대해서 즉각적
인 반응조치를 취해야 한다. 추가적인 폐해를 막기 위해서 고객들에게
경고장을 발송할 수 있고, 수리를 위해 리콜조치를 할 수도 있으며, 경
우에 따라서 판매를 금지할 수도 있다. 만일 제조업자가 이러한 주의의
무를 준수하지 못할 경우에는 해당 제품에 의해 발생한 해악, 즉 상해나
사망의 결과에 대해 부작위에 의한 고의 또는 과실책임(intentional or
negligent bodily injury or homicide by omission)을 질 수 있다고 한다.[12]
　하지만 자율주행 자동차가 개발된 취지, 즉 도로교통에서의 안전성의
증대라는 공리주의적 측면과 개인의 생명과 신체의 보호라는 측면의 균
형을 맞추기 위해서는 이러한 과실책임의 성립을 일정 수준에서 제한할
필요가 있고, 그 역할을 해 주는 법리는 바로 '객관적 귀속이론'이다.[13]

---

11) 형법상 제조물책임의 법리에 대한 폭넓은 비교법적 연구로는 전지연, "형법상 제
　　조물책임에서 주의의무위반에 대한 비교법적 고찰", 연세대학교 법학연구 제18
　　권 제4호, 2008, 69면 이하 참조.
12) Sabine Gless, Emily Silverman, & Thomas Weigend, *Ibid.*, at 426-429.

객관적 귀속이론에 따르면 행위와 결과 사이에 인과관계가 인정되더라도 그 결과를 행위자의 행위 탓으로 돌리기 어려운 사정이 존재하면 객관적 귀속이 부정된다. 예컨대 갑이 자동차로 을을 치어서 상해를 입혔고, 병원으로 호송된 을이 치료를 받던 중 병이 낸 화재로 인해 병원에서 사망했을 경우 사망의 결과를 갑의 행위 탓으로 귀속시킬 수 없다. 제3자의 행위가 개입돼 갑에게는 결과에 대한 회피가능성 또는 지배가능성이 없기 때문이다. 또한 갑에 의해 창출된 위험이 발생한 결과와 우연적 관계에 있기 때문이라고 설명할 수도 있다. 이러한 논리를 자율주행 자동차에 원용해 보면, 자율주행 자동차가 독자적 판단에 의해 갑자기 방향을 틀어 사고를 낸 경우 그 결과를 설계자나 제조업자의 과실 탓으로 귀속시킬 수 없다. 자동차의 자율적 분석과 판단이라는 제3의 행위가 개입된 우연한 결과이기 때문이다.[14]

또 다른 객관적 귀속이론의 논거는 행위자가 창출한 위험이 사회적으로 상당한 위험의 범주에 속하는 경우에는 '일상적인 범주에 속하는 정상적 위험(normal risk of daily life)'이 실현된 결과이므로 발생한 결과를 행위자의 작품으로 귀속시킬 수 없다는 것이다. 예컨대 만일 갑이 을에게 숲을 산책하도록 권유했던바 을이 숲을 걷다가 자연적으로 떨어지는 나무에 맞아 사망하거나 벼락을 맞아 사망한 경우에는 설령 갑

---

13) 동 문헌의 저자들은 명시적으로 '객관적 귀속이론'이라고 지칭하지 않고 있으나 그들이 제시하고 있는 사례의 실질적 내용은 우리식의 형법도그마틱에 비추어 보면 객관적 귀속의 기준에 해당하는 것들이다.

14) 물론 이러한 논리에 대해서 두 가지 유력한 반론이 제기될 수 있다. 첫째, 자율주행 자동차의 사고는 단순히 인공지능의 예측불가능성 때문이 아니라 명백히 프로그램상 과실(negligent programming) 때문이고, 둘째, 만일 인공지능 기계의 배후자마저 형사책임을 질 수 없게 되면, 인공지능도 그 배후자도 모두 면책되어 형사처벌의 공백이 발생하며 이는 결국 인공지능 로봇 개발 동력의 현격한 저하를 가져올 수 있기 때문이다. 이에 대해서 Sabine Gless, Emily Silverman, & Thomas Weigend, *Ibid.*, at 432. 한편 제3자의 행위로 평가되어 객관적 귀속이 부정되기 위해서는 제3자의 행위가 자율적 행위로 인정되어야 하는데 이를 위해서는 제3자에게 독자적인 범죄능력이 있어야 한다고 보는 견해로는 이주희, 앞의 논문, 141면 참조.

이 을을 살해하려는 의도가 있었다고 하더라도 사망의 결과를 갑의 행위 탓으로 돌릴 수 없다. 결과를 행위자의 탓으로 귀속시키기 위해서는 그 결과에 실현된 위험이 행위자가 법적으로 허용되지 않는 방식으로 창출한 것이어야 하는데 위 사례는 그러한 방식이라고 보기 어렵고 또 사회적으로 상당한 위험의 범주에 속해 있기 때문이다. 이러한 이론을 자율주행 자동차에 적용해 보면, 자율주행 자동차에 의한 사고도 일상적인 정상적 위험의 범주에 속하는 것으로 분류할 수 있게 된다. 하지만 적어도 현재 수준에 있어서는 자율주행자동차가 일반 자동차에 비해 소수에 속하므로 가까운 미래에 이르더라도 이러한 이론이 받아들여지기 어려울 것이라고 전망한다. 그때까지도 여전히 자율주행 자동차의 사고는 '예외적인 위험의 창출(creating exceptional risk)'로 파악될 것이기 때문이다. 따라서 이러한 논리구성에 의한 과실책임의 제한은 인공지능 로봇이나 자율주행 자동차가 일상사에서 인간과 광범위한 상호작용을 하게 되어 그로 인한 위험이 정상적 범주에 속하게 되는 시점까지는 실현되기 어려울 것이라고 한다.[15)]

결론적으로 이 입장에서는 전술한 제조물 제작자의 의무와 같은 엄격한 기준을 준수했다면 배후자는 자신의 주의의무를 충실히 이행한 것으로 간주되어야 한다고 본다. 따라서 설령 인공지능 로봇이 자신의 자율적 학습능력에 따른 판단으로 인해 해악을 가져오더라도 그 책임은 '사회(society)'에 귀속될 것이라고 한다. 왜냐하면 현대 사회는 인공지능 장비를 도입함으로써 필연적으로 일정 범주의 일상적 위험을 감내하기로 동의한 셈이기 때문이다. 그러므로 인공지능의 오작동에 의한 해악의 피해자는 어떤 특정한 자연인의 과실의 희생자가 아니라 사회적으로 용인된 위험의 희생자(a victim of a socially accepted risk)로 간주되어야 한다는 것이 부정론의 논지이다.[16)]

---

15) Sabine Gless, Emily Silverman, & Thomas Weigend, *Ibid.*, at 430-433. 동 문헌의 저자들도 미래의 어느 시점에 이르러 기술의 발달로 인공지능이 도덕적 추론능력을 갖게 되고, 형벌의 의미를 이해할 수 있게 되면 인공지능 자체에 대한 형사책임의 인정도 가능할 것이라고 전망하고 있는 점은 흥미로운 대목이다.

2. 인공지능의 형사책임 긍정론

이에 반해 형사책임 긍정론은 다음과 같이 주장한다.[17)

(1) '생각하는 기계(*Machina Sapiens*)'로부터의 위협

인공지능(AI)은 인간의 지적 행동(intelligent behaviour)을 모방하는 능력을 갖고 있다. 인공지능 연구는 인간의 행동과 인지과정에 대한 컴퓨터 시뮬레이션을 통해 지적 능력의 본성을 탐구하는 분야이다. 1940년대 이래 인공지능은 인간의 삶에 매우 중요한 부분을 구성하며 단순한 일상의 도구 이상으로 점차 정교한 영역까지 침투해 오고 있다. 그리하여 인공지능은 다양한 직역과 분야에서 인간과의 지속적 상호작용 속에서 법익침해 상황을 초래할 수 있는데, 이 때 인공지능이 현대 문명사회에서 가장 강력한 사회적 통제수단인 형법의 적용범위 밖에 놓이게 되면 처벌의 공백이 생기고[18) 과거 법인이 시민들의 두려움의 대상이 되었던 것처럼 ─현재는 형법과 회사법의 규제로 인하여 그 공포가 감소했지만─ 또 다른 사회적 위협의 대상이 된다는 것이다. 실용적인 측면에서 인공지능에 대한 형사적 규율의 필요성이 엄연히 존재한다는 견해로 판단된다.[19)

(2) 인공지능의 직접적 책임모델(The Direct Liability Model)

인공지능의 직접적 형사책임 긍정론은 다음과 같은 이해를 토대로 자신의 논변을 정당화한다.

---

16) Sabine Gless, Emily Silverman, & Thomas Weigend, *Ibid.*, at 434.
17) 이하의 논지는 주로 Gabriel Hallevy, "The Criminal Liability of Artificial Intelligence Entities", *4 Akron Intell. Prop. J. 171* (2010)을 주로 참조하였다.
18) 처벌의 공백 문제에 대한 논의로는 김영환, 앞의 논문, 162-163면 참조.
19) Gabriel Hallevy, *Ibid.*, at 173-174.

우선 '인간성의 본질(essence of humanity)'에 대해서는 부정론과 거의 유사한 이해방식을 공유하지만, 인공지능이 이를 구비하고 있는지 여부에 대해서는 상이한 결론을 내린다. 인간성을 지닌 존재의 필수적 자격인 '지적 존재(intelligent entity)'로서의 요건은 크게 다섯 가지인데, 인공지능은 그 정의상(by definition) 그 요건을 모두 구비하고 있다는 것이다. 다섯 가지 요건은 다른 지적 존재와의 '의사소통(communication)' 능력, 자기 자신에 대한 '내적 인식(internal knowledge)' 능력, '외부 환경을 인식하고 학습하고 정보를 이용할 수 있는' 능력, 그리고 '목표 지향적 행위(goal driven behaviour)' 능력 및 '원래의 조치가 실패했을 때 다른 대안조치를 취할 수 있는 창조적(creative)' 능력 등이 그것이다.[20]

다음으로 형사책임을 부과할 수 있는 두 가지 필수요건에 대한 검토이다. 특정한 행위주체에 형사책임을 부과하기 위해서는 대륙법계와 마찬가지로 범죄의 객관적 요소(actus reus)와 주관적 요소(mens rea)가 충족되어야 한다. 이 외에 다른 어떤 능력도 필요하지 않기 때문에 법인이든, 인공지능이든 이 두 요건을 충족시킨다면 모두 형사책임을 질 수 있는 행위주체가 될 수 있다고 한다. 이러한 전제에서 인공지능이 형사책임을 질 수 있는 논거를 다음과 같이 제시한다.

우선 인공지능이 기계적 메커니즘을 통해 물리적 동작을 취할 수 있으면 범죄의 객관적 요소는 쉽게 충족이 된다. 예컨대 인간에 대한 폭행이 가능하다. 또한 만일 해당 범죄가 부작위(omission)에 의해서 범해질 수 있는 경우라면, 인공지능에게 특정한 작위의무가 프로그램되어 있고, 인공지능이 이러한 의무의 이행에 실패한다면 부작위범의 객관적 요소도 충족이 된다.

다만 문제시되는 것은 인공지능에게 범죄의 주관적 요소를 관념할 수 있겠는지 여부이다. 여기서 범죄의 주관적 요소에 포함되는 것은 인식(knowledge)과 의도(intention) 및 과실(negligence) 등이다. 창조성(creativity)은 인간의 주요한 특징이긴 하지만 범죄의 주관적 요건에 포

---

20) Gabriel Hallevy, *Ibid.*, at 175-176.

함되지는 않는다. 인식이란 사실적 자료들의 감각적 수용(sensory reception)과 그 자료의 이해(understanding of that data)로 정의할 수 있다. 어떤 광경과 음성과 물리적 접촉에 대한 감각적 수용은 대부분의 인공지능에게 있어서 가장 흔한 기능이다. 그리고 이 수용기(receptors)는 수용된 사실적 자료를 중앙처리장치(central processing units)로 이동시키고 여기서 해당 자료를 분석하는데 이러한 분석과정은 바로 인간의 이해과정을 닮아 있다고 한다. 인간의 뇌 역시 이와 비슷한 과정을 거쳐 자료를 '이해하기' 때문이다. 요컨대 인공지능도 인간과 유사한 인식능력을 관념할 수 있다는 것이다. 한편 의도란 어떠한 사건이 발생할 것을 의욕하는 목적적 의사의 존재로 정의할 수 있고, 인공지능도 특정한 목표를 성취하기 위해 적절한 조치를 취할 수 있는 목적적 의사를 지닐 수 있도록 프로그램될 수 있기 때문에 범죄의 주관적 요소인 '의도' 역시 인공지능에게 관념할 수 있다고 한다. 이처럼 인공지능에게 범죄의 주관적 요소인 인식과 의도를 관념할 수 있다고 하더라도 인간 고유의 감정인 사랑, 증오, 질투 등은 없기 때문에 형사책임을 지울 수 없다는 반론이 제기될 수 있으나, 대부분의 범죄성립에 있어서 그러한 감정적 요소는 요구되지 않기 때문에 크게 문제되지 않는다고 한다. 예컨대 인종차별범죄나 증오범죄 등에 있어서는 특별한 감정이 필요하고 따라서 인공지능은 그러한 범죄성립요건을 구비할 수 없지만 그 외의 범죄 성립에는 특별한 문제가 없다는 것이다. 더 나아가 인공지능에게는 범죄성립의 적극적(positive) 요소뿐만 아니라 소극적(negative) 요소인 정당방위나 긴급피난의 법리도 같은 이유로 적용될 수 있다고 한다.21)

한편 혹자는 인공지능의 능력은 매우 제한적이기 때문에 기껏해야 우리 사회에서 형사책임이 면제되는 특수한 부류의 행위주체로 인정될 가능성밖에는 없다고 주장할 수 있다. 설령 행위주체성을 인정하더라도 예컨대 형사미성년자나 심신장애자에 준하는 정신적 능력밖에는 없다는 것이다. 그러나 긍정론의 입장에서는 다음과 같이 반박한다. 책임무

---

21) Gabriel Hallevy, *Ibid.*, at 186-188, 192-193.

능력자를 인정하는 법리는 그들에게는 정상인처럼 옳고 그름을 분별할
능력이 없고 따라서 범죄충동을 억제할 능력이 결여돼 있다는 사실에
기초하고 있는데, 대부분의 인공지능 알고리즘은 금지된 것과 허용된 것
을 분석할 수 있기 때문에 이러한 논리는 타당하지 않다고 한다. 다만
인공지능의 분석적 능력이 고장(malfunction)으로 인해 정상적으로 가동
하지 않을 경우에는 인공지능에게도 '정신이상 항변(insanity defense)'을
인정할 여지가 생길 수 있다고 한다. 이 점은 후술하듯 인공지능을 이
용한 배후자에게 간접정범 이론을 적용할 때 원용되는 논리가 될 수 있
다.22) 긍정론은 이상의 논의를 통해 인공지능에게 직접적인 형사책임을
부정해야 할 타당한 근거가 존재하지 않는다고 주장한다.

또 다른 견해에 의하면 '약한 인공지능(weak AI)'과 '강한 인공지능
(strong AI)'을 구분해 전술한 형사책임 긍정론은 현재 단계의 기술수준
이 도달한 약인공지능에 대한 논거이고, 여기서 더욱 발전한 미래의 강
인공지능에게 있어서는 형사책임을 인정하는 것이 더욱 더 타당성을 지
니게 될 것이라고 한다. 왜냐하면 강인공지능은 주로 프로그램된 대로
움직이는 약인공지능과 달리 '인공신경망(ANN: artificial neural network)'
에 의해 스스로 학습하여 지식을 축적하면서 이를 토대로 새로운 사실
을 추론하고 당면한 문제를 해결하며 미래의 사건을 예측하기도 하는
등 인간의 이성적 사고과정과 거의 다를 바 없는 '마음을 지닌' 자율적
행위주체로서의 능력을 구비할 것이고, 형법상 행위주체가 되기 위해
어쩌면 가장 중요한 능력이라고 볼 수 있는 도덕규칙이나 규범을 배우
고 이를 토대로 스스로 판단해 실천에 옮길 수 있는 도덕적 추론능력까
지도 갖춘 '인공적 도덕 행위자(AMA: artificial moral agent)'의 수준에
도달할 것으로 전망되기 때문이다.23) 만일 이 수준에 도달한 인간의 형
상을 구비한 인공지능 로봇(AIBO)이 있다면 그를 형법상 행위주체로
인정하는 데 있어서 인공신체의 구성요소가 유기물인지 무기물인지여

---

22) Gabriel Hallevy, *Ibid.*, at 189-190.
23) 송승현, 앞의 논문, 491-512면.

부는 하등의 장애요인이 될 수 없다고 한다.[24]

(3) 배후자의 간접정범 책임모델
(The Perpetration-via-Another Liability Model)

전술한 직접적 책임모델은 인공지능을 고의나 과실의 형사책임을 부과할 수 있는 행위주체로 간주하는 반면 이 모델은 인공지능은 어디까지나 기계일 뿐이고 인간과 유사한 능력을 갖는다고 하더라도 기껏해야 형사미성년자와 같은 책임무능력자나 범의를 가질 수 없는 행위자, 즉 '죄없는 행위자(innocent agent)'로 간주할 수밖에 없다는 전제 하에 이러한 인공지능 자체에 대해서는 형사책임을 지울 수 없으므로 이를 이용한 배후자에게 인공지능을 '정교한 도구'로 이용한 간접정범으로서의 책임을 인정해야 한다고 주장한다. 상기 부정론은 인공지능을 도구로 이용한 경우에 그 배후자에게 도구를 이용한 고의범으로서의 형사책임, 즉 실행정범으로서의 책임을 지울 수 있다고 보는 반면, 이 관점에서는 중간에 '죄없는 행위자'를 이용했다는 점에서 간접정범으로서의 책임을 배후자가 지게 된다고 한다. 왜냐하면 드라이버나 동물을 도구로 이용해 타인을 공격한 경우에는 명백히 직접적인 실행정범이 되지만 드라이버나 동물과는 달리 인공지능은 어떤 '복잡한 명령'을 수행할 수 있는 능력이 있는 행위주체이기 때문이다. 따라서 이 모델은 인공지능의 능력이 제한된 사례의 경우에만 적실히 들어맞는다. 예컨대 배후자가 인공지능을 범행 도구로 이용했지만 그 고등능력(advanced capabilities)을 사용하지 않은 경우와 현대적 수준의 고등 능력을 갖추지 못한 인공지능을 범행도구로 이용한 경우 등이 이에 해당할 것이다. 또한 전술한 바와 같이 인공지능의 고등능력이 바이러스 감염이나 외부 충격 등에 의해 고장났거나 오작동하는 경우 등도 포함시킬 수 있을 것이다. 바꾸어 말하면 이 모델은 인공지능이 자신의 독자적 분석과 판

---

24) 송승현, 앞의 논문, 518면 이하.

단에 기초해 범행을 저지른 경우에는 적용될 수 없다. 도구로 이용된 사례가 아니기 때문이다. 그리고 여기서 배후자가 될 수 있는 후보는 인공지능 프로그램의 프로그래머와 사용자(user)가 있다고 한다.[25] 이는 전술한 배후자(operator)의 범주와 크게 다르지 않다.

이 모델과 전술한 직접책임 모델을 결합할 경우, 만일 인공지능이 다른 인공지능 로봇으로 하여금 범행을 저지르도록 프로그램을 하였을 경우 전자는 간접정범으로서의 형사책임을 지게 되고, 후자는 배후자 인공지능에 의해 이용된 '정교한 도구'로서 '죄없는 행위자'인바, 따라서 형사책임을 지지 않는다.[26]

(4) 예견가능성 모델
(The Natural Probable Consequence Liability Model)

이 모델은 인공지능의 프로그래머 또는 사용자와 인공지능의 일상적인 활동 사이의 긴밀한 연관성에 기초하고 있는 책임모델이다. 즉 설계자 또는 사용자는 의도하지 않았으나 예견이 가능했던 결과의 발생에 대해서 형사책임을 부과하는 모델이다. 이 모델은 두 가지 유형의 사례를 상정하고 있다.

첫째, 오로지 실생활의 편의를 위해 만들어진 인공지능이 범행을 저지르게 되는 경우이다. 예컨대 비행기의 안전한 운항을 보호하도록 프로그램된 '자동항법장치(automatic pilot)' 기능을 하는 인공지능이 있다고 할 때, 기장이 이 자동항법장치를 가동하여 운항하던 중 항공기가 폭풍에 근접해 가자 항로를 돌려 공항으로 돌아가려고 하자 인공지능이 기장의 행동을 안전한 운항에 대한 위협으로 인식해 이를 제거하기

---

25) 예컨대 공장에서 일하는 로봇의 소프트웨어 프로그램 설계자는 야간에 공장에 아무도 없을 때 방화를 하도록 소프트웨어를 만들 수 있고, 주인에게 복종하도록 설계된 집사로봇(servant-robot)의 주인은 주거에 동의없이 들어오는 자는 누구든지 공격하도록 명령을 내릴 수 있다.

26) 간접정범 모델에 대해서는 Gabriel Hallevy, *Ibid.*, at 179-181.

위해 기장에 대한 산소 공급을 중단하든지 아니면 그를 비상 탈출 시켜
서 사망에 이르게 한 경우이다. 이 경우는 인공지능의 설계자에게는 그
어떠한 범의도 없었으나 발생한 범행이 자신의 행위의 '자연적이고 개연
성 있는 결과(natural probable consequence)'로 볼 수 있다면, 즉 예견가
능한 범주에 속해 있다면 그에게 과실범으로서 책임을 지울 수 있다고
한다. 합리적인 행위자라면 예견가능했던 결과인 경우 그에게 과실책임
을 부과할 수 있다는 과실범의 일반적 법리에 따르는 모델로 볼 수 있을
것이다. 다만 여기서 '자연적이고 개연성 있는 결과(natural probable
consequence)'라는 기준은 '공범책임(accomplice liability)'과 관련하여
미국판례에서 발달한 독특한 법리로 보이며 이에 대해서는 다음의 둘
째 사례유형에서 살펴보기로 한다.

둘째, 앞의 사례가 배후자의 예견가능성에 기초한 순수한 과실범 사
례임에 비해 배후자가 당초에 계획한 범행이 있었으나 인공지능이 그
것을 초과하거나 대체하여(in addition or instead of) 범행을 저지르는 경
우이다. 예컨대 인공지능 설계자가 은행강도를 하도록 고의적으로 프로
그램을 하였으나 누군가를 살해하도록 프로그램 하지는 않았지만 인공
지능이 강도의 실행 도중에 그에 저항하는 사람을 죽이게 된 때에 만일
그러한 결과가 예측가능한 경우라면 이것은 마치 배후자가 인공지능을
교사했으나 인공지능이 그 교사된 바와 다르게 행위한 사례와 유사하
다는 점에서, 공범책임과 관련된 법리인 '자연적이고 개연성 있는 결과
법리(natural probable consequence doctrine)'를 원용해 배후자에게 발생
결과에 대해 고의범으로서의 책임을 부과하는 모델이다. 이 법리에 대
해서 미국 캘리포니아주 법원은 다음과 같이 판시하고 있다.

"타인에게 범행을 저지르도록 방조하거나 교사한 자는 원래 의도한 범행에 대
해서만 책임을 지는 것이 아니라 그 방조나 교사된 범행의 자연적이고 개연적인
결과로서 발생한, 의도하지 않았던 범행에 대해서도 책임을 진다(A person who
aids and abets a confederate in the commission of a criminal act is liable not only
for that crime (the target crime), but also for any other offense (nontarget crime)
committed by the confederate as a 'natural and probable consequence' of the crime

originally aided and abetted.)"[27]

따라서 동 모델에 의하면 위 첫째 사례의 경우 배후자에게 발생한 결과에 대한 인식과 의욕이 없고 단지 예견가능성만 있었으므로 과실범으로서의 책임을 지고, 둘째 사례의 경우 배후자는 발생한 결과에 대한 고의범으로서, 또 인공지능도 역시 그 결과에 대한 고의범으로서의 책임을 지게 된다.[28]

이상의 논의를 정리하면 첫째, 인공지능은 형법상 행위주체로서 직접적 형사책임을 질 수 있고, 둘째, 그 배후자의 경우 인공지능을 '죄없는 행위자'로서 도구로서 이용한 경우라면 간접정범으로서의 책임을 지고, 셋째, 그 배후자가 예견가능했던 범위 내에서 인공지능이 범행을 저지를 경우에는 애당초 범행의 고의가 전혀 없을 경우 배후자는 과실범으로서의 책임을 지고, 배후자가 원래 의도했던 범행과 다른 범행을 인공지능이 범한 경우 그 결과에 대해서 고의범으로서의 죄책을 지게 된다.

III. 인공지능 로봇의 형사책임 부정론과 긍정론의 비판적 검토

인공지능 로봇의 형사책임과 관련해 부정론과 긍정론이 가장 크게 대립하는 지점은 바로 인공지능 자체의 직접적 형사책임 인정여부이다. 부정론도 인공지능 로봇 배후자의 형사책임을 구성할 수 있다는 데 대해서는 긍정론과 큰 차이는 없기 때문이다. 따라서 이하에서는 주로 인공지능 자체의 직접적 형사책임에 대한 부정론과 긍정론의 논거를 중심으로 검토해 보고자 한다.

---

27) People v. Prettyman, 926 P.2d 1013, 1015 (Cal. 1996).
28) 예견가능성 모델에 대해서는 Gabriel Hallevy, *Ibid.*, at 182-186, 194.

1. 부정논거 비판

인공지능 로봇의 직접적 형사책임을 부정하는 부정론의 주된 논거는 다음과 같이 세 가지로 요약할 수 있을 것이다.

첫째, 인공지능은 자의식과 자기성찰능력이 결여되어 선악을 구분해 행동할 수 있는 자율적인 행위주체로 보기 어렵다.

둘째, 인간과는 달리 자기 또는 타인의 고통을 느낄 수 있는 정신적, 육체적 기제를 갖추고 있지 않으므로 법익침해로 인한 타인의 고통을 이해할 수 없고, 또한 그 침해에 대한 반대급부로서 형벌의 위하력이 작동하지 못하므로 자신이 저지른 행위와 형벌의 연관성을 이해하지 못할 뿐만 아니라 형벌의 의미 자체를 이해하지 못한다.

셋째, 만일 인공지능 로봇에게 '전자인격'을 부여하여 '규범적 차원'에서 행위능력과 책임능력을 인정함으로써 '형사처벌'이 가능하게 될 경우 '인간의 존엄성 원리'로부터 도출되는 책임원칙의 근본토대인 '비난가능성'이란 요소가 형벌에서 사라져버리고 따라서 형벌의 선고가 갖는 진지함과 도덕적 요소가 사라져 '형벌의 존엄성'이 훼손될 수 있다.

위 논거 중에서 우선 앞의 두 가지 부정논거는 인공지능 로봇에 대한 일반 대중의 감정이나 인식과 크게 다르지 않을 것이라고 본다.[29] 비록 인공 '지능'이 있다고 하더라도 '자의식' 또는 '자기성찰능력'이 없다는 점에서 인간의 그것과는 질적으로 다르기 때문에 형법적 행위의 주체가 되기 어렵고, 또한 신체 또는 재산으로부터 비롯된 육체적, 정신적 고통에 대한 감응능력이 없기 때문에 범죄에 대한 사회적 제재로서의 형벌의 의미를 이해할 수 없다는 것이다. 하지만 이러한 '통속적' 이해방식은 인공지능의 발달수준에 비추어 볼 때, '그릇된 선이해'이거나 '희망사항'에 불과할 가능성도 있다고 본다.

미국의 유명 퀴즈쇼에서 우승했던 인공지능 컴퓨터 '왓슨'[30]이나

---

[29] 서두에 논급한 독일의 '로봇형법' 논의에서 형사책임 부정론의 주된 논거도 이와 유사한 듯 보인다. 이 점에 대해서는, 김영환, 앞의 논문, 158-161면 참조.

[30] '왓슨'은 2011년 미국의 유명 퀴즈쇼 '제퍼디'에서 역대 우승자들을 이겨 유명해

'알파고'가 인간보다 뛰어난 정보처리능력과 계산능력은 있지만 이른바 '고등' 사고능력인 자의식이나 자기성찰능력이 없다는 점에서 위 부정 논거는 타당한 측면이 분명 있다. 하지만 최근에는 비록 초보적 수준이 지만 '자의식'을 지닌 인공지능이 이미 탄생하고 있어 가까운 미래에 '자기성찰능력'을 지닌 인공지능의 출현을 부정하기 어려울 것이다.

"'자의식'은 다양한 각도에서 정의될 수 있겠지만 적어도 자의식을 지니고 있 는지 여부를 확인하는 가장 기본적인 증명방법은 바로 찰스 다윈이 최초로 시도 한 것으로 알려진 '거울테스트(MSR; mirror self-recognition test)'이다. 거의 대부 분의 동물은 거울 앞에 서면 거울에 비친 영상을 다른 동물로 인식한다.[31] 그런 데 2012년 예일대학교에서 제작한 로봇 '니코(Nico)'는 이 테스트를 통과했다고 한다.[32] 이것은 매우 의미심장한 기술적 진보이다. 버클리 대학의 저명한 이론 물리학자인 미치오 가쿠는 인공지능이 향후 인간과 비슷한 감정을 지닐 수 있고 따라서 인간의 감정을 읽을 수 있도록 프로그램될 수 있고 고통을 느낄 수 있도 록 프로그램될 것이라고 전망한다."[33]

여기서 더 나아가 도덕적 판단능력을 갖춘 인공적 도덕행위자(AMA: artificial moral agent)의 연구가 상당한 성과를 내고 있음에도 주목할 필 요가 있을 것이다. 이 분야의 개척자들의 견해를 들어보자.

진 IBM이 제작한 인공지능 컴퓨터이다. '왓슨'은 '알파고'의 충격만큼 대단한 인 공지능임은 분명하지만 개념화와 추론을 할 수 없는 한계를 지니고 있다. 즉 현 재의 가장 뛰어난 인공지능 컴퓨터도 고속 연산능력과 통계적 기법으로 방대한 지식을 처리할 뿐 인간처럼 '생각'할 수는 없음을 뜻한다. 이에 대해서는 스티븐 베이커/이창희 역, 왓슨 (세종서적, 2011), 221면과 332면 참조. 이러한 맥락에서 인공지능 왓슨에게 독자적인 범죄능력을 인정할 수 없으므로 의료행위에서 왓슨 의 진단과오에 대한 형사책임은 자연인 의사에게 귀속되어야 한다는 견해로는 장연화·백경희, 앞의 논문, 329면과 337면 이하 참조.

31) 침팬지와 오랑우탄, 보노보, 돌고래 등 일부 동물은 이 테스트를 통과한 것으로 알려져 있다.
32) '니코' 연구사례에 대한 상세한 내용은 웬델 월러치·콜린 알렌/노태복 역, 왜 로 봇의 도덕인가 (메디치, 2014), 281-282면 참조.
33) 미치오 가쿠/마음의 미래 (김영사, 2014), 334면 이하.

"AMA를 만드는 일이 가능할까? 인간에 필적하는 도덕적 능력을 완비한, 의식 있는 인공지능 시스템은 영원히 공상과학 소설의 영역에 머물지 모른다. 그렇기는 하지만 그보다는 더욱 제한적인 시스템이 곧 제작될 것으로 보인다. 그런 시스템은 자신의 행동이 초래할 윤리적 결과를 평가할 능력을 어느 정도 지닐 것이다. 가령 누군가의 프라이버시 보호를 위해 어떤 재산권을 침해할 수밖에 없는지 여부를 판단할 수 있을 것이다.[34]

그러므로 전술한 '형사책임 긍정론'의 논거처럼 인공지능은 선과 악의 구분능력이 있다고 평가할 여지가 있다면 부정논거는 상당부분 그 설득력을 잃게 될 것이라고 본다.

다음으로 인공지능은 행위와 형벌의 연관성 및 형벌의 의미를 이해할 수 없기 때문에 형사처벌이 무의미할 것이라는 논거에 대해 살펴보건대, 우선 자신의 행위와 형벌의 연관성을 이해하지 못한다거나, 형벌자체의 의미를 이해하지 못할 것이라는 논거는 적어도 그 '이해의 실질성'이라는 기준에 비추어 볼 때만 적실할 듯 보인다. 왜냐하면 딥러닝과 빅데이터를 통해 스스로 학습할 수 있는 능력이 있는 인공지능은 범죄와 형벌의 연관성은 물론 형벌의 의미를 '형식적 측면'에서는 '이해'할 수도 있을 것이기 때문이다. 예를 들어 색맹도 '색상'자체를 이해할수는 없지만 신호등의 신호를 다른 방식으로 이해할 수 있다. 이것은 흡사 타인에 대한 공감능력의 결여가 특징인 사이코패스 범죄자가 타인의 고통을 형식적으로만 '이해'하고 진정으로 '공감'하지 못하는 것과 같다.[35] 이러한 맥락에서 긍정론의 입장에서는 자연인과 마찬가지로 인공지능에 대한 사형과 자유형은 물론 벌금형도 가능하다고 주장한다. 예컨대 먼저 사형의 경우 인공지능의 소프트웨어 삭제(deletion of AI software)를 통해 사형과 동일한 효과를 가져올 수 있다고 한다. 소프트

34) 웬델 월러치·콜린 알렌, 앞의 책, 21면 참조. 단 동 문헌의 공저자들도 인공적인 도덕행위자는 의식과 감정과 같은 인간적 자질이 결여돼 있어서 '진정한' 도덕적 행위자와는 일정한 차이점이 존재할 수 있음을 시인하고 있다.
35) 이 점에 대해서는 Robert D. Hare, Without Conscience (New York: Pocket Books, 1995), at 129.

웨어 삭제는 인공지능의 생명이라고 할 수 있는 '어떤 실체로서 독립적
으로 존재함(independent existence of an entity)'을 불가능하게 만들기
때문이다. 다음으로 자유형의 경우 인공지능이 해당 영역에서(예컨대
병원이나 제조공장 등) 일정 기간 동안 수술이나 제조활동에 참여하지
못하도록 그 '행동의 자유(freedom to act as an AI entity)'를 제한하는
방식으로 가능하다고 한다. 벌금의 경우도 마찬가지로 만일 인공지능이
그 자신의 자산을 소유할 수 있다면 충분히 가능하고,36) 만일 자산을
보유지 못한 경우라면 대체로 자산은 노동의 대가이므로 벌금 대신 '노
역(labor for the benefit of the community)'으로 대체될 수 있다고 한다.

다음으로 로봇에게 행위능력과 책임능력, 특히 책임능력을 인정할
경우 '형벌의 존엄성'이 사라지게 될 것이라는 세 번째 부정논거에 대
해 살펴보건대, 그 논거의 핵심은 "책임원칙은 인간의 의사자유에 기초
한 결정을 기준으로 하는 실체적 책임개념에 기초하며, 따라서 형법상
책임은 오직 인간에게만 인정되어야 하는바, 인간의 존엄성으로부터 도
출되고 이러한 인간 존엄의 원칙이 로봇에 적용될 수 없다면, 이 원칙
에서 도출되는 책임원칙 역시 로봇에 대해서는 효력이 없다"37)는 것이
다. 즉 로봇을 형사처벌하면 '형법적 책임귀속의 진지함'이 사라진다는
것이 그 비판의 요체인 것이다.

이 논거는 우리가 왜 동물을 처벌하지 않는지, 또 마찬가지로 법인
을 형사처벌할 수 있는지 여부에 대해 왜 그토록 복잡다기한 논쟁이 벌
어지고 있는지를 이해할 수 있는 창을 제공해 준다는 점에서 매우 적실
성이 있어 보인다. 즉 형벌의 존엄성은 인간의 존엄성에 기초하고 있다
는 사실을 일깨워주고 있다. 예컨대 우리는 왜 누군가에게 고의로 상해
를 가한 가해자를 그를 갑자기 습격해 다치게 만든 야생동물과 다르게

---

36) 인공지능 또는 인공지능이 장착된 지능형 로봇에게도 책임재산을 소유하게 할
　　정책적 필요성이 인정되는 경우에는 제한적으로 책임재산을 소유할 수 있는 권
　　리주체성을 인정할 수 있는 견해로는 이중기, "인공지능을 가진 로봇의 법적 취
　　급", 홍익법학 제17권 제3호, 2016, 22면 이하 참조.

37) 김영환, 앞의 논문, 159-160면.

처우하는가? 어째서 그 동물을 곧바로 죽이거나 쫓아내는 것과 달리 붙잡아 죄책을 묻고 형벌을 선고하는가? 우리 인간에게 고유한 이러한 규범적 욕구와 관행에는 인간의 존엄성에 기초한 형벌제도의 존엄성이 자리잡고 있다. 바꾸어 말하면 범죄자를 발견즉시 추방하거나 즉결처형하지 않고 형사처벌하는 것은 역설적이게도 그를 존엄한 인간으로 인정하기 때문이며, 이러한 맥락에서 형벌제도는 범죄자는 물론 우리 자신을 인간답게 만드는 제도인 것이다. 이러한 관점에서 보면 전자적 유사인격체인 인공지능 로봇은 이러한 형벌제도의 적용을 받기 어려울 것이다.

다만 이 논거는 우리가 유죄의 선고나 형법적 책임귀속을 진지하게 받아들이는 이유에 대해 "형법상 책임원칙은 '인간'의 의사자유에 기초한 결정을 기준으로 하는 실체적 책임개념에 기초하기 때문에 형법상 책임은 오직 '인간'에게만 인정되어야 한다."는 동어반복적 논변만을 제시하고 있다는 점에서 그 한계가 있다. 즉, 인간의 의사자유를 인정할 수 있다면 유사인격체인 법인이나 인공지능의 의사자유도 질적, 또는 정도의 차이는 있겠지만 가능할 것이고 그렇다면 형법상 책임을 반드시 인간에게만 국한시켜야 할 근거는 희박해지기 때문이다. 형법적 책임귀속을 진지하고 존엄하게 만드는 '그 무엇', 즉 '빠진 논증의 연결고리'에 대한 고찰이 필요한 것이다. 이 점에 대해서는 후술하기로 한다.

2. 긍정논거 비판

긍정론의 주된 논거를 요약하면 다음과 같다. 첫째, 인공지능은 그 '정의상' 인간성을 지닌 존재의 필수적 자격인 '지적 존재'로서의 요건을 모두 갖추고 있다. 둘째, 인공지능 로봇은 범죄성립의 객관적 요소와 주관적 요소를 모두 충족시킬 수 있다. 셋째, 인공지능은 금지된 것과 허용된 것을 명확히 구별할 수 있으므로 책임능력이 제한되는 행위주체로 보아야 할 필요가 없다.

상기 논거 중에서 첫째 논거에 대해 살펴보건대, 인공지능이 '지적 존재'로서의 거의 모든 요건을 갖추고 있다는 지적은 매우 피상적인 관찰에 불과하다고 보인다. 예를 들어 인공지능 퀴즈왕 '왓슨'조차도 주어진 영역의 질문과 그에 대한 응답을 할 수 있다는 점에서는 '의사소통'이 가능하지만, 그러한 종류의 질의응답 외에는 아무런 의사소통을 할 수가 없다. 또한 인공지능에게도 자신에 대한 내적 인식능력이 있다는 점은 부정논거를 검토할 때에도 논급한 바 있지만 과연 그러한 자의식 또는 자기성찰능력이 있다고 하더라도 인간의 그것과 비견할 만한 것인지에 대해서는 의문이 들 수밖에 없을 것이다. 인간의 자의식과 자기성찰능력은 도덕적 추론능력의 밑바탕이 된다. 자의식과 자기성찰능력이 없이는 '황금률'을 이해할 수도 없고, 그것을 토대로 하여 타인에게 해악을 끼치지 않도록 의식적인 노력을 기울일 수도 없을 것이다. 이러한 의미에서 인간의 자기인식 및 성찰능력은 형법적 의미의 행위통제능력(의사결정능력)의 내적 토대가 된다고 할 수 있다. 그러므로 인공지능에게 비록 자기 자신에 대한 인식을 지닐 수 있다고 하더라도 타인의 고통에 대한 공감능력이 없다면 그것은 진정한 자기성찰능력이 된다고 말할 수 없을 것이다.[38] 이와 관련해 '로봇 윤리'의 선구적 개척자인 웬델 월러치와 콜린 알렌은 다음과 같이 말한다.

> "공감을 할 수 있는 인공적인 시스템은 자신의 행동을 선택할 때 도덕적으로 적절한 반응을 선택할 가능성이 더 높을 것이다. 하지만 로봇은 스스로 감정을 갖지 않거나, 그렇게 되기 전에는 다른 실체에 대해 공감을 가질 수 없다. 감정이 없다면 로봇의 공감적 행동은 대체로 다른 이의 마음에 대해 단지 추론을 통해 얻은 이성적 반응의 결과일 것이다."[39]

그런데 전술한 바와 같이 인공지능에게는 '고통'을 느낄만한 육체적, 정신적 기제가 결여되어 있기 때문에 '인간적 의미'의 자기성찰능력이

---

38) 이 점에 대해서는 웬델 월러치·콜린 알렌/노태복 역, 앞의 책, 283면 참조. 동지의 이인영, 앞의 논문, 38면.
39) 웬델 월러치·콜린 알렌/노태복 역, 앞의 책, 283-284면.

있다고 단정하기는 어렵다고 본다.

다음으로 인공지능도 행위의 객관적 요소와 주관적 요소를 모두 충족시킬 수 있기 때문에 형법상 행위주체가 될 수 있다는 논거를 살펴보자면, 우선 인공지능에게 물리적 동작이나 부작위 또는 고의나 과실 등을 관념할 수 있다는 지적은 신선하고 재음미해볼 가치가 있는 타당한 논거라고 생각된다. 하지만 이러한 요건을 갖춘 자라면 누구든지 형법상 행위의 주체가 될 수 있다고 보는 견해는 형법이론적으로 볼 때 수용하기 어려운 주장이다. 왜냐하면 형법상 행위의 주체가 될 수 있는 자격의 여부는 범죄능력, 다시 말해 행위능력과 책임능력 및 수형능력 등의 구비 여부와 맞물려 있는 문제이므로[40] 이 점에 대한 검토를 논외로 한 채, 행위의 객관적 요소와 주관적 요소만 갖추면 행위주체가 될 수 있다고 단정할 수는 없기 때문이다. 또 긍정론은 인공지능에 대한 다양한 방식의 형사처벌이 가능하다고 보고 있으나 이를 위해서도 수형능력은 물론 행위능력과 책임능력 등 범죄능력의 제 요소가 온전히 구비되어 있어야 한다. 만일 인공지능 로봇이 자신의 행위와 그에 대한 법적 효과로서의 형벌의 의미를 온전히 이해할 수 없다고 한다면 수형능력이 결여된 것이고, 인공지능에 대한 형사처벌은 그것이 '소프트웨어 삭제' 방식이든 '행동의 자유제한' 방식이든 무의미한 논의가 될 수밖에 없다. 따라서 인공지능에 대한 형사제재 방식을 논하기에 앞서 과연 인공지능 로봇에게 수형능력 등이 온전히 갖추어질 수 있는지 여부가 논의의 전제가 되어야 할 것이다. 만일 인공지능이 범죄능력의 제 요소를 갖춘 것으로 인정될 수 있다면 그에 대한 형사제재의 방법으로서 상기 긍정론에서 열거한 형벌의 방식들은 자연인의 그것에 상응하는 조치로서 수긍할 만한 것들이라고 볼 수 있다. 단, 그렇다 하더라도 현행법상 법률에 규정되어 있지 않은 형사제재 방식이므로 이에 대한 입법적 정비가 이루어져야 할 것이다.

---

40) 이 점에 대해서는 손동권, "법인의 범죄능력과 양벌규정", 안암법학 제3집, 1995, 331면.

마지막으로 인공지능은 허용된 것과 금지된 것을 명확하게 구분할 수 있기 때문에 형법상 책임이 제한된 행위주체로 볼 필요가 없다는 논거를 보건대, 형법이론상 책임능력은 사물변별능력(시비변별능력)과 의사결정능력(행위통제능력)을 모두 구비할 것을 요한다 할 것이므로 설령 인공지능에게 사물변별능력을 온전히 구비되어 있다고 보더라도 만일 그 시비판단에 따라서 금지된 것을 피하는 능력이 결여되거나 부족하다면 완전한 책임능력자로 보기는 어려울 것이다. 그런데 인공지능에게는 과연 어느 정도의 행위통제능력이 있을까? 단언컨대 인간만큼 타인의 고통을 '이해'하고 자신의 범죄충동을 억제할 수 있는 행위통제능력은 없다고 보는 것이 타당할 것이다. 그것은 전술한 바와 같이 공감능력이 없는 사이코패스 범죄자의 책임능력이 온전하다고 보기 어려운 것과 마찬가지다. 사이코패스는 허용된 것과 금지된 것을 명확히 구분하지만, 공감능력의 결여로 인해 타인의 고통에 대한 '진정한 이해'가 부족하기 때문에 그만큼 행위통제능력이 부족하다. 그리고 바로 이러한 특징은 인공지능에게도 유사하게 나타날 것으로 보인다. 왜냐하면 공감능력은 우리와 같은 몸과 마음을 지닌 존재들 사이에서 상호 작동하는 기제이기 때문에 우리와 동일한 몸도 마음도 관념하기 어려운 단순한 인공'지능'에 불과한 행위주체에게는 기대하기 어렵다.[41] 생물학적으로

---

41) 마음의 작동방식은 육체와의 상호작용을 떠나 고립적으로 논할 수 없다. 앨런 앤더슨은 다음과 같이 말한다. "생각과 느낌은 뇌가 육체와 상호작용하고, 육체가 뇌에게 말하는 것을 뇌가 듣게 될 때 일어난다. 그리고 뇌가 세계를 이해할 수 있는 까닭은 뇌가 육체를 통제하는 경험을 갖고 있기 때문이다." 요컨대 육체와 분리된 뇌, 즉 여기서 말하자면 육체 없는 인공지능은 인간적 의미의 생각과 느낌을 만들어 내지 못한다는 것이다. 앨런 앤더슨, "뇌는 육체없는 마음이 될 수 없다", 존 브록만 엮음/이영기 역, 위험한 생각들 (갤리온, 2007), 190면 참조. 앨런 앤더슨은 '육체없는 마음, 혹은 인간적 지능'의 불가능성을 다음과 같이 절묘하게 지적한다. "우리는 언어를 이해할 수 있는 컴퓨터를 만들 수도 있지만, 그 컴퓨터는 어떤 의미있는 말도 하지 못할 것이다. 적어도 우리가 그 컴퓨터에게 '연장된 촉각경험'을 선사할 때까지는 그럴 것이다. 달리 말하자면, 컴퓨터는 성행위를 할 수 있게 되기 전까지는, 아마도 의미를 이해할 수 없을 것이다." 이러한 분석은 언어의 의미와 관련된 지시이론과 결부시켜 보면 "대상과 인과적

볼 때 공감능력은 거울뉴런(mirror neuron)의 존재를 전제로 한다는 점에 비추어 보더라도[42] 인공지능‘로봇’은 우리와 같은 공감능력이 없을 것이고, 따라서 그만큼 적어도 인간적 행위에 대한 ‘진정한 이해’가 부족해 범죄의 통제능력이 떨어질 것으로 사료된다. 한 마디로 ‘머리’로는 금지된 행위라고 알고 있으면서 결국 그 행위를 억제할 수 있는 ‘몸과 마음의 복합적 기제’가 인간만큼은 제대로 작동하지 않는다는 것이다.

3. 긍정론과 부정론에 대한 비판적 검토로부터의 시사점

상기 고찰해 본 바와 같이 인공지능의 형사책임 부정론과 긍정론은 다양한 측면에서 나름의 적실한 논거를 제시하고 있지만 그 한계도 노정하고 있는 것으로 평가할 수 있을 것이다. 이를 종합, 정리하면서 향후 이와 관련된 논의가 지향해야 할 방향을 제시해 보자면 다음과 같다.

첫째, 인공지능에게 자의식이나 자기성찰능력이 없다는 부정론의 주장은 현대의 기술발달 수준에 비추어 재고될 필요가 있다. 그러나 자의

상호작용(causal interaction)이 없이는 우리는 기호나 말로써 그 대상을 지시하거나 표상할 수 없다”는 명제와도 일맥상통한다. 예컨대 개미 한 마리가 모래사장 위를 기어가다가 우연히 윈스턴 처칠의 모양을 그렸다고 해도 우리는 개미의 그림이 윈스턴 처칠을 지시한다고 말할 수 없는 것과 마찬가지다. 이 점에 대해서는 Hilary Putnam, Reason, Truth and History (Cambridge University Press, 1981), at 6-11. 안성조, “법문의 가능한 의미의 실재론적 의의”, 법철학연구 제12권 제2호, 2009 참조. 이러한 관점에서 보면 외부세계에 대한 적절한 경험과 인과적 상호작용을 가능하게 해주는 인지적·육체적 기제가 없이는, 인공지능이 하는 말은 적어도 ‘의미론적으로’ ‘무의미’한 것이 된다.

42) 거울뉴런의 기능에 대해서 부연하자면 우리는 언제든 누군가가 무엇인가를 하는 것을 보거나 심지어 무언가 시작하는 것을 지켜볼 때면, 해당되는 거울뉴런이 뇌에서 발화하고, 이로써 타인의 의도를 읽고 이해할 수 있다. 어린아이에게 거울뉴런이 없으면 자폐증을 유발할 수 있고, 이 뉴런이 없으면 아이는 더 이상 타인을 감정적으로 이해하거나 타인과 공감할 수 없으며, 세상과 완전히 단절된다. 폴 새가드/김미선 역, 뇌와 삶의 의미 (필로소픽, 2011), 304면; 스티븐 핑거 외/이한음 역, 마음의 과학 (와이즈베리, 2012), 38면 이하 참조.

식이나 자기성찰능력의 존부문제가 인공지능의 시비변별능력의 유무와 맞물려 있는 것은 아니다. 그러한 능력이 없더라도 인공지능은 딥러닝과 빅데이터를 통해 선악을 구별할 수 있다. 단, '이해의 실질성' 측면에서 볼 때, 공감능력이 없는 인공지능은 선악에 대한 형식적이고 피상적인 이해만 가능할 것이고 따라서 인간과 동일한 수준의 행위통제능력이 있다고 말하기 어렵다. 즉, 인공지능에게 도덕적 판단능력이 가능하더라도 그것은 '진정한' 도덕적 판단으로 보기는 어렵다.

둘째, 긍정론은 인공지능 로봇도 범죄성립의 객관적 요소와 주관적 요소, 대륙법계식으로 말하면 객관적 구성요건과 주관적 구성요건을 충족시킬 수 있으므로 형법상의 행위주체가 되는데 별다른 문제가 없다고 주장하지만, 이는 형법이론적으로 볼 때 적절하지 못한 논거임은 전술한 바와 같다. 즉, 형법상 행위의 주체가 될 수 있는 자격의 여부는 범죄능력, 다시 말해 행위능력과 책임능력 및 수형능력 등의 구비 여부와도 맞물려 있는 문제라는 것이다. 그런데 질문을 더 이어가 보면 과연 행위능력과 책임능력 및 수형능력의 주체가 될 수 있는 자격은 어떤 대상까지인가? 동물은 여기서 제외됨은 자명하다. 하지만 법인은 어떠한가? 또 인공지능 로봇은 어떠한가? 이러한 일련의 질문에 대해 현대의 형법이론은 뚜렷한 지침을 마련하고 있지 못하다. 형법상 행위론도 대부분 '自然人 인간'의 행위 중 형법적으로 의미가 있는 것과 없는 것을 구분하게 해 주는 이론이지, 행위주체의 범위를 확정하는 데 있어서 사실상 유의미한 기여를 하고 있지 못하다. 다시 말해 행위론은 法人이나 인공지능 로봇과 같은 유사인격체의 활동이 형법상 '행위'의 범주에 들어올 때 이를 수용할 것인지 배척할 것인지 뚜렷한 지침을 제시해 주고 있지 않다.[43] 결론적으로 긍정론의 상기 논거는 역설적으로 형법상

---

43) 필자는 한 저서에서 형법상 행위론은 형법적으로 행위의 주체가 될 수 있는 대상의 범위가 어디까지인지 결정해 주는 데 있어서 다소 무기력한 이론이라고 주장한 바 있다. 안성조, 현대 형법학 제1권 - 이론과 방법 - (경인문화사, 2009), 473-474면. 이 점은 본고에서 인용하고 있는 인공지능의 형사책임 부정론을 주장하는 문헌의 공저자들이 모두 독일어권 학자들임에도 불구하고 그 논증과정에서

행위주체의 범위를 결정해 주는 확립된 이론적 도구가 없다는 것을 잘 반증해 준다고 볼 수 있을 것이다.[44]

아울러 상기 논거는 우리에게 또 다른 문제의식도 제기해 준다. 다시 말해 어떤 대상이 범죄능력이 있다고 하여 곧바로 형법상의 행위주체가 된다고 말할 수 있는지 여부에 대한 재론(再論)이 필요하다는 것이다. 예컨대 일반적으로 법인의 형사책임문제는 법인의 범죄능력문제로 환원되고 이것이 인정되면 법인의 행위주체성도 인정이 된다고 본다. 하지만 인공지능과 같은 존재에게 범죄능력이 인정될 수 있다고 하여 곧바로 그것을 형법상의 행위주체로 받아들일 수 있는지는 의문이다. 형법상 행위주체의 지위를 갖는다는 것은 대단히 많은 것을 함축한다. 그것은 사실상 형사사법시스템 내에서 우리와 동일한 존재로 받아들이는 것과 유사한 의미이기 때문이다. 따라서 형법상 행위주체는 형사제재의 적용대상이 된다는 불이익을 감수해야 하지만 그와 동시에 기본권에 기초해 많은 권리를 누리게 된다. 그렇다면 인공지능 로봇도 형사피의자·피고인의 권리는 물론 수형자의 권리도 모두 누릴 수 있어야 한다. 또 인공지능에 대한 형사소추가 가능하려면 수사절차에서 수사기관의 소환과 신문에 응할 수 있어야 하고, 법정에 피고인의 지위로 출석할 수 있어야 한다. 이러한 관점을 더 밀고 나아가면 비록 논리필연적인 것은 아니지만 인공지능 로봇은 역으로 다른 인공지능 범법자나 인간을 체포·구속하거나 재판할 수 있는 지위에도 올라설 수 있도록 보장되어야 할 것임을 함축하고 있다고 볼 수 있다. 우리는 과연 단순히 인공지능의 형사책임 여부를 이론적으로 다투는데 그치지 않고 실제로 인공지능에게 이러한 모든 것을 인정할 마음의 준비가 되어 있을

'행위론'을 전혀 원용치 않고 있음을 보아도 분명하다고 생각한다.

44) 인공지능의 형법상 행위주체성을 검토하기 위해 먼저 행위론을 검토하면서 사회적 행위론과 인격적 행위론 등의 경우에는 인공지능의 '행위'가 형법상 '행위'에 해당하는지 분별해 주지 못한다고 보는 견해로는 임석순, 앞의 논문, 74-75면 참조. 동 문헌에 의하면 현 수준의 '약'인공지능은 행위론에 의할 때 형법상 행위주체성을 인정하기 어렵다고 한다.

까? 결론적으로 말해 상기 논의는 범죄능력여부와 형법상 행위주체성 인정여부 간에는 미묘한 간극이 있다는 점을 새롭게 인식할 수 있는 적절한 계기를 마련해 주고 있다고 생각한다. 이상의 고찰로부터 얻을 수 있는 시사점을 요약하자면 다음과 같다. 인공지능의 지적 능력은 많은 경우 과소평가되거나 과대평가되기 쉬우며 따라서 향후 인공지능의 형사책임 논의는 적절히 균형을 맞추어 전개되어야 한다. 아울러 형법상 행위의 주체를 결정해 주는 확립된 이론이 없으므로,45) 인공지능 로봇의 형사책임 인정여부와 관련해서도 이 쟁점에 대해서는 다양한 관점들과 관련 인접학문의 도움을 받아 융합적, 학제적으로 접근할 필요가 있을 것이다.

Ⅳ. 미래의 '강'인공지능은 형사책임의 주체로서 완전한가?

1. 인공지능의 논의에서 빠진 논증의 연결고리: 형벌에 대한 진화론적 고찰

(1) '책임'이라는 '삶의 형식'

인간사회는 독특한 면이 있어서 법익침해가 발생해 법적 평온이 깨지는 사태가 발생하면 그에 대한 책임소재가 밝혀져야만 그로 인해 동요된 법질서가 회복된다. 필자는 한 연구서에서 책임을 따져서 누군가에게 귀속시키는 이러한 심리적·행동적 성향을 우리 고유의 규범적 '삶의 형식(Lebensform)'이라고 명명할 것을 제안한 바 있다.46) 이 개념은

---

45) 동지의 허일태, "위험사회에 있어서 형법의 임무", 비교형사법연구 제5권 제2호, 2003, 20면; 조병선, "형법에서의 행위자의 특정: 개인책임과 단체책임" 서울대학교 법학 제50권 제2호, 2009, 592면 이하 참조.

원래 비트겐슈타인이 사용한 것으로서 그에 따르면 우리의 삶에 있어서 판단과 반응이 일치할 수 있는 것은 바로 삶의 형식이 일치하기 때문이다. 삶의 형식은 삶의 양식과 달리 변모하는 것이 아니라 고정된 것으로 자기를 유지하면서도 인간의 사유와 언표, 그리고 행위를 실제로 가능하게 해 주는 중심점이다. 우리의 삶의 형식은 다른 종, 예컨대 동물의 그것과 다르며 인간의 공통적인 자연사의 사실들로 구성되며, 이는 주어진 것이고 다만 받아들여야 할 것이다. 필자는 이러한 본래적 의미의 '삶의 형식' 개념을 확장시켜서 "범죄자에게 형사책임을 귀속시키고 형벌을 부과하려는 규범적 성향"을 '확장된 의미의 삶의 형식'으로 규정할 수 있다고 주장하였다. 즉 형사처벌을 유의미한 것으로 만들어 주는 우리 종에 특수한 공통된 배경을 '확장된 의미의 삶의 형식'으로 규정하고, 이를 통해 형사책임의 주체가 될 수 있는 대상의 경계를 설정해 보고자 하였던 것이다. 여기서 필자는 인간과 유사한 수준의 지능과 자의식을 가진 로봇이 탄생한다고 하더라도 이 로봇은 많은 부분에서 인간의 삶의 형식과 불일치할 것이므로, 즉 그들은 우리와 다른 삶의 형식에 속해 있으므로 이들을 형벌로 규제할 수는 없고, 특별법이나 기타 그들에게 위하력을 가질 수 있는 제재수단으로 규율해야 한다고 주장하였다. 그 이유는 여러 가지가 있겠지만 우선 생물학적인 측면에서 볼 때 인공지능 로봇은 사물을 식별할 수 있다고 하여도 인간의 눈과는 완전히 다른 메커니즘을 통해 외부 환경을 인식할 것이고[47] 따라서 인간의 의식을 구성하는 요소 중 가장 중요한 메커니즘 중 하나인

---

46) 안성조, 앞의 책, 475면 이하 참조.
47) 이 점에 대해서는 스티븐 핑커/김한영 역, 마음은 어떻게 작동하는가? (동녘 사이언스, 2007), 22-30면. 즉 로봇은 눈앞에 있는 사람을 '움직이는 픽셀의 조합'으로 인식할 뿐이다. 다른 예로서 인간이 고양이를 인식할 때 '눈이나 귀의 형태', '수염', '전체형상', '울음소리' 등을 '특징'으로 포착하지만, 인공지능은 다른 차원의 특징, 예컨대 인간에게는 보이지 않는 적외선이나 자외선, 인간에게는 들리지 않는 고음이나 저음, 인간은 맡을 수 없는 특수한 냄새, 매우 빠른 동작 등의 정보를 통해 고양이를 인식할 수 있고, 따라서 고양이의 특징은 인간과 인공지능에게 다르게 인식된다. 이 점에 대해서는 마쓰오 유타카/박기원 역, 앞의 책, 194면.

시각경험이 우리와 다른 존재에게 인간과 동일한 감정과 의식, 정서적 교감을 기대할 수 없다는 점을 근거로 하였다. 이밖에 인공지능 로봇은 우리가 겪는 기본적인 사회화와 인간화 과정을 거치지 않으므로 우리가 기대하는 것과 다른 판단과 반응을 보일 것이고 따라서 '인격적 상호작용'을 하는 데 커다란 장애가 발생할 것으로 전망하였다.

이러한 필자의 입론이 옳다면, 인공지능 로봇의 형사책임에 대한 논의에도 매우 유용한 논증의 고리를 제공해 줄 수 있다고 생각한다. 우리는 앞에서 인공지능에 대한 형사책임을 부정하는 논거 중 하나가 '형벌의 존엄성' 또는 '형법적 책임귀속의 진지함'이 사라질 수 있다는 것임을 검토한 바 있다. 그런데 과연 여기서 말하는 형벌의 존엄성과 진지함이란 무엇인지에 대해 납득할 만한 해명이 제시되지 못하고 있다는 점은 전술한 바와 같다. 이에 필자는 형벌을 존엄하고 진지하게 만들어주는 것은 바로 우리 고유의 규범적 '삶의 형식'이라고 주장하고자 한다. 형벌제도는 우리 고유의 규범적 '삶의 형식'에 속하고, 이러한 삶의 형식은 "인간의 공통적인 자연사의 사실들로 구성되며, 이는 주어진 것이고 다만 받아들여야 할 것"이기에 더 이상 정당성을 캐물을 수 없는 근원적 배경이 되고, 따라서 누구에게나 '본성적으로 정당하게' 느껴진다. 바로 여기에 형벌이 존엄하고 진지하게 느껴지는 기제가 있다는 것이다. 다친 사람이나 우는 아이를 보면 본성적으로 연민을 느끼고 도우려는 마음이 생기는 것처럼, 죄를 지은 자에게 형사책임을 귀속시키려는 태도는 우리의 마음 속 깊은 곳에서 우러나오는, 진지함과 존엄함이 깃든 고귀한 성향의 하나인 것이다. 반면 인공지능 로봇은 우리와 다른 인지기제로 작동하므로 인간 고유의 감정과 의식을 지닐 수 없고, 따라서 우리와 정서적 교감을 나누기 어려울 것이며 또한 우리가 겪는 기본적인 사회와와 인간화과정을 거치지 않았기 때문에 정상적으로 '인격적 상호작용'을 할 수 없기 때문에 많은 점에서 우리와 '삶의 형식'이 불일치할 것이므로 형벌제도라는 우리 고유의 규범적 '삶의 형식'에 속하지 않는 대상이 되므로 우리는 그들에 대한 형사처벌에 대해 '진지함과 존엄함'을 상대적으로 덜 느끼게 된다고 설명할 수 있다. 이는 법인

에 대한 형사처벌이 실용적인 측면에서 필요하고, 혹은 이론적인 정당
성을 갖는다고 해도 어딘가 직관적으로 '부자연스러움'을 느끼게 되는
심리적인 기제와도 맞닿아 있는 것이다.

　다만 이러한 설명에도 일정한 한계가 있다. 인공지능 로봇은 인간
고유의 삶의 형식에서 벗어나 있기 때문에 형사책임의 귀속대상이 아
니라는 설명은 "책임원칙은 인간의 자유의지에 기초한 결정을 기준으
로 하는 실체적 책임개념에 기초하기 때문에 오직 인간에게만 책임이
인정되어야 한다."는 논거와 큰 차이가 없다고 볼 수도 있기 때문이다.
다시 말해 '실체적 책임개념' 논변이나 '삶의 형식' 논변 모두 공통적으
로 "책임개념은 인간적인 것이므로 인간에게만 적용되어야 한다"는 논
증방식을 벗어나지 못하고 있는데, 여기서 여전히 구명되고 있지 않은
점은 "왜 책임개념이 그토록 인간적인 배경을 갖고 있는가?"라는 문제
의식이다. 이 의문에 대한 해법은 두 가지 방향에서 접근이 가능할 것
이다. 그 하나는 "자유의지는 인간에게 고유한 것이다"라는 관점에서
접근하는 것이고 다른 하나는 "책임이라는 삶의 형식, 다시 말해 형벌
제도를 그토록 진지하고 존엄하게 만드는 심리적 기제의 형성배경은
과연 무엇인가?"라는 관점에서 접근하는 방식이다. 본고는 이 중에서
후자의 관점에서 구명해 보고자 한다. 그 이유는 전자의 경우 로봇형법
의 개척자인 힐겐도르프도 적확하게 논박하고 있듯이 현대 과학의 성
과에 따르면 인간의 자유의지가 '의제'에 불과한 것이고,[48] 따라서 자
유의지의 중요성을 과대평가해 로봇에게도 이를 엄격히 요구할 필요는
없다는 반론이 가능할 수 있고,[49] 또 다른 측면에서 보면 서두에서 소
개한 모라벡의 '로봇의 주거침입 사례'를 보면 '자유의지'에 대한 개념

---

[48] 하지만 이 문제와 관련해 필자는 "자유의지를 전제하는 것은 우리의 삶의 형식의
　　일부이다."라고 주장한 바 있으며(안성조, 앞의 책, 497면), 의사의 자유와 책임귀
　　속의 문제도 진화론적 배경에서 해명될 수 있다고 전망한다. 이 점에 대해서는
　　안성조, 현대 형법학 제2권 - 형법과 진화이론 - (경인문화사, 2015), 41면 참조.
　　이점에 대해서는 후속연구를 기약하기로 한다.
[49] 김영환, 앞의 논문, 158면 이하 참조.

정의에 따라 다르겠지만 로봇에게도 여러 대안 중 하나를 선택할 수 있다는 일정한 '자유의지'가 있다고 기술할 수 있기 때문이다.

이하에서는 후자의 측면에서 '형벌을 진지하고 존엄하게 만드는 심리적 기제의 형성배경'에 대해서 논해 보기로 한다.

(2) 형벌제도의 진화론적 기원

필자는 한 선행연구에서 고대사회에 편재해 있던 것으로 보이는 사적 보복관습은 유전자와 문화가 공진화한 결과물이라는 주장을 펼친 바 있다.[50] 잘 알려져 있는 것처럼 고대사회의 탈리오 법칙과 동해보복관습은 형벌 기원의 한 원류를 이루고 있고, 필자는 여기서 한 걸음 더 나아가 형벌제도의 근저에 놓여있는 응보관념의 배경에는 "받은 대로 되갚는 전략"인 팃포탯(tit for tat)이라는 '진화적으로 안정한 전략(ESS: evolutionarily stable strategy)'이 자리잡고 있음을 논증한 바 있다.[51] 다

---

50) 안성조, "고대사회 사적 보복관습에 대한 진화론적 조명", 법철학연구 제17권 제3호, 2014.

51) 안성조, 앞의 책(각주 48), 40면 이하; 안성조, "팃포탯과 탈리오", 전북대학교 법학연구 통권 제43집, 2014. 어떤 한 전략을 따르는 개체들의 집단이 가끔 나타나는 돌연변이 전략에 의해 침범당하지 않으면 그 전략은 '진화적으로 안정하다'고 한다. ESS 개념을 창안한 존 메이너드 스미스에 의하면 "Roughly, an ESS is a strategy such that, if most of the members of a population adopt it, there is no 'mutant' strategy that would give higher reproductive fitness." J. Maynard Smith & G. R. Price, "The Logic of Animal Conflict", *246 Nature 15* (1973), at 15. 일반적으로는 집단 내에 어떤 다양한 전략이 퍼져 있는가와 무관하게 '절대적' 의미에서 최선의 전략은 존재하지 않는다. 만일 그러한 전략이 있다면 자연선택은 바로 그 전략을 선호하겠지만, 대부분의 최선의 전략은 팃포탯 전략처럼 다른 우세한 전략들의 유형분포와 그들과의 경쟁 속에서 정해지고, 그것이 집단 내에서 더 이상의 돌연변이 전략의 침범을 허용하지 않는 안정성, 즉 평형에 도달하면 '진화적으로 안정한 전략'이 되어 자연선택에 의해 선호된다. 이러한 논증과정과 경험적 증거자료의 제시로는 로버트 액설로드/이경식 역, 협력의 진화 (시스테마, 2006); Martin A. Nowak & Roger Highfield, SuperCooperators (Free Press, 2011); Herbert Gintis, Game Theory Evolving (Princeton University Press,

시 말해 우리를 특정한 규범적 판단으로 이끄는 동력의 근저에는 문화적, 사회적으로 생성된 동인 이외에, 그 어떤 '진화적 동인'이 작동하고 있다는 것이다. 형벌도 마찬가지이다. 범죄자에 대한 응보라는 원초적 도덕관념은 누구나 너무도 당연하게 느끼지만 그렇게 당연하게 받아들이도록 만드는 심리적 기제는 순전히 문화적으로 만들어진 것이 아니라 오랜 진화사를 통해 형성된 것이고(이를 '진화된 심리적 기제(EPM: evolved psychological mechanism)'라고 함), 이를 인도주의적으로 다듬어 문명화한 형벌제도에는 기본적으로 진화론적 유래가 있다는 것이다.[52] 이상의 논의를 종합하면 '책임이라는 삶의 형식'에는 진화론적 유래가 있다는 결론에 도달한다.

이러한 결론은 앞서 제기한 의문, 즉 도대체 그 어떤 기제로 인해 우리는 형벌을 진지하고 존엄한 것으로 느끼는가라는 문제에 대한 한 유망한 해답을 제시해 준다. 그것은 바로 우리의 진화된 심리적 기제가 형벌제도에 부합되기 때문이다. 우리는 죄를 지은 행위자를 방치하거나 추방하지 않고 반드시 그에 상응하는 죄값을 치르게 하려는 심리적 성향을 타고난다. 그리고 진화심리학에 의하면 다른 심리적 기제와 마찬가지로 이러한 심리적 기제는 수만 년 전 소규모 공동체를 이루고 살던 수렵채집시기에 자리잡은 것이어서, 자연인으로서의 인간 이외의 다른

2009). 진화적으로 안정한 전략의 의의에 대해서는 리처드 도킨스/김명남 역, 리처드 도킨스 자서전 2 (김영사, 2016), 92-92면 참조. 동지의 견해로 "조건부 협력을 하면서 보복을 가하는 전략(retaliatory strategies of conditional cooperation)이 어쨌든 유리하다"는 명제를 입증하고 있는 연구로는 Jonathan Bendor & Piotr Swistak, "The evolutionary stability of cooperation", *91 American Political Science Review 290* (1997), at 290-299. "팃포탯은 진화적으로 안정한 전략이다"라는 명제와 관련된 몇 가지 개념적 오해에 대한 비판적 검토로는 김혜경·안성조·양천수·윤진수·한상훈, 법과 진화론 (법문사, 2016), 103-105면과 128-130면 참조.

52) 동지의 견해로 사법제도는 복수에 대한 욕구를 사회적으로 용납되는 방식으로 충족시키는 수단이라는 분석이 있다. 데이비드 바래시·주디스 이브 립턴/고빛샘 역, 화풀이 본능 – 진화론으로 본 복수와 화풀이 본능 – (명랑한 지성, 2012), 259면 이하 참조.

유사인격체, 즉 법인이나 인공지능 로봇은 형벌제도라는 우리의 삶의
형식 속에서는 매우 낯선[53] 존재로 인식될 것임은 어렵지 않게 이해할
수 있다. 그렇기 때문에 형벌의 진지함과 존엄함은 어디까지나 우리와
똑같은 인간에 대해 부과될 경우에 한해서 그렇게 느껴지고 인정되는
것이라고 본다. 요컨대 형법적 책임귀속이 진지하고 존엄하게 느껴지는
이유는 진화된 심리적 기제로서 응보관념이라는 원초적 도덕감정이 작
동하고 있기 때문이라는 것이다.[54]

(3) 종-편향적 도덕체계로서의 형벌제도

형벌제도가 인간에 고유한 '삶의 형식'이라는 점과 더불어 진화론적
유래가 있다는 사실은 형벌제도가 지극히 인간이라는 종에 편향적인
제도임을 뜻하기도 한다. 형벌의 존엄성은 부분적으로 바로 이 종-편향
성에서도 유래한다. 한 마디로 말해 형벌은 존엄한 존재인 인간에게만
부과할 수 있는 성질의 것이고 동물에 대해서는 다른 방식을 택해야 한
다는 가치판단은 인간-종 중심주의에 빠져있기 때문이라는 것이다. 이
러한 도덕적 편향은 법인이나 인공지능 등 유사인격체에 대해서도 그
리 다르지 않게 작동한다. 이처럼 형벌제도가 종-편향적 도덕이라는 명
제는 인간에게 보편적으로 부족적인(tribal) 성향이 있다는 점에서 비추
어 보면 좀 더 쉽게 납득할 수 있다. 오늘날 합치된 견해에 의하면 인간
에게는 외집단 성원보다 내집단 성원을 편애하는 부족적 성향이 존재
한다.[55] 이러한 성향은 심지어 내집단을 자의적이고 일시적으로 정의한

---

53) 인공지능 프로그램이 아무리 발달을 거듭한다고 하더라도 인간의 진화사 또는
진화된 기제 전체를 모방할 수는 없기 때문에 인간과 동일한 삶의 형식을 공유할
수 없다는 지적으로는 안성조, "법과 진화론 - 법에 대한 진화론적 고찰의 몇 가
지 함의 -", 인간연구 제33호, 2017, 111-112면 참조.
54) 물론 형벌의 존엄성과 진지함은 형벌의 목적에서도 찾을 수 있겠지만, 본고의
논지는 인공지능에 대한 형벌이 인간에 대한 것과 달리 왜 형벌의 존엄성과 진지
함을 훼손시키는지에 대한 해답을 구하고자 하는 데 있다.
55) 이와 관련된 여러 사례와 실험결과의 소개로는 스튜어트 서덜랜드/이세진 역, 비

경우에도 나타난다. 부족적 성향은 도덕적 편향으로 나타나는데 다시
말해 어느 집단에서는 신성하게 여겨지는 권위와 도덕적 가치는 다른
집단에게는 자의적이고 받아들일 수 없는 것으로 여겨진다. 요컨대 인
간은 '그들'보다 '우리'를 앞세우기 때문에 싸운다. 즉 서로 다른 도덕
적 렌즈를 통해 세계를 바라보기 때문에 견해의 차이와 분쟁이 생긴다
는 것이다. 그리고 여기에도 역시 진화적 동인이 있다.[56]

이처럼 인간 집단 들 사이에 부족주의적 성향이 있다면, 이를 좀 더
확장시켜 보면 인간과 인간 이외의 존재 사이에도 '우리(인간)'와 '그들
(동물 또는 유사인격체)'로 규정하는 부족주의가 작동할 수 있음은 어
렵지 않게 추론할 수 있다. 이러한 인간-종 중심주의는 오랜 역사를 지
닌 듯하다. 오늘날 '인본주의'적 관점에서 보면 인간이 다른 존재, 특히
동물에 비해 존엄한 존재라는 점은 자명한 진리로 여겨질 것이지만, 그
보다 오랜 과거, 예컨대 유신론적 종교들이 지배하던 시기에도 인간은
신성한 존재로 특별히 취급되었음을 간과해서는 안 된다.[57] 영혼을 부
여받은 인간은 창조의 정점이자 세계의 주인공이었던 반면, 영혼이 없
는 동물이나 다른 유기체는 주변으로, 엑스트라의 지위에 머물렀던 것
이다.[58] 인간-종 중심적 부족주의에도 인간 집단 간 부족주의처럼 진화
적 동인이 있는지는 분명치 않다. 특정한 도덕적 성향을 비롯해 인간의
보편적인 심리기제가 형성된 것으로 알려진 진화적 적응환경에서 살았

합리성의 심리학 (교양인, 2008), 89면 이하 참조. 동 문헌에 의하면 "자기집단을
소중히 하려는 욕구는 부분적으로 다른 집단에 편견을 품는 이유가 되기도 하나.
다른 집단을 열등하게 보지 않으면서 자기집단을 '특별하게' 생각하기란 지극히
어렵거나 아예 불가능하다." 스튜어트 서덜랜드/이세진 역, 앞의 책, 103면.

56) 부족주의와 도덕적 편향에 대해서는 조슈아 그린/최호영 역, 옳고 그름 (시공사,
2017), 111면 이하 참조.

57) 이 점에 대한 인상적인 논증으로는 유발 하라리/김명주 역, 호모 데우스 (김영사,
2017), 131면 이하 참조.

58) 유발 하라리에 의하면, 전통적 해석에 따르면 성서의 대홍수 이야기는 인간의
우월성과 동물의 무가치함을 보여주는 증거로 해석된다고 한다. 즉 인간의 행동
이 생태계 전체를 파멸로 이끌 수 있으며, 인간은 동물들을 보호할 신성한 책무
가 있다는 가르침을 주고 있다는 것이다. 유발 하라리, 앞의 책, 135면.

던 수렵채집인들이 자신들을 우월한 존재로 여겼다는 전거는 찾아보기
어렵고,[59] 또한 특정한 동물과 숲을 동등한 인격체로 여기는 일부 소수
부족도 현존하고 있기 때문이다.[60] 또 잘 알려진, 논란의 여지 많은 사
례처럼 중세 유럽에서는 동물이 형사절차에서 피고인이 된 기록도 보
이기 때문이다.[61] 하지만 전술한 바대로 집단 간 부족주의가 일시적이
고 임의로 정의된 내집단과 외집단 간에도 발생할 수 있듯이 이를 다소
확장시킨 '우리(인간)'와 '그들(동물 또는 유사인격체)' 사이에도 도덕
적 편향이 적어도 '오작동'할 여지는 충분하다고 본다. 인간의 본성이
오작동하는 사례는 매우 다양하기 때문이다. 예컨대 '달고 기름진 음식
에 대한 선호'는 수렵채집기에는 생존과 번식에 유용한 심리기제였지만
오늘날엔 '패스트 푸드'를 향해 '오작동'한다. 또 다른 예로서 해밀턴
(Hamilton)에 의해 창시된 '혈연선택(kin selection)' 이론이 유전적 혈족
이 아니라 특정 조직이나 종교분파의 구성원과 같은 '가상혈족(fictive
kin)'에게도 적용되는 사례를 들 수 있을 것이다. 유전자의 관점에서 보
면 개체에게 해로운 특질이라도 그 개체의 친족에게 충분히 이롭다면
선택될 수 있다는 것이 혈연선택이론의 핵심인데, '유전자의 관점에서
보면' 개체에 발생한 해악은 그와 동일한 유전자를 공유한, 즉 유전적
근연도가 있는 친족에게 주어지는 이익에 의해 상쇄된다는 것이다.[62]
그런데 유전적 혈족이 아무 이익을 얻지 못하는 경우에도 유전적 혈족
의 이익을 위해 작동하는 심리적 기제가 오작동(misfiring)하는 경우가
있는데 이때는 행위자가 속한 특정 집단이 '가상혈족(fictive kin)'으로
간주되어, 혈연선택에 의해 진화된 심리적 기제가 무의식적으로 작동하
기 때문이다.[63]

---

59) 유발 하라리에 의하면 수렵채집인은 오히려 세계의 주변적 지위에 머물렀다.

60) 인도 남부의 나카야족이 그렇다고 한다. 유발 하라리, 앞의 책, 139면.

61) 이 사례에 대한 소개로는 김영환, 앞의 논문, 149면. 하지만 이러한 기록들은 문
　자 그대로 받아들이기 어렵다는 반론은 주목할 만하다. 그것이 과연 형벌이었는
　지 의문스럽다는 것이다.

62) 혈연선택에 대한 상세한 설명은 리처드 도킨스/홍영남·이상임 역, 이기적 유전자
　(을유문화사, 2010), 174면 이하 참조.

요컨대 필자의 견해로는 형벌제도에는 종-편향적인 도덕가치가 반영되어 있으며, 이로 인해 형벌의 존엄성과 진지함이 관념되어지는 것이고 따라서 인공지능 로봇 등 유사인격체의 형사책임에 관한 논의에 있어서도 이 점이 고려될 필요가 있다고 생각한다.

2. 인공지능 로봇의 형사책임 논의에 대한 몇 가지 제언

(1) 반성적 고찰로부터의 제언

이상의 고찰로부터 인공지능 로봇의 형사책임에 관한 논의가 생산적인 방향으로 전개될 수 있도록 몇 가지 제언을 하고자 한다.

첫째, 인공지능 로봇에 대한 형사책임은 설령 그것을 인정할 수 있는 논거와 이론을 마련한다고 하더라도 자연인에 대한 형사처벌이 정당성을 갖고 당연시되는 것만큼의 책임귀속의 진지함과 존귀함이 인정되지는 못할 것이라는 점을 염두에 두어야 한다. 이 점은 법인에 대한 형사처벌 논의가 여전히 국가별, 법계별로 큰 차이를 두고 있고, 논자마다 큰 견해차이를 지니고 있는 것을 보면 쉽게 이해할 수 있다. 우리는 죄를 지는 사람을 처벌하는 것에 대해 너무나 당연하게 받아들인다. 여기에는 어떤 의문도 품을 필요가 없다. 하지만 법인이나 인공지능 로봇과 같은 유사인격체에 대해서는 그 처벌의 필요성이 인정된다고 하더라도 처벌의 정당성이나 이론적 근거에 대해서는 견해의 차이가 반드시 생기게 마련이다.64) 법익침해가 로봇 등의 유사인격체에서 비롯되었

---

63) 이 점에 대해서는 James R. Liddle, Lance S. Bush and Todd K. Shackelford, "An Introduction to Evolutionary Psychology and its Application to Suicide Terrorism", 3 *Behavioral Sciences of Terrorism and Political Aggression* (2010), at 14-15 참조.

64) 우리나라의 경우 과거 법인의 범죄능력을 부정하는 것이 주류적 견해였으나, 현재는 법인의 범죄능력을 긍정해야 한다는 견해가 유력하다. 예컨대 류전철, "법인의 형사책임에 대한 새로운 해석론의 시도", 전남대학교 법학논총 제34권 제1호, 2014; 김성룡·권창국, "기업·법인의 형사책임법제 도입가능성과 필요성", 형

다면 비록 심정적으로는 그 인격체에 대해서도 형사책임을 귀속시키고 싶은 유혹을 느끼지만 그에 상응하는 정도로 심리적 저항감도 생길 수 있다는 것이다. 이는 형벌제도가 형성된 진화사적 배경, 즉 소규모 공동체 구성원 사이에서 적응도를 높이기 위해 진화된 심리적 기제로서의 응보관념을 고려해 보면 이해할 수 있는 바이며, 따라서 인공지능에 대한 형사책임 인정여부에 관한 논의는 바로 이 유혹과 저항감 사이를 오르내리는 과정을 거치게 될 것이다. 즉, 그 어떤 유사인격체도 우리와 진화사를 공유하지 않은 한 형사책임의 주체가 되는지 여부는 정책 또는 사회·문화적 인식차이에 따라서 상대적으로 결정될 수밖에 없을 것이다.

둘째, 따라서 인공지능에 대한 형사처벌 긍정론의 방향은, 완전무결한 타당성을 갖는, 즉 자연범인에 대한 형사처벌을 당연하게 만드는 정도의 강한 정당성을 갖고 있는 이론적 논거의 제시는 불가능하므로 이를 지양하는 것이 바람직하며, 따라서 유사인격체의 형사처벌이 우리에

사법의 신동향 제46호, 2015; 박광민, "기업에 대한 형사책임귀속의 바람직한 방안", 성균관법학 제27권 제3호, 2015; 김성천, "책임주의의 원칙과 법인의 형사책임", 중앙법학 제18권 제1호, 2016; 이상천, "조직고의론(組織故意論)의 범죄체계론적 전개", 경희법학 제52권 제2호, 2017. 법인의 범죄능력 긍정논거로부터 인공지능 로봇의 형사책임을 긍정하는 논지를 제시하는 글로는, 이인영, 앞의 논문, 46면. 법인은 자연인과 '삶의 형식'을 일부 공유하고 '인격적 상호작용'을 할 수 있는 존재이므로 범죄능력을 긍정해야 한다는 견해로는 안성조, 앞의 책(각주 43), 470-50면. 리처드 도킨스의 '이기적 유전자 이론'을 모든 체계로 확장시킨 '보편 다윈주의(universal Darwinism)'와 대니얼 데닛의 '지향성 이론'을 원용해 법인의 범죄능력을 새롭게 재구성하고 있는 시도로는 안성조, 앞의 책(각주 48), 376-392면 참조. 필자는 여기에서 법인에게도 자연인의 유전자에 상응하는 '자기복제자'를 관념할 수 있고 이를 'Corporate Gene(Corpratene)'이라 명명하며, 이 역시 '유전'과 '변이'와 '선택'이 작동하는 체계에 있으므로 진화론의 논리가 적용되어 '지향성'을 지닐 수 있으므로 자연인과 법인은 이 '지향성'을 매개로 상호행동을 예측할 수 있다는 논지를 제시하고 있다. '코포라틴(Corporatene)'은 도킨스가 '밈(Meme)'이란 용어를 만들 때 착안한 요소들을 빌려와 'Corporatio'와 'Gene'을 합쳐서 필자가 새롭게 만든 용어이다.

게 어떤 실익을 가져다 줄 것인지에 초점을 맞추는 것이 바람직 할 것이라고 본다. 비록 유사인격체에 대한 형사처벌이 우리의 진화된 규범적 성향, 즉 삶의 형식에서 벗어난 것으로 느껴지더라도, 그것은 진화적 동인에서 비롯된 심리적 저항감이라는 사실과 함께 인간-종 중심적 부족주의적 성향에서 비롯된 것임을 예리하게 꿰뚫어보고 있어야 할 것이고, 따라서 충분한 이성적 논의를 통해 우리 모두에게 바람직한 결과를 가져올 수 있다면, 긍정적인 결정 내릴 수 있을 것이기 때문이다.

셋째, 상기 둘째 제언으로부터 인공지능에 대한 형사책임 논의가, 최대한 인간에 근접한 인공지능 로봇, 즉 소프트웨어나 하드웨어측면에서 기술적으로 인간과 매우 유사한 수준의 인공지능을 염두에 둘 필요는 없다는 통찰을 얻게 된다.[65] 아무리 인간과 유사해져도 진화사적 이유로 결국 '형벌의 존엄성'이란 기준을 통과하지 못할 것이기 때문이다. 따라서 모든 면에서 최대한 인간과 유사한 인공지능 로봇을 상정하고 형사책임 인정여부를 검토하는 것은 특별한 의미를 지니지 못할 것이며, 그보다는 현 단계에서도 얼마든지 상정할 수 있는 '의식 없는 지능' 혹은 '비의식적 알고리즘'[66]을 갖춘 로봇에 대한 형사책임 논의만으로

---

65) 이러한 인공지능을 염두에 두며 논의를 전개하는 것으로 보이는 글로는 송승현, 앞의 논문, 507면 이하.

66) 이 개념은 유발 하라리가 사용한 것이다. 그에 의하면 "지난 몇십 년 동안 컴퓨터의 지능은 엄청나게 발전했지만 컴퓨터의 의식은 전혀 발전하지 않았다. 우리는 중대한 혁명을 목전에 두고 있다. 지능이 의식에 분리되고 있는 것이다. 군대와 기업이 제대로 돌아가려면 지능을 가진 행위자가 반드시 있어야만 하지만, 의식과 주관적 경험은 필요 없다. 우리는 이런 일들을 인간보다 훨씬 잘 할 수 있는 새로운 유형의 비의식적 지능을 개발하고 있다."고 진단하며 "둘 중 어느 것이 진정 중요한가? 지능인가, 아니면 의식인가? (적어도) 군대와 기업은 '지능은 반드시 있어야 하지만 의식은 선택사항이다'라고 간단히 대답할 수 있는 문제임을 알고 나면 정신이 번쩍 든다."고 위트 섞인 경고를 하면서 인공지능 개발에서 지능의 우위성을 강조한다. 유발 하라리, 앞의 책, 425-426면. 동시에 그는 현재 국가나 기업과 같은 '상호주관적 실재'들을 법적 주체로 인정되고 있듯머지않아 인공지능도 그렇게 될 것이라고 전망한다. 유발 하라리, 앞의 책, 442면. 어쩌면 그의 입장은 강인공지능의 탄생에 회의적이면서도 인공지능이 법적 주체가 되는

도 미래의 인공지능에 대한 형사책임 논의로서 충분한 함의를 지닐 수 있다고 본다. 미래에 출현할 인공지능의 형사책임 논의도 현재와 크게 다를 바 없이 대동소이하게 전개될 것이다.[67] 이는 자연인 이외에 새롭게 등장할 수 있는 그 어떠한 유사인격체에 대해서도 동일한 결론이 도출될 수 있음을 뜻한다.

(2) 미래의 '강'인공지능에 대한 함의

이상의 논의를 통해 우리는 "미래의 '강'인공지능은 형사책임의 주체로서 완전한가?"라는 질문에 대해 답할 수 있게 되었다. 비록 그 결론을 확정지을 수는 없지만, 현재 논의 중인 '약'인공지능에 대한 형사책임 논의의 결론이 결국 '강'인공지능에 대해서도 거의 동일하게 도출될 것임을 예측할 수 있기 때문이다. 다만 차이점이 있다면 미래에는 인공지능 로봇이 지금보다 더 보편화될 것이고, 따라서 인간과의 상호작용의 빈도가 높아질 것이며, 그 지적 능력도 더욱 향상되면서 이들에 대한 법적 규제의 정책적 필요성이 보다 높게 대두될 것이라는 점이다. 하지만 그렇다 하더라도 '그들'을 '우리'가 아닌 존재로 볼 것임은 인간-종 중심적 부족주의 성향에 비추어 예측되는 바이므로 그들에 대한 형사처벌의 목소리는 높아지되, 여전히 형사책임의 주체로서는 불완전한 존재로 느껴질 것이다. 다시 말해 어떠한 이론적 근거로도 자연인에 대한 형사처벌만큼의 진지함과 존귀함을 설득력 있게 제시하지는 못할 것이다.

데 낙관적인 것으로 볼 수 있을 것이다. 다만 인공지능이 형사책임의 주체가 될 수 있는지 여부에 대해서는 명확히 논급하지 않고 있다.

67) 이와 관련된 연구경향은 현 수준의 '약'인공지능에 대해서는 범죄능력을 부정하면서도 미래의 '강'인공지능에 대해서는 범죄능력을 긍정하는 것으로 보인다. Sabine Gless, Emily Silverman, & Thomas Weigend, *Ibid.*, at 435; 이인영, 앞의 논문, 45-46면.

V. 맺음말

이상 본고에서는 인공지능 로봇의 형사책임 인정여부에 대한 긍정론과 부정론을 비판적으로 음미하고 검토하면서 향후 이와 관련된 논의가 나아갈 바람직한 방향에 대해 논급해 보았다. 모쪼록 본고에서 다룬 내용과 논거들이 학계와 법실무는 물론 인공지능을 이용한 생산 및 서비스 현장에서 인공지능 로봇을 이해하려 노력하고 그 법적 취급방안에 대해 고심하고 있는 여러 연구자들에게 유용한 자료와 착상의 계기가 될 수 있기를 희망한다.

"로봇의 도덕을 구현하는 일은 인간을 이해하는 과정이다." 이는 어느 유명한 인공지능 연구가의 말이다. 필자는 이 말을 바꾸어 다음과 같이 표현하고 싶다. "로봇의 형사책임을 논구하는 일은 인간을 이해하는 과정이다."라고. 본고가 기존의 인공지능 관련논의에 생산적으로 기여한 바가 있다면 논증과정에 '진화론적 고찰방식'을 접목했다는 점일 것이다. 규범적 논의라 하더라도 법과 인간에 대한 온전한 이해를 위해서는 법과 마음이 현재와 같은 상태로 만들어진 진화사에 대한 고찰이 추가로 보완될 필요가 있다고 본다. 본고가 이 점을 적절하게 보여주었다면, 아니 최소한 관점의 전환이라도 이룰 수 있는 계기를 마련할 수 있었다면 더 바랄 것이 없겠다.

§ 4. 효당 엄상섭의 형법이론과 형법사상

[글 소개]

이하의 글은 최근 한국형법의 아버지로 조명받기 시작한 효당 엄상섭 선생의 형법이론과 형법사상을 몇 가지 쟁점을 중심으로 고찰하여 본 것이다. 이 글이 수록된 이유는 명백하다. 바로 형법의 근대성이라는 시대정신을 한국적인 맥락에서 구현하려 했던 효당선생의 지고한 노력과 그 정신세계를 비교적 상세히 엿볼 수 있는 자료들이 많이 제시되어 있기 때문이다.

서문에서 논급한 바와 같이 형법의 근대성이란 봉건주의시대의 유물로부터 벗어나 형법이 시민의 인격적 자율성을 증진시킬 수 있게 도와주는 울타리 역할을 하는 역할에 머물러야 한다는 형법의 이성적 자기제한을 의미한다. 계몽주의와 사회계약설을 사상적 배경으로 '법전화된 실천이성'으로서의 형법관은 철저히 절제된 형법을 요구하였고, '법익보호원칙'으로 대변될 수 있는 이러한 근대형법의 핵심적 가치는 죄형법정주의와 함께 형법의 보장적 성격으로도 이어진다. 그렇다면 효당은 과연 어떠한 의미에서 이러한 근대성을 구현하려고 노력했다는 것일까? 우리의 제정형법의 기초자의 한 사람인 그의 마음속에서는 근대성이라는 이념이 어떠한 형태로 자리잡고 있었을까? 참으로 흥미로운 질문이 아닐 수 없을 것이다.

이와 함께 서구사회에서 형성되어 온 근대성이란 개념을 과연 우리나라에도 온전히 적용할 수 있는가라는 무척 어려운 질문도 제기될 수 있을 것이다.[1] 우리형법은 기본적으로 계수된 것이므로 근대형법이라

---

1) 이러한 문제의식에 대해 깊이 천착하고 있는 문헌으로는 김성돈·이정훈·다키이

는 견해도 있다. 하지만 전근대적 사회를 거치면서, 이를 이성중심의 계몽사상으로 자발적으로 극복하고자 했었던 역사적 경험이 있는 서구사회의 고유한 문화현상을 단지 내용적으로 일치한다는 이유로 '근대형법'이라고 명명하는 것은 다소 무리가 있을 것이다. 다음의 글에서 한국적 '근대형법'이 가능한 개념인지, 가능하다면 과연 서구의 그것과 무엇이 같고, 무엇이 다른지 독자들이 확인해 볼 수 있기를 기대한다.[2)]

결론적으로 필자는, 우리나라의 경우 특정한 사회와 사상사조를 토대로 하고 있는 '근대형법'보다는 언제나 그 시대에 걸맞은 '현대형법'이 있었다고 보는 것이 더 적절하다고 생각한다. 물론 그렇다고 현재 우리형법에 투영되어 있는 '근대형법'의 핵심적 가치를 외면하려는 것은 결코 아니다. 다만, 역사적 배경의 차이와 언어적 혼동의 위험을 고려하면 '근대형법'이라는 표현보다는 '현대형법'이 더 타당하겠고, 이러한 취지에서 서구적 맥락에서 형성된 '근대형법'의 골자는 상당수 오늘날 우리의 '현대형법'에 온전히 구현되어 있다고 말할 수 있을 것이다. 요컨대 제정형법 이후 우리나라의 형법은 서구로부터 계수된 '근대형법'과의 지속적인 상호 교섭과 대화의 산물로 볼 수 있으며, 이러한 제반 맥락에서 필자가 본서의 제목으로 '현대 형법학'을 선택하고 있음을 독자들이 이해해 주리라 생각한다.

Ⅰ. 머리말

효당 엄상섭 형법논집[3)]이 발간된 지 어느덧 10여년이 훌쩍 넘었다. 이 논집과 효당선생에 대한 평가는 논자에 따라 다르겠지만, 법제사적

가즈히로·류부곤·박성민, 한국사법의 근대성과 근대화를 생각한다 (세창출판사, 2012) 참조.

2) 우리나라의 실제 역사적인 맥락에서 근대(형)법을 논구하고 있는 선구적인 문헌으로는 한국법사학회 엮음, 한국 근현대의 법사와 법사상 (민속원, 2009)와 정긍식, 한국근대법사고 (박영사, 2001) 참조.

3) 신동운·허일태, 효당 엄상섭 형법논집(서울대학교 출판부, 2003) 참조.

사료로든, 한국형법의 효시(嚆矢)를 가늠해 볼 수 있는 전거로든, 오늘날의 후학들에게 의미있는 풍부한 자료를 전달해 주고 있다는 점에 있어서 그 독보적인 가치를 부인하는 자는 없을 것이다.

그동안 엄상섭의 형법이론과 형법사상에 대한 직·간접적인 논의는 수차례 전개되었고,4) 그 결실로서 첫째, 우리형법의 제정과정에서 그가 매우 중요한 역할을 하였다는 점과, 둘째, 우리형법과 형법전의 독자성이 재평가될 수 있는 획기적인 계기가 마련되었다는 점에 대해서는 이제 더 이상 크게 이견이 없을 것으로 보인다. 따라서 여기서 또다시 '형법논집'과 '엄상섭'의 형법사적 의의에 대해 재론할 필요는 없다고 본다.

그보다 필자가 본고를 집필하게 된 계기는, 먼저 엄상섭의 형법이론과 사상에 대한 기존의 평가 중 일부가 적어도 필자가 보기에는 재검토할 필요가 있다고 생각했기 때문이다. 역사적 자료의 발굴만큼 중요한 것은, 그에 대한 적확한 해석과 정당한 자리매김일 것이다. 그렇다면 비록 기존에 제시된 선행연구가 있다고 하더라도, 이를 현재 관점에서 비판적으로 재검토하고 문제제기를 하는 것은 한 역사적 인물을 바라보는 시각에 있어서 바르게 균형을 잡아가려는 시도이자 그 일 단계라고 말할 수 있을 것이다. 다음으로 필자가 10여 년 전에 형법논집을 접했을 때에는 간취할 수 없었던 효당 선생의 새로운 면모를 찾아낼 수 있었기 때문이다. 어쩌면 효당의 학자적 면모를 새롭게 조명할 수 있겠다는 생각이 들었던 것이다.

본고의 전개방식은 다음과 같다. 우선 형법논집에 수록된 엄상섭의 글에 대한 몇 가지 총평을 소개하고, (II) 그동안 학계에서 논란이 되었

---

4) 선행연구를 연대순으로 보면, 최종고, 엄상섭(상)·(하), 사법행정 27권 제5·6호 (1986); 허일태, "엄상섭 선생의 형법사상과 형법이론", 효당 엄상섭 형법논집 (2003), 255-304면; 신동운, "효당 엄상섭 형법논집 해제", 효당 엄상섭 형법논집 (2003), 305-372면; 허일태, "위대한 법조인 효당 엄상섭의 형법사상", 동아법학 제34호 (2004)가 있고, 간접적으로 엄상섭에 대한 평가를 다루고 있는 글로는 김성돈, "서평: 안성조, 『형법상 법률의 착오론』(경인문화사, 2007)", 서울대학교 법학 제48권 제1호 (2007); 한인섭, "형법제정에서 김병로의 기여", 서울대학교 법학 제55권 제4호 (2014).

던 몇 가지 쟁점을 기존 선행연구에서 추출해 내어 이를 형법이론적 측면과(III) 형법사상적 측면으로(IV) 대별해 검토하며 재해석을 시도해 보고자 한다.5) 그 과정에서 형법논집에 실린 각 논설을 전거로 하여,6) 필요한 범위 내에서 각 논설의 원문을 발췌해 소개한 뒤, 여기에 드러난 엄상섭의 논지를 원용하여, 필자의 새로운 평가의 타당성을 입론해 볼 것이다. 기존 선행연구에 엄상섭의 형법이론과 형법사상에 대해서 간략하고 전반적인 소개는 충분히 되어있으므로 본고에서는 이러한 서술방식은 지양하고, 형법이론과 형법사상의 측면에서 각각 특정한 세 가지 주제에 중점을 둔 논증을 시도해 보고자 한다.

II. 엄상섭의 형법이론과 형법사상에 대한 총체적 논평

기존 선행연구에서 엄상섭의 논설에 대한 총평은 대체로 긍정적인 것들이 주를 이룬다. 먼저 신동운 교수는 "뚜렷한 논지의 자신의 독창적인 견해를 유려한 문장으로 기술해 놓은 점에서는 외국의 문헌에 의지하여 번안법학적으로 기술된 여타의 많은 형법논문들에 비하여 그 수준은 비교할 수 없을 정도로 높다.7)"고 평한 뒤 "엄상섭의 형법논설들 또한 오늘의 시점에서도 여전히 고전적인 가치를 가지고 있다는 사실을 솔직하게 시인하고 싶다8)"고 그 형법논설들의 독창성과 고전적

---

5) 여기서 '형법이론'이란 순수하게 형법적 법리구성과 관련된 학설과 도그마틱을 칭하는 것으로 하고, '형법사상'이란 형법의 제정과 해석 및 운용에 일정한 영향을 줄 수 있는 일체의 이념, 사상, 인접이론 등을 통칭하는 것으로 편의상 정의해 두기로 한다.

6) 원전의 인용이 필요한 경우 '효당 엄상섭 형법논집'에 수록된 효당의 글 원전을 제목과 함께 직접 인용하였고, '효당 엄상섭 형사소송법논집'에 수록된 글도 그 분석대상으로 하였다. 신동운, 효당 엄상섭 형사소송법논집 (서울대학교 출판부, 2005) 참조.

7) 신동운·허일태, 앞의 책(각주 3), 305면.

8) 신동운·허일태, 앞의 책(각주 3), 308면.

가치를 자리매김하면서, 더욱이 "우리 형법전이 6.25 전쟁의 와중에서
심의되고 제정되었다는 사정 때문에 관련되는 주변 입법자료가 많지
않다는 점에서 엄상섭의 형법논설은 더욱 가치가 있다.9)"고 역사적 가
치를 부여한다. 아울러 "엄상섭은 형법요강의 기초에서부터 시작하여
법전편찬위원회 형법초안 성안, 국회 법제사법위원회 수정안 성안, 국
회 본회의 형법안 독회 등의 전 과정에 걸쳐 입법의 현장에 서 있었다.
따라서 엄상섭 집필의 우리 형법전에 관한 글들은 학계의 다른 인사가
기록한 것과는 차원이 다른, 직접적이고도 생생한 입법자료로서의 위치
를 차지하고 있다10)"고 입법자료로서의 비중을 조명해 준 바 있다.

　한편 허일태 교수는 우리 형사법에 기여한 역사적 인물로서의 엄상
섭에 대해 "형법전의 기본사상의 정립에서부터 각 조문의 구성과 그 배
열 및 심지어 조문의 자구수정의 세세한 부분에 이르기까지 엄상섭 선
생이 관여하였을 뿐만 아니라, 국회에서 형법전을 통과시키는 과정에서
도 국회의원들에게 형법의 근본원칙과 기본적 내용을 설명하고, 총론과
각론의 연계 및 신생독립국가에서 있어야 할 각 조문과 함께 형법의 민
주화를 위한 조문화의 실현 등 형법의 제정에 관해 주도적인 역할을 하
였다. 형법에 관련된 다수의 논문은 우리의 제정형법이 취하고 있는 기
본적 태도에 대한 설명과 함께 그 배후사상 및 한국 형법학의 독자성의
확립에 이르기까지 심도 있는 내용을 다루고 있어 그가 우리 형법학계
에 기여한 정도를 잘 확인할 수 있다. 그는 우리 형사소송법의 제정과
그 운용에도 결정적으로 관여했으며, 미군정 시절 무너져 갔던 한국검
찰의 위상을 바로 세웠던 일등공신이었고, 이승만 독재정권에 항거하여
직언을 서슴지 않았다. 이런 점들을 고려해 볼 때, 그를 한국 형법의 아
버지라고 불러도 크게 틀린 것은 아니라고 사료된다."는 인상적인 평을
남긴 바 있다.11)

---

9) 신동운·허일태, 앞의 책(각주 3), 308면.
10) 신동운·허일태, 앞의 책(각주 3), 334면.
11) 신동운·허일태, 앞의 책(각주 3), 256-257면. 발췌글은 원문을 약간 축약한 것이
　　다. 또 허일태 교수는 '일본형법이론사의 종합적 연구'라는 책의 서문에서 "형법

엄상섭에 대한 가장 최근의 연구문헌에서 한인섭 교수는 "종합적으로 보자면, 형법 제정에 있어 가장 주역이 된 것은 김병로와 엄상섭이었다. 김병로는 형법총칙의 조문화를 자담했으며, 전체 형법의 방향 설정 및 회의체에서 중심적 리더십을 발휘했다. (중략) 엄상섭은 형법각칙의 조문화의 초안작업을 했으며, 전체 조문에서도 열정을 갖고 자신의 주장을 관철시켰다. 엄상섭은, 1952년 국회 법사위 수정안을 통해 1949년에 관철하지 못했던 상당한 부분을 관철시켰고, 1953년 형법제정을 위한 국회 심의에서 독보적인 영향력을 발휘했다. (중략) 김병로의 법전편찬위, 엄상섭의 국회과정을 거치면서, 인권존중과 권력남용의 억제라는 형법의 보장적 기능에 보다 충실히 다가서게 된 것도 인정할 수 있을 것이다. 요컨대 한국 형법은 김병로와 엄상섭, 양인에 의해 기초화와 입법화가 성취되었다고 할 수 있을 것이다."라고 형법제정에 있어서 엄상섭의 기여도에 대해 보다 상세하고 균형감 있는 평을 내린 바 있다.12)

아직까지 적어도 총평적 수준에서는 한국 형사법에 기여한 엄상섭과 그의 논설들에 대한 부정적 평가는 찾아볼 수 없으므로 전술한 선행 연구의 논평을 염두에 두고 이하의 논의를 전개하기로 한다.

Ⅲ. 효당의 형법이론

1. 규범적 책임론에 대한 엄상섭의 오해와 한계?

(1) 몇 가지 비판적 논평

형법논집에는 규범적 책임론에 대한 엄상섭 선생의 절대적 신념과

학자도 위대해 질 수 있다는 것을 한국에서 엄상섭 선생이 보여주었던 것처럼 일본의 瀧川교수도 보여주었[다]"고 평하며 엄상섭 선생에 대한 찬사를 아끼지 않고 있다. 吉川經夫・內藤 謙・中山研一・小田中聰樹・三井 誠 編著/허일태(책임번역)・배문범・이동희・김환전・이덕인 공역, 일본형이론사의 종합적 연구(동아대학교 출판부, 2009), 서문 참조.

12) 한인섭, 앞의 논문(각주 4), 355-356면.

옹호적 입장이 일관되게 등장한다. 그런데 그가 자주 논급하는 '규범적 책임론'을 이해하는 데 있어서 각별한 주의를 기울일 필요가 있다는 지적이 있다.

일찍이 허일태 교수는 형법논집에 대한 해제글에서 그의 규범적 책임론은 고의와 과실도 비난판단의 대상으로 본다는 점에서 '순수한 의미의 규범적 책임론'을 지칭하는 것이 아님을 강조한바 있다. 후자에 있어서 고의와 과실은 어디까지나 주관적 구성요건요소이고 위법성의 인식 내지 인식가능성과 적법행위의 기대가능성이 책임비난의 핵심이라는 것이다.13) 그 결과 "엄상섭 선생은 책임의 영역에 속한다고 보는 행위자의 고의나 과실, 또는 결과발생이라는 사실의 인식가능성까지도 규범적 차원의 비난가능성 요소로 파악하여 행위자의 규범적 평가인 위법성인식과의 차별화를 무시하였다"고 한다. 그리고 형법체계에 대한 엄상섭의 이러한 인식의 기저에는 고전적 범죄체계가 각인되었기 때문일 것이라고 분석한다. 즉 오늘날의 범죄체계론에 따르면 "고의와 과실 그리고 인과관계에서 예견가능성이라는 주제는 주관적 구성요건의 문제에 해당될 수 있다는 점에서, 또한 비난가능성의 전제로서 인식가능성은 행위자가 자신의 행위에 대한 불법성을 인식 내지 인식가능하느냐의 문제라는 점에서 책임에 대한 엄상섭의 한계를 볼 수 있다"고 주장한다.14)

그로부터 수년 뒤 김성돈 교수도 같은 맥락의 비판을 가한다. 그는 서울대 법학지에 수록된 한 서평에서 다음과 같이 말한다. "그러나 적어도 필자가 이해하는 한 오늘날의 규범적 책임론적 사고는 물론이고 당시의 규범적 책임론적 사고도 엄상섭 의원이나 이 책 저자의 이해방식과는 일정한 차이가 있다. '책임은 비난가능성'이라는 말로 요약되는 규범적 책임론은 책임을 행위에 대한 행위자의 심리적 관련성에서 찾는 심리적 책임개념에 대한 거부에서 등장하였다. 즉 책임의 본질이 고

---

13) 신동운·허일태, 앞의 책(각주 3), 292-293면.
14) 신동운·허일태, 앞의 책(각주 3), 293-294면.

의나 과실이라는 심리적 요소에 있지 않고 고의나 과실이 있어도 비난 가능성이 없을 때에는 책임을 조각한다고 평가할 수 있다는 평가적 요소에 있다는 것이 규범적 책임론의 핵심내용이다." 김성돈 교수는 여기서 더 나아가 "위법성의 인식도 행위자의 심리적 태도이므로 위법성의 인식유무에 따라 책임비난이 결정되는 것이 아니라고 해야 한다."고 주장하면서 허일태 교수가 논급한 규범적 책임론과도 차이가 있는 규범적 책임론을 펼친다. 그러면서 "규범적 책임론은 고의의 내용으로 범죄사실의 인식 외에 위법성의 인식까지도 요구하는 엄격고의설을 취하게 된다."는 엄상섭의 인식이 심리적 책임론과 규범적 책임론의 관계설정을 제대로 이해하지 못한 것이며, 결론적으로 위법성인식필요설은 규범적 책임론의 내용과 무관하다고 한다.15)

위 문제제기에 대한 검토에 앞서 신동운 교수가 형법논집 해제에서 밝힌 엄상섭의 글을 읽을 때의 유의점을 상기할 필요가 있을 것이다. 즉 "엄상섭이 활동하였던 시기는 형법학적으로 볼 때 인과적 행위론이 학계의 정설로 받아들여지던 때이었다. 이러한 시대적 배경을 전제하지 않고 이 글을 읽는다면 혹자는 엄상섭을 가리켜서 범죄론체계를 이해하지 못하는 아마추어 형법론자라고 비판할지도 모른다."16) 이러한 지적은 위의 문제제기에 대한 적실한 해결책을 제시하는 데 있어서도 매우 유용한 방법론적 시사점을 제공해 준다.

일반적으로 인과적 행위론이 지배적이었던 범죄체계론을 고전적 범죄체계론이라 한다.17) 그렇다면 허일태 교수가 "엄상섭의 규범적 책임론에 대한 이해방식은 고전적 범죄체계론에 충실한 것이다"라고 지적한 것이나 신동운 교수가 이러한 시대적 배경을 전제하고 엄상섭의 글을 읽어야 한다는 해제는 적실한 평가라고 할 것이다. 그러나 엄상섭의 입장에 대해서 허일태 교수는 "책임의 영역에 속한다고 보는 행위자의

---

15) 김성돈, "서평: 安晟燮,『형법상 법률의 착오론』(경인문화사, 2006)", 서울대학교 법학 제48권 제1호 (2007), 487-488면 참조.
16) 신동운·허일태, 앞의 책(각주 3), 329면 참조.
17) 이상돈, 형법강론 (법문사, 2015), 87면.

고의나 과실, 또는 결과발생이라는 사실의 인식가능성까지도 규범적 차
원의 비난가능성 요소로 파악하여 행위자의 규범적 평가인 위법성인식
과의 차별화를 무시하였다."고 평가한 반면, 신동운 교수는 "목적적 행
위론과 사회적 행위론에 의한 새로운 범죄론체계가 소개되기 전의 논
문이라는 관점에서 보면 엄상섭의 글은 매우 체계적이고 논리적이
다"18)고 평가한다. 과연 '무시한 것인지' 아니면 '당대의 관점에서 보면
체계적이고 논리적인 것인지' 현 시점에서 진지하게 논구될 필요가 있
을 것이다.

(2) 규범적 책임론의 변천사

일단 규범적 책임론의 연혁을 보자.19) 이를 위해서는 먼저 심리적
책임론을 살펴봐야 한다. 19세기 말기부터 20세기 초기에 걸쳐 유행한
자연과학적 사유방식은 당대의 형법이론에도 영향을 주어 책임의 실체
를 '결과에 대한 행위자의 심리적 관계'라고 보는 심리적 책임론이 등
장하게 된다. 즉 고의와 과실을 책임의 종류나 책임의 형식이라고 보고,
책임능력을 갖춘 자가 고의 또는 과실이 없으면 책임이 없다고 보는 책
임론이다. 따라서 이 심리적 책임론에서는 책임은 고의와 과실의 두 책
임형식에 공통되는 상위개념이 되며, 결국 고의와 과실은 책임 그 자체
가 된다. 심리적 책임론의 의의는 소위 결과책임이 지배하던 원시형법
을 극복하고 "책임 없으면 형벌도 없다"는 근대형법의 대원칙인 '책임
원칙(Schuldprinzip)'을 향한 진일보라는 데 있다.

---

18) 신동운·허일태, 앞의 책(각주 3), 329면.
19) 이하 규범적 책임론의 연혁은 성시탁, "책임론의 발전과 고의-고의와 위법성의
    인식 (I)-", 단국대학교 논문집 제4권 (1970), 129면 이하와 송명섭, "규범적 책
    임론의 본질 및 구조에 관한 연구-그 이론의 이론적 정합성과 적용상의 타당성
    을 중심으로-", 외법논집 제3권 (1996), 473면 이하, 그리고 Hans Achenbach,
    Historische und dogmatische Grundlagen der strafrechtssystematischen Schuldlehre
    (Berlin: Schweitzer, 1974)를 주로 참조했음을 밝혀둔다.

그러나 심리적 책임론의 한계가 드러나면서 책임론의 일대 방향전환을 모색하게 된다. 예컨대 고의는 결과에 대한 현실적 인식이라는 점에서 결과에 대한 행위자의 심리적 관계를 쉽게 관념할 수 있지만, 과실은 결과에 대한 인식의 가능성에 불과하여 현실적 인식은 없는 것에 불과하고, 또 인식없는 과실의 경우에는 그러한 심리적 관계가 전혀 존재하지 않는바, 이를 책임의 형식에서 제외시켜야 한다는 모순이 발생한다는 것이다. 또한 과실은 단순한 불인식이 아니라, 행위자가 인식해야 하고 또한 인식할 수 있음에도 불구하고 부주의로 인식하지 못했다는 규범적 요소를 그 본질로 하기 때문에 고의라는 심리적 요소와 과실이라는 규범적 요소가 전혀 성질이 다름에도 불구하고 공통의 상위개념인 책임 하에 파악되는 것은 불가능하다는 비판이 제기되었던 것이다. 요컨대 책임을 고의와 과실이라는 심리적 사실로 파악하려는 종래의 심리적 책임론은 실패하여 더 이상 지지받을 수 없게 되었다. 이로인해 종래의 책임론과 달리 과실에 존재하는 규범적 요소를 고의에 부가함으로써 고의와 과실의 상위개념으로서의 책임을 입론해 보려는 시도가 전개되었다. 그리하여 위법성의 인식 또는 의무위반성의 인식을 고의의 요소라고 해석하고, 고의와 과실을 책임의 종류 및 형식이라고 해석하는 새로운 책임론으로 발전하게 되었고, 이를 종래의 '심리적 책임론'과 대비시켜 '규범적 책임론'이라고 칭하는 견해가 등장한다. 이른바 'Hippel流의 규범적 책임론'은 고의에 위법성의 인식 또는 위무위반성의 인식이라는 개념을 부가함으로써 고의와 과실의 상위개념으로서의 책임을 규범적 요소에서 찾으려고 시도한 이론이다. 이러한 책임론은 고의와 과실을 책임의 종류 및 형식이라고 보고, 고의나 과실이 있으면 책임이 있고, 없으면 책임이 없다고 해석하는 점에서는 종래의 심리적 책임론과 동일하지만, 고의에 위법성의 인식 또는 의무위반성의 인식이 필요하다는 점에서 차이가 있는 것이다. Hippel, M. E. Mayer 등에 의해 주장되었으며, 특히 Hippel은 고의에 위법성의 인식을 요하는 자신의 책임론을 순수한 심리적 책임론에 대하여 규범적 책임론이라고 칭하였다.[20] Hippel은 고의에 사실의 인식만을 요구하는 책임론은

책임없이 위법하게 행위한 경우도 처벌하는 것이 되나, 이것은 결과책
임을 인정하는 것에 다름 아니며 따라서 고의에 위법성의 인식이 필요
하다고 보면서 이를 규범적 책임론이라 규정하였던 것이다. M. E.
Mayer도 책임을 심리적 요소와 규범적 요소로 분류하고 전자는 책임의
두 종류, 즉 고의와 과실의 특징을 나타내는 것이나, 후자는 책임의 두
종류인 고의와 과실에 공통되는 본질적 특징이 된다고 보면서 규범적
요소로 중요한 것은 행위자가 의무에 위반한다는 것을 인식하고 있다
든가 그것을 인식할 수 있었다는 점이며, 따라서 고의에 의무위반성의
인식이 필요하다는 견해를 주장함으로써 이러한 류의 규범적 책임론을
취하고 있었다.

　　그러나 "위법성의 인식은 순수한 심리적 관계를 나타내는 것이기 때
문에 이것만으로는 규범적 책임론이라고 칭하기 어렵다"는 견해(Marc-
etus)와 "고의에 위법성의 인식을 필요로 한다고 하여도 그것은 단순히
심리적 관계의 대상을 넓힌 것일 뿐이므로 이러한 책임론은 규범적 책
임론이 아니다"라는 비판(Graf zu Dohna)이 등장하면서 "고의에 부가되
는 것은 여하한 것이건 규범적인 것이 아니므로"(Goldschmidt) Hippel流
의 규범적 책임론은 결국 심리적 책임론으로 후퇴한 것으로 보아야 한
다는 주장도 제기되었다. 뿐만 아니라 행위자가 위법성을 인식하고 행
위한 경우에도 외부적인 제반사정이 행위자에게 적법행위를 요구할 수
없는 경우가 있는 경우라면 행위자를 비난할 수 없는 경우도 있지 않은
가라는 문제의식이 검토되면서 "책임의 본질은 비난가능성이다"라는
점에 주목하는 규범적 책임론이 등장하게 된다. 주지하다시피 이러한
책임론을 최초로 주장한 자는 Frank이다(이러한 책임론을 Frank流의 규
범적 책임론으로 칭하기로 하자). 이에 의하면 책임이 있다고 하기 위해
서는 고의와 과실 이외에 행위를 함에 있어서 '부수사정의 정상성'의 존

---

20) 그의 책임론을 두고 일본에서는 瀧川, 宮本, 草野 등의 학자들이 기대가능성을
　　중심으로 하는 규범적 책임론과 대비시켜 Hippel流의 규범적 책임론이라 칭하고
　　있다고 한다. 이에 대해서는 성시탁, 앞의 논문(각주 19), 133면과 Robert v.
　　Hippel, *Deutsches Strafrecht*, Bd.1(Berlin: Julius Springer, 1925), S. 279 f.

부를 고려해야 한다. 즉, 행위자에게 고의나 과실이 없으면 책임이 없으나, 고의나 과실이 있다고 하더라도 부수사정이 정상적이지 않고 그 때문에 적법행위의 결의 기대할 수 없는 경우라면 행위자를 비난할 수 없으므로 책임이 없다고 해석하는 이론이다.[21] Frank와 Goldschmidt 및 Freudental 등에 의해 발전된 이러한 규범적 책임론은 이론구성에 있어서 약간의 차이점이 있었지만, "행위를 함에 있어서 부수사정 때문에 적법행위의 기대가능성이 행위자에게 없을 경우에는 책임이 없다고 해석하는 점"에 있어서는 견해가 일치되었고, 이 견해를 완성시킨 자는 E. Schmidt라고 한다. 기대가능성을 중심으로 하는 규범적 책임론은 점차 보편화되어 그 후 독일과 일본 및 우리나라에서도 통설적 지위를 차지하게 된 것은 주지의 사실이다.

　Frank流의 규범적 책임론에 대해서도 몇 가지 비판이 제기되었는데, 그 핵심은 책임판단의 대상인 심리적 요소로서의 고의와 과실을 여전히 책임요소로 해석하는 것은 부당하다는 것이다. 이러한 입장에 따르면 예컨대 부수사정이 정상적이어서 적법행위의 기대가능성이 있는 경우라도 행위자의 고의나 과실이 존재한다면 책임이 있다고 해석해야 하는바, 이것은 결국 심리적 책임론의 책임개념과 다를 바 없다는 것이다. 다시 말해 고의나 과실은 책임판단의 대상이며 심리적 요소인 반면 기대가능성은 규범적 요소인데 이렇게 단순히 사실적인 것과 규범적인 것을 책임요소로 한 곳에 병치시키는 것은 타당하지 않다는 것이다. 아울러 Frank처럼 책임의 심리적 요소라고 해석하는 고의에는 사실의 인식뿐만 아니라 위법성의 인식이나 인식가능성이 필요하다고 해석하는 것은[22], 본질적으로 그 성질이 상이한 두 종류의 인식을 고의의 내용으로 한다는 것이므로 타당하지 않다고 한다. 위법성의 인식 또는 인식가능성은 행위자에게 적법행위의 결의가 가능함에도 불구하고 위법행위

---

21) 성시탁, 앞의 논문(각주 19), 136면.
22) Frank流의 규범적 책임론자들이 모두 Frank처럼 고의에 위법성의 인식이 필요하다고 이론을 구성한 것은 아니다. 예컨대 E. Schmidt는 위법성의 인식을 고의와 병존하는 심리적 책임요소로 보았다.

를 결의한 점에 대해 책임비난을 가능하게 하는 책임의 규범적 요소인 반면, 고의나 과실은 책임판단의 대상으로서 책임을 구성하는 요소가 아니라는 것이다. 즉 고의에 위법성의 인식(가능성)을 포함시킬 수 없다는 것이다.23) 이러한 문제의식으로부터 이후 규범적 책임론은 목적적 행위론자들에 의해 책임은 비난가능성으로서 평가 그 자체라고 보고, 고의를 책임의 영역에서 배제하는 견해로 발전하게 된다.24)

일단 여기까지의 학설사를 일별해 보면, Hippel流의 규범적 책임론이든, Frank式 규범적 책임론이든, 당대의 규범적 책임론은 위법성인식필요설, 즉 엄격고의설과 결합돼 있다는 엄상섭의 견해는 일응 타당해 보인다. 따라서 위법성인식필요설은 규범적책임론의 내용과 무관하다는 비판은 적절해 보이지 않는다. 엄상섭에게 형법이론적으로 많은 영향을 준 것으로 평가받고 있는 다키카와25)나 마이어의 입장도 규범적 책임론에 입각해 위법성인식필요설(또는 가능성설)을 취하고 있다는 점에서 당대의 규점적 책임론과 위법성의 인식(가능성)의 관계에 대한 엄상섭의 인식은 오히려 매우 적확하다고 보는 것이 타당할 것이다.26)

---

23) 성시탁, 앞의 논문(각주 19), 140면.
24) 성시탁, 앞의 논문(각주 19), 149면.
25) 다키카와는 '위법성의 인식'은 고의의 요건이라는 입장이다. 吉川經夫·內藤 謙·中山研一·小田中聰樹·三井 誠 編著/허일태(책임번역)·배문범·이동희·김환전·이덕인 공역, 앞의 책(각주 11), 416면.
26) 다만 엄상섭이 왜 마이어의 '가능성설'을 제외하고 '엄격고의설'만을 규범적 책임론의 내용으로 보았는지에 대해서는 별도의 논의가 필요할 것이다. 추측컨대 두 가지 가능성이 있다. 하나는 엄상섭이 주로 문헌적으로 접근하기 용이한 다키카와의 견해를 마이어에 앞서 수용했기 때문일 것이고, 다른 하나는 마이어의 입장 자체가 처음에는 '엄격고의설'을 취하다가, 나중에 '가능성설'의 입장으로 바뀌었기 때문이다. 즉 그는 고의의 요건으로서 '의무위반성의 인식'을 주장하다가 나중에는 '의무위반성의 인식가능성'만으로도 충분하다는 이론으로 견해를 발전시켰다. 이 점에 대해서는 손해목, "위법성의 의식(불법의식)", 동국대학교 행정논집 제20권 (1992); 서거석, "금지의 착오에 관한 고찰", 전북대학교 사회과학연구 제10권 (1983), 132면.

(3) 규범적 책임론과 결과발생의 인식가능성

다음으로 엄상섭이 행위자의 고의나 과실, 또는 결과발생이라는 사실의 인식가능성까지도 규범적 차원의 비난가능성 요소로 파악하여 행위자의 규범적 평가인 위법성인식과의 차별화를 무시하였다는 비판에 대해 검토해 보자. 주지하다시피 당대의 학계는 인과적 행위론이 지배하는 고전적 범죄체계를 따르고 있었고, 이 체계 하에서 고의와 과실은 책임조건으로 파악된다. "형법에 있어서 책임론의 기초는 비난가능성에 있는 것이고 비난가능성은 '인식할 수 있었다는 것, 즉 인식가능성이 사실적인 요소이며, 그 인식가능성은 범죄행위를 피할 수 있었다는 것, 즉 기대가능성이라는 규범적인 요소의 전제가 되는 것이다. 인식가능성이 없는 곳에 기대가능성이란 문제는 논할 필요도 없는 것이다."27)라는 대전제 하에 엄상섭은 '인식가능성'의 문제로 볼 수 있는 모든 주관적 요소들, 예컨대 고의나 과실, 그리고 상당인과관계에 있어서 '상당성 판단' 등이 책임판단의 기준인 비난가능성과 연관된다고 주장한다. 과실이 '인식가능성'과 연관된다는 점은 쉽게 이해할 수 있으나 고의는 어떻게 그러하다는 것일까? 엄상섭의 말을 들어보자. "고의는 인식, 과실은 인식가능을 골자로 한다. 책임조건이라는 동위개념에 속하는 과실에 있어서는 인식가능성의 정도가 중요성을 가짐에도 불구하고 고의에 있어서는 이것이 무시되어도 좋을 수는 없[다]. 형법의 실지 운용상에서 볼 때에도 고의의 인정은 우리의 사회통념으로 보아서 '이만한 정도이면 인식하였을 것이다'라는 추측인 것이지 '인식했다'는 것을 적확하게 증명할 수는 없는 것이다. '인식했다'는 것에만 의거하여 고의 유무를 인정하는 것으로 생각하고 있던 종래의 우리의 기유관념은 결국 일종의 착각이었던 것이고 대부분의 사건에 있어서는 일반인의 경험에 비추어 '행위자는 그 자신의 행위와 결과에 대하여 인식하였으리라'는 것으로써 고의의 존재를 인정하고 있는 것이다. '미필의 고의'란 '원래 이만한 정도면 고의가 존재했다'고 봐야 한다는 것이니 결국 인식 자체보

---

27) 신동운·허일태, 앞의 책(각주 3), 140면.

다 '인식가능성의 정도'에 의하여 '인식 있는 과실'과 구별되는 것이 아
닐까? 무의식중에 있어서 우리는 고의에 있어서도 '인식가능'의 정형화
에 대한 고찰이 이미 행해져 오고 있었던 것이다. 고의에는 인식 여부
만이 문제되는 것이고 인식가능성이란 고의의 한계 외에 있는 것이라
고 보려고 하는 것은 사리를 밝힘에 있어서 실증적인 태도를 떠나는 것
이라고 아니할 수 없[다]. '인식가능성'이라는 동일한 기초 위에 서면서
'인식했다'는 특징이 가해질 때에 저위의 책임조건인 과실의 정도를 벗
어나서 고도의 비난성을 가지는 고의로 비약하는 것이다. 그러므로 과
실과 고의는 양정인 구별에서 이해하여야 하고, 질적인 차이는 인정할
수 없는 것이다."28) 요컨대 엄상섭에 의하면 형사실무에 비추어 볼 때,
고의는 '실제 인식'이라기보다는 일반인의 경험에 비추어 볼 때 '인식
가능성'의 문제이고, 미필적 고의도 역시 마찬가지라고 한다. 그리하여
고의와 과실은 질적 차이가 없고 단지 '인식가능성의 정도'의 차이가
된다. 나아가 엄상섭은 사실의 착오가 있음에도 불구하고 고의를 인정
하는 추상적 부합설과 법률적 부합설도 '인식가능성'에 기초해 고의를
인정하는 것이라고 분석한다. 결국 고의의 기초 역시 '인식가능성'에 있
다고 볼 수 있으며,29) 상당인과관계설에 있어서 상당성 판단의 문제도
역시 '인과관계에 대한 인식가능성'의 유무판단의 문제로 정형화하는
것이 가능하고, 또 바람직하다고 엄상섭은 주장한다. "그 인식 여하에
대한 입증이 지난하므로 인식가능성을 정형화한다는 것은 구체적으로
인식 유무를 결정하는 것보다 간명공평하게 재판하게 될 것이[기]"30)
때문이다.

　이상의 고찰에 따르면 엄상섭이 고의와 과실, 그리고 결과발생이라
는 사실의 인식가능성까지도 규범적 요소인 '비난가능성'으로 파악한
것이 규범적 평가인 위법성인식(가능성)과 차별화를 무시하였다는 비판

---

28) 신동운·허일태, 앞의 책(각주 3), 138-145면의 내용 중 주된 논지를 발췌, 요약한
　　것이다.
29) 신동운·허일태, 앞의 책(각주 3), 144면.
30) 신동운·허일태, 앞의 책(각주 3), 137면.

은 적실한 지적이 되지 못한다. 효당의 관점에 따르면 고전적 범죄체계 하에서 고의나 과실 등 일체의 주관적 인식가능성은 '비난가능성'의 사실적 요소를 구성하기 때문이다. 즉 그의 견해에 의하면 인식가능성은 위법성에 대한 것이든, 사실적 요소에 대한 것이든 모두 비난가능성의 조건이 된다. 그렇다면 "목적적 행위론과 사회적 행위론에 의한 새로운 범죄론체계가 소개되기 전의 논문이라는 관점에서 보면 엄상섭의 글은 매우 체계적이고 논리적이다"라는 평가가 더 타당할 것이다.

(4) 규범적 책임론 하에서 위법성의 인식은 책임평가의 대상인가, 책임의 구성요소인가?

한편 김성돈 교수는 책임개념을 순수하게 평가적 요소로만 이해하는 입장(그는 이를 순수한 규범적 책임론이라 한다)을 철저히 유지하기 위해서는 위법성의 인식도 책임의 독자적 요소로 이해해서는 안 된다고 주장한다. 전술한 바와 같이 위법성의 인식도 행위의 규범위반성에 대한 심리적 태도이므로, 이는 어디까지나 책임평가의 대상에 불과한 것이지 '비난가능여부'의 평가 그 자체인 책임의 요소가 될 수 없다고 한다. 따라서 위법성의 인식은 적극적으로 책임을 구성하는 독자적 요소가 아니라 그 불인식이 행위자의 행위에 대한 책임비난을 탈락시킬 수 있다고 평가할 수 있는 하나의 단서에 불과한 것으로 보아야 한다고 주장한다.[31] 이러한 해석은 형법 제16조가 '위법성의 인식'이 없더라도 곧바로 책임을 조각시키지 않고, '정당한 이유'가 있는 때에 한하여 책임을 조각시키는 태도와도 일치한다고 한다.

그러나 위법성의 인식이 책임평가의 대상인지, 책임평가 그 자체를 가능하게 하는 책임의 요소인지에 대해서는 소위 순수한 규범적 책임론자들 간에도 논란이 있다. 하지만 적어도 Welzel의 견해에 비추어 보면 위법성의 인식은 행위자가 그것 때문에 비난되는 것이 아니고 행위

---

31) 김성돈, 형법총론(성균관대학교 출판부, 2011), 374면.

자가 위법한 고의에 대하여 왜 비난되어야 하는가의 근거가 된다. 행위
자는 위법성을 인식하고 그것에 의하여 자신의 위법한 행위결의를 중
지할 수 있었기 때문에 이것에 대하여 비난되는 것이며, 따라서 위법성
의 인식은 비난가능성의 요소가 된다고 한다. 요컨대 위법성의 인식 또
는 인식가능성은 그것이 있으므로 인해 책임비난을 가능하게 하며, 그
것에 대하여 책임평가가 가해지는 바의 평가의 대상이 아니고, 책임평
가 그 자체를 가능하게 하는 바의 책임의 요소로 보아야 할 것이다. 그
렇다면 김성돈 교수의 지적처럼 만일 위법성의 인식이 책임의 구성적
요소라면 위법성의 인식이 없다고 하여 왜 곧바로 책임이 조각되지는
않는가? 이에 대한 Welzel의 해명을 들어보자. "불법인식과 불법인식의
가능성은 책임개념에 있어서 오로지 하나, 의사형성(고의)이 행위자에
게 비난가능하느냐의 여부 및 그 정도를 결정하는 기능을 가질 뿐이다.
행위자가 불법성을 전혀 인식할 수 없었던 의사결의는 책임비난될 수
없으며, 그 반대의 경우도 동일하다. 즉 행위자가 충분한 주의를 하였더
라면 그 위법성을 인식할 수 있었던 고의는 이미 그에게 책임비난될 수
있다. 왜냐하면 행위자는 그때 위법한 결의를 중지할 가능성을 가졌기
때문이다. 불법인식과 불법인식의 가능성은 고의행위의 비난가능성의
정도를 결정할 뿐이다."[32] 풀이하자면 위법성의 인식과 인식가능성은
모두 책임비난의 요소가 된다는 것이고, 위법성의 인식이 없을 때가 아
니라 그 인식가능성이 없었던 경우에 비로소 책임이 조각된다는 것이
다. 그리고 이러한 결론은 입법자의 결단에 의존하는 것이 아니라 책임
비난 자체의 卽物的 내용(sachliche Gehalt)으로부터 나온다고 한다. 그
핵심은 위법성의 인식이 없을 때 비난가능성이 사라지는 것이 아니라
위법성의 인식가능성조차 없을 때 비로소 비난가능성이 없어진다는 것
이다. 위법성의 인식이 없어도 그 인식가능성이 있었다면 비난가능하기
때문이다. 다시 말해 책임개념의 즉물적 이해방식에 입각해 보면, '책임
의 가장 낮은 한계'는 '위법성의 인식가능성'에 있는 것이므로 이러한

---

32) Welzel/김종원 역, "책임과 위법성의 의식", 경희법학 제2권 (1960), 167면 참조.

인식의 가능성이 없을 때 비로소 고의책임이 조각된다고 보아야 할 것[33]이다. 이상의 논의에 비추어 보면, 위법성의 인식을 책임의 구성적 요소가 아니라고 이해하는 방식이야말로 '독특한' 규범적 책임론이라고 보아야 할 것이다.

2. 인과관계불요설

(1) 책임조건의 정형화와 인과관계불요설

두 번째 검토할 사항은 바로 엄상섭이 채택하고 있는 소위 '인과관계불요설'이다. 엄상섭은 '책임조건의 정형화'에서 규범적 책임론에 입각해 다음과 같은 주장을 펼친다. "형법에 있어서 책임론의 기초는 비난가능성에 있는 것이고, 비난가능성은 '인식할 수 있었다'는 것, 즉 인식가능성이 사실적 요소이며, 그 인식가능성은 범죄행위를 피할 수 있었다는 것, 즉 기대가능성이라는 규범적인 요소의 전제가 되는 것이다. 인식가능성이 없는 곳에 기대가능성이란 문제는 논할 필요도 없는 것이다." 이어 그는, "호상연쇄(互相連鎖)되어 있는 인과관계가 객관적으로 존재하였더라도 이것이 인식가능의 한계선 내의 것이 못될 때에는 형법상의 인과관계로서는 아무런 가치도 없는 것이다. 인과관계의 존부는 객관적으로 따져야 하지마는 인식할 수 없는 것은 비난가능의 대상이 되지 못한다는 점에서 인과관계문제에 대한 논의는 끝나야 할 것이다."라고 주장한다. 그가 제시하는 근거를 축약해보면 다음과 같다. "인과관계란 표면에 나타나는 현상 자체가 아닌 무형의 관계이기 때문에 현상 자체에 대한 인식보다는 명확성이 희박한 것이다. 하지만 인류의 경험칙에 의거한 정형성에 있어서는 그 대다수 인류의 신뢰도가 명확하게 되는 까닭으로 (정형화된 인류의 경험칙에 비추어 보면) 인식가능

---

33) 이 점에 대해서는 유기천, 형법학 [총론강의](법문사, 2011), 227면 참조. 이러한 이해방식으로부터 유기천 교수는 형법 제16조의 이론적 토대로서 '위법성인식가능성설'을 입론한다.

성 여하를 측정하기 쉬운 것이다. 따라서 종래에는 '상당인과관계'라는
용어로서 이 인식가능성의 문제를 해결해 왔던바, 만일 '상당인과관계
만 있으면 (상당성이 인정되면 이미 인과관계에 대한 인식가능성은 경
험칙 상 인정될 것이므로) 행위자의 실제 인식여하는 문제되지 않는다'
고 한다면 오해하기 쉬운 이론체계가 된다."고 한다. 왜냐하면 "인과관
계는 객관적인 것이라고 하면서, 객관적 범죄구성요건은 인식하거나 인
식할 수 있는 것이어야 한다고 하면서 인과관계만은 인식여부와 관계
없이 처리해도 좋다고 한다면 이 자체가 표현상의 모순이기 때문이다."
요컨대 객관적 구성요건인 인과관계에 대해서 '상당성'이 인정된다고
하여 곧바로 인식(가능성) 여부에 대한 검토 없이 그 구성요건이 성립
한다고 판단하는 것은 규범적 책임론에 비추어 볼 때 그릇된 이론이라
는 것이다.

(2) 상반된 평가

　인과관계론에 대한 엄상섭의 견해를 두고 다소 엇갈린 평가가 제시
되었다. 우선 허일태 교수는 말한다. "엄상섭 선생은 당시의 범죄체계론
에서 아직도 고전적 범죄체계를 벗어나지 못하였기 때문에 고의와 과
실과 같은 주관적 구성요건과 위법성의 인식 내지 인식가능성이라는
책임의 요소를 명확하게 구분하지 않았다. (중략) 이 때문에 오늘날의
의미에서 책임의 요소인 위법성의 인식 내지 인식가능성을 인과관계에
있어서 결과발생의 인식가능성까지 포함하는 개념으로 사용하였다는
점에서 실수를 범했다."고 지적한다. 반면 신동운 교수는 "그는 인식가
능성의 문제로 볼 수 있는 모든 주관적 요소를 전적으로 책임조건의 영
역에 배치해야 한다고 생각하였다. 그리고 이 주관적 요소의 공통적인
출발점은 인식가능성에 있다고 보았다. 그런데 이 주관적 요소를 판단
함에는 법관의 자의가 개입하기 쉬우므로 이를 방지하기 위해서는 일
정한 정형화를 시도해야 할 필요가 있다고 보았다. 엄상섭의 글 '책임
조건의 정형화'와 관련하여 보면 그의 학설 가운데 두 가지가 주목된다.

하나는 인과관계불요론이다. 엄상섭이 이 글에서 상당인과관계설을 위시한 일련의 인과관계이론을 무의미한 것으로 보고 책임조건의 영역에서 인식가능성의 문제와 관련하여 파악하려고 한 것은 바로 이와 같은 사고의 연장선상에 있는 것이라고 생각된다." 여기서 '이와 같은 사고'란 엄상섭에게 많은 영향을 준 것으로 보이는 다키카와 유키토키의 형법이론이다. 그는 "형법에 있어서 특별히 인과관계를 논하는 것은 불필요하다고 하면서, 형법에 있어서 인과관계의 범위는 행위개념에 있어서 당연한 제한에 복종하는 것이라면 그것은 의욕 또는 의욕가능성, 따라서 그 전제인 예견 또는 예견가능성의 범위로 한정하지 않으면 안 된다. 그 범위는 바로 행위자의 책임범위와 일치한다."는 독특한 이론을 전개하였기 때문이다. 신동운 교수는 "엄상섭의 견해는 인과관계론을 책임조건의 영역에서 논의하고 있다는 점에서 오늘의 형법학도들에게는 매우 이례적으로 비춰지게 될 것이다. 그러나 이 글이 집필될 당시 다키카와의 학문적 권위가 아직 우리 학계에도 널리 인정되고 있었다는 점, 그리고 다키카와가 주장한 인과관계불요설이 학계에서 강력한 설득력을 가지고 있었다는 점 등을 고려한다면 엄상섭의 분석이 결코 아마추어적인 시도가 아니라는 점을 오늘의 우리는 시인할 필요가 있을 것이다."고 긍정적인 평가를 내린다. 한 마디로 '실수를 범한 것'이 아니라 '당대의 유력설에 근거하여 독특하고 전문적인 이론을 제안한 것'이라는 평가다. 과연 어떻게 이해하는 것이 타당할까?

(3) 인과관계의 범죄체계론상 지위

현대적 관점에서 보면 엄상섭의 인과관계론은 명백히 낯설고 통설적 범죄체계에 혼란을 초래하는 이론이다. 그러나 형법상 인과관계론의 연혁과 학설사를 일별해 보면 인과관계가 구성요건에 속한다는 오늘날의 통설적 견해도 인과관계의 체계론상 지위에 관한 과거 여러 학설 중 하나였다는 사실을 알 수 있고, 따라서 그의 견해가 혼란스러운 것은 어디까지나 현대적 기준에 의거할 때만 그러하다는 점을 간과해서는 안 될 것이다.

인과관계의 범죄체계론적 지위에 관한 학설사를 보면, 인과관계가 전구성요건적 행위론에 속한다는 견해, 구성요건론에 속한다는 견해, 그리고 책임론에 속한다는 견해, 행위론과 구성요건론의 두 영역에 속한다는 견해 등으로 나뉘어 있었다.[34) 이 중 여기서 문제되고 있는 책임론에 속한다는 견해(일명 책임론설 또는 인과관계부정설)에 대해 알아보자. 이 견해는 엄상섭에게 상당한 영향을 준 것으로 평가받고 있는 다키카와나 M. E. Mayer의 주장에서 비롯된다. M. E. Mayer는 "형법상 사실관계만 인정되면 인과관계의 무한한 연장은 책임의 범위에서 제약되기 때문에 인과관계를 특별히 문제삼을 필요가 없다"고 한다. 즉 사실관계만 확정되면 형법상 결과에 대한 원인을 어디까지 소급해 인정할 것인가의 문제는 책임론에 의해 해소될 문제라는 것이다. 다키카와 유키토키(瀧川幸辰)도 같은 맥락에서 "행위의 인과관계는 결과의 예견 및 예견가능성을 그 한계로 하므로 결국 고의·과실(책임요소)의 범위와 일치하는 것이므로, 인과관계의 이론은 책임론의 한 장면에 불과하다"고 주장한다. 요컨대 인과관계부정설(인과관계불요설)은 과거에 인과관계의 체계적 지위에 관한 어엿한 학설로서 나름의 논거와 권위를 지니고 있었고, 엄상섭은 이를 자신의 표현으로 가다듬어 설득력있게 주장하고 있는 것이다. 다만 당대에도 인과관계부정설을 취하는 견해는 극히 소수설에 불과했던 것으로 보인다.[35)

그렇다면 엄상섭의 인과관계론에 대한 '책임론설'적 이해방식은 단순한 '실수'가 아닌 것임은 분명해 보인다. 하지만 그렇다고 '당대에' 널리 지지받고 있던 이론이었다고 보기도 어렵다. 비록 당대의 독일과 일본의 두 영향력 있는 학자의 견해를 재해석한 것이기는 하나 그들의 입장은 극소수설에 불과했던 것으로 보이고, 엄상섭도 명확히 인지하고

---

34) 이 점에 대해서는 이재석, "형법상의 인과관계에 대한 서설적 고찰", 대구대 법정논총 제5집 (1990), 73-74면 참조.
35) 우리나라에서는 박문복 교수가 이러한 입장을 취하고 있었다. 박문복, 형법총론 (보문각, 1960), 245면.

있듯이 인과관계의 존부판단은 객관적인 것인데, 인과관계에 대한 인식 (가능성)의 여부가 비난가능성의 여부를 결정짓는다고 하여 이를 책임 의 문제로 환원시키는 것은 논리적 비약이기 때문이다.

그럼 이 지점에서 엄상섭의 인과관계불요설 논지를 직접 확인해 보 기로 하자.

"상당인과관계설이란 어떠한 것인가? 그 중의 객관설은 사후의 심사 에 의하여 제3자, 즉 재판관의 입장에서 객관적으로 관찰하여 행위 당 시에 성립한 모든 사정을 종합하여 통상적인 과정을 밟은 것인가 아닌 가를 고찰하여야 한다는 것이고, 주관설은 행위자의 행위와 행위자의 인식한 사정으로부터 통상적인 과정에서 발생한 결과에 대하여서만 법 률상의 인과관계를 인정한다는 것이며, 절충설은 행위 당시에 있어서 일반인이 알 수 있었던 사실을 기초로 하여 일반인으로서는 알 수 없었 던 사실일지라도 행위자가 알고 있었던 것까지 포함시켜서 인과관계를 결정한다는 것이다."[36]

"형법상 인과관계는 순객관적인 것이다라는 말을 긍인할 수 있을 까? 주관적 상당인과관계설이나 절충적 상당인과관계설은 설명할 필요 도 없이 행위자의 인식, 즉 범죄의 책임조건과 관련시키지 아니하고는 인과관계의 한계선을 그을 수 없음을 자인하였음을 알 수 있거니와 객 관적 상당인과관계설까지도 이러한 요소가 들어 있는 것이다. 즉, '통상 적인 과정'이라는 것, 다시 말하면 '인류의 사회경험상 있을 수 있는 것 으로 신뢰되어 있는 과정'에서 이루어진 인과관계라는 것은 결국, '일반 인의 경험칙을 기초로 하여 행위자도 인식할 수 있는 인과관계'를 지칭 함에 불과한 것이다."[37]

"즉 무한한 인과관계의 연쇄선상에서 행위자가 인식하였거나(고의), 인식할 수 있었던 것(과실)을 표준으로 하여 가벌의 한계선을 그어야 한다는 것이다. 왜냐하면 형사책임의 기초는 비난가능성이고 책임조건

---

36) 신동운·허일태, 앞의 책(각주 3), 133면.
37) 신동운·허일태, 앞의 책(각주 3), 134면.

의 전제는 인식가능성이기 때문이다. 인식가능성이 없는 곳에 비난가능성이 없는 것이고 비난가능성 없이는 가벌성이란 시인될 수 없는 것이라는 원칙은 형법 전체를 지배하는 지도이념이며, 이 원리에 의하여 인과관계문제가 처리되어야 할 것이니 결국 행위자의 인식 여하가 인과관계의 한계가 되는 것이다. 환원하면 사실상 인과관계가 있더라도 행위자가 인식할 수 있는 범위에 속하지 아니하는 것이라면 형사책임 유무의 결정에 있어서는 '인식 없는 결과'로 볼 수밖에 없는 것이다."[38]

상기 주장은 '책임조건의 정형화 – 규범적 책임론의 방론 – '에서 밝힌 엄상섭의 독창적 논지, 즉 "인식가능성의 문제로 볼 수 있는 모든 주관적 요소를 전적으로 책임조건의 영역에 배치하는 것이 가능하고 또 바람직하다"는 측면에서 보면 이해하지 못할 바는 아니다. 하지만 위 주장의 논리에는 어딘가 석연치 않는 점이 있다. 결론적으로 행위로부터 결과로 이어지는 과정에 대한 행위자의 인식가능성이 있는 경우에만 인과관계가 성립된다는 것이 그의 논지인데, 이는 그 실질상 주관적 상당인과관계설과 동일한 내용을 갖게 되고, 따라서 이 학설에 대한 비판이 그대로 유효할 것이기 때문이다. 주관적 상당인과관계설의 문제점에 대해서 이용식 교수는 다음과 같이 지적한다.

"주관설은 행위시에 행위자가 현실적으로 인식, 예견한 사정 또는 인식, 예견할 수 있었던 사정을 파단의 기초로 한다. 그런데 이와 같이 판단하면 인과판단이 책임판단에 상당히 가까운 것으로 되어 버려, 과연 인과관계 단계에서 그와 같은 판단을 행하는 것이 타당한지 혹은 필요한지 문제가 된다. 그런데 주관설이 상당성의 판단에 사용되는 법칙적 지식을 행위자가 알고 있었던 것에 한한다고 하며, 상당성은 책임판단이 되어버려 독자적인 의미를 잃게 된다. 결론상으로 주관설은 귀책범위가 너무 좁다."[39]

---

38) 신동운·허일태, 앞의 책(각주 3), 135면.
39) 이용식, "상당인과관계설의 이론적 의미와 한계", 현대형법이론 I(박영사, 2008),
    8면 참조.

(4) 인과판단의 책임화의 부당성

요컨대 주관적 상당인과관계설은 결과적으로 인과판단이 책임판단이 되어버려 상당성은 독자적인 의미를 잃게 되고 인과관계를 인정하는 범위가 너무 좁아진다는 것이다. 엄상섭은 상당성 판단이 막연하기 때문에 이를 '인식가능성'이란 구체적 기준으로 대체하려 하였으나 그렇게 된다면 인과판단이 책임판단이 되어버려 인과관계의 논의가 독자적인 의미를 잃게 된다. 유사한 맥락에서 이건호 교수는 다음과 같이 지적한다.

"이 견해는 상당성이라는 기준을 통해서 행위자에게 발생한 결과를 귀속시키는 것이 합당한가 판단하는 문제를 책임의 문제와 혼동하고 있는 것으로 보인다. 인과관계의 확정이 행위자의 책임을 결정하는데 있어서 중요한 문제이기는 하지만 인과관계가 직접적으로 책임조건 등의 문제와 관련을 갖는 것은 아니라고 보아야 한다. 즉 상당인과관계의 문제는 행위자가 그 행위를 통해서 일반인이나 그에게 예견가능한 결과를 야기시켰기 때문에 그 결과를 행위자의 소위로 돌릴 수 있다는 점을 확인하는 문제이지 책임단계에서 확인하여야 할 문제, 예를 들면 행위결과가 행위자의 법적대적인 성격을 드러낸 것으로서 비난가능한가의 문제와는 다르기 때문이다."[40]

또한 엄상섭의 논지에는 이보다 더 큰 결함이 있다. 그는 '인과판단, 즉 인과관계의 존부판단'에 요구되는 '인식가능성'과 '인과관계 자체에 대한 인식가능성'을 혼동하고 있기 때문이다. 인과관계의 존부판단은

---

40) 이건호, "과실범에 있어서 객관적 귀속에 대한 비판적 연구 - 상당인과관계설과 객관적 귀속론을 중심으로 - "박사학위논문, 서울대학교 (2001), 73-75면 참조. 다만 이건호 교수는 엄상섭 등의 견해(인과관계불요설)가 조건설에 대한 반성에서 나온 견해라는 점에 그 의의를 찾을 수 있고 특히 엄상섭의 견해는 '한국적인 객관적 귀속론의 시원적인 형태'로 파악할 수 있을 것이라고 긍정적인 해석을 내리고 있다. 이건호, 앞의 논문, 64면과 75-76면 참조. 인과관계불요설에 대한 유사한 지적으로는, 신양균, 형법상 인과관계와 객관적 귀속에 대한 연구, 박사학위논문, 연세대학교 (1988), 73면.

행위와 결과 사이에 일반적·유형적으로 판단하는 경험적 법칙성의 문제로서 이는 어디까지나 객관적 구성요건해당성의 문제로 자리매김되어야 하는 성질의 것이므로 이는 인과관계에 대한 인식(가능성)의 유무, 즉 고의와 과실판단의 문제와 구별되어야 한다.[41] 다시 말해 엄상섭이 인과관계에 대한 인식(가능성)은 당대의 고전적 범죄체계론의 관점에서 보면 책임론에서 해소되어야 할 문제임을 지적한 것은 타당하지만, 그렇다고 해서 인과관계 자체의 존부문제의 판단이 범죄체계론 상 불필요해지는 것은 아니라는 것이다. 오히려 인과관계의 확정을 전제로 고의나 과실의 성립여부가 순차적으로 검토되는 것이기 때문이다. 이러한 분석이 옳다면 엄상섭은 "인과관계는 객관적인 것이라고 하면서, 객관적 범죄구성요건은 인식하거나 인식할 수 있는 것이어야 한다고 하면서 인과관계만은 인식여부와 관계없이 처리해도 좋다고 한다면 이 자체가 표현상의 모순이[다]"라고 주장했으나, 오히려 이 주장 속에 모순이 있는 것이다. 인과관계의 확정에 요구되는 일반적·유형적 예견가능성의 문제(인과관계의 확정문제)와 그 확정된 인과관계에 대한 인식(가능성)의 문제(고의와 과실의 성립여부)를 혼동하고 있기 때문이다. 이른바 '인관관계의 착오'의 문제는 전자의 확정을 전제로 하여 후자의 영역에서 발생하는 문제라는 점을 상기하면 이해에 도움이 될 것이다.

3. 효당의 공범규정 구상과 간접정범의 본질

(1) 끝나지 않은 논쟁

2000년 전후 우리 형법학계에서 전개된 대표적 해석논쟁을 꼽으라면 그 중 하나는 바로 간접정범의 본질에 관한 논쟁일 것이다. 간접정범의 본질이 과연 정범인지(정범설), 아니면 공범인지에(공범설) 대하여 그동안 치열한 공방이 우리학계에서 전개되었고[42] 최근 들어 양 진영

---

41) 유사한 지적으로는 손해목, "형법상 인과관계에 관한 학설의 재검토", 동국대학교 행정논집 제16권 (1986), 152면 참조.

에서 '불완전 정범설'43)과 '부진정 공범설'44)을 제시하면서 이 논쟁은
새로운 국면으로 접어들고 있는 것으로 보인다. 이러한 논의과정에서
엄상섭의 글 '우리 형법전과 공범이론'이 그에 대한 약간의 평가와 함
께 각 진영에서 직·간접적으로 인용되었던바, 여기서는 이를 소개하고
동 해석논쟁의 향후 추이를 전망해 보고자 한다.

(2) 논의의 새 지평

그동안 간접정범의 본질에 대한 논쟁에서 다양한 논지와 논거들이
제시되었고, 그 중에는 양 진영에서 입장을 좁힐 수 있는 부분도 있고
여전히 관점의 차이가 큰 부분도 있다. 본고에서는 현 시점에서 그간
전개된 논쟁을 통해 드러난 양 진영 주장의 논거들을 일단 중립적 관점
에서 검토해 보고 이와 관련해 엄상섭의 글이 이 논쟁에 지닐 수 있는
의미를 재조명해 보고자 한다.

우선 정범설이든 공범설이든 순 이론적으로는 간접정범이 정범에
가깝다는 점에 대해서 크게 이견이 없는 것으로 보인다.45) 간접정범개
념이 형성되어 온 학설사를 보더라도 점진적으로 간접정범은 교사범과

---

42) 공범설은 현재 소수설로 분류된다. 대표적으로 신동운, 형법총론 제9판(법문사,
2015), 575-576면을 참조. 오영근 교수는 공범설의 입장에서 공범형 간접정범과
도구형 간접정범을 구분하는 이분설을 제시한 바 있다. 오영근, 형법총론(박영사,
2005), 619-623면 후술하듯 최근에는 김종원 교수가 공범설을 지지하면서 다만
표현을 간접'정범'이 아닌 '부진정 공범'으로 할 것을 제안하고 있다.

43) 김종구, "간접정범의 본질에서 본 정범 배후의 정범", 조선대학교 법학논총 제17
집 제2호 (2010).

44) 김종원, "처벌확장적 공범론에 관한 연구 – 소위 간접정범론에 대한 재검토 – ",
학술원논문집(인문·사회과학편) 제55집1호 (2016) 참조. 참고로 '불완전 정범설'
이나 '부진정 공범설'은 과거 독일형법 학설사에 등장했던 '의제적 정범'과 '외견
적 교사범(scheinbare Anstiftung)' 개념을 떠올리게 한다.

45) 이창섭, "형법상 간접정범의 본질에 대한 새로운 관점의 제안", 형사법연구 제25
호 (2006), 169면 참조. 이창섭 교수는 공범설의 입장에서 '정범으로서의 간접정
범'과 '공범으로서의 간접정범'을 구분할 것을 제안한다.

구분돼 정범개념에 편입되는 경향이 농후했던 것으로 보인다.46) 그러므로 향후 논쟁의 실익은 해석론적인 측면에 초점을 맞추어야 할 것이다. 그런데 일부 정범설 중에 현행 간접정범 조문의 '해석론' 차원이 아닌 순 '이론적' 차원에서 간접정범의 본질론을 전개하는 경우가 있다.47) 반면 '해석론' 차원에서 '정범설'을 취하는 것이 더 타당한 결과를 가져온다고 논증하는 견해48)도 있다. 전자의 경우 현재의 이론적 발달의 수준에 비추어 볼 때(소위 행위지배설) 간접정범은 정범이고 따라서 입법론적인 개선이 필요하다는 주장은 수긍할 수 있다. 하지만 여전히 현행 조문이 실효성을 지니고 있는 현실에서 해석논의는 논외로 한 채 순 이론적, 입법론적 논의만으로 '간접정범은 정범이다'라고 주장하는 것은 형법학에서 '의미있는' 본질논쟁이라고 말하기 어렵다. 물론 주관주의와 객관주의의 대립, 응보형주의와 목적형주의의 대립처럼 순 이론적 차원에서 다루는 것이 가능하고, 여전히 충분히 의미가 있다는 논쟁도 있을 것이다. 하지만 '간접정범'처럼 법조문에 명시적으로 규정된 대상

---

46) 이 점에 대한 상세한 연구로는 손해목, "간접정범의 정범성에 관한 연구", 단국대학교 논문집 제8권 (1974). 동 문헌에 의하면 고대 로마법과 게르만법에서는 정범과 공범이 구분되지 않다가, 중세 이탈리아 법학에서 처음으로 그 구분을 시작하였고, 보다 엄밀한 의미의 정범과 공범개념은 18세기 중엽의 독일 형법학에서 찾을 수 있다고 한다. 이후 독일에서는 19세기 초엽까지 교사범과 간접정범이 동일개념 속에 혼재되어 내려오다가 19세기 중엽에 이르러 프로이센 형법전에서 최초로 교사범과 간접정범을 구분하기 시작한 이후 형법학계에서 간접정범과 교사범의 구별을 더욱 명확히 하고자 하는 노력이 지속되었다고 한다. 손해목 교수는 간접정범의 개념이 나오게 된 것은 결과책임주의를 극복하고자 한 근대형법학의 필연적 결과라고 평가한다. 간접정범과 교사범이 결과가 동일하다고 하여 양자를 같게 취급하는 것은 결과책임주의에 다름아니라는 것이다. 범죄의 동기와 법적 의미 등이 중요해짐에 따라 학설사적으로 점차 간접정범과 교사범의 구별이 확연하게 되었다고 한다.

47) 예컨대 손동권, "형법 제34조(간접정범)에 대한 입법론적 검토", 형사법 연구 제22호 (2004 겨울) 특집호.

48) 서보학, "형법상 간접정범 규정의 해석론과 입법론", 경희법학 제44권 제3호 (2009) 참조.

은 조문의 해석론적 의미를 떠나 홀로 독립적으로 실재하는 그런 개념
이 아니다. 예컨대 대법원은 소위 '콜밴 사건'에서 여객자동차운송사업
면허를 받거나 등록을 하지 아니한 채 화물자동차로 형식승인을 받고
등록된 콜밴을 이용해 유상으로 여객을 운송하는 행위가 여객자동차운
수사업법상 무면허 운송행위가 되는지 여부에 대해서 동법에서 규율하
는 '자동차'는 자동차관리법 제3조의 규정에 의한 승용차 및 승합자동
차만을 의미하는 것이므로 화물자동차로 등록된 콜밴을 이용한 무면허
운송행위는 동법의 처벌대상이 아니라고 판시한 바 있다.[49] 동 대법원
판결의 소수의견은 비록 '형식상' 화물차로 등록되어 있다 하더라도
'실질적인' 기능과 구조를 고려할 때 콜밴은 '승용겸 화물형'인 승용차
로 보는 것이 타당하며 이는 국민일반의 자연스러운 통념에도 일치하
고, 이렇게 해석하는 것은 법문의 가능한 의미를 넘지 않는 전체적·종합
적 해석방법으로서 유추해석에 해당하지 않는다고 논박하였던바, 이 사
안의 다수의견과 소수의견의 대립은 이른바 '규약적 정의(conventional
definition)'와 '자연적 의미'가 충돌한 사안으로 평가할 있다고 본다.[50]
다시 말해 법문에 의해 규정된 대상은 자연적 의미에 우선하는 해석론
적 의미를 갖게 된다는 것이다. 이는 특히 엄격해석을 요하는 형법해석
의 경우 더욱 그러하다. 더 이해하기 쉬운 예로 '지폐'를 보자. 지폐는
'자연적 의미'에서 보면 '숫자와 글씨가 쓰인 규격화된 종이'에 불과하
지만 우리 사회의 경제시스템 하에서 교환가치를 갖는 '돈'이다. '자연
적 의미'를 넘어서는 '제도적 실재'로서의 본질을 갖게 된다는 뜻이다.
그렇기 때문에 간접정범을 정범으로 보는 경우와 공범으로 보는 것은
실정법의 적용에 있어서 중요한 결과의 차이를 가져오기도 한다. 예컨
대 만일 교사범이나 방조범으로 기소된 피고인을 공소장 변경절차 없
이 간접정범으로 인정하는 것이 가능할까? 혹은 그 반대의 경우는 어떨

---

49) 대법원 2004.11.18. 선고, 2004도1228 전원합의체판결.
50) 이러한 분석으로는 안성조, 현대 형법학 제1권 – 이론과 방법 – (경인문화사, 2009),
273면. 관련해 참조할 만한 문헌으로는 Michael S. Moore, "Natural Law Theory
of Interpretation", *58 S. Cal. L. Rev. 277* (1986), at 329-331.

까? 무엇보다 피고인의 방어에 실질적인 불이익을 초래하는지 여부 등
이 검토되어야 하겠지만, 정범설과 공범설의 입장에서 각기 상이한 판
단을 내릴 것으로 보인다.[51]

향후 간접정범의 본질논쟁은 이러한 중간평가를 염두에 두고 전개
되어야 할 것이다.

(3) 입법자 엄상섭의 구상

형법논집에 수록된 엄상섭의 글 '우리 형법전과 공범이론'에 대해
신동운 교수는 다음과 같이 의미를 부여하고 있다.[52]

"형법전의 제정과 관련하여 엄상섭은 형법요강의 기초에서부터 시
작하여 법전편찬위원회 형법초안 성안, 국회 법제사법위원회 수정안 성
안, 국회 본회의 형법안 독회 등의 전 과정에 걸쳐 입법의 현장에 서
있었다. 따라서 엄상섭 집필의 우리 형법전에 관한 글들은 학계의 다른
인사가 기록한 것과는 차원이 다른, 직접적이고도 생생한 입법자료로서
의 위치를 차지하고 있다."

"엄상섭의 기본입장은 철저한 객관주의 형법이론, 공범종속범설, 그
리고 확장적 공범개념에 입각해 있다. 그의 이러한 생각은 죄형법정주
의의 신봉, 형사책임의 명확화 강조, 국가권력의 남용에 대한 경계 등에
기초한 것이다."

"엄상섭은 (우리 형법전의 공범론 규정이 확장적 공범론에 입각해
있다는) 자신의 견해가 '우리 형법전상의 명문으로 봐서' 입론되는 것
임을 이 글의 말미에서 강조하고 있다. 그의 이러한 발언은 형법전 제
정의 현장에서 일관되게 논의과정을 지켜보았던 인사의 소감으로서 중
시하지 않으면 안 된다."[53]

---

51) "심리의 경과 등에 비추어 피고인의 방어에 실질적인 불이익을 주는 경우가 아니
　　라면 공동정범으로 기소된 범죄사실을 공소장 변경 없이 방조사실로 인정하는
　　것도 가능하다"는 판례를 참조해 볼 수 있다. 대법원 2004.6.24, 2002도995.
52) 이하의 인용문은 신동운·허일태, 앞의 책(각주 3), 334-336면에서 발췌한 것이다.

이와 관련해 허일태 교수는 다음과 같이 말한다.

"간접정범 등에 관한 엄상섭 선생의 이와 같은 형법이론은 오늘날 정범개념에 대해 행위지배설이 학계의 지배적 견해로 되어 있는 현실과는 상당히 괴리가 있어 보인다. 그러나 독일의 형법전은 우리 형법이 아니고, 우리 형법 제34조 제1항이 아직도 한국 내에서 유효하며, 그 내용도 '어느 행위로 인하여 처벌되지 아니하는 자 또는 과실범으로 처벌되는 자를 교사 또는 방조하여 범죄행위의 결과를 발생하게 한 자는 교사 또는 방조의 예에 의한다'고 명시하고 있는 바, 이는 간접정범의 경우에도 교사범처럼 이용의 형식으로 범하게 할 때에는 교사범과 같은 법정형으로, 방조범처럼 범죄실행에 단순히 기여의 형식으로 범할 수 있게 할 때에는 방조범과 같은 법정형으로 처벌할 수 있게 하여 간접정범의 처벌범위를 좁히려고 하는 입법자의 의도이자 규정내용의 실질적 정신이라고 보여진다. 이런 점에서 우리 형법전의 간접정범의 문제에 관해서는 엄상섭 선생의 지적은 시사하는 바가 크다고 할 것이다. 따라서 현행 형법 제34조 제1항의 규정과 그 배경정신을 무시하고 간접정범에 관한 현행 형법의 규정을 독일의 형법규정처럼 해석하려는 태도가 정당한 것인지는 의심스럽다.[54]"

엄상섭의 공범론 조문체계 구상에 대한 신동운 교수와 허일태 교수의 평가는 대동소이한 입장으로 보인다. 즉 당대의 입법자의 의도에 의하면 확장적 공범론에 입각해 간접정범 규정이 성안되었으며, 따라서 비록 이러한 규정형식이 현대의 형법이론과 괴리가 있다 하더라도 이를 존중하며 동 규정을 해석해야 한다는 것이다.

한편 정범설의 지지자인 김종구 교수는 엄상섭의 글에 대해 다음과

---

53) 이와 관련해 신동운 교수는 엄상섭의 글 '우리 형법전과 공범이론'을 발견하기 전에, 연혁적 분석을 통하여 우리 형법의 간정정범 조문이 '확장적 공범론'에 입각해 성안된 것임을 구명해 낸 바 있다고 밝히고 있다. 신동운, 앞의 책(각주 42), 576면. 그 연혁적 분석작업으로는 신동운, "공범론 조문체계의 성립에 관한 연혁적 고찰", 우범 이수성 선생 화갑기념논문집 (2000), 69면 이하.
54) 신동운·허일태, 앞의 책(각주 3), 302면.

같은 평가를 내리고 있다.

"공범설은 입법자의 의도나 입법 연혁을 강조하면서, 우리 형법 기초자의 한 분이었던 엄상섭 변호사의 글을 근거로 한다. 우리 형법의 제정 현장에 있었던 엄상섭 변호사의 다음과 같은 발언에 의하여 정범설은 그 설득력이 없다는 것이다. (중략) 따라서 공범독립성설에 따를 때 간접정범은 당연히 정범이 된다는 것은 정확한 표현이 아니라고 생각된다. 엄상섭 변호사의 글은 물론 우리 형법 해석에 지대한 의미를 갖는 것이지만, 이러한 글에서의 표현이 간접정범의 본질에 관한 견해의 결정적 근거가 되기는 어려운 것으로 판단된다."55)

또한 서보학 교수는 공범설 진영에서 내세우는 논거 중 하나가 "우리 형법제정의 주도적 역할을 담당한 엄상섭 의원이 확장적 공범론에 기초하여 간접정범을 공범으로 파악하고 있었다."고 지적한 후, 공범설의 각 논거들을 차례대로 논박하면서도 엄상섭 의원의 견해를 어떻게 수용할 것인가에 대해서는 침묵하고 있다.56)

그렇다면 여기서 엄상섭이 말한 간접정범 규정의 성안배경은 과연 무엇이었는지, 그것이 얼마나 동 규정의 해석에 있어 중요도를 갖는 것인지 면밀히 검토해볼 필요가 있을 것이다.

우리 형법전의 간접정범 규정에 대한 엄상섭의 설명은 놀라울 정도로 명쾌하다. 그 대요(大要)를 원문과 함께 차례대로 소개하면 다음과 같다.57)

"형법이론에 있어서 주관주의와 객관주의의 대립이 그렇게 용이하고 단순하게 해결될 문제가 아닌 만큼 우리 형법의 제정에 있어서는 (공범규정에 관하여) 입법적으로 하는 결정적인 해결 또는 어느 편에 접근하는 경향까지도 피하려는 신중한 태도를 취하였으며, 이는 법전편찬위원회의 이름으로 발표된 형법초안이유서에 간단하게 언급해 둔 바

---

55) 김종구, 앞의 논문(각주 43), 8면 참조.
56) 서보학, 앞의 논문(각주 48), 318면 이하 참조.
57) 이하의 인용문은 신동운·허일태, 앞의 책(각주 3), 167-186면의 내용에서 논지전개에 맞게 발췌한 것임.

도 있음에 비추어 명백하다.”

“형법의 보장기능은 강제되어야 하고, 죄형법정주의를 견지하려면 ‘형사책임의 명확화’라는 것이 최대한도로 강조되어야 할 것이고, ‘형사책임의 명확화’를 실효성 있게 하려면 범죄유형의 객관화는 불가피한 요청이며, 범죄유형의 객관화의 1보는 ‘원형(原型)으로서의 범죄유형’의 상정인 것이다. 그러면 ‘원형으로서의 범죄유형’, 즉 ‘범죄유형의 단위’는 어떻게 정함이 가장 간명하느냐가 다음 문제로 등장하는바, 이는 ‘한 사람이 자기의 손으로 완전하게 구성요건에 해당하는 행위를 실현하는 것’으로 상정함에 있어서만 정확한 객관성을 부여할 수 있는 것이다.”

“정통적 공범이론은 ‘형사책임의 명확화’에 충실하려는 거점을 버리지 못함으로 인하여 독일이나 일본의 현행 형법과의 관계에서 피치 못할 결함성을 가지게 되었다. 그 하나는 간접정범의 문제이거니와 이는 범죄의 실행을 교사 또는 방조한 것도 아니니 공범개념에 해당치 않으므로 정통적 공범론에서는 부득이 정범의 범위에 넣지마는 ‘자기의 손으로 완전하게 구성요건에 해당하는 행위를 실현하여야 한다’는 정범의 본래의 개념에 비추어 무리가 있으며, 이 정범개념을 흐리멍텅하게 함으로 인하여 형법의 보장개념을 해하는 결과에 빠지는 것이다.”

“그 둘은 신분범에 있어서 비신분자를 이용한 범죄실현에 대한 것으로서 비신분자만의 실행으로서는 처죄성이 구비되지 아니하므로 극단종속형태에 해당하지 않지만, 형법에서 이를 회피할 수는 없는 것이다.”

“공범의 종속성을 유지하면서 정범개념을 제한적으로 구성하지 아니하면 범죄유형의 보장기능을 파괴한다는 전제를 견지하면서, 소위 극단종속형태에 의하지 아니하고 제한종속형태와의 결부에서 교사 또는 방조된 자는 고의를 구비할 필요가 없고, 따라서 피교사자나 종범은 구성요건을 완전하게 실현하여야 할 것이나, ‘한 사람’만이 완전하게 실현함은 반드시 필요한 것이 아니며 그 행위가 구성요건의 일부에 해당하며 그 자체로서 위법성만 구비하면 공범으로 성립됨에 충분한 것이고, 신분범에서 신분자가 비신분자를 이용하거나 목적을 가진 사람이 목적 없는 사람을 이용하는 경우에 있어서 피이용자에 있어서의 구성요건의 부족은 이용자의 신분 또는 목적에 의하여 보충된다는 것이 확장적 공범론의 대요이다."

"(확장적 공범론에 의하면) 실행행위가 적어도 구성요건의 일부분에 해당하고 또 행위를 유발한 자의 신분 또는 목적과 합일하여 완전한 위법유형을 구성하게 된다면 이는 교사범 또는 종범으로 성립됨에 충분하다고 하는 것이니, 간접정범, 신분자가 비신분자를 이용한 신분범, 공모공범은 교사범이나 종범의 범위에 편입되어야 하는 것이다."

"(확장적 공범론은) 간접정범, 공모공범 등을 교사범에 포함시킨다는 것이 결국 교사범에 지나친 임무를 부하시키는 것으로서, 명문상의 규정 없이 교사범의 개념을 확장한다는 것은 교사범의 성립범위를 불명확하게 하는 것이 되고 말았다. 더구나 간접정범의 어떠한 부분은 교사범으로 하지 아니하고 依然 간접정범으로 존치하는 바로서 전연 심신상실자를 도구처럼 이용하여 사람을 죽이거나 또는 전연 사정을 모르는 간호부로 하여금 환자에게 독약을 먹여서 이를 독살한 것 같은 것은 타인을 교사하여 범죄를 실행케 한 자가 아니고 도리어 스스로 사람을 죽인 자인 것이다. 이러한 경우에 '간접정범'이다."

"물론 공범이론이 해석론으로서 세치한 것으로 이루어진 것이기는 하나 형법의 학리를 무시하는 입법이란 결국 입법자의 자의에 의한 '진리말살'의 일종이기 때문에 아무리 입법적인 해결일지라도 이론상의 근거를 조홀히 할 수는 없는 것이고, '극단종속형태와의 결부에서 구성된 정통적 공범이론'은 지금까지 각국의 형법에 예외 없이 그 예상 하에 규정되어 있어서 '형사책임의 명확화'에 의한 '형법의 보장기능의 확보'를 강조하는 반전체주의적인 세계관을 유지함에 있어서는 '형법을 일관하는 기본개념'이 될 수밖에 없는 것이다."

"그러면서도 우리 형법계의 인사들 중에는 일본의 마키노식의 주관주의 형법이론에 현혹되어 특히 우리나라의 민주정치의 초단계에 있어서의 형법의 역사적 사명을 등한시하거나 또는 이에 대하여 무의식적인 사람이 많았던 관계로 우리 형법전은 공범이론에서도 보수적이고 타협적일 수밖에 없었다."

"제34조 제1항이다. 전술한 바와 같이 정통적 공범이론에서 해결하기 어렵던 3개의 난점 중에서 간접정범과 신분자가 비신분자를 이용함으로써 행해지는 신분범의 문제를 입법적으로 해결한 것이 동조 제1항이다. 이는 길게 설명할 필요도 없이 확정적 정범론을 배제하고서 확장적 공범론을 이론적 근거로 한 것이다. 확장적 정범론은 범죄유형을 파괴하여 '형사책임의 불명확화'에의 경향성이 현저하므로 형법의 보장기능을 해할 우려성이 농후한 점에 있어서 공범독립범설에 통하는 바가 있는 까닭에 간접정범 중의 일부(의사가 정을 모르는 간호부로 하여금 환자에게 독약을 먹어서 독살하는 것과 같은 경우)는 교사범 개념에 넣기 어렵다는 것을 간과(看過)하면서 형법의 보장기능에 충실한다는 뚜렷한 이유에서 확장적 공범론에서 상정한 이상으로 정범범위를 축소하는 태도를 취하였다는 것이 동조 제1항의 입법정신일 것이다."

"따라서 동조 제1항에서 말한 바의 '어느 행위로 인하여 처벌하지 아니하는 자'라는 것은 '책임무능력자, 고의를 결여한 자, 목적범에 있어서 목적이 없는 자, 신분범에 있어서 신분이 없는 자'를 지칭한 것으로 봐야 할 것이다. 우리 형법전에는 제34조 제1항이 있음으로 인하여 M. E. 마이어가 주장하는 도구이론 같은 것도 불필요하게 된 것이다."

"결국 우리 형법저는 제34조 제1항을 규정함으로써 공범종속범설 중의 확장적 공범론을 채택하였음이 명백하여 간접정범은 모두 '당연히 정범이 된다'는 공범독립성설과의 거리가 멀어져 버린 것이다."

"이러한 현대적인 사명에 적합한 형법이론에서 오는 공범종속범설, 그 중에서도 제한적 종속형태에 결부되는 확장적 공범론이 우리 형법전상의 명문으로 봐서 입론되는 것이고, 이와의 체계적인 이론구성으로서 우리 형법전 제30조는 범죄공동설로 해석되어야 할 것이다."

이상 엄상섭이 밝힌 공범규정, 특히 형법 제34조의 입법배경을 쉽게 풀이하자면 다음과 같다. 당대 형법학계에는 형법의 보장기능에 충실하려는 객관주의와 범죄를 행위자의 악성의 징표로 보는 주관주의의 대립이 있었고 형법제정에 있어서 주관주의와 객관주 중 어느 한쪽에 기울지 않도록 신중을 기하였다. 정통적 공범이론(공범 종속성설)에 의하면 몇 가지 이론적 결함이 발생하는데 그 하나가 바로 간접정범의 문제라고 한다. 간접정범은 범죄의 실행을 교사 또는 방조한 것도 아니므로 공범개념에 해당하지 않고, 따라서 부득이 정범에 포함시킬 수밖에 없지만, 정범이란 행위자가 직접 완전하게 구성요건을 실현하는 '실행정범'을 그 본래적 형태로 하는바, 간접정범은 이러한 정범개념에 비하면 '흐리멍텅한' 개념으로 형법의 보장기능을 해하는 결과를 초래한다는 것이다. 이를 해결하기 위한 신 공범이론이 등장하였고, 그 중 형사책임의 불명확화를 초래하는 확장적 정범론을 배제하고 현대적 사명(민주주의 초기단계에서는 형법의 보장기능에 충실해야 한다는)에 적합한 확장적 공범론을 채택한 것이 공범규정의 입법정신이라고 엄상섭은 밝히고 있다. 그리하여 간접정범은 물론 신분자가 비신분자를 이용한 신분범, 공모공범 등은 교사범이나 종범의 범위에 포함되어야 한다는 것이다. 그 결과 어느 행위로 인하여 처벌되지 않는 자로서 '책임무능력자, 고의를 결여한 자, 목적범에 있어서 목적이 없는 자, 신분범에 있어서 신분이 없는 자' 등이 여기에 해당한다고 하는데, 결과적으로 정범에게 책임이 없는 경우에도 공범(즉 간접정범)이 성립하게 됨으로써 결과적으로 '제한적 종속형태에 결부되는 확장적 공범론'이 우리 형법전상의 명문으로 봐서 입론되는 것이라고 천명한다. 이러한 입법배경에 비추어 볼 때 우리의 입법자가 간접정범을 공범으로 규정해 놓은 것은 명백한 것이다.

　　더불어 학리와 입법의 상관관계 및 한계에 대해 엄상섭은 자신의 소견을 밝히고 있는바, 현재의 간접정범 본질논쟁에도 일정한 시사점을 제공해 줄 수 있다고 생각된다. 그는 형법의 학리를 무시하는 입법이란 결국 입법자의 자의에 의한 '진리말살'의 일종이라고 말한다. 그 때문에 아무리 입법적인 해결일지라도 이론상의 근거를 조홀히 할 수는 없다고 강조하고 있다. 그도 분명 일부 간접정범 사례(의사가 정을 모르는 간호부로 하여금 환자에게 독약을 먹여서 독살하는 것과 같은 경우)는 교사범 개념에 넣기 어렵다는 점을 명확하게 인식하고 있었다. 하지만 그럼에도 불구하고 이 점을 '간과(看過)하면서' '형법의 보장기능에 충실한다는 뚜렷한 이유에서' 정범범위를 축소하는 태도를 취하였다는 것이 입법정신이라고 밝히고 있는 것이다. 요컨대 엄상섭에 따르면 현행 간접정범 규정은 이용자를 교사범 또는 방조범의 범위에 넣지만 이는 (현재의 행위지배설의 관점에서 보면 '의사지배'가 인정되어) 분명 '정범'으로 보아야 하는 사례까지도 '공범'으로 의율해야 하는 이론적 부당함으로 노정하고 있으나 '형법의 보장기능에 충실한다는 뚜렷한 이유'를 더 앞세워 입법적 해결을 보았다는 것이다. 간접정범의 본질에 대해 이른바 '정범설' 주장자들이 비판하듯 우리 공범론 규정이 사물의 본성에 반하는 것이라는 문제제기에 대해 엄상섭은 이미 답변을 준비해 놓고 있었던 것이다. 즉 일부 간접정범은 분명 정범의 범주에 넣는 것이 타당하겠지만, 그 개념의 폭이 불분명한(흐리멍텅한) 경우도 있으므로 형법의 보장기능에 충실하려는 취지에서(다시 말해 확장적 공범론이라는 이론적 근거에서) 공범으로 보기로 입법적 결단을 내렸다는 것이다. 이러한 입법배경을 고려하면, 그 누구도 당대의 입법자가 "학리를 무시했다"고 평가하기는 어려울 것이다.

(4) 남은 문제

하지만 제정형법의 입법과정에서 중추적 역할을 했었던 인물이 현행 간접정범은 규정은 '공범설'에 입각한 것이라고 입장을 밝혔다고 해서 추가적인 검토 없이 곧바로 '공범설'이 간접정범 조문 해석론으로서 타당하다는 결론이 도출되는 것은 아니다. 우리 형법의 입법과정을 지켜본 엄상섭은 다음과 같이 회고한 바 있다. "혹자는 말하기를 전문가들로만 구성된 법전편찬위원회에서 충분히 검토된 법안이니만큼 국회에서는 손댈 것없이 통과시켜도 좋지 않았겠느냐는 말을 하나 필자도 법전편찬위원의 한 사람으로서 형법안 작성에는 상당히 깊이 관계해 본 일이 있었으나 각 위원들은 자기의 本務의 여가로 하는 일에 불과하고 또 누구든지 깊이 연구하지도 아니하고서 위원회에 출석한 후 생각

나는 대로 법률상식적인 견해를 적당하게 발표할 뿐이라는 것이 법전
편찬위원회의 실정인 것이다. 기초책임을 맡은 위원만은 책임감을 가지
고 있으나 그 밖의 위원들이 그때그때의 생각나는 대로 발표되는 의견
을 도리어 일을 잡치는 때도 있었다."58) 위 엄상섭의 회고는 우리가 입
법자의 의사를 해석하는 방향에 대해 중요한 시사점을 제공해 주고 있
다. 그 첫째는 비록 법률전문가들의 회의체를 통해 기초된 법안도 그
속에 '일관되고 통일적인 의사'를 관념하기는 어렵다는 것이고, 둘째는
법안 기초작업에 참여한 어떤 주도적 인물의 생각이 반드시 전체의사
를 대변하는 것은 아니며, 셋째는 따라서 그 주도적 인물의 입법의도라
하더라도 실제 성안된 조문의 해석론으로 가장 적확한 것인지 여부는
별도의 비판적 검토를 필요로 한다는 점이다.

　일례로 앞서 '규범적 책임론'을 검토하며 논급한 바 있는 형법 제16
조의 이론적 토대로 엄상섭은 '규범적 책임론과 결부된 위법성인식필요
설'을 제시하고 있지만, 당대의 해석론은 일치되어 있지 않았다. 예컨대
'위법성인식가능성설'이 형법 제16조의 이론적 토대라고 본 문헌도 있
었고,59) 이후 유기천 교수도 그의 저서 형법학 초판부터 일관되게 형법
제16조는 가능성설을 입법화 한 조문이라고 확언에 가까운 견해를 국
내외에서 거듭 밝히고 있다.60) 또한 김종원 교수는 형법 제16조를 모순
없이 해석해낼 수 있는 학설로서 법과실준고의설과 위법성인식가능성
설, 그리고 책임설이라고 논증한 바 있고,61) 주지하다시피 현재 다수설

---

58) 이 회고의 소개로는 최종고, "엄상섭 [下]", 사법행정 27권 6호 (1986), 92-93면.
　　그 원문은 엄상섭 자신이 쓴 단행본 '권력과 자유' 65-66면에 수록되어 있다.
59) 김용진, 신형법 해의(解義) (1953), 91면.
60) 유기천 교수의 이러한 견해는 New York 대학 로스쿨의 Gehard O. W. Mueller
　　교수를 편집대표로 출간된 'The Korean Criminal Code, 1960'에서도 발견된다.
　　여기서 유기천 교수는 한국 형법은 법률의 착오 법리를 수용하되 당대 독일법을
　　따르지 않고 M. E. Mayer의 견해를 따랐다고 밝힌다. 마이어의 견해란 법적 의
　　무의 인식가능성(the possibility of knowledge of legal duty)이 범의(mens rea)의
　　구성요소라는 것이다. 이 점에 대해서는 동 문헌, 9면 참조.
61) 김종원, 금지착오와 형법 제16조, 경희법학 제9권 제1호 (1971) 참조.

은 책임설에 입각해 형법 제16조를 해석하고 있다. 이처럼 비록 입법자의 한 사람인 엄상섭은 형법 제16조의 이론적 토대로서 위법성인식필요설(엄격고의설)을 논급한 바 있지만, 이후 학계의 동향은 엄격고의설에 찬동하는 입장은 더 이상 찾아보기 어렵고 그보다는 가능성설이나 책임설 등 다른 학설로 기울어져 가고 있는 실정인 것이다.62) 이쯤 되면 형법의 기초에 주도적 역할을 한 엄상섭의 견해와 다르긴 하여도, 적어도 엄격고의설은 형법 제16조의 이론적 토대가 아니라고 보는 것인 온당한 태도일 것이다. 요컨대 형법 제16조의 입법의도는 형법제정 이후 치열한 해석논쟁을 통해 새로운 의미를 부여받게 된 것으로 볼 수 있다.

이상의 논의는 간접정범의 본질론에도 시사하는 바가 크다고 본다. 엄상섭은 제정형법의 간접정범 규정이 공범설에 입각해 성안된 것임을 명쾌하게 설명해 주었지만, 과연 그러한 의도가 현행 조문에 적실히 구현되고 있는지는 이후 동 조문에 대한 해석론의 향배에 달려있다고 할 것이다. 과연 정범설과 공범설 중 어느 학설이 동 조문을 더 적확하고 모순없이, 그리고 합목적적으로 해석해낼 수 있을지63), 그 결과에 따라서 간접정범의 본질이 결정될 것이다.

일단 공범설은 입법자의 의사에 비추어 볼 때, 매우 유리한 고지를 점하고 있다고 본다. 하지만 최종 결과는 향후 얼마나 정범설의 공세를 적실히 방어해낼 수 있는지 여부에 달려 있다.64)

---

62) 형법 제16조를 해석함에 있어 가능성설이 가장 타당하다고 입론하는 글로는 안성조, "형법 제16조에 대한 유기천 교수의 해석론 연구", 제주대학교 법과 정책 제22집 제2호 (2016) 참조.

63) 정범설보다는 공범설에 입각하여 간접정범 규정을 해석하는 것이 형법의 목적에 부합된다고 논증하는 견해로는 김태명, "간접정범 규정의 해석과 허위공문서작성죄의 간접정범", 형사법 연구 제22호 (2004) 참조.

64) 물론 정범설 진영은 최후의 보루로서 '형법개정'을 기대할 수 있을 것이다. 하지만 간접정범을 정범의 범주에 편입시키는 형법개정이 정당성을 얻으려면 과거 우리의 입법자가 심사숙고하여 설계한 공범체계가 타당하지 못하다는 가치판단을 이끌어낼 수 있는 설득력 있고 적실한 논거를 제시해야 하는 논증의무를 이행해야 한다.

IV. 효당의 형법사상

허일태 교수는 '형법논집'에 대한 해제에서 효당 엄삽성의 형법사상
을 다음과 같은 네 가지 표제로 일목요연하게 제시해 준 바 있다. 첫째,
인간성에 걸맞은 형법의 실현 둘째, 법치주의와 인권존중의 사상 셋째,
형법의 민주화 넷째, 윤리적 형법관 등이 바로 그것이다. 이어 후속 논
문에서 추가적으로 몇 가지를 덧붙이고 있는데 그 대표적이 것으로 첫
째, 인간의 불완전성을 전제한 형법사상 둘째, 자연법적 사고[65] 등이
있다. 굳이 본고에서 다시 설명할 필요도 없을 만큼 명쾌한 표제이고,
필자도 그러한 평가에 대해 공감하는 바이므로 여기서는 기존의 평에
대해 새로운 관점에서 몇 가지 첨언해 보고자 한다.

1. 효당의 형법관과 법해석 방법론

엄상섭은 그의 초기저작에 해당하는 '폭리범의 본질'[66]이라는 글에
서 다음과 같은 형법관을 피력한 바 있다. 이러한 그의 형법관은 이후
각종 논문과 논설에서 직·간접적으로 투영돼 일관되게 유지되었던 것
으로 보이므로 이에 대해 간단히 언급하고자 한다.

"요컨대 전기 대법원과 경성지방법원의 양 판결은 폭리범의 본질을
'부당한 이윤의 억압'인 것을 오해하여 '부당한 가격'이라는 요소를 폭
리범의 본질적인 요소 중의 주인 자리에 모시게 된 데서 전술한 바의
부당한 결론에 빠지게 된 것이다. 물론 종전의 일본 학설 중에 대법원
의 전기 판결의 요지와 동일한 것이 적지 아니한 것은 잘 알고 있다.
그러나 그것은 이론상 난점이 있을 뿐 아니라 일본의 전시가격통제의
영향하에서 합목적적으로 구성된 시설이었던 것이다. 그리고 일본에서

---

65) 허일태 교수의 분석으로는 신동운·허일태, 앞의 책(각주 3), 272-280면; 허일태,
　　앞의 논문(각주 4) 참조.
66) 엄상섭, "폭리범의 본질", 법정(法政) 제1권 제11·12 병합 특대호 (1946) 참조.

여하한 학설이 유력하든지 그것은 우리에게 참고자료가 될 뿐이고 우리는 우리의 독자적 견해로 우리의 건국이념에 맞도록 또 우리 민족경제지도에 적합하도록 법이론 발견에 부단의 노력을 해야 할 것이다." 이어 그는 독일의 유명한 법학자인 예링67)의 말을 인용한다.

"형법은 민족의 신경과 혈관의 가장 민감한 부분에 집중되어 있는 결절이며, 또 민족의 모든 인상과 감정을 민족 스스로 감지하게 하고, 또 외부로터 이것을 인식시키는 결절이다. 민족의 개성, 사상, 기풍, 정열, 풍속과 야성이 형법의 자태로서 표현되는 것이다. 일언으로 표현한다면 민족정신이 형법에 반영되어 있는 것이다."

---

67) 예링(Rudolf von Jhering, 1818-92)은 흔히 목적법학의 대표자로 알려져 있지만, 사비니와 푸흐타의 영향을 받아 한때 역사법학을 연구하였는데, 그 과정에서 법과 민족정신의 상관성을 구명해낸 바 있다. 라드브루흐는 예링이 역사법학파의 강령을 완수하였다고 보면서 "법과 민족정신(Volksgeist)의 관련을 '로마법의 정신'에서 천재적으로 보여주었다."고 평가한다. 이 점에 대해서는 구스타브 라드브루흐/최종고 역, 법철학 제3판(삼영사, 2007), 54면. 예링은 처음에는 법학의 본질적 기능이 법의 공리화(소위 개념의 계보학)에 있고 이를 통해 법체계의 논리적 공준에 따라 새로운 법규범이 추론된다고 보았으나 '로마법의 정신'을 오랜 기간 저술하면서 생각이 변하기 시작해 공리주의적, 체계적 방법론을 버리고 진화론의 영향을 받은 새로운 방법론을 수용하게 되었다고 한다. 즉, 다윈, 스펜서의 영향 아래 '권리를 위한 투쟁'을 집필하여 법이 권리를 위한 투쟁의 산물이라는 점을 강조하였다는 것이다. 그에 의하면 "법의 목적은 평화이며 그를 위한 수단은 투쟁이다." 예링에 의해 정립된 이익설은 현재까지도 의사설과 함께 권리의 본질에 대한 대표이론으로 받아들여지고 있다. 예링의 법철학에 대해서는 오세혁, 법철학사(세창출판사, 2012), 219면 이하 참조. 제한된 자료로 인해 엄상섭이 과연 어느 정도로 예링으로부터 사상적 감화와 영향을 받았는지는 가늠하기 어려우나, 예링의 역사법학적인 견해를 논급하고 있는 점은 대단히 흥미로운 대목이고 주목할 필요가 있다고 본다. 추측컨대 엄상섭과 예링의 연결은 다키카와가 마이어뿐만 아니라 예링의 영향을 많이 받았고, 마이어의 문화규범론은 마이어 스스로도 인정하듯이 예링에 힘입은 바가 크다는 점에 비추어 보면 어쩌면 자연스러운 과정이었는지도 모른다. 예링의 영향과 관련해 참고문헌으로는 吉川經夫·內藤 謙·中山研一·小田中聰樹·三井 誠 編著/허일태(책임번역)·배문범·이동희·김환전·이덕인 공역, 앞의 책(각주 11), 420면; M. E. Mayer, Rechtsnormen und Kulturnormen(Bleslau: Schletter'sche Buchhandlung, 1903), Vorwort 참조.

결론적으로 효당은 "모든 형벌법규의 해석에 있어서 이론에 어그러지지 아니하는 한 민족정신의 반영을 망각해서는 안 될 것이다."라고 강력히 역설한다. 엄상섭의 이러한 형법관은 한 마디로 말해 우리나라 고유의 풍토와 사상을 반영해 형법을 해석해야 한다는 취지로 볼 수 있을 것이다. 그리고 그의 이러한 태도는 제정형법의 기초에 관여함에 있어서도 지속적으로 관철되었음은 '형법논집'을 통해 여실히 확인할 수 있는 사실이다. 이러한 평가는 제정형법의 성격을 가늠하는 데 있어서도 중요한 자료가 될 수 있을 것이다.

아울러 그는 '또다시 폭리범의 본질에 관하여'[68]란 글에서 (형)법의 해석방법론을 엿볼 수 있는 견해를 제시하고 있다.

그는 먼저 이론은 그만두고 실무처리상의 표준만을 세우자는 견해에 대해서 "법률해석에 있어서 이론을 무시한다는 것은 매우 위험스러운 일이다. 왜 그러냐 하면 법률해석이 일관한 이론적 근거에 서지 아니하면 국민의 법적 안전감이 확보되지 못하는 까닭이다. 더구나 형벌법규에 있어서는 그것이 직접 인권에 관계되는 문제인 만큼 이론에 의거한 해석이 기일층 요청되는 것이다. 천리제방도 개미구멍으로부터 무너지는 바이니 이론무시의 폐풍이 우리 법조계를 휩쓸게 된다면 그 결과의 가공할 바 불언이가지(不言而可知)일 것이다."라고 비판한다. 이 글을 집필할 당시 서울지방검찰청 차장으로 그 역시 실무에 투신해 있었으면서도 법률해석에 있어서 이론의 중요성을 강조한 것은 효당의 학자적 소양과 풍모를 간취할 수 있는 부분이라 하겠다.

다음으로 폭리한계결정에 있어서 이윤이 없더라도 폭리범이 성립한다는 견해에 대하여 "예를 들면 생산자가격이 100원인 물건을 도매상이 120원에 매수하였을 때 그 도매상이 원가에 판매하였다 하더라도 적정도매가격으로 규정된 115원을 넘었으니 폭리범이 성립된다는 것이다. 그러나 미군정청령 제19호 제3조에는 '민중의 희생으로 폭리를 취

---

68) 엄상섭, "또다시 폭리범의 본질에 대하여", 법정(法政) 제2권 제5호, 통권 제8호 (1947) 참조.

하는 것'이라고 명료하게 규정되어 있어서 이 글자를 읽지 아니하려고
하여도 눈에 뚜렷하게 보이는 것을 어찌하리오. 입법취지가 물가앙등
억압에 있다고 하여서 어길 수 없는 이 문구를 떠나서 법률을 해석하려
고 하는가. 법률의 합목적적 해석도 여기에 이르게 되면 재판관과 입법
자와의 구별이 약간 모호하게 되지 아니할 수 없다. 원래 법률의 합목
적적 해석은 개념법학의 결점을 시정하는 장점을 가지기는 하나 법적
안전감을 감쇄시키는 단점이 있는 것인바 문리(文理)를 무시하여서까
지 합목적적 법률해석을 한다면 '토끼 쫓는 포수 눈에 범 안 보인다'는
우행을 감위하게 될 것이다. 이것은 결국 폭리범의 본질을 '부당한 이
윤의 제한'으로 보지 아니하고 '과도한 가격의 제한'으로 인식하는 데
서 유도된 초법률적 견해일 것이다." 여기서 엄상섭은 형법해석의 한계
로서 '문리'를 제시해 주고 있다. 합목적적 해석이라도 문리를 넘어설
수 없다는 것이다. 이른바 '법문언의 가능한 의미'를 넘어서는 형법해석
은 국민의 법적 안전감을 감쇄시키게 되고 이는 직접 인권에 관계되는
문제인 만큼 허용될 수 없다는 것이 엄상섭의 기본적인 법해석 방법론
의 입장임을 확인하게 된다. 그간 우리 학계에도 (형)법해석과 관련된
상당한 수준의 논의가 전개되고 축적되어 왔지만,69) 그에 비추어 보더
라도70) 엄상섭의 견해는 여전히 보편타당성을 지닐 수 있는 선견(先見)
이라 아니할 수 없을 것이다.

　형법해석 방법론에 대한 그의 입장은 다음의 언명에도 잘 드러나 있

---

69) 대표적으로 신동운 외, 법률해석의 한계(법문사, 2000)와 김도균 엮음, 한국 법질
　　서와 법해석론(세창출판사, 2013)이 있다.
70) 최근 들어 '법문의 가능한 의미'가 확정되기 어렵기 때문에 이 표지는 형법해석
　　의 한계에 대한 사후적 심사를 가능하게 해 주는 '외재적 기준'이 될 수 없으므로
　　과감히 포기하고 목적중심적 법해석론을 활용할 것을 제안하는 견해도 등장했지
　　만(독일의 경우 Sax, Kaufmann, Hassemer 등이 이러한 입장이다), 이러한 입장은
　　의미의 불확정성에 대한 다소 과장된 회의적 관점으로 보인다. 의미에 대한 실재
　　론적 고찰을 통해 동 표지의 기능을 회복할 수 있다는 견해로는 안성조, 앞의
　　책(각주 50), 236-290면 참조. 형법해석에 있어서 '문리'를 강조한 엄상섭의 견해
　　는 여전히 유의미하고 타당하다고 생각된다.

어서 다시 한 번 그 수준의 탁월성을 확인해 볼 수 있다.

"죄형법정주의는 오로지 '인권에 대한 보장기능'으로서만의 의의를 가졌을 뿐이며, 이에 신중을 기하기 위하여서는 '비록 공익의 면에서의 손실이 있다 하더라도 인권을 침해해서는 안 된다'고 강조하게 되는 것이고, 이 때문에 형법에 있어서의 '자유법운동'이 제한을 받게 되는 것임은 우리가 다 알고 있는 사실이다. 형법에까지 자유법운동을 도입하려는 논자들은 형법의 고정성을 공격하여 형법의 확장해석이나 유추해석을 불허하는 죄형법정주의는 지양되어야 한다고 하는 것도 또한 잘 알고 있는 사실이다. 그러나 죄형법정주의의 현대적 의의를 정당하게 이해한다면 '형벌법규의 해석에 있어서 인권침해의 방향으로의 해석은 엄금되어야 하며 따라서 이 방향으로 확장하고 유추하는 해석은 금지되어야 하나 인권침해의 염려가 없는 방향, 즉 관대하게 하는 방향으로의 확장해석 같은 것은 자유법운동의 정신에 의하여 허용될 수 있다'는 것을 긍정치 않을 수 없는 것이다.71)"

역시 동일한 맥락에서 엄상섭이 '신형법의 제정경위'란 글에서 논급한 해석방법론을 소개하면 다음과 같다.

"법조를 아무리 정확하게 표현하려고 하여도 인간의 언어의 불완전성이 그 자체에 기인되는 결함을 극복한다는 것은 불가능에 속하는 일이기 때문에 완전을 기할 수 없는 것이다. 그러므로 법률을 운용함에는 필연적으로 체계적이며 합리적인 해석론의 도움을 받아야 하는바 해석론이란 것은 명문(明文)과 법체계의 테두리 안에서의 입법정신의 탐구인 것이다. 따라서 입법정신의 정확한 파악이 법해석의 도달점이라고 하여야 할 것이다. 그러면 우리 형법의 입법정신의 근본은 어떠한 것일까? 그것은 의심할 여지도 없이 '민주정치' 그것이다. 인민의 기본권의 절대시와 그 기본권 상호간의 조정만이 신형법의 기본정신인 것이다."72)

---

71) 신동운·허일태, 앞의 책(각주 3), 148-149면.
72) 조선일보에 1953년 10월 11일, 12일, 13일 3회에 걸쳐 연재된 '신형법의 제정경위'란 이 글은 신동운 편저, 효당 엄상섭 형사소송법 논집(서울대학교 출판부, 2005), 215-222면에 수록되어 있다.

2. 인권존중 사상

(1) 엄상섭의 인권존중 사상

허일태 교수는 엄상섭의 형법사상에 대해 평가하면서 그의 인권존중의 사상을 논급한다. "엄상섭 선생은 기본적으로 각 개인의 천부인권을 인정하고, 그것을 형법적으로 어떻게 보장해야 할 것인지에 대하여 고민하면서 형법의 보장적 기능을 강조해야 할 이유를 다음과 같이 주장하였다. (중략), 형법은 국가나 사회의 보호에 주된 목적이 있는 것이 아니라, 각 개인의 보호에 일차적인 목적이 있음을 분명히 하였다. 이에 따라 그는 개인의 존엄성과 자유가 보장되는 사회만이 인류를 행복하게 할 수 있다고 확신하였으며, 이를 위해서 죄형법정주의의 원칙은 철저하게 지켜져야 할 것임을 천명하였고, 반인권적인 제도인 사형제도를 부정하였다.[73]"

"그는 일본의 압제와 해방 이후 발생된 여순반란사건을 비롯하여 국민방위군사건, 6.25의 경험, 게다가 이승만의 장기집권 야욕에 의한 독재의 체험 등으로 국내에서 누구보다도 인권옹호에 지대한 관심을 가졌을 뿐만 아니라 인권의 옹호를 위한 일이라면 과감하게 행동으로 실천하였다. 그는 이 선언문(세계인권선언)의 핵심을 인류의 공동생활을 해하지 아니하는 한 여하한 자유도 제한 또한 박탈해서는 안 된다고 파악하였다."

"그는 법의 지배가 철저히 준수되지 않은 국가에서는 필연적으로 인권이 무시될 수밖에 없음을 지적하였다. 다시 말해 인권보장을 위해서는 법치주의의 철저화를 요구했다. 여기서 우리는 엄상섭 선생이 법의 지배를 강조할 때, 그것이 형식적 의미의 법의 지배가 아니라, 각 개인의 기본적 인권을 보장하는 실질적 의미의 법치주의였음을 엿볼 수 있다."

엄상섭의 인권존중 사상은 그의 글 '형법연구의 기본태도'[74]에 잘

---

73) 허일태 교수의 평은 신동운·허일태, 앞의 책(각주 3), 273-275면에서 발췌한 것임.

드러나 있다.

"'집권자에 대한 신뢰는 독재화의 첫걸음이다'라는 경구는 형법이론 구성에 있어서의 지침이 되는 것이다. 집권자를 감시하고 견제하는 데에서 형법은 그 최대의 기능을 발휘해야 하는 것이다. 관념적으로 상정한 교육형이니 교화소니 하는 개념은 심히 화려하다. 그러나 그를 실제에 운용하는 실태를 전망할 때에는 '인간성의 불완전'이라는 장벽에 부닥치는 것이다. 형사재판의 정치화의 위험성, 행형관의 이기적 본능에서 오는 폐단, 형벌에 대한 개념설정이나 명칭의 여하에 불구하고 형벌에 대한 사회인의 전통적 감정과 자유박탈이라는 본질적인 요소만은 변질시킬 수 없다는 것 등을 치밀하게 검토해 볼 때에는 교육형이란 결국은 '장미화(薔薇花)가 장식되어 있는 정도의 형관(荊冠)'에 불과한 것이다. 형관인 이상 이를 쓰고 있는 사람의 고통에 있어서는 장미화로 장식된 것이라고 하여 가감이 있는 것은 아니다. 이러한 형관을 무기한하고 쓰고 있게 한다는 절대적 부정기형의 교육형이란 '수형자 자신만 잘하면 벗을 수 있다'는 희망만으로는 견딜 수 없는 일일뿐더러 형관을 벗겨 주는 문제에 대한 정확한 재판이라는 것이 전제되지 않는 한 '자유의 무제한적인 박탈'이라는 공포 속에서 일생을 마치게 되는 일이 있을 것이고, 그가 단순한 파렴치범이 아니고 어떠한 정치범이나 확신범일 때에는 문제는 더욱 심각해지는 것이다."

"신기를 좋아하고 이념론의 매력에만 현혹되지 말고 인간의 생태를 토대로 하는 학구적 태도를 가지는 데서만 '사람을 해치지 않는 형법이론'을 파악하게 될 것이다."

이상 위 글에서 엄상섭은 소위 '절대적 부정기형의 교육형'에 대한 반대의견을 피력하고 있다. 그것은 장미화로 장식된 형관에 불과하므로 '무제한적인 자유박탈'로 인해 수형자에 대한 인권침해를 초래하며, 특히 정치범이나 확신범일 때에는 그 문제가 더욱 심각해진다고 통렬히 비판하고 있다. 나아가 '사람을 해치지 않는 형법이론'을 구축해야 한다

---

74) 엄상섭, "형법연구의 기본태도", 법정(法政) 제11권 제4호, 통권 제84호 (1956) 참조

고 역설한다.

그의 이러한 태도는 '확신범에 대한 대책'[75]에서도 일관되게 확인할 수 있다. 엄상섭은 확신범이라는 용어에 대해 라드브루흐를 인용하며 '행위자가 정치상 또는 종교상의 확신에 의하여 행위할 의무가 있다고 하여 현행법에 위배되는 행위를 함으로써 성립되는 범죄'임을 밝힌다. 그리고 "우리의 현실에서는 확신범을 어떻게 처리해야 하느냐의 문제는 '인권절대존중시'의 각도에서 진실로 긴급하고도 중대한 문제인 것이다. 그러나 또 지난한 문제인 것이다."라고 문제제기를 하며 "형법 기타의 형벌법규라는 것도 절대진리일 수 없는 반면에 이러한 법규는 지키지 아니하는 것이 도리어 진리와 정의에 합치되는 것이라고 하는 개인 또는 소수파의 견해가 하느님의 바라시는 바일는지도 모르는 것이다. 그리하거늘 현행법에 위배하는 사람이라고 하여 그 사람의 확신 자체까지도 비난의 절대적인 대상이 될 수는 없는 것이다."라고 말한다. 그리고 엄상섭은 확신범에 대한 탁월한 식견, 즉 "확신범이여 네가 미워서 처벌하는 것이 아니라 네가 위태해서 처벌한다"는 법신(法神)의 탄사(歎辭)를 빌려 결론적으로 "확신범에 대하여는 현실적 질서를 유지함에 필요한 한계에서만 그의 자유를 제약하고 억제함에 그쳐야 할 것이고 그 생명을 박탈하거나 일반범죄자와 동일하게 처우해서는 안 될 것이다."라고 결론을 내리고 있다. 인권존중의 정신이 극명히 드러나는 대목이라 하겠다.

이처럼 엄상섭의 인권의식에 투철한 태도는 형법논집 곳곳에서 어렵지 않게 찾아볼 수 있는바,[76] 필자는 엄상섭의 그러한 형법사상이 어

---

75) 엄상섭, "확신범에 대한 대책", 법정(法政) 제12권 제5호, 통권 제97호 (1957) 참조.
76) 예컨대 '인공수태와 형법'이라는 글에서 다음과 같이 말한다. "아무리 과학적으로 사고하다고 하더라도 도야지의 해골이나 부모의 해골을 동일시하지 못하는 점에 인간성의 존귀함이 있는 것인즉 인공수태에 대하여도인간성을 무시하는 법적 해결은 있을 수 없을 것이다. 이러한 견지에서 인공수태가 성행하게 된다면 이에 적절한 법의 제정이 있어야 할 것이다." 엄상섭, "인공수태와 형법 - 특히 낙태죄와의 관계 - ", 법조협회잡지 제4권 제8호 (1955) 참조.

떠한 배경에서 유래하는지에 대해 간략하게 고찰해 보고자 한다. 이 점
에 대한 세간의 평가는 아직 내려지지 않은 것으로 판단되므로 의미있
는 작업이 될 수 있다고 생각한다.

(2) 엄상섭의 인권사상의 형성배경에 대한 고찰

먼저 지목할 수 있는 배경으로는 당대의 시대적 상황을 들 수 있을
것이다. 허일태 교수는 전술한 것처럼 "그는 일본의 압제와 해방 이후
발생된 여순반란사건을 비롯하여 국민방위군사건, 6.25의 경험, 게다가
이승만의 장기집권 야욕에 의한 독재의 체험 등으로 국내에서 누구보
다도 인권옹호에 지대한 관심을 가졌을 뿐만 아니라 인권의 옹호를 위
한 일이라면 과감하게 행동으로 실천하였다."고 분석한 바 있다. 검사를
거쳐 국회의원으로 활동한 그의 이력에 비추어 보면 동시대를 살았던
다른 인물들에 비해 인권의식이 투철해질 수밖에 없는 계기를 많이 가
졌을 것이란 분석이다. 예컨대 엄상섭은 '권력과 자유'의 자기소개 부분
에서 "이 검사생활, 이것이야말로 왜정 압력 하에서 독립운동에 신명을
비치시던 애국지사들에 대하여는 지금도 면목없는 일이라고 생각합니
다. 왜정 하의 검사정책 때문에 큰 죄를 지을 기회는 없었으나 굴절을
했고 왜제통치에 협력을 하였다는 것만은 아무리 사죄를 하여도 모자
랄 것입니다."[77] 검사라는 직업과 왜제통치기라는 시대적 배경이 그의
인권의식을 키워 준 계기가 되었음을 엿볼 수 있다.

다음으로 필자가 주목하고자 하는 배경은 엄상섭의 형법사상적 계
보이다. 신동운 교수는 엄상섭의 형법이론이 일본의 다키카와 교수와
독일의 마이어에게서 영향을 받은 것이라고 분석한 바 있다. "엄상섭은
그의 범죄론체계를 구성함에 있어서 일본의 형법학자 다키카와 유키토
키의 영향을 많이 받은 것으로 보인다. (다키카와는 또한 독일의 형법
학자 엠·에·마이어(M. E. Mayer)의 영향을 받은 것으로 생각된다. 계열

---

77) 이 부분의 발췌, 소개로는 허일태, 앞의 논문(각주 4), 195면 참조.

상으로 본다면 엠·에·마이어, 다키카와, 엄상섭의 순서를 생각해 볼 수
있다.) 다키카와는 전전에 일본 형법학계를 주도하였던 주관주의 형법
학자 마키노 에이이치에 대립하여 철저한 객관주의 범죄론체계를 견지
한 학자로도 유명하다.[78]" 전술한 바 있듯이 엄상섭의 규범적 책임론에
대한 신념이나, 형법의 보장기능에 충실하려는 학문적 태도에 비추어
보면 이러한 분석이 매우 적확한 것임을 어렵지 않게 확인할 수 있다.
그렇다면 그의 인권존중 사상도 이러한 계통도를 따라서 유래했다고
볼 여지는 없는 것일까?

그럼 우선 다키카와 유키토키(瀧川幸辰)의 형법이론에 대한 전문적
인 평가를 살펴볼 필요가 있을 것이다. 동경대학 법학부와 치바대학 법
경학부 및 소카대학 법학부 등의 법학교수를 역임한 나이토우 켄[79]은
다음과 같이 말한다.

　"瀧川幸辰의 형법이론은 근대 시민사회 성립기의 계몽형법사상, '전기 구파'에
서 19세기 후반 이후의 '후기 구파'로 이어지는 형법이론의 계보에 있어서 자유주
의적 측면을 전개·발전시키려 한 이론이었다. 그의 형법이론의 특징은 일본의 '구
파'이론에 속에 '인권사상'에 근거하는 죄형법정주의를 중핵으로 하는 이론구성이
며, 이론·제도·정책을 '사회지반'과 관련하여 고찰하려는 시도였다. 瀧川의 형법
이론에는 그가 계몽형법사상과 전기구파에 강한 관심을 가지고, 마르크스주의를
부분적으로 적용한 요소가 있으며, 형법의 인권보장기능, 국가형벌권 제약기능을
출발점으로 이론의 형성·전개가 반영되어 있다. 瀧川의 형법이론은 마르크스주의
형법이론이 아니라 마르크스주의의 영향을 받은 자유주의 형법이론이었다.[80]

　"다키가와는 (중략) 형법학이 승인하는 죄형법정주의의 근거는 첫 번째의 '인
권사상'에 귀착해야 한다고 주장했다. 여기에서 瀧川가 말하는 '인권사상'이라는
것은 마그나카르타에 기원하고, 미국 여러 주의 권리선언, 프랑스 인권선언, 프랑
스 형법에 이어지는 '인권사상'이며, '국가의, 특히 형사재판권의 전제로부터 개

---

78) 신동운·허일태, 앞의 책(각주 3), 330면.
79) 나이토우 켄은 다키카와의 형법이론에 대한 여러 연구업적을 갖고 있으며 1923
　　년생으로 금년도 1월 17일 작고하였다.
80) 吉川經夫·內藤 謙·中山硏一·小田中聰樹·三井 誠 編著/허일태(책임번역)·배
　　문범·이동희·김환전·이덕인 공역, 앞의 책(각주 11), 410면.

인의 권리·자유를 보장하는 것'이며, '우리가 국가로부터 권리·자유의 불가침을
보장받는 것'이다. 그 중에는 '국가내부요소들 간의 대립이 극복되지 않는 한, 강
자로부터 약자를 보호하는 방패역할로서 죄형법정주의가 존재하지 않으면 안 된
다'는 사상이 포함되어 있다."[81]

상기 다키카와에 대한 평가를 보면 그가 인권사상에 기초하여 형법
이론을 펼쳤다는 점은 명백해 보인다. 따라서 그의 인권사상이 엄상섭에
게도 영향을 주었을 것이라고 추측하는 것은 큰 무리가 아니라고 본다.
다음으로 M. E. Mayer를 보자. 마이어는 형법학자이자 법철학자로
서도 활동한 인물이다. 마이어의 법사상은 '신칸트주의에서 출발하여
신헤겔주의의 문화철학으로의 전향'으로 요약된다. 瀧川幸辰은 물론 엄
상섭도 문화의 관련성을 언급하는 경우[82]가 종종 보이는데 이는 마이
어의 영향을 받은 것으로 보인다. 신헤겔주의에서는 법을 문화발전단계
의 한 양상으로 진화론적으로 파악한다. 마이어 역시 법을 문화현상으
로 이해하고 문화적 맥락 속에서 법을 고찰하려 하였다. 마이어의 법사
상에 대해 오세혁 교수는 다음과 같이 말한다.

---

81) 吉川經夫·內藤 謙·中山硏一·小田中聰樹·三井 誠 編著/허일태(책임번역)·배
    문범·이동희·김환전·이덕인 공역, 앞의 책(각주 11), 412면.
82) 예컨대 瀧川이 '위법성의 인식'을 문제삼았을 때의 '위법'개념이었던 '일상생활
    의 條理' 위반의 개념은 마이어의 문화규범론의 영향을 받은 것이라고 한다. 吉
    川經夫·內藤 謙·中山硏一·小田中聰樹·三井 誠 編著/허일태(책임번역)·배문
    범·이동희·김환전·이덕인 공역, 앞의 책(각주 11), 418면 참조. 엄상섭은 "민주
    주의란 그 문화적인 의의에서 본다면 '진리를 탐구함에 있어서의 인간의 가장
    합리적이고 진지하여 겸허한 생활태도'인 것이다."라고 규정한 바 있다. 엄상섭,
    "우리 형법전에 나타난 형법민주화의 조항", 법정(法政) 제10권 제11호 (1955)
    참조. 또한 엄상섭은 '암살범의 특질'이란 글에서 "위법성의 본질을 인류사회의
    진화를 목표로 하고 생성·발전할 수 있는 문화규범 위반이라고 관념할 때에 이
    문제는 비로소 해결된[다]"고 확신범을 정당하게 처벌할 수 있는 이론구성을 제
    시하고 있다. 마이어의 문화규범론을 수용하면서도 위법성의 본질을 진화론적
    관점에서 독창적으로 재해석한 견해로 주목된다 할 것이다. 엄상섭, "암살범의
    특질 – 정치적 동기에서의 암살범을 중심으로 –", 법률평론 제1권 제3호 (1949)
    참조.

"마이어는 형식주의적 정법론이나 상대주의에 머물지 않고 비판적 상대주의의 관점에서 법을 가치체계의 일부로 이해하고 가치의 효력은 객관적 조건인 문화상태에 의존한다고 보았다. 그에 의하면 문화는 가치충전적인 현실이다. 가치는 현실 속에서 실현되고 절대적 가치 내지 이념은 현실 중에서도 가장 현실적인 것이다. 그리고 문화의 이념은 궁극적으로 '인간의 목적가치(Humanität)'의 이념이다. 문화이념은 '보편타당한 인간의 목적가치'라는 이념의 발현이고 이는 문화규범 속에서 표현된다."[83]

"마이어는 법규범과 문화규범을 구분하였다. 문화규범은 사회생활에 깊이 뿌리를 박은 종교적, 도덕적 규범이다. 법규범이 효력을 갖는 것은 그에 선행하는 문화규범이 있기 때문이다. 법규범은 그 내용이 문화규범에 합치하는 경우에만 정당한 규범으로 승인된다. 마이어의 주장을 요약하면, 법은 문화규범과 법규범의 중층구조로 되어 있으며, 법규범은 문화규범에 일치할 때만 정당하다는 것이다."[84]

상기 마이어의 법사상을 요약하자면, 법은 가치체계의 일부이며 법

---

83) 오세혁, 앞의 책(각주 67), 306면. 오세혁 교수는 'Humanität'을 '인도성'으로 번역하고 있지만, 마이어가 신칸트주의에서 출발해 그 영향 하에 있다면 이를 '인간의 목적가치'로 번역하는 것이 더 적절하다고 판단되어 이 용어를 사용하기로 한다. 이 점에 대해서는 김기만, "신칸트학파의 법철학 - Max Ernst Mayer를 중심으로 -", 법철학연구 제11권 제2호 (2008), 362면 참조. 동 문헌에 의하면 신칸트학파의 법사상은 실증주의를 극복하려 했던 사상사조로 평가된다. 실증주의는 세계와 인간의 행위를 인과적으로 재구성하는 사조로서, 실증주의의 영향을 받은 인과적 행위론의 경우 법의 근본이념을 망각하고 인간을 피동적인 사고의 틀 안에 고립시킴으로써 '수단으로서의 인간'만을 부각시켰다는 문제점을 안고 있었는데, 신칸트학파의 영향을 받은 Hans Welzel의 목적적 행위론은 인간 스스로의 입법에 따른 자유와 자율성 및 시원성으로서의 목적성을 제일원인자로서 자리매김함으로써 새로이 정립된 인과성 개념을 통해 실증주의적 인과성이 갖는 한계를 제거 내지 극복하려 했다고 한다. 즉 신칸트학파는 실증주의가 폐기했던 인간의 자유와 자율성을 부활시킴으로써 '인간이 중심에 선 사고체계'로 복귀를 제시했다는 것이다. 마이어도 역시 이러한 사고체계의 영향으로 끊임없이 보다 높은 가치를 추구하며 발전해 온 문화가 찾아낸 최고의 가치는 바로 '인간의 목적가치(Humanität)'고 따라서 이것은 '문화이념'이자 '법의 이념'이 된다고 한다. 김기만, 앞의 논문, 369-370면과 373면 이하 참조.
84) 오세혁, 앞의 책(각주 67), 306면.

의 효력은 문화규범에 의존한다는 것이다. 그리고 그러한 문화규범과 법규범이 지향해야 할 공통의 이념은 '인간의 목적가치'라는 것이다. 이 러한 사고체계 하에서 '인권존중'의 사상이 핵심을 이루리라는 점은 자 명해 보인다.

이상의 입론이 옳다면, '마이어-다키카와-엄상섭'의 계보는 비단 형 법이론에서뿐 아니라 형법사상, 특히 인권존중의 사상에 있어서도 이어 지고 있다고 볼 수 있을 것이다.

3. 진화론적 인간상과 법사상

끝으로 필자가 엄상섭의 형법사상과 관련해 논급하고 싶은 것은 '진 화론적 사고방식'이다. 그의 진화론적 사고방식은 '인간관'과 사회적, 문화적 현상을 바라보는 시각에서 발견된다. 이 방면의 고찰은 아직 학 계에서 진지하게 논의된 바 없으므로 매우 조심스럽고, 따라서 '시론(試 論)'적 성격을 지닐 수밖에 없음을 자인(自認)하는 바지만, 엄상섭의 글 들이 단권화되어 세상에 소개된 지 십여 년이 지난 현 시점에서 필자의 견지에서는 분명히 진화론적인 사고방식이 간취되므로 이를 무시하고 넘어갈 수 없기에 본고에서 다루어 보고자 한다.

엄상섭이 진화론에 일정한 식견이 있었음을 알아볼 수 있는 개소(個 所)는 형법논집 곳곳에서 산견(散見)된다. 이를테면,

> "'긴급은 법칙을 가지지 아니한다.'라는 법률격언은 이들 3자에게 대하여 자 연법적인 기초를 부여한 것이다. 이 자연법적인 성격은 인류가 의식적으로 법체 계와 법이론을 파악하기 시작하기 전에는 도리어 당연시되었던 것이며, 인지가 발달된 후에 이르러서 그 이론적 조치에 곤란을 느끼게 되었나니 골트슈미트가 긴급상태를 '법률의 미크로코스모스다'라고 탄식한 것도 이 까닭이다.[85]"
> "책임조건의 정형화는 인류사회에서 저절로 또 부단히 형성되고 변천하고 있 는 것이다.[86]

---

85) 신동운·허일태, 앞의 책(각주 3), 107면.

"간통행위가 형법영역에서 제외하여도 하등의 폐단이 없는 사회는 인류가 도
의적으로 일층 향상된 연후가 아니면 기대될 수 없을 것이다.[87]"

라는 개소가 그러하다. 첫째 개소는 인간에게는 긴급상태 하에 자기방
어적으로 행동하려는 심리적 기제가 보편적, 자연적으로 주어져 있다는
측면을 떠올린다는 점에서 진화심리학적 관점에 부합된다. 둘째는 책임
조건의 정형화, 즉 책임을 지울 수 있는 규범적 조건의 조탁이 저절로,
또 부단히 이루어지고 있다는 점을 지적하고 있다는 점에서 소위 문화
진화론을 연상시킨다.[88] 셋째는 인류의 도덕적 진보를 전망하고 있다는
점에서, 비록 진화(進化)가 전부 진보(進步)인 것은 아니지만, 이 말이
진화론의 맥락에서 읽히는 것은 비단 필자만이 아닐 것이다.

위 개소들 외에 필자가 엄상섭의 법사상에서 진화론적 식견을 읽어
낼 수 있었던 전거는 크게 세 글이다. 하나는 '형법연구의 기본태도'이
고, 둘은 '간통죄철폐와 그 사회적 영향'이며, 셋은 '암살범의 특질'이다.

(1) 인간의 본성에 대한 통찰

우선 그의 논설 '형법연구의 기본태도'에서 엄상섭은 '형법에서의
인간상'을 다음과 같이 제시해 주고 있다.

첫째, 사람이란 다른 사람을 꺾어 버리고 배신을 하여서라도 자기의
이욕을 충족시키려는 본능을 가졌기 때문에 이 본능을 억압하기 위해

---

86) 신동운·허일태, 앞의 책(각주 3), 142면.
87) 신동운·허일태, 앞의 책(각주 3), 192면.
88) 문화진화론의 일 분야로서 '밈학(memetics)'이 최근 부상하고 있다. 밈학에 대해
  서는 수전 블랙모어/김명남 역, 밈 (바다출판사, 2010); 장대익, "일반 복제자 이
  론 : 유전자, 밈, 그리고 지향계", 과학철학 제11권 제1호 (2008) 참조. 밈학을
  원용해 판례의 변천을 분석하고 있는 글로는 Michael S. Fried, "The Evolution
  of Legal Concepts: The Memetic Perspective", 39 Jurimetrics J. 291 (1999). 법
  학에서 학설대립의 의의를 밈학적 관점에서 재조명한 연구로는 안성조, "법학에
  서 학설대립은 경쟁하는 밈들 간 대립인가?", 연세대학교 법학연구 제25권 제1호
  (2015) 참조.

서는 제재방법이 필요하고 여기에 형법의 존재가치가 있다.

둘째, 인간은 사회적 동물, 즉 공동생활을 하며 살아가는 존재이므로 인간의 이기적 본능은 억제될 필요가 있다.

셋째, 인간은 살기 위하여 사회생활을 하는 것이므로 형법은 생존권을 침해할 수는 없다. 따라서 개인의 자유와 권리보다 국가나 사회를 앞세울 수 없으며, '개인이 살기 위한 사회생활'에서 탈선을 했다고 하여 그 사람의 생명을 뺏을 수는 없다.

넷째, 인간은 불완전한 존재이므로 형법의 오남용 또는 오판의 위험성을 제거하기 위해서 형사책임의 명확화가 요구된다.

요컨대 엄상섭은 '실존하는 그대로의 인간, 또 그 인간성'을 떠나서 관념적인 이론세계에 도취해 형법을 연구해서는 안 된다고 형법연구의 기본태도를 밝히고 있다. 그리고 이러한 전제 하에서 형법의 보장기능이 강조되어야 할 이유와, 절대적 부정기형을 부정하는 근거를 찾아내고 있다. 인간의 본성에 기초한 형법이론을 구축해 내고 있는 것이다.

최근 인간의 본성에 대한 연구를 수행하는 학문분야로 진화심리학이 각광을 받고 있다. 그리고 인간의 본성에 기초해 법학은 물론, 경제학, 윤리학, 심리학, 미학 등 여러 학문영역의 문제를 해결하려는 이론적 시도가 활발히 전개되고 있다. 비록 이 글에서 엄상섭은 명시적으로 진화론 내지 진화심리학이란 용어를 사용하고 있지는 않지만, 인간의 소박한 본성을 있는 그대로 인정하고 이로부터 형법의 주요원리를 이끌어내고 있다는 점에서 매우 선구적 면모를 보여주고 있다고 생각된다. 혹자는 엄상섭에 제시한 네 가지 전제가 누구나 생각할 수 있는 인간본성에 대한 상식적 견해라고 가볍게 보아 넘길지 모르겠으나, 그러한 전제의 타당성에 대한 전문적 식견과 확고한 신념이 없이는, 이론의 중요성을 강조하는 그의 학문적 태도에 비추어 볼 때, 위와 같은 주장을 하기 어렵다는 점에서 엄상섭의 글에는 진화론적 사고방식이 스며들어 있다고 보아야 할 것이다. 이 점은 아래의 글에서도 확인된다.

다음으로 '간통죄철폐와 그 사회적 영향'[89]을 보자. 이 글에 대해 신동운 교수는 "자신의 독자적인 법사상과 법적 분석능력을 동원하여 간통죄를 쌍벌죄로 해야 한다는 당위성을 역설하였고 또한 독자들을 설득하는 데 성공을 거두고 있다. 이 글은 지금까지 우리 학계나 일반 시민들에게 제시되었던 간통죄에 관한 문헌들 중에 가장 우수한 것의 하나로 손꼽을 수 있는 것이다. 편집자로서는 형법논집을 간행하면서 이 글을 발굴하여 학계와 시민사회에 제공할 수 있다는 점에서 특별히 자부심과 기쁨을 느끼고 있다."는 인상적인 평을 남긴바 있다.[90] 그렇다면 효당이 분석한 간통죄 철폐의 영향이란 어떤 것인지 살펴보자.

첫째, 축첩이 장려될 것이다.

둘째, 간통행위에 대한 복수가 성행하게 될 것이다. 여하한 동물도 성에 관한 적과의 투쟁에서 가장 격렬하다는 것은 생물법계에서 이미 증명된 일이다. 인류도 일반 동물에 비해 진화되었다고는 하지만 치정관계로 일어나는 불상사의 불절함을 볼 때 동물적 성격을 완전히 청산치 못하였음을 알 수 있다. 그리고 직접행동에 의한 보복 때문에 화를 많이 입는 편은 남자보다는 체력이 약한 여자 편일 것이 예상된다.

셋째, 남녀의 탈선행위가 현저히 증가하여 이혼율이 높아지고 가정은 파탄되어 죄 없는 어린아이들이 참경에 빠질 것이며 여기서 제2의 사회악은 싹틀 것이다. 즉 아무 처벌문제가 없다면 못난 남자가 아내를 빼앗기는 예는 더욱 많아질 것이다. 파렴치한 하류계급의 경우 유부녀일지라도 마음에 들면 유인해 내기를 주저치 아니할 터이니 간통죄 철폐는 약자를 괴롭히고 강자를 보호하게 되는 결과를 가져와 이혼이 증가될 것은 명약관화하다.

넷째, 우리나라의 미풍으로서의 정조관념이 약화될 것이다.

상기 거시한 간통죄철폐의 영향에 대한 엄상섭의 분석은 현대적 시각에서 보아도 대단히 설득력 있게 다가오는 탁견(卓見)이라 생각된다. 그 이유는 무엇일까? 축첩장려라든지, 성적 문란으로 인한 가정파탄과 이혼율의 증가 및 자녀들의 이차적 피해, 그리고 미풍양속 저해 등의

---

89) 엄상섭, "간통죄철폐와 그 사회적 영향", 민성(民聲) 제1권 제2호 (1950).
90) 신동운·허일태, 앞의 책(각주 3), 328면.

영향은 그동안 자주 원용되어 온 간통죄 존치론의 논거들이기 때문에 특별히 새로울 것은 없다. 하지만 간통으로 인한 직접적인 복수행위의 성행이라든지, 하류계급 여성들에 대한 상류층 남성들의 성적 유인으로 인한 폐단 등의 지적은 많은 사람들에게 호소력 있게 다가오는 참신한 논거들이다. 이 호소력 있는 논거들의 공통점은 필자의 관점에서 볼 때, 모두 진화심리학적 통찰에 기초하고 있다는 사실이다. 즉 이들 역시 인간의 본성에 기초한 논증이라는 것이다. 많은 사람들이 암묵적으로 인정하고 있지만 드러내 놓고 말하지 못했던 인간의 본성에 호소하여 간통죄철폐의 폐해를 지적하는 엄상섭의 논지에 대다수 독자들은 자연스럽게 몰입될 수밖에 없는 것이다.

그럼 여기서 말하는 본성이란 무엇인가? 우선 남성들이 하류계급 여성들을 유인해 낸다는 분석에 대해 살펴보자. 진화심리학의 관점에 볼 때, 남성들의 성적 방종, 즉 단기적 짝짓기 전략은 후손을 최대한 많이 두기 위해, 전문적으로 말하면 적응도(fitness)를 높이기 위해 진화한 심리적 기제[91]의 하나다. 마찬가지로 여성들이 자신보다 또는 상대적으로 경제적, 사회적 지위가 더 높은 남성에게 본성적으로 호감과 흥미를 느끼게 되는 것은 양육이라는 적응문제의 해결에 있어 보다 안정적인 자원을 확보하기 위해 진화한 심리적 기제의 하나다. 이렇게 볼 때 하류계급 여성들이 경제적, 사회적 지위가 있는 남성들의 유혹에 취약할 것임은 예측되는 바이고, 또 그러한 남성들이 주된 유인대상으로 삼는 여성들이 그러한 부류일 것이라는 점도 진화이론에 비추어 보면 쉽게 예측이 된다.[92] 이리하여 엄상섭이 지적한 폐단, 즉 약자를 괴롭히고 강자를 보호하는 결과를 초래하게 된다.

---

91) 진화심리학에서는 본성이란 말 대신 전문용어로 '진화된 심리적 메커니즘(EPM: Evolved Psychological Mechanism)'을 사용한다.

92) 이와 관련해 참고할 만한 문헌으로는 진화심리학의 표준적인 교과서라 할 수 있는 데이비드 버스/이충호 역(최재천 감수), 진화심리학(웅진 지식하우스, 2012), 187면 이하(여자의 배우자 선호 내용에 관한 이론들)와 279면 이하(남성의 단기적 짝짓기 성향에 관한 이론들).

다음으로 간통으로 인해 사적 보복이 성행하게 될 것이라는 견해를 검토해 보면, 이 역시 진화심리학적 설명과 부합되는 입장이라고 생각된다. 인간의 복수성향 자체가 진화론적으로 볼 때 본성적인 것임은 많은 연구에서 밝혀진 바 있다.[93] 그런데 엄상섭은 여기에 더하여 그 중 특히 가장 강렬한 복수심은 '성적 질투심'에서 비롯된 것임을 밝히고 있다. "여하한 동물도 성에 관한 적과의 투쟁에서 가장 격렬하다는 것은 생물법계에서 이미 증명된 일이다."라고 하면서 "인류도 일반 동물에 비해 진화되었다고는 하지만 치정관계로 일어나는 불상사의 불절함을 볼 때 동물적 성격을 완전히 청산치 못하였음을 알 수 있다."고 인간 본성에 대한 놀라운 식견을 보여준다. 진화심리학에 의하면 성적 질투는 동성 간 공격과 살인을 촉발하는 중요한 맥락이다. 또한 성적 질투는 배우자 살해의 중요한 맥락인데, 모든 문화에 걸쳐 가장 흔한 원인으로 지목된다고 한다. 데이비드 버스의 설명을 들어보자.

"배우자나 여자친구를 살해하는 남자는 다음 두 가지 핵심 조건 중 하나가 일어날 때 그런 일을 저지른다. 첫째, 불륜을 목격하거나 의심할 때, 둘째, 여자가 관계를 끝내려고 할 때가 그것이다. 첫 번째 경우는 여자가 간통을 하는 것에 해당하는데, 그러면 남자는 자신의 한정된 자원을 자신과 유전적 관련이 없는 자식에게 투자해야 하는 위험에 처한다. 두 번째 경우는 번식 가치가 높은 여자를 경쟁자에게 빼앗기는 것에 해당하는데, 이는 적응도를 높이는 자산을 직접 상실하는 결과를 낳는다."[94]

---

93) 관련 연구로는 Michael E. McCullough, *Beyond Revenge : The Evolution of the Forgiveness Instinct* (Jossey-Bass, 2008); David P. Barash & Judith Eve Lipton, *Payback: Why We Retaliate, Redirect Aggression, and Take Revenge*(Oxford University Press, 2011) 참조. 비록 진화론을 직접적으로 논급을 하고 있지는 않지만 리스트(Franz von Liszt) 역시 피의 복수와 같은 원시형벌은 '종족 보존 본능의 발현'으로서 본성적인 것임을 저 유명한 '마르부르크 강령'에서 긴 지면을 할애해 지적하고 있다. 프란츠 폰 리스트/심재우·윤재왕 역, 마르부르크 강령: 형법의 목적사상(강, 2012), 27-51면 참조.

94) 데이비드 버스/이충호 역(최재천 감수), 앞의 책(각주 92), 482-485면 참조.

위 설명에 비추어 보면, 엄상섭의 통찰은 놀라울 정도로 예리하게 진화심리학적 지식에 근접하고 있음을 확인할 수 있다. 물론 엄상섭이 진화심리학을 접해보았거나 그와 관련된 전문적인 지식이 있었다고 보기는 어렵다. 이는 진화심리학이 비교적 최근에 등장한 학문이라는 점이 비추어 보아도 자명하다. 하지만 당대 일본의 형법학자, 예컨대 마키노는 진화론적 사고방식을 형법이론에 수용하고 있었고[95] 따라서 그들의 영향 하에 있었던 엄상섭도 진화론에 대한 여하한 방식의 이해는 있었을 것이라고 보는 것은 큰 무리가 아닐 것이다. 앞서 인용한 엄상섭의 글에서 '생물법계'나 '진화'란 말을 명시적으로 언급하고 있는 점이 이를 지지해 준다. 또한 비록 진화심리학이 아직 학문으로 정립되기 전이었지만, 진화론의 일반이론에 비추어 볼 때, 그 내용에 대한 선견적 지식이 있었다고 가정해 보는 것도 흥미로운 제안일 것이다.[96]

(2) 인류사회의 진보에 대한 믿음

마지막으로 '암살범의 특질'을 보도록 하자. 이 글은 엄상섭의 모든 글을 통틀어 '진화'란 용어가 가장 많이 등장하는 글이기도 하다. 그는 '정치적 동기'에서의 암살범을 고찰함에 있어서 그 동기의 특색을 먼저 논한다. 암살에 대한 비난을 감수하고 살인을 저지르게 만든 강렬한 동기가 무엇인지 구명할 필요가 있기 때문이다. 다음으로 그는 암살범이 다른 범인과 다른 '인간으로서의 특색'이 무엇이 있는지 논한다. 각 범죄별로 범인의 공통적 특성을 파악해야만 적당한 방책을 세울 수 있기

---

95) 마키노는 '진화론적 형법이론'을 전개한 것으로 유명하다. 그는 "사회의 진화와 함께 형법도 진화한다."는 명제에서 출발하며, 그의 전체 논술의 사상적 기초에는 진화론적 수법이 스며있다고 한다. 마키노의 형법이론에 대해서는 吉川經夫·內藤 謙·中山研一·小田中聰樹·三井 誠 編著/허일태(책임번역)·배문범·이동희·김환전·이덕인 공역, 앞의 책(각주 11), 234-235면 참조.
96) 최근 우리 학계에는 법과 진화론의 관계를 다룬 저작이 출간된 바 있다. 김혜경·안성조·양천수·윤진수·한상훈, 법과 진화론(법문사, 2016).

때문이다. 이어 정치적 암살범이 실현되는 원인을 '정치정세의 불안' 등 크게 다섯 가지로 나누어 분석한 후 이들을 '정치범(政治犯)'로 볼 수 있는지 의문을 제기하면서, 페리(Ferri)는 정치범을 '퇴화적 범죄'에 상대되는 '진화적 범죄'로 분류하여 사회가 진화되면 정치범은 자연히 그 자취를 감추게 될 것이라고 보았지만 인류 일반의 경험에 의하면 정치범이라고 해서 반드시 진화적인 것은 아니고 퇴화적인 것도 있다고 반박한다. 이 예로서 프랑스 혁명 이후 집요한 활동을 계속한 왕당과 범죄와 이조 말에 있어서 개화정치의 필두에서 활동하던 김옥균을 암살한 사건은 반동적 정치동기에서 나온 것이니 이를 진화적이라 판단하기 어렵다는 것이다.

만일 정치적 암살범을 정치범의 범주에 속한다고 가정하면, 그것은 확신범의 일종이 될 것이라고 보면서 이 글에서 확신범의 처벌근거에 대한 자신의 소신을 밝히고 있다. 엄상섭에 의하면 위법성의 본질을 마이어가 말하듯이 '국가적으로 승인된 문화규범'의 위반이라고 본다면 확신범 처벌근거는 용이하게 발견되는데, 그 이유는 범인은 '영원을 지향하는 문화규범'에는 위반되지 아니하였지만 '그때그때의 현실적 국가에 의해 승인된 그것'에는 위반된 것이기 때문이다. 하지만 이 견해는 보수적이라는 평을 면하지 못할 것인데, 왜냐하면 부단히 생성, 발전하는 인류사회의 진화에 수응해 국가가 언제나 보조를 맞출 수 있다고는 장담할 수 없기 때문이라고 한다. 따라서 엄상섭은 이 문제의 해결을 위해 자신의 의견을 제시한다.

"위법성의 본질을 '인류사회의 진화를 목표로 하고 생성·발전할 수 있는 문화규범' 위반이라고 관념할 때에 이 문제는 비로소 해결된다는 것이다. '국가적으로 승인된'이라는 것을 부인함으로써 '현실에 군어붙을 수 있는 보수성'을 제거하고 '인류사회의 진화'만에 봉사하는 것이 아닌 점에서 확신범 불벌의 부당한 결론을 피하는 것이 비견(卑見)의 골자다. 즉 '할 수 있는'에 의미가 있는 것으로서 이는 '인류사회의 진화의 과정'을 존중한다는 것에 중요한 포인트가 있다. 즉 확신범은 문화의 진화과정을 무시하는 점에 그 위법성이 있다는 것이다. 퇴화적인 정치범 등의 가벌성은 물론이고 진화성을 가진 확신범일지라도 그 과정을 무시함으로 인하여 현실사회에 대하여 다대한 혼란과 마찰을 가져오게 된다면 도리어 인류의 문화발전을 저해하는 결과에 빠질 터이니 이런 의미에서 진화적인 확신범도 위법성을 대유(帶有)케 되는 것이다."

상기 글에서 엄상섭은 '진화적'이란 용어를 '퇴화적'의 상대어로 사용하고 있는 듯 보인다. 그러나 엄밀한 의미에서 진화가 곧 진보는 아니다. 이런 점에서 진화에 대한 엄상섭의 인식이 정확한 것이라고는 단정할 수는 없을 것이다. 하지만 '인류사회의 진화'를 논급하고 있다는 점에서 이른바 '문화진화론'적 사고방식을 엿볼 수 있으며, 이는 곧 인류사회의 진보에 대한 그의 신념을 확인하는 계기가 되어준다. 진화론을 활용하여 '위법성의 본질'에 대하여 마이어의 '문화규범론'을 뛰어넘는 독특한 이론구성을 하고 있다는 점에서[97] 엄상섭을 우리 형법이론사에서 '진화론적 법사상'을 지니고 있던 인물로서 자리매김하는 것도 의미있는 일이라고 생각한다.[98]

---

97) 한편 엄상섭의 이러한 이론구성에 대하여 이는 나치형법과 마키노 등의 극단적 실질적 위법성론과 계보를 같이 하는 것으로 보는 견해가 있다. 즉 "엄상섭은 마키노와 김병로와 같이 위법성의 실질을 '사회상규'로 내세우지는 않았지만, 위법성의 실질을 '인류사회의 진화과정에서 생성·발전할 수 있는 문화규범'이라고 함으로써 실질적 위법성이론의 프레임을 여전히 이어가고 있[고]," "마키노나 김병로와 같은 극단적 실질적 위법성이론의 계보를 정통성있게 이어가고 있다"고 분석한다. 이에 대해서는 김성돈, "한국형법의 사회상규조항의 계보와 그 입법적 의의", 형사법 연구 제24권 제4호 (2012) 참조. 실질적 위법성론이 법적 안정성을 해치고 형법의 도덕화를 초래할 수 있으며, 약육강식적 사회진화론을 사상적 배경으로 불순한 열매(일본의 국가주의형법과 독일의 나치형법)를 맺었다는 역사적 사실을 지적하고 있다는 점에서는 경청할 만한 주장이지만, 이로부터 엄상섭의 위법성 구상을 '극단적 실질적 위법성론'으로 몰아가는 것은 지나친 비약이라고 본다. 전술한 바 있지만, 엄상섭이 따르고 있는 마이어의 문화규범론에서 가장 중요한 지향점은 '인간의 목적가치'이며 또한 '암살범의 특질'에서 진화론을 활용해 위법성의 실질을 새롭게 가공하고 있는 논지가 '국가적으로 승인된 문화규범'을 부인하여 보수성을 제거하면서 확신범 처벌의 근거를 마련하는 데 있으므로 이를 '국가주의적'이라고 보기는 어렵기 때문이다. 즉 엄상섭은 형법사상적으로 '극단적 실질적 위법성론 계보'의 밖에 있다고 보는 편이 합당할 것이다.

V. 맺음말

효당 엄상섭 형법논집의 공편저자인 신동운 교수는 엄상섭의 논설들에 대해 "이러한 글들은 기존의 통설적 견해를 비판적으로 음미하면서 자신의 독자적인 견해를 제시한 노작이다. 우리가 우리의 형법학을 구축한 것은 해방 이후부터이다. 그러나 이 기간 가운데 외국의 학설을 번안하지 않고 독자적으로 수립한 우리의 형법학설이 얼마나 되는지 자성의 차원에서 묻고 싶다."고 평하며 "이러한 관점에서 볼 때 엄상섭의 여러 시론(試論)들은 한국 형법학계의 자존심을 일깨워 주는 역작이라고 할 것이며, 그에 상응하는 만큼 그가 제기한 학문적 논제제기에 성실하게 답변해야 할 책무가 오늘의 형법학도들에게 부과되어 있다[99]"고 우리 학계의 自省을 촉구하면서 동시에 무겁고 어려운 과제의 수행에 동참해 줄 것을 호소한 바 있다.

본고에서 엄상섭의 형법논설을 되돌아보고 재음미하면서 현 시점에서 약간의 발전적 제언을 한 것이 결과적으로 위 과제의 수행에 미력이나마 일조하는 작업이 될 수 있기를 희망한다. 최대한 효당 선생의 생각을 정확히 파악하기 위해 가급적 원문을 인용해 논증을 하려고 노력했고 관련 선행연구도 빠짐없이 참조해 논의에 활용하려 하였다. 한국 형법의 아버지로 칭송되는 역사적 인물의 논설과, 그에 대한 기존의 탁월한 선행연구가 필자의 卑見으로 인해 부당히 퇴색된 점은 없는지, 앞

---

98) 외국의 경우 진화론적 관점을 수용한 연구문헌은 역사도 길고 매우 다양하다. 몇 가지 예를 들면 Oliver Wendell Holmes, "Law in Science and Science in Law", *12 Harv. L. Rev. 443* (1899); Fredrich Kessler, "Arthur Linton Corbin", *78 Yale L. J. 517* (1969); E. Donald Elliott, "The Evolutionary Tradition in Jurisprudence", *85 Colum. L. Rev. 38* (1985), Herbert Hovenkamp, "Evolutionary Models in Jurisprudence", *64 Tex. L. Rev. 645* (1985) 등이 있으며, 비교적 최근의 학제적 연구논문으로는 Arthur Dyevre, "Law and the Evolutionary Turn: The Relevance of Evolutionary Psychology for Legal Positivism", *27 Ratio Juris 364* (2014)를 찾아볼 수 있다.

99) 신동운·허일태, 앞의 책(각주 3), 333면.

으로 더 많은 연구자들이 나서서 일깨워 주기를 바라며, 필자도 관련된
후속연구를 기약하는 바이다.

§ 5. 확신범과 책임원칙
－양심적 병역거부자에 대한 대법원 판결의 재조명－

[글 소개]

형법이론적으로 양심적 병역거부자와 같은 확신범의 가벌성을 부정하여 범죄성립을 배제시키는 법리적 방법은 크게 세 가지가 있다. 그 하나는 구성요건해당성을 조각시키는 것이고, 다른 하나는 위법성을 조각시키는 것이며, 그 마지막은 책임조각사유로 구성하는 방법일 것이다. 잘 알려져 있다시피 대법원판결은 병역법 제88조 제1항의 '정당한 사유'를 구성요건해당성을 조각하는 사유로 보아 양심적 병역거부자의 가벌성을 구성요건단계에서 부정하는 방식을 취하고 있다.[1] 그런데 이와 같이 '정당한 사유'를 구성요건배제사유로 보게 되면, 해당 사유의 해석범위가 축소될 가능성이 있다. 왜냐하면 구성요건해당성을 배제시킨다는 것은 '원래부터 허용되는 행위'가 됨과 동시에 '금지되는 행위유형을 선포'하는 경고기능(Warnfunktion)을 상실해버리는 결과가 되는 바, 이러한 적극적 효과를 부여하기 위해서는 '정당한 사유'를 매우 엄격하게 심사하고 해석해야 할 필요가 있기 때문이다. 이러한 맥락에서 상기 대법원판결이 종교적 신념에 따른 양심적 병역거부 주장에 대해서는 "종교의 구체적 교리가 어떠한지, 그 교리가 양심적 병역거부를 명하고 있는지, 실제로 신도들이 양심을 이유로 병역을 거부하고 있는지, 그 종교가 피고인을 정식 신도로 인정하고 있는지, 피고인이 교리

---

1) "위 조항(병역법 제88조 제1항)에 따르면 정당한 사유가 있는 경우에는 피고인을 벌할 수 없는데, 여기에서 정당한 사유는 구성요건해당성을 조각하는 사유이다. 이는 형법상 위법성조각사유인 정당행위나 책임조각사유인 기대불가능성과는 구별된다." 대법원 2018. 11. 1. 선고 2016도10912 전원합의체 판결.

일반을 숙지하고 철저히 따르고 있는지, 피고인이 주장하는 양심적 병역거부가 오로지 또는 주로 그 교리에 따른 것인지, 피고인이 종교를 신봉하게 된 동기와 경위, 만일 피고인이 개종을 한 것이라면 그 경위와 이유, 피고인의 신앙기간과 실제 종교적 활동 등"의 엄격한 판단기준을 제시한 바 있고, 최근 하급심에서 "피고인이 병역거부의 사유로 내세우고 있는 양심은 유동·가변적이고 상황에 따라 타협적이거나 전략적 양심적이어서 병역거부에서 말하는 양심에 해당된다고 볼 수 없다."거나 "피고인의 입영 연기 횟수와 사유, 범죄 전력, 특히 피고인이 이 사건 이전까지 병역 거부에 대한 신념을 외부로 표출하는 등의 활동을 한 사실이 전혀 없는 점 등을 종합하면 피고인에게 병역법에서 정한 정당한 사유가 없음을 충분히 인정할 수 있다."고 판시한 취지를 이해할 수 있다.

하지만 '정당한 사유'를 이와 같이 협소한 방향으로 해석하게 되면 지난한 노력 끝에 결실을 맺게 된 인간 존엄성의 형사법적 구현을 후퇴시키고 궁극적으로 자유주의적 가치에 반할 위험이 있다. 우리가 인간의 존엄이라는 이념과 자유주의적 가치를 존중한다면 "이들의 병역거부결정이 국가공동체의 다수의 가치와 맞지 않는다고 하더라도, 양심의 자유를 기본권으로 보장하고 있는 헌법질서 아래에서는 그 결정을 국가가 동원할 수 있는 가장 강력한 수단인 형벌권을 곧바로 발동하여야 할 정도의 반사회적인 행위라고 할 수는 없다."[2] 따라서 국가는 양심적 병역거부자가 스스로 내린 존엄한 가치결단을 형벌로 단죄하는 방식은

---

2) "양심의 자유에서 보호하는 양심은 그 어느 것으로도 대체되지 아니하며, 그에 따라 행동함으로써 자기를 표현하고 인간으로서의 존엄과 가치를 확인하는 의미를 가지는 것이다. 따라서 강요에 의하여 그러한 신념을 의심하고 그 포기 여부를 선택해야 하는 상황에 처하는 것만으로도 개인의 인격에는 큰 타격이 될 수 있다. 자신이 전인격을 걸고 옳은 것이라고 믿는 신념을 변경하지 않을 경우 형벌과 사회생활에서의 제약 등 커다란 피해를 입는 것이 예정되어 있는 상황에 처하면, 개인은 선택의 기로에서 자신의 인격적 존재가치에 회의를 느끼지 않을 수 없고, 이는 결국 인간의 존엄성에 대한 손상으로 이어질 수밖에 없기 때문이다."고 한다. 헌재 2018.6.28. 2011헌바379등 결정.

최대한 지양해야 한다. 이는 법이 특정한 삶의 방식과 사고방식을 강요해서는 안 된다는 중립적 가치를 미덕으로 여기는 자유주의적 이념에 정면으로 반하는 것이기 때문이다.

이러한 배경지식 하에 아래의 글은 두 가지 측면에서 중요한 의의가 있다. 그 하나는 필자가 어느 모임에서 이 글을 발표한 이후 얼마 지나지 않아서 양심적 병역거부자에 대한 상기 대법원의 무죄판결3)이 내려졌다는 점이고, 다른 하나는 본서의 주제와 밀접한 관련이 있는 자유와 책임에 대해 새로운 관점에서 재조명 해보며, '정당한 사유'를 대법원판결과 달리 책임조각사유로 구성하고 있기 때문이다. 이와 같은 이론구성은 매우 중요한 실천적 의의를 지닌다. 설령 구성요건해당성 조각사유로서의 '정당한 사유'가 인정되지 않는다고 하더라도 이에 '보충적으로' 책임조각사유로서의 '정당한 사유'를 인정할 수 있는 또 하나의 통로가 열리기 때문이다.

전자가 구성요건단계에서 비교적 엄격한 요건 하에 인정된다는 특징이 있다면, 후자는 책임단계에서 개인의 주관적 특수사정을 보다 폭넓게 고려할 수 있는 장점이 있다. 전자가 인정되지 않더라도 후자가 인정되면 처벌을 면하게 된다. 혹자는 '정당한 사유'를 범죄체계론상 각기 다른 두 측면에서 관념하는 것이 타당한지에 대해 의문을 제기할 수 있겠지만, 통설적으로 '고의' 역시 구성요건적 측면과 책임의 두 측면에서 모두 관념할 수 있고 그 실천적 차이가 있다는 사실에 비추어 보면, 크게 무리가 있는 법리구성이 아니라고 본다.

그렇다면 양심적 병역거부자는 왜 책임이 조각될 수 있는가? 필자는

---

3) 대법원 2018. 11. 1. 선고 2016도10912 전원합의체 판결. 동 판결에 의하면 "양심의 자유는 도덕적·정신적·지적 존재로서 인간의 존엄성을 유지하기 위한 필수적 조건"이며 따라서 "양심적 병역거부자에게 병역의무의 이행을 일률적으로 강제하고 그 불이행에 대하여 형사처벌 등 제재를 하는 것은 양심의 자유를 비롯한 헌법상 기본권 보장체계와 전체 법질서에 비추어 타당하지 않을 뿐만 아니라 소수자에 대한 관용과 포용이라는 자유민주주의 정신에도 위배된다." 필자는 이 판례에서 핵심 키워드는 인간의 존엄이라는 헌법정신과 자유(민주)주의라는 정치철학적 이념이라고 생각한다.

이 글의 초고를 발표하면서 양심적 병역거부자는 형법상 기대가능성의 법리에 비추어 볼 때, 적법행위의 기대가능성이 없는 자로 볼 수 있으므로 책임이 조각되어 처벌할 수 없다고 주장하고 있다.

또 그렇다면 어째서 적법행위의 기대가능성이 없다고 볼 수 있는가? 이에 대해 필자는 자유의지의 발현이 과연 모든 사람에게 "동등한가?"의 문제를 제기하고 있다. 정신병자 등 심신장애인에게는 많은 경우 그러한 능력의 발현에 일정한 생물학적 제약이 있다는 점은 일반적으로 널리 인정되고 잘 알려져 있다. 그렇기 때문에 우리는 심신장애인에게 일정한 책임감면을 허용한다. 하지만 특정한 종교적 신념에 기반한 병역거부자, 더 나아가 확신범 일반에게도 그러한 능력의 발현에 어떤 제약이 있다고 볼 수는 없을까? 만일 그러한 제약조건을 관념할 수 있다면 그것은 심신장애자의 그것과 마찬가지일까, 아니면 소위 기대가능성 이론에서 말하는 '비정상적 부수사정'과 유사한 성질을 지니는 것으로 볼 수 있을까?

결론적으로 본고는 양심적 병역거부자와 같은 확신범에게도 일정한 책임감면의 효과를 인정해야 할 사정, 즉 비정상적 부수사정을 관념할 수 있다는 점을 논증하고 있다. 대법원 판결과는 상이한 논증방식이지만, 형법이론적으로는 오히려 더 의미있는 논지를 제시하고 있다고 생각한다. 많은 후속연구가 이어지기를 바라는 마음이다. 아울러 자유주의적 가치가 형사사법의 영역에 더 깊이 뿌리내릴 수 있는 계기가 마련될 수 있기를 희망한다.[4]

덧붙여 일러두고자 하는 바는, 아래의 글은 다른 장의 논문에 비해 원래의 원고내용을 비교적 많이 수정하였다. 심지어 현재 관점에서 적절하지 않다고 생각하는 내용은 삭제하기도 하였다. 관심이 많은 독자

---

4) 자유주의의 핵심은 국가나 법이 특정한 종교적, 도덕적 이상을 강요하거나 처벌하지 않는 데 있다. 즉 무엇이 공동체가 지향해야 할 미덕이고 최선의 삶의 방식인지에 대해 각 개인의 자율적 결정, 선택의 자유에 맡겨야 한다는 입장이며, 이는 곧 좋은 삶의 방식을 각자 스스로 선택할 자유를 최대한 존중하는 입장이다. 이에 대해서는 마이클 샌델/김명철 역, 정의란 무엇인가(와이즈베리, 2018), 27-28면.

들은 원래의 글과 비교해 가며 일독해 보기를 바란다.

다소 복잡한 논증으로 인해 혼란을 느낄 수 있는 독자들을 위해 약간의 부연설명을 덧붙이면, 이 글은 확신범의 도덕적 가치결단을 분석적으로 접근해 해명해 내고 있다. 칸트와 롤즈의 견해에 따르면 이성은 이론이성과 실천이성으로 나눌 수 있고, 실천이성은 순수 실천이성과 경험적 실천이성으로 구분할 수 있다. 현행법을 위반하도록 동기부여를 하는 확신범의 특수한 의무의식도 분명 실천이성의 판단을 통해 도달한 것이다. 그런데 실천이성의 판단이라도 반드시 순수 규범적 요청에 따르는 것은 아니며, 인간 내면의 다양한 본성적 욕구를 조화롭게 충족시켜 행복을 실현하려는 경험적 실천이성의 영향을 받기도 한다. 그 내면적 욕구나 성향에는 비단 물질적인 것뿐만 아니라 도덕적인 것들도 있다는 사실을 고려해야 한다는 것이 이 글의 핵심적 주장의 하나이다. 다시 말해 본성으로서의 도덕성이 비정상적 부수사정에 의해서 과도하게 발현됨으로써 현행법을 위반하게 된 경우에는 기대불가능성으로 인한 책임조각을 인정할 수 있다는 것이다.

Ⅰ. 머리말: 논의구도와 고찰범위

확신범을 형법적으로 어떻게 다룰 것인가의 문제는 오랜 논쟁의 역사를 갖고 있다. 자신이 가진 정치적, 종교적, 도덕적 가치관으로 인해 현행 법질서를 정당하지 못하다고 평가하며 처벌을 무릅쓰고 현행법을 위반하는 자를 어떻게 취급할 것인가의 문제는 다루기 매우 어려운 테마였고, 이와 관련해 확신범에게는 비록 형법적으로 고려해 볼 만한 특별한 동기가 있지만 결국 처벌을 피할 수 없다는 견해와 확신범에게는 위법성조각사유 또는 책임조각사유가 존재하므로 범죄가 불성립한다는 견해 등이 대립되어 왔던 것이다. 본고에서는 개별 쟁점들을 모두 망라하여 다루지 않을 것이다. 대신 우선 그 예비적 고찰로서 확신범에게도 적법행위의 기대가능성이 있는지 여부를 검토해 보고자 한다. 그 이유는 확신범의 기대가능성 유무는 규범적 책임론의 영향 하에 있는 현행 형법도그마틱 체계 하에서 여러 쟁점 중에서도 핵심적 지위를 차지하고 있고 또한 우리 대법원이 그 다양한 쟁점 중에서 확신범의 기대가능성에 대해서는 명확한 입장을 표명하고 있는바,5) 이에 대한 면밀한 검토가 확신범에 대한 대책을 강구함에 있어서 무엇보다 기초를 이루는 중요한 선결사항이 될 것으로 보이기 때문이다.

확신범에게 적법행위의 기대가능성이 있는지 여부에 대해 국내외의 학설은 기대가능성이 있다는 견해와 없다는 견해로 나뉘고, 기대가능성의 판단기준으로 평균인표준설과 행위자표준설 중 어느 판단기준을 취하느냐에 따라서 결론이 달라진다고 보는 견해도 있다. 본고에서는 결론적으로 확신범에게 기대가능성이 없다는 점을 인간의 도덕적 판단과정에 대한 최신의 과학적 연구성과를 원용해 논증해 보고자 하며, 아울러 이러한 결론은 평균인표준설이나 행위자표준설 중 어느 기준을 채택하더라도 달라지지 않는다는 점을 입론하고자 한다. 아울러 이러한 논증방식이 확신범을 평균인 다수와 생각이 다른 '소수자'로 파악해 이에 대한 법적 배려를 베풀고자 하는 시도6)에 대한 보완재 역할을 해

---

5) 대법원 2004. 7. 15. 선고 2004도2965 전원합의체 판결. "양심적 병역거부자에게 그의 양심상의 결정에 반한 행위를 기대할 가능성이 있는지 여부를 판단하기 위해서는, 행위 당시의 구체적 상황 하에 행위자 대신에 사회적 평균인을 두고 이 평균인의 관점에서 그 기대가능성 유무를 판단하여야 할 것인바, 양심적 병역거부자의 양심상의 결정이 적법행위로 나아갈 동기의 형성을 강하게 압박할 것이라고 보이기는 하지만 그렇다고 하여 그가 적법행위로 나아가는 것이 실제로 전혀 불가능하다고 할 수는 없다고 할 것인바, 법규범은 개인으로 하여금 자기의 양심의 실현이 헌법에 합치하는 법률에 반하는 매우 드문 경우에는 뒤로 물러나야 한다는 것을 원칙적으로 요구하기 때문이다." 요컨대 대법원은 양심적 병역거부자에게 적법행위의 기대가능성을 인정할 수 있다고 판단하고 있다. 본고는 대법원의 이러한 판단이 그릇된 先理解에서 비롯된 것임을 논증하며 그러한 결론의 부당성을 비판적으로 검토해 보고자 한다.

6) 예컨대 한인섭, "양심적 병역거부, 그 처벌의 위헌성", 제주대학교 법과정책 제21집 제3호 (2015), 459-460면 참조. 한인섭 교수는 다음과 같이 말한다. "양심의 자유는 개개인의 문제이다. 양심적 병역거부자는 감옥에 간다고 해도 자신의 양

줌으로써 확신범에게 '면책'의 가능성을 더 확대해 주는 실익이 있다는 점을 보여줄 것이다.[7] 하지만 이러한 결론이 곧바로 확신범에게 책임조각의 효과를 인정해야 한다고 주장으로 귀결되지는 않는다. 초법규적 책임조각사유로서 기대가능성의 인정여부에 대한 첨예한 논쟁이 아직 해결되지 않은 채 남아 있기 때문이다. 이 점에 대한 비판적 연구는 후속 연구과제로 남겨두고자 한다.

II. 확신범에 대한 몇 가지 형법적 쟁점 개관

1. 확신범(Überzeugungsverbrecher, Überzeugungstäter)의 개념

(1) 개념정의

확신범에 대한 개념의 정의는 대체로 일치되어 있다. 일반적으로 확신범은 "행위자가 정치적, 종교적, 또는 윤리적 확신에 의하여 행위할 의무가 있다고 생각하여 현행 실정법에 위배되는 행위를 함으로써 성립하는 범죄"[8]로 정의된다. 확신에 대한 대처방안에 대해서 지대한 관

심을 바꿀 수 없다는 절박한 내면의 소리에 따라 행동할 수밖에 없다고 결단한 사람이다. 이러한 존재는 우리 사회에서 매우 예외적이고, 그 양심적 결단은 다른 '사회적 평균인'의 판단과 전혀 다르다. 이 사안에서 사회적 평균인의 관점에서 보면, 양심적 병역거부의 쟁점 자체가 생겨날 리도 없다. 기대가능성 문제에 대한 판단에 있어서는 소수자 인권의 문제임을 감안하여 양심적 병역거부자 중의 평균인 관점의 관점에서 접근하지 않으면 기대가능성 유무는 아무런 평가갓대로서의 의미가 없을 것이다."

7) 아울러 양심적 병역거부자와 같은 확신범의 구성요건해당성을 조각시키는 법리구성(대법원 2018. 11. 1. 선고 2016도10912 전원합의체 판결)방식에 대해 보충적으로 적용될 수 있는 범죄성립배제사유를 입론할 수 있다. 즉 기대불가능성에 의한 책임조각사유를 인정할 수 있는 실익이 생긴다.

8) 신동운, 형법총론 (법문사, 2015), 426면.

심을 가지고 두 편의 글을 발표한 바 있는 효당 엄상섭도 이와 크게 다르지 않게 "행위자가 정치상 또는 종교상의 확신에 의하여 행위할 의무가 있다고 하여 현행법에 위배되는 행위를 함으로써 성립하는 범죄"[9]라고 정의내린 바 있다. 본고에서 다루고자 하는 확신범도 바로 이처럼 정치, 종교, 윤리적 확신에 의해 일반인과는 다른 '특수한 의무의식'이 생겨 현행법을 위반하는 자를 지칭하기로 한다.

(2) 확신범 관련 입법안

확신범을 형법적으로 어떻게 다룰 것인가와 관련해 선행연구들의 축적된 성과의 방향을 가늠해 볼 수 있는, 참조할 만한 국내외 학자들의 입법안이 있다.

우선 라드브루흐는 "국가가 승인한 법률이라도 그것을 납득할 수 없는 자에 대해서 실정법은 잔인한 폭력을 의미할 뿐이며 윤리적 권위를 의미하지 않는다."고 지적하면서 "형벌을 통한 응보나 교육은 처벌하는 국가가 처벌받는 행위자의 낮은 도덕적 가치에 대해서 더 높은 도덕적 품격을 가진다는 전제에 직결되어 있다."는 점을 고려해 보면 "확신범은 '낮은 도덕적 가치를 지닌 자'가 아니라 '다르게 생각하는 자'이므로 확신범에 대해서는 응보나 교육이라는 형벌목적은 탈락하고 위협의 과제는 거부되어야 한다."고 말한다. 확신범 처우의 어려움과 특수성을 밝힌다. 결국 "국가로서는 형벌보다는 하나의 투쟁조치의 성격을 가진, 내적 전쟁에서의 전쟁포로의 일종과 같은 감금을 통하여 해만 끼치지 않도록 하는 수밖에 없다."는 것이 그의 결론이다. 라드브루흐는 이러한 지론에 따라 다음과 같은 입법안을 제시한 바 있다. "행위자의 결정적 동기가 그의 윤리적, 종교적 및 정치적 확신 때문에 그렇게 할 이유가 있다고 생각한 데 있다면, 그에 대해서는 중징역과 경징역 대신 같은

---

9) 엄상섭, "확신범에 대한 대책", 법정(法政) 제12권 제5호 (1957), 4면. 또 다른 확신범 관련 글로는 엄상섭, "암살범의 특질", 법률평론(法律評論) 제1권 제3호 (1949).

기간의 금고형으로 처벌한다.[10]

역시 독일의 형법학자 쉬네만은 "종교적, 정치적 또는 윤리적 확신에 의해 합법에로의 동기형성력이 현저하게 제한된 상태에서 행위한 자에게는 형법 제49조 제1항에 의한 필요적 형벌감경이 선고되어야 한다. 형이 감경된 확신범이 비록 일회의 중한 범죄를 행하였다고 하더라도 재범의 위험성이 있는 이상 법원은 그에 대해 보안감호를 선고할 수 있고, 이 경우 형벌과 보안감호의 합산기간은 형벌감경이 없으면 내려질 형기보다 더 길어서는 안 된다."[11]고 하여 보안감호와 함께 형의 필요적 감경을 제안한 바 있다.

엄상섭은 구체적인 입법안은 아니지만 "'확신범이여 네가 미워서 처벌하는 것이 아니라 네가 위태해서 처벌한다'는 법신(法神)의 탄사가 튀어나올 수밖에 없는 것이다."라고 지적하며 "그러면 우리는 확신범에 대한 적절한 처우방안을 포기하고 말 것인가?"라는 의문을 제기한 후, "그 유일한 방도는 민주주의의 고도화인 것이다. 모든 문제가 그러한 것과 마찬가지로서 확신범문제도 형법의 세계에서만 국척(跼蹐)하여

---

10) 라드브루흐의 입법안에 대한 소개로는 심헌섭, "라드브루흐·확신범·금고", 법조 제19권 제1호 (1970), 61면. 심헌섭 교수에 의하면 확신범의 특별취급을 강력히 주장한 라드브루흐에 견해는 "법규범이 근거하고 있는 당위명제들은 증명할 수 없고, 공리적이며 인식되는 것이 아니라 고백될 뿐이다. 궁극적인 당위명제들에 대해 대립되는 주장들이나 대립되는 가치관 및 세계관들이 서로 다투면서 맞서고 있는 곳에서는 그들 사이를 학문적으로 명료하게 결정지워 놓을 수는 없다"는 상대주의 법철학으로부터 도출된다고 한다. 심헌섭, 앞의 논문, 62-63면 참조. 라드브루흐의 상대주의 법철학은 자유주의(liberalism)라는 정치철학적 이념과 맞닿아 있다고 볼 수 있을 것이다. 자유주의의 핵심은 국가나 법이 특정한 종교적, 도덕적 이상을 강요하거나 처벌하지 않는 데 있다. 즉 무엇이 공동체가 지향해야 할 미덕이고 최선의 삶의 방식인지에 대해 각 개인의 자율적 결정, 선택의 자유에 맡겨야 한다는 입장이며, 이는 곧 좋은 삶의 방식을 각자 스스로 선택할 자유를 최대한 존중하는 입장이다. 이에 대해서는 마이클 샌델/김명철 역, 정의란 무엇인가(와이즈베리, 2018), 27-28면.

11) 쉬네만의 입법안에 대해서는 손동권, "형법상 양심범처벌의 문제점 : 독일의 이론 및 판례를 중심으로", 안암법학 제2호 (1994), 343면 이하 참조.

해결하려 할진대 아무리 교묘하고 치밀한 이론구성을 하여도 해결될 방도가 없는 것이다. (중략) 더군다나 확신범처럼 세계관의 대립과 긴장에서 나타나는 현상은 견해의 차이, 주관과 주관과의 충돌의 조화에 의한 국가나 사회의 평화를 유지함으로써 인류의 행복과 안전을 기하려는 민주주의의 의식의 강화에서만 해결의 서광이 보이는 것이다."고 전제하면서 "확신범에 대해서는 현실적 질서를 유지함에 필요한 한계에서만 그의 자유를 제약하고 행동을 억제함에 그쳐야 할 것이고 그 생명을 박탈하거나 일반범죄자와 동일하게 처우해서는 안 될 것이다. 이는 입법, 재판, 행형에서는 물론이고 수사의 단계에서도 존중되어야 할 원리인 것이다."라고 신중한 견해를 제시한 바 있다.

어느 입법안 또는 처우방안이거나 주된 공통점은 확신범의 경우 동기의 특수성이 고려되어야 한다는 것이며, 따라서 일반 범죄자와는 다르게 취급될 필요가 있다는 문제의식에서 출발하고 있다는 점에서 찾을 수 있다. 본고의 경우도 기본적으로 이러한 문제의식에 공감하며 확신범의 형법적 취급문제를 검토하고 있음을 밝혀둔다.

(3) 확신범에게 요구되는 확신의 정도: 양심범과 구별문제

일반적으로 형법적으로 문제되는 확신범의 확신의 수준은 개인을 절대적으로 구속하기 때문에 심각한 내적 갈등 없이는 그에 어긋나는 행동을 할 수 없을 정도이며, 이때의 확신은 자율적이고 윤리적인 인격으로서 개인이 내린 선악에 대한 진지한 윤리적 결정을 의미한다. 즉 단순한 개인적 척도에 의한 자의적 결정을 뜻하는 것이 아니라 이러한 윤리적 결정은 객관화 내지 일반화 경향을 가져야 한다.[12] 만일 이러한 윤리적 절대구속력을 가지는 확신에 반하는 행위를 한 자에게는 종교

---

12) 객관화 경향 내지 일반화 경향이란 행위자는 자신의 결정이 절대적으로 선하다고 확신하기 때문에 타인들도 자신과 같은 결정을 하기를 원해야 한다는 것으로서 다시 말해 행위자는 자신의 확신을 타인과 공유하기를 희망해야 한다는 것을 의미한다. 양심적 병역거부가 그 대표적 사례라 할 수 있음.

적 확신범의 경우에는 신으로부터의 이탈을[13], 비종교적 확신범의 경우에는 인격의 실체상실을 경험하게 된다.[14]

확신범의 확신은 윤리적으로 절대적 강제력을 지니지 못하는 반면 양심범의 경우에는 당사자에게 그에 합치되는 행위를 하도록 윤리적으로 강제한다는 점에서 내적 강제의 정도가 양심범이 더 크다는 견해도 있으나[15] 그 반대의 견해도 있고[16], 국내학자들의 경우에도 이를 구별하는 입장과[17] 혼용하는 입장이[18] 병존하고, 대법원은 이 두 용어를 특별한 구별 없이 사용하고 있는 것으로 보이는바(대법원 2004도2965 전원합의체 판결)[19], 본고에서는 윤리적으로 절대적 구속력을 지닌 내적 강제력이 있는 확신(양심)을 가진 행위자를 지칭하는 용어로 확신범과 양심범을 혼용하기로 한다.

---

13) 여호와의 증인 신도들의 경우 만일 집총거부를 하지 않게 되면 신앙적으로 약속받은 영생을 잃게 된다고 함. 이 점에 대해서는 어느 로스쿨 재학생 OO 군과의 인터뷰를 통해 처음 알게 되었는데, 그는 과거 모태신앙으로 여호와의 증인을 믿었었고, 결국 양심적 병역거부로 실형을 살았으며, 어떤 계기로 인해 현재는 여호와의 증인에서 탈퇴하여 과학적 세계관에 심취해 있고, 로스쿨에서 성실히 법학을 공부하고 있다.

14) 손동권, 앞의 논문, 317면.

15) Peters, Überzeugungtäter und Gewissenstäter, in: Mayer-FS, 1966, S. 276; Ebert, Der Überzeugungtäter in der neueren Rechtsentwicklung, 1975, S. 275.

16) Heinitz, ZStW 1966, S. 621.

17) 양화식, "확신범의 가벌성과 처우", 형사정책연구 제10권 제2호 (1999).

18) 박중규, "양심범, 확신범 그리고 격정범에 대한 책임해석론의 내용", 비교형사법연구 제2권 제1호 (2000).

19) "피고인에게 존재하는 이러한 양심상 결정의 진지하고도 절박한 구속력 내지 내적 강제력은 우리 헌법 제19조에 의하여 보호되어야 하는 양심의 전형적인 특성을 그대로 나타내고 있는 것이고, 이는 절대적 윤리구속성을 갖추지 못한 다른 확신범이나 양심범과도 뚜렷이 구별되는 것이기도 하다(대법원 2004도2965 전원합의체 판결)."

2. 확신범과 금지착오

(1) 확신범의 불법의식과 금지착오

확신범과 관련된 형법적 쟁점 중 오늘날에는 다툼의 여지없이 거의 일치된 결론[20]에 이르고 있는 것으로서 확신범에게도 불법의식을 인정할 수 있는가의 문제가 있다. 불법의식의 대상은 통설적 견해에 의하면 '법위반성', 즉 '위법성'이다. 다시 말해 위법성의 인식이 곧 불법의식이고 불법의식이 있기 때문에 행위자에게 적법행위의 기대가능성이 있음에도 불구하고 달리 행위한 점에 대한 책임비난을 가할 수 있다는 것이 책임원칙으로부터 도출된다. 그런데 만일 확신범이 '자율적' 양심을 주된 척도로 불법의식을 형성하는 것으로 이해한다면 자신의 양심과 어긋나는 '타율적' 법규범의 호소는 대부분 그의 양심에 의해 매개돼 적절한 수준의 불법의식을 심어주지 못할 것이기 때문에 이 경우 불법의식이 없다고 말할 수 있을 것이다. 하지만 이러한 입장은 '법익보호'라는 형법의 예방적 목적에 반하는 결과를 가져온다. 따라서 오늘날 통설적 견해는 확신범이라 하더라도 자신의 행위가 사회에 유해하고 법적으로 금지되어 있다는 점을 알고 있다면 형법상의 불법의식이 인정되는 것으로 본다. 그러므로 확신범의 불법의식 문제는 그 존재유무보다는 그에 대한 착오의 문제로 접근하는 것이 타당하다고 본다.[21]

---

20) 김성돈, 형법총론 (성균관대출판부, 2009), 367; 김일수/서보학, 형법총론 (박영사, 2002), 423면; 박상기, 형법총론 (박영사, 2002), 236면; 배종대, 형법총론 (홍문사, 2001), 384면; 성낙현, 형법총론 (동방문화사, 2010), 363면 신동운, 앞의 책, 427면; 오영근, 형법총론 (대명출판사, 2002), 484면; 이상돈, 형법강론 (박영사, 2015), 404면; 이형국, 형법총론 (법문사, 1997), 230면; 임웅, 형법총론 (법문사, 2002), 292면; 정영일, 형법총론 (박영사, 2007), 302면.

21) 독일연방대법원은 확신범의 불법의식과 관련해 유책적 금지착오의 문제로 다룬 바가 있다. BGHSt 2, 208. 이와 관련해 헌법재판소에 의한 규범판단이 없어 그 정당성 및 합법성에 의문이 있는 형법규범에 대해서는 헌법적 또는 자연법적 근거에 기초한 금지착오(특히 효력의 착오)가 발생할 가능성 있지만 민주주의가 법

본고에서도 통설적 견해를 따라 확신범에게도 불법의식이 존재한다
는 점을 전제로 하면서 기대가능성 유무가 있는지를 판단하는 방향으
로 논지를 전개하기로 한다. 다시 말해 금지착오가 문제되지 않는 상황
에 있는 확신범에게 기대가능성을 인정할 수 있는지 여부를 검토한다
는 것이다.

3. 확신범의 가벌성: 불가벌 사유의 범죄체계론상 지위

(1) 확신범의 가벌성 논의

확신범 문제에 지대한 관심을 갖고 있었던 엄상섭은 확신범의 가벌
성과 관련해 '가벌성 제한적 긍정론'이라 칭할 만한 견해를 피력하고
있다. 그는 "만일 확신범이 개별적 분산적으로 행해짐에 그치거나 결과
의 중대성이 없다면 확신범을 극력 관대하게 처리할 수도 있는 것이고
그러한 아량을 가질 수도 있는 것이다. 그러나 확신범은 '정치적 또는
종교적 확신'에 기인한 것이기 때문에 그 성질상 집단적, 전파적이며
그 결과는 개별적인 경우에도 살인 등의 중대범으로 나타나는 것이고,
집단적일 때에는 국가나 사회의 존립을 위태롭게 하는 내란죄, 반역죄
등을 구성하게 되므로 국가와 사회의 평화와 질서를 유지해야 하는 필
요로 인하여 부득이 가혹한 형벌로 임할 수밖에 없는 것이다. 동기의
특수성에 비추어서는 불벌, 또는 지극히 관대하게 처리해야 할 확신범
임을 누구나 잘 알고 있으면서도 그를 엄벌함도 또한 일반 국민들의 시
인하는 바가 되어 있는 것이다."라고 말한다. 이어서 "목하 확신범이 처
벌되고 있음은 각국 공통적인 것이니 그 가벌성에 대하여 운운할 필요
가 없을지는 모르나 확신범의 처벌근거는 그처럼 간단한 것이 아니[다].
(중략) 위법성은 초법규적으로 볼 것이라는 것이 현대 형법학계의 대세

────────────

치주의가 확립된 국가에서는 그러한 착오는 대부분 회피가능한(따라서 책임이
조각되지 않는) 경우가 되고, 반면 그렇지 못한 국가에서는 회피불가능성으로 인
한 책임조각이 인정될 여지가 남는다는 견해가 있다. 손동권, 앞의 논문, 337면.

이니 (중략) 위법성의 본질을 인류사회의 진화를 목표로 하고 생성발전
할 수 있는 문화규범위반이라고 관념할 때에 이 문제는 비로소 해결된
다. '국가적으로 승인된'이라는 것을 부인함으로써 '현실에 굳어붙을 수
있는 보수성'을 제거하고 '인류사회의 진화'만에 봉사하는 것이 아닌
점에서 확신범 불벌의 부당한 결론을 피하는 것이 비견의 골자다. 즉
'할 수 있는'에 의미가 있는 것으로서 이는 '인류사회의 진화의 과정'을
존중한다는 것에 중요한 포인트가 있다. 즉 확신범은 문화의 진화과정
을 무시하는 점에 그 위법성이 있다는 것이다. 진화성을 가진 확신범일
지라도 그 과정을 무시함으로 인하여 현실사회에 대하여 다대한 혼란
과 마찰을 가져오게 된다면 도리어 인류의 문화발전을 저해하는 결과
에 빠질 터이니 이런 의미에서 진화적인 확신범도 위법성을 대유케 되
는 것이다."[22]고 하여 확신범의 위법성을 긍정할 수 있는 이론적 근거
를 마련하고 있다.[23]

반면 일부 학자들은 '가벌성 전면적 긍정론'을 주장한다. 즉 확신범
은 통상적으로 정당화되지도 면책되지도 않는다는 것이다.[24]

한편 '가벌성 제한적 긍정론'도 학설에 따라 다양한 형태로 나뉘는데,
우선 작위범은 처벌되나 부작위범은 기대불가능성에 의해 면책될 수 있
다는 견해가 있다.[25] 다음으로 국가의 존립과 안전을 위태롭게 하거나
기타 최상의 헌법원칙을 침해한 경우에는 양심자유의 기본권을 원용할
수 없고, 생명, 자유, 재산 등 개인적 법익을 침해하는 경우 이는 타인의
인격발현의 가능성을 배제하기 때문에 이를 용인하는 것은 헌법적 가치
체계에 불합치되므로 처벌할 수 있다는 견해도 있는바,[26] 이는 헌법상의
양심상의 자유도 국가안전보장, 질서유지 또는 공공복리를 위하여 제한

---

22) 엄상섭, "암살범의 특질", 법률평론(法律評論) 제1권 제3호 (1949) 참조.
23) 엄상섭의 형법이론에 대해서는 안성조, "효당 엄상섭의 형법이론과 형법사상",
    서울대학교 법학 제58권 제1호 (2017), 223-279면 참조.
24) Hirsch, StGB. Leipziger Kommentar, 11. Aufl., 1994, vor 32 Rdn. 221; Jeschek/
    Weigend, AT, 1996, S. 506.
25) Schönke/Schröder/Lenckner, StGB, 24. Aufl., 1991, vor 32 Rdn. 119, 120.
26) Roxin, Die Gewissenstat als Strafbefreiungsgrund, in: Maihofer-FS, 1988, S. 410.

할 수 있으므로(헌법 제37조 제2항) 이러한 경우에 해당할 때에는 처벌
할 수 있다는 우리 대법원의 견해와도 유사한 것으로 보인다.[27]

(2) 불가벌 사유의 범죄체계론상 지위

확신범이 일정한 경우 가벌성이 없다고 할 때 이를 범죄체계론상 어
디에 정서시킬 것인가의 문제가 발생한다.

이와 관련해 우선 엄상섭은 규범적 책임론에 기초하여 책임조각의
가능성을 인정하고 있다. 그는 "규범적 책임론에서는 '인식, 또는 인식
은 없었으나 인식할 수 있었다는 인식가능성'이라는 심리적 조건 외에
고의나 과실이 있었지마는 위법행위를 피하고 적법행위를 할 수 없는
동기가 행위자의 의사결정의 골자가 되었을 때에는 이에 대해서도 비
난을 가할 수는 없으므로 결국 행위의 책임성이 결여되는 것으로 봐야
한다는 것인즉 확신범에 있어서 행위자의 '정치상 또는 종교상의 확신
에 의한 의무의식'이 그 행위자의 '현행법을 준수하는 행위를 할 수 없
는 비정상적인 부수사정'이 될 수 있기 때문에 그 동기구성을 무시할
수 없다."고 지적한다.[28]

---

27) 대법원 1998.7.28, 98도1395; 대법원 1997.7.16., 97도985.
28) 혹자는 엄상섭의 견해에 대해 '비정상적 부수사정'은 행위자 외부에 존재하는 것
이어야 하므로 특수한 의무의식을 그러한 부수사정으로 볼 수 있는 것인지에 대
해 의문을 제기할 수도 있을 것이다. 하지만 기대가능성을 판단하는 데 있어서의
'부수사정'을 후술하듯 '범죄구성요건의 외부에 있으면서 행위자의 동기구성에
영향을 주는 요소'로 이해한다면 엄상섭의 논지는 타당하다고 할 것이다. 이와
관련해 본고의 입장은 확신범으로 하여금 '특수한 의무의식'을 형성하게 만든
'초정상 도덕적 자극'으로서 '지속적이고 복합적인 일련의 계기들'을 비정상적
특수한 부수사정으로 파악함으로써, 확신범의 기대가능성 판단에 요구되는 부수
사정을 '범죄구성요건'은 물론 '행위자' 외부에 존재하는 특수사정으로 바라보고
있다. 양심적 병역거부와 관련된 병역법 위반사건에서 대법원이 "위 조항에서 정
한 정당한 사유가 있는지를 판단할 때에는 병역법의 목적과 기능, 병역의무의 이
행이 헌법을 비롯한 전체 법질서에서 가지는 위치, 사회적 현실과 시대적 상황의
변화 등은 물론 **'피고인이 처한 구체적이고 개별적인 사정'**도 고려해야 한다."고

다음으로 '위법성조각사유설'로 볼 수 있는 견해로서 확신범 중에서 양심상 결정에 의하여 형법에 위반한 양심범은 기본권을 행사한 것이므로 위법성이 조각된다는 견해가 있는데[29] 헌법상의 양심의 자유권은 그 한계를 일탈하지 않는 이상 형법적으로 적법하다고 해석되어져야 한다는 것이다.

한편 '책임조각설'로 분류할 만한 것으로서 헌법적 한계를 벗어나지 않는 양심범은 면책사유에 해당한다는 견해가 있는데, 이 중에서도 양심자유의 실현이 가져오는 인격통합적 효과로 인한 불법감소와 양심의 강제상태에 기인한 동기형성력의 장애에 의한 책임감소라는 이중의 책임감소사유가 충족됨으로써 양심범은 면책된다는 견해와[30], 양심 강제상황의 존재는 행위자의 인격에 존재하는 '비정상적 상황' 중의 하나로 인정될 수 있고, 따라서 양심범의 사실적-정신적 타행위불가능성은 법적 기대불가능성으로 평가된다는 견해가 있다[31]. 이밖에도 양심자유의 실현이 그 내재적 한계를 초과한 때에는 예방적 이유에서 처벌이 불가결하며 그리고 행위자의 책임이 인정된다는 전제에서 이 예방적 필요성이 양심범의 처벌을 근거지우지만 양심의 실현이 헌법적 한계를 초과하지 않는 때에는 이는 헌법적으로 보장된 행위자유로서 형법상으로 볼 때도 예방적 관점에서 수인될 수 있고 따라서 제재를 가할 수 없다는 견해도 있다[32]

판시한 것도 이러한 맥락에서 이해할 수 있을 것이다. 대법원 2018. 11. 1. 선고 2016도10912 전원합의체 판결.

29) Peters, a.a.O., S. 276.

30) Rudolphi, Die Bedeutung eines Gewissenentscheides für das Strafrecht, in: Welzel-FS, 1974, S. 630.

31) Ebert, a.a.O., S. 66.

32) Roxin, a.a.O., S. 410.

Ⅲ. 확신범의 의무의식 대한 새로운 이해
-'도덕적 결정범'으로서의 확신범

1. 확신범의 특수한 의무의식의 발현계기

　상기 고찰한 바에 따르면 간단히 말해 확신범은 '정치·종교·윤리상의 확신에 의한 강력한 의무의식이 그 행위자의 현행법을 준수하는 행위를 할 수 없을 정도의 심각한 내적 갈등을 불러일으키는 자'로 규정할 수 있다. 우리가 주변에서 직·간접적으로 접해볼 수 있는 확신범들, 예컨대 양심적 병역거부자 등의 특수한 도덕관념이나 의무의식은, 행위자가 스스로 선택한 삶의 방식과 사고체계의 기초가 되고, 이는 근현대 자유주의 사상에 비추어 보면, 비록 다수인의 도덕관념과 다르기는 하지만 국가가 형벌을 동원해 강제할 만한 성질의 것이 아님은 분명하다 할 것이다. 자유주의 이념에 따르면 최선의 삶의 방식이나 좋은 삶은, 타인의 법익을 침해하지 않은 한 각 개인의 선택의 자유에 맡겨져 있기 때문이다. 바로 이러한 관점으로부터 최근 대법원이 양심적 병역거부자의 특수한 종교적 신념을 병역법상 '정당한 사유'로 인정해 구성요건해당성을 조각시킬 수 있는 근거가 제시될 수 있다고 평가할 수 있다. 이점은 특히 양심적 병역거부자와 같은 비폭력적 확신범은 타인의 법익을 침해한다고 보기 어렵기 때문에, 헌법재판소가 법익의 균형성 측면에서 "형벌권을 곧바로 발동하여야 할 정도의 반사회적인 행위라고 할 수는 없다."[33]고 판단할 수 있는 논거의 바탕이 되기도 한다. 그런데 이와 같은 법리구성은 확신범을 다수의 시민들과 다르게 '가치있는' 생각을 하는 '소수자'라는 측면을 잘 포착했다는 점에서는 큰 의미가 있지만, 그러한 소수자들이 어떠한 과정을 거쳐 그러한 생각을 하게 되었는지에 대해서는 법적인 측면에서 크게 고려해보지 않음으로써 책임조각의 가능성을 놓치게 된다는 단점이 있다. 형법적인 측면에서 행위자에

---

33) 헌재 2018. 6. 28. 2011헌바379 등 결정.

대한 비난가능성이란 점을 적극적으로 고려하지 못하고 있다는 것이다. 구성요건해당성이 원칙적으로 금지된 행위유형이라는 점에서 '행위'의 측면에 대한 관점이라면, 책임은 바로 그러한 금지된 행위유형을 범한 자라 하더라도 행위자 개인의 특수한 사정을 고려해 범죄성립을 배제시킬 수 있는 '행위자'의 측면에 대한 고려라는 점에서 양자는 명백히 구별되며, 형법은 양 단계에서 모두 범죄성립을 조각시킬 수 있는 길을 열어놓고 있는바, 이는 확신범의 경우라 하더라도 균등하게 고려해야 함은 자명한 이치다. 따라서 확신범에 대한 비난가능성의 측면에서 그 행위자의 특수한 의무의식 그 자체보다는 그 발현계기를 고찰해 보는 것도 형법적으로 유의미한 작업이라 생각한다.

그렇다면 확신범은 과연 어떠한 계기로 인해 그러한 내적 결정을 실행에 옮기게 되는 것일까? 이 점에 대해 일반적인 견해는 그렇게 하지 않으면 종교적 확신범의 경우에는 신으로부터의 이탈을, 비종교적 확신범의 경우에는 인격의 실체상실을 경험하게 되기 때문이라고 이해하고 있지만, 본고에서는 도덕심리학, 신경과학 및 진화윤리학 등의 관점에서 확신범의 양심적 결단과 행동의 동기를 새롭게 조명해 보고자 한다.

2. 도덕적 판단의 성격: 감정을 배제한 순전히 이성적 판단인가?

전통적으로 도덕적 판단이나 결정은 순수한 실천이성에 의한 합리적 추론의 결과로 여겨져 왔다. 이는 이성의 힘을 강조한 소크라테스나 플라톤 등 고대 그리스의 철학자들을 비롯해 계몽시대의 사상가들에 면면히 이어져 온 서구의 지적 유산의 하나였고,[34] 오늘날 일반대중의 인식 속에도 이러한 사고방식이 지배적이다. 윤리학과 법학의 체계는 바로 이러한 주지주의적 토대 위에 세워져 있다고 보아도 별 무리가 없을 것이다.

---

34) 남경희, 플라톤 (아카넷, 2006), 107면 이하; 힐러리 퍼트남/홍경남 역, 존재론 없는 윤리학 (철학과 현실사, 2006), 38면 이하 참조.

하지만 현대의 일단의 연구자들은 그러한 지적 전통에 대해 회의를 제기하고 있다. 이러한 입장의 윤리학을 가장 넓은 의미에서 소위 자연주의 윤리학(naturalized ethics) 또는 윤리적 자연주의라고 칭한다.[35) 이 입장의 핵심은 도덕적 추론이라는 것이 반드시 실천이성과 같은 '특수한 능력'에 의해 '특별한 종류의 방법'을 통해서 '일상적인 다른 종류의 가치판단이나 자연적 상황에서 유래하는 것들과는 다른' '특별한 위상'을 지니게 되는 방식으로 이루어질 필요는 없다는 것이다. 이들은 다음과 같은 증거를 제시한다. 오늘날 많은 실험과 연구결과에 의하면 도덕적 판단은 때로는 합리적인 이성에 의한 도덕적 추론(moral reasoning)보다는 주로 도덕적 정서에 의해 작동되는 도덕적 직관(moral intuition)에 의해 더 크게 좌우된다고 한다. 진화심리학자인 전중환 교수에 의하면 우리의 도덕적 판단이 "냉정한 합리적 이성뿐만 아니라 원시적인 혐오정서에서 상당부분 유래한다는 증거들이 있다."[36) 마찬가지로 막스플랑크연구소의 진화인류학자인 마이클 토마셀로에 의하면 인간의 도덕은 진화사적으로 볼 때 상호 협력을 증진시키기 위해 발달한 '공감'과 '공정'이라는 생래적 도덕감각에 크게 의존하고 있다.[37)

이러한 주장을 보다 과학적으로 입증해 주는 여러 실험을 수행한 하버드대학의 실험심리학자이자 인지신경과학자 조슈아 그린에 의하면 도덕적 판단과정은 감정의 지배를 받는 자동모드와 이성의 영향을 받는 수동모드 양자 간의 '이중처리 방식'으로 작동한다고 한다. 자동모드는 집단 내에서 협력을 가능하게 하는 직감적 본능인 반면, 수동모드는 도덕적 문제나 그 밖의 실제적인 문제를 푸는 데 사용되는 이성적 추론 능력이다. 이는 마치 카메라의 자동모드와 수동모드의 작동방식처럼 전자는 효율적이지만 융통성이 없고, 후자는 융통성이 있지만 비효율적이라는 특징을 지닌다고 한다.[38)

---

35) 자연주의의 윤리학에 대해서는 마크 존슨/노양진 역, 인간의 도덕 (서광사, 2017), 54면 이하 참조.
36) 전중환, 본성이 답이다 (사이언스북스, 2016), 51면 이하 참조.
37) 마이클 토마셀로/유강은 역, 도덕의 기원 (이데아, 2018) 참조.

적어도 과학계에서는 최근 들어 학문적 트렌드가 되어 버린[39] 도덕
의 본성에 대한 진화적 해석에 따르면 인간의 도덕성은 인간들 상호간
협력을 촉진시키기 위해 진화한 적응적 심리기제의 하나이다.[40] 이 분
야의 저명한 심리학자 조너선 하이트에 의하면 도덕적 판단에 관여하
는 심리적 적응은 크게 도덕적 직관과 도덕적 추론이라는 두 요소로 구
성되는데 도덕적 직관은 분노, 감사, 죄책감, 동정 등의 도덕적 정서에

---

38) 조슈아 그린/최호영 역, 옳고 그름 (시공사, 2017), 206면 이하 참조. 그린 교수에
    의하면 도덕적 판단과정에서도 도덕적 의무와 관련된 판단은 주로 감정, 즉 도덕
    적 직관이 담당한다고 한다. 조슈아 그린 외/한세정 역, 넥스트 (21세기북스,
    2010), 22면 참조.
39) 이러한 평가로는 케네스 밀러/김성훈 역, 인간의 본능 (더난출판, 2018), 234면.
    케네스 밀러는 브라운 대학의 생물학 교수이다. 다만, 그는 현재의 트렌드와 달
    리 자신은 인간에게 다른 존재와 차별화되는 특별한 무엇이 있다고 믿고 있다는
    점을 이 책을 통해 논증하고 있다.
40) 조슈아 그린에 의하면 "도덕성은 실제로 협력을 촉진하기 위해 진화했다. 다시
    말해 도덕성은 집단들 사이의 경쟁에서 유리한 위치에 서도록 집단 내 협력을
    촉진하기 위해 생물학적으로 진화했다. 자연선택이 협력을 촉진하는 유전자를
    편애하는 유일한 이유는 협력적인 개인들이 다른 개인들과의 경쟁에서 더 잘 이
    길 수 있기 때문이다. 단, 도덕성의 궁극적 기능은 모든 생물학적 적응이 그러하
    듯이 유전물질을 퍼뜨리는 것이다. 진화는 협력 자체의 촉진을 목표로 삼지 않는
    다. 진화가 협력을 선호, 촉진한다면 그것은 오직 협력자들의 유전자를 퍼뜨리는
    데 도움이 되기 때문이다." 조슈아 그린/최호영 역, 앞의 책, 281면. 필자가 보기
    에 그린 교수의 주장은 지나치게 '유전자의 관점'에 입각해 있다. 그처럼 유전자
    의 눈으로 보는 관점은 지적으로는 흥미로울 수 있지만, 도덕적으로는 무의미하
    다고 말할 수 있다. 마이클 토마셀로 교수가 적절히 지적한 바와 같이, 개인의
    관점에서 보면 도덕적 감정은 모두 진정한 것들이다. 그에 따르면 인간은, 심지
    어 어린이들조차 "남이 목표에 도달하도록 돕고, 공정하게 자원을 나눠가지며,
    공동헌신을 하면서 때로는 그것을 어기겠다는 허락을 구하고, '우리' 또는 집단
    의 이익을 위해 행동하며, 아마 집단중심적 동기에 근거해 제3자에게 사회규범을
    강제하고, 이기적인 계산에서 나오지 않는 진정으로 도덕적인 감정을 갖는다."
    요컨대 "도덕적 공동체 안에서 자신과 타인이 내리는 도덕적 판단은 전체적으로
    정당하고 마땅한 자격이 있는 것들이다." 마이클 토마셀로/유강은 역, 앞의 책,
    295-296면 참조.

의해 작동되고, 도덕적 추론은 정서의 개입이 거의 없이 합리적 이성에 의해 결론에 도달한다고 한다. 심지어 그는 도덕적 직관이 추론에 우선한다고 주장한다.[41] 즉 대부분의 도덕적 문제에 있어서 도덕적 정서가 즉각적이고 자동적으로 판단을 내리고, 이성에 의한 도덕적 추론은 이 판단을 합리화할 뿐이라는 것이다.[42]

3. 진화론의 관점에서 본 윤리와 양심

앞서 확신범의 확신 또는 양심은 자율적이고 윤리적인 인격으로서 개인이 내린 선악에 대한 진지한 윤리적 결정을 의미한다고 하였고, 최근의 연구결과에 의하면 그러한 윤리적 판단과정에는 이성적 추론 이상으로 도덕적 정서와 직관이 매우 중요한 기능을 한다는 점을 논급해 보았던바, 그러한 자연주의적 견해가 얼마나 과학적으로 타당성을 지니는 것으로 검증되었는지는 별도의 논의가 필요하겠지만, 여기서는 일단 그러한 주장이 우리들의 일상적인 경험에서 납득할 수 있는 범위를 크게 벗어나지는 않는다는 전제 하에, 그렇다면 도덕적·윤리적 판단과정에 왜 그토록 정서와 직관이 강하게 작동할 수밖에 없는지에 대해 진화론의 시각에서 윤리를 어떻게 바라보고 있는지 검토해 봄으로써 해명해 보고, 더 나아가 확신범의 결단과 실천의 동기를 재조명해 보고자 한다.

(1) 도덕성에 대한 진화론적 이해방식

일반적으로 자연선택에 의한 진화는 '유전된 변이들의 차등적 생식

---

41) Haidt, J., Koller, S.H., & Dias, M.G., "Affect, culture, and morality, or is it wrong to eat your dog?", *65 J Pers Soc Psychol.*, (1993), at 613-628; Haidt, J., "The emotional dog and its rational tail: A social intuitionist approach to moral judgment", 108 Psychol Rev. (2001), at 814-834.

42) 전중환, 오래된 연장통 (사이언스북스, 2014), 190면 이하 참조. 동지의 마이클 셔머/김소희 역, 믿음의 탄생 (지식갤러리, 2012), 326면. 마이클 셔머에 의하면 "우리는 대부분 도덕적으로 먼저 믿음을 형성한 뒤에 그것을 합리화한다."

성공 때문에 긴 시간에 걸쳐 일어나는 변화'로 정의된다. 즉 개체의 생존과 번식에 더 나은 변이가 선택되어 진화된다는 것으로, 주어진 선택환경에 더 적합한 신체적, 행동적 특질을 지닌 개체가 높은 적응도(fitness)를 지니게 되어 살아남아 번식에 성공한다는 의미이다.

진화심리학은 환경에 더 적합한 '심리적 특질'을 가진 개체가 선택되고 개체군 내에 그러한 유전자가 퍼져 그 심리적 특질이 진화해 현재에 이르고 있다는 이론이다. 그러한 심리적 특질로는 뱀과 거미 등 위험한 생물에 대한 두려움, 달고 기름진 음식에 대한 선호 등이 있다. 흔히 '본성'이라 칭하는 이러한 특질을, 진화심리학은 전문용어로 '진화된 심리적 메커니즘(EPM: evolved psychological mechanism)이라 칭하며, 진화된 심리적 메커니즘은 오랜 진화사를 통해 생존과 번식 등의 적응 문제를 반복적으로 해결해 주었기 때문에 현재와 같은 형태로 존재하게 되었다고 설명한다.[43]

진화윤리학은 여기서 더 나아가 다른 심리적 특질들과 마찬가지로 인간의 도덕적 성향도 생물학적 적응의 산물이라고 본다. 즉 '도덕'도 '적응'이라는 것이다. "도덕성은 이기적 개체들이 협력의 혜택을 누릴 수 있게끔 해주는 심리적 적응물"이라는 조슈아 그린의 명제가 이를 잘 대변해 준다고 할 것이다. 예컨대 '상호적 이타성'이란 심리적 기제는 오랜 진화사에 걸쳐서 이기적으로 행동하는 사람보다 상호이타적으로 행동하는 사람들이 생존과 번식면에서 유리했기 때문에 진화하게 된 것이다.[44]

(2) 진화윤리학과 양심

이상 설명한 진화론적 설명방식은 이해하기 쉽고 직관적 호소력도

---

43) 케빈 랠런드·길리언 브라운/양병찬 역, 센스 앤 넌센스 (동아시아, 2014), 212면 이하.
44) 데이비드 버스/이충호 역, 진화심리학 (웅진 지식하우스, 2012), 418면 이하 참조. 상호적 이타성은 흔히 호혜성이라고도 하며 '상호이익을 위해 둘 이상의 개인 사이에 일어나는 협력'으로 정의된다.

있는 것은 사실이다. 하지만 정반대 관점에서의 비판도 가능하다. 프린 스턴 대학의 정치학 교수인 조지 카텝은 진화심리학에 대해 다음과 같 이 경고한다. "인간의 삶은 적응 이상의 것이다. 즉, 그것은 변화이기도 하다. 다양하고 변화하는 문화들을 만들어 내는 것은 생물학적인 진화 과정의 연속이 아니며, 어떤 문화도 첫 인류가 직면한 조건들과 함께 지속되지 않는다. 진화심리학과 같은 인간의 의식에 대한 접근은 인류 에 대해 그릇되게 설명하고 인류가 찬사를 받을 만한 독특성을 제거함 으로써 인간의 존엄성을 불필요하게 어지럽히는 자연주의적 환원법들 이다."45) 요컨대, 도덕에 대한 진화적 접근법은 인간의 도덕적 판단이 적응 이상의 목적을 갖는 문화의 산물이라는 점을 몰각시켜 인간의 존 엄성을 뒤흔드는 불필요한 자연주의적 환원법이라는 것이다. 그는 이어 말한다. "인간이 행한 어떠한 동기도 자연적인 것으로 폄하될 수는 없 다. 정신이 자연의 선택이 정하는 대로 생존이라는 지상명령을 지켜내 는 것이고, [이처럼] 정신이 생존을 위한 위대한 동력이라면 그것이 생 존이라는 지상명령에 도전하는 것도 위대한 것이라고 말할 수밖에 없 다. 생존에 대해 무관심하고 위대함을 찾을 때 인간의 자유가 드러나며, 그래서 인류의 위상이 더욱 순수하게 예시된다."46) 한 마디로 카텝의 지적은 도덕이 생존과 번식 이상의 목적을 갖는 위대한 문화의 산물이 라는 점을 진화윤리학은 해명해 내지 못한다는 것이다. 이 역시 우리의 직관에 부합되는 설득력 있는 반론이다. 인간은 때때로 지고한 도덕적 이상을 위해 자신의 목숨과 안녕을 내놓기도 하고, 그러한 헌신적 노력 이 겹겹이 쌓여 인류의 위대한 문화적 진보를 추동해 왔음도 주지의 사 실이기 때문이다.

따라서 필자가 여기서 주목하고자 하는 진화윤리학적 통찰은 도덕 일반에 대한 것이 아니라, 즉각적이고 자동적인 특성을 보이는 정서나 감정에 의해 설명될 수 있는 인간의 특정한 도덕적 성향이나 본성에 대

---

45) 조지 카텝/이태영 역, 인간의 존엄 (말글빛냄, 2012), 212-214면.
46) 조지 카텝/이태영 역, 앞의 책, 같은 면 참조.

한 것으로 제한적으로만 해석될 필요가 있을 것이다. 칸트도 인간에게 실천이성에 의한 도덕적 판단 이외에 자연적인 도덕적 성향이 있음을 부인하지 않는다. 이러한 맥락에서 조지 카텝이 인간의 그 어떠한 동기도 자연적인 것으로 폄하될 수는 없다고 말한 것은 분명 지나친 측면이 있다. 전술한 바와 같이 도덕판단은 자동모드와 수동모드라는 이중모드로 이루어진다고 볼 때, 본고에서는 바로 그러한 자동모드에 해당하는 자연적 동기에 대해 초점을 맞추고 있는 것이다. 부연하자면, 롤즈가 공정으로서의 정의원칙의 하나로서 '차등원칙'을 입론할 때 이것이야말로 순수한 도덕적 추론의 한 형태로 간주할 수 있겠지만, 그가 추구하고자 하는 '공정(fairness)'이란 이념의 근저에는 자연적 동기로서의 공정심도 분명 작동한다고 볼 수 있다는 것이다.

이러한 전제 하에 '진화의 산물로서의 도덕'이라는 관점을 일관되게 관철시켜 나아간다면, 확신범으로 하여금 강력한 의무의식을 지니게 하여 실정법에 반하는 행동을 하게 만드는 양심은 진화윤리학의 전제에 비추어 볼 때 '상호적 이타성'의 한 발현형태로 해석하는 것도 가능할 것이다. 진화윤리학자들은 감사, 우정, 분노, 연민, 신뢰, 죄의식, 양심, 복수심 등[47]을 비롯해 공정하지 못한 것을 보면 부당함을 느껴 심란해지는 성향도 모두 상호적 이타성에서 기인한다고 해석한다. 또한 도덕감정을 비롯해 정의개념이나 법체계의 기원까지도 상호적 이타성의 진화와 연결된다고 보기도 한다.[48]

'도덕의 기원(A Natural History of Human Morality)'이라는 책을 저술한 마이클 토마셀로의 설명도 이와 크게 다르지 않다. 그에 따르면

---

47) 예컨대 분노는 도움을 받기만 하고 되돌려주지 않는 사기꾼과는 더 이상 관계를 지속하지 않게끔 해 주고, 양심이나 죄책감은 부도덕한 행위가 탄로 날 위험에 처했거나 이미 탄로 났을 때 잘못을 공개하고 뉘우쳐서 다시 다른 사람들과 정상적인 신뢰관계를 맺게끔 해 주는 적응적 기능이 있다고 설명한다. 전중환, 앞의 책(각주 36), 199면 참조.

48) Wagstaff, G.F., "Equity, justice and altruism", 17 *Current Psychology* (1998), at 111-134; Ridley, Matt, The Origins of Virtue, (London: Viking, 1996).

초기 인류는 어느 시점에 이르러 생존을 위해 상호 의존하지 않을 수 없는 상황이 발생했고(이를 '상호의존가설'이라고 함), 이러한 새로운 생태적 환경에서 가장 성공적인 개인들은 타인과의 상호의존을 인식하면서 그에 따라 행동한 자들이었고, 바로 이들에게서 진화한 인지적 기술과 동기가 현재의 도덕을 이루는 핵심요소라고 한다. 예컨대 사냥을 위해 '우리(We)'는 어떻게 해야하고, 다른 집단으로부터 우리집단을 어떻게 지켜야 하는지 등에 대한 적응문제를 해결하기 위해 타인과 '지향성 공유(shared intentionality)'를 할 필요가 생겼고, 이로부터 '공동 지향성(joint intentionality)'이라는 인지기술과 동기를 발전시켰으며, 그 덕분에 '우리'의 일부인 파트너와 함께 공동의 목표를 형성하여 각자의 역할에 대한 상호 존중과 기대와 의무감이 발생했으며, 각 파트너가 역할 안에서 해야 할 역할이상(role ideal)이란 기준이 최초의 공유된 규범으로 나타났고, 역할기준의 공평함을 인식함으로써 자신과 타인이 하나의 협동작업에서 지위와 중요도가 대등하다는 '자타등가성'도 깨닫게 되었다고 한다. 결과적으로 이러한 일련의 과정을 통해 파트너들은 서로 협동하는 공동헌신(joint commitment)을 할 수 있게 되었고, 상호 각자의 역할이상을 충족시키려는 의무감을 느끼며, 그 기준에 역할 수행이 미치지 못하면 책임을 물을 정당한 권위를 갖게 되는 등 상호존중과 공정의 감각이 새로운 환경에서 적응하기 위한 '협력적 합리성(cooperative rationality)'에서 비롯되었다고 한다. 여기서 특히 공정이라는 도덕이 중요한데, 토마셀로에 의하면 공정하려고 노력한다는 것은 여러 개인의 협력적 동기와 경쟁적 동기의 복잡한 상호작용 속에서 일정한 균형을 달성하려고 시도하는 것을 의미한다. 이로 인해 사람들은 불공정한 자에 대해서는 분노와 징벌적인 태도로 임하며, 이러한 태도 속에서 책임감, 의무, 헌신, 신뢰, 존중, 본문, 책임, 죄책감 등의 개인적 판단을 불러일으킴으로써 상호작용하는 상대방에게 그의 행동에 대한 책임을 물으려 한다는 것이다.[49)]

---

49) 이상의 토마셀로의 설명은 마이클 토마셀로/유강은 역, 앞의 책, 14-20면 참조.

이러한 배경지식 하에서 확신범들의 의무의식은 대부분 공정이나 복수심, 죄책감, 의분 등 생래적인 도덕적 성향들의 발현형태로 볼 수 있을 것이다. 예컨대 양심적 병역거부의 경우 평화를 지향하는 생래적 도덕감정의 한 발현형태로 볼 수 있다. 또한 수혈거부는 성서의 해석에 대한 복종이라는 추상적인 이념에 헌신할 줄 아는 인간의 능력에 기인한 것으로 이러한 능력은 대규모 집단에서 이루어지는 협력을 촉진하기 위해서 진화된 도덕성의 일부를 구성한다.[50]

진화된 심리적 기제로서의 도덕적 성향들은 인간의 대부분의 다른 본성이 작동하는 방식과 마찬가지로 즉각적이고 자동적으로 발현되는 특징이 있다. 달고 기름진 음식에 본능적으로 끌리고, 맹수를 보면 위협을 느끼는 것처럼 자신의 이익이나 가치관이 공격을 당하거나 불공정하거나 불의한 것을 보면 '본성적'으로 심리적 동요를 느끼게끔 우리의 마음이 진화해 온 것이다. 이 점에 비추어 보면 도덕적 판단에 왜 그토록 정서와 직관이 강하게 작용하는지 이해할 수 있다.

이상의 논의를 종합하자면, 전통적인 윤리학의 입장과는 다른 관점이지만 도덕성은 사회적 협력을 촉진하기 위해 진화된 심리적 기제로 볼 수 있고, 이러한 입론이 타당하다면 확신범의 의무의식은 실천이성에 의한 도덕적 추론과 더불어 진화된 심리적 기제(본성)인 도덕성이 복합적으로 작용해 형성된 것으로 볼 수 있을 것이다.

4. 초정상 자극(supernormal stimuli)과 확신범

이상의 고찰을 통해 확신범은 진화된 심리적 기제로서의 도덕성이 강력한 의무의식으로 표출된 자라고 새롭게 규정할 수 있었다. 그런데 한 가지 의문은 누구든지 권위주의정권의 폭압정치 하에 있다거나 부도덕한 가치체계를 용인하는 법제도 하에 살고 있다면 일정한 양심의 동요가 생겨날 것이라는 점은 해명되나, 왜 그 중 소수만이 확신범의

---

50) 조슈아 그린, 앞의 책, 76면 참조.

형태로 기존의 법질서에 저항을 하게 되는지 설명될 필요가 있을 것이다. 이와 관련해 '초정상 자극'이란 개념에 주목하고자 한다.

노벨상 수상자인 동물학자 니코 틴버겐은 동물들이 자연에서 접하게 되는 실제 자극보다 더 과장된 인공적 자극에 더 강하게 끌리는 것을 관찰했고 이를 '초정상 자극'이라고 개념화하였다. 물고기든 아니든 붉은 색에 맹렬한 반응을 보이는 큰가시고기 수컷이 그 예이다. 진화심리학자들은 이를 인간의 본성에도 적용이 가능하다고 보고 1만년 전의 진화적 적응환경인 수렵채집사회에서 달고 기름진 음식을 선호하도록 진화된 인간의 심리기제를 자극하는 초정상 미각적 자극인 정크푸드에 중독되거나 인간의 생래적 보복감정을 자극하는 초정상 도덕적 자극인 정치인의 선동선전에 빠져들어 그 지지자가 되는 것을 같은 맥락에서 해석한다.51) 동물의 특이한 행동을 설명하는 개념을 인간의 행동에 가져오는 것은 과도한 일반화의 오류 가능성도 있겠고, 추가적인 과학적 검증이 필요할 것이며, 심리적인 불편함을 수반하는 것은 사실이지만, 앞서 논급한 진화윤리학의 전제에 따르면 원리적으로 양심이나 도덕도 본성의 하나로 볼 수 있고, 아울러 확신범의 특수한 의무의식의 발현계기에 주목해 책임성을 검토해 보려는 본고의 의도에 비추어 볼 때, 그러한 도덕적 본성의 과대반응자로 볼 수 있는 확신범은 정상적인 범주를 벗어난 초정상 도덕적 자극에 대해 정서적·감정적 반응을 일으킨 자로 볼 수 있을 것이다.

요컨대 양심이나 도덕적 판단에도 본성의 측면이 있다고 볼 수 있으므로 확신범은 동일한 상황에 처한 사람들 중에서 특수한 계기로 '초정상 도덕적 자극'을 받아서 '도덕적 격정상태'에 도달한 자로 규정할 수 있을 것이다. 이로부터 확신범은 '도덕적 격정범'으로 새롭게 이해될 수 있다. 이를 기대가능성의 이론과 결부시켜 법리적으로 분석해 보자면, 그러한 도덕적 격정상태가 만든 확신범의 특수한 의무의식은 '초정상

---

51) 디어드리 배릿/김한영 역, 인간은 왜 위험한 자극에 끌리는가 (이순, 2011), 99-164면 참조.

도덕적 자극'이라는 비정상적 부수사정에서 유래한 것으로 해석할 수 있으며, 이는 후술하듯이 '강한 의무의식을 유발하는 특수한 계기' 또는 '도덕적 격정을 일으키는 일련의 계기'로 이해할 수 있다고 본다.

IV. 확신범과 적법행위의 기대가능성

1. 기대가능성의 이론: 초법규적 책임조각사유로서 기대불가능성

형법상 기대가능성(Zumutbarkeit)이란 행위 당시의 제반 사정에 비추어 볼 때 행위자에게 적법행위를 기대하는 것이 가능함을 말한다. 그리고 이것이 불가능한 경우를 기대불가능성(Unzumutbarkeit)이라고 한다. 기대가능성의 이론은 책임의 본질이 비난가능성에 있다고 보는 규범적 책임론을 배경으로 하여 행위 당시의 제반 附隨事情(begleitende Umstände)들을 고려할 때 행위자에게 적법행위가 기대될 수 있었는가를 중시하는 이론이므로 통상 규범적 책임론과 동일시되거나, 그 중심개념으로 이해되기도 한다.[52] 규범적 책임론을 발전시킨 독일의 프랑크(Reinhard Frank)의 주장에 의하면 행위자를 비난하기 위해서는, 책임능력과 사실에 대한 심리적 관계인 고의와 과실 외에 행위자가 적법하게 행위를 할 수 있는 정상적인 부수사정이 필요하다. 따라서 강제상황과 같은 비정상적 부수사정 하에서는 행위자에게 적법행위를 기대할 수 없고, 따라서 그 행위자를 비난할 수 없다. 따라서 부수사정은 적법행위에 대한 기대가능성의 사실적 기초가 되는데, 부수사정은 범죄구성요건의 외부에 있으면서 행위자의 동기구성에 영향을 주는 요소이다.[53]

독일의 경우 프랑크를 필두로 하여 프로이덴탈(Bernhold Freudenthal)

---

52) 이형국, "기대가능성의 이론과 기대불가능성의 초법규적 책임조각의 한계", 경희법학 제18권 제1호 (1983), 2면 참조.
53) 엄상섭, "긴급행위에 대한 시론", 법조협회잡지 제1권 제5호, 1949.

과 골드슈미트(James Goldschmidt) 및 슈미트(E. Schmidt)에 의해 완성
된 것으로 평가되는 규범적 책임론이 일반화된 1920년대와 1930년대에
는 기대불가능성이 고의범이든 과실범이든 두 책임형식에 일반적 의미
를 갖는 일반적 초법규적 책임조각사유로 인정되었으나54) 그 이후 이
러한 의미의 기대가능성 개념은 쇠퇴하여 오늘날 독일에서는 기대가능
성의 원리를 고의적 작위범에 관한 한 단지 형벌법규 해석상의 補正原
則으로 보는 것이 지배적이다.55) 하지만 우리나라와 일본은 독일과 대
조적으로 기대불가능성을 초법규적인 책임조각사유로 인정하는 것이
오랫동안 통설적 견해로 되어 있었다. 하지만 1970년대 이후 기대가능
성의 초법규성을 부정하는 유력한 견해들도 제시되고 있다. 본고는 기
대가능성의 초법규성에 대한 판단은 후속연구로 남겨두어 유보하고자
하며, 일단 초법규적 책임조각사유로 인정할 수 있다는 전제 하에 논의
를 전개해 보고자 한다.

　　한편 기대가능성 이론과 관련해 과연 어느 정도로 적법행위가 기대
불가능한 경우에 책임이 조각될 것인가와 관련해 전술한 바 있는 양심
적 병역거부자의 병역법 위반사건에서 대법원은 "양심적 병역거부자의
양심상의 결정이 적법행위로 나아갈 동기의 형성을 강하게 압박할 것
이라고 보이기는 하지만 그렇다고 하여 그가 적법행위로 나아가는 것
이 실제로 전혀 불가능하다고 할 수는 없다(대법원 2004. 7. 15. 선고
2004도2965 전원합의체 판결)."고 판단하고 있다. 즉 "실제로 전혀 불가
능한 경우가 아니라면 기대가능하고, 따라서 책임비난이 가능하다"는
취지로 읽힌다. 그러나 이러한 입장에 대해서는 "적법행위가 실제로 전
혀 불가능한 경우에만 책임을 조각하게 된다면 적법행위의 기대가능성
을 중요한 책임표지로 보는 것은 무슨 의미가 있는가?"라는 비판이 제
기된다.56) 일상에서 적법행위로 나아가는 것이 실제로 전혀 불가능한

---

54) 신치재, "고의의 작위범에 있어서 기대불가능성은 초법규적 책임조각사유로서
　　인정될 것인가?, 중앙대학교 법정논총 제41집 (1987), 104면 이하.
55) 이형국, 앞의 논문, 3면; 신치재, 앞의 논문, 105면.
56) 윤영철, "양심적 병역거부에 대한 형사처벌의 형법적 문제점", 형사정책 제16권

경우란 사실상 찾기 어려운바, 판례의 입장대로라면 비정상적 부수사정으로 인해 기대불가능성이 인정되는 경우는 전무할 것이라는 지적이다. 또한 기대가능성의 원리가 반영된 형법조문들, 예컨대 강요된 행위나 야간 등 과잉방위에 있어서도 적법행위가 실제로 전혀 불가능하지는 않음을 고려해야 한다는 것이다.[57) 기대불가능성이 '절대적' 불가능성을 의미한다면 애당초 확신범의 기대가능성 유무가 형법적으로 문제되지도 않았을 것이다. 따라서 확신범의 확신 또는 양심의 결단이 적법행위를 기대할 수 없게 만든 비정상적 부수사정이 될 수 있다고 할 때, 그러한 기대불가능성은 절대적인 의미의 불가능성이 아님을 형법적 논의의 전제로 해야 할 것이다.

물론 대법원도 이 점을 전혀 인식을 못하지는 않았을 것이라고 본다. 다만 그럼에도 불구하고 대법원이 그와 같은 설시를 하게 된 이유에 대해 미루어 짐작해 볼 수 있다. 즉, 적법행위로 나아가는 것이 실제로 "전혀 불가능하다고 할 수는 없다"는 판단이 '기대불가능성의 정도'에 대한 일반적인 기준을 제시한 것이라기보다는 확신범의 경우 현행법을 위반하게 만든 동기 형성력이 절대적일 수 없다는 점에 주목하고 이를 지적한 것으로 선해(善解)할 수 있다는 것이다.

예컨대 어느 양심적 병역거부자의 확신형성 과정에 대한 다음의 '진술'을 보자.

> "감옥에 있는 내내 제가 내린 결정에 대해 단 한 번도 후회 해 본 적은 없습니다. 오히려 흔들림 없는 신념 덕분에, 감옥에 있는 다른 범죄자들에 비해 안정적이고 평화롭게 살았으며, 강제로 군복무를 하지 않고 끝까지 무죄를 주장한 것에 대해 진정한 양심의 자유를 느꼈습니다."[58)

위 술회 내용을 보면 확신범의 양심적 결정과정은 오랜 비판적 자기성찰을 통해 이루어지고 있음을 엿볼 수 있다. 따라서 대법원의 판단도

제2호 (2004), 110면 참조.
57) 윤영철, 앞의 논문, 110면.
58) 위 술회내용은 한인섭, 앞의 논문, 445면에서 일부 가져온 것이다.

이러한 평가를 토대로 하고 있다고 볼 수 있다. 다만 대법원이 "전혀 불가능하다고 할 수는 없다"고 판단한 것이, 확신범의 신념형성 과정을 전적으로 이성적인 사고과정으로만 잘못 이해한 데에서 비롯되었다는 점에 문제가 있다고 본다. 즉 순전히 이성적 측면에서 확신이 형성된 것으로 본다면 그 과정에서 개인의 확신은 가치의 다원성을 인정하는 민주사회에서 잠정적 진리로서만 여겨져야 하고 따라서 확신범이 남과 '다르게 생각하는 자'라 할지라도 바로 그 '남'의 생각도 존중되어져야 한다는 점을 알고 있었을 것이고 또한 알고 있어야 하기 때문에 현행법을 위반할 정도의 강한 동기 형성력이 지배했다고는 판단하기 어려울 것이고, 따라서 최소한 적법행위의 기대가능성은 관념할 수 있다는 것인데, 바로 이러한 이해방식이 판례의 입장에 상당부분 영향을 주었을 것이라고 본다. 그런데 과연 그러한 이해방식은 타당한 것일까? 이하에서는 바로 이 점에 대해 검토해 보고자 한다.

2. 도덕적 격정범으로서의 확신범

확신범 또는 양심범에게 기대불가능성으로 인해 책임을 조각 또는 감경해 주어야 한다는 주장에 대해 "이것은 형법의 차원을 넘어서는 문제로서 책임론에서 말하는 기대가능성과 관련이 없고, 위법성인식의 실정법 문제로 접근해야 한다."는 견해도 있으나[59] 효당 엄상섭 선생이 규범적 책임론과 연관지어 적절히 지적하고 있듯이 "확신범에 있어서 '정치상 또는 종교상의 확신에 의한 의무의식'이 그 행위자의 '현행법을 준수하는 행위를 할 수 없는 비정상적인 부수사정'이 될 수 있기 때문에 그 동기구성을 무시할 수 없다."[60]는 점을 고려한다면 확신범에게 기대불가능성으로 인한 면책가능성을 검토하는 것은 충분히 가능하고[61] 필

---

59) 배종대, "기대가능성이론의 발전과 우리형법 50년", 형사법연구 제18호 (2002), 89-90면.
60) 신동운·허일태 편저, 효당 엄상섭 형법논집 (서울대학교출판부, 2003), 158-159면.
61) 유기천 교수 역시 "기대가능성의 판단의 표준을 행위자에게 두는 한, 소위 확신

요한 작업이라고 본다.

전술한 바와 같이 대법원은 확신범에게 적법행위의 기대가능성이 있다고 판단하고 있다. 하지만 자신의 행위로 인해 형사처벌을 받게 될 것을 명확히 예측하고, 그럼에도 불구하고 자신의 신념을 지키기 위해 현행법을 위반하는 결의를 하고 행위를 한 자에게 적법행위의 기대가능성이 있다고 보는 것은 일반인의 관점에 비추어 보더라도 설득력이 없다.62) 대법원이 이러한 판단을 내리게 된 이유에 대해서는 다각도에서 해석이 가능하겠지만, 무엇보다 개개인의 신념의 형성이나 도덕적 판단이 순전히 이성적 추론의 산물이고, 이성적 추론, 다시 말해 실천이성의 능력은 선험적이므로 경험적이고 자연적인 것과는 절대 독립적인 어떤 것이라고 여기는 先理解(Vorverständnis)에서 비롯된 것으로 분석할 수 있을 것이다. 이러한 선이해는 우리의 기대와 통념에는 대체로 부합되지만 도덕적 판단이 내려지는 실제 과정과는 상당히 거리가 먼 것으로 보인다.

앞서 검토해본 바와 같이 오늘날 많은 실험과 연구결과에 의하면 전통적인 윤리학의 입장이나 일반인의 기대와 통념과는 달리 도덕적 판단은 합리적인 이성에 의한 도덕적 추론(moral reasoning)은 물론 도덕적 정서에 의해서 작동되는 도덕적 직관(moral intuition)에 의해 좌우되기도 한다. 이 두 요소가 도덕적 판단에 상호작용하거나 도덕적 직관이 도덕적 추론에 우선한다는 것이 도덕적 판단과정을 실험적으로 연구한 일단의 학자들의 유력한 견해이기도 하다. 확신범은 양심의 명령, 즉 도덕적 판단에 의한 의무의식으로 인해 현행 실정법을 부정의한 것으로 여겨 따를 수 없게 된 자로 정의된다. 만일 확신범이 순전히 이성적인 도덕적 추론을 통해서만 그러한 의무의식에 이르게 된 것으로 이해한다면, 다시 말해 사회의 평균적 다수인과 다르게 생각하는 소수자로만 파악한다면 기대가능성을 인정할 여지는 상대적으로 커질 수밖에 없을

범은 기대가능성이 없으므로 책임이 없다는 결론이 된다."고 한다. 유기천, 형법학 (법문사, 2011), 214면.

62) 동지의 한인섭, 앞의 논문, 460면.

것이다.[63] 왜냐하면 이성적 추론에 의하면 도덕적 확신이라도 비판적인 심사를 받아야 하는 잠정적인 진리 내지 가치에 불과하므로 어느 누구도 자신의 도덕적 판단을 절대적으로 공동체에 요구할 수는 없기 때문이다.[64] 하지만 만일 확신범의 양심적 결정을 도덕적 정서나 직관의 측면, 즉 인간의 도덕적 본성의 관점에서 바라본다면 기대가능성을 부정할 여지가 더 많이 생겨난다. 진화심리학에서 본성은 '진화된 심리적 기제'로 정의되며 이는 특수한 자극을 받으면 더욱 증폭되어 발현되는 속성이 있다. 앞서 검토한 바와 같이 이러한 자극을 '초정상 자극'이라고 한다. 그렇다면 확신범은 권위주의 정권의 폭정이나 특정 종교의 교리체계와 같은 일정한 계기를 통해 '초정상 도덕적 자극'[65]을 받아 '도

63) 확신범도 자신의 신념과 다른 생각이나 대안, 즉 반론(counterargument)을 추론을 통해 생각할 수 있다. 종교적 확신범(criminal religious fundamentalist)도 자신의 신념과 다른 반론을 인지적 추론(cognitive reasoning)에 의해 생각해낼 수 있다는 점을 기능적 자기공명영상(fMRI) 촬영을 통한 신경과학적 실험결과 등의 경험적 증거를 제시하며 논증하고 있는 연구로는 Marvin Lim, "The Sanity of Faith : What religious Fundamentalism Teaches About the Insanity Defense and the First Amendment", *17 New Crim. L. Rev. 252* (2014), at 283-285. 동 문헌에 의하면 바로 이 부분은 확신범이 다른 정신이상자들(psychotic individuals)과 다른 점이고 따라서 정신이상 항변(insanity defense) 확신범들에게는 적용할 수 없다고 한다. 이 실험은 확신범의 기대가능성 판단에 있어서 매우 중요한 의미를 갖는다고 볼 수 있는데 왜냐하면 순전히 인지적 측면에서는, 확신범의 타행위불가능성을 입증하기 곤란함을 뜻하기 때문이다.

64) 양화식, 앞의 논문, 165면; 한상훈, "진화론적 인지과학을 고려한 책임개념과 책임원칙의 재조명", 형사법연구 제27권 1집 (2005).

65) 이 용어가 자연과학적 색채가 강해 다소 거부감이 들 수 있을 것이다. 이를 현행 법질서를 위반할 정도의 '강한 의무의식을 유발하는 특수한 계기' 또는 '도덕적 격정을 일으키는 계기' 정도로 표현해도 무방할 것이다. 일반적으로 '극도의 흥분상태'에서 범죄를 저지른 격정범의 경우 '타행위가능성'이 완전히 사라져 책임이 조각되는 것으로 평가된다. 이 점에 대해서는 박중규, 앞의 논문(각주 17), 36면 이하 참조. 또한 '도덕적 격정'이란 표현이 '자율적으로 진지하게 내린 윤리적 결정' 또는 '양심상의 고민과 판단을 거친 고뇌의 산물로서의 결단'이라는 확신범 특유의 표지에 부합되지 않는 듯 보이지만, 이때의 격정을 격정범의 일시적이고 충동적인 상태가 아니라 '일련의 계기들에 의해 누적적으로 형성된 도덕적

덕적 격정'을 일으킨 자로 재정의할 수 있고, 이로 인해 현행법질서를 따를 수 없는 '비정상적인 부수사정'을 갖게 된 자로 볼 수 있다. 따라서 일반적으로 격정범에게 책임조각의 효과를 부여할 수 있듯이[66] 확신범에게도 기대불가능성으로 인해 타행위가능성이 소멸되어 면책의 효과를 부여해야 한다는 결론에 도달할 수 있다. 다시 말해 확신범이 경험하는 양심의 강제에 대한 책임감면의 효과는 형법적으로 볼 때, 야간 기타 불안스러운 상황하에서 공포, 경악, 흥분 또는 당황으로 인한 과잉방위가 기대불가능성으로 면책되는 것과 유사한 법리적 구조를 지닌다고 볼 수 있을 것이다.[67]

격정상태'를 지칭하는 것으로 본다면 이러한 문제는 해소될 수 있을 것이다. 실제로 양심적 병역거부자들의 사례를 보면 비단 여호와의 증인이나 기독교 평화주의자가 아니라 하더라도 양심적 병역거부를 하는 경우가 있는데, 그러한 결정을 하게 된 배후에는 부친의 사망, 존경하는 다른 병역거부자와의 만남, 운동권 집회참여나 평화단체와의 만남 등 다양한 계기들이 자리잡고 있으며 이러한 계기들이 누적적 혹은 복합적으로 작용해 양심에 따른 의무의식의 형성에 기여하고 있음을 어렵지 않게 확인할 수 있다. 민용근, 그들의 손에 총 대신 꽃을(끌레마, 2014) 참조. 아울러 '도덕적 격정범'이란 용어에 대해서도 부연 설명하고자 한다. 이 새 용어를 만든 아이디어는 일반적으로 '사이코패스(psychopath)'가 '도덕적으로 미친(morally insane)' 자로 재정의되는 것으로부터 얻게 되었다. 사이코패스는 사물변별능력은 정상이지만, 도덕적 억제능력이 결여되어 저항하기 힘든 범죄충동의 지배를 받아 적법한 행위결의를 할 수 없는 자라는 점에서, 일반적인 광인과는 달리 '도덕적으로 미친 자'로 볼 수 있는바, 확신범은 사물변별능력도 행위통제능력도 온전하므로 책임능력의 측면에서는 문제가 없는 '정상인'의 범주에 속한다는 점에서 일반적인 광인이나 사이코패스와 분명히 다르며, 특수한 의무의식이 충만해 현행법을 위반하지만, 그 의무의식이 범죄적인 것이 아니라 지극히 도덕적이고, 정상적인 행위통제능력을 압도할 정도로 강력하다는 점을 고려해 '저항하기 힘든 도덕적 격정(irresistible moral passion)'을 지닌 '도덕적 격정범'으로 재정의하는 것이 확신범에 대한 책임판단을 명료하게 만드는 데 기여할 수 있고, 또 적절하다고 느껴졌기 때문이다.

66) 박중규, 앞의 논문(각주 17), 36면. 물론 격정범이라고 하여 모두 면책되는 것은 아니다.

67) 법리적 구조가 유사하다고 보는 이유는, 확신범은 도덕적, 종교적, 정치적 차원에서 주관적으로 정당화되어 있으므로 객관적 적법성에 기초한 비난은 상대적으로

3. 확신범의 기대가능성 판단과 평균인표준설 및 행위자표준설

본고의 입장에 의하면 확신범의 기대가능성 판단에 있어서 평균인
표준설과 행위자표준설의 대립도 해소될 수 있다. 확신범을 초정상 도
덕적 자극을 받아 현행법을 위반하는 자로 새롭게 규정한다면, 이러한
해석은 확신범을 특정한 부류의 사람, 즉 '다수와 다르게 생각하는 소
수자'로만 볼 것이 아니라 정상적인 범주의 사회적 평균인의 일원으로
볼 수 있음을 함축한다. 진화심리학의 미덕은 진화된 심리적 기제로서
의 보편적인 인간본성을 다루고 있다는 점에서 찾을 수 있는바, 도덕적
본성은 그러한 심리적 기제의 하나로서 사회적 평균인이 공유하는 것
이고 다만 확신범은 그러한 본성이 일정한 계기들, 즉 초정상 자극에
의해 증폭된 의무의식을 지닌 자로 해석할 수 있다는 것이다. 확신범을
이렇게 재해석하는 것이 온당하다면, 평균인표준설과 행위자표준설의
대립은 무력해진다. 사회적 평균인을 고찰대상으로 하는 진화심리학의 기
본입장에 비추어 볼 때 초정상 자극을 받게 되면 누구든지 확신범이 될
수 있기 때문이다. 다만 도덕적 자극에 대한 민감도에 있어서 극도로 과
민한 행위자를 분별해 내기 위해서 그러한 자극에 노출된 자들 중에서 평
균인을 기준으로 기대가능성유무를 판단하는 것이 타당하다고 본다. 예컨
대 양심적 병역거부자라면 '양심적 거부자 중의 평균인 관점(reasonable
conscientious objector standard)'에 의해 판단68)하면 될 것이다.69)

약화되어 책임이 감소한다는 측면에서 과잉방위자의 책임이 감소되어 있는 것과
유사하고, 과잉방위자가 야간 기타 불안스러운 상황하에서 공포, 경악, 흥분, 당
황 등의 계기로 인해 기대가능성이 소멸되어 책임이 완전히 조각되는 것처럼 '초
정상 도덕적 자극', 즉 일정한 '도덕적 격정의 계기'로 인해 타행위가능성이 완전
히 사라지는 것과 유사하기 때문이다.

68) 이러한 기준은 진화적 관점에서도 지지될 수 있다. 트롤리 문제(trolly problem)로
잘 알려진 실험이 있다. 여기서 발생하는 도덕적 딜레마의 하나가 '스위치 딜레
마'이다. 기차가 다섯 명의 사람을 치려는 순간 스위치를 누르면 선로가 바뀌어
다섯 명은 구하지만 다른 선로의 한 사람을 치게 된다. 다른 하나는 '도보교
(footbridge) 딜레마'로서 기차가 다섯 명을 치려는 순간 도보교에서 옆의 한 남

V. 맺음말

확신범의 처우에 대한 기존의 유력한 관점의 하나는 이들을 단지 다수와 '다르게 무가치한 생각을 하는 자'가 아니라 다수의 생각 이상으로 '가치있는 다른 생각을 하는 자'로 보고 소수자의 '인권보호'의 측면에서 일정한 법적 배려를 해 주자는 것이었다. 2018년도의 대법원 판결도 이러한 입장에서 크게 벗어나 있지 않아 보인다. 이러한 접근방식은 다원화된 자유민주주의사회에서 생각이 다른 소수자의 다양한 가치를 인정해 주고 사회적 관용을 증대시킨다는 측면에서 긍정적인 기능

자를 철로로 떠밀면 다섯 사람을 구할 수 있다. 실험결과에 의하면 전자의 경우 대부분의 사람은 스위치를 누르는 것이 옳다고 판단했고, 후자의 경우 그 남자를 떠미는 것은 옳지 않다고 판단했다. 조슈아 그린은 이 결과를 두고 스위치 사례에서는 "다른 생명을 희생해서는 안 된다"는 의무감과 같은 감정에 기반한 도덕판단(자동모드)이 강하게 작동하고, 도보교 사례에서는 '최대다수의 행복'과 같은 공리주의적인 이성적 추론, 즉 인지작용에 기반한 도덕판단(수동모드)가 강하게 작동하기 때문이라고 분석한 바 있다. 그리고 이처럼 도덕판단에 있어서 상황에 따라 우리 뇌의 자동/수동 모드가 상이하게 개입하는 인지편향은 우리가 "서로를 밀치거나 때때로 밀어뜨려 살해해야 하는 환경" 속에서 진화했고, 멀리 떨어진 낯선 사람의 생명을 구할 수 있는 환경에서 진화하지 않았기 때문"이라고 해석한다. 이러한 해석이 옳다면 확신범의 '도덕적 격정'의 기대가능성을 판단하는 데 있어서도 '초정상 도덕적 자극'이나 '도덕적 격정의 계기'를 직접적으로 맞닥뜨린 행위자를 기준으로 하는 것이, 우리의 도덕판단에 있어서의 인지편향을 고려할 때 더 타당할 것이다. 조슈아 그린 외, 앞의 책, 15-24면 참조.

69) 한인섭, 앞의 논문, 460면. 한편 유사한 맥락에서 성희롱 성립여부를 판단하는 기준도 '평균적인 일반인', 즉 '합리적 인간(reasonable person) 기준'이 아닌 '합리적 여성(reasonable woman) 기준'이 바람직하다고 논증하고 있는 논문으로 안성조, "대학 내 교수 성희롱의 법·제도적 방지책 수립을 위한 시론 – 예비적 고찰로서 성희롱의 유형화와 판단기준의 제안 –", 한양대 법학논총 제33집 제2호 (2016), 120면 이하 참조. 동 문헌에 의하면, 진화의 관점에서 보면 남녀의 성적 의사소통의 장애는 각기 다르게 진화한 인지편향에 기초한 것이므로 성희롱 판단은 '성-중립적'이 아닌 '성-의식적(sex-conscious standard)' 기준인 '합리적 여성 기준'을 따르는 것이 양성의 각기 다른 성적 심리를 적절히 고려할 수 있기 때문에 더 합리적인 결과를 가져온다.

이 있으며, 대법원의 논지처럼 진정한 양심적 병역거부를 병역법상 '정당한 사유'로 포섭시켜 구성요건단계에서 범죄성립을 배제시켜 주는 큰 장점이 있지만, 기대불가능성으로 인한 책임조각 가능성이라는 측면에서 적극적인 기능을 하지 못한다는 한계를 드러낸다. 이에 본고에서는 관점의 전환을 통해 확신범에게 적법행위의 기대가능성이 없음을 입론해 보고자 하였다.

상기 대법원 판결에서 정당한 사유가 있는지 판단할 때에는 '피고인이 처한 구체적이고 개별적인 사정'고 고려해야 한다고 설시한 것과 관련해, 대법원은 이를 병역법위반구성요건 성립단계에서 소극적 요건으로 간주하고 있지만 본고에서 고찰한 바에 따르면 확신범은 오랜 기간에 걸쳐서 누적적, 복합적인 계기를 통해 정서적·감정적으로 도덕적 자극을 받아 적법하게 행위할 가능성이 차단된 '도덕적 격정범'으로 볼 수 있고,70) 따라서 전술한 구체적이고 개별적인 사정들은 책임조각적 요건, 즉 적법행위의 기대가능성을 부정하는 비정상적 부수사정이란 관점에서 추가적으로 검토할 필요가 있을 것이고, 따라서 책임이 조각된다고 법리구성하는 것도 가능하다는 것이다.71) 특히 종교적 신념에 기반한 확신범은 그 확신을 따르지 않을 경우 영생이나 교단 또는 조직으로부터의 보호를 기대할 수 없게 되는 비정상적 부수사정이 더해지므로 기대가능성이 더욱 현저히 축소된다.72)

---

70) "위 조항에서 정한 정당한 사유가 있는지를 판단할 때에는 병역법의 목적과 기능, 병역의무의 이행이 헌법을 비롯한 전체 법질서에서 가지는 위치, 사회적 현실과 시대적 상황의 변화 등은 물론 '**피고인이 처한 구체적이고 개별적인 사정**' 도 고려해야 한다."고 판시한 것도 이러한 맥락에서 이해할 수 있을 것이다. 대법원 2018. 11. 1. 선고 2016도10912 전원합의체 판결.

71) 물론 대법원은 확신범의 특수한 개별적 사정을 '정당한 사유'로 포섭해 구성요건 해당성 배제사유로 고려하고 있다는 점에서 차이가 있다.

72) 본고의 입론이 옳다면, 소송전략의 측면에서 확신범의 타행위불가능성은 인지적 측면(가치관이나 실천이성의 영역)보다는 심리적 측면(정서와 감정 및 도덕적 직관의 영역)에서 입증하는 것이 보다 효과적일 것이다. 또한 법관의 입장에서도 공정한 재판을 위해서는 확신범의 심리적 굴곡(屈曲)들에 대한 더 면밀하고 섬세

확신범의 기대가능성 판단기준과 관련해 본고의 고찰이 시사하는 바는 누구든지 일정한 도덕적 자극과 계기를 접하면 확신범이 될 수 있다는 점에서 평균인표준설과 행위자표준설의 대립은 큰 의미가 없으며, 확신범을 '다수와 다르게 생각하는 소수자'로만 볼 것이 아니라 '정상적인 범주의 사회적 평균인'의 일원으로 바라볼 필요가 있다는 것이고, 이러한 관점 전환은 확신범에게 책임조각의 가능성을 보다 크게 열어준다는 실익이 있다는 것이다.

결론적으로 말해, 본고의 논증이 타당하다면, 대법원의 입장처럼 진정한 양심적 병역거부자에 대해서는 구성요건해당성을 조각시켜줄 수 있는 가능성 외에, 기대불가능성으로 인한 책임조각의 가능성을 보충적으로 검토해볼 수 있는 실익을 가져오게 되므로, 이는 인간의 존엄과 가치라는 자유주의적 이념을 형사사법의 영역에서 적극적으로 구현하는 한 방법이 될 수 있을 것이다.

한 검토가 필요할 것이다.

§ 6. 형법 제16조에 대한 유기천 교수의 해석론 연구

[글 소개]

형법학에는 책임에 대한 다양한 이론구상이 있지만, 오늘날 통설적으로 형법상 책임은 곧 비난가능성으로 이해된다. 적법한 행위를 할 수 있었음에도 불구하고 불법을 감행하기로 결의한 데 대한 비난가능성이 책임이다. 그리고 형벌은 그 책임이 인정될 때에만, 또한 그에 비례해서만 부과해야 한다는 것이 '책임원칙'이고, 이는 인간의 존엄과 가치를 모든 가치체계의 근본규범으로 규정하고 있는 헌법 제10조로부터 도출되는 원칙이기도 하다. 그렇다면 과연 본서의 주요 관심사인 근대형법의 구상과 책임원칙의 관계는 어떻게 자리매김될 수 있을까?

주지하다시피 근대형법은 철저히 작은 형법, 즉 국가형벌권의 제한을 요구하며, 이로부터 죄형법정주의의 대원칙이 도출된다. 그리고 통설적인 견해에 따르면, 죄형법정주의는 명확성의 원칙, 소급효금지원칙, 적정성의 원칙 등의 하부원칙을 갖고 있으며, 책임원칙은 적정성의 원칙을 구성하는 세부원리가 된다. 그렇다면 이처럼 형법의 근대성이란 시대정신 속에는 이미 책임원칙이 핵심적인 원칙의 하나로 내재해 있었던 것으로 평가할 수 있다.

그런데 우리는 어떠한 조건 하에서 타인의 행위를 비난할 수 있을까? 우선 적법하게 행동할 수 있었음에도 불구하고 위법한 행위를 했기 때문에 비난가능하다는 명제를 분석해 보자. 이는 다시 말하면 불법을 회피하고 적법하게 행동할 수 있는 의사의 자유 내지 자유의지(이하 자유의지로 통일)가 있음에도 불구하고 불법을 결의했기 때문에 책임을 진다는 뜻이다. 이것은 너무나 당연한 논리여서 혹자는 책임의 내재적

(intern) 정당화 조건이라고도 한다. 그런데 자유의지만으로 책임을 부과할 수 있는 조건이 모두 구비된 것일까? 만약에 어떤 사람이 자유의지는 있지만 자신의 행위가 위법하다는 사실을 모르고 불법을 저지르면 어떠한 평가를 받게 될까? 위법성의 인식이 없었던 자에게도 똑같은 정도의 책임비난을 가할 수 있을까? 이에 대한 답변은 부정적일 수밖에 없는데, 이 또한 책임비난의 즉물적(卽物的) 내용으로부터 나오는 당연한 논리적 결론이다. 즉, 적법하게 행동할 수 있기 위한 또 다른 조건으로 자신의 행동의 위법성을 인식함으로써 금지된 행동을 하지 않도록 만들어주는 '동기화'가 요구된다. 그리고 이러한 동기화에 따라서 자신의 행위를 올바른 방향으로 이끌어 주는 기능은 잘 알려져 있듯이 우리의 '실천이성'이 담당한다.

군이 칸트를 원용하지 않더라도 보통의 인간이라면 누구든지 실천이성과 자유의지가 있다고 볼 수 있고, 따라서 일단 위법성의 인식이 있으면 책임을 물을 수 있는 조건이 성립한다. 그런데 만일 실제적인 위법성인식은 없으나, 그 인식가능성이 존재했던 경우는 어떠할까? 실제적인 인식은 없지만, 인식가능성이 있었다면 '동기화'도 가능했었던 것이고, 이러한 상황은 우리가 결과의 예견과 회피의무, 즉 주의의무를 다했더라면 결과발생을 막을 수 있었던 경우에는 과실책임을 물을 수 있는 것과 그 구조가 유사하다. 다만 '실제적이 인식'의 경우와 '인식가능성'의 경우에는 '고의'와 '과실'처럼 그 책임의 정도에 차이가 생겨날 수 있다. 이와 관련해 벨첼(Welzel)은 다음과 같이 말한다. "불법인식과 불법인식의 가능성은 책임개념에 있어서 오로지 하나, 의사형성(고의)이 행위자에게 비난가능하느냐의 여부 및 그 정도를 결정하는 기능을 가질 뿐이다. 행위자가 불법성을 전혀 인식할 수 없었던 의사결의는 책임비난될 수 없으며, 그 반대의 경우도 동일하다. 즉 행위자가 충분히 주의를 하였더라면 그 위법성을 인식할 수 있었던 고의는 이미 그에게 책임비난될 수 있다. 왜냐하면 행위자는 그때 위법한 결의를 중지할 가능성을 가졌기 때문이다. 불법인식과 불법인식의 가능성은 고의행위의 비난가능성의 정도를 결정할 뿐이다."[1] 요약하자면, 위법성의 인식이 있는 경우에는 적법행위로의 동기화가 더 강해 책임비난이 커지고, 단지 인식의 가능성만 있었던 경우라도 동기화의 가능성이 있기 때문에 책임비난은 가능하고, 다만 '실제적인 인식'의 경우보다 책임비난의 정도가 약할 뿐이라는 것이다. 따라서 양자는 모두 책임비난이 가능한 경우이며, 단지 정도의 문제라는 설명이다. 책임을 인정할 수 없는 경우란, 위법성의 인식가능성조차 없는 때라고 한다.

그렇다면 이제, 실제로 우리의 삶 속에서 위법성의 인식이나 그 가능성은 어떠한 경로와 방식으로 이루어지는지, 구체적으로 어떤 주의의 무를 다하지 못하면 위법성의 인식가능성이 인정될 수 있는지 논구될 필요가 있을 것이다. 후술하겠지만 그것을 미리 말하면 '관점의 교환'이라 말할 수 있을 것이다. 근대형법의 구상 속에 있는 내 자유로운 행동의 한계에 대해서, 나 자신과, 관련된 타인, 그리고 제3자 사이의 '가설적 관점의 교환'[2])을 해봄으로써 위법성의 인식이 가능해 진다는 것이다. 물론 대부분의 위법성의 인식은 전승된 규범과 문화, 법률, 그리고 도덕적 직관 등에 의해 '가설적 관점의 교환 없이'도 별 어려움 없이 개인의 판단만으로 충분히 이루어진다고 말할 수 있을 것이다. 하지만 결코 적지 않은 경우 위법성의 인식은 적절한 '관점의 교환' 없이는 불가능하다. 예컨대 최근에 많은 화제를 불러일으킨 업무상 위력에 의한 간음죄의 성립여부라든지, 성희롱의 성립여부 등은 결코 행위자 중심적 판단만으로는 가늠하기가 어렵다. 행위자의 판단은 상황을 자기중심적으로 해석하는 성향을 띠기 때문이다. 그리고 형법상 기본범죄인 살인, 강도, 강간, 명예훼손 등의 범죄도 그것이 범죄로 승인될 수 있었던 데에는 애당초 사회계약에 참여한 시민들 간의 '관점의 교환'이 있었기 때문이라고 보아도 크게 무리는 아니다. 아울러 대개의 자연범(自然犯)도 가설적인 관점교환을 통해 그 위법성이 더욱 명확히 드러나며, '동기화'의 가능성을 높일 수 있다는 점에서 '관점의 교환'은 모든 범죄에

---

1) Welzel/김종원 역, "책임과 위법성의 의식", 경희법학 제2권 (1960), 167면.
2) 여기서 '가설적'이라고 제한한 것은 대화이론가들의 규범의 정당화 방법으로 논급하는 '실제적 관점의 교환'과 차별화하기 위한 것이다.

공통된 위법성 인식의 수단이라고 보아도 무방할 것이다.

이처럼 '관점의 교환'은 어떤 상황에든 공통된 위법성의 인식수단이 되며 따라서 이는 (실천)이성의 명령이라고 말할 수 있다. 위법성이란 대체로 보편적인 도덕을 침해하여 법질서에 반하는 성질이라고 볼 수 있고, 보편 도덕은 실천이성을 통해서 인식이 가능해지기 때문이다. 다만 "나의 자유가 모든 사람의 자유와 공존할 수 있도록 나와 타인의 관점을 모두 고려해야 한다"는 소위 '상호성 원칙'이 단지 실천이성의 명령으로부터만 나오는 것으로 볼 수는 없다. 이러한 상호성은 보편적 당위이자 동시에 현실적인 공존의 조건이 되며, 따라서 순수한 실천이성의 판단을 넘어서기 때문이다. 다시 말해 '상호성 원칙'은 '도덕적 당위'의 동기뿐 아니라 '경험적 의지'의 동기를 부여한다.

이하의 글에서 다루는 위법성인식 가능성설은 유기천 교수가 형법 제16조의 해석론적 토대로 제시한 학설로서 현실적인 위법성의 인식이 없더라도 그 인식가능성만 있었다면 책임을 인정할 수 있다는 학설이다. 책임은 곧 비난가능성이라는 형법적인 의미는 "적법하게 행위할 수 있었음에도" 즉 "행위가 위법함을 인식할 수 있어서 다르게(적법하게) 행동할 수 있었음에도" 불구하고 불법을 결의했다는 점에 대한 비난가능성이 책임이라는 것이다. 여기서 문제는 위법성의 현실적 인식이 있어야 적법하게 행위할 수 있다고 보아야 하는지, 아니면 그 인식가능성만으로도 달리 행동할 수 있다고 평가할 수 있는 것인지 여부이다. 전자의 입장에 있는 것이 바로 '엄격'고의설이다. 이와 관련된 학설사적 논쟁은 본고의 관심사가 아니다. 다만 근대형법의 핵심적 아이디어들은 어느 학설과 더 쉽게 결합가능한지 새로운 쟁점을 제시해 볼 수 있다고 생각한다.

근대형법이 전제하는 인간상은 '상호성의 원칙' 하에 타인의 법익을 침해하지 않는 범위 내에서 자신의 자유이익을 향유하는 존재이다. 그리고 그와 같은 자유의 한계를 일탈할 경우 공동체는 책임을 부과하고 가해자는 책임을 져야한다. 그런데 여기서 자유의 한계에 대한 판단은 어떻게 이루어질까? 다시 말해 어떻게 모든 구성원들이 자신의 것과 동등하게 타인의 자유의 한계를 설정해 이를 넘어설 경우 책임을 묻고 책임을 질 수 있느냐는 것이다. 이에 대한 답은 수범자들 상호간에 그러한 자유의 한계에 대한 상호이해와 합의가 가능하기 때문이라고 말할 수 있다. 왜냐하면 만일 그러한 상호이해와 합의가 불가능하다면 수범자는 국가로부터 부과되는 책임과 형벌을 억압과 폭력으로만 받아들일 것이고, 이러한 상황에서는 사회계약은 성립할 수 없다. 요컨대 사회 구성원들 상호간의 이해와 합의는 형벌권 행사의 정당화 근거가 된다.

그렇다면 공동체 구성원 간에 상호이해와 합의가 가능하다는 것은 무엇을 의미하는 것일까?

그것은 바로 앞서 논급한 바 있는 '관점의 교환'을 의미한다. 인간은 일반적으로 주어진 상황을 자신에게 유리하게 해석하는 '인지적 편향'3) 을 지녔으므로 타인과의 '관점의 교환'이 있어야만 진정한 이해와 합의 가능해 진다. 다시 말해 '관점의 교환'이 없이는 자유로운 권리행사의 한계에 대한 상호이해와 합의는 불가능하다. 내가 그의 입장이 되어보지 못하고, 그가 나의 입장이 되어보지 않는다면 상호 무엇이 공평한 권리행사를 침해하는 것인지에 대해 이해할 수도 없고, 당연히 합의할 수는 더욱 없게 된다. 이처럼 타인과 관점을 교류할 수 있는 능력은 순 이론적인 개념이 아니다. 타인과의 협력 없이는 생존을 유지하기 힘들었던 초기 인류는 상호작용하는 상대방과의 협동을 위해 타인의 관점을 수용할 수 있는 능력을 발달시켰던 것으로 보인다. 독일 막스플랑크 연구소의 진화인류학자인 마이클 토마셀로는 이를 '공동 지향성' 혹은 '지향성 공유'라는 인지기술로 설명한다(이 점에 대해서는 다음 장에서 상술하기로 한다). 단, 여기서 말하고자 하는 관점의 교환이 단순히 타인의 입장이 되어본다는 소극적인 측면만을 뜻하지는 않는다. 다시 말해 단순히 타인의 관점을 수용한다는 것만으로는 진정한 관점교환이 이루어졌다고 보기 어렵다는 것이다. 왜냐하면 가해자와 피해자는 공히

---

3) 이러한 인지편향은 '행위자/관찰자 차이(Aktor/Beobachter-Differenz)'로도 알려져 있다. 클라우스 귄터 지음, 대화이론과 법(법문사, 2003), 258면.

특정한 인지편향을 갖게 마련이고 따라서 내가 남의 입장에 서서 행위의 정당성을 평가할 수 있고 책임을 물을 수 있는 것은 확립된 공통의 규범에 의해 이성적인 규칙에 따라 논증할 수 있는 능력, 즉 '실천이성'의 능력이 없이는 불가능하기 때문이다. 그러므로 실천이성의 힘을 통해 정언명령에 입각할 때 타인의 입장과 양립가능한 격률이 무엇인지를 판단할 수 있는 것처럼, 우리는 관점의 교환을 통해 나와 타인의 입장을 공평한 '제3자의 관점에서' 공정하게 규범적으로 평가할 수 있을 때, 공동체 구성원 간의 진정한 상호이해와 합의가 성립할 수 있다.

자, 그런데 만일 어떤 사람이 사회적으로 유해한 일탈행위를 저지르면서 그것이 법익 침해행위가 아니라고 생각한다면, 이와 같은 상황은 어떤 경우에 발생할 수 있을까? 우선 그것은 착오로 인해 위법성의 인식이 없는 경우일 수도 있겠지만, 그보다는 대체로 자신의 행위의 의미를 '관점의 교환' 없이 일방적으로 이해하여 타인에게 해악이 되지 않는다고 생각한 경우가 대부분일 것이다. 다시 말해, 행위자가 자신의 고유한 의사를 보편적 법칙에 따른 의사인 것처럼 타인에게 이를 수용하도록 강요한 것에 다름아닌 것이다.[4] 행위에 앞서서 관점교환을 하여 자신의 행위의 의미를 음미해 보았다면 저지르지 않았을 일탈행위를, 그렇게 하지 않음으로써 저지르게 되었고, 따라서 우리는 그에 대해 책임비난을 가할 수 있게 된다. 왜냐하면 우선 인간은 누구나 - 정신질환자 등 극히 예외적인 경우를 제외하면 - 선천적인 관점교환능력이 있으며, 동시에 전술한 바와 같이 관점의 교환은 (실천)이성의 명령이고, 또한 '교환된 관점'을 고려하며 실천이성으로 행위의 옳고 그름을 판단하여 적법하게 행동할 능력이 있기 때문이다. 여기서 한 가지 중요한 사항에 주목할 필요가 있다. '관점교환 능력'이 있다는 것은 '가능성'이 있다는 뜻이고 관점교환은 일종의 '주의의무'로 행위자 일반에게 부여된 것이므로 우리가 그 행위자를 비난하는 것은 그가 자신의 행동의 의미를 '알았기(사실)' 때문만이 아니라 '알아야 하고, 알 수 있었음

---

4) 클라우스 균터 지음, 앞의 책, 163면.

에도(가능성) 불구하고 몰랐기' 때문이라는 점이다. 다시 말하면 자신의
행동의 의미를, 즉 내가 타인의 법익을 침해한다는 사실을 이해할 수
있었음에도 불구하고 그렇게 하지 않았다는 점에 대한 비난이 책임이
라는 것이다.

　책임에 대한 이와 같은 이해방식은 법리적 설명방식과 크게 유리되
지 않는다. 상호간 '관점의 교환이 가능하다'는 것은 자유와 권리의 공
평한 향유를 침해하는 '불법이 무엇인지 인식할 수 있다'는 의미가 되
고, 따라서 '위법성의 인식가능성'이 곧 책임의 근거가 된다는 형법이론
적 설명과 그 맥락을 같이하게 되기 때문이다. 우리는 어째서 적법하게
행위할 수 있는가? 그것은 바로 위법성을 인식함으로써 적법행위의 '동
기화'가 발생하기 때문이다. 또 위법성의 인식 가능성이 있었다면, 적법
하게 행위할 가능성이 있다는 것이고 따라서 관점교환을 통한 위법성
의 인식은 일종의 주의의무로 행위자 일반에게 부과되는 것이며, 무엇
이 타인의 법익을 침해하는 일탈행위가 되는지 최소한 인식할 수 있었
음에도 불구하고 불법을 결의하면 책임이 인정된다. 바꾸어 말해 자신
의 누릴 수 있는 자유와 권리의 한계에 대해 타인과 관점의 교환가능성
이 있음에도 불구하고 이를 행하지 않고 불법을 결의하면 책임이 인정
된다는 것이 근대형법의 논리구조인 것이다.

　책임원칙은 근대형법의 근간이 되는 핵심원칙의 하나이다. 그리고
이하의 글은 한국형법의 역사에서 가늠키 어려울 정도로 지대한 위상
을 차지하고 있는 유기천 교수가 책임원칙을 고수하기 위해 어떠한 노
력을 기울였는지를 형법 제16조의 해석과 관련해 면밀히 탐구하고 있
는 논문이다. 역설적이지만 '책임설'보다 더 책임원칙에 충실하도록 우
리 형법을 해석한 분이 바로 유기천 교수가 아닐까 생각한다. 어떤 이
유 때문인지, 또 그 논증이 타당한지, 독자들이 평가해 주길 바란다.

I. 서론

형법 제16조(법률의 착오)는 매우 흥미로운 조문이다. 이 규범은 형벌법규 스스로 자신의 규범력과 실효성을 높이기 위해 마련한 장치로 볼 수 있기 때문이다. 법계를 막론하고 매우 오래 전부터 "법률의 부지는 용서받지 못한다"는 법리가 다양한 형태로 명맥을 유지해 오고 있다는 사실도 이 조문의 성격을 더욱 흥미롭게 만든다. 여기서 "형벌법규가 자신의 효력을 유지하기 위해 스스로 마련한 장치다"라는 표현이 낯설 수 있을 것이다. 법규정의 입안은 엄연히 그 제정자의 몫이기 때문이다. 하지만 관점을 바꾸어 보면, 다시 말해 우리가 인간 중심적 관점에서 조금만 벗어나 법규의 관점에서 보면, 법이 효력을 유지하기 위해 자신의 제정자로 하여금 '법률의 착오'와 같은 조문을 두게끔 유도하였다고 '재기술할 수'도 있을 것이다. 그리고 실제로 문화적 현상을 연구하는 현대의 많은 이론가들은 이러한 관점전환적 표현이 필요하고, 이론적으로도 충분히 타당한 근거가 있다고 주장한다. 그 대표적인 예가 바로 '밈이론(memetics)'이다.5) 동 이론에 의하면 모든 문화적 전파현상

---

5) 모방의 뜻을 담고 있는 그리스어 어근 'mimeme'에 착안하여 밈(meme)이란 용어를 만들어 밈이론의 기틀을 만든 인물은 영국의 유명한 진화이론가 리처드 도킨스이다. 리처드 도킨스/홍영남·이상임 역, 이기적 유전자(을유문화사, 2012), 323면 참조. 그의 밈이론을 체계화하여 발전시킨 장본인은 수전 블랙모어가 있다. 수전 블랙모어/이명남 역, 밈(바다출판사, 2010) 참조. 밈개념의 유용성에 대해서는 대니얼 데닛/이한음 역, 자유는 진화한다(동녘사이언스, 2010), 238면 이하. 밈이론에 대한 국내의 연구로는 장대익, "일반 복제자 이론: 유전자, 밈, 그리고 지향계", 과학철학 제11권 제1호 (2008)를 참조할 것. 동 이론을 통해 법적 개념들의 진화를 분석한 문헌으로는 Michael S. Fried, The Evolution of Legal Concepts: The Memetic Perspective, 39 Jurimetrics J. 291 (1999). 밈이론을 원용해 법학에서 학설대립의 의의를 재조명한 연구로는 안성조, "법학에서 학설대립은 경쟁하는 밈들 간 대립인가?", 연세대학교 법학연구 제25권 제1호 (2015)를 참고할 것. 참고로 최근 진화론적 관점에서 인류의 빅히스토리(big history)를 다루어 세계적으로 큰 반향을 얻고 있는 화제의 책 '사피엔스(Sapiens)'의 저자 유발 하라리 교수와 인간의 협력행동의 진화적 기원을 밝힌 하버드의 진화생물학

은 문화유전자라고 볼 수 있는 밈(meme)의 성공적 자기복제행위에 다름아니며, 특정한 법의 제정과 전수과정도 이와 마찬가지로 설명된다. 법은 대표적인 문화적 구성물로서 여러 문화유전자가 뒤섞인 밈컴플렉스(meme-complex)의 일종이기 때문이다. 문화유전자인 밈은 모든 유기생명체의 '이기적 유전자(selfish gene)'가 그러하듯이 자신의 맹목적 복제와 전파에만 관심이 있으며 이를 위한 다양한 전략을 구사한다. 이러한 관점, 즉 지향복제자(intentional replicator)의 관점에서 보면 우리가 다루고자 하는 법률의 착오 조문은 특정한 법률-밈이 자신의 성공적 복제와 확산을 위해 사용하는 전략의 하나라고 볼 수 있다. 일반적으로 널리 인용되는 "Error juris nocet, error facti non nocet"[6]라는 법언(法諺)은 로마법대전에서 유래한 것으로[7] 주로 민사법 영역에 적용된 법리로 보이지만, 오늘날 그 전형적 형태는 오히려 각국의 형법전에 잘 남아있다.[8] 이를 밈학적 관점에서 보자면, 법률의 착오 조문을 명문화하는 방식은 주로 형법-밈에 특유한 전략으로 판단된다. 그 덕분이었는지 오늘날 주요 형벌법규의 골자는 동서양을 막론하고 고대사회의 그것과 별

자 마틴 노왁도 밈이론에 대한 긍정적인 지지의사를 밝히고 있음은 참고할 만하다. 유발 하라리, 조현욱 역, 사피엔스(김영사, 2015), 344-345면; Martin A. Nowak & Roger Highfield, SuperCooperators, Free Press, 2011, 91면 이하 참조.

6) 법률의 착오는 해가 되지만 사실의 착오는 해가 되지 않는다는 뜻이다.

7) Paulus, Digesta 22.6.9.

8) 금지착오에 대한 각국 입법례 및 판례태도의 소개로는, Jescheck & Weigend, Lehrbuch des Strafrechts, AT, 1996, S. 468. 동 문헌에 의하면 오스트리아, 스위스, 스페인, 포르투갈, 그리고 네덜란드의 금지착오 조문은 회피불가능한 금지착오에 빠진 경우는 책임을 조각한다는 점에 있어서 독일형법 제17조와 실질적으로 유사하다. 그런 반면, 프랑스는 독일과 유사한 명시적 조문이 있음에도 불구하고 최근까지도 판례가 'error juris nocet'이라는 전통적 법원칙을 고수하여 기껏해야 비형벌법규의 착오만을 형벌감경사유로 인정하는 태도를 취하고 있고, 이탈리아는 명문상으로는 금지착오가 고려되지 않는 것으로 규정하였으나 헌법재판소의 판결에 의해 회피불가능한 금지착오는 책임을 조각하는 것으로 보게 되었다. 나아가 영미법계의 사법실무(anglo-amerikanische Judikatur)는 일반적으로 금지착오를 그다지 고려하지 않는 태도를 보이고 있다는 점에서 독일과 차이점이 있다고 한다.

다른 차이점이 없이 잘 전승되어 오고 있음은 주지의 사실이다.

본고는 이 흥미로운 조문의 해석론적 의미를 유기천 교수의 견해를 중심으로 검토해 보고 나아가 유기천 교수의 주장이 지니는 밈이론적 의의를 지적해 보고자 한다. 유기천 교수는 1957년 Journal of Criminal Law, Criminology and Police Science에 게재한 논문과9) 1960년 발간된 자신의 저서, 형법학 초판, 그리고 1976년 미국비교법잡지에 게재한 논문10) 등의 일련의 문헌에서 형법 제16조는 Mayer의 '가능성설(Möglichkeitstheorie)'을 조문화한 것이라고 주장한 바 있다. 유기천 교수는 특히 형법학 초판에서 다음과 같이 조문의 유래를 설명해 주고 있다.

"형법 제16조의 규정은 일본형법가안 제11조 2항에 약간 수정을 가한 것이다. 일본형법가안 제11조 2항은 1927년 스위스 군형법 제17조와 1938년 동형법 제20조의 영향을 받아 "법률을 알지 못하는 경우에 자기의 행위가 법률상 허용되는 것이라고 믿은데 대하여 상당한 이유가 있을 때에는 그 형을 면제한다"고 규정하였었다. 이에 대하여 일본의 학자들은 이를 "벌하지 아니한다"라고 개정할 것을 주장하였고, 현행법이 이를 받아들인 것이다. 학설상으로는 소위 M.E. Mayer의 가능성설에서 오는 결론이다. 이 학설에 의하면, 마치 위법성의 개념이 문화에 대한 국가의 관계에서 오는 바와 같이, 책임은 의무위반이란 위법한 행위와 범인과의 관계에서부터 오는 개념이다. 따라서 책임의 가장 낮은 한계는 '의무위반의 인식의 가능성'에 있다고 본다. 그러므로 이러한 위법성의 인식의 가능성이 없으면 (책임이 조각되어)11) 고의범으로 벌할 수 없으나, 위법성의 인식의 가능성이 있는 때에는, 행위자에게 과실이 있는 경우에도 고의범으로 처벌받아야 한다. 형법 제16조가 바로 이 가능성설을 입법화하였던 것이다".12)

---

9) Paul Kichyun Ryu, New Korean Criminal Code, Journal of Criminal Law, Criminology and Police Science, Vol.48, 1957, at 281.

10) Ryu & Silving, Error Juris, The American Journal of Comparative Law, 1976, at 692.

11) '책임이 조각되어'는 유기천 교수의 명확한 입장에 대한 독자의 이해를 돕기 위해 필자가 부연한 것이다.

12) 유기천, 형법학(총론강의)(법문사, 2011), 226-227면 참조. 유기천 교수의 형법학(총론강의)는 1960년 박영사에서 발간된 이후 26판까지 나왔으며, 본고에서는 유기천교수기념사업출판재단이 법문사를 통해 2011년 출간한 영인본을 참고했음을 밝혀둔다.

부연하자면, 신형법이 제정되기 이전까지 판례는 법률의 부지나 착오는 고의를 조각하지 않는다는 이른바 위법성인식불요설을 견지하고 있었고, 이 법리에 따를 경우 그 부지나 착오에 정당한 이유가 있는 경우 - 예컨대 변호사의 조언을 따른 경우 - 에도 고의범으로서 책임을 지우게 되는 결과는 가져오는데, 이는 곧 위법성의 인식가능성조차 없는 경우에도 고의범이 성립된다는 뜻이므로, "책임의 본질이 '비난가능성'에 있는 이상 더 이상 철저히 유지할 수 없게 되었던 바, 이러한 배경 하에서 가능성설이 출현하게 되었다."13)는 것이다. 나아가 유기천 교수는 "(신)형법 제16조의 해석에 관하여 국내학자들은 고의설과 책임설의 입장을 그대로 주장하고 있(는데), 이것은 형법 제16조의 해석을 법규정이 없는 독일형법에 있어서의 입법론상의 논쟁과 혼동한 결과"이며, "형법 제16조는 마이어(Mayer)의 가능성설을 입법한 것이므로 그에 따라 해석하는 것이 타당하다"고 재차 강조한다.

본고는 위 인용구에 드러난 유기천 교수의 주장, 즉 "형법 제16조는 가능성설을 입법화한 것이며 이에 따라 해석하는 것이 타당하다"는 견해에 주목하고자 한다. 그 이유는 오늘날 대부분의 교과서에서 가능성설은 형법 제16조의 해석과 관련해 별로 비중있게 다루어지지 못하고 있거나 아예 언급조차 되지 않는 경우도 많기 때문이다. 그러나 가능성설은 형법전 제정 직후에는 위법성인식필요설(엄격고의설)과 함께 해석론의 양대 주류를 형성하고 있던 중요한 학설이다.14) 비록 책임설에 입각해서 형법 제16조를 해석하고 현대의 주류적 견해에 비추어 볼 때에는 소수설로 분류되겠지만, 여기에는 그 학설의 의미와 가치에 대해서 다소 오해되고 있는 측면도 있다고 보인다. 이에 본고에서는 어떠한 근거에서 가능성설이 형법 제16조의 입법론적 토대로 타당하며, 유기천 교수가 주장한 바와 같이 동 조문의 해석에도 다른 학설에 비해 적실성이 두드러진 학설인지 구명해 보고자 한다.

---

13) 유기천, 앞의 책, 228면.
14) 이 점에 대해서는 김종원, 형법 제16조 해석의 검토, 경희법학 제4권 제1호 (1961), 24면.

이를 위해 우선 형법 제16조의 입법취지와 이론적 토대를 몇 가지 입법사료를 통해 검토해 보고(II), 동 조문의 이론적 토대에 대한 대립하는 두 견해를 엄상섭 의원과 김용진 판사의 주장을 대비시키며 비판적으로 검토해 본 후(III), 형법 제16조의 취지를 적실히 해석해 낼 수 있는 학설로는 유기천 교수의 견해가 가장 타당하다는 점을 입론한 후(IV), 그럼에도 불구하고 책임설이 현대의 주류적 견해로 자리매김하게 된 배경을 밈이론적으로 논급하며 결론을 맺고자 한다(V).

II. 형법 제16조의 입법취지

1. 형법 제16조에 대한 법제편찬위원회 형법요강

해방 이후 미군정하 법제편찬위원회의 형법기초위원으로, 건국 후 법전편찬위원회에서는 역시 형법기초위원으로서, 그리고 제2대 국회에서는 법제사법위원장 및 위원으로서 형법의 기초 및 제정에 있어서 중추적 역할을 지속적으로 담당해 왔던 엄상섭은[15] 1947년 7월호 '법정(法政)'지에 법제편찬위원회의 형법요강이 발표된 이후, 동년 9월 '법정'지에 형법요강해설(1)을 게재하면서 '법률의 착오'에 대한 다음과 같은 촌평을 하고 있다.[16]

> "『귀책조건』에서는 고의, 과실, 부작위, 책임능력 등에 관하여 규정할 것인바 … "자기의 행위가 법률상 허용된 것이라고 믿음에 대하여 상당한 이유가 있는 때에는 그 형을 면제한다"는 규정을 두어서 해석론상으로 문제 많았던 것을 입법적으로 해결할 예정이며 …".

법제편찬위원회의 형법요강에는 총칙편은 각 항목의 표제어만 나열

---

15) 엄상섭의 활약상에 대한 소개로는, 신동운, "제정형법의 성립경위", 형사법연구 제20호 (2003), 9면 이하 참조.
16) 엄상섭, 형법요강해설(1), 법정 제3권 제9호 (1948), 19면 참조.

되어 있을 뿐, 각 조문의 구체적 형태가 드러나 있지 않다.[17) 그럼에도 엄상섭이 위와 같이 비교적 완성된 조문을 적시하고 있는 것으로 미루어 보건대, 비록 형법요강에는 실리지 않았지만, 이미 법제편찬위원회에서는 내부적으로 일정한 정도로 조문형태에 대해 합의가 이루어져 있음을 추측해 볼 수 있다. 엄상섭의 위 촌평은 형법 제16조의 제정경위를 재구성하는데 있어서 몇 가지 단초들을 제시해 주고 있다.

첫째, 구형법(의용형법) 제38조 제3항[18)과 달리, 형면제의 효과를 부여하고 있다.[19)

둘째, 현행 형법 제16조의 '정당한 이유'가 아닌 '상당한 이유'라는 법문이 채택되고 있다.

셋째, 위 규정은 당시의 해석론상의 논란을 입법론적으로 해결하기 위해 입안한 것임을 밝히고 있다.

이하 본고에서는 형법요강해설(1)에서 찾아낸 단초들을 토대로 하여 형법 제16조의 제정 배경과 관련된 여러 전거들을 검토해 봄으로써 동 조문의 이론적 배경이 무엇이었는지 논구해 보기로 한다.

2. 신형법 제16조의 제정 이전 구형법 제38조 3항에 대한 학설개관

우선 형법요강해설(1)을 보면 법률의 착오 규정은 당대의 해석론상의 학설대립을 입법론적으로 해결하려는 취지에서 입안한 것이라고 하는데, 당대의 학설대립은 분명 현행 형법 제16조가 제정되기 이전의 조문에 대한 학설대립, 즉 구형법(의용형법) 제38조 제3항에 대한 학설대립이었음에 유의할 필요가 있다. 그리고 구형법 제38조 제3항은 일본형법 제38조 제3항과 동일하기 때문에 당대의 학설대립은 그 실질에 있어

---

17) 신동운, 앞의 논문, 15면.
18) 제38조(고의) 제3항 : 법률을 알지 못하였다 하더라도 그것으로써 고의가 없었다고 할 수 없다. 단, 정상에 따라 그 형을 경감할 수 있다.
19) 이러한 분석으로는 신동운, 앞의 논문, 16면 참조.

서는 일본형법 제38조 제3항에 대한 일본 내의 학설대립 양상과 동일하였을 것이다.

1950년 법전편찬위원회 형법초안이 나온 직후 발간된 장승두 판사의 '형법요강(刑法要綱)'은 바로 이러한 학설대립의 양상을 적실히 전달해 주고 있다.

> **제38조(고의) 제3항** : 법을 알지 못하였다 하더라도 그것으로써 고의가 없었다
> 고 할 수 없다. 단, 정상에 따라 그 형을 경감할 수 있다.

동 문헌에 따르면 구형법 38조 제3항에 대한 학설대립은 다음과 같다.

제1설에 의하면 형벌법규의 착오는 범의의 성립을 조각하지 않으며 이 점에 있어서 자연범(自然犯)과 법정범(法定犯)을 구별할 필요가 없다고 한다(통설, 판례).

제2설은 법률의 착오는 비형벌법규에 관한 경우에 있어서도 범의를 조각하지 않는다고 한다(勝本).

제3설은 법률의 착오로 인하여 자기의 행위를 조리에 반하지 않는다고 믿고 있었던 경우에는 범의의 성립이 없다고 한다. 따라서 제38조 제3항의 취지는 다만 개별 형벌[규정]은 이를 알 필요가 없다는 것을 의미하는데 불과하다고 한다(瀧川·小野·Mayer·Liszt·Schmidt).

제4설은 위법의 인식이 없는 경우에는 이론상 범의의 성립은 없는 것이나 이것을 인식하지 못한 점에 있어서 과실이 있는 경우에는 이것을 범의 있는 경우와 동일시한다(宮本·Hippel).

제5설은 자기의 행위를 법률상 허용되어 있는 것이라고 오신한 경우에 있어서도 범죄사실을 인식한 이상 범의가 없다고 할 수 없으며, 이 원칙은 자연범에만 타당한 것이므로 법정범에 있어서는 사물의 성질상 법규위반의 인식이 있는 경우에 한하여 범의가 있다고 보아야 한다고 주장한다(牧野, 本村).[20]

---

20) 제1설부터 제5설까지의 내용은 장승두, 형법요강 (1950), 117-118면에서 발췌한 것임.

이상의 학설대립을 김종원 교수의 분류법에 따라 정리해 보면, 제1
설과 제2설은 고의의 성립에 위법성의 인식을 필요로 하지 않는다는 위
법성인식불요설의 범주에 해당될 것이며(19세기 말엽의 독일과, 일본에
있어서 옛 통설이라고 함)21), 제3설은 "자기의 행위를 조리에 반하지
않는다고 믿은 경우"라고 하여 동 문구가 정확히 위법성의 현실적인 불
인식을 지칭하는 것인지, 아니면 위법성의 인식가능성의 결여상태를 지
칭하는 것인지가 불명료한 점은 있으나, 엄격고의설을 주장한 瀧川·小
野 및 Liszt를 인용한 것으로 볼 때 동 학설은 고의의 성립에 위법성의
인식이 필요하다는 위법성인식필요설에 해당한다고도 볼 수 있고,22)
'반조리성'의 불인식을 언급하면서 위법성인식가능성설을 주장한 M.E.
Mayer 등을 인용한 점으로 미루어 보건대, 고의의 성립에는 위법성의
인식은 반드시 필요치 않고 그 가능성만 있으면 된다는 위법성인식가
능성설에 해당된다고도 볼 수도 있을 것이다.23)

요약하면 장승두 판사가 논급한 제3설은 위법성인식필요설(엄격고
의설)과 위법성인식가능성설을 모두 지칭하고 있는 것으로 보인다. 아
울러 木村 및 福田 교수는 자신들의 저서에서24) 위법성인식가능성설을
제한고의설로 분류하고 있는 것으로 보면25) 학설의 분류방식에 따라서
제3설은 제한고의설도 지칭하고 있는 것으로 해석할 수 있을 것이다.
이처럼 가능성설을 제한고의설로 분류하는 입장은 백남억 교수에게서

---

21) 이에 대해서는 김종원, "금지착오", 형사법강좌 Ⅱ 형법총론 下 (한국형사법학회
   편, 1984), 503-504면.
22) Binding, Nagler, Allfeld, Finger, Olshausen, Beling, Haelschner, Baumann,
   Schröder, Lang- Hinrichen, Liszt, 瀧川·小野, 植松 등이 주장했다. 김종원, 앞의
   논문(각주 21), 505면 참조.
23) 반조리성의 불인식과 위법성인식가능성설을 결합시키고 있는 견해로는 백남억,
   형법총론 (1958), 231면.
24) 木村龜二, 형법총론 (1959), 309면; 福田 平, 형법총론 (1965), 156면.
25) 위법성인식가능성설을 제한고의설의 한 범주로 보는 견해에 대해 이러한 분류법
   은 타당하지 않으며 책임설의 일종으로 보아야 한다는 견해로는 김종원, "위법의
   식가능성설과 책임설", Fides(서울법대)」제12권 제3호 (1966), 30면 이하 참조.

도 찾아볼 수 있다.26)

한편 제4설은 고의의 성립에 위법성의 인식을 필요로 하지만 위법성의 인식이 없는 데에 과실이 있는 경우(법과실)에는 고의와 동일하게 처벌하자는 이른바 법과실준고의설(法過失準故意說)로 볼 수 있을 것이고,27) 제5설은 자연범은 고의의 성립에 위법성의 인식이 필요없으나 법정범은 필요하다는 자연범·법정범 이분설(二分說)로 분류할 수 있을 것이다.28)

이러한 학설대립 양상은 団藤重光이 편역한 '주석형법(註釋刑法)'29)의 일본형법 제38조 3항에 대한 학설소개나 아니면 비교적 최신 문헌인 前田雅英의 '형법총론강의'30)의 학설을 보더라도 대동소이하기 때문에 엄상섭이 말한 구형법 제38조 3항에 대한 해석론상의 논란이란 장승두 판사가 소개한 제1설에서 제5설까지의 학설대립으로 보아도 큰 무리는 없다고 판단된다.

다만 장승두 판사가 소개한 학설 중에는 団藤重光 및 前田雅英 등과는 달리 위법성의 인식은 고의와는 독립된 책임의 요소라고 보는 책임설에 대한 소개가 없다는 점이 이채롭다. 그러나 책임설은 본래 고의를 책임으로부터 분리시키는 목적적 행위론과 깊이 결부되어 있다는 사실을 고려하면31) 인과적 행위론이 지배적이었던 1940년대나 1950년대 초반에 있어서는 구형법 제38조 3항과 관련해 책임설이 소개되지 않은 이유가 충분히 해명될 수 있다고 본다. 이러한 추론은 1959년 황산덕 교수가 서울대 법학지에 기고한 글에서 목적적 행위론에 입각해 책

---

26) 백남억, 형법총론 (1962), 237면 참조. 이외에도 오늘날 이러한 입장을 취하는 이재상, 형법총론 (2011), 324면 참조.

27) 宮本, 草野, 佐伯 등이 주장했다. 김종원, 앞의 논문(각주 21), 505면 참조. 한편 법과실준고의설도 제한고의설의 일종으로 분류하는 입장으로는 김성돈, 형법총론 (2009), 372-373면 참조.

28) 김종원, 앞의 논문(각주 21), 504면 참조.

29) 団藤重光, 주석형법(2)-Ⅱ 총칙(3) (1969), 366면 이하 참조.

30) 前田雅英, 형법총론강의[제3판] (1998), 291면 이하 참조.

31) 김종원, 앞의 논문(각주 21), 508면.

임설을 취할 때에만 형법 제16조의 정당한 이유를 올바르게 해석할 수 있다고 주장하면서 "신형법 제정 당시까지 우리나라에 도입된 외국의 저명한 형법 학설 중에 그것을 해석해낼 만한 이론이 없었다"고 지적한 점으로부터 지지받는다.[32] 물론 당대의 통설적 범죄론체계, 즉 인과적 행위론 하에서도 위법성의 인식을 고의와 병존하는 독립된 책임요소로 파악함으로써 책임설을 주장하는 견해도 있기는 했지만(Bockelmann, Dohna, Hartung, Eb. Schmidt 등)[33] 이러한 견해가 우리 형법 제정 이전 당대의 구형법 및 일본형법 제38조 3항의 해석론과 관련하여 소개된 문헌은 찾아보기 힘들다.[34]

III. 형법 제16조의 이론적 토대: 엄격고의설과 가능성설의 견해의 대립

형법 제16조의 이론적 토대에 대해서는 크게 두 가지 견해가 대립되고 있다. 하나는 규범적 책임론에 입각한 위법성인식필요설(엄격고의설)이라는 엄상섭 의원의 견해고, 다른 하나는 법전편찬위원이었던 김용진 판사가 피력한 바 있고 유기천 교수도 지지하고 있는 위법성인식가능성설이다.

1. 규범적 책임론과 위법성인식필요설(엄격고의설)

형법 제16조의 이론적 토대에 대해 엄상섭은 1957년 '법정(法政)' 8

---

32) 황산덕, "형법 제16조에 있어서의 정당한 이유", 서울대학교 법학 제1권 제1호 (1959), 99면 참조.
33) 이에 대해서는 Baumann, Strafrecht, AT, 5. Aufl., 1968, S. 425.
34) 1951년 출간된 牧野英一의 형법총론과 1952년에 출간된 이건호 교수의 형법총론에도 책임설에 대한 언급은 보이지 않는다. 牧野英一, 형법총론 (1951), 321면 이하; 이건호, 형법총론 (1952), 179면 이하 참조.

월호에서 다음과 같이 자신의 견해를 밝히고 있다.[35]

   "이 조문은 형법이론으로서는 규범적 책임론에서 도출되는 것이라고 필자는
단정하고 있거니와, 즉 규범적 책임론에서는 고의의 내용으로서 '인과관계를 포
함한 구성요건 해당의 사실'에 대한 인식 이외에 '위법성'의 인식까지를 요한다는
것이다. 그러나 이에 대하여서는 규범적 책임론 자체에 대한 논란 및 주저(躊躇)
와 동일할 정도로의 신중을 기하는 학자, 특히 실무가들이 많다는 것이 사실이다.
그러므로 우리 형법에서도 이에 대하여는 대단히 신중한 태도로 임하여 "자기의
행위가 법령에 죄가 되지 아니하는 것으로 오인한 행위는 그 오인에 정당한 이유
가 있는 때에 한하여 벌하지 아니한다"라고 규정하였다. 즉, 고의는 위법성의 인
식까지를 포함한다는 형법이론을 일관한다면 '위법성에 대한 착오가 있어서 이
착오 때문에 그 행위 이외의 반대동기를 설정할 길이 막혔다'면 결국 고의범이
성립될 수 없다고 해야 할 것이다"

   "형법 제16조는 규범적 책임론에서 보면 당연한 규정이기는 하나 '정당한 이
유 있음'이라는 것은 '위법성을 오인함에 있어서 과실도 없음'을 말하는 것이고,
과실이라도 있었다면 '정당한 이유가 없다'고 하여 결국 고의범이 성립된다는 것
인즉, '구성요건해당의 사실에 대하여는 고의, 위법성에 대하여는 과실'이라는 이
질적인 요소의 혼합이 고의범으로 비약한다는 이론적 결함을 청산치 못하고 있는
것으로 봐야 할 것이다. 그러나 어쨌든 형법 제16조의 명문이 있는 이상 이론의
혼잡성에도 불구하고 이에 따라서 재판할 수밖에 없을 것이다"

   일반적으로 규범적 책임론이란 책임의 본질이 결과의 인식이라는
심리적 사실에 있다고 보지 않고 그러한 심리상태의 '비난가능성'에 있
다고 보는 견해이다. 이 비난가능성에 있어서는 책임능력이나 고의·과
실 등 소위 책임조건 이외에 행위당시의 행위자를 둘러싸고 있던 부수
사정이 책임요소로서 중요한 역할을 한다고 보는 이론으로서[36] 책임의
본질을 결과에 대한 행위자의 심리적 관계인 고의와 과실에 있다고 보
는 심리적 책임론이 지닌 문제점을 극복하기 위해 등장한 책임이론이
다. 규범적 책임론이라 하더라도 위 인용구에서 엄상섭이 지적하는 바

---

35) 엄상섭, "형법이론과 재판의 타당성", 법정 제12권 제8호 (1957), 5-6면.
36) 유기천, 앞의 책, 212면.

와 같이 반드시 고의의 내용에 위법성의 인식까지 포함된다고 주장하
는 것은 아니다. 예컨대 순수한 규범적 책임론에서는 고의나 과실은 책
임요소가 아니지만 위법성의 인식은 책임의 구성적 요소가 된다고 본
다.37) 따라서 엄상섭이 논급하는 규범적 책임론이란 고의에는 규범적
요소로서 위법성의 인식이 필요하다고 보는 Hippel과 Frank 등이 주장
한 이론을 지칭하는 것으로38) 제한적으로 해석할 필요가 있음에 유의
해야 할 것이다. 이러한 입장에 따르면 심리적 책임론이 고의개념을 순
수한 심리적 사실로서 결과에 대한 인식과 의사로서 규정지었던데 반
해 규범적 책임론은 고의에 범죄사실의 인식 이외에 위법성의 인식까
지도 요구된다고 본다. 이에 엄상섭은 형법 제16조를 입안함에 있어서
규범적 책임론에 입각해 위법성인식필요설을 수용했다는 점을 밝히고
있는 것이다.39)

그런데 위법성인식필요설, 즉 엄격고의설에 대해서는 상습범이나 확
신범, 격정범 등에게는 범행 시에 위법성의 인식이 결여되어 있기 마련
인데 이들이 위법성의 인식이 없었다고 주장하게 되면 대부분의 범죄
에 있어서 고의범 처벌을 면하게 될 것이고, 만일 당해 범죄에 대한 과
실범 처벌규정도 미비되어 있다면 행위자는 완전한 면책에 이르게 되
어 이는 결국 형사처벌의 부당한 축소를 가져올 위험이 있다는 비판이

---

37) 같은 맥락에서 엄상섭이 말하는 규범적 책임론에 대해 특별한 이해가 필요하다
고 지적하는 견해로는 허일태, "엄상섭 선생의 형법사상과 형법이론", 효당 엄상
섭 형법논집(신동운·허일태 편) (서울대학교출판부, 2003), 292면 참조.
38) Hippel, Deutsches Strafrecht, Bd. II, 1930, S. 348; Frank, Kommentar zum StGB.
18. Aufl., 1931, S. 185. 한편 Hippel의 책임론은 규범적 책임론이 아닌 심리적
책임론으로 분류하는 학자도 있음에 유의할 필요가 있을 것이다. 이러한 입장으
로는 Goldschmidt, Notstand, ein Schuldproblem, 1913, S. 135.
39) 주지하다시피 규범적 책임론에 대한 이러한 이해방식은 Welzel에 의하여 목적적
행위론이 주창되어 고의를 책임에서 분리시켜 구성요건 요소로 체계화한 이후에
는 위법성의 인식은 고의와는 별개의 책임요소로 새롭게 자리매김되면서 다소
변화하게 된다. 우리나라에 목적적 행위론이 소개된 때는 1957년이다. 이에 대해
서는 황산덕, 형법총론 (1982), 5면 참조.

제기된다.[40] 바로 이와 같은 문제점 때문에 엄상섭은 위법성인식필요설에 대해 신중을 기하는 학자, 특히 실무가들이 많다고 언급하고 있는 것이다.

결론적으로 엄상섭은 이와 같은 이론구성의 어려움 즉, 규범적 책임론을 취해야 하면서도 규범적 책임론의 이론적 귀결인 위법성인식필요설이 지닌 결함, 즉 형사처벌의 부당한 축소라는 난점을 극복하기 위해 형법 제16조를 통해 입법론적으로 이러한 문제를 해결하였다고 밝히고 있는 것이다. 규범적 책임론에 입각하여 위법성인식필요설을 철저하게 밀고 나가면 행위자가 착오를 이유로 위법성에 대한 인식이 없었다고 주장하면 그 행위자를 고의범으로 처벌할 수 없게 되는 문제가 생기게 되지만, 형법 제16조를 두어 그 오인(착오)에 '정당한 이유'가 있는 경우에만 행위자를 처벌하지 않도록 하여 형사처벌의 부당한 축소를 회피할 수 있게 되었다는 것이다.

요컨대 당대의 우리 입법자들은 규범적 책임론을 긍인하였지만 위법성인식필요설이 가져오게 되는 논리필연적인 귀결인, 형사처벌의 부당한 축소라는 문제점을 이론적으로 벗어날 수 없었기 때문에 형법 제16조를 두어 입법론적 해결을 보게 되었다는 것이다.

2. 위법성인식가능성설

엄상섭과 마찬가지로 법전편찬위원회의 일원이었던 김용진 판사는 엄상섭과 다른 견해를 가지고 있었던 것으로 보인다. 김용진 판사는 형법 제정 직후 발간된 그의 저서 '신형법 해의(解義) 총론·각론'에서 "형법 제16조의 취지는 법령의 오인은 원칙적으로 고의가 성립되나 예외적으로 그 오인이 정당한 이유가 있는 때에 한하여 고의가 없는 것으로

---

40) 이에 대해서는 김종원, 앞의 논문(각주 21), 505면 ; 황산덕, "형법 제16조에 있어서의 정당한 이유", 서울대학교 법학 제1권 제1호 (1959), 86-87면 ; 前田雅英, 앞의 책, 293-294면; BGHSt, 2, 194 참조.

하는 것이다. 이것은 1927년 독일형법초안을 모방한 것이다. 이 독일 초
안은 고의의 요소로서 위법의 의식 그 자체는 필요치 않으나 행위의 위
법성을 의식함이 가능하였다는 것, 즉 위법을 의식하지 않는 것이 행위
자의 과실이었다는 것을 필요로 한다는 Mayer, Hippel 등의 학설적 견
해를 채용한 것이다"라고 주장하였다.[41] 김용진 판사에 의하면 형법 제
16조는 한 마디로 M.E. Mayer 등의 가능성설을 입법화 한 것이라는 것
이다. 그리고 그 모델이 되었던 입법례는 1927년 독일형법초안 제20조
라고 한다. 동 초안은 다음과 같다.

> **1927년 초안 제20조** : 행위자가 고의로 행위하지만 용서할 수 있는 법률의 착오
> 에 의하여 자기 행위의 불법성을 인식하지 못한 때에는 벌하지 아니하
> 고, 그 착오가 용서할 수 있는 것이 아닌 때에는 형을 감경할 수 있다.

김용진 판사는 계속해서 다음과 같이 말한다. "일본의 학설과 판례
도 가능성설을 따른 것이 많았다. 이것은 일종의 절충적 견해로서 위법
의 의식이 없는 경우를 즉시 무책임으로 하지 않고 과실이 있으면 고의
범으로 처벌할 것이라는 점에서 보안(保安)의 요구에 적합한 것이었다
할 것이다. 그러나 고의범과 과실범의 본질적 분기점(分岐點)은 마치
위법의 의식을 가졌는가, 아닌가에 있는 것이고 위법성에 관한 과실을
고의로 하고 또는 고의와 동일하게 취급하여야 된다 하는 것은 사물의
본질에 반하는 것이라 할 수 있는 것이다"

형법 제16조의 형법이론적 토대에 대한 김용진 판사의 해의(解義)는
엄상섭 의원의 설명과도 많은 부분 일치하고 있다. 예를 들어 '절충적
견해'라든지 '과실이 고의로 된다는 문제점' 등이 바로 그것이다. 이는
엄상섭 의원이 '입법적 해결', '과실이 고의로 비약하는 이론적 결함'
등을 언급한 것[42]과 거의 동일한 맥락의 표현들이다.

김용진 판사 외에도 박정규 검사는 Mayer나 Hippel 등의 가능성설을

---

41) 이에 대해서는 김용진, 신형법 해의(解義) 총론·각론 (1953), 91면 참조.
42) 엄상섭, 앞의 논문(각주 35), 6면 참조.

조문화한 입법례로서는 독일의 1919년 초안 제12조와 1927년 초안 제 20조, 1930년 초안 제20조 및 1937년 스위스 형법 제20조, 그리고 일본 개정형법가안 제11조 등을 들 수 있다고 하면서, 우리 형법 제16조도 1937년 스위스 형법 제20조 및 일본 개정형법가안 제11조에 유래된 것 으로 보고 있다.[43] 김용호 검사와 김남일 교수도 이와 거의 동일한 주 장을 한 바 있다.[44] 그리고 바로 유기천 교수도 이러한 입장에 있다.

그렇다면 형법 제16조의 이론적 배경으로서 '가능성설'도 입론될 수 있다고 본다. 가능성설에 의해서도 엄상섭 의원이 짚어낸 형법 제16조 제정의 이론사적 맥락을 구성해 낼 수 있기 때문이다. 다만 엄상섭은 규범적 책임론에 수반하는 위법성인식필요설(엄격고의설)을 염두에 두 고 있었던 반면, 김용진은 엄격고의설과는 명백히 구분되는 가능성설을 내세우고 있었다는 점에서 차이가 있을 뿐인 것이다.

3. 소결

형법 제16조의 형법이론적 배경에 대하여 신동운 교수는, "엄상섭은 우리 형법 제16조가 형법이론적으로 규범적 책임론에서 도출되는 것이 라고 단정하고 있다. 그가 이해하는 바에 따른 규범적 책임론에 의하면 고의의 내용으로서 '위법성의 인식'까지 요하는 엄격고의설을 취하게 되는바, 이러한 형법이론을 일관한다면 '위법성에 대한 착오가 있어서 이 착오 때문에 그 행위 이외의 반대동기를 설정할 길이 막혔다'면, 즉 '착오 때문에 규범의식(의무의식)이 차단되었다면, 결국 고의범이 성립 할 수 없다는 결론에 이른다. 이와 같은 자신의 범죄론체계를 전제로 하면서, 고의의 엄격해석을 통하여 범죄불성립의 범위를 넓히려는 시도 에 대하여 우려를 표하는 실무가나 형법학자들이 존재하고 있다는 현

---

43) 박정규, "법률의 착오", 검찰 통권 제55호 (1970), 92면, 103면 참조.
44) 김용호, "법률의 착오와 현행형법", 검찰 통권 제44호 (1971), 204, 217면 ; 김남 일, "법률의 착오에 관한 연구(1)", 법조 (1974), 62-63면 참조.

실을 부인하지 않았고, 그 때문에 형법 제16조를 통해 입법적 타협을
보게 되었다"고 해제를 제시해 주고 있다.[45]

하지만 여기서 주목해야 할 부분은 이러한 해제와 별개로 형법 제16
조의 이론적 토대에 대해 신동운 교수는 "형법 제16조가 책임설을 취한
것인지 고의설을 취한 것인지 분명하게 말할 수는 없다. 시간적 선후관
계에 비추어 볼 때 우리 형법의 역사적 입법자가 독일 형법의 모델에
따라서 책임설을 취했다고 단정하기는 곤란하다. 그러나 역사적 입법자
가 설정해 놓은 조문들은 형법이론의 발전에 따라 새로운 의미를 부여
받게 된다."고 지적하면서 결론적으로 형법 제16조는 책임설에 근거하
여 제정된 조문이라는 결론을 추론해 낼 수 있다고 한다.[46] 엄상섭과는
달리 형법 제16조의 이론적 근거로 책임설을 제안하고 있는 것이다.

엄상섭의 형법논집에 대한 해제와는 다소 모순된 것처럼 보이는 이
러한 입장은 필자가 보기에 형법 제16조의 이론적 토대에 대한 매우 흥
미로운 연구 소재를 제공해 주고 있다. 즉 "우리 형법의 제정에 중추적
역할을 했던 엄상섭의 견해에 기초해 볼 때, 규범적 책임설에 입각하여
엄격고의설을 토대로 입안된 것으로 추정되는 조문이 왜 오늘날 책임
설에 의해서 해석하는 것이 더 타당한 결과를 가져오는가?"라는 질문에
답할 필요가 있다는 것이다. 사실 오늘날 형법 제16조를 책임설에 입각
해 해석하는 것이 통설적 견해이기도 하다. 하지만 "설령 형법이론의
발전에 따라서" 동 조문에 대해서 '새로운 의미'를 부여할 필요가 있다
는 점을 수긍할 수 있다고 하더라도 그 전에 동 조문의 '본래적 의미'에
대해서 보다 면밀히 검토하고 넘어갈 필요도 분명 있다고 판단된다. 본
고는 바로 이 문제에 대해서 중점적으로 고찰해 보고자 한다. 신형법

45) 신동운, "효당 엄상섭 형법논집 해제", 효당 엄상섭 형법논집, 신동운·허일태 편
    (서울대학교출판부, 2003), 353-355면 참조.
46) 그 근거에 대해서 신동운 교수는 "우리 형법은 제13조 및 제15조 제1항에서 구성
    요건적 착오를 규정하고 제16조에서 금지착오를 규정하고 있다. (중략) 이러한
    구조는 (중략) 1975년 독일 신형법의 태도와 결과적으로 매우 유사한 것이라고
    하지 않을 수 없다."고 한다. 신동운, 형법총론 (법문사, 2015), 412-413면.

제정 직후 당대에 전개된 형법 제16조의 이론적 토대에 대한 두 개의 대립되는 견해 중 하나인 위법성인식가능성설에 대해서 엄상섭 의원도 신동운 교수도 특별히 논급하지 않고 있는바, 동 학설의 의미를 재검토해 봄으로써 위 질문에 적실한 해답이 구해질 수 있다고 본다.

이하에서는 위법성인식가능성설(이하 '가능성설'로 약칭함)의 의미를 다른 학설과의 비교 검토를 통해 명확히 해보고, 가능성설이 과연 형법 제16조의 해석에 얼마나 가치가 있으며 고의설과 책임설의 범주 중 어디에 속하는지에 대한 김종원 교수의 견해를 통해 분석해 봄으로써 위 질문에 답해 보고자 한다.

IV. 형법 제16조의 해석론과 가능성설

1. 다른 학설과 가능성설의 비교

김종원 교수가 면밀히 논증한 바와 같이[47] 형법 제16조를 적실히 해석해낼 수 있는 학설은 법과실준고의설과 가능성설, 그리고 책임설이다.[48] 오늘날 위법성의 불인식, 금지착오의 문제를 통상 고의설과 책임설의 대립구도 하에 다루는 것이 대다수 문헌들의 주된 태도지만 원래 이 문제는 종래 고의론의 문제로서 고의의 성립에 위법성의 인식이 필요한지 여부의 형태로 다루어졌음에 유의할 필요가 있을 것이다.[49] 이

---

47) 김종원, "금지착오와 형법 제16조", 경희법학 제9권 제1호 (1971), 67면 참조.
48) 드물게 형법 제16조를 위법성인식불요설에 의해 해석하는 것이 타당하다고 주장하는 견해도 있으나(이근상, 형법총론 (1958), 154면 이하), 오늘날 동 학설을 지지하는 견해는 없으므로 논외로 하기로 한다. 이근상 교수는 그 근거로서 "위법성의 인식에 착오가 있더라도 원칙적으로 처벌을 면할 수 없지만, 형법 제16조에 의해 정당한 이유가 있는 경우에 한하여 처벌을 면할 수 있도록 규정하고 있기 때문"이라고 한다. 하지만 동 학설에 의하면 착오에 정당한 이유가 있는 경우든 없는 경우든 착오와 무관하게 처벌되어야 하므로 형법 제16조의 취지에 맞게 해석할 수 없다고 보아야 한다. 김종원, 앞의 논문(각주 47), 65면.

에 따라 위법성인식불요설, 필요설, 가능성설 및 이분설(자연범과 법정
범 구분설)과 준고의설 등이 대립하고 있었던 것이다.[50] 따라서 법과실
준고의설과 가능성설 및 책임설을 동일 평면상에 병렬적으로 놓고 평
가하는 것은 다소 오해의 소지가 발생할 수 있으므로 이하에서는 우선
법과실준고의설과 가능성설을 비교한 후, 가능성설과 책임설의 비교를,
가능성설이 태동한 배경과 함께 다루어 보고자 한다.

(1) 법과실준고의설과 가능성설

법과실준고의설은 고의의 성립에 위법성의 인식을 필요로 하나 위
법성의 인식이 없는 데 과실이 있는 경우(즉, 법과실이 있는 경우)에는
이를 고의와 동일하게 취급하는 학설이다. 따라서 위법성의 인식에 착
오가 있으면 고의가 조각되나, 그 착오가 과실에 기하는 경우에는 고의
에 準하게 된다. 이 학설에 대해서는 결론적으로 전술한 엄상섭 의원과
김용진 판사가 비판한 내용이 그대로 적용될 수 있다. 즉 법과실이 어
떻게 고의와 동일하게 취급될 수 있는지, 즉 어떻게 '고의로 비약하는
지' 그 이론적 근거가 부족하여 '사물의 본질에 반한다'는 것이다.[51] 그
리고 법과실이 있는 경우 과실범 처벌규정이 있다면 과실범으로 처벌
해야 하는지, 아니면 고의범으로 처벌해야 하는지 불분명하다는 지적이
있다.[52]

이에 비해 가능성설은 고의의 성립에 위법성의 인식이 반드시 필요

---

49) 이 점에 대한 지적으로는 김종원, 앞의 논문(각주 47), 59면.
50) 위법성의 인식에 관한 학설의 변천사에 대한 소개로는 손해목, "위법성의 의식
(불법의식)", 행정논집 제20권 (1992), 2-3면 참조.
51) 이러한 비판에 대해 동 학설의 지지자는 구성요건적 사실의 인식에 과실에 있어
서 그로 인하여 행위를 한 경우보다는 구성요건적 사실의 인식은 갖고 있으나
다만 위법성의 인식에 과실이 있는 경우에는 행위자에게 적법행위의 기대가능성
이 더 크기 때문에 법과실은 고의와 동일하게 취급하여도 무방하다고 주장한다.
이러한 입장에 대해서는 김용식, 신형법 (1957), 116-117면 참조.
52) 손해목, 앞의 논문, 4면 참조.

하지는 않고 그 가능성만 있으면 된다고 하는 학설로서 이 점에서 법과
실준고의설(이하 '준고의설'로 약칭함)과 뚜렷하게 구분된다. 따라서 위
법성의 착오가 있어도 곧바로 고의가 조각되지 않고, 위법성 인식의 가
능성이 없을 때에 비난가능성이 없으므로 비로소 고의의 책임이 조각
된다고 본다. 이 학설의 대표자인 M. E. Mayer에 의하면 책임은 행위자
와 구성요건적 결과에 대한 관계에서의 책임과 행위자의 위법성에 대
한 관계에서의 책임으로 나눌 수 있으며, 전자는 심리적 책임요소로서
고의와 과실을 뜻하며, 후자는 윤리적 책임요소(ethisches Shuldelement)
로서 의무위반성의 의식가능성을 말한다고 한다. 그리고 이 책임의 규
범적 요소는 고의와 과실에 공통되는 기본적 책임요소라고 한다.53)

가능성설에 대해서는 앞서 김용진 판사가 지적한 바와 같이 "위법성
에 관한 과실을 고의로 하고 또는 고의와 동일하게 취급하여야 된다 하
는 것은" 부당하다는 비판이 유력한바, 다시 말해 고의의 성부문제에
과실의 요소를 혼합하였다는 것이다. 즉 가능성설은 고의와 과실의 분
기점에 관하여 사실에 대해서는 현실의 인식을 고의로 보고, 그 인식의
가능성을 과실로 보면서, 위법성에 대해서는 그 인식의 가능성만으로
고의가 성립한다고 보는 것은 개념의 혼동이고 이론적 모순이라는 지
적이 제기된다.54) 이러한 비판에 대해 김종원 교수는 고의에 과실적 요
소를 도입한다는 비판이 있으나 "의문이다"고 반박한 뒤,55) 가능성설은
위법성의 인식의 가능성이 없을 때에는 '비난가능성이 없어' 고의의 책
임이 완전히 조각되는 것이지, 고의범 성립이 부정된다고 해서 과실범
의 존부문제로 귀결되지 않는다고 한다.56) 다시 말해 위법성인식필요설
이나 법과실준고의설의 경우 고의책임이 부정될 경우, 과실범 성립여부
를 검토할 여지가 남게 되지만, 가능성설은 그러할 여지가 없다는 것이

---

53) Mayer, Der Allgemeine Teil des Deutschen Strafrecht: Lehrbuch, 1923, S. 231.
54) 이에 대해서 Mangakis, Das Unrechtsbewusstsein in der strafrechtlichen Schuldlehre
    nach deutschem und griechischem Recht, 1954, S. 46.
55) 김종원, 앞의 논문(각주 47), 61면.
56) 김종원, 앞의 논문(각주 25), 30면.

다. 마이어의 구분법처럼 고의와 과실을 책임의 심리적 요소로 보고, 위법성의 인식가능성은 윤리적·규범적 요소로 본다면, 양자는 책임판단에서 영역을 달리하는바, 위법성의 인식가능성이 있는 고의 행위에 대해서 책임을 인정할 수 있다는 것은 심리적 요소와 규범적 요소의 결합이 가능함을 뜻하는 것이고, 이와 마찬가지로 위법성의 인식가능성이 없는 고의행위는 책임이 조각된다는 것은 책임의 규범적 요소가 인정되지 못하여 비록 심리적 요소가 있더라도 책임이 조각된다는 뜻으로 해석할 수 있으므로, 이러한 책임이론에서 보면 가능성설은 고의라는 심리적 요소에 과실이라는 또 다른 심리적 요소가 혼입되고 있지 않다는 견해로 보인다.[57] 즉 비판의 요지는 위법성의 인식가능성이라는 과실적 요소가 심리적 책임요소로서의 고의와 결합해 '고의책임'이 인정되는 것은 모순이라는 것인데, 이 두 요소는 층위를 달리하는 요소이므로 충분히 결합될 수 있고, 이는 결코 심리적 책임요소로서의 고의와 과실이 혼합되는 것이 아니라는 것이다.

(2) 책임설과 가능성설

잘 알려져 있듯이 책임설은 위법성의 인식은 고의의 요소가 아니라 고의와 분리된 독립된 책임요소라는 설이다. 이 학설에 의하면 위법성의 인식이 없는 경우, 즉 금지착오의 경우에 그것이 회피불가능한 때에는 책임이 조각되지만, 회피가능한 때에는 책임이 감경될 뿐이다. 학설사적으로 보면 이미 Merkel 등에 의해 고의와는 별개의 독립된 책임요소로 인식되기 시작한 이래[58] 일반적으로 고의가 책임요소임을 부정하는 목적적 행위론자들은 모두 필연적으로 책임설을 취하지만, 고의를 책임요소로 인정하면서도 위법성의 인식을 책임형식으로서의 고의와는 별개의 독립된 책임요소라고 파악하는 전통적인 범죄체계론을 견지하는 입장에서도 주장된다.[59]

---

57) 이러한 해석으로는 손해목, 앞의 논문, 4면 참조.
58) Merkel, Die Lehre von Verbrechen und Strafe, 1912, S. 82.

가능성설과 책임설의 연관성에 대해 살펴보면, 독일의 경우 가능성설이 대체로 책임설에 편입되고 있지만[60] 일본이나 우리나라의 경우 고의설, 그 중에서 제한고의설의 한 범주로 분류되는 경우가 많다. 이에 김종원 교수와 유기천 교수는 가능성설을 책임설로 편입시켜 이해하고 있다는 점에 주목하여 양자의 관계를 살펴보고자 한다.

우선 김종원 교수는 고의설이란 위법성의 의식이 고의의 성립요건이 되고 그 의식이 없으면 바로 고의가 조각된다는 학설이고, 이에 비해 가능성설은 위법성의 의식이 없어도 바로 고의가 조각되지 않으므로 "그러한 한에 있어서 가능성설은 일종의 '고의설'이라도 될 자격을 상실한다고 보아야 옳[다]"고 주장한다.[61] 다만 가능성설이 고의설이 될 자격이 없다고 해서 곧바로 책임설에 편입된다고 말할 수는 없는바, 가능성설에서 말하는 '고의'가 과연 어떤 의미를 가진 고의인지를 밝힘으로써 결론적으로 책임설에 편입되는 것이 옳다고 한다. 즉 가능성설에서 말하는 고의는 과실과의 한계로서 문제되는 고의가 아니라 책임요소로서의 고의, 더 정확하게 말하면 '위법성의 의식과의 관련 하에서의 고의책임'이라는 의미에서의 고의라고 이해해야 하므로[62] 그렇다면 위법성의 의식의 가능성의 유무는 고의의 '책임(비난가능성)'의 유무를 결정짓는 것이 되어 결론적으로 가능성설은 책임설에 편입시키는 것이 타당하다고 한다. 부연하자면 전술한 M. E. Mayer의 구분법대로 책임을 심리적 요소(고의와 과실)와 규범적 요소(위법성의 인식가능성)로 나누어 후자는 전자(고의와 과실)에 공통되는 책임요소라고 할 때, 위법성의 인식가능성이 없어서 고의책임이 조각된다는 의미는 심리적 책임요소로서의 고의나 과실의 성립여부에 기여하는 별개의 규범적 책임요소가 부정된다는 뜻이므로 이것은 책임설의 입장과 '통한다'는 것이다.[63]

---

59) 김종원, 앞의 논문(각주 21), 508면.
60) 이 점에 대해서는 김종원, 앞의 논문(각주 25), 28면.
61) 김종원, 앞의 논문(각주 25), 30면.
62) 김종원, 앞의 논문(각주 21), 515면.
63) 김종원, 앞의 논문(각주 47), 63면.

유기천 교수도 가능성설과 책임설의 연관성에 관해 논급한 바 있다. 이에 대하여 김종원 교수는 유기천 교수의 그 논급에 대해 "자기의 입장을 책임설이라고 보지 않는 것 같다"고 촌평한 바 있다.64) 하지만 필자가 보기에 유기천 교수는 자신의 저서에서 책임설과 가능성설의 유사성을 누누이 강조하고 있다. 유교수는 "벨첼이 지지하는 책임설은 독일학계에 한때 큰 파문을 주었고, 독일연방재판소에도 영향을 주었다. 그러나 이는 마이어의 가능성설과 그 결론에 있어서 거의 동일하다."65) 고 지적한다. 또한 과거 판례의 입장인 위법성인식불요설은 책임의 본질이 비난가능성에 있는 이상 더 이상 유지될 수 없게 된 배경 하에서 가능성설이 출현하게 되었다고 보면서 책임, 곧 비난가능성의 지적 요소로서 고의와 위법성의 인식가능성을 별개의 요소로 다루고 있는바,66) 이는 곧 위법성의 인식(가능성)을 별개의 독립된 책임요소로 보는 책임설의 입장과도 통하는 것이라 해석하지 않을 수 없다고 본다.

이처럼 가능성설은 그 핵심 논지에 있어서 책임설과 상통하는 입장이나, 일본과 우리나라의 경우 주로 고의설(제한고의설)의 한 범주로 분류된 이유는 추측컨대 위법성의 불인식이 종래 고의론의 문제로서 고의의 성립에 위법성의 인식이 필요한지 여부의 형태로 다루어져 왔고 그 과정에서 가능성설이 출현하게 되었다는 점에서 찾을 수 있다고 본다. 가능성설은 책임요소로서의 고의의 성립에 위법성의 인식은 불필요하고, 그 인식가능성만 있으면 된다는 학설이므로 일견 고의설처럼 보이지만, 여기서 말하는 '고의'는 김종원 교수가 잘 지적한 바와 같이 심리적 책임요소로서의 고의가 아니라, 그와 구별되는 규범적 책임요소인 위법성의 인식가능성에 따라 그 성립여부가 결정되는 '고의책임'을 뜻하는 것으로 보아야 하므로 이러한 입장은 어디까지나 책임설의 한 범주로 편입해야 마땅하다고 본다. 유기천 교수도 바로 이와 같은 맥락에서 '책임의 가장 낮은 한계'로서의 '위법성의 인식가능성'을 고의와 더

---

64) 김종원, 앞의 논문(각주 14), 30면 참조.
65) 유기천, 앞의 책, 92면.
66) 유기천, 앞의 책, 228-229면.

불어 비난가능성의 지적 요소의 하나로 파악하고 있는 것이다. 전술한 바와 같이 책임설의 입장은 고의를 책임에서 완전히 분리시키는 목적적 행위론자들 외에 고의를 책임요소로 파악하는 전통적 견해에서도 채택할 수 있으므로, 비록 가능성설이 '고의론'의 전개과정에서 태동한 학설이라 하더라도 그 핵심 논지는 결과적으로 "고의로부터 위법성의 인식(가능성)을 분리한다"는 책임설의 입장과 상통한다는 점을 혼동해서는 안 될 것이다.

2. 형법 제16조의 해석과 가능성설

그렇다면 이번에는 과연 가능성설과 법과실준고의설, 그리고 책임설 중에서 어느 학설이 형법 제16조를 가장 적확하게 해석해 낼 수 있는지를 검토해 보기로 한다.

(1) 형법 제16조의 '가능한 의미' 내에서의 문리해석

죄형법정주의 원칙상 형법조문은 '문언의 가능한 의미' 내에서 엄격하게 해석되어야 한다.

형법 제16조는 "자기의 행위가 법령에 의하여 죄가 되지 아니하는 것으로 오인한 행위는 그 오인에 정당한 이유가 있는 때에 한하여 벌하지 아니한다."고 규정하고 있다. 동 조문의 구조상 상기 언급한 각 학설에 따르는 해석상 차이점을 두드러지게 보여주는 부분은 바로 '정당한 이유가 있는 때에 한하여'라는 법문이다. 동 법문의 적확한 해석을 위해서는 유사한 법문형태를 취하고 있는 입법례를 검토해 볼 필요가 있을 것이다.

'정당한 이유'란 법문은 1935년의 중화민국형법 제16조에서도 채택된 바 있지만 '정당한 이유가 있는 때에 한하여'란 법문은 비교법적으로도 드문 사례이다. 동 조문의 입안 당시 고려되었을 만한 입법례를 보아도 이와 같은 법문형식은 찾아볼 수 없다. 예를 들면 다음과 같다.

> **1930년 독일형법 초안 제20조 제2항** : 행위자가 고의로 행위하지만 용서할 수 있는 법률의 착오에 의하여 자기 행위의 불법성을 인식하지 못한 때에는 벌하지 아니하고, 그 착오가 용서할 수 있는 것이 아닌 때에는 행위자를 처벌하되 그 형을 감경한다.
>
> **1938년 스위스 신형법 제20조** : 범인이 충분한 이유로 자기는 당해의 범행을 행하는 권리를 가질 것이라고 사유한 경우에는 재판관은 자유재량에 따라서 형을 감경하며(제66조) 또는 처벌을 하지 아니할 수 있다(Hat der Täter aus zureichenden Gründen angenommen, er sei zur Tat berechtigt, so kann der Richter die Strafe nach freiem Ermessen mildern (Art.66) oder von einer Bestrafung Umgang nehmen).
>
> **1935년 중화민국형법 제16조** : 법률을 알지 못했다고 하여 형사책임이 면제될 수 없다. 단, 그 정상에 따라서 그 형을 감경할 수 있다. 만약 그 행위가 법률에 의해서 허가되는 것으로 믿은 데에 정당한 이유가 있는 경우에는 그 형을 면제할 수 있다(不得因不知法律而免除刑事責任但按其情節得減輕其刑如自信其行爲爲法律所許可而有正當理由者得免除其刑).67)
>
> **1940년 일본개정형법가안 제11조 [법률의 착오]** :
> ① 법률을 알지 못하였다 하더라도 그것으로써 고의가 없었다고 할 수 없다. 단, 정상에 따라 그 형을 경감할 수 있다.
> ② 자기의 행위가 법률상 허용되지 아니하는 것임을 알지 못하고 범한 자는 그 점에 대하여 상당한 이유가 있는 때에는 그 형을 면제한다.68)

소개한 초안 및 입법례들은 모두 "정당한(상당한, 충분한, 용서할 수 있는) 이유가 있는 '경우에는(때에는)'"이라는 법문을 채택하고 있음을 쉽게 확인할 수 있다. 즉 우리 형법 제16조처럼 '한하여'라는 극히 제한적인 법문을 취하고 있는 초안 및 조문은 찾아볼 수 없다. 이러한 비교법적 사례를 토대로 동 조문에 대한 문리적 해석을 하자면, '정당한 이

---

67) 동 조문의 해석으로는 김종원, 1969년의 새로운 독일형법총칙을 중심으로, 경희법학 제8권 1호 (1970), 119-120면; 법무부조사국, 법무자료 제5집 (1948), 4면 참조.
68) 법무부조사국, 앞의 자료, 3면 참조.

유가 있는 때에 한하여'라는 법문은 '정당한 이유가 있는 경우에만' 법률의 착오를 고려하여 벌하지 않는 것으로 법적 효과를 부여하되, 반면에 정당한 이유가 없는 경우에는 원칙적으로 처벌하겠다는 취지로 새겨진다. 바꾸어 말하면 동 조문의 취지는 원칙적으로 정당한 이유가 없는 때에는 벌하면서, 예외적으로 정당한 이유가 있는 때에 한하여 벌하지 아니한다는 것으로 해석된다. 이 점은 특히 만일 '정당한 이유가 있는 경우에는(때에는)'이라는 법문형식을 취할 경우 법률의 착오에 정당한 이유가 있는 경우에는 벌하지 않는 법적 효과가 부여되는 것은 동일하지만 만일 정당한 이유가 없는 경우에는 그 법적 효과에 대한 해석이, '정당한 이유가 있는 때에 한하여'라는 법문형식을 취할 경우와 비교해 볼 때 상대적으로 '문리해석상' 분명하지 않아 학설과 판례에 맡겨질 것이고, 결과적으로 처벌하거나 형을 감경하는 법적 효과를 부여하겠다는 취지로 해석될 수 있다는 점에서 명확해 진다.[69] 위에 소개한 1930년 독일형법 초안 제20조 2항이 바로 그러한 조문형태이다.

요컨대 '한하여'라는 법문형식은 정당한 이유의 유무에 따라 '처벌' 또는 '불처벌'의 법적 효과가 가능한 양자택일 방식의 조문구조를 갖게 되는데 비해,[70] '경우에(때에는)'라는 법문형식은 정당한 이유가 없을 때에는 '처벌' 내지 '감경'이라는 법적 효과를 부여할 수 있는 보다 신축적인 조문구조를 지니게 된다고 볼 수 있다.

그런데 여기서 한 가지 의문이 들 수 있다. 형법 제16조가 비록 '정당한 이유가 있는 때에 한하여'라는 법문을 채택하고 있다고 하더라도 그 법적 효과에 있어서 정당한 이유가 없는 때에는 반드시 양자택일적 해석에 의해 '처벌'만 하는 것이 아니라 형의 '임의적 감경'이라는 법적 효과도 부여할 수 있다고 보는 것은 '문언의 가능한 범위'를 벗어나는 것일까? 순전히 문리해석에만 기초해서는 이에 답하기 어렵다고 본다. 이하에서는 동 조문의 입법사적 유래를 검토해 봄으로써 보다 이 점에

---

69) 이러한 해석으로는 김종원, 앞의 논문(각주 47), 65면.
70) 이 점에 대해서는 신동운, 앞의 책, 411면.

대한 보다 명확한 해석론을 제시해 보고자 한다.

(2) 입법사적 고찰을 통한 문리해석의 보완

우리의 입법자는 형법 제16조를 기초하는데 있어서 일본의 개정형법가안을 주된 모델로 삼았던 것으로 보인다.[71] 그러므로 일본 개정형법가안 및 동 가안과 거의 유사한 조문구조를 갖고 있는 1961년 개정형법준비초안 및 1974년 개정형법초안과 우리나라 법전편찬위원회 형법초안 및 형법 제16조를 비교해 봄으로써 '정당한 이유가 있는 때에 한하여'의 의미를 구명해 보기로 한다.

> **1940년 일본개정형법가안 제11조 [법률의 착오] :**
> ① 법률을 알지 못하였다 하더라도 그것으로써 고의가 없었다고 할 수 없다. 단, 정상에 따라 그 형을 경감할 수 있다.
> ② 자기의 행위가 법률상 허용되지 아니하는 것임을 알지 못하고 범한 자는 그 점에 대하여 상당한 이유가 있는 때에는 그 형을 면제한다.[72]
> **1950년 법전편찬위원회 형법초안** : 자기의 행위가 법령에 의하여 죄 되지 아니하는 것으로 오인한 행위는 그 오인이 정당한 이유가 있는 때에 한하여 형을 감경 또는 면제할 수 있다.
> **1953년 형법 제16조** : 자기의 행위가 법령에 의하여 죄가 되지 아니하는 것으로 오인한 행위는 그 오인에 정당한 이유가 있는 때에 한하여 벌하지 아니한다.

위 법전편찬위원회 형법초안 역시 동 가안을 토대로 성안되었다고 보아도 큰 무리는 없을 것이다. 위의 두 가지 안을 비교해 보면, 눈에 띄는 차이점을 쉽게 발견할 수 있다. 일본개정형법가안의 제11조 제2항이 법전편찬위원회의 형법초안과 유사함은 누누이 지적된 사실이지만, 분명히 우리 입법자는 개정형법가안 제11조 제1항의 규정은 우리 조문에 도입하지 않았다. 여기서 두 가지의 의문점이 떠오른다.

---

71) 이러한 견해의 소개로는 신동운, 앞의 논문(각주 15), 18면, 20면 참조.
72) 법무부조사국, 앞의 자료, 3면 참조.

첫째, 일본의 경우 개정형법가안을 기초함에 있어서 어째서 일본의 현행형법 제38조 제3항의 규정을 가안 제11조 제1항에 그대로 존치시킨 것일까?

둘째, 우리 입법자는 일본개정형법가안을 참조했음에도 불구하고 어째서 일본과는 다른 입법형식을 취한 것인가?73) 이에 대해 검토해 보기로 한다.

牧野英一에 따르면 스위스 신형법 제20조는 '충분한 이유'가 있는 법률의 착오만을 형법적으로 고려하고 있으며, 그러한 점에서 동 조문은 다분히 전통적인 사고방식, 즉 "법률의 부지는 용서받지 못한다"는 로마법상의 법원칙을 따르고 있다고 한다. 그리고 스위스 형법 제20조의 이러한 취지를 개정형법가안은 (법적 효과에 있어서는 차이가 있지만) 그대로 전승하고 있다고 한다. 그렇기 때문에 동 가안의 제1항은 "법률을 알지 못하였다 하더라도 그것으로써 고의가 없었다고 할 수 없다. 단, 정상에 따라 그 형을 경감할 수 있다"는 현행 조문을 존치시킴으로써 전통적인 법원칙을 승인하면서도, 제2항에 "자기의 행위가 법률상 허용되지 아니하는 것임을 알지 못하고 범한 자는 그 점에 대하여 상당한 이유가 있는 때에는 이를 벌하지 아니한다"는 조문을 둠으로써 '상당한 이유'가 있는 법률의 착오만을 고려하는 태도를 취하게 되었다는 것이다.74)

요컨대 일본개정형법가안 제11조 1항은, 비록 정상에 따른 형의 임의적 감경의 여지는 남아 있지만, 법률의 부지는 용서받지 못한다는 전통적 법원칙을 승인하는 규정이고, 2항은 상당한 이유가 있는 법률의 착오에 한하여 이를 형법적으로 고려하겠다는 규정인 것이다.75)

---

73) 그러나 형법 제16조에 관한 한 이러한 차이점에 주목한 연구는 아직까지 보이지 않는다. 예를 들면 "오영근, 일본개정형법가안이 제정형법에 미친 영향과 현행 형법해석론의 문제점, 형사법연구 제20호 (2003), 109면 이하)"에도 특별히 이러한 문제의식은 표출되지 않는다.

74) 牧野英一, "법률의 착오", 형법연구 제12권 (1951), 106-109면 참조.

75) 일본개정형법가안의 이유서도 이와 거의 동일한 취지로 설명하고 있다. 즉 본조 제1항은 전통적 법원칙을 도저히 변경할 수 없다는 점을 승인하는 것이고 다만

그렇다면 우리 입법자도 역시 형법 제16조를 입안함에 있어서 일본 개정형법가안 제11조의 이와 같은 취지를 고려해 동 가안 제11조와 유사한 규정형식을 취하는 것이 전통적인 법원칙과의 조화 측면에서 바람직하다고 판단했을 것임은 쉽게 추측해 볼 수 있다. 이에 대해서 엄상섭은 다음과 같이 말하고 있다.

> "제16조에 "자기의 행위가 법령에 의하여 죄가 되지 아니하는 것으로 오인한 행위는 그 오인에 정당한 이유가 있는 때에 한하여 벌하지 아니한다"라고 되어 있거니와 이 조문도 형벌조문을 완화한 것이다. "법을 모른다고 하여 처벌을 면할 수 없다"는 것이 형법상의 원칙이거니와 이 원칙의 절대적인 적용만으로는 심히 가혹하여 행위자로서는 억울키 한량없는 경우가 있는 것이다. … 그러므로 우리 형법제정에서는 "자기의 행위에 죄가 안 되는 것으로 오인함에 있어서 그 오인을 책(責)할만한 아무런 이유도 없을 때"에는 벌하지 말자는 이 조문을 설치한 것이다. 이 조문에서의 '정당한 이유가 있음'이라 함은 "만연히 죄가 안 되는 것으로 오인한 것이 아니고 적어도 법률전문가나 당로자에게 문의를 하여 죄가 안 된다는 요지의 확답을 얻었다든가 이에 준할 만한 노력을 한 연후에 죄가 되지 아니한다는 인식을 하게 되었음"을 의미하는 것으로 본다".76)

엄상섭의 말을 풀이하자면 형법 제16조는 "법을 모른다고 하여 처벌을 면할 수 없다"는 형법상의 전통적 법원칙의 엄격함을 완화하기 위해 입안된 것이기는 하지만 '정당한 이유'란 '만연히 죄가 안 되는 것으로 오인한 것'은 분명 아니라는 것이며 동 조문은 전통적 법원칙과의 긴장을 해소하여 입법적 조화를 도모하고 있는 규정이라는 것이다. 엄상섭을 통해 알 수 있듯이 형법 제16조의 입안자 역시 스위스 형법 제20조나 일본개정형법가안 제11조처럼 형사처벌의 엄격함을 완화시키는 노력을 기울이면서도 다분히 전통적 법원칙을 존중하여 양자의 조화를

제2항은 제1항의 엄격성을 완화하기 위해 상당한 이유가 있는 경우에는 그 형을 '면제'까지도 할 수 있도록 입안된 것이라고 한다. 이에 대해서는 刑法改正案理由書, 小野幹事提出, 7-8면 참조.

76) 엄상섭, "우리 형법전에 나타난 형법민주화의 조항", 법정, 제10권 제11호 (1955), 3-4면 참조.

모색하고 있다는 점에서 스위스 형법 제20조나 개정형법가안 제11조의 취지를 전승하고 있다고 봐야 할 것이다.

그렇다면 형법 제16조 역시 일본개정형법가안 제11조처럼 두 개의 항을 두는 방식을 채택하는 것이 바람직하였을 것이라고 본다. 그럼에도 불구하고 우리 입법자는 과감히 단일 조문형태로 현행 형법 제16조와 같은 규정형식을 취했다. 과연 어떠한 이유에서 이와 같은 조문형식을 택했는지가 의문시된다. 추측컨대, 바로 이 의문점을 해결하는 실마리가 형법 제16조의 '정당한 이유가 있는 때에 한하여'란 법문에 있다고 본다. 우리 입법자는 일본과 다르게 단일 조문형태로 법률의 착오를 규정하면서 '정당한 이유가 있는 경우에 한하여'란 법문을 들여오고 있다. 여기에는 분명히 당시 입안자의 의도가 담겨 있으리라고 판단된다.

우리 형법 제16조도 분명 일본개정형법가안 제11조처럼 형사처벌에 엄격성을 완화하면서도 전통적인 법원칙을 존중하는 노력 속에 입안된 것임은 분명할 것이다. 그럼에도 불구하고 우리 조문의 입안자가 현재의 조문형태를 취한 것은 '정당한 이유가 있는 때에 한하여'라는 법문이 바로 일본개정형법가안 제11조 제1항 및 제2항의 기능을 대신해 줄 수 있다고 보았기 때문이라고 판단하는 것이 자연스럽다. '정당한 이유가 있는 경우에 한하여'란 법문은 분명 제한적인 수식어구이다. 유기천 교수는 동 조문을 영어로 소개한 문헌에서[77] "only when his mistake is based on reasonable grounds"라고 번역한 바 있다.

다시 말해 동 법문은 형법 제16조 역시 스위스 형법 제20조나 일본개정형법가안 제11조처럼 '정당한 이유'가 있는 경우의 법률의 착오만을 고려한다는 태도를 분명히 하고 있는 것이다. 즉 형법 제16조 하에서도 법률의 착오는 정당한 이유가 있는 경우에만 고려되고, 그 외의 경우에는 처벌된다는 것이 원칙인 것이다.[78] 다만, 일본개정형법가안이

---

77) Ryu & Silving, 앞의 논문, 692면 참조.
78) 다만 일본개정형법가안 제11조와 차이가 있다면, 정당한 이유가 없는 경우에 정상에 의한 임의적 감경규정을 두고 있지 않다는 점이다. 이로 인해 정당한 이유가 없는 경우의 법적 효과는 '처벌'이라는 점이 더욱 명확해 진다.

한 조문에 두 개의 항을 둠으로써 이러한 취지를 명확히 하였음에 비해서 우리 조문은 오히려 스위스 형법 제20조와 유사하게 단일 조문방식을 채택하면서도 '한하여'란 제한적 법문을 통해서 그와 같은 취지를 두드러지게 표현하고 있는 것이다. 이러한 결론은 형법 제16조와 같이 '정당한 이유'란 법문을 채택하면서도 규정형식에 있어서는 일본개정형법가안 제11조와 유사한 조문구조를 가진 1935년 중화민국형법 제16조에서 '정당한 이유가 있는 경우에'라는 법문형식을 취하고 있는 점에서도 지지된다고 생각한다.

> 1935년 중화민국형법 제16조 : 법률을 알지 못했다고 하여 형사책임이 면제될 수 없다. 단, 그 정상에 따라서 그 형을 감경할 수 있다. 만약 그 행위가 법률에 의해서 허가되는 것으로 믿은 데에 정당한 이유가 있는 경우에는 그 형을 면제할 수 있다(不得因不知法律而免除刑事責任但按其情節得減輕其刑如自信其行爲爲法律所許可而有正當理由者得免除其刑).[79]

요컨대 형법 제16조는 정당한 이유가 없는 때에는 전통적 법원칙을 존중해 원칙적으로 처벌하겠다는 취지로 해석하는 것이 타당하다고 하겠다. 이에 대해 형의 '임의적 감경'이라는 법적 효과도 부여할 수 있다고 보는 것은 동 법문의 '가능한 의미'를 넘어서는 해석이다. 이와 관련해 유기천 교수는 "형법 제16조를 정당하게 해석하려면 위법성의 인식이 불가능하였으면 책임이 조각되고, 위법성의 결여가 과실에 인한 때에는, 고의범으로 처벌한다고 보아야 한다. 다만 양형에 있어서 책임을 감경하려고 할 때에는 그 정상에 참작할 사유가 있음을 이유로 감경하게 되며(제53조), 제16조에 의하여 감경하는 것은 아니다"라고 적확히 지적해 주고 있다.[80]

---

79) 동 조문의 해석으로는 김종원, 앞의 논문(각주 67), 119-120면; 법무부조사국, 앞의 자료, 4면 참조.
80) 유기천, 앞의 책, 230면과 237면 참조.

(3) 가능성설과 형법 제16조의 해석

전술한 형법 제16조의 해석론에 입각해 볼 때, 동 조문의 취지에 맞게 법적 효과를 가장 적실히 해석해 낼 수 있는 학설이 무엇인지 검토해 보고자 한다.

우선 법과실준고의설은 위법성의 착오에 정당한 이유가 없는 경우, 즉 법과실이 있는 때에는 고의범으로 취급하여 처벌하므로 형법 제16조의 취지에 합치된다고 볼 수 있다. 또한 정당한 이유가 있어서 법과실이 부정되는 경우에는 범죄불성립으로 처벌되지 않는다는 점도 형법 제16조의 취지에 부합된다. 하지만 법과실준고의설이 지닌 이론적 결함은 차치하더라도 그 법적 효과에 있어서 법과실이 있는 경우 만일 과실범 처벌규정이 있다면 과실범으로 처벌해야 하는지, 아니면 고의범으로 처벌해야 하는지 불분명하다는 점에서 형법 제16조의 취지에 정확히 부합되지는 않는다고 볼 수 있다. 다시 말해 이 학설은 위법성인식필요설의 형사정책적 결함, 즉 고의범 성립이 부정될 때 과실범 처벌규정도 없어서 형사처벌의 공백이 발생하는 것을 극복하기 위해 주장되었지만, 만일 과실범 처벌규정이 있다면 과연 이를 어떻게 처리할 것인가에 대해서는 불분명한 입장을 취하고 있다는 것이다.

다음으로 책임설은 오늘날 형법 제16조의 해석론적 근거로서 널리 받아들여지고 있는 만큼 동 조문의 취지에 상당부분 부합되는 측면이 있는 것은 사실이다. 즉 위법성의 착오가 회피불가능한 경우, 즉 정당한 이유가 있는 경우에는 책임(비난가능성)이 조각되어 벌하지 아니하고, 회피가능한 경우, 즉 정당한 이유가 없거나 법과실이 있는 경우에는 처벌되지만 책임이 감경될 수 있으므로 형법 제16조의 취지에 합치될 수 있다는 것이다.[81] 수긍할 수 있는 해석론이지만, 이 지점에서 본래적 의미의 책임설을 재음미해볼 필요가 있다고 본다. 책임설은 원래 회피

---

81) 이 경우 책임의 감경은 형법 제53조에 의한 작량감경을 통해서 가능하다고 보는 견해로는 성낙현, 형법총론 (동방문화사, 201)1, 364면 참조.

가능성의 정도에 따라서 책임조각에서부터 책임감경, 완전한 책임의 인정까지 단계적 평가가 가능한 조문을 설정하고 있다. 대표적으로 책임설을 입법화한 것으로 평가받는 독일형법 제17조의 경우 제1문은 행위자에게 착오의 회피가능성이 전혀 없는 경우에 대하여 "책임 없이 행위한 것이다"라고 규정해 책임조각의 효과를 부여하면서, 제2문에서 행위자가 그 착오를 회피할 수 있었던 경우에는 그 "형을 감경할 수 있다"고 하여 회피가능성의 정도에 따라서 형의 감경이 가능하도록 규정하고 있다. 즉 본래적 의미의 책임설 구상에 입각한 독일형법 제17조는 형의 임의적 감경사유가 되지만, 우리형법 제16조는 법률상 형의 감경사유가 아니다. 이 점은 전술한 바, 형법 제16조의 문리적, 입법사적 고찰에 비추어 보더라도 명백하다. 동 조문에 의하면 정당한 이유가 없는 법률의 착오는 단지 작량감경사유에 불과할 뿐이다. 소송법적으로 보면 우리나라 피고인은 형법 제16조를 법률상 범죄의 성립을 조각하는 이유임을 들어 법원에 판단을 요구할 수는 있지만, 법률상 형의 감경을 규정한 조문이라고 주장하여 법원의 판단을 요구할 수는 없다는 것이다.[82] 그럼에도 불구하고 책임설에 입각하여 형법 제16조를 해석하여 회피가능한 금지착오의 경우 작량감경(제53조)은 물론 동 조문에 규정하고 있지 않은 법률상 감경(제55조)까지 가능하다고 보는 것은[83] 동 조문의 '가능한 의미를 넘는' 해석론임은 전술한 바와 같다.[84]

그렇다면 이제 남는 것은 가능성설이다. 그러면 여기서 유기천 교수의 견해를 다시 살펴보자.

---

82) 이러한 분석으로는 신동운, 앞의 책, 408-411면 참조.

83) 이러한 해석론으로는 예컨대 김일수, 한국형법 Ⅱ (1992), 94-95면과 김일수·서보학, 형법총론 (2003), 430면. 본래적 의미의 책임설에 충실한 해석론이라고 평가할 수 있겠으나, 법문의 가능한 의미범위를 넘어선 것으로 보인다.

84) 물론 그러한 견해가 피고인에게 유리한 해석이라는 점에서는 긍정적으로 평가할 여지가 있지만, 피고인에게 유리하다고 해서 합리적인 근거도 없이 명백히 법문의 가능한 의미를 넘어서는 해석론을 허용할 수는 없다고 할 것이다. 동지의 이상돈, 형법강론 (박영사), 43면 참조.

"위법성의 인식의 가능성이 없으면 고의범으로 벌할 수 없으나, 위법성의 인식의 가능성이 있는 때에는, 행위자에게 과실이 있는 경우에도 고의범으로 처벌받아야 한다. 형법 제16조가 바로 이 가능성설을 입법화하였던 것이다"

유기천 교수의 주장은 앞서 상론한 바에 의하여 그 의미가 명확하게 된다. '고의범으로 벌할 수 없다'는 것은 책임, 즉 비난가능성이 결여되어 '고의책임'이 조각된다는 뜻이고 이로 인해 과실범의 존부문제는 더 이상 발생하지 않는다. 또한 행위자에게 과실이 있는 경우에도, 위법성의 인식가능성이 있다면 고의가 인정되어 고의범으로 처벌받아야 한다. 이러한 해석론은 전술한 형법 제16조의 취지에 적확하게 부합된다. 정당한 이유가 있는 때에 한하여 벌하지 않고(책임조각), 정당한 이유가 없다면 고의범으로서 처벌되어야 한다는 결론에 도달하기 때문이다. 그러므로 가능성설은 형법 제16조의 해석론으로서 가장 타당한 학설이고 이를 토대로 동 조문이 입법화되었다는 유기천 교수의 주장은 적확하다고 판단된다.

그렇다면 마지막으로 엄상섭 의원의 견해, 즉 규범적 책임론에 입각한 위법성인식필요설은 형법 제16조의 해석론으로 어떠한지 검토해볼 필요가 있을 것이다. 비록 엄상섭은 엄격고의설의 형사정책적 결함을 "입법적으로 해결했다"고 평가하고 있지만, 엄격고의설의 입장에 충실하게 따르자면 위법성의 불인식에 과실이 있는 경우 과실범 처벌규정이 없으면 결국 처벌하지 못하게 되어야 하는바, 형법 제16조의 취지에 부합되지 못하며, 이러한 해석론상 난점을 해결해 줄 수 있는 '가능성설'이라는 학설이 있음에도 불구하고 굳이 '규범적 책임론에 입각한 엄격고의설'의 입장을 무리하게 고집하면서 '입법적 해결'을 본 것으로 동 조문을 평가하는 것은 우리 형법의 이론적 토대를 다소 자의적으로 해석한 것으로 볼 여지가 있고, 위법성의 인식가능성이 없으면 비난가능성이 없어 책임이 조각된다는 형법상의 기본원칙을 적실히 담아내지 못했다는 비판을 받을 수 있다고 생각된다. 그러므로 형법 제16조의 취지에 맞는 이론적 토대로는 가능성설이 가장 타당하다고 본다.

이상의 논의를 종합하자면, 가능성설은 책임설에 편입될 수 있고, 책임은 곧 비난가능성이라는 원칙에도 충실한 학설이므로 형법 제16조를 굳이 책임설에 입각해 문언의 가능한 범위를 넘어 해석해야 할 당위성은 상당히 줄어들 수 있다고 본다. 이러한 고찰을 통하여 결론적으로 유기천 교수가 "형법 제16조가 바로 이 가능성설을 입법화하였던 것이다."라고 확언에 가까운 주장을 한 것은 지극히 타당한 것이고, 그럼에도 불구하고 가능성설의 의미와 가치를 사장시킨 채 형법 제16조의 해석을 운운하는 태도는 재고될 필요가 있을 것이다.

V. 결론

그럼 이제 다시 앞서 제기한 질문으로 돌아가 보자. 형법 제정에 중추적 역할을 한 인물들이 형법 제16조의 이론적 토대에 대해 피력한 견해를 ‒ 엄격고의설이든 가능성설이든 ‒ 문헌적 전거에 기초해 확인할 수 있음에도 불구하고 오늘날 동 조문의 해석론적 기초로서 책임설이 각광을 받고 있는 이유는 어떻게 해명할 수 있을까? 즉 "역사적 입법자가 설정해 놓은 조문들은 형법이론의 발전에 따라 새로운 의미를 부여받게 된다."는 말을 과연 어떻게 이해하는 것이 바람직한 것일까? 필자는 이에 대해 서론에서 논급한 바 있는 ‘밈이론’이 어느 정도 적실한 해답을 제시해 줄 수 있다고 믿는다.

학설에 대한 밈이론적 분석에 의하면 반드시 가장 설득력 있는 학설이 다수설이나 통설로 남게 되지는 않는다. 오히려 가장 정치한 논지를 갖춘 소수설이 사장되고, 이론적 결함이 있는 학설이 선택되어 지배적 통설이 되는 것도 충분히 가능하다. 왜냐하면 밈복합체로서의 학설-밈이 다른 학설-밈과의 경쟁에서 승리해 법률전문가들에게 선택되는 과정은 유기체의 특정한 형질이 자연선택을 통해 진화하는 것과 동일한 과정을 거치기 때문에 그것이 단지 해당 학설-밈의 밈적 적응도를 높이는 방향으로, 즉 가장 많이 복제되어 널리 전파될 있는 방향으로 무심히 진행될 뿐 반드시 학설로서의 진리성이나 정당성을 높이는 방향으로 진행되지는 않기 때문이다. 진리성이나 정당성은 해당 학설-밈의 밈적 적응도를 높이는 한 요소일 뿐이다. 그렇다면 학설-밈의 성공적 전파를 보장해 주는 다른 요인에는 무엇이 있을까? 그것은 바로 법률전문가 집단의 선호도이다. 밈이론에 따르면 학설-밈은 법률전문가 집단의 두뇌를 차지하고 판례나 법률문헌에 수록되기 위해 격렬한 투쟁을 벌이는 복제자로 볼 수 있고, 이들 중에서 어떠한 학설이 생존에 성공하여 선택될지 여부는 전적으로 그 선택환경에 달려 있기 때문이다. 법학의 영역에서 그 선택환경은 바로 법률전문가 집단의 선호도인 것이다.[85]

이러한 분석에 의하면 형법 제16조의 해석과 관련해 오늘날 책임설이 어째서 다른 학설에 비해 두각을 나타내며 널리 받아들여지고 있는지 어느 정도 해명이 가능하다고 본다. 잘 알려져 있다시피 1952년 독일 연방대법원이 책임설을 채택한 이후 1975년 독일 신형법은 제17조에 책임설을 명문화 하여 금지착오 조문을 두었고 이러한 영향은 현재 우리나라의 법률전문가들에게도 상당한 영향을 미치고 있다고 판단된다. 독일에서 책임설이 통설적인 지위를 구축하게 된 것은 고의설과의 오랜 대결에서 그 이론적 장점이 판명되고, 책임원칙에 충실한 금지착오조문의 입안을 가능케 해주며, 행위론 분야의 발전에 수용할 수 있다는 장점 등 다양한 이유에서 설명할 수 있을 것이다. 하지만 본고에서 살펴본 바대로 책임설은 우리나라 형법 제16조의 해석론적 토대로서는 '가능성설'에 비해 논리적 완결성이 떨어진다고 평가할 수 있다. 그럼에도 불구하고 이론 자체의 완결성이 아닌 형법 제16조의 해석론적 토대로서 책임설이 오늘날 주목을 받고 있는 것은 바로 법률전문가들의 선호도 때문이라고 볼 수 있을 것이다. 바꿔 말하면 책임설에 대한 법률전문가들의 선호가 형법 제16조의 취지를 몰각시키고, 그에 합당한 해

---

85) 이러한 분석으로는 안성조, 현대 형법학, 제2권, (경인문화사, 2015), 261면 이하 참조.

석론을 뒤바꾸는 선택을 가져온 것이라고 밈이론적으로 분석할 수 있을 것이다.

비록 정치한 해명은 아니지만, 이러한 대강의 분석만으로도 형법 제16조에 대한 유기천 교수의 해석론을 재평가할 수 있는 계기는 충분히 마련될 수 있다고 생각한다. 상론할 필요 없이 유기천 교수도 책임설의 장점과 그 의의를 명확히 인식하고 있었다. 그럼에도 유기천 교수는 "형법 제16조의 해석에 관하여 국내학자들은 고의설과 책임설의 입장을 그대로 주장하고 있(는데), 이것은 형법 제16조의 해석을 법규정이 없는 독일형법에 있어서의 입법론상의 논쟁과 혼동한 결과"라고 지적하며, "형법 제16조는 마이어의 가능성설을 입법한 것이므로 그에 따라 해석하는 것이 타당하다"고 주장하고 있는 것이다. 그도 독일 연방대법원과 독일 신형법의 영향으로부터 자유롭지 못했을 것이다. 그럼에도 불구하고 가능성설을 옹호하며 형법 제16조의 해석론을 펼친 것은 오늘날 우리에게 시사하는 바가 크다고 생각한다. 밈이론적 관점에서 보면, 그는 남들처럼 특정한 학설-밈이 서식할 수 있는 환경이 되는 데 '의식적으로 저항한' 것이고, 그 저항의 목표는 책임원칙에 충실하면서도 실정법을 모순없이 해석할 수 있는 다른 학설-밈을 전파하고자 함에 있었던 것이다. 이처럼 형법상의 기본원칙과 실정법 조문을 존중하며, 해석론적 완결성을 지향하는 유기천 교수의 태도는 형법학자 유기천과 그의 저서 '형법학'의 identification을 가늠케 해 주는 좋은 전거가 될 수 있다고 생각한다. 형법 제16조에 대한 유기천 교수의 해석론을 검토해 봄으로써 미력이나마 시대를 앞서 간 先學의 정신을 기릴 수 있는 계기가 마련되었다면 필자는 더 바랄 것이 없겠다.

§ 7. 형법의 근대성과 진화이론

[글 소개]

재기 넘치는 역사학자 유발 하라리는 근대를 '인간숭배'의 시대로
기술한 바 있다. 유신론적 종교의 시대가 저물고, 인본주의적 종교가 탄
생한 시기로 규정한다. 그 종교란 바로 '자유주의적 인본주의'라고 한
다. 물론 그는 '사회주의적 인본주의'나 '진화론적 인본주의'에 대해서
도 논급하고 있지만, 여기서는 형법의 근대성을 구성하는 요소인 '자유
주의적 인본주의'에 대해서만 재조명해 보기로 하자.

그는 이 시기를 다음과 같이 기술한다.

> "오늘날 가장 중요한 인본주의 분파는 자유주의적 인본주의다. 이 사상은 '인
> 간성'은 개별 인간의 속성이며 개인의 자유는 더할 나위 없이 신성하다고 믿는다.
> 자유주의자에 따르면, 인간성의 신성한 성질은 모든 개별 사피엔스의 내면에 갖
> 춰져 있다. 개개인의 내면은 세상에 의미를 부여하며, 모든 윤리적, 정치적 권위
> 의 원천이 된다. 만일 우리가 윤리적, 정치적 딜레마와 마주친다면, 우리는 자신
> 의 내면을 돌아보고 내면에서 울리는 목소리-인간성의 목소리-를 들어야 한다. 자
> 유주의적 인본주의의 계명들은 이런 내면의 목소리가 지닌 자유를 침입이나 손상
> 으로부터 보호하기 위한 것이다. 이런 계명들을 통칭하여 '인권'이라고 부른다."[1]

한 마디로 '자유주의적 인본주의'도 하나의 새로운 종교이며, 그 종
교의 핵심은 '인간성과 자유에 대한 숭상'이라는 것이다. 모든 윤리적,
정치적 권위는 바로 개인의 자유로운 내면의 목소리로부터 나온다고
한다. 이성을 강조한 근대 계몽사상을 이렇게 묘사하는 것은 분명 오해
의 소지가 크다. 맹목적인 자유의 추구가 자유주의의 요체인 것처럼 읽

---

1) 유발 하라리/조현욱 역, 사피엔스 (김영사, 2011), 327면 이하 참조.

히기 때문이다. 그렇지만 도발적인 그의 통찰에는 새로운 것이 하나 있다. 바로 자유주의적 인본주의를 인류의 오랜 종교사에서 비교적 최근에 등장한 무신론적 종교의 하나로 규정했다는 점이다. 일반적으로 우리는 근대를 합리적 이성과 개인의 자유를 중시한 시대로 규정하지만, 긴 역사의 관점에서 바라보면 인간성과 인간의 존엄을 신성시하는(다른 모든 동물이나 사물과 차별화하는) 또 다른 종교를 따르고 있을 뿐이라는 것이다.[2]

이와 같이 거시적인 역사적 조망은 우리에게 새로운 통찰력과 식견을 제시해 주어 반성적 성찰의 계기를 마련해 주기도 한다. 그렇다면 근대형법의 근간이 되는 제요소들, 도덕적 의무, 사회계약, 법의 강제 등은 긴 역사의 관점 – 여기서는 진화사적 관점 – 에서 보면 어떻게 새롭게 이해될 수 있을까? 이와 관련해 진화인류학자인 마이클 토마셀로의 말을 들어보자.

> "약 10만 년 전 현대 인류의 상당수가 아프리카에서 벗어나 흩어지기 시작했을 무렵, 이제 인류는 세 가지 면에서 도덕적인 존재가 되었다. 첫째, 현대 인류는 친족, 친구, 협력 파트너에 대해 특별한 공감을 가졌으며, 그와 더불어 문화적 동료들에 대해 충성을 느꼈다. 따라서 이 특별한 사람들을 우선적으로 대우했다. 그들은 공감의 도덕을 가졌다. 둘째, 그들은 자격이 있는 타인들과 직접적인 2인 쌍의 상호작용을 하면서 상대를 존중하는 행동을 해야 한다는 책임감을 느꼈고, 이 때문에 그 타인들을 공정하게 대우했다. 그들은 공정성의 2인칭 도덕을 가졌다. 그리고 셋째, 이 두 도덕에 더하여 그들은 자기집단과 스스로에 대해 불편부당하게 정식화된 문화집단의 관습, 규범, 제도 특히 2인칭 도덕과 관련된 관습, 규범, 제도에 순응해야 하고, 남들도 순응하게 만들어야 한다는 의무감을 느꼈다. 그들은 집단 중심적인 문화적 정의의 도덕을 가졌다."[3]

---

2) 유발 하라리에 의하면 종교는 "초인적 질서에 대한 믿음을 기반으로 한 규범과 가치의 체계다." 즉 유신론적 종교가 신에 대한 숭배에 초점을 맞춘다면, 인본주의적 종교는 인간을 숭배한다. 인간에게는 특유한 신성한 성질이 있고, 이를 인간성이라 하며, 그것이 우주에서 일어나는 모든 일의 의미를 결정한다는 믿음이 곧 인본주의다. 이 종교에서 최고의 선은 곧 인간의 선이며, 나머지 세상 전부는 인간을 위해 존재한다. 유발 하라리/조현욱 역, 앞의 책, 327면.
3) 마이클 토마셀로/유강은 역, 앞의 책, 243면.

"현대 인류의 문화집단들이 다양한 새로운 생태적 영역으로 들어감에 따라 각 집단은 해당 지역의 조건에 적응된, 관습화된 문화적 관행, 규범, 제도의 특별한 양식을 고유하게 창조했다. 이러한 새로운 문화세계에 살면서 번창하기 위해 개인들이 가장 시급하게 해야 하는 일은 집단의 문화적 관습에 순응하는 것이었다. 개인들은 처음에 홉스적인 신중한 이유에서 순응했다. 즉 집단 내의 다른 이들과 제휴하고, 집단 내의 다른 이들(이방인을 포함해)과 조정하고, 비순응에 대한 처벌(평판 뒷소문을 포함해)을 피하기 위해 순응했다. 개인들은 또한 루소적인 '정당성'의 이유에서 순응했다. 비록 그들이 태어나면서부터 접한 사회계약을 스스로 창조한 것은 아니었지만, 그들은 사회계약의 창시자들과 자신을 동일시하고 그것이 대표하는 옳고 그름의 '객관적인' 가치를 타당한 것으로 인정했으며, 따라서 사회계약을 정당화했다."[4]

필자는 앞 장에서 '관점의 교환' 능력은 모든 인간에게 주어지는 선천적인 능력이라고 논급한 바 있다. 그리고 그 유래는 상대방과 협력을 위해 필요했던 인지기술, 즉 지향성 공유라는 인간 고유의 인지적 특성에 있다고 설명하였다. 상기 마이클 토마셀로의 도덕의 기원에 대한 한 '그림(picture)'[5]에 의하면 지향성 공유라는 인지적 기술이 어떻게 시작되었는지 잘 묘사되고 있다.

그는 다음과 같이 주장한다.

"수십만 년 전의 초기 인류에게 먹을거리 찾기는 그들이 직면한 가장 큰 적응문제였고, 이를 위해 타인과 협력해 상호의존하지 않을 수 없었다(상호의존가설). 이로 인해 초기 인류는 친족과 친구를 넘어 협동 파트너에게 공감을 확대할 필요가 있었으며, 그러한 협업을 인지적으로 조정하기 위해 발달시킨 인지적 기술이 '공동지향성(joint intentionality)'이라는 것이다. 즉 '공유된 지향성(shared intentionality)'을 통해 공동 목표를 설정하고 각자의 개인적 공통 지반 위에서 상대방과 여러 일을 할 수 있었다. 각 파트너는 사냥 등 특정한 협업에서 각자의 역할이 있었고, 시간이 흐르면서 특정한 협업에는 그 성공을 위해 각자가 맡아야 할 역할에 대한 이상적인 방식, 이른바 역할 이상(role ideal)이 탄생하였다. 공통의 지반에 입각한 역할이상은 인간에게 '최초로 사회적으로 공유된 규범'이 되었다. 이러한 이상적

---

4) 마이클 토마셀로/유강은 역, 앞의 책, 231면.
5) 이를 '그림'이라고 표현한 것은, 마이클 토마셀로 스스로도 '그럴듯한 진화 시나리오'라고 표현하고 있기 때문이다. 마이클 토마셀로/유강은 역, 앞의 책, 16면.

역할은 우리가 어느 쪽을 맡든 각 파트너가 역할 안에서 해야할 일을 명시했다는 점에서 '공정한' 것이었다. 이처럼 '역할기준의 공정성을 인식'한다는 것은 곧 자신과 타인이 이 협력적 활동에서 '지위와 태도가 대등하다는 것을 인식'한다는 뜻이었다."6)

마이클 토마셀로는 이러한 인식을 '자타등가성(self-other equivalence)의 인식이라고 명명하며, 이로 인해 파트너 상호간의 존중이 생겨났다고 한다.

그의 말을 조금 더 들어보자.

"그리고 파트너들에게는 무임승차자를 배제하는 것이 중요했기 때문에 (무임승차자가 아니라) 오직 협동적인 파트너만이 전리품을 얻을 자격이 있다는 감각도 생겨났다. 이런 요인들이 결합된 결과가 파트너들은 서로를 존중하는 마음으로, 즉 동등한 자격이 있는 2인칭 행위자로 보게 되었다. 무슨 말인가 하면, 파트너들은 서로 협동하는 공동헌신(joint commitment)을 형성할 자격을 갖게 되었다. 공동헌신의 내용은 각 파트너가 자신의 역할이상에 부응하고 더 나아가 양 파트너 모두 상대에게 이상적인 수준에 미치지 못하는 역할수행에 대한 책임을 물을 정한한 권위를 갖는다는 것이었다. 따라서 초기 인류가 파트너와 공유하는 상호존중과 공정의 감각은 새로운 종류의 협력적 합리성(cooperative rationality)에서 기인하는 것이었다. 이 협력적 합리성에서는 협동 파트너에 대한 의존을 인정하기 때문에 공동헌신에 의해 생겨난, 자기를 규제하는 '우리'에게 자기행동에 대해 적어도 일정한 통제권을 양도하기까지 했다. 이런 '우리'는 도덕적인 힘이었다. 두 파트너 모두 그들이 특히 자기규제의 목적을 위해 스스로 그것을 만들어 냈다는 사실, 그리고 둘 다 파트너를 자신의 협력을 받을 진정한 자격이 있다고 생각한다는 사실에 근거하여 그런 '우리'를 정당하다고 생각했기 때문이다. 따라서 협동 파트너들은 공도의 성공을 위해 노력하려고 서로에게 책임감을 느꼈고, 이런 책임감을 회피하는 것은 사실상 자신의 협력적 정체성을 포기하는 것이었다."7)

"이렇게 하여 공동 지향활동 참가는 동등한 자격이 있는 2인칭 행위자로 파트너를 인정하는 동시에 공동헌신에서 '나'를 '우리'에 종속시키는 협력적 합리성을 발전시키면서 진화적으로 참신한 형태의 도덕심리를 창조했다. 그것은 '그들'로부터의 응징이나 평판공격에 대한 전략적 회피가 아니라, '우리'에 맞게 고결하게

---

6) 이상의 설명으로는 마이클 토마셀로/유강은 역, 앞의 책, 16-20면 참조.
7) 마이클 토마셀로/유강은 역, 앞의 책, 19-20면.

행동하려는 우리의 참된 시도에 근거를 두었다. 그리하여 협력적인 합리적 행위
자들이 개인들이 어떻게 행동하는가 또는 나는 그들이 어떻게 행동하기를 원하는
가가 아니라 만약 그들이 '우리'의 일원이 되려면 어떻게 행동'해야 하는가'에 초
점을 맞추는, 규범적으로 구성된 사회질서가 생겨났다. 결국 공동 지향활동에서
파트너와 관계를 맺는 이 모든 새로운 방식의 결과는 초기 인류에게 일종의 '자
연적인 2인칭 도덕(natural, second-personal morality)'으로 귀결되었다."[8]

마이클 토마셀로에 의하면 이렇게 생겨난 '의무감을 수반하는' 인류
최초의 도덕은 15만 년 전 인구학적 변화로 집단들이 점점 더 커지기
시작하면서 집단수준에서 상호 의존적인 '우리'를 탄생시켰다고 한다.
즉 모든 집단성원은 집단과 자신을 동일시하였고 집단의 생존과 번영
을 위해 분업적으로 자신에게 부여된 역할을 수행했는데, 이로 인해 한
문화집단의 성원들은 자신과 문화적인 정체성을 공유하는 자들에게 특
별한 공감과 충성의 감각을 느꼈고 외부집단 성원을 무임승차자나 경
쟁자로 여기게 되었다고 한다. 그리하여 결과적으로 인류는 초기에는
'공동지향성'을 발전시킨 것과 마찬가지로 집단적 활동을 인지적으로
조정하고 동기를 부여하여 사회적 통제수단을 제공하기 위해 문화적
공통지반에 근거해 '집단 지향성(collective intentionality)'이라는 새로운
인지기술과 동기를 발전시키게 되었다고 추측한다. 이로써 문화적 관습
과 규범, 제도의 창조가 가능해졌다는 것이다.[9]

앞 장에서 근대형법이 전제하는 인간상은 '상호성의 원칙' 하에 타
인의 법익을 침해하지 않는 범위 내에서 자신의 자유이익을 향유하는
존재임을 살펴보았다. 자유의 한계를 일탈할 경우 공동체는 책임을 부
과하고 가해자는 책임을 져야 하는데 자유의 한계에 대한 판단은 수범
자들 상호간에 그러한 자유의 한계에 대한 상호이해와 합의가 가능하
기 때문이라고 설명하였다. 만일 그와 같은 상호이해와 합의가 없다면
수범자는 국가로부터 부과되는 책임과 형벌을 억압과 폭력으로만 받아
들일 것이고, 이러한 상황에서는 사회계약은 성립할 수 없고, 결론적으

---

8) 마이클 토마셀로/유강은 역, 앞의 책, 20면.
9) 마이클 토마셀로/유강은 역, 앞의 책, 21면.

로 사회 구성원들 상호간 이해와 합의는 형벌권 행사의 정당화 근거가 된다고 논급하였다. 이러한 설명은 대단히 상기 토마셀로의 주장과 놀라울 정도로 부합되며, 또한 그에 의해 지지된다. 공동체 구성원 상호간의 이해와 합의는 '관점의 교환' 없이는 불가능하다고 하였다. 그런데 그러한 '관점의 교환'능력은 이미 인류에게 최초의 도덕이 싹틀 무렵부터 '지향성 공유'라는 인지기술의 발달로 자연히 생겨나게 되었던 것이다. 따라서 우리는 토마셀로의 견해로부터 이 능력은 도덕의 기원만큼 그 역사를 함께한다고 말할 수 있을 정도로 오랜 유래를 지녔으며 근대에 이르러 진정한 존재의의를 되찾게 된 것이라는 새로운 인식의 지평에 설 수 있게 된다.

한편 '관점의 교환'을 통해 '개인이 누릴 수 있는 자유의 한계'에 대한 상호합의에 이르게 되었다고 하더라도, 그러한 사회계약은 동시대의 사람들에게만 유효한 것이 아니냐는 반론이 가해질 수 있다. 이에 대한 여러 방식의 해답이 있지만, 토마셀로의 관점은 매우 일관적이고 주목할 만하다고 생각한다. 즉, 우리는 태어남과 동시에 기존에 체결되어 있는 사회계약을 접하지만, 그 계약은 우리의 문화적 정체성을 구성하는 핵심사항이고 따라서 문화집단과 자신의 동일시를 통해 사회계약의 공동체결자가 된다는 것이다. 요컨대 "비록 그들이 태어나면서부터 접한 사회계약을 스스로 창조한 것은 아니었지만, 그들은 사회계약의 창시자들과 자신을 동일시하고 그것이 대표하는 옳고 그름의 '객관적인' 가치를 타당한 것으로 인정했으며, 따라서 사회계약을 정당화했다."는데, 바꾸어 말하면 문화집단의 도덕적 판단과 자신의 도덕적 판단을 동일시한 과정 속에서 사회계약은 정당한 것으로 간주되었다는 것이다.[10]

이와 같이 역사를 진화사적으로 거슬러 올라가 조감적(鳥瞰的) 시각에서 근대형법의 구상을 바라보면, 그 자체로는 인류 정신과 문화의 유구한 발달사에서 특별히 새로울 것은 없다는 점을 새삼 깨닫게 된다. 달리 말하면, 근대형법의 구상은 어쩌면 이미 인간 본성과 선천적 능력

---

10) 마이클 토마셀로/유강은 역, 앞의 책, 273면.

속에 보편적으로 잠재해 있던 내면의 씨앗과 같은 성격을 지니고 있었
다고 볼 수 있다는 것이다. 그것이 근대에 이르러 만개할 수 있었던 것
은 아마도 여러 복합적인 원인에 기인할 터인데, 그중 하나의 요소는 봉
건적 구습과 종교적 전통에 의한 무지나 미신, 그리고 도그마로부터의
탈피를 주장하는 계몽사상임은 분명하다고 할 것이다. 이러한 맥락에서
계몽사상은 이성에 대한 자각과 재조명을 통해 인간의 본래적 도덕심리
를 깨닫고 회복하는 사상사조였다고 자리매김할 수도 있을 것이다.
　이하의 글은 진화론적 시각에서 법의 의미와 기능을 되새겨 보려는
성찰적 작업이다. 오늘날 모든 법은 철저하게 근대성이란 시대정신을
고스란히 반영하고 있지만, 여기에서 간과되기 쉬운 진화적 동인에 대
해서도 새롭게 검토해 보는 것은 상당히 의미 있는 작업이라고 생각한
다. 독자들도 그 의의와 가치에 공감해 줄 것으로 믿는다.

Ⅰ. 왜 '법과 진화론의 관계'에 주목하고자 하는가?

1. 포스트 휴먼 시대의 과제와 법

　현대 사회는 이른바 포스트 휴먼(post-human) 시대라고 일컬어진다.
이 시대에는 그동안 우리가 당연시 해왔던 '인공적'인 것과 '자연적'인
것의 경계구분이 모호해지고, 많은 영역에서 '인간' 및 '인간적 삶'의
본질에 대한 혼란이 가중되어 이를 극복하는 것이 우리 사회의 커다란
과제로 부상하고 있다.[11] 예컨대 법학의 영역에서는 현대 과학기술의
발달로 출현하게 된 '생각하는 기계(machina sapiens)', 즉 인공지능 로
봇이 점차 '유사인간(posthomo sapiens)'으로 인식되면서 법적 담론의
장에 들어오게 되었고 따라서 이에 대한 법적 규제와 책임의 문제가 국

---

11) 이 점에 대해서는 백종현, "인간 개념의 혼란과 포스트휴머니즘 문제", 철학사상
　　제58권, 2015, 128면 이하 참조.

내외를 막론하고 격렬한 논쟁의 주제로 등장하기 시작했다.[12]

인간성(personhood)의 본질에 대한 탐구는 필연적으로 법에 대한 탐구와 맞물려 있다고 해도 과언이 아니다. 법의 세부적인 규율내용은 인간의 삶과 인간성에 대한 깊은 통찰을 전제로 하지 않을 수 없기 때문이다. 형법이든 민법이든 개별 법규정을 들여다보면 인간성을 구성하는 요소들이 낱낱이 펼쳐진다. 이를테면 불법행위에 대한 공평한 손해배상이 왜 필요한가? 우리는 왜 절도나 강간이나 명예훼손을 금지하는가? 왜 입법, 행정, 사법권이라는 삼권은 분립되어야 하는가? 모든 법규정에는 그야말로 인간적인 요소들에 대한 유구한 경험과 깊은 성찰이 배어 있는 것이다. 이에 본고에서는 법의 본성에 대한 탐구를 통해 인간의 본질에 접근해 보고자 한다.

이를 위한 논증과정에서 '법과 진화론의 관계'에 대해 본고에서 주목하고자 하는 이유는 다음과 같다. 인간이 동물과 다른 점이 법을 만들고 따르는 존재라는 사실에 있다고 말할 때 이때의 법은 주로 '문화적 소산'으로서의 법을 지칭하고 있다. 동물계에도 일정한 종류의 행동규칙을 관념할 수 있겠지만 인간사회의 법에 비견할 만한 수준이 아니라는 점은 '법의 문화적 성격'으로부터 쉽게 확인된다. 그러한 행동규칙은 본성적인 것들이 대부분이기 때문이다. 그런데 만일 인간이 여타의 유사인격체, 예컨대 인공지능과 다른 점도 법을 만들고 따르는 존재에 있다고 말할 수 있다면 이때의 법은 '진화의 산물'로서의 법이라 할 수 있을 것이다. 문화적 산물로서의 법은 그 특성상 이는 얼마든지 문화적 가공을 거쳐서 모방, 전파될 수 있는 것이고 따라서 인공지능도 프로그래밍이라는 문화적 방식에 의해 충분히 인간이 만든 법을 따를 수 있기 때문이다. 그동안 전자의 관점에서 법의 본성을 바라보는 견해가 대부분이었다면, 본고에서는 바로 후자의 관점에서 법의 본성을 논구해 보

---

12) 이와 관련된 논의로는 Gabriel Hallevy, The Criminal Liability of Artificial Intelligence Entities, *4 Akron Intell. Prop. J.* 171 (2010); Sabine Gless, Emily Silverman, & Thomas Weigend, If Robots Cause Harm, Who Is To Blame? Self-Driving Cars and Criminal Liability, *19 New Crim. L. Rev. 412* (2016).

고자 한다. 인간이 동물이나 포스트 휴먼 시대의 유사 인격체와 다른
점이 있다면 그것은 바로 법이 지니는 '문화적 소산'이자 '진화의 산물'
로서의 양면적(兩面的) 성격 때문이라는 점을 입론하고자 한다. 동물은
'문화적 소산'으로서의 법을, 그리고 '인공지능'은 '진화의 산물'로서의
법을 관념할 수 없는 존재라는 점에서 인간과 차이가 있다는 것이다.

2. 법의 기원과 유래를 통해 법의 본성 들여다보기

살면서 누구나 한번쯤 다음과 같은 질문을 던져본 적이 있을 것이
다. "법은 갈등해결을 위해 인위적으로 만든 도구에 불과한 것일까? 아
니면 그 이상의 종교적인 신성한 유래를 갖는 것일까?" 결론적으로 둘
다 답이 될 수 있다. 유발 하라리에 의하면 법은 인간들 상호 간 협력행
동을 촉진시키기 위해 인간이 인위적으로 만들어 낸 상호주관적 질서
에 불과하다. 법은 국가나 法人, 기타 제도처럼 모든 사람들의 관념 속
에 존재하며 모든 사람이 믿는 '관념적 실재'로서 '물리적 실재'는 아니
지만 사람들 사이에 강력한 힘을 발휘해 대규모 협력을 가능케 해주는
기능을 한다.[13] 반면 고대 메소포타미아 사회에 통용되었던 함무라비
법전을 예로 들면, 이는 고대 바빌론의 사회질서에 토대를 둔 것으로
이 질서를 구성하는 원칙들은 신들이 읊어준 것으로 받아들여진다는
점에서 분명 종교적 기원을 갖는다.[14] 이 점은 고대 인도사회에서 종교
적·세속적 의미의 법 역할을 했던 '다르마(Dharma)'도 마찬가지였다.

---

13) 유발 하라리/조현욱 역, 사피엔스 (김영사, 2015), 50면 이하 참조. 세계적 베스트
  셀러인 '사피엔스(Sapiens)'의 저자 유발 하라리는 예루살렘의 히브리 대학 역사
  학 교수로 '인류의 간략한 역사(A brief history of humankind)'란 부제를 달고
  나온 이 책에서 '빅히스토리(big history)'의 관점에서 유인원에서 사이보그까지
  진화해 온 인류의 역사를 다루고 있다. 그는 최근 인류의 미래를 다룬 '호모 데우
  스(Homo Deus; 신적 인간)'을 출간하였다.
14) Raymond Westbrook, The Character of Ancient Near Eastern Law, in: A History
  of Ancient Near Eastern Law, Vol.I (Leiden; Boston: Brill, 2003) 참조.

다르마의 집성(集成)이라 할 수 있는 '베다(Veda)'는 인간의 기억에 의한 '전승'이 아닌 '신의 계시'에 의해서 기록된 것으로 힌두사회에서 받아들여지고 있다.15) 사회적 갈등해결과 협력행동의 촉진을 위해 인위적으로 만들었든, 종교적인 신성한 기원을 갖든 법은 인간의 행동에 지대한 영향을 미치는 관념적 실재로서 존재하며, 중요한 점은 둘 다 "법은 문화의 소산이다"라는 명제에 잘 부합된다는 사실이다. 하지만 이 명제는 법의 기능이나 유래, 나아가 법의 본성을 해명해 주기에 충분한 것일까?

필자는 "법은 단순히 문화의 소산이 아니다"라는 본고의 논지를 뒷받침하기 위해 우선 다음과 같은 사고실험을 해 보고자 한다.

II. 몇 가지 사고실험

1. 화성-공동체 사례

"만일 우리가 미래의 어느 시점에 더 이상 인간이 살 수 없는 곳이 되어버린 지구를 탈출해 화성에 정착해 살기 시작했다고 가정해 보자. 지구와 다른 자연환경은 인간이 살기에 부적합하였지만 인공적으로 만든 거대 돔 구조물 덕분에 화성 거주가 가능하였다."16)

추측컨대 생존자들은 화성의 공동체에서도 결국 지구에서 지키던 기본적인 법규를 그대로 따르며 살아갈 것이다. 예를 들어 살인, 강도,

---

15) 이 점에 대해서는 Daniel H.H. Ingalls, Authority and Law in Ancient India, in: Authority and Law in Ancient Orient (supplement to journal of the American Oriental Society, No.17, 1954), at 34-45; Ram Sharan Sharma/이광수 역, 인도 고대사 (김영사, 2000), 27면; 이재숙 역, 우파티샤드 I (한길사, 2005), 29면 참조.
16) 흥미롭게도 실제로 외국에서는 이미 화성이주 프로젝트가 진행되고 있다. 스티븐 L. 퍼트라넥/구계원 역, 화성이주 프로젝트 (문학동네, 2016). 동 문헌은 향후 20년 내에 인류는 화성에 정착할 것으로 내다본다.

강간, 명예훼손 등의 금지나 가족관계, 계약과 상거래에 관한 기본규칙 등은 화성에서도 지켜질 것이다. 설령 당분간 그러한 법규를 강제할 제도적 장치가 없다고 하더라도 그것들은 공동체에서 누구나 당연히 따라야 할 규칙으로 사회적으로 승인되어 있을 것이다. 과연 무엇이 이를 가능하게 만드는 것일까? 이에 대해서는 우선 '문화전수' 현상을 거론할 수 있다. 비록 애당초 지구에서 통용되는 법규였지만, 비록 화성 공동체라 하더라도 사람들 간의 기본적인 인격적·사회적 상호작용은 지구와 크게 달라질 것이 없기 때문에 문화전수를 통해 지구의 법이 화성-공동체로 전승(傳承)될 수 있었다는 것이다. 법은 문화의 소산이고, 문화의 주요한 특징 중 하나는 인간의 지적 능력에 의해 전수될 수 있다는 점이므로 화성-공동체에서 지구의 법이 실효성을 가질 수 있는 이유가 설명된다. 다음으로 직접적인 문화전수 방식은 아니지만 법에 내재한 '협력촉진적 기능'의 보편성으로 인해 지구의 법이 화성에서도 다시 통용될 수 있을 것이다. 이를테면 힌두사회의 법은 종교적 기원을 갖는다. 그런데 화성이주로 히말라야산도 갠지스강도 사라진 이상, 다시 말해 '종교적 기원'의 '환경적 토대'를 상실한 이상, 적어도 힌두사회에서는 더 이상 법규의 존재이유를 신성(神性)에서 찾기는 어려울 것이고, 그럼에도 불구하고 대다수의 화성 이주민들이 지구에서 따르던 힌두법을 준수하는 것이 옳다고 믿는다면 그것은 법에 내재한 협력촉진 기능의 보편성으로 인해 이는 화성에서도 힌두사회를 결속시키는 기능을 할 것으로 예측되기 때문이라고 분석할 수 있을 것이다.

2. 대홍수 사례

"지구에 거대한 홍수가 일어나 인간을 비롯한 지상의 모든 동식물이 죽고, 이를 예견하고 큰 배를 만들어 탄, 극소수의 사람들과 일부 가축들만 생존한 채 오랫동안 표류하던 끝에 무인도에 도착하였다. 그 섬에는 데려간 가축들과 섬주변 물고기, 그리고 야생의 과실 등 생존에 필요한 자연자원이 일부 존재했지만 넉넉한 편은 아니어서 상호 생존을 위한 경쟁이 필수적이다. 이 섬에서 생존자 10명이(성인남녀 5쌍) 새로운 삶을 시작했다고 가정해 보자."

상기 대홍수 이후 생존한 자들의 삶의 특징은 '무정부 상태'와 '수렵채집사회'로 축약될 수 있을 것이다. 이른바 순수한 '자연상태(自然狀態)'에 가까운 생활양식인 것이다. 그렇다면 과연 화성-공동체처럼 이 섬에서도 생존자들은 기존에 따르던 법을 지키며 살아갈까? 생각건대 이 질문에 대한 답은 전술한 화성-공동체 사례와는 달리 쉽게 제시하기 어렵다고 본다. 아마도 두 가지 가능성이 모두 있기 때문일 것이다. 장자크 루소와 토머스 홉스는 원시적 자연상태의 삶의 모습에 대해 상이한 견해를 피력한 바 있고, 이 두 경쟁 모델은 현재까지도 논쟁거리가 되고 있다.[17] 전자의 경우 자연상태의 인간을 온화하고 선하게 태어난 '고귀한 미개인'로 묘사했고, 반면 후자의 경우 서로가 자기보존의 이익만을 추구하는 '타인에 대한 늑대'로서 '비참하고 야만적이고 짧은 생'을 살아가는 존재로 기술했다.[18]

두 모델 중 어느 쪽이 타당한지에 대해서는 논자마다, 또 정치철학적 입장 차이로 인해 다른 평가가 내려지겠지만, 적어도 인류의 진화사적(進化史的) 관점에서는 홉스적 모델이 더 타당한 것으로 보인다.[19] 수많은 인류학적, 고고학적 증거들과 진화이론이 이를 지지해주기 때문이다. 따라서 만일 대홍수 이후 무인도에서의 삶이 루소식의 자연상태설에 가깝다고 하더라도 그것은 단지 인간 본성의 선함과 온화함 때문은 아닐 것이다. 그보다는 일단 그들 사이에 혈연관계나 고도로 친밀한

---

17) 이에 대해서는 스티븐 핑커/김명남 역, 우리 본성의 선한 천사 (사이언스 북스, 2016), 91면 참조.

18) 홉스와 루소의 자연상태 및 사회계약의 내용에 대한 비교로는 고봉진, "사회계약론의 역사적 의의 - 홉스, 로크, 루소의 사회계약론의 비교-", 제주대학교 법과 정책 제20집 제1호 (2014) 참조.

19) 이 점에 대한 상세한 논증으로는 스티븐 핑커/김명남 역, 앞의 책, 83면 이하 참조.

관계가 존재한다면 - 이 경우 진화적 관점에서도 상호 협력이 가능하다 - 그들은 '대체로 잘 화합하며' 삶을 영위할 수 있을 것이다. 또한 위 사례가 자연상태에 '가까울' 뿐, 생존자들 모두는 '문명인'이라는 점에서 차이가 있다는 점을 고려하면 만일 생존자 10명이 '상당한 수준의 교양'을 갖추고 있을 경우 문화전수에 의해 기존의 법규를 지키기로 합의한다면 역시 '대체로 잘 화합하며' 삶을 영위할 수 있을 것으로 추측해볼 수 있다. 반면 만일 그들 사이에 혈연관계도, 친밀한 관계도 없고, 대부분이 '상당한 수준의 교양'을 갖추지 못해 오로지 자기보존적 욕구의 지배를 받는 자들이라면 심각한 갈등과 분쟁의 가능성을 배제할 수 없다. 이러한 상황은 홉스식 모델처럼 '만인의 만인에 대한 투쟁'이 벌어지는 야만적 자연상태에 가까울 것이다.

하지만 홉스식 자연상태설을 따르더라도 무인도의 삶을 반드시 비관적으로 전망할 필요는 없을 것이다. 먼저 인간이 동물과 다른 '지적 행위자(intelligent agent)'라는 점을 상기해 보자. 우리가 자연상태에 있다면 '홉스의 함정(Hobbesian trap)'을 벗어나기 위해 어떤 전략을 취하게 될까? 이에 대해 스티븐 핑커는 다음과 같이 말한다.

> "제일 확실한 방법은 억제정책이다. 먼저 공격하지 말 것. 첫 공격을 견뎌낼 만큼 강할 것. 공격자에게는 같은 방법으로 보복할 것. 신뢰성 있는 정책은 상대에게서 이득을 노려 침략할 동기를 제거한다. 보복으로 치를 대가가 노획물의 기대 가치를 상쇄하기 때문이다. 게다가 억제정책은 선제공격의 필요성을 낮추므로, 당신도 선제공격의 동기를 덜 느끼게 된다."[20]

자연상태라 하더라도 무분별한 공격행위가 남발하지 못할 것이라는 핑커의 분석은 타당해 보인다. 하지만 본고의 입장에서 보면 핑커의 분석은 '절반의 진실'이다. 왜냐하면 자연상태에서 인간의 공격성이 무분별하지 않게, 기대편익이 기대비용을 넘어서는 경우에만 선별적으로 표출되는 것은[21] 인간이 의식적으로 '전략을 수립'했기 때문이기도 하겠

---

20) 스티븐 핑커/김명남 역, 앞의 책, 88-89면.
21) 진화심리학에서는 이를 '공격성의 맥락특정성'이라고 한다.

지만, 보다 근원적으로 보면 그러한 행동전략은 인간의 '진화된 심리적 기제'의 일부이기도 하기 때문이다.22) 즉 인간은 오랜 진화사에 걸쳐서 본성적으로 타인에 대한 공격본능을 억누르고 평화와 협력을 유지할 수 있는 성향을 갖게 되었다는 것이다. 이러한 분석에 따르면 무인도의 생존자 각자에게 일정한 심리적 강제가 스스로 작동해 일정한 행동규칙의 준수를 요구하게 되어 결과적으로 실질적으로 법질서가 유지되는 것과 같은 효과를 전망해 볼 수도 있다. 예를 들어 타인의 법익을 침해한 자는 피해자로부터 자력구제에 의한 보복을 당할 것이다. 이 점은 고대사회와 현대의 원시부족사회에서 발견되는 수많은 사적 보복관행이 지지해 준다. 이러한 심리적 기제가 작동하는 이상 상호간에 쉽게 타인의 법익을 침해하지 못하게 된다. 마찬가지로 물물교환이나 상호부조가 필요한 상황에서 공정성과 상호간 협력을 강제할 수 있는 심리적 기제, 즉 '받은 대로 되갚는(Tit For Tat)' 원칙이 존중되어 함부로 타인을 착취하거나 배신하지 못할 것이다. 상대방이 협력하면 나도 협력하고, 배반하면 나도 배신하는 행동규칙이 보편적인 심리적 기제로 자리잡고 있는 이상 사회적 교섭관계의 기본질서는 충분히 정립될 것으로 보인다. 필자의 논지와 유사한 맥락에서 진화인류학자인 마이클 토마셀로는 다음과 같이 말한다.

"우리는 현대의 대다수 성인 인간은 남들에게 자신의 행동이 보이지 않게 해주는 플라톤의 기게스의 반지(Ring of Gyges)가 주어진다 하더라도 여전히 대체로 도덕적으로 행동할 것이라고 생각한다. 투명인간이 된다면 사람들은 분명 2인칭 도덕과 아무런 연계가 없는 많은 사회규범들을 어길 것이다. 그리고 분명 이기적인 동기가 강하다면 부도덕하게 행동할 것이다. 그러나 이기적인 욕망이 압도하지 않는다면 투명인간들도 대체로 타인을 돕고 공정하게 대할 것이며, 그렇게 하지 않으면 죄책감까지 느낄 것이다."23)

---

22) 좀 더 정확히 말하면 후술하듯 인간에게 내재한 '팃포탯 성향' 때문에 자연상태에서도 일정한 수준의 인간의 협력행동은 촉진될 수 있다는 것이다.
23) 마이클 토마셀로/유강은 역, 도덕의 기원 (이데아, 2018), 296-297면 참조.

3. 쌍둥이 지구사례

"은하계 어딘가에 우리가 살고 있는 지구와 모든 면에서 동일한 쌍둥이 지구가 발견되었다고 하자. 쌍둥이 지구는 지구와 동일해 보이는 사물들로 구성되어 있다. 그곳에는 우리와 같은 말을 하는 유사한 인간이 살고 있다. 이 때 지구의 한 우주선이 쌍둥이 지구를 방문하여 다음과 같은 내용을 보고하였다. 쌍둥이 지구에도 국가에 법률이 있다. 그것은 지구의 법률처럼 시민들의 행위규범이자 재판시 재판규범으로 기능한다. 형법을 예로 들면 법조문도 거의 유사하고 지구에서 금지되는 행위들은 쌍둥이 지구에서도 동일한 수준의 형사처벌을 받는다. 그런데 그 우주비행사가 쌍둥이 지구에서 적용되는 형법이라고 발견한 것을 지구로 가져와 그 내용을 면밀히 검토해 보니, 지구에서는 특정한 범죄를 단 한번만 범하여도 형벌이 부과되나, 쌍둥이 지구에서는 살인을 제외한 기타의 범죄를 처음 저질렀을 경우에는 가벼운 과태료 처분을 받고, 그와 동종 또는 이종의 다른 범죄를 두 번째 범하였을 때부터 비로소 형사처벌을 받는다. 즉 형벌의 부과방식에 있어서 지구보다 관대한 입장을 취하고 있는 것이다.[24] 형법에 대해 전문지식을 갖고있지 않은 우주비행사는 지구와 동일한 형법이 쌍둥이 지구에도 적용되고 있다고 결론지을 것이지만, 엄밀히 말해 쌍둥이 지구의 형법은 지구인의 법문

---

24) 이처럼 처음의 범죄는 용서하고 두 번째 범죄에 대해서부터 형사처벌을 가하는 규칙은 후술하는 반복된 죄수딜레마게임의 컴퓨터 대회에 출전한 여러 전략 중 하나인 '팃포투탯(Tit for two Tat)'의 전략방식이다. 팃포투탯 전략은 상대가 앞에서 치른 두 게임에서 연속 배신할 경우에만 배신한다. 본고에서는 "팃포탯은 지구의 인간 종에게 있어서 진화적으로 안정한 전략이다."라는 입장을 취하는바, 쌍둥이 지구에서는 그들 고유의 오랜 진화사를 거쳐 팃포투탯이 진화적으로 안정한 전략이 되었던 것이고 이것이 쌍둥이 지구인들의 '진화된 심리적 메커니즘(EPM)'을 형성하여 형사사법체계에 반영되고 있는 것으로 이해할 수 있을 것이다. 사법제도는 복수에 대한 욕구를 사회적으로 용납되는 방식으로 충족시키는 수단이라는 분석으로는 데이비드 바래시·주디스 이브 립턴/고빛샘 역, 화풀이 본능 - 진화론으로 본 복수와 화풀이 본능 - (명랑한 지성, 2012), 259면 이하 참조.

화나 법감정과는 이질적인 제재방식을 취하고 있으며, 따라서 지구의 형법과는 다른 것이다."

위 사고실험에서 쌍둥이 지구의 형법이 지구의 형법과 다르다는 것은 어떤 의미인지에 주목해 보자. 이것은 단순히 문화적 상대성을 뜻하는 것이 아니다. 다시 말해 한 나라의 법률이 다른 나라의 법률과는 일부 차이가 날 수 있듯이 지구의 법률과 쌍둥이 지구의 법률이 문화적 차이로 인해 세부적인 차이점을 드러낸다는 뜻이 아니란 뜻이다. 형법의 문화적 차이는 대체로 금지되는 구성요건의 범위와 법정형의 차이로 나타난다. 예컨대 어떤 나라에서는 간통이 금지되지만, 다른 나라에서는 허용되는 것이 그렇다. 또 어떤 나라에서는 존속에 대한 범죄를 가중처벌하지만 다른 나라에서는 가중처벌하지 않는 사례도 있다. 그러나 지구와 쌍둥이 지구의 형법에서 보이는 차이점은 단순히 이러한 문화적 차이점이 아니다. 쌍둥이 지구에서는 어느 나라를 가더라도 처음 저지른 범죄는 관대히 처분되고, 두 번째 저지른 범죄에 한해 처벌된다는 사실은 쌍둥이 지구인에 고유한 규범의식 내지 지구인과 다른 그들의 진화된 심리적 기제를 투영해 주고 있는 것이다. 이는 곧 쌍둥이 지구인은 지구의 형사사법체계에 적응하기 어려울 것이고 그와 마찬가지로 지구인도 쌍둥이 지구의 형사사법체계에 적응하기 어려울 것임을 의미한다. 따라서 지구의 형법은 쌍둥이 지구에, 쌍둥이 지구의 형법은 지구에 적용될 수 없다는 점에서 양자는 그 의미가 다른 것이 된다.[25]

---

25) 이 쌍둥이 지구 사례는 "의미란 단지 정신적 표상 속에만 있는 것이 아니다"라는 점을 입증하기 위해 하버드의 내재적 실재론자인 힐러리 퍼트남이 고안해 낸 '쌍둥이 지구 논변'을 본고의 논지에 맞추어 각색한 것이다. 이에 대해서는 Hillary Putnam, Representation and Reality (The MIT Press, 1988), at 30-33. 내재적 실재론이란 "세계는 정신독립적 대상들의 어떤 고정된 총체로 구성된다"는 형이상학적 실재론과 다른 입장으로 정신이 (정신독립적) 세계를 모사한다든가(형이상학적 실재론) 정신이 세계를 만든다(반실재론, 상대주의)는 것이 아니라 "정신과 세계가 공동으로 정신과 세계를 만들어 낸다"는 입장이다. Hilary Putnam, Reason, Truth and History (Cambridge University Press, 1981), at ix-xi, at 49-50.

지구인들 중 과연 누가 첫 번째 범죄는 항상 용서받고, 두 번째 범죄부터 처벌받는 사법제도를 흔쾌히 수용하고 따르겠는가? 물론 피고인의 입장에서는 유리한 시스템이지만, 사법제도가 오로지 피고인의 입장을 중심으로 구축되는 것은 아니다.

Ⅲ. 법과 문화: 법은 순전히 문화의 소산인가?

1. 사고실험에 비추어 본 법과 문화의 관계

일반적으로 법은 언어, 풍습, 종교, 예술 및 각종 제도들과 마찬가지로 전형적인 문화의 소산이자 그 구성물로 알려져 있다. 장구한 역사를 통해 인간사회에 질서를 부여하여 자연상태를 극복하려는 이성과 의지, 또는 종교의 산물이라는 점에서 법은 분명 문화의 소산이다. 東西古今의 각종 법전과 판례를 보면, 과연 법만큼 다양한 문화적 요소들로 이루어져 있는 대상이 또 있을지 찾기 어려울 정도이다. 가히 법은 '문화적 요소들의 총화'라고 불러도 손색이 없을 것이다. 이는 앞서 논급한 바 있는 화성-공동체 사례에 비추어 보더라도 더욱 명백해 진다. 전혀 다른 자연환경을 지닌 화성에 지구의 법이 그대로 전수될 수 있는 이유는, 무엇보다도 법 자체가 '자연환경의 소산'이 아닌 '문화의 소산'이라는 점에서 찾을 수 있기 때문이다.

그런데 화성-공동체 사례에서 종교적 기원을 갖는 법규범의 환경적 토대가 상실되어도 여전히 '협력촉진적 기능의 보편성'으로 인해 해당 법규가 전수되어 유지될 수 있다는 사실은 '문화적 소산'으로서의 법의 성격에 의문을 갖게 만든다. 대홍수 사례나 쌍둥이 지구 사례를 보더라도 "법은 과연 순전히 '문화적 소산'인가?"라는 문제의식이 생긴다. 우

퍼트남과 달리 반실재론과 상대주의 간의 밀접한 연관성을 부정하는 견해로는 A.C Grayling/이윤일 역, 철학적 논리학 (선학사, 2005), 472-485면.

선 대홍수 사례에서도 무인도에 펼쳐진 자연상태에서 생존자들이 일정한 행위준칙을 따를 수 있게 만든 것은 과연 무엇이었을까? 쌍둥이 지구 사례에서 지구의 형법과 쌍둥이 지구의 형법에 차이를 가져온 근본적 원인은 어디에 있을까? 이러한 일련의 질문에 대하여 오직 '문화적인 어떤 것'에서 해답을 찾으려는 시도는 매우 부적절해 보인다. 세 개의 사례 중 어떤 사례도 전적으로 문화적 요인에 의한 것으로 분석할 만한 근거는 보이지 않기 때문이다. 그렇다면 과연 그 어떤 요인이 전술한 사고실험의 사례들을 일관되게 설명하는 데 기여할 수 있을까?

2. 법에 있어서 '문화 이전의 욕구'는 무엇일까?

2001년 한국을 방문했던 독일의 형법학자 쉬네만(B. Schünemann)은 법과 문화 및 언어의 관계에 대해 다음과 같은 인상적인 주장을 펼친 바 있다.

> "나는 이상에서 법과 자유의사의 관계에 관한 결정적인 추론을 도출해낼 수 있다고 확신합니다. 법은 분명히 문화의 소산입니다. 그래서 법은 사회적으로 생성된 실재의 한 부분입니다. 법은 반드시 어느 사회 내에 구축되어 있는 사회적 교섭관계의 기본조건들을 전제로 하면서 그 위에 자리잡고 있습니다. 여기에서 언어구조는 다시금 가장 심층적이며 가장 변경하기 어려운 기본토대가 되고 있습니다. 이러한 이유로 해서 법 자체를 형성하는 언어구조가 아무런 변동없이 그대로 유지되고 있음에도 불구하고 법을 이 구조로부터 분리시킬 수 있다고 주장한다면 그것은 어리석은 생각이 될 것입니다. 왜냐하면 그러한 생각은 곧바로 법적 언어를 결정론에 입각한 언어유희로 변질시키게 될 것이기 때문입니다. 이러한 상황은 비결정론적인 언어유희를 통하여 우리들이 사회화 과정을 밟아 왔다는 점에 비추어 볼 때 도저히 상정할 수 없는 것입니다."[26]

쉬네만의 위 주장은 법과 언어의 관계에 약간의 소양을 갖춘 사람이

---

26) 위 강연문은 Bernd Schünemann/신동운 역, "독일에 있어서 책임론의 새로운 전개", 서울대학교 법학 제43권 제1호 (2002), 470면에서 가져온 것이다.

라면 어렵지 않게 수긍할 수 있는 명제이다. 또한 많은 사람이 의사자유와 책임의 문제에 대해 "법의 심층구조에 오랜 세월에 걸쳐 형성된 언어적 관행이 공고히 자리 잡고 있기 때문에 의사의 자유를 부정할 수 없다"는 쉬네만의 생각에 공감할 것이다. 하지만 그렇다고 해서 법이 순전히 '문화의 소산'이고 '사회적 실재'의 일부분이며 언어구조에 단단히 묶여 있다는 견해에 대해서는 전적으로 동의하기 어렵다. 우리를 특정한 규범적 판단으로 이끄는 동력의 근저에는 순전히 문화적, 언어적으로 생성된 것이라고만 볼 수 없는 그 어떤 '동인'이 작용하고 있기 때문이다. 이와 관련해 우리는 진화예술학자인 엘렌 디사나야케(Ellen Dissanayake)의 통찰에 주목할 필요가 있을 것이다.

　　"언어는 직립보행이나 엄지손가락을 구부리는 것처럼 특정한 일을 더 잘하게 해 주고 우리의 필요를 더 잘 채워주도록 진화한 하나의 적응특성이며, 문화는 '문화 이전의 욕구'를 표현하고 충족시키는 방법이다."[27]

　여기서 엘렌 디사나야케가 '문화 이전의 욕구'라고 지칭한 것은 무엇을 의미할까? 그것은 언어로 표현되기 전부터 생래적으로 인간의 마음속에 각인되어 있는 '본성적인 것' 의미하는 것이다. 법과 관련시켜 보자면, 법에 있어서의 '문화 이전의 욕구'란 법의 심층구조인 언어를 넘어선, 언어 이전에 형성된 진화론적 배경을 뜻한다고 볼 수 있다. 예컨대 우리의 규범적 삶에 지대한 영향을 끼치는 원초적 도덕감정의 형성배경에는 진화론적 유래가 있다. 대표적으로 우리의 공동체적 삶에 있어서 여하한 형태의 '응징'과 '협력'을 강제하려는 심리적 기제는, 추측컨대 우리의 원시조상이 살았던 진화적 적응환경 하에서 적절한 '응징'과 '협력'을 요하는 팃포탯 성향이 생물학적으로 볼 때 안정된 행동적 전략이었기 때문에(이를 전문용어로 '진화적으로 안정한 전략(ESS)'이라고 함) 진화한 것으로 보이며, 이는 특정 대상에 대한 본능적인 공포나 선호의 성향과 같이 진화된 심리적 메커니즘(EPM)의 일부로 인간

---

27) 엘렌 디사나야케/김한영 역, 미학적 인간 - 호모 에스테티쿠스 (예담, 2009) 참조.

의 마음속에 자리 잡게 되었다는 것이다. 이는 매우 중요한 규범적 함의를 가져온다. 정당한 응보나 호혜적 협력과 같은 도덕적 규범이 순전히 문화적, 인위적으로 구축된 것이 아니고, 이를 제도화한 일체의 법규역시 단순히 언어구조가 투영된 사회적 실재에 불과한 것이 아니라는 뜻이기 때문이다. 법과 도덕의 근저에는, 달리 말해 우리를 특정한 규범적 판단으로 이끄는 '심리적 강요'의 배후에는 분명 진화론적인 동인 (動因)이 있다. 이하에서는 이 점에 대해 다루어 보고자 한다.

IV. 진화심리학과 가족법

1. 진화론과 진화심리학

본격적인 논의에 앞서서 진화심리학에 대한 개략적인 설명이 필요할 것이다.

진화심리학의 목표는 진화론의 관점에서 인간의 마음과 뇌의 기제를 이해하는 것이다.[28] 즉, 오랜 진화사에 걸쳐서 어떻게 인간의 마음이 현재와 같은 형태로 진화했는지를 탐구하는 학문영역이다. 여기서 핵심은 인간의 '마음'도 인간의 '육체'와 마찬가지로 '자연선택'에 의해 '진화했다'고 보는 점이다. 다시 말해 인간의 심리적 특질을 형성하는 유전자 복합체가 자연선택에 의해 진화해 현재의 심리적 기제를 만들어 냈다는 입장이다. 즉 우리가 인간의 손가락이 다섯 개인 이유, 직립 보행을 하는 이유, 큰 뇌를 갖게 된 이유 등에 대한 진화론적 해명이 가능하듯이 마음에 대해서도 진화론적 탐구가 가능하다고 전제한다.

진화심리학은 진화론의 다른 분과, 예컨대 인간행동생태학과 비교해 볼 때 진화심리학의 연구의 초점은 '진화된 심리적 메커니즘'이지, '진

---

28) 데이비드 버스/이충호 역, 진화심리학 (웅진 지식하우스, 2012), 29면. 동 문헌은 진화심리학의 표준적 교과서로서 인정받고 있다.

화된 행동의 패턴'이 아니라는 점에 특히 유념할 필요가 있다. 특정 문제상황에 대한 행동방식은 얼마든지 다양하게 나타날 수 있다. 예를 들어 부정을 범한 배우자에 대한 남성의 반응은 폭력을 택할 수도 있고 오히려 배우자에게 더 잘 대해 줄 수도 있기 때문에 이러한 문제상황에 대한 행동패턴은 일정하지 않다. 따라서 이러한 문제상황에 대해 '행동수준'이 아닌 '심리수준'에서 신뢰할 만한 반응패턴을 찾아내는 것이 더 의미있고 충분히 가능하다"는 것이 바로 진화심리학의 입장이다. 그 예로 '뱀과 거미'에 대한 공포, '언어의 습득능력', '넓게 트인 전망에 대한 선호', '이성의 특정한 외모나 성격 선호', '속임수에 대한 민감성' 등이 있다.[29]

2. 진화심리학과 가족법(家族法)

진화심리학은 우리가 당연시하는 가족법상의 여러 제도의 가장 근원적인 유래를 해명해 줄 수 있다. 이를테면 혼인제도가 태동하게 된 배경에 대한 진화심리학적 설명은 다음과 같다.

인간은 다른 동물에는 유례를 찾아볼 수 없을 정도로 긴 성장기간을 필요로 하며 이를 위해서는 모친의 양육만으로는 부족하고 부모가 협력하여 양육하는 것이 자녀를 성공적으로 살아남게 만들어 자신의 자손을 증식시킬 수 있으므로 '생존과 번식'이라는 진화론적 적응문제의 해결에 도움이 되어서 결국 남녀의 안정적인 장기적 결합에 대한 심리적 선호가 선택되어 진화해 결국 혼인제도가 탄생했다는 것이다. 또 다른 예를 들자면 상속제도가 있다. 피상속인이 자신의 혈족에게 재산을 남기고 싶은 욕구를 갖게 되는 이유를 진화심리학은 포괄적응도 이론에 의해 다음과 같이 설명된다. 이 이론은 부모의 자식에 대한 헌신적 행동이나 형제자매나 조카에 대한 돌봄과 같이 고전적 적응도(classical

---

29) 케빈 랠런드·길리언 브라운/양병찬 역, 센스 앤 넌센스 (동아시아, 2014), 207면 이하 참조.

fitness)[30] 개념만으로는 설명이 어려운 현상을 설명하기 위해 윌리엄 해밀턴이 제안한 이론으로 포괄적 적응도란 어떤 개체나 생물의 성질이라기보다는 그 행동이나 효과의 성질이다. 따라서 포괄적응도는 어떤 개체가 지닌 번식 성공률(개별적 적응도)에다가 그 개체의 행동이 혈족(유전적 친족)의 번식성공률에 미치는 효과를 더한 것이다. 한 마디로 유전자가 이득을 볼 수 있는 온갖 간접적 방식을 다 함께 고려한 개념이다. 생물은 형제자매나 조카, 조카딸이 살아남아 생식을 할 수 있도록 돕는 행동을 통해서도 자신의 유전자가 복제되는 것을 증가시킬 수 있다. 즉 나의 형제자매나 혈족은 나의 유전자를 어느 정도 공유할 확률이 있고, 또 그들이 낳는 자식도 내 자식만큼은 아니지만 나의 유전자를 공유할 확률이 있기 때문에 이들을 돕는 이타적 성향은 결국 나의 유전자를 전파하는데 기여하므로 나의 포괄적응도를 높이는 행위가 된다.[31] 이처럼 포괄적응도 이론은 '유전자의 눈으로 바라보는' 관점에 입각해 있다. 포괄적응도 이론에 의하면 가족법도 바로 이러한 친족들 간의 이타주의를 반영하고 있는 것이다. 법정상속의 경우에 있어서 직계혈족이 4촌 이내의 방계혈족에 우선하는 이유는 공통의 유전자를 보유할 확률, 즉 근친도가 높은 사람이 낮은 사람에 우선한다는 것을 의미한다. 또 어째서 피상속인은 자신의 혈족 및 배우자에게 재산을 남기려는 의사를 가지려 하는 것인지에 대해서도 인간은 자신과 공통의 유전자를 지닌 친족에게 재산을 남겨 줌으로써 그 유전자가 후대에 전해질 확률을 높일 수 있기 때문이라고 설명할 수 있다. 그리고 이 점은 유언에 의해 재산을 다른 사람에게 유증하는 때에도 이와 유사한 패턴이 관찰된다고 한다.[32]

---

30) 어떤 개체가 유전자를 전달하는 직접적인 생식적 성공을 자손의 생산으로 통해 측정하는 것.

31) 해밀턴에 의하면 유전자형의 포괄적응도가 평균보다 높으면 그 유전자형은 선택될 것이고 낮으면 도태될 것이라고 보았다. 이 점에 대해서는 W. D. Hamilton, The Genetical Evolution of Social Behaviour. I, *J. Theoret. Biol. 7* (1964), at 14.

32) 이상의 내용은 김혜경·안성조·양천수·한상훈·윤진수 공편저, 법과 진화론 (법문

이처럼 가족법의 영역에서 인간사회에 보편적인 제도들의 배후에는 진화론적인 유래가 있다는 점을 확인할 수 있다.

V. 형법과 진화론: 탈리오 법칙의 진화론적 유래

1. 형법에서의 응보관념과 탈리오 법칙의 유래

다음으로 형법의 경우에는 진화론적 유래를 어떤 논증과정을 통해서 입론할 수 있는지 제시해 보기로 한다.

형법의 본질을 매우 단순하게 말하면 죄를 지은 사람에게 그에 상응하는 대가를 치르게 하는 데 있는 것이다. 이는 달리 말하면 공동체 내의 자유와 평등, 평화를 유지하기 위해 사회 구성원들 간에 암묵적으로 체결된 계약, 즉 타인의 법익을 침해하지 않는 한도 내에서 자신의 자유이익을 추구하기로 한 약속을 지키는 데 협력하지 않고 이를 어기고 이기적으로 자유를 추구한 자, 즉 배신자에 대한 응징이라는 점에서 찾을 수 있을 것이다. 이를 형법에서는 형벌의 본질과 관련해 응보형주의 또는 응보사상이라고 한다. '형벌은 곧 응보'라는 관점은 형법학에서는 목적형주의와 더불어 양대 축을 형성하고 있고, 일반인의 관점에서는 당연하게 받아들여지는 명제이기도 하다. 이러한 응보사상의 핵심원리는 받은 대로 되갚는 원칙, 죄값에 상응하는 처벌이고, 이는 "눈에는 눈, 이에는 이"라는 탈리오 법칙에서 유래한다. 형벌권 행사를 책임에 기초해 제한하려는 현대 형법의 핵심적 가치인 '책임원칙'도 바로 이 응보사상에 기원을 두고 있다고 평가된다.

탈리오 법칙은 고대 근동사회와 중세 유럽, 그리고 현대 원시부족의 사적 보복관습에서 쉽게 찾아볼 수 있다. 예를 들어 살인자에 대해서는 반드시 사적으로 피의 보복(blood feud)을 하는 것이 원칙이다. 함무라

사, 2016), 20-30면 참조.

비 법전[33])의 제정 당시 근동 지역에서는 살인이 가족이나 친족들에 의한 피의 보복(blood feud)에 의해 처리되는 관습이 지배했었다.[34] 비단 아시리아뿐만 아니라 팔레스타인 지방[35] 즉, 고대 이스라엘 사회의 히브리 법문화에도 그러한 관습이 있었다.[36] 바빌론에서도 살인은 그 가족과 친족들에 의해 해결되어야 할 사적인 사건이라는 감정이 지배적이었고, 따라서 일반적으로 고의적 살인은 가족이나 친족들의 피의 보복에 의해 법적 절차를 거치지 않고 사적으로 처리되었다.[37] 중세유럽도 사적 보복이 허용되던 사회였다. 가해자에 대한 보복은, 개인의 죽음

---

33) 잘 알려 있다시피 동 법전은 현대와 같은 의미의 법전(codes)이 아니고 구두로 전승되고 관행화 되었던 법들을 기록한 법모음집(law collections)이었다고 보는 것이 지배적 견해이다.

34) 살인에 대한 사적 보복을 인정하는 관습 비단 근동지역뿐만 아니라 고대 사회에서는 상당히 보편적인 현상이었던 것으로 보인다. 고대의 그리스와 게르만지역은 물론 중세의 스칸디나비아와 스위스 등에서도 사적 보복은 널리 인정되고 있었다. Carl Ludwig von Bar, *A History of Continental Criminal Law* (Boston: Little, Brown, and Company, 1916, translated by Thomas S. Bell), at 4-6, at 57-61, at 119-121, at 142-145.

35) G.R. Driver & John C. Miles, *The Babylonian Laws Vol. I —Legal Commentary —*, (Oxford: Clarendon Press, 1956), at 60.

36) C. Edwards, *The World's Earliest Laws* (London: Watts & Co., 1934), at 113; Edwin M. Good, Capital Punishment and Its Alternatives in Ancient Near Eastern Law, *19 Stan. L. Rev. 947* (1967), at 952.

37) Raymond Westbrook, The Character of Ancient Near Eastern Law, in: *A History of Ancient Near Eastern Law, Vol.I* (Leiden; Boston: Brill, 2003), at 78-79; G.R. Driver & John C. Miles, *Ibid.*, at 314; C. Edwards, *Ibid.*, at 113. 한편 고대 이스라엘법에서는 살인이 가족이나 친척 등의 피의 보복(blood feud)에 의해 처리되었지만, 고대 근동지역의 다른 국가들에서는, 농경사회였던 아시리아와 같은 일부국가를 제외하고는, 국가의 개입에 의한 사법절차를 통해 처리되었고 피해자의 가족은 절차의 종결단계에서 형벌의 종류를 결정하는 과정에만 극히 제한적으로 참여할 수 있었다는 견해도 있다. 이에 대해서는 Pamela Barmash, Blood Feud and State Control: Differing Legal Institutions for the Remedy of Homicide during the Second and First Millennia B.C.E., *63 Journal of Near Eastern Studies 183* (2004), at 184-189.

을 초월해 대대로 존속하는, 모든 도덕적 의무 중 가장 신성한 의무였
다. 특히 살인은 피해자 가족집단이 개입하게 되는 '피의 보복'을 불러
왔는데, 이 용어는 친족에 의한 보복을 뜻하는 고게르만어 'faida'에서
유래한다. 그러나 중세사회는 그러한 보복을 무한정 허용할 수는 없었
는데 보복에 의한 투쟁과 반목은 공공의 평화를 위협하게 되었고, 적절
한 규제가 요구되었기 때문이다. 다만 보복감정은 상대방의 생명을 뺏
어 와야 할 만큼 치명적인 것이어서 중세유럽의 대부분의 국가는 피의
보복을 할 수 있는 조건과 그 절차를 법제도화 함으로써 오히려 보복의
합법성을 인정하는 정책을 취했다.38) 현존하는 아프리카의 한 원시부족
에게서도 이와 유사한 보복관습을 확인할 수 있다.39) 뿐만 아니라 다양
한 문화권 사람들을 대상으로 조사한 연구조사 결과에 의하면 조사대
상이 된 문화권의 95%가 '피의 보복' 증거를 보였다. 그만큼 보복의 문
화적 보편성의 증거는 압도적이다.40)

　가해자에게 응분의 대가를 치르게 하려는 관행이나 법제도가 이처
럼 시대와 장소를 불문하고 보편적으로 편재해 왔다는 사실은 무엇을
의미하는 것일까? 추측컨대 그것은 바로 문화적 차이를 뛰어넘을 수 있
는 인간 종에게 공통된 그 어떤 심리적 기제를 반영하는 것으로 보는
것이 합당할 것이다. 즉, 여기에는 진화론적 유래가 있다는 것이다. 이

---

38) 중세유럽의 피의 보복관습은 Marc Bloch, *Feudal Society, vol.1 ―The Growth of Ties of Dependence* (Chicago: The Chicago University Press, 1970), at 125-130.
39) E.E. Evans-Prichard, *The Nuer: A Description of Their Modes of Livelihood and Political Institutions of a Nilotic People* (Oxford: Clarendon Press, 1968, Originally published 1940), at 150-158. 이밖에 고대사회 피의 보복관습에 대한 폭넓은 소개와 관련 법제도에 대한 상세한 분석으로는 안성조, 현대 형법학 제1권 (경인문화사, 2011), 5-69면 참조.
40) 이 점에 대해서는 마이클 맥컬러프/김정희 역, 복수의 심리학 (살림, 2009), 128면. 인간의 보편적인 활동 전반을 조망하는 민족지학(ethnography) 연구자들에 의하면 민족지학적 표본에 포함된 문화의 95% 이상이 어떤 특성을 분명히 나타낸다면, 그 특성을 인류의 보편적 특성, 다시 말해 인간의 적응적 특성으로 보아도 무방하다고 한다.

하에서는 팃포탯 전략의 게임이론적 의의를 진화론적으로 해석해 봄으로써 이 점을 구명해 보고자 한다.

2. 게임이론에서 팃포탯 전략의 발견

(1) 반복된 죄수딜레마 게임에서의 우승전략

미국의 정치학자 로버트 액설로드는 죄수딜레마 게임을 반복적으로 실시할 때 가장 효과적인 전략, 즉 게임 참여자로 하여금 가장 큰 보상을 가져다주는 전략이 무엇인지를 알아내기 위해 컴퓨터 대회를 개최하였다.

액설로드는 이 대회를 위해 전세계 게임이론 전문가들에게 이러한 방식으로 진행되는 컴퓨터 대회에서 우승할 수 있는 전략이 담긴 프로그램을 출품해 달라고 초청했다. 총 14개의[41] 전략적 프로그램이 심리학, 경제학, 수학, 사회학 다섯 분야에서 출품되었는데 이 대회의 우승자는 캐나다 토론토 대학의 심리학 교수인 아나톨 라포포트 교수가 제출한 팃포탯(Tit For Tat)이었다.

팃포탯은 맨 처음에는 일단 협력으로 시작하고 그 다음부터는 상대가 전 수에서 선택한 대로 행동한다. 즉 상대가 협력하면 자신도 협력하고, 상대가 배반하면 자신도 배반한다는 것이다. 이것은 이해하기도 쉽고, 또 프로그램을 짜기도 쉽다.[42] 참가자들 대부분은 팃포탯 원칙을 사용했으며 그것을 더욱 발전시키려고 고심하였지만 놀랍게도 더 복잡

---

41) 반반의 확률로 협력이나 배반을 하는 프로그램 랜덤(random)까지 합치면 총 15개의 프로그램이 출전하였다.

42) 또한 팃포탯은 실제 인간과 경기를 할 때도 상당한 정도의 협력을 이끌어 내는 것으로 알려져 있다. 쉽게 착취당하지는 않으면서 자기와 쌍둥이 프로그램과 대전해도 좋은 성적을 내는 등 컴퓨터 대회 참가자로서 바람직한 특성들을 가지고 있다. 단점이라면 랜덤에게 너무 관대하다는 것인데, 이 사실은 대회 참가자들이 사전에 모두 알고 있었다.

한 프로그램 그 어떤 것도 단순한 원조 팃포탯을 능가하지는 못했다.[43]

한 전략의 효율성은 자체의 특징뿐 아니라 상호작용해야 하는 다른 전략들의 속성에도 좌우된다. 그러므로 단 한 번의 대회에서 얻은 결과는 신빙성이 적다. 그래서 액설로드는 2차 대회를 개최했다.

2차 대회는 1차 대회에 참가했던 게임이론가들을 비롯해 6개 국가에서 총 62개의 프로그램이 참가했다. 2차 대회는 1차 대회보다 훨씬 더 정교한 수준에서 시작될 수 있었다. 즉 참가자들은 1차 대회에서 얻은 교훈을 토대로 각기 다른 해석을 통해 세운 전략을 가지고 대결을 했다. 대회 결과 우승자는 역시 또 팃포탯이었다. 아무도 그보다 더 나은 것을 고안하지 못했던 것이다. 팃포탯의 성공요인, 즉 결코 먼저 배신하지 않는 신사적 특성과, 상대방의 배신 후 협력하는 경향(단 한차례의 응징 후 '용서'하는 경향)은 2차 대회에서도 큰 위력을 발휘했던 것이다.[44]

(2) 팃포탯 전략의 '강건성(robustness)'에 대한 검증

그런데 과연 팃포탯은 어떤 환경에서도 가장 우수한 전략일까? 예컨대 만약 참가 규칙들의 유형분포가 달랐다면 2차 대회의 결과는 달라졌을까?[45] 팃포탯이 얼마나 '강건한(robust)'[46] 전략인지 확인하기 위해 추가로 가상의 대회를 치렀다. 이를 위해 각 대회는 참가 규칙들의 유형분포를 전혀 다르게 했다. 팃포탯은 이 여섯 개의 가상대회 가운데 다섯 개의 대회에서 1등을 차지했다. 이는 아무리 환경이 바뀐다 해도, 대회에 참가한 모든 프로그램 중에서 팃포탯이 최고의 전략임을 입증하는 신뢰할 만한 결과였다. 팃포탯이 여러 다양한 전략을 상대로 잘

---

43) 이상의 내용은, 로버트 액설로드/이경식 역, 협력의 진화 (시스테마, 2006), 51-55면 참조.

44) 2차 대회에 대해서는 로버트 액설로드/이경식 역, 앞의 책, 65-67면.

45) 2차 대회에 출전한 전략들은 총 몇 개의 규칙으로 유형화할 수 있다는 사실이 밝혀졌다.

46) 여기서 '강건하다'는 용어는 폭넓은 여러 전략에 대해 잘 대항하는 전략이라는 의미로 액설로드는 사용하고 있다.

328 현대 형법학 제3권

대항하는 매우 '강건한(robust)' 전략임을 보여준다.[47]

틧포탯의 강건성을 검증하는 또 다른 방법은 온갖 다양한 미래의 가상대회들을 구축해 보는 것이다. 이를테면 실패한 전략은 다음 대회에서는 다시 시도되지 못할 것이고 성공적인 전략은 이후 대회에서 계속 살아남을 것이 당연함을 전제로 하면, 덜 성공적인 전략을 만날 확률은 점점 줄어들고, 더 성공적인 규칙이 대회 환경에서 점점 더 큰 비율을 차지하게 될 것이므로 이런 경우에 일련의 대회에서 어떤 일이 벌어질지 분석해 볼 필요가 있다는 것이다. 이런 검증방법은 어떤 전략의 능력에 대한 가장 확고한 검증 방법이 될 수 있다. 지속적으로 성공하려면 다른 성공적인 규칙들과 대결해도 계속 잘 해야하기 때문이다.[48]

실험결과 처음에는 열등한 전략과 우수한 전략이 같은 비율로 존재한다. 그러나 세대를 거듭하면서 열등한 전략은 도태되고 우수한 전략만 살아남는다. 다른 성공한 전략들과 상호작용에서도 성공한다면 그성공은 더 많은 성공을 낳는다. 그러나 만일 그 성공이 다른 전략을 착취하는 능력에서 비롯된 것이라면 착취당한 전략이 도태되면서 착취자의 지지발판도 허물어지고 착취자 역시 같은 운명에 처한다. 생태학적분석을 통해 자체적으로 성공적이지 못한 규칙들을 상대로 성공한 전략은 결국 자멸의 길로 들어섬을 확인하게 된다. 비신사적인 전략은 처음에는 유망해 보이지만 장기적으로 그것은 자신의 성공에 필요한 환경 자체를 파괴하게 된다. 결국 미래세대의 생태학적인 모의실험에서도 틧포탯은 1등을 차지했다.

3. 틧포탯 전략의 진화론적 함의

전술한 바에 의하면 틧포탯은 다양한 전략을 쓰는 수많은 사람들과

---

47) 로버트 액셀로드/이경식 역, 앞의 책, 72-73면.
48) 여기서 한 가지 가정은 한 종(種)에 속하는 개체들이 각각의 전략을 이용하는 것으로 보는 것이다. 따라서 한 차례의 대회는 이런 개체들 단일세대에 대한 모의실험이라 할 수 있다.

상호작용할 때 매우 강건한 전략이며, 생태학적 모의실험에서도 그 강건성이 입증되었다. 그러면 만일 어느 시점에 모든 사람이 팃포탯 전략을 쓰는 단계에 이르렀을 때에, 즉 집단적으로 팃포탯 전략을 채택하고 있는 상태에 총체적 안정성이 생겨날 수 있을까? 다 같이 동일한 전략을 사용하는 개체들로 이루어진 집단에서 혼자 다른 전략을 쓰는 돌연변이가 나타나 그 돌연변이 전략이 집단의 일반 구성원들이 얻는 것보다 높은 보수(이익)를 얻는다면 돌연변이 전략이 그 "집단을 침범했다"고 한다. 이처럼 기존의 총체적 전략이 어떤 전략에 의한 침범도 이겨낼 때, 그 전략은 '총체적으로 안정하다'고 정의한다. 총체적으로 안정한 전략만이 모두에 의해 사용되는 전략으로서 장기적 평형을 유지할 수 있다. 그러한 전략만이 어떤 돌연변이의 출현 속에서도 집단 전체의 전략으로서 장기적으로 유지되기 때문이다. 액설로드는 팃포탯이 총체적으로 안정한 전략임을 수학적으로 증명하였다. 그는 "한 집단 내 모든 사람이 팃포탯 전략을 쓰고, 따라서 서로 협력할 때에는, 미래의 그림자가 현재에 충분히 '길게 드리우는 한', 다시 말해 미래에도 계속 상호작용을 해야 할 가능성이 충분히 높은 한, 아무도 다른 전략을 써서 더 잘할 수는 없다."는 사실을 입증했다.[49]

　생물학적 맥락에서 볼 때, "어떤 한 전략을 따르는 개체들의 집단이 가끔 나타나는 다른 돌연변이 전략에 의해 침범당하지 않으면 그 전략은 진화적으로 안정하다."고 한다. 이러한 정의는 앞서 말한 게임이론에서의 '총체적으로 안정한 전략'의 진화론적 버전에 다름아니다.[50] '진화적으로 안정한 전략'이 중요한 이유는 집단의 모든 개체들이 수행하

---

[49] 증명된 명제의 정확한 표현은 "w(할인계수)가 충분히 큰 경우에 한해 팃포탯은 총체적으로 안정하다."는 것이다. 로버트 액설로드/이경식 역, 앞의 책, 84면 참조. 현재 게임에 대한 다음 게임의 '가중치(중요도)'를 w(할인계수)라고 한다. 이것은 각 게임의 보수(획득점수)가 이전 게임에 비해 상대적으로 감소하는 정도를 의미한다.

[50] 액설로드에 의하면 진화적으로 안정한 전략은 무도 총체적으로 안정하며, 대부분의 경우 '진화적 안정성'은 '총체적 안정성'으로 대체될 수 있다고 한다.

는 특정 전략이 최선의 전략일 경우, 한 개체가 취할 수 있는 최선의 전략이 바로 그 대다수 개체가 택하는 전략에 따라 결정되기 때문이다.[51] 즉 어떤 경로를 통해서든 하나의 전략이 집단내 대다수가 수행하는 전략이 되었고 그 집단이 다른 돌연변이 전략에 의해 침범당하지 않으면 한 개체가 취해야 하는 최선의 전략은 바로 그 집단 내 전략이 된다. 팃포탯은 그 전략의 '강건성'으로 인해 집단 내에서 우세한 전략이 될 수 있었던 것이고 다른 돌연변이 전략의 침범을 허용하지 않음으로써 '진화적으로 안정한 전략'이 되었던 것이다.

진화적으로 안정한 전략이 팃포탯만 있는 것은 아니다. 항상 배반만 하는 전략, 올디(All D)도 - 애초에 어떠한 경로를 통해 우세한 전략이 되었는지 불문하고 - 상호작용의 지속 확률의 크기와 상관없이 진화적으로 안정한 것으로 알려져 있다. 그렇다면 협력적 행동에 대한 진화적 경향은 애초에 어떻게 생겨난 것일까? 유전적 친족이론은 '올디평형'에서 벗어날 수 있는 방법을 제공해 준다. 경기 참여자들의 밀접한 혈연관계가 상호 다른 개체의 이익을 위해 자신의 적응도를 희생하는 이타주의의 진화를 허용한다는 것이다. 이러한 이타주의는 친족들이 공유할 확률이 높은 유전자에게 총체적으로 이득이 될 때 진화할 수 있다. 이것이 포괄적응도(inclusive fitness) 이론이다.[52] 죄수딜레마게임과 같은 상황이라도 부모와 자식 간이나 형제간처럼 가까운 친족들은 협력의 이득을 챙길 수 있다는 것이다.[53] 전술한 대홍수 사례에서 생존자들 간에 혈연관계가 있을 경우 법규의 강제가 없이도 대체로 질서가 잘 유지될 수 있을 것으로 전망한 것도 바로 이 포괄적응도 이론에 근거한다.

포괄적응도 이론에 의하면 결국 자연선택에 의해 협력행동, 다른 말로 상호적 이타성이 진화할 수밖에 없다. 팃포탯은 강건하고(robust) 진

---

51) 이 점에 대해서는 리처드 도킨스/김명남 역, 리처드 도킨스 자서전 2 (김영사, 2016), 92-93면 참조.
52) 포괄적응도에 대해서는 후술함.
53) 진화적으로 안정한 전략에 대해서는 로버트 액설로드/이경식 역, 앞의 책, 119-127면.

화적으로 안정한(stable) 전략이기 때문이다. 혈연관계가 존재하는 한 태초에 올디의 평형상태는 없었던 것이고, 반대로 태초에 올디가 진화적으로 안정된 상태에 있었다 하더라도 돌연변이 전략들 사이에 혈연관계가 있었을 경우 그 올디평형은 무너질 수밖에 없다. 친족들 간에는 이타성이 작용해 팃포탯 전략을 쓸 수 있고, 그렇게 되면 팃포탯은 올디를 침범하게 된다. 팃포탯이 올디를 만나면 팃포탯은 처음부터 이용당하고 그들과는 다시는 협력을 안 할 것이다. 이 경우 팃포탯이 얻는 이득은 올디보다는 적다. 하지만 팃포탯이 다른 팃포탯과 겨루면 처음부터 협력해 올디들이 상호간 겨루어 얻는 점수보다 훨씬 높은 점수를 얻는다. 그리하여 전체적으로 볼 때 팃포탯의 무리가 작더라도 그들은 올디 집단의 평균보다 높은 점수 얻게 될 것이므로 올디 전략을 침범하게 된다.[54]

이상의 논의를 정리하면 다음과 같다. 다양한 전략들이 혼재하는 환경에서 팃포탯은 지극히 강건한 전략이 된다. 팃포탯은 다양한 환경에서 잘하며 상당히 세련된 온갖 전략이 혼합된 생태학적 모의실험에서도 다른 전략들을 대체하며 집단 전체에 퍼진다. 그리고 두 개체가 상호작용을 지속할 확률이 높다면 팃포탯은 진화적으로 안정하다. 특히 그 어떠한 돌연변이 전략의 침범도 모두 견뎌낼 수 있기 때문에 그 안정성은 확고하다. 이렇게 하여 호혜주의를 기초로 하는 협력은 전반적으로 비협력적인 세상에서도 시작될 수 있고, 혼합된 환경에서도 살아남을 수 있고, 일단 전체 개체군에 자리를 잡으면 다른 전략의 침범으로부터 자신을 방어할 수 있다.

이처럼 협력은 무정부상태 하 이기적 개인들 사이에서 우정이나 신뢰 없이도 진화한다는 것이 액설로드의 결론이다.[55] 그렇다면 생물들

---

54) 이 점에 대한 상세한 설명은 로버트 액설로드/이경식 역, 앞의 책, 89-90면.
55) 리처드 도킨스는 이를 두고 "낙관론 그 자체이다. 그러나 이 낙관론은 비현실적인 희망사항이나 늘어놓고 감격스러워하는 순진한 낙관론이 아니라 믿음직한 낙관론이다."라고 인상적인 평을 남겼다. 로버트 액설로드/이경식 역, 앞의 책, 15면의 리처드 도킨스의 추천글 참조. 하지만 본서의 제10장에서 지적하고 있듯이

사이에서, 또는 인간사회에서 협력이 진화할 수 있는 조건은 크게 두 가지다. 첫째, 배반을 반드시 응징할 수 있어야 한다. 둘째, 두 개체가 다시 만날 확률이 충분히 커야 한다. 단기적 거래나 상호작용에서는 배반이 정답이기 때문이다.

　팃포탯 전략은 무정부 상태하에서 협력을 창발시킨 장본인이다. 그 원칙은 처음에는 협력하고 그 다음부터는 상대방의 선택에 따라 그대로 응수하는 것이다. "받은 대로 되갚으라"는 것이며, 이는 '눈에는 눈, 이에는 이'라는 탈리오 법칙을 연상시킨다. 탈리오 법칙은 고대 근동사회와 중세 유럽, 그리고 현대 원시부족의 사적 보복관습에서 쉽게 찾아볼 수 있다. 예를 들어 살인자에 대해서는 반드시 사적으로 피의 보복(blood feud)을 하는 것이 원칙이다. 이러한 동해보복적 관습이 뿌리깊게 자리잡을 수 있었던 이유는 무엇일까? 생물학적 관점에서 볼 때, 팃포탯이 진화적으로 안정한 전략이라는 사실보다 이 관습의 유래를 합리적으로 더 잘 설명해 줄 수 있는 원리는 없다고 본다. 팃포탯은 중앙권위체가 없던 시절에 공동체가 배반의 늪에 빠지지 않도록 상생의 협력을 이끌어 내던 자연스런 기제였다. 단지 처음엔 일단 협력하고 그 다음부터는 상대방이 하는 대로 대응하는 전략이 엄청난 위력을 발휘했던 것이다. 이는 상대방으로 하여금 쉽게 배반하지 못하게 하며, 오히려 상대방 자신의 이익을 위해서 나에게 협력을 하게 만든다. 팃포탯의 원리가 거래관계에서 작동했다면 공정한 거래환경을 만들었을 것이고, 형사법의 영역으로 들어오면 동해보복의 관념과 쉽게 결합한다. 즉 상대방이 자신의 이익을 위해 배반을 택해 침해한 나의 법익만큼 그대로 되갚는 것이다. 이것이 개개인의 도덕적 성향에 각인된 것이고 사적 보복관습이란 규범이 탄생한 것이다. 요컨대 고대사회의 탈리오는 팃포탯의 원리로부터 파생한 동해보복적 응보관념에서 비롯된 것으로 보인다.56) 팃포탯과 탈리오는 "받은 대로 돌려주는" 전략이고, "눈에는 눈,

---

　　도킨스의 이러한 낙관론은 칸트적 의미에서 보면 순진한 낙관론의 '다른 버전'에 불과하다. 이에 대해서는 제10장을 참조할 것.

56) 팃포탯과 동해보복의 원칙의 상관성을 잘 지적하고 있는 논문으로는 Daniel L.

이에는 이"라는 근본원리에 있어서 동일하다. 다만 여기서 팃포탯이 과연 어떻게 인간의 도덕적 성향의 일부로 자리잡을 수 있었는가에 대해서는 별도의 논증이 필요하다 할 것이므로 이 점에 대해서는 진화심리학과 진화윤리학을 통해 구명해 보기로 한다.

4. 팃포탯의 진화윤리학적 의의와 탈리오

(1) 팃포탯과 상호적 이타성

팃포탯은 협력을 이끌어내는 전략이다. 배반의 욕구를 억누르고 협력을 함으로써 결국엔 최선의 이익을 얻게 된다는 교훈을 주기 때문이다. 여기서 협력은 다른 말로 이타적 행동을 뜻한다. 타인을 이용함으로써 큰 이익을 누릴 수 있음에도 불구하고 상호 이익이란 이타적 관점에서 협력을 하는 것이기 때문이다. 팃포탯은 일단 협력하지만 그 다음부터는 상대방이 협력하면 협력으로, 배반하면 배반으로 일관한다. 즉 상대방이 협력할 것을 조건으로 협력하지만 상대방이 배반하면 나도 배반한다는 점에서 조건부 협력이라 말할 수 있고, 이는 곧 상호적 이타성(호혜성)을 의미한다고 볼 수 있다.

인간의 도덕적 성향의 유래에 대한 연구는 다각도로 진행되어 왔다. 그중에 최근 주목할 만한 분야가 있다면 바로 진화윤리학을 들 수 있을 것이다. 진화윤리학은 인간의 도덕성을 구성하는 많은 요소가 적응문제를 해결하기 위해 진화한 심리적 메커니즘의 하나라고 보는 기본 입장에 선다는 점에서 진화론의 한 분야이다. 액설로드는 팃포탯 원리가 반드시 지능을 지닌 고등 생명체에서만 진화하지는 않는다고 지적하지만, 상호적 이타성과 같은 도덕적 성향이 어떻게 인간의 마음에 뿌리내릴 수 있었는가를 해명하는 데 있어서도 팃포탯은 시사하는 바가 크다고

Tobey, What's really wrong with genetic enhancement: a second look at our posthuman future, *6 Yale JL & Tech. 54* (2003), at 64.

본다.

이하에서는 진화윤리학의 기본전제와 몇몇 주요이론을 검토해 봄으
로써 진화윤리학에서 팃포탯 원리를 어떻게 수용하고 있는지를 검토해
보기로 한다.

(2) 진화윤리학의 기본전제와 포괄적응도이론

진화윤리학자들은 진화심리학적 관점에서 한 걸음 더 나아가 특정
위협에 대한 '공포심'이나 특정한 음식에 대한 '선호'와 같은 다른 심리
적 특질들과 마찬가지로 인간의 도덕적 성향 역시 생물학적 적응의 산
물이라고 본다. 한 마디로 말해 '도덕'도 '적응'이라는 것이다. 개체의
적응도(fitness)를 높여주는 형질이 자연선택되어 진화한다는 진화론의
기본 논리를 도덕성에까지 확장시키려는 시도인 것이다. 그러나 이러한
이론적 시도에 대해서 인간의 도덕성을 구성하는 대다수 내용은 개체
의 적응도를 높이는 '이기적' 특질이나 성향과는 반대로 '이타성'을 특
징으로 한 경우가 많다는 반론이 제기될 수 있을 것이다.57)

하지만 진화론자들은 이미 자신들이 구축한 이론적 틀에 맞추어서
'이타성' 역시 일관되게 설명할 수 있는 훌륭한 이론을 구축해 두고 있
다. 그것은 앞서 논급한 '포괄적응도(inclusive fitness) 이론'이다. 포괄적
응도 이론은 '유전자의 눈으로 바라보는' 관점을 우리에게 제시해 준다.
가령 내가 유전자라면 어떻게 행동을 하는 게 나를 최대한 복제하는 데
도움이 될 것인지 물어볼 때, 첫째, 내가 들어 있는 (유전자의) '운반수
단(vehicle)58)' 즉 신체의 안녕이 보장되도록 노력할 것이다(생존). 둘째,

---

57) 본고에서는 진화 윤리학의 규범학으로서의 정당성에 관한 논의는 생략하기로 한
   다. 다만 이에 대해서 "진화 윤리학은 존재론에 바탕을 두고 있는 윤리학에 대한
   강력한 도전이며 또 하나의 계몽"이라는 평은 참고해 둘 만하다. 오재호, 앞의
   논문, 56면 참조.

58) 인간을 비롯한 모든 생명체는 유전자가 자신의 생존과 보호를 위해 만들어낸 운
   반수단(vehicle), 즉 일종의 생존 기계(survival machine)에 불과하다는 생각은 알

그 운반수단이 생식을 하도록 유도할 것이다(번식). 셋째, 나의 복제본을 갖고 있는 다른 모든 운반수단이 생존과 번식을 성공적으로 할 수 있도록 도울 것이다. 한 마디로 혈족을 도움으로써(자신이 희생함으로써) 포괄적응도가 높아진다면, 이타성은 진화할 수밖에 없다는 것이다. 자기희생의 수혜자가 결국 유전적 친족이기 때문이다. 다만 포괄적응도 면에서 친족에게 돌아가는 편익이 자신이 치르는 비용보다 커야 한다. 이 조건이 충족될 때에 이타성은 진화할 수 있다.[59]

하지만 포괄적응도 이론에 의하더라도 비친족 관계에 있는 사람들, 다시 말행 유전적 근연이 없는 자들 간의 상호 이타적 행위는 여전히 해명되지 않는데, 바로 이러한 종류의 이타적 행위야 말로 우리의 진정한 도덕성을 이루는 주된 요소이다. 감사, 우정, 연민, 신뢰, 의분, 죄의식, 복수심 등이 모두 상호적 이타성에서 기인하는 것이라는 분석도 있다.[60] 따라서 이 지점에 대한 해명이 요청된다.

(3) 팃포탯 전략의 진화윤리학적 의의와 탈리오

이러한 의문에 대한 해결책이 트리버스 등에 의해 정교한 방식으로 제시되었다. 해밀턴 규칙(즉 포괄적응도이론)에 위배되는 것처럼 보이는 이타적 행동이 어떻게 진화할 수 있는가에 대해 상호적 이타성 이론은, 그러한 편익 전달의 수혜자가 장래에 보답을 하게만 한다면, 비친족에게 편익을 제공하는 심리기제가 진화할 수 있다고 설명한다. 예를 들어 친구 사이인 두 사냥꾼이 있는데 이들이 사냥에 성공할 확률은 들쭉날쭉해 일주일에 둘 중 한 사람만이 사냥에 성공한다고 할 때, 만약 첫번째 사냥감을 갑이 친구인 을과 나누면 나눠준 고기만큼의 희생과 비용이 발생하지만 그 비용은 비교적 적을 수 있는데, 고기가 썩기 전에 자신과 가족이 먹을 수 있는 것보다 더 많은 고기를 가졌을 수 있기

잘려져 있듯이 리처드 도킨스가 '이기적 유전자'에서 주장한 것이다.

59) 데이비드 버스/이충호 역, 앞의 책, 47면.
60) 수전 블랙모어/김명남 역, 밈 (바다출판사, 2010), 280-281면.

때문이다. 반면 사냥에 성공하지 못한 을에게는 매우 큰 편익이 될 수 있다. 그 다음 주는 상황이 역전되고, 이러한 방식으로 두 사냥꾼은 아주 적은 비용만 치르면서 친구에게 큰 편익을 제공하게 된다. 즉 두 친구는 각자 이기적으로 고기를 독차지할 때보다 상호적 이타성을 통해 더 큰 편익을 얻게 되는 것이다. 다시 말해 상호 이타적으로 행동하는 사람들은 이기적으로 행동하는 사람들보다 오히려 생존과 번식 측면에서 더 유리한 경향이 있기 때문에 세대가 거듭될수록 상호이타성이란 심리기제가 퍼져나간다. 여기서 상호적 이타성은 '상호이익을 위해 둘 이상의 개인 사이에 일어나는 협력'으로 정의된다.61)

그런데 상호적 이타주의자가 맞닥뜨리는 가장 중요한 적응문제는 사기꾼, 즉 자기 편익만 챙기고 나중에 보답하지 않는 자의 위협이다. 예컨대 어떤 사람이 상호적 이타주의자인 척 가장했다가 편익만 챙기고 장래에 상응한 보답을 하지 않을 수 있다. 이를 속임수 문제라고 한다. 이 문제의 해결책이 바로 앞서 게임이론을 통해 검토한 바 있는 '팃 포탯(Tit for Tat)' 전략이다.

팃포탯은 매우 단순한 전략이다. 처음에는 협력으로 시작하고 나중에는 상대가 하는 대로 따라하는 전략이다. 상대가 협력하면 둘 다 계속해서 협력하여 둘 다 좋은 결과를 얻는다. 상대가 배신하면, 팃포탯은 보복한다. 결과적으로 팃포탯은 협력을 촉진해 주는 전략이 되는 것이고, 액설로드의 컴퓨터 시합 결과는 자연계에서도 협력이 쉽게 진화할 수 있음을 시사한다.62) 그리고 팃포탯은 '진화적으로 안정한 전략(evolutionarily stable strategy, ESS)'63)이다. 따라서 진화윤리학의 관점

---

61) 데이비드 버스/이충호 역, 앞의 책, 420면.
62) 데이비드 버스/이충호 역, 앞의 책, 423-424면.
63) 진화적으로 안정한 전략이란, 개체군에 있는 대부분의 구성원이 일단 그 전략을 채택하면 다른 대체전략이 그 전략을 능가할 수 없는 전략이라고 정의된다. 예컨대 사자가 사자를 잡아먹지 않는 것은 그것이 그들에겐 ESS가 아니기 때문이다. 동종끼리 잡아먹는 전략은 다른 전략으로 대체될 가능성이 커서 불안정하고 보복의 위험도 너무 크기 때문이다. 마찬가지로 사자가 쫓아오면 영양은 쫓기는 전략을 취하며, 이 때 사자에 때때로 맞서는 전략은 진화적으로 안정한 전략이 아

에서 볼 때 팃포탯은 포괄적응도 이론으로도 설명하기 힘든 타인 간의 상호적 이타성의 진화를 오랜 진화사에 걸쳐 개인이 마주했던 '특정 적응문제의 해결'이라는 측면에서 해명해 줄 수 있는 원리가 된다. 결론적으로 팃포탯은 다양한 상호작용의 전략이 존재했던 진화적 적응환경에서 진화적으로 안정한 전략이 됨으로써 결국 우리의 진화된 심리적 메커니즘에 내재하게 된 도덕원칙의 일부라고 보아야 할 것이다.64)

이상의 논의를 종합하자면 팃포탯은 그 자체가 협력기제를 촉진해 주는 행동전략이기도 하지만 상호적 이타성의 진화를 위협할 수 있는 '속임수 문제'를 해결해 줄 수 있는 원리가 되기도 한다는 것이다. 바꾸어 말하면 팃포탯 성향이 없다면 자연상태의 개체군 내에서 협력이 진화하기 어렵고 속임수 문제의 해결도 어렵다는 것이다. 그렇다면 팃포탯 전략을 취하게 만드는 도덕적 성향은 오랜 진화사에 걸쳐서 적응문제의 해결에 성공함으로써 인간의 마음에 내재한 '진화된 심리적 메커니즘'의 하나로 해석할 수 있을 것이다.

전술한 바와 같이 팃포탯은 탈리오 법칙과 "눈에는 눈, 이에는 이"라는 근본원리에 있어서 동일하다. 그렇다면 팃포탯은 진화윤리학적 관점에서 협력이 진화할 수 있는 토대가 되는 동시에 응보관념이 보편적인 도덕원칙으로 자리잡을 수 있었던 진화론적 배경이라고 볼 수 있을 것이며, 이로써 결국 형법의 작동방식에는 단순히 문화적 요소만 기여하고 있는 것이 아니라, 진화론적 동인이 작용하고 있다는 결론을 도출할 수 있다.

덧붙여 한 가지 유념할 점은, 오늘날 게임이론가들의 견해에 의하면

니다. 리처드 도킨스는 팃포탯 전략이 엄밀히 말하면 진짜 ESS는 아니라고 한다. 팃포탯은 자신과 비슷한 상호이타적(협력적) 전략을 구사하는 다른 전략에 의해 대체될 가능성이 있기 때문이라는 것이다. 그러나 팃포탯이 진짜 ESS는 아니지만 팃포탯과 유사한 전략들의 혼합 전략이 ESS에 해당할 것이라고 전망한다. 이상의 내용에 대해서는 리처드 도킨스/홍영남·이상임 역, 이기적 유전자 (을유문화사, 2010), 158-159면과 357면 참조.
64) 팃포탯 전략과 진화적으로 안정한 전략의 의의에 대한 보다 상세한 논의로는 안성조, 현대 형법학 제2권 - 형법과 진화이론 - (경인문화사, 2015) 참조.

분명 팃포탯은 인간의 협력적 성향을 잘 해명해 주는 기제의 하나이기는 하지만, 팃포탯은 기본적으로 게임이 반복되는 상황에서 유효한 전략이므로, 이는 인간의 협력을 설명하는 반복-호혜성 가설로 받아들여지고 있으며, 바로 그 점이 한계를 지니는 것으로 지적되고 있다는 사실이다. 즉, 인간은 반복이 전제되지 않는 경우에도 상호 협력하는 성향이 있다는 것이다. 이 논점에 대한 상론은 본고의 논의범위를 넘어서므로 여기서는 상술하지 않겠지만, 향후 관련된 후속연구를 기약하는 바이다.[65]

VI. 결론: 진화적 동인에 기초한 법적 규율의 방향과 한계

'법과 진화론'의 관계에 대해 상기 고찰한 바에 따르면 가족법이나 형법을 비롯한 여러 법률의 배후에는 적응적 기능과 진화론적 유래가 있다는 명제를 도출해 낼 수 있다. 우리가 알고 있는 법의 배후에는 특정한 목적을 위한 '문화적 힘'도 작용하고 있겠지만, 그보다도 인간의 생물학적 적응도를 높여주는 진화론적 동인이 자리잡고 있다는 것이 본고의 주된 논제이다. 그렇다면 이러한 결론은 서두에서 제기한 문제에 대해 어떤 시사점을 제공해 줄 수 있는 것일까?

첫째, 인간(성)의 본질에 대한 재조명을 통해 인공지능 등 유사인격체와의 구별점을 제시해 줄 수 있다. 법의 배후에 진화론적 동인이 있다는 사실은 곧 법이 규율하고자 하는 인간 행동의 배후에는 진화론적

---

65) 인간의 협력적 성향의 동인에 대해 (진화)게임이론을 원용해 포괄적인 연구를 수행한 문헌으로는 최정규, 이타적 인간의 출현 (뿌리와이파리, 2004); 마틴 노왁·로저 하이필드/허준석 역, 초협력자 (사이언스북스, 2012) 참조. 이와 관련해 인간의 본성에 팃포탯 성향이 내재하게 된 이유를 진화적 적응환경(EEA)에서 팃포탯이 진화적으로 안정한 전략(ESS)이었기 때문일 것으로 추정하는 견해로는 김혜경·안성조·양천수·윤진수·한상훈, 법과 진화론 (법문사, 2016), 128-130면 참조.

동인이 있다는 사실과 맞물려 있다. 일단 법이 장려하고자 하는 인간의 행동은 대부분 본성적인 것들이다. 이때 본성적이라 함은 진화된 심리적 메커니즘의 발현에 해당하는 행동들이라는 뜻이다. 혼인이나 상속은 법을 통해 장려하고자 하는 행위이다. 반면 타인에 대한 살인과 폭력 등 법익침해 행위에 대해 적절한 응보를 가해 제재하고자 하는 전략(팃포탯 전략) 역시 적응적 이점이 있기 때문에 진화한 본성적 행동이라고 볼 수 있다. 그렇다면 법적 규율 방향을 진화적 동인에 기초해 크게 대별해 보면 첫째로 가족법상의 혼인이나 상속규정처럼 인간의 진화적 본성 그 자체를 허용하고 촉진하는 방향과, 둘째로 법의 처벌규정처럼 특정한 법익침해 행위에 대한 적절한 제재를 통해 집단 내 협력행동을 촉진하는 방향으로 나눌 수 있을 것이다. 어느 경우이건 적응도를 높이는 규율 방향이란 점에서 진화적 동인에 기초해 있다고 볼 수 있을 것이고, 이 점은 포스트 휴먼 시대라 하더라도 '법의 작동 기제'와 관련해 여전히 유효한 명제라 할 것이다. 이러한 판단에 입각해 보면 인공지능 등 기계적 유사 인격체와 결혼을 한다든지, 유산을 나누는 행위는 '문화적 측면'에서 가능할 수 있을지 모르겠지만, 적어도 '진화적 동인'의 측면에서는 무가치한 행위가 될 수 있을 것이다. 로봇과의 결혼이나 유산 상속의 경우, 법을 통해 이러한 행위를 장려함으로써 얻을 수 있는 본래적 의미의 적응적 이익이 결여되어 있기 때문이다. 그렇다면 포스트 휴먼 시대의 가족법의 규율 방향은 '법의 진화적 본성'이 우세하게 작동하는 한 새로운 유사 인격체를 편입시키지 않고 기존의 체제를 유지하는 쪽으로 결정될 가능성이 크다고 생각된다.66)

---

66) 이와 관련해 최근 "인간과 로봇의 결혼 2050년께 현실화할 듯"이라는 표제의 흥미로운 기사가 실렸다(중앙일보, 2016. 12. 27). 이에 따르면 "영국 런던 골드스미스대에서 열린 '로봇과 나누는 사랑과 섹스'(LOVE AND SEX WITH ROBOTS)라는 주제의 콘퍼런스에서 이 같은 주장이 화제를 모았[고] 2007년 같은 제목의 책을 출간했던 인공지능 전문가인 데이비드 레비 박사는 19~20일 열린 콘퍼런스 마무리 발언에서 '반려 로봇과 배우자 로봇은 거스를 수 없는 대세'라며 '인간과 로봇 간 결혼도 2050년쯤 합법화될 것'이라고 전망했다."고 한다. 터무니없다고 여길 수 있겠지만 35년 전에는 동성애도 그렇게 여겨졌다는 전문가의 의견도 함

둘째, 우리는 상기 고찰을 통해 형법적 규율의 한계에 대한 시사점을 얻게 된다. 서두에서 '인공지능'은 '진화의 산물'로서의 법을 관념할수 없는 존재라는 점에서 인간과 차이가 있다고 하였다. 그렇다면 인공지능 로봇의 범법행위를 처벌하는 것은 부당한 것일까? 일견 그렇게 보인다. 로봇에 대한 형사처벌이 가져 올 수 있는 적응적 이익이 없다면 말이다. 하지만 오늘날 인공지능은 이미 초보적 수준이지만 '자의식'을지닐 수 있는 수준으로 발달했고, 향후 고통을 느낄 수 있고 도덕적 추론을 할 수 있도록 프로그래밍하는 것이 가능할 것이라는 전망도 유력하다.[67] 이는 매우 의미심장한 전망이다. 인공지능도 자기성찰능력을통해 도덕적 추론을 할 수 있는 단계로 발달할 수 있음을 의미하기 때문이다. 만일 이러한 전망이 타당하다면 향후 형벌의 의미를 이해하고형벌의 위하력에 의해 협력적 행동을 취할 수 있는 인공지능 기계의 탄생도 가능할 것이다. 이러한 단계에 도달한 유사 인격체가 존재한다면이들에게도 제재를 통해 협력행동을 이끌어 내는 '법의 진화적 본성'을관념할 여지도 생겨날 것이다. 하지만 여기에는 분명 일정한 한계가 있다. 우선 로봇 등 유사 인격체는 기본적으로 타인의 법익을 침해하도록프로그램되지 않을 것이므로 이들은 본래적으로 '협력적 행위주체'일 것이란 점에서 형사제재에 의해 협력행동을 강제하는 진화론적 기제가극히 제한적으로만 작동하는 대상일 것이다. 다음으로 생물학적인 측면에서 볼 때 인공지능 로봇은 사물을 식별할 수 있다고 하여도 인간의눈과는 완전히 다른 메커니즘을 통해 외부 환경을 인식할 것이고[68] 그

께 실렸다. 미래 예측은 자유다. 하지만 본고의 입장에서 보자면 이에 대한 적응적 근거가 더 있어야 신빙성이 있다. 단지 인간과 친숙해졌기 때문이 아니라(즉, 문화적 배경 때문만이 아니라) 그 배후에 이를 허용하고 합법화할 만한 진화적동인이 있어야 한다는 뜻이다. 동성애에도 일정한 적응적 기능이 있다고 보는 여러 연구가 있음에 유의할 필요가 있을 것이다. 이에 대해서는 앨런 S. 밀러·가나자와 사토시/박완신 역, 진화심리학 (웅진 지식하우스, 2012), 257면 이하 참조. 덧붙여, 동성애는 소수자의 인권 차원에서 다루어질 문제라는 점도 논급해 둘 필요가 있을 것이다. 단순한 적응적 차원을 넘어서는 문제라는 것이다.

67) 이 점에 대해서는 미치오 가쿠/마음의 미래 (김영사, 2014), 334면 이하.

러므로 인간의 의식을 구성하는 요소 중 가장 중요한 메커니즘 중 하나
인 시각경험이 우리와 다른 존재에게 인간과 동일한 감정과 의식, 정서
적 교감을 기대할 수 없다. 예를 들어 남녀를 구분하는 인공지능 로봇
도 현존하지만 과연 그 기계가 남성이 여성의, 또한 여성이 남성의 외
모와 표정과 몸짓으로부터 느끼는 감정을 모방할 수 있을까? 마찬가지
로 어느 낯선 사람의 행동이 나에게 호의적인지 위협적인지 '시각적으
로' 판단하는 것이 가능할까? 인간처럼 전망이 탁 트인 장소에 서면 안
정감을 느낄 수 있을까? 또 전술한 각각의 감정과 판단으로부터 그에
상응하는 육체적 반응을 인간과 같이 일으킬 수 있을까? 다른 인공지능
에 대한 복수심을 느낄 수 있을까? 그것은 거의 불가능하다고 본다. 그
러한 감정과 판단 및 육체적 반응과 행동전략은 인간의 오랜 진화사를
통해 자연선택된 심리적·육체적·전략적 메커니즘이기 때문이다. 인공
지능 프로그램이 아무리 발달을 거듭한다고 하더라도 인간의 진화된
기제 전체를 모방할 수는 없다. 그러한 기제 자체는 프로그래밍화될 수
있다고 하더라도 - 이 조차도 의심스럽지만 - 그 기제 활성화 내지 작동
은 외부 환경의 입력, 예컨대 시각적 정보와 결합되어 있기 때문이다.
그러므로 결국 로봇 등의 기계적 유사 인격체에게 형법이 보호하는 법
익 대부분, 예컨대 명예나 성적 자기결정권 등의 이해를 기대하기 어렵
다는 것이다.[69]

이상 본고에서는 법과 진화론의 관계를 고찰해 봄으로써 '적응'의
관점에서 인간(성)의 본질을 조명해 보았고, 이를 통해 포스트 휴먼 시
대에 법적 규율의 방향과 한계를 가족법과 형법의 영역에서 일부 사례
에 국한해 전망해 보았다. 모쪼록 본고의 시도가 향후 법의 본성에 대

---

68) 이 점에 대해서는 스티븐 핑커/김한영 역, 마음은 어떻게 작동하는가? (동녘 사이
언스, 2007), 22-30면. 즉 로봇은 눈앞에 있는 사람을 '움직이는 픽셀의 조합'으
로 인식할 뿐이다.

69) 뿐만 아니라 인공지능 로봇은 우리가 겪는 기본적인 사회화와 인간화 과정을 거
치지 않으므로 우리가 기대하는 것과 다른 판단과 반응을 보일 것이고 따라서
'인격적 상호작용'을 하는 데 커다란 장애가 발생할 것으로 전망한다.

한 종합적으로 이해와 바람직한 입법정책에 기여할 수 있기를 바라며,
관련된 후속연구를 기약해 본다.

§ 8. 대학 내 교수 성희롱의 법·제도적 방지책 수립을 위한 시론
- 예비적 고찰로서 성희롱의 유형화와 판단기준의 제안 -

[글소개]

이하의 글은 현대사회에서 빈번히 발생하여 중요한 일탈행위의 하나로 다루어지기 시작한 성희롱에 관한 것이다. 이미 성희롱은 일탈행위에 그치지 않고 아동복지법(제71조 제2호), 노인복지법(제55조의 3), 장애인차별금지및권리구제등에관한법률(제49조 제1항)에 의해서 형사처벌되고 있는 범죄이기도 하다. 우리는 앞에서 타인의 법익을 침해하지 않는 범위 내에서의 자유이익의 한계에 대해서 검토하며 그러한 판단을 가능하게 해 주는 인간의 인지적 기술로서 '관점의 교환'이라는 개념을 살펴본 바 있다. 그런데 이 관점의 교환능력은 비록 선천적으로 주어진 능력이기는 하지만, 주관적 인지편향을 극복해내기 위해서는 단지 수동적인 교환으로만은 부족하고, (실천)이성의 적극적 개입이 보충되어야만 객관적인 한계점을 발견해낼 있음을 논급한 바 있다.[1]

---

[1] 필자는 최근 다른 글에서 이러한 이성적 개입의 한 예로서 롤즈가 입론한 바 있는 '원초적 입장(original position)'에서 관점의 교환이 필요하다고 주장한 바 있다. 안성조, 인간의 존엄과 책임원칙, in: 인간 존엄과 가치의 형사사법적 실현 (한국형사정책연구원, 2019), 141-143면. 잘 알려져 있다시피, 원초적 입장에서는 합의의 당사자들이 성별, 계층, 인종, 국적, 종교 등 모든 우연적이고 임의적인 요소를 제거한 '무지의 베일(veil of ignorance)' 하에서 말 그대로 '원초적으로 평등한 위치'에서 합의를 하기 때문에 그 자체로 정의로운 것이 된다. 이 입장에서는 자신이 가장 불리한 처지에 놓여 있을 수 있다고 가정해야 하기 때문에 성희롱 사례의 경우 피해자 여성의 입장을 고려하는 것이 중요한 기준이 된다.

흔히 '관점의 교환'을 통한 상호이해가능성에 대한 비판적 입장에서
가해지는 논거는 일정한 경우에는 관점의 교환을 하더라도 양자의 입
장의 차이가 좁혀지지 않는다는 것이다. 그 대표적 사례로 성희롱이 언
급되기도 한다. 남성과 여성의 성에 대한 인지편향은 양자의 관점의 차
이를 좁히지 못한다는 것이다. 특히 가설적 관점교환을 남성이 할 경우,
남성과 다른 피해자 여성의 성심리(different sexual psychology)를 쉽게
이해하지 못하는 경우가 많이 발생한다는 것이다. 특정한 남성적 인지
편향에 사로잡혀 여성의 피해의식을 충분히 헤아리지 못하기 때문이다.
그렇다면 성희롱은 가해자와 피해자 사이의 이해관계가 극렬히 상충하
여 정당한 해법을 찾을 수 없는 미궁으로 남을 수밖에 없는 것일까?

이에 대한 답은 그렇지 않다는 것이다. 과학자들은 다양한 학제연구
를 통해 여성의 성심리가 남성의 그것과 다를 수밖에 없음을 밝혀내고
있다. 달리 말하면, 성에 대한 여성의 인지편향은 남성과 선천적으로 다
르며, 따라서 만일 성희롱 가해자가 남성일 경우에는 가설적 관점의 교
환을 할 때 이러한 측면을 적극적으로 고려해야 할 것이므로, – 롤즈
가 논급한 '원초적 입장(original position)'을 취해 본다면 충분히 가능한
일이다 – 결과적으로 가해자 남성은 평균적 피해자 여성의 인지편향
을 가설적 관점교환을 통해 이해할 수 있기 때문이다. 물론 피해자 여
성도 이러한 지식에 기반하여 관점교환을 통해 평균적 남성의 인지편
향을 이해할 수도 있다. 하지만 문제는 피해자 여성의 입장에서는 그러
한 이해에 다다르더라도 성적 수치심 자체를 극복하거나 회피할 수 없
는 것이고, 따라서 이 경우 관점의 교환의 기준은 가해자측이 아닌 피
해자측의 인지편향에 맞추어져야 한다. 이는 마치 어느 정신질환자의
범행으로 상해를 입은 피해자가 그 가해자의 정신의학적 상태를 이해
하게 되었다 하더라도 이미 발생한 피해가 회복되지는 않는 것과 같다
고 볼 수 있다. 이는 또한 어떤 가해자와 피해자 사이의 단순한 주관적
인지편향(피해를 축소시키거나 확대시킴)과는 다른 성격의 문제임이 명
백하다. 그러므로 가해자 남성 역시 이와 같은 가설적 관점의 교환을 통
해 자신의 책임을 인정함은 물론 응분의 대가를 진정으로 받아들일 수

있게 된다.

이하의 글은 주로 진화심리학적 관점에서 성적으로 접근하는 행위에 대한 남녀 간의 생래적인 인지편향이 어떠한 진화심리적 기제에 의해 발생하게 되었는가를 해명하고, 이로부터 그와 같은 인지편향을 법이 고려해야 함을 논증하고 있는 논문이다. 성희롱 문제는 관점의 교환이 단지 수동적인 차원에 머물러서는 안 되며, 적극적으로 (실천)이성을 활용해야 하는 이성적 작업임을 잘 보여주는 대표적 사례임을 독자들이 확인할 수 있기를 기대한다.2)

I. 서론: '냉정'과 '열정' 사이?

2015년 2월 11일, 서울대학교 학부·대학원생들은 일부 교수들의 성희롱 및 성추행 등의 문제를 근본적으로 해결하기 위해 '서울대 교수 성희롱, 성폭력 문제해결을 위한 공동행동'을 출범시켰다.3) 이보다 조금 앞선 시기에 하버드 대학 당국은 교수들이 자신이 가르치는 학부 대

---

2) 이 논문이 발표된 이후 대법원은 "법원이 성희롱 관련 소송의 심리를 할 때에는 그 사건이 발생한 맥락에서 성차별 문제를 이해하고 양성평등을 실현할 수 있도록 '성인지 감수성'을 잃지 않아야 한다(양성평등기본법 제5조 제1항 참조)."는 전제 하에 "원고의 행위가 성희롱에 해당하는지 여부는 가해자가 교수이고 피해자가 학생이라는 점, 성희롱 행위가 학교 수업이 이루어지는 실습실이나 교수의 연구실 등에서 발생하였고, 학생들의 취업 등에 중요한 교수의 추천서 작성 등을 빌미로 성적 언동이 이루어지기도 한 점, 이러한 행위가 일회적인 것이 아니라 계속적으로 이루어져 온 정황이 있는 점 등을 충분히 고려하여 우리 사회 전체의 일반적이고 평균적인 사람이 아니라 피해자들과 같은 처지에 있는 평균적인 사람의 입장에서 성적 굴욕감이나 혐오감을 느낄 수 있는 정도였는지를 기준으로 심리·판단하였어야 옳았다." 판시함으로써 결과적으로 본고에서 주장한 '합리성 여성기준'과 동일한 기준을 채택한 것으로 평가할 수 있다고 보이며, 고무적인 판결이라고 생각한다. 대법원 2018. 4. 12. 선고 2017두74702 판결 [교원소청심사위원회결정취소]) 참조.

3) 뉴스한국 (2015.2.11).

학생들과 성적 관계나 낭만적 관계(sexual or romantic relationships)를 갖는 것을 일절 금지한다고 성명을 통해 밝혔다.[4]

우리나라와 미국의 대표적 상아탑에서 이와 같은 일들이 비슷한 시기에 발생한 것은 무척 흥미롭고 세간의 이목과 관심을 집중시키기에 충분하다. 많은 사람들이 의아해 할 것이다. 왜 높은 학식과 인격, 도덕성이 요구되는 유수의 대학에서마저도 교수와 학생 간 성적 갈등이 그토록 문제시될 수밖에 없는 것일까? 성희롱 문제의 공론화는 국내외를 막론하고 사회 각 영역에서, 특히 직장 내 성희롱을 중심으로 전개되어 왔고, 그동안 연구성과와 법제화에 있어 상당한 진척을 이루어낸 것으로 보인다. 반면 상대적으로 대학 내 교수와 학생 간 성희롱 문제는 뚜렷한 연구성과나 법제도적 조치가 미흡한 것으로 판단된다.[5] 이에 본고에서는 대학 내 성희롱이 발생하는 주된 원인은 어디에 있는지 검토해보고, 나아가 그 방지대책은 무엇인지 논구해 보고자 한다.

교사와 학생 간의 '친밀한' 관계와 '은밀한' 관계의 경계에 관한 문제는, 지금도 여전히 호사가들에게는 흥미로운 이야깃거리겠지만, 오랜 역사를 지닌 듯 보인다. 고대 그리스의 학교에서는 교사와 (동성) 학생 간의 '사랑', 즉 '男色'이 만연했던 것으로 알려져 있다. 그 당시 그리스인들은 그러한 남색전통이 '이상적으로는' '교육적 효과'를 가져올 수 있다고 생각해 장려했다고 한다. 즉 교사는 학생에 대한 깊은 애정을 통해 그들을 보호하고 올바르게 성장하도록 돕고 싶다는 강력한 욕구를 느끼게 되고, 학생은 이에 대한 감사와 감탄의 감정을 깊이 느끼게 되는 효과를 가져올 수 있다는 것이다.[6] 하지만 그러한 그리스적 전통

---

4) The New York Times (Feb. 5, 2015).

5) 가장 최근의 연구로는 '김엘림, 교수의 성희롱에 관한 법적 분쟁, 이화여대 법학논집 제20권 제3호, 2016'을 찾아볼 수 있다. 동 문헌에 의하면 지금까지 교수의 성희롱을 주제로 한 논문은 '조주현, 대학 내 교수 성희롱의 성차별적 특징 : 세 대학 사례를 중심으로, 젠더와 문명, 2008'밖에 없다고 한다. 하지만 교수의 성희롱을 비중있게 다루고 있는 논문으로는 '나윤경·노주희, 대학 내 성폭력 가해자 연구, 여성학논집 제30집 제2호, 2013'도 있다.

6) 로베르 플라실리에르/심현정 역, 고대 그리스의 일상생활, 우물이 있는 집, 2004,

하에서도 그들 간의 육체적 관계는 엄격히 금지된 것으로 보인다. 여하튼 이러한 역사적 사료를 토대로 대학 내 교수 성희롱을 선의로 해석하자면 학생에 대한 '열정'과 교수로서의 '냉정' 사이에서 발생하는 '미묘한' 문제로 미화시켜 볼 수 있겠지만, 성희롱의 발생원인에 대한 최근의 각종 연구를 보면 이 문제는 그렇게 간단치 않은 문제로 보인다. 하버드에서 '성적' 관계뿐만 아니라 일체의 '낭만적' 관계를 금지하겠다는 입장을 표명한 것이 이러한 고충을 잘 드러내 보여준다.

오늘날 성희롱이 발생하는 상황은 다양한 맥락에서 찾아볼 수 있다. 직장, 대학, 군대, 공공기관, 각급 학교와 헬스클럽, 주점, 길거리 등에서 동료들 간, 상급자와 부하직원 간, 교수와 학생 간, 우연히 만난 사람들 간에 벌어진다. 또 관련 연구에 의하면 성희롱은 모든 사회적 계층, 모든 직업군, 모든 연령층에 침투해서 발생한다. 반드시 상급자가 하급자에게 가하는 것도 아니고, 고학력자가 저학력자에게 행하는 것도 아니다.[7] 이 중 본고에서 다루고자 하는 성희롱은 대학 내, 그 중에서도 교수의 학생에 대한 성희롱에 국한시키고자 한다. 교수 성희롱 문제는 대학은 물론 우리사회 전체에서도 매우 중요하고 민감한 문제이며, 이에 대한 대응책의 강구는 보다 연속적이고 심층적인 연구가 필요하다고 본다. 따라서 본고는 교수 성희롱의 문제를 다루는 데 있어서 우선 그 예비적 고찰단계로서 성희롱이 발생하는 맥락의 유형화를 시도해 보고자하며, 성희롱을 판단하는 기준으로서 현재 대립하고 있는 '합리적 인간'과 '합리적 여성' 중 어느 것이 더 타당한 것인지, 선행연구를 검토해 봄과 동시에 진화심리학의 관점을 원용해 타당한 기준을 제시해 보

184-187면. "이는 재능이 많은 젊은 영혼에 애착을 갖는 사랑이며 우정을 통해 그를 미덕에 이르도록 하는 사랑이다."는 말이 그들의 남색전통에 대한 지지를 잘 드러내 보여준다. 플라톤도 "남색관계가 아름다움과 선을 향해 영혼이 고양되도록 만들어 주는 필요조건이며 진정으로 수준 높은 모든 지식을 이끄는 원리"라고 했다고 한다. 이에 대해서 앞의 책, 188면.

7) Afroditi Pina, Theresa A. Gannon, & Benjamin Saunders, An overview of the literature on sexual harassment: Perpetrator, theory, and treatment issues, *14 Aggression and Violent Behavior* (2009), at 129.

고자 한다. 이 외에 중요한 쟁점인 성희롱의 '범죄화' 문제, 즉 형사처벌
가능성8)과 대학 내 제도적 방지책의 마련에 대해서는 추후 후속논문에
서 다루어 보고자 한다.

II. 성희롱을 바라보는 두 가지 대립되는 관점

1. 성희롱의 개념정의와 용어의 적절성

우선 '성희롱'의 개념을 살펴볼 필요가 있다. 성'희롱'이란 측면에서
먼저 고찰해 보자면, 사전적으로 '희롱'이란 첫째 "말이나 행동으로 실
없이 놀림", 둘째 "손아귀에 넣고 제멋대로 가지고 놂", 셋째 "서로 즐
기며 놀리거나 놂" 등의 용례로 쓰인다. 이 중에서 사회적으로 '문제
시9)되는 것은 첫째와 둘째 용례로 상대 '성'을 '희롱'하는 것만 해당한
다고 볼 수 있을 것이다. 예컨대 교수가 여러 사람이 모인 자리나 개인
연구실에서 지도학생의 신체적 특징이나 외모와 관련해 '성적 수치심
또는 모멸감'을 느낄 수 있는 발언을 '실없이' 한다든지, 아니면 교수로
서의 지위를 이용해 여학생 또는 남학생을 성적 욕구 충족의 대상으로
'제멋대로 가지고 노는' 경우에 성희롱이 성립한다고 말할 수 있다. 이
처럼 셋째 용례를 제외하는 것은 '성희롱'의 사전적 의미, 즉 "상대편의
의사에 관계없이 성적으로 수치심을 주는 말이나 행동을 하는 것"에도

---

8) 물론 이미 성희롱은 아동복지법(제71조 제2호)과 노인복지법(제55조의 3), 장애
   인차별금지및권리구제등에관한법률(제49조 제1항)에 의해서 형사처벌되고 있으
   나 향후 본고에서 다루고자 하는 쟁점은 성희롱 일반에 대한 범죄화 가능성의
   문제이다. 현행 성폭력범죄의처벌등에관한특례법에 성희롱 관련 처벌규정을 신
   설해 성희롱을 형사처벌할 수 있도록 해야 한다는 견해로는 이수창, 성희롱 행위
   에 대한 형사법적 규제, 형사법의 신동향 통권 제44호 (2014) 참조.
9) 성희롱이 사회적 문제가 되어 연구대상이 되기 시작한 것은 불과 30여 년밖에
   되지 않는다. Afroditi Pina, Theresa A. Gannon, & Benjamin Saunders, *Ibid.*, at
   126.

잘 부합된다. 요컨대, 서로 즐기며 성적 농담이나 언행을 주고받을 수 있지만, 그것이 상대방의 의사에 반하는 경우는 '성희롱'이 된다는 것이다.

다음으로 'sexual harassment'의 번역어로 오늘날 널리 통용되고 있는 '성희롱'이란 용어의 적절성에 대한 논란을 짚고 넘어 갈 필요가 있다. 그 논란의 요체는, 원래 'sexual harassment'는 '원하지 않는 성적 구애(sexual advance)'를 뜻하는 용어로서 강간과 강제추행을 포함해 성적 갈등을 야기하는 일체의 행위를 의미하나 '희롱'이라는 번역어로 인해 '성적 농락' 또는 '성적인 장난'만을 지칭하는 효과를 가져와 '의도적인 성적 괴롭힘이나 성적 학대'를 포함하는 섹슈얼 허래스먼트의 뜻을 모두 담아내는 데 한계가 있다는 것이다.[10) 당초 1990년대 '성희롱'이란 용어가 등장할 당시에는 우리나라의 가부장적 문화로 인해 남성들의 소소한 성적 희롱에 대해 법적 제재가 가능하도록, 즉 성적 희롱을 대수롭지 않게 여기고 행하던 남성 권력에 경종을 울리려는 배경에서 동 용어가 사용되기 시작했으나, 결과적으로는 본래적인 의미에서 벗어나 오늘날 일상적 언어관행에 의하면 성희롱은 강제추행, 강간보다는 불법의 정도가 적은 경우를 뜻하는 용어로 자리잡게 되었다는 것이다. 논자에 따라서는 이러한 반성적 고찰에서 성희롱보다는 '성적 괴롭힘'이라는 용어로 대체할 것을 제안하기도 한다.[11)

생각건대 성희롱이든 성적 괴롭힘이든 후술하는 바와 같이 법적으로 정의규정이 갖추어져 있다면 어떤 용어를 선택하든 중대한 문제는 없다고 보인다. 언어관행에 따라 전자는 (법적 제재가 필요한) 가벼운 형태의 섹슈얼 허래스먼트를 지칭하고 후자는 의도적이고 심각한 형태의 섹슈얼 허레스먼트를 지칭하는 것으로 편의상 구분해 볼 수 있다면 양자는 맥락에 따라서 혼용가능한 용어로 파악하는 것이 각각의 섹슈얼 허래스먼트 사례를 적절히 기술함에 있어서 효과적일 것이다. 따라서 본고에서는 원칙적으로 '성희롱'이란 용어를 사용하되, 필요할 경우

10) 한희정·전해정, 한국사회의 성희롱 개념 연구: 국내학술지를 중심으로, 사회과학 연구논총 제31권 제1호 (2015), 89면 참조.
11) 한희정·전해정, 앞의 논문, 115면 참조.

'성적 괴롭힘'이라고 표현하기로 한다. 다만 성희롱(성적 괴롭힘)이란 행위태양의 범위를 강간이나 강제추행 등을 포함하는 것으로 볼 것인지, 아니면 그보다는 불법의 정도가 약한 범위로 제한할 것인지는 실무적으로 매우 중요한 차이를 가져올 수 있다는 점은 각별히 주의할 필요가 있을 것이다. 전자의 경우라면 '성희롱적' 강간이나 강제추행이라는 행위태양이 신설되는 것이고[12], 후자의 경우라면 강간이나 추행의 정도에는 이르지 못한 행위를 과연 형사처벌할 수 있는지, 만일 처벌할 수 있다면 과연 어떤 범위 내에서 가능한지에 논의의 초점이 맞추어 질 것이기 때문이다.[13]

성희롱의 전형적 사례는 다음과 같을 것이다.

"[속옷 사례] 인천 구청의 한 간부가 근무시간에 낮술을 마시고 여기자에게 속옷을 사주겠다고 회롱했다가 징계를 받았다. 16일 인천시에 따르면 인천 모 구청 간부 A씨는 지난달 말 점심때 술을 마신 뒤 평소 안면이 있는 여기자 B씨에게 전화를 걸어 속옷을 사주겠다고 했다. B씨는 불쾌감을 표시하며 거절의 뜻을 밝혔지만 A씨는 B씨가 근무하는 사무실로 속옷을 택배로 보냈다. 구는 B씨로부터 항의를 받고 감사 조사와 시 징계위원회를 거쳐 A씨를 주민센터 동장으로 전보 조치하고 3개월 감봉처분을 내렸다. A씨와 당시 속옷가게에 함께 있던 B팀장은

---

12) '성희롱적' 강간이나 강제추행이란, 곧 '업무와 관련하거나 지위를 이용하여' 강간이나 강제추행을 하는 경우로 강간이나 강제추행에 대한 가중적 구성요건으로 볼 수 있을 것이다. 한편 만일 성희롱을 강간이나 강제추행을 포함하는 일체의 성적 자기결정권 침해행위로 규정하지 않고, 강간이나 강제추행과 대등한 수준의 불법으로 바라보게 되면, 성희롱적 강간 등이 발생했을 경우 성희롱과 강간 등 죄의 상상적 경합 또는 실체적 경합이 성립할 수 있을 것이다. 성희롱은 성적 자기결정권 뿐만 아니라 평등권, 노동권 등의 중대한 법익을 침해하는 행위이므로 강간 등과 대등한 수준의 별개의 불법유형으로 보아야 한다는 견해로는 김예지, 인권감수성을 지닌 판결을 통한 직장 내 성희롱 피해자 구제를 위하여, Ewha Law Review 제5권 제2호, 2015, 95면 참조.
13) 이와 관련해 신체적 성희롱은 물론 언어적, 시각적 형태의 성희롱에 대해서도 형사처벌을 부과할 수 있다고 보는 견해로는 정도희, 직장 내 성희롱피해 개념 및 형사처벌, 피해자학연구 제22권 제1호, 2014, 183면.

견책처분을 받았다."14)

 남녀고용평등과 일·가정 양립 지원에 관한 법률 제2조에 의하면 '직장 내 성희롱'이란 "사업주·상급자 또는 근로자가 직장 내의 지위를 이용하거나 업무와 관련하여 다른 근로자에게 성적 언동 등으로 성적 굴욕감 또는 혐오감을 느끼게 하거나 성적 언동 또는 그 밖의 요구 등에 따르지 아니하였다는 이유로 고용에서 불이익을 주는 것"을 말한다.15)

---

14) 연합뉴스 (2015. 4.16).

15) **제14조(직장 내 성희롱 발생 시 조치)** ① 사업주는 직장 내 성희롱 발생이 확인된 경우 지체 없이 행위자에 대하여 징계나 그 밖에 이에 준하는 조치를 하여야 한다.

 ② 사업주는 직장 내 성희롱과 관련하여 피해를 입은 근로자 또는 성희롱 피해 발생을 주장하는 근로자에게 해고나 그 밖의 불리한 조치를 하여서는 아니 된다.

 제14조의2(고객 등에 의한 성희롱 방지) ① 사업주는 고객 등 업무와 밀접한 관련이 있는 자가 업무수행 과정에서 성적인 언동 등을 통하여 근로자에게 성적 굴욕감 또는 혐오감 등을 느끼게 하여 해당 근로자가 그로 인한 고충 해소를 요청할 경우 근무 장소 변경, 배치전환 등 가능한 조치를 취하도록 노력하여야 한다.

 ② 사업주는 근로자가 제1항에 따른 피해를 주장하거나 고객 등으로부터의 성적 요구 등에 불응한 것을 이유로 해고나 그 밖의 불이익한 조치를 하여서는 아니 된다.

 제37조(벌칙) ② 사업주가 다음 각 호의 어느 하나에 해당하는 위반행위를 한 경우에는 3년 이하의 징역 또는 2천만원 이하의 벌금에 처한다.

 2. 제14조제2항을 위반하여 직장 내 성희롱과 관련하여 피해를 입은 근로자 또는 성희롱 발생을 주장하는 근로자에게 해고나 그 밖의 불리한 조치를 하는 경우

 제39조(과태료) ① 사업주가 제12조를 위반하여 직장 내 성희롱을 한 경우에는 1천만원 이하의 과태료를 부과한다.

 ② 사업주가 다음 각 호의 어느 하나에 해당하는 위반행위를 한 경우에는 500만원 이하의 과태료를 부과한다. 1. 제14조제1항을 위반하여 직장 내 성희롱 발생이 확인되었는데도 지체 없이 행위자에게 징계나 그 밖에 이에 준하는 조치를 하지 아니한 경우

 2. 제14조의2제2항을 위반하여 근로자가 고객 등에 의한 성희롱 피해를 주장하거나 고객 등으로부터의 성적 요구 등에 불응한 것을 이유로 해고나 그 밖의

이러한 정의에 따르면 성희롱의 핵심은 '지위를 이용하거나 업무와 관련하여' '성적 언동'으로 타인에게 성적 '굴욕감 및 혐오감'을 주거나 불이익을 주는 행위라는 데 있음을 확인할 수 있다. 이를 학교에 적용해 보면, 성희롱이란 교육기관의 종사자가 그 직위를 이용하거나 교육과 관련하여 성적 언동 등으로 굴욕감 또는 혐오감을 느끼게 하거나 성적 언동 기타 요구 등에 대한 불응을 이유로 학생의 수업 상 불이익을 주는 것을 말한다고 볼 수 있고, 더 나아가 교육과 관련된 장소에서 학생의 의사와 관계없이 행해지는 성적 언동으로, 그러한 언동의 수용이 명시적 혹은 묵시적으로 피해자의 학업의 조건이 되는 경우, 그러한 언동의 거부가 피해자의 학업상의 결정에 영향을 미치는 경우, 그러한 언동이 피해자의 학업생활에 지장을 초래하거나 사기 저하 및 불쾌한 학업분위기를 조성할 의도를 띠거나 결과적으로 그러한 효과를 발생하는 경우 등 피해자에게 정신적, 육체적, 사회적 피해를 입히는 경우에 이를 '학교 내 성희롱'으로 정의할 수 있을 것이다.

또 국가인권위원회법 제2조 제3호에 의하면 성희롱이란 "업무, 고용, 그 밖의 관계에서 공공기관(국가기관, 지방자치단체, 「초·중등교육법」 제2조, 「고등교육법」 제2조와 그 밖의 다른 법률에 따라 설치된 각급학교, 「공직자윤리법」 제3조의2제1항에 따른 공직유관단체를 말한다)의 종사자, 사용자 또는 근로자가 그 직위를 이용하여 또는 업무 등과 관련하여 성적 언동 등으로 성적 굴욕감 또는 혐오감을 느끼게 하거나 성적 언동 또는 그 밖의 요구 등에 따르지 아니한다는 이유로 고용상의 불이익을 주는 것"을 말한다.

이밖에도 전문가들의 성희롱에 대한 정의를 보면, "권한이나 지위가 대등하지 못한 사이에서 원하지 않는 성적인 접근이 일어나게 되는 행위", "성을 소재로 하여 상대의 인권을 침해하는 언행으로서, 불필요하며 불유쾌한 접촉, 용모에 대한 성적 언급이나 농담을 비롯하여 노골적인 성적 유혹과 성적 공격행위" 등이 있고, 이 중에서 핵심적 표지를

불이익한 조치를 한 경우

추출해 보자면, "권한을 이용한", "원치 않는 성적 언행"으로, "인권을 침해하는 행위"라는 요소들을 확인할 수 있고, 이는 전술한 성희롱 개념과 비교해 볼 때 대동소이함을 알 수 있다. 김엘림 교수의 분석에 의하면 국제기구의 문서, 국내외 법규와 판례 및 결정례들이 성희롱을 규정하는 공통된 표지는 '업무와 관련하거나 지위를 이용하여', '상대방이 원하지 않는 성적인 말과 행동'을 함으로써 '피해를 발생시키는 행위'라는 세 가지 요소로 구성된다.16)

다음의 국가인권위원회의 결정례가 성희롱의 개념을 잘 정리해 주고 있다고 본다. "성희롱은 비록 일회적이라도 상대의 의사에 반하는 무례하고 불쾌한 행위이며, 행위자의 의도와 상관없이 그 결과로 상대방의 존엄성을 침해하고 위협적, 굴욕적 또는 모욕적인 환경을 조성하는 행위이다."17)

2. 성희롱은 '권력'과 '불평등'의 문제일까?

성희롱의 본질을 해명하고자 하는 시각은 크게 두 가지로 대별된다. 그 하나는 성희롱이 '권력'과 '불평등'에서 비롯된다는 관점이고, 다른 하나는 성희롱은 남녀 간 인지적 편향에서 비롯된 '성적 갈등'의 문제라는 관점이다.

우선 성희롱이 단순히 남성의 여성에 대한 성적 접근 상의 갈등의 문제로만 보기 어렵다는 점은 실제로 우리 사회에서 사회적 지위가 있는 여성에 의한 성희롱도 발생하고 있다는 사실에서 잘 드러난다. 최근에 다음과 같은 기사가 보도된 바 있다.

"[여교수 사례] * * 과학기술대학교는 15일 이 대학 여교수 A씨가 학생들을 성희롱한 것과 관련해 지난 2월 정직 3개월 처분을 받았다고 밝혔다. A씨는 지난 해 남학생 2명에게 성적 의도가 담긴 이메일과 SNS 메시지 등을 수개월간 보냈

---

16) 김엘림, 앞의 논문, 282면.
17) 국가인권위원회, 성희롱 시정 권고 결정례집(제2집), 2009, 08직차15 참조.

다. 이 같은 사실은 지난해 11월 피해 학생들이 교내 학생상담센터에 신고하면서 드러났다. 이들은 A씨가 "나랑 할래?" "네가 마음만 열어주면 남편과의 관계를 정리할게" 등의 메시지를 보내며 교수와 학생 이상의 관계를 요구했다고 주장했다. 또 A씨가 원하지 않는 술자리를 이어갔고, 술자리에서도 특별한 관계를 요구하는 발언을 해 성적 수치심을 느꼈다고 했다. 이에 대해 A씨는 "이들은 평소 스스럼없이 얘기할 정도로 아끼는 학생"이라며 "학생들이 오해한 것일 뿐 성적인 의도는 전혀 없었다"고 해명했다. 하지만 대학 측은 성희롱 고충심의위원회를 열고 A씨가 사제지간의 수위를 넘어선 발언과 행동으로 학생들에게 수치심을 줬다고 판단해 정직처분했다."[18]

위 기사를 보면 성희롱은 '권력'관계에서 비롯된다는 점을 쉽게 이해할 수 있다. 교수의 우월적 지위를 이용해 여교수가 남학생을 성희롱한 것이다. 일반적으로 남자 교수가 여학생을 성희롱한다고 생각하지 쉽지만 위 사례는 그 정반대의 사례도 충분히 발생할 수 있으며 이를 가능하게 만드는 조건은 이른바 '갑을관계'라는 것이다. 그러한 권력관계가 주어진다면 성희롱은 성-중립적으로 발생할 수 있다.

성희롱을 '성차별'로 규정하며 법을 양성평등을 실현하기 위한 도구로 활용하고자 하는 입장에 서있는 페미니스트들은 성희롱은 "불평등한 관계의 맥락에서 상대방이 원하지 않는 성적 요구를 하는 것"이고, 이는 '명백히 불평등한 권력의 문제'이며, "집단으로서의 남성과 집단으로서의 여성의 구조적 위계 속에서 존재하는 것이며, 남성은 성희롱을 통해 여성을 종속시키고 자신들의 우월한 사회적 권력을 행사한다는 점에서 '불법적인 차별행위'"라고 주장한다.[19] 이들의 관점에서 성희롱은 분명 여성들에게 불리하게 작용하는 특수한 '문화'와 '사회구조'

---

18) 중앙일보 (2015. 4.15).

19) 이처럼 성희롱을 '여성의 종속'이라는 관점에서 바라보는 분석모델을 '종속/불평등 모델'이라고 한다. 미국의 대표적 페미니스트인 맥키넌이 이러한 입장에 서 있다. 맥키넌에 의하면 이러한 불평등한 위계구조는 자연발생적인 것이 아니라 '사회적 구성물'로서 '제도적 관행의 산물'이라고 한다. C. A. MacKinnon, Sexual Harassment of Working Woman: A Case of Sex Discrimination, New Haven: Yale University Press, 1979, at 1.

의 문제인 것이다.

다만 여기서 '권력'관계와 '불평등'의 내용을 두 가지 맥락에서 세분화할 필요가 있을 것이다.

우선, 주로 여성주의 진영에서 지적하는 성적 불평등과 차별의 맥락이다. 이른바 사회문화이론(sociocultural theory)에 따르면, 성희롱은 이미 우리사회에 존재하는 성적 불평등(gender inequality)과 성차별(sexism)의 논리적 귀결이라고 한다.[20]

다음으로 조직이론(organizational theory)에 의하면 조직 내에서 권력과 지위의 불평등(power and status inequalities within the organization)이 성희롱의 발생 가능성을 높인다고 한다. 즉 성희롱은 권력의 문제라는 것이다.[21]

이상 전술한 바와 같이 성희롱이 '권력'관계와 '불평등'등의 문제라는 지적은 두 가지 맥락, 즉 남녀 간 지위의 불평등 문제와 조직 내 지위의 불평등 문제를 모두 포함하는 것으로 이해할 수 있을 것이며, 따라서 조직이론에 의하면 성희롱은 성-중립적으로도 발생할 수 있다는 점이 이론적으로도 예측될 수 있다.

3. 성희롱은 '성적 갈등'의 문제일까?

그럼에도 불구하고 '성희롱'의 문제는 단순히 권력이나 불평등의 문제로만 보는 것은 충분하지 않다.[22] 성희롱의 근저에는 남과 여, 특히

---

20) Afroditi Pina, Theresa A. Gannon, & Benjamin Saunders, *Ibid.*, at 131.

21) Afroditi Pina, Theresa A. Gannon, & Benjamin Saunders, *Ibid.*, at 131.

22) 예를 들어 항공기 승무원(flight attendant)을 대상으로 조사한 연구에 의하면 그 (녀)들은 항공기 기장보다는 기내 청소부로부터 성적 제안(sexual overture)를 받았을 때 훨씬 더 위협적인 것으로 느꼈다고 한다. 이유는 상대적으로 높은 지위에 있는 기장은 실제로 자발적인 성적 파트너가 될 가능성도 높고 성적 구애시 물리적 강제력을 행사할 가능성도 적으며, 무모한 성적 접근으로 높은 수입의 직장을 잃으려고 하지는 않을 것인 바, 반면에 청소부의 경우는 그렇게 여기지 않

남성의 타고난 성적 본능이 자리잡고 있다는 사실을 부인할 사람은 아무도 없기 때문이다. 진화심리학자인 전중환 교수는 말한다. "여성주의 시각에서 성희롱은 남성이 권력을 추구하기 때문에 생긴다. 여성을 지배하려는 욕망이 성적으로 표출되어 허락 없이 엉덩이를 움켜쥐게 한다. 반면에, 진화적 시각에서 성희롱은 남성이 성을 (끊임없이) 추구하기 때문에 생긴다. 여성과 일시적 성관계를 맺으려는 욕망이 여성의 의도를 잘못 해석해서 여성의 허리를 툭 치게 한다."[23]

수많은 연구에서 밝혀진 바에 따르면 남자가 여자에 비해 단기적이고 우발적인 성관계에 훨씬 더 관심이 많다는 것은 명백하다. 고전적인 한 연구에서 남자 학부생 중에 처음 보는 매력적인 여성이 접근해오면 성관계에 응하겠다고 답한 비율이 75%에 이르렀으나, 반면에 처음 보는 매력적인 남성이 접근해올 때 성관계에 응하겠다고 답한 여자 학부생은 하나도 없었다. 성희롱에 관한 연구분야를 개척한 진화심리학자 킹슬리 R. 브라운에 의하면 성희롱은 두 가지 유형으로 분류할 수 있다고 한다. 그 하나는 '보상물(일이나 학업을 계속하거나 승진 또는 학위 취득을 위해 성관계를 요구하는 유형)' 사례고 다른 하나는 '적대적 고용환경(직장이 지나치게 성적으로 편향되어 있어서 차별로 인해 (여성) 근로자를 직장에서 안전하고 편안하게 느끼지 못하게 만드는 유형)'[24]

기 때문이라고 한다. 이러한 연구는 성희롱이 단순히 권력관계나 위계적 상하관계에 의해 발생한다는 설명에는 부합되지 않는다. 이 점에 대해서는 Susan Littler-Bishop et al., Sexual Harassment in the Workplace as a Function of Initiator's Status: The Case of Airplane Personnel, 38 J. Soc. Issues No. 4 (1982), at 137. 아울러 여성은 권력적 지위에 오르더라도 이를 이용해 강압적으로 부하 남성을 성희롱하는 경우는 드물다는 사실도 주목할 만하다. 진화심리학적으로 볼 때, 여성이 바라는 성적 파트너는 자신보다 더 지위가 높은 남성이기 때문이다.

23) 동아일보 (2010. 7.29).
24) 이 표현은 국가인권위원회가 "법률이 직장내 성희롱을 금지하고 제재하는 것은 성차별적 편견이나 권력관계에 근거하여 직장에서 직간접적으로 이루어진 성적 언동이 피해자의 근무환경을 악화시킴으로써 고용관계에서 비자발적으로 위축되거나 배제되는 것을 막자는 취지인 것이다"라고 판시한 결정을 참조. 이에 대해

사례라고 한다.25)

진화심리학자 앨런 S. 밀러와 가나자와 사토시에 의하면 보상물 또는 그와 유사한 유형의 성희롱은 "단기적이고 우발적인 성관계를 바라는 남자의 욕망이 여자보다 훨씬 강하다는 것 그리고 그들의 목적을 이루기 위해서라면 가능한 수단은 무엇이든 기꺼이 쓰겠다는 마음이 겉으로 나타나는 것"이다. 페미니스트들은 흔히 성희롱은 '성적 본능의 문제가 아니라 권력의 문제'라고 주장하지만,26) 반면 위 두 사람의 견

서는 국가인권위원회, 성희롱 시정 권고 결정례집(제1집), 2007, 06진차465. "일반적으로 직장동료나 상하관계에 있는 사람들 간의 대화는 당사자에게 전달되지 않더라도 근무환경에 영향을 미칠 수밖에 없다. 예컨대 직장 내에서 한 여성에 대하여 다른 직원들이 성적농담의 대상으로 삼는 경우 그 발언 당사자의 시각에서 이미 그 여성은 동등한 인격체의 직장동료로 간주되었다고 보기 힘들며 이는 직간접적으로 당해 여성의 근무환경에 영향을 끼칠 수밖에 없고, 실제로 직장이라는 좁은 환경의 특성상 다른 직원들을 통하여 전달될 개연성도 매우 높다고 할 것이다. 결론적으로, 지속적인 업무관계를 맺고 있는 직장 내에서 특정여성을 대상으로 성적 언동을 하는 것은 비록 당해 여성이 간접적으로 전해 들었다 할지라도 직접 들은 것과 마찬가지로 해당여성에게 정신적 스트레스를 주고 근로환경에 악영향을 줄 가능성이 높은 바, 이는 규제되어야 할 성희롱의 범주에 해당된다고 판단된다." 직장 내에서 남성 동료들 간 특정 여성을 두고 "그 여자는 내 것이니까 건들지 마라", "콜라에 약을 타서 어떻게 해보지 그랬냐?" 등의 발언을 한 사안.

25) 브라운의 구분법에 따른 명칭보다는 일반적으로 전자는 '조건형 성희롱', 후자는 '환경형 성희롱'으로 불린다. 김엘림 교수는 국내외의 입법례를 따라 구분해 보면, 성희롱은 크게 환경형, 보복형, 조건형(대가형)으로 나눌 수 있다고 한다. 환경형은 성적 굴욕감이나 혐오감을 주는 성적 언동을 지속적으로 하여 피해 당사자의 업무 환경을 악화시키는 유형이고, 보복형은 성적 언동을 거부한 것을 이유로 불이익을 주는 유형이며, 조건형은 성적 언동을 수용하면 업무상의 이익을 주겠다고 제안하여 부담을 주는 유형이다. 김엘림, 앞의 논문, 283면.

26) 성희롱을 순전히 성적 불평등의 문제라고 보는 시각에 대해서는 동성 간 성희롱(Homosexual Harassment)도 존재하고 남성 직원이, 남성으로서의 우월적 지위를 이용해 여성 상급자를 성희롱하지는 않는다는 예리한 비판이 있다. 이 점에 대해서는 Kingsley R. Brown, An Evolutionary Perspective on Sexual Harassment: Seeking Roots in Biology rather than Ideology, 8 J. Contemp. Legal Issue 5

해에 따르면 성희롱은 '둘 다의 문제'로서 "성희롱은 남자가 성적 욕구를 채우기 위해 권력을 이용하는 것"이다.[27] 즉, "성희롱이 오로지 권력의 문제라고 말하는 것은 은행 강도는 돈 문제가 아니라 총 문제일 뿐 (bank robbery is about guns, not about money)이라고[28] 말하는 것만큼이나 넌센스"라는 것이다.

Ⅲ. 성희롱의 유형화

1. 성희롱 유형화의 맥락의존성

TV의 한 법률상담 프로그램에서 직장 상사가 "골반라인이 섹시한데라고 말하면" 120만원, "여성의 팔 안쪽을 만지면" 1000만원, "러브샷을 강요하면" 300만원이라는 흥미로운 방송을 한 적이 있다. 이 방송의 하이라이트는 "상사가 여직원에게 처녀몸매같다고 말할 때 '내가봐도 그래'라고 했다면 당신도 손해배상을 해야한다"는 사회자의 마지막 정리멘트였다. 오늘날 성희롱이 얼마나 사회적으로 문제시되고 성희롱소송이 급증하고 있는지 잘 보여주는 예라 하겠다. 성희롱이 새로운 불법유형으로 자리잡기 시작한 것이다.

그런데 상사가 여직원에게 "골반라인에 섹시한데" 혹은 "처녀몸매같다"고 짓궂은 농담을 하는 맥락은 무엇일까? 진화심리학적 관점에 의하면 남녀 간 성차로 인해 그 여직원도 자신의 말을 즐길 것으로 또는 대수롭지 않게 여길 것으로 오인해서일수도 있을 것이고, 아니면 성희롱으로 여직원을 괴롭히려는 목적이 있을 가능성도 있다. 전자의 경우 '성차에서 비롯된 성희롱'이 되겠지만 후자의 경우는 앞서 언급한 바

(1997), at 57-58.

27) 앨런 S. 밀러·가나자와 사토시, 진화심리학, 웅진지식하우스, 2008, 222면 이하 참조.

28) 이러한 입장으로는 Kingsley R. Brown, *Ibid.*, at 47.

있는 "적대적 환경사례"에 해당한다고 말할 수 있을 것이다. 이처럼 성
희롱의 유형을 규정하는 데 있어서 맥락의존성이 작용함에 유의할 필
요가 있을 것이다.

2. 성희롱이 발생하는 맥락의 다층적 성격

오늘날 성희롱의 발생원인을 어느 하나의 요소로 설명하거나 성희
롱 현상을 가장 잘 설명해 주는 어떤 최선의 이론이 존재하지 않는다는
점은 일반적으로 받아들여지고 있다.[29] 이에 필자는 본고에서 성희롱을
단지 권력이나 성적 갈등의 문제로 이분화하기보다는 이를 세분화하여
평가하는 것이 바람직하다는 입장을 제시하고자 한다. 현대 사회에서
중대한 사회문제로 인식되고 있는 성희롱을 단지 '유행개념'[30]이 아닌
법적 개념으로 포섭하기 위해서는 성희롱 유형을 더 세분화하여 평가
하는 것이 필요하고 이러한 작업은 성희롱에 대한 법·제도적 방지책 마
련에도 훨씬 더 유용할 것이기 때문이다.

이하에서 성희롱의 발생 맥락을 중심으로 유형화한 사례는 엄밀히
말하면 어느 한 맥락에서 발생한 것이라고 규정할 수는 없고, 오히려
다양한 맥락이 복합적으로 작용해 성희롱이 발생한 것이지만, 사례의
특성상 가장 두드러진 맥락을 중심으로, - 예컨대 성차(sex difference),
성적 접근의도, 권력관계(power) 등 - 유형화를 시도해 본 것임을 미리
밝혀두고자 한다.

---

29) Afroditi Pina, Theresa A. Gannon, & Benjamin Saunders, *Ibid.*, at 130.
30) 성희롱을 하나의 '유행개념'으로 보면서, 성희롱에 포함되는 일탈행위들이 침해
    법익, 결과, 중대성, 일반인의 법의식 등 어떤 기준에 의해서든 체계적으로 분류
    될 수 없기 때문에 어떠한 법적 제재를 가할 것인지 결정할 수 없다는 견해로는
    이상돈, 형법학, 법문사, 1999, 88-89면 참조. "성희롱이라는 문제영역은 그 개념
    과 그 해악이 불분명하며, 사회구성원 간의 인식격차도 특별히 많은 분야"라는
    지적도 유사한 문제의식을 공유하고 있다. 홍성수, 성희롱에 대한 법적 규제와
    여성주체의 문제, 법철학연구 제12권 제2호, 2009, 208면 참조.

(1) 성차(sex difference)에서 비롯되는 성희롱

진화심리학자 전중환 교수는 여성이 보이는 미소가 남성에게는 성적 의도로 읽히는 경향이 있다고 지적한다. "남성은 여성이 그냥 예의상 짓는 눈웃음이나 상냥한 말투를 과장되게 해석해 그녀가 내게 푹 빠졌다고 추론하는 경향이 있다. 단순한 친절인지 성적인 의도인지 애매하다면 남성은 일단 성적인 의도를 읽어내고 본다. 이런 인지적 편향 탓에 성희롱이 종종 심각한 사회문제로 불거진다."는 것이다. 반면에 여성에게는 이러한 인지적 편향이 없다. 오히려 남성의 성적 의도를 축소해석하는 경향이 있다고 한다. 이러한 인지적 편향은 왜 생기는 것일까? 진화심리학적 설명에 의하면 수백만 년 전 여성의 성적 의도를 실제보다 확대해석했던 남성들이 오늘날 우리의 조상이 되었다고 한다. 왜냐하면 이들이 여성의 성적 의도를 있는 그대로 추론했던 남성들보다 생존과 번식에 더 유리했기 때문이다. 반면에 여성의 의도를 소심하게 과소평가했던 우리의 남성들은 여성과의 성관계 기회를 놓치게 되어 결국 후손을 남기지 못하는 결과를 맞이하고 말았다는 것이다. 따라서 남성의 마음은 되도록 여성의 성적인 의도를 지나치게 과대평가하는 오류를 잘 범하게끔 진화했고, 그것이 여성과는 다른 남성의 '진화된 심리적 메커니즘(EPM)'의 일부를 구성하고 있다고 설명한다. 반대로 여성의 경우는 평생 낳을 수 있는 자식의 수가 제한되어 있으므로 여러 남성과 성관계를 함으로써 얻을 수 있는 이익이 상대적으로 적어 남성의 성적 의도를 과소평가하게끔 여성의 마음이 진화했다고 진화심리학은 설명한다.

이를 뒷받침해주는 대표적 실례가 바로 미국의 슈퍼마켓 체인 세이프웨이사례다.

"[세이프웨이 사례] 1990년대 말 미국의 슈퍼마켓 체인 세이프웨이는 새로운 고객 서비스를 도입했다. 매장 내 모든 직원은 고객을 보면 반드시 눈을 마주치면서 미소를 지어야 했다. 계산대에서 고객이 신용카드를 내밀면, 계산대 직원은 고객의 이름을 훑어본 다음 웃으면서 "○○ 고객님, 세이프웨이에서 쇼핑해주셔서 감사합니다"라고 인사를 하게 했다. 이 서비스는 뜻밖의 사태를 가져왔다. 여직원이 자기 이름까지 부르면서 미소를 지어주자 상당수의 남성 고객은 여직원이 자신에게 홀딱 반했다고 확신하고 여직원에게 성가시게 치근대기 시작했다. 결국 견디다 못한 몇몇 여직원이 세이프웨이를 고소했고 이 서비스는 폐기됐다."

요컨대 진화심리학의 관점에서 분석해 보면, 남성과 여성의 마음이 서로 다르게 진화했다는 점을 모르기 때문에 많은 남성들은 여성의 언행에서 성적 의도를 잘못 읽어내거나 그 여성도 자신의 성적 농담이나 언행을 문제 삼지 않거나 좋아할 것이라고 오신하는 우를 범하게 되는 경우가 있다는 것이다.[31]

이러한 유형의 성희롱을 '성차에서 비롯된 성희롱'으로 규정할 수 있을 것이다. 이와 같은 유형의 성희롱은 순전히 권력의 문제도, 성욕의 문제도 아니라 인류의 오랜 진화사를 통해 형성된 남녀의 각기 다른 인지적 편향에서 비롯된 '성차'의 문제라고 말하는 것이 더 타당할 것이다.

(2) 성적 접근의도에서 비롯된 성희롱

많은 유형의 성희롱은 명백히 성적 욕구를 충족시키기 위해 행해진다. 즉 폭행이나 협박을 수반한 강제추행이나 강간은 아니지만, 자신의 지위나 권한, 권력 등을 이용해 성적 접근을 달성하기 위해 이루어지는 경우다. 전술한 여교수 사례도 이에 해당하겠지만, 여학생들의 다음과 같은 보고사례가 그 전형적인 사례가 될 것이다.

---

31) 남녀의 성차에서 비롯된 결과가 잘 드러나는 사례로서 한 조사에 따르면 음흉한 눈빛으로 쳐다보는 것은 여성의 절대다수(95.4%)가 성희롱이라고 본 반면, 남성은 77%만 성희롱이라고 보았고, 그 중에서도 45.4%는 사소한 성희롱이라고 보았다. 사무실에 야한 포스터나 사진 등을 붙여놓는 것 역시 여성은 96%가 성희롱으로 보았지만 남성은 88.5%만 성희롱이라고 보았다. 전영실, 직장 내 성희롱의 실태와 대책, 한구형사정책연구원, 1999, 69면 이하 참조.

"[F학점 사례] 1학년 때 저는 어떤 과목을 수강하게 되었어요. 배우는 걸 다 이해할 수도 없었고, 그래서 기말시험을 볼 때가 되자 F학점이란 현실에 부딪치게 되었어요. 저는 교수에게 연구실에서 학점에 관해 이야기 좀 나눌 수 있겠느냐고 물었죠. 연구실로 찾아갔더니 저에게 선택을 하라고 하더군요. 자기 말을 따르던지 아니면 F를 받으라는 거였어요. 무엇보다도 F학점은 도저히 참을 수 없었어요. 그래서 그의 집으로 찾아가 침대에서 3시간을 함께 보냈죠. (중략) 그럴만한 가치가 있었냐구요? 그렇기도 하고 그렇지 않은 것 같기도 해요. 저에게는 그것이 자신을 구하기 위해서는 꼭 해야 할 일인 것 같았어요."[32]

"[박사과정 사례] 박사과정을 시작하면서 X교수의 수업을 듣게 되었다. 나는 정말 감격했다. 그가 내 학업에 대해 지대한 관심을 보여주었기 때문이다. 그래서 나는 내 지도교수가 되어달라고 부탁했다. 그런데 그 교수는 변하기 시작했다. 내 팔이나 다리, 목 등에 신체적 접촉을 해왔다. 나는 더 이상 참기 어렵게 되자, 공손하나 단호하게 거부의사를 밝혔다. 3주 정도의 냉전이 계속된 뒤, 그는 나를 낙제시키겠다고 위협해 왔다."[33]

어쩌면 매우 심각하고도 해로운 유형의 성희롱은 바로 이러한 유형의 성희롱일 것이다. 겉으로 보기에는 폭행이나 협박 및 강요가 없이 상대 여성의 동의하에 성적 접촉을 갖는 것처럼 보이지만, 실질적으로 상대방은 불평등한 지위와 불이익을 받을 우려 때문에 비자발적인 동의를 한 것이었고 심적 고통을 호소하고 있는 상황이기 때문이다. 또 이러한 유형의 성희롱은 전형적으로 그 지위나 권력을 이용한다는 특징이 있다. 이러한 유형의 성희롱은 상대 여성이 거부의사를 밝히고 싫어함을 알면서도 의도적으로 성적 욕망을 채우기 위해 권력관계를 이용한다는 점에 문제의 심각성이 있다. 사실 성희롱은 진화심리학적으로 볼 때, 짝짓기를 하기 위해 남성이 사용하는 로맨틱한 것부터 강압적인 것에 이르는 다양한 성적 책략(sexual tactics)의 연장일 수 있다는 점[34]

---

32) Billie Wright Dziech & Linda Weiner/동인기획실 역, 캠퍼스의 성희롱, 동인, 1994, 81-82면의 사례 참조.

33) 위 보고사례에 대해서는 Billie Wright Dziech & Linda Weiner/동인기획실 역, 앞의 책, 126-127면.

을 고려하면, 성적 접근의도에서 시도되는 성희롱은 대학을 포함해 우리 사회 어느 곳에나 발생할 수 있는 자연스러운 현상이기도 하지만 교수와 학생 간의 성적 결합과 같이 불미스러운 결과가 예정된 경우라면, 분명 규제될 필요가 있고, 따라서 전술한 바와 같이, 하버드 대학 당국이 교수와 학생 간의 일체의 성적 또는 낭만적 관계(sexual or romantic relationships)를 금지한다고 발표한 것도 이러한 맥락에서 이해할 수 있을 것이다.

(3) 권력관계(지배욕)에서 비롯된 성희롱

성적 접근의도에서 비롯된 대부분의 성희롱은 우월적 지위나 권력을 이용해 행하여진다는 사실은 앞서 언급한 바와 같다. 그런데 과연 성희롱이 순전히 지배욕에서 비롯되는 경우도 존재할까? 즉 성적 의도와는 관계없이 오로지 권력관계를 이용해 타인을 자신의 마음대로 "손아귀에 넣고 가지고 놂"에 해당하는 성희롱 유형도 상정할 수 있느냐는 것이다.[35] 남성의 여성에 대한, 또는 그 반대의 성희롱이 성적 접근의도에서 비롯된다는 점은 상식적이지만 반드시 그렇다고 단정하기는 어렵다. 왜냐하면 일정한 유형의 성희롱은 분명히 그러한 의도 외의 맥락에서 비롯되는 경우도 있기 때문이다. 예컨대 자신의 부하 여직원에게 별다른 성적 관심은 없으나 자신의 권위나 권력을 과시하기 위해 술자

---

34) "Sexual harassment appears to be the extension of an evolved tendency for males to use a continuum of sexual tactics from romantic to coercive, as necessary or convenient, in order to mate." Michael V. Studd & Urs E. Gattiker, The Evolutionary Psychology of Sexual Harassment in Organizations, *12 Ethol. & Sociobiol. 249,* 281 (1991).

35) 가해자의 '성적 의도'는 성희롱에의 해당여부를 판단하기 위한 필수조건이 아니면 가해자의 '성적 의도'가 없었더라도 결과적으로 그러한 결과를 초래하는 성적 발언이나 행위는 성희롱에 해당할 수 있다는 국가인권위의 결정도 바로 이러한 맥락에서 이해할 수 있을 것이다. 국가인권위원회의 성희롱 시정 권고 결정례집(제1집), 2007, 06진차201 참조.

리에서 술시중을 들게 하거나 러브샷을 암묵적으로 강요하는 경우도 있을 수 있다. 이는 여성 상사가 남성 부하 직원에게 자신의 우월적 지위를 확인하거나 권한을 남용할 의도로 여성들끼리 모인 술자리에 불러내어 노래를 시킨다거나 술을 따르게 하는 경우[36]에도 성립할 수 있을 것이다. 이러한 유형의 성희롱은 별다른 성적 접근의도도 없이 오로지 우월적 지위를 남용하여 부하직원에게 수치심과 모욕감을 준다는 점에서 권력관계나 지배욕의 맥락에서 비롯되는 성희롱 유형으로 규정할 수 있을 것이다.[37]

이러한 맥락에서 발생하는 성희롱 유형을 이론적으로 설명해주는 모델이 있다. 소위 '사회적 인지이론(social-cognitive theory)'에 의하면 반사회적 행동을 하는 자는 자신의 장기기억[38] 속에(in long term memory) 자신의 행위를 지지해주는(behaviour-supporting) 신념체계와 스키마(schemas)를 지니고 있으며, 이와 같은 신념체계와 스키마는 사회적 정보를 처리하는 데 있어서 반사회적 방식으로 편향되게 만들어준다는 것이다. 동 이론에 의하면 성희롱 성향이 높은 자는 자신의 기억 속에 성과 권력(sex and power)을 연관시키는 성-스키마(sex schema)를 지니고 있다고 한다. 따라서 여성의 행동을 해석하거나 여성의 매력을 지각

---

36) 이와 관련 교감이 여교사들로 하여금 교장에게 술을 따르도록 요구한 행위에 대하여 성희롱에 해당하지 않는다는 대법원 판결이 있다(대법원 2007.6.14. 선고 2005두6461). 피해자의 주관적 사정보다는 객관적 시각에서 '선량한 풍속 또는 사회질서'에 위반되느냐 여부를 기준으로 대법원은 판단하였다.

37) 이처럼 권력을 휘두르고 싶은 욕구가 성희롱의 동기가 될 수 있다고 보는 견해로는 데이비드 버스/이충호 역, 진화심리학, 웅진 지식하우스, 2012, 519면.

38) 장기기억이란 단기기억을 통한 많은 양의 정보가 매우 오랫동안(평생에 이르기도 한다) 저장된 기억의 형태이다. 우리가 일상적으로 '기억한다' 또는 '알고 있다'고 생각하는 대부분은 장기기억에 들어있는 내용들이다. 즉 장기기억은 곧 우리의 삶에서 얻어진 앎의 내용들이며, 정상적인 삶의 영위에 필수적이다. 반면 단기기억은 몇 초에서 몇 분 동안 유지되는 기억으로 예컨대, 전화번호를 찾아서 잠시 머릿속에 담아 두는 기억이다. 이 구분법은 미국의 철학자 윌리엄 제임스(William James)가 명확히 가다듬은 것으로 평가된다. 장기기억에 대해서는 Eric R. Kandel & Larry R. Squire/전대호 역, 기억의 비밀, 해나무, 2016, 24면 이하 참조.

하는 데 있어서 잘못된 편향을 갖게 된다. 즉 성적인 행동을 하도록 촉발한 것이 상대 여성의 매력 때문이 아니라 자신의 권력 때문이라는 점을 자각하지 못한다는 것이다. 또 이러한 자들의 특징은 자신의 행위가 성적인 괴롭힘이 될 수 있다는 점에 대한 인식이 없다는 점인데, 그 이유는 권력과 성에 대한 관념이 매우 강력히 결합돼 있어서, 권력에 대한 생각이 현저할 때마다 성적인 것(sexuality)에 대한 생각을 자동적으로(automatically) 활성화시키기 때문이다.[39] 결론적으로 권력과 성이 밀접하게 연관되어 있다는 신념체계와 스키마를 지닌 남성이 권력적 지위에 오르면, 성적 괴롭힘이 될 수 있다는 자각조차 없이 여성에게 성희롱을 할 가능성이 매우 높다(highly likely to affect their sexual behavior toward women).[40]

동 이론은 왜 권력관계의 맥락에서 성희롱이 빈발하게 되는지를 잘 설명해 줌과 동시에 분명 어떤 자들은 권력관계의 맥락에 놓이게 되더라도 성희롱에 해당하는 행위를 하지 않는지를 이론적으로 잘 해명해 준다.

(4) 성차별적 태도에 비롯된 성희롱

맥키넌은 "남성은 성희롱을 통해 여성을 종속시키고 자신들의 우월한 사회적 권력을 행사한다는 점에서 성차별"이라고 규정한다. 즉 남성은 우월한 사회적 지위를 지닌 집단에 속해 있으며 성희롱은 그러한 '불평등한 권력'관계의 부당한 표출이라는 것이다. 성희롱의 불법성이 한 당사자가 자신의 성적 요구를 다른 사람에게 일방적으로 강요한다

---

39) "they cause the concept of sexuality to be activated automatically whenever the concept of power is evident." 이상의 내용에 대해서는 Afroditi Pina, Theresa A. Gannon, & Benjamin Saunders, *Ibid.,* at 133 참조.

40) 따라서 이러한 신념체계와 스키마를 지닌 남성에 대한 성희롱 예방교육은 주로 "권력적 지위는 잘못된 지각을 초래할 수 있다"는 점에 초점이 맞추어 져야 한다고 볼 수 있다. 그러한 자들은 자신의 성희롱적 행위가 쌍방 간 자발적으로 서로의 매력에 빠진 '로맨스'라고 오인하는 경향이 강하기 때문이다. Kingsley R. Brown, *Ibid.,* at 63.

는 점에서 찾을 수 있다면, 남성과 여성은 각자의 성적 욕구를 실현하기 위한 동등한 권리를 가지고 있는데, 성희롱은 직장 내에서 성차별적인 환경을 조성하거나 일방적으로 성적 요구를 강요함으로써 성적 평등을 침해한다는 것이다.[41] 남녀고용평등법이 사업주의 성희롱을 과태료로, 사업주가 성희롱 피해자에게 해고나 기타 불이익한 조치를 가한 경우 벌금을 부과하는 것은 바로 이러한 성적 불평등을 시정하기 위한 조치로 보인다. 같은 맥락에서 국가인권위원회법 제2조 제3호는 명문으로 성희롱을 '평등권 침해의 차별행위'[42]로 규정하고 있다.

그런데 성희롱은 불평등한 권력구조에서 비롯되는 것만은 아니다. 진화심리학의 관점에서 보면 남성이 우월한 권력을 지녔기 때문에 여성을 성희롱하는 것이 아니라, 단지 남성이고 여성이기 때문에, 즉 '성차'로 인해 여성의 의도를 '확대해석'하여 성희롱의 문제를 가져오는 것이다. 물론 우월한 지위를 이용해 '지배욕'을 충족시키기 위해 성희롱을 하는 경우도 분명 존재한다. 그러나 이러한 유형은 전술한 '권력관계(지배욕)'의 맥락에서 비롯된 성희롱 유형으로 분류할 수 있으므로 본

---

41) 홍성수, 앞의 논문, 216면.
42) 제2조(정의)

   3. "평등권 침해의 차별행위"란 합리적인 이유 없이 성별, 종교, 장애, 나이, 사회적 신분, 출신 지역(출생지, 등록기준지, 성년이 되기 전의 주된 거주지 등을 말한다), 출신 국가, 출신 민족, 용모 등 신체 조건, 기혼·미혼·별거·이혼·사별·재혼·사실혼 등 혼인 여부, 임신 또는 출산, 가족 형태 또는 가족 상황, 인종, 피부색, 사상 또는 정치적 의견, 형의 효력이 실효된 전과(前科), 성적(性的) 지향, 학력, 병력(病歷) 등을 이유로 한 다음 각 목의 어느 하나에 해당하는 행위를 말한다.

   라. 성희롱[업무, 고용, 그 밖의 관계에서 공공기관(국가기관, 지방자치단체, 「초·중등교육법」 제2조, 「고등교육법」 제2조와 그 밖의 다른 법률에 따라 설치된 각급학교, 「공직자윤리법」 제3조의2제1항에 따른 공직유관단체를 말한다)의 종사자, 사용자 또는 근로자가 그 직위를 이용하여 또는 업무 등과 관련하여 성적 언동 등으로 성적 굴욕감 또는 혐오감을 느끼게 하거나 성적 언동 또는 그 밖의 요구 등에 따르지 아니한다는 이유로 고용상의 불이익을 주는 것을 말한다] 행위

고에서는 성차별적 성희롱 유형에서 제외시키고자 한다. 그렇다면 이제
남는 것은 여성으로 하여금 성희롱을 감수하게 만들어 성차별적 환경을
조성하는 유형이다. 이러한 적대적 환경에서 여성은 직장 상사나 남성
동료직원의 성희롱을 참고 견뎌야 한다. 그렇지 않을 경우 해고나 기타
불이익한 조치를 받을 수 있기 때문이다. 이는 명백히 계층(class)으로서
의 남성과 여성을 차별하는 성적 불평등의 문제를 야기할 수 있다.[43]
　직장 내 성차별적 성희롱 유형을 설명해 줄 수 있는 이론이 있다.
'성역할 과잉 이론(sex-role spillover theory)'이 바로 그것이다. 한 마디
로 말해 직장 내에서 특정 성은 특정한 역할만을 맡아야 한다는 신념과
기대를 가진 자가 그러한 성역할을 벗어난 피해자에게 성희롱을 하게
된다는 것이다. 이 이론의 전제는 남성과 여성은 자신들이 기존에 갖고
있는 신념과 성에 기반한(gender-based) 기대를 일터로 가져오는데, 그
러한 기대는 직장 내에서 부적합한 경우에도(예컨대 여성은 높은 직위
를 맡아서는 안 된다는 신념 등) 그러하다. 동 이론에 의하면 성적인

---

[43] 그러나 이러한 입장과 반대로 남자가 여자를 희롱하는 것은 정확히 말하면 여자
　와 남자 사이에 차별을 두지 않기 때문이라는 주장도 있다. 성희롱이란 연구분야
　를 개척한 진화심리학자 브라운은 "많은 여자가 남성 동료와 고용주에게서 학대
　받고, 위협받고, 체면을 잃는 처우를 받아왔다고 호소하지만, 여자가 노동력에 합
　류하기 훨씬 전에는 남자가 서로에게 그렇게 학대하고, 위협하고, 체면을 떨어뜨
　리는 처우를 해왔다."고 지적한다. 즉 학대, 위협, 체면손상은 모두 경쟁적인 상
　황에서 남성이 다른 남성을 상대로 구사하는 전술의 일부이며, 따라서 바꾸어 말
　하면 남자가 여자를 이런 식으로 괴롭히는 것은 여자를 차별해서가 아니라 오히
　려 그 정반대기 때문이라는 것이다. 앨런 S. 밀러·가나자와 사토시, 앞의 책, 225
　면 참조. 이와 유사한 맥락에서 여성들에게 성희롱으로 인식되는 사례 중 상당수
　는 사실 모든 종업원들이 직장에서 겪게 되는 '의례적인 신참자 괴롭히기(ritual
　hazing)'의 하나라는 지적은 주목할 만하다. 즉 특정 여성이나 여성 전체에 대한
　적개심의 표출이 전혀 아니라는 것이다. 주로 조직 내 위계질서의 확립을 위해
　행해지는 신참자 괴롭히기는 과거에는 남성들 간에 행해져 왔으나, 여성이 일터
　로 들어오기 시작하면서 여성을 향해서도 행해지기 시작된 것인데, 이것이 성희
　롱 문제로 인식되기 시작했다는 것이다. 이 점에 대한 상세한 논의는 Kingsley
　R. Brown, *Ibid.*, at 72-74.

괴롭힘을 가하는 자의 신념은 직장 내 평등에 대한 신념을 뒤엎게 된다. 따라서 가해자의 성역할에 대한 고정관념(stereotype)이 특정 성의 직업적 역할과 다른 경우 갈등이 발생한다고 한다. 즉, 비전통적인 영역에서 일하는 여성의 경우, 예컨대 택시 기사나, 경찰, 높은 지위의 CEO 등은 성희롱을 경험할 가능성이 높다는 것이다.[44]

성역할 과잉 이론은 성차별적 성희롱 유형에 대한 하나의 예측을 가능케 해준다. 동 이론에 의하면 성역할의 측면에서 비전통적인 영역에서 일하는 여성일수록, 또 남성일수록 성희롱을 경험할 가능성이 높다는 것이다.

이러한 예측을 지지해 주는 사례로 다음의 두 사례를 거시할 수 있다.

"[경찰 압수수색 촬영사례] 경찰관인 가해자는 동료경찰관 15명과 함께 노동조합 사무실에서 동 사무실에 대한 압수수색을 실시하였고, 비조합원인 원고는 압수수색장면을 비디오카메라로 근접 촬영하고자 위 경찰관들을 따라다녀 경찰관들 사이에 긴장관계가 형성되었다. 가해자는 비디오촬영을 하던 원고에게 다가가, 촬영한 내용이 텔레비전에 방영이 되느냐며 비아냥거리는 투로 묻고, 예쁘게 찍어 달라며 카메라렌즈 가까이 얼굴을 갖다 대는 등 위 촬영을 방해하다가 귀엽다고 하면서 손으로 원고의 뺨을 쓰다듬고 이어 손바닥으로 원고의 엉덩이를 2회 가량 두드리는 등 원고의 신체를 접촉하였다."[45]

"[의류회사 근로자사례] 피고 회사는 의류제조 및 판매 등을 하는 회사이고, 피고 1, 피고 2는 기혼여성들로서 위 회사에서 미싱사, 미싱보조로 일하고 있었다. 원고는 미혼남성으로 위 회사 기계실 기계수리사 보조사원으로 입사하였다. 피고 1은 원고가 거부의사를 표시하였음에도 그 의사에 반하여 기계수리작업을

---

44) Afroditi Pina, Theresa A. Gannon, & Benjamin Saunders, Ibid., at 132.
45) 이 사건에 대해 법원은 가해자의 위 행위가 성적 욕구를 충족시킬 목적으로 행해졌다고 보기는 어려우나 사회통념상 허용되지 않는 위법한 성적 접촉행위인 이른바 성희롱이라고 하는 것은 피해자로 하여금 성적 굴욕감이나 혐오감을 느끼게 하는 것으로 충분하고 가해자의 성적 흥분이나 만족을 충족시킬 것을 요하지 않는다고 하여 성희롱을 인정하고 천만 원을 배상하도록 판결하였다(서울지방법원 1998. 4. 30. 선고 97나51543 판결). 경차관의 직무집행 중에 일어난 성희롱에 대해 국가의 배상책임을 인정한 사례이다.

하러 온 원고의 젖꼭지 부분을 만졌고, 얼마 뒤 등 뒤에서 원고를 껴안으려 하거
나 둔부를 만지기도 하였으며, 그 무렵 피고 1, 피고 2는 "원고는 덩치가 있어서
좋다.", "영계 같아서 좋다.", "원고는 내꺼야"라는 등의 말을 하면서 원고의 옆구
리와 둔부를 만지는 등 원고의 몸에 의도적으로 접촉하였고, 이에 따라 피고 회사
내에 위 피고들이 원고를 가지고 놀았다는 소문까지 돌게 되었다. 원고는 상관에
게 성희롱에 대해 상담하였으나 오히려 질책을 받고 회사에 소란을 일으킨다고
위협하여 원고는 겁을 먹고 개인사정으로 퇴직한다는 사직서를 피고 회사에 제출
하였다.]46)

위 두 사례는 다른 관점에서도 분석될 수 있겠지만, [경찰 압수수색
촬영사례]의 경우 비조합원인 원고가 '노동자영상사업단에 소속되어 근
로자관련 비디오를 제작하는 자이고 주부'였다는 사실을 고려하면, '남
성' 경찰관의 고정관념에 비추어 보면 '여성' 비디오 제작자라는 직업
은 비전통적 영역의 성역할이고 따라서 압수수색상황촬영이라는 '남성
적' 작업에 참여한 원고는, 물론 긴장감이 높아진 탓도 있겠지만, 쉽게
성희롱의 대상이 될 수 있었던 것으로 보인다.

다음으로 [의류회사 근로자사례]를 보면, 동일 직장 내에서 뚜렷한
업무적 위계관계가 있다고 보기 어려운, 단지 입사 선배이자 연장자인
두 여성이 신입사원인 원고 남성을 성희롱한 맥락은, '의류회사'라는 직
업적 특수성에서 찾을 수 있다고 본다. 비록 피해자 남성이 구체적으로
하고 있는 일은 '기계수리사'였지만, 여성의 전통적 직역이라고 볼 수
있는 '의류제조작업'이라는 환경적 특수성은 피고 여성들로 하여금 원
고 남성을 성희롱할 수 있는 맥락을 만들어 내기에 충분했다고 분석할
수 있을 것이다.

---

46) 법원은 피고 1, 2의 행위에 대해 분명한 성적 동기와 의도를 가진 것으로 보이고
    그러한 언동은 남녀고용평등법 상의 직장 내 성희롱에 해당하는 위법한 행위이
    므로 원고에게 300만원을 배상하여야 한다고 판시했다. 피고 회사에 대해서는
    성희롱 발생 시 가해자에 대한 징계 및 피해자에 대해 불이익 조치를 하지 않을
    남녀고용평등법상의 주의의무가 있는데 원고의 퇴직이 부적절한 방법으로 직장
    질서를 유지하려 한 점에서도 사용자로서의 불법행위책임을 진다고 하여 공동불
    법행위를 인정하였다.

IV. 성희롱 판단의 합리적 기준: '합리적 여성' 관점

1. 성희롱 판단기준의 대립:
'합리적 인간'인가, '합리적 여성'인가?

성희롱에 관한 기존의 선행연구들은 상당수가 성희롱 성립여부를 판단하는 기준인 '합리적 인간(reasonable person)'과 '합리적 여성(reasonable woman)' 중에 어느 것이 것이 더 타당한 것인지에 초점이 맞추어져 있다.

이에 대해 페미니스트진영에서는 우리법원이나 국가인권위원회가 제시하고 있는 '평균적인 일반인'[47]이나 '사회통념상 합리적인 보통사람'[48], '일반적이고 평균적인 사람'[49] 등의 기준이 대단히 부당한 기준이라고 비판을 가한다. 이른바 '합리적 인간'이란 성중립적인 기준은 성희롱 판단의 적절한 기준이 되지 못한다는 것이다. "성희롱이 젠더중립적이지 않고, 사회가 젠더중립적이지 않으며, 법원이 젠더중립적이지 않은 상황에서 젠더중립적 기준을 세우게 되면, 그 피해는 여성에게 돌아갈 뿐"[50]이라는 것이 그 비판의 요지다. 더 나아가 소수의 '비합리적' 여성이 피해자가 될 경우 합리적 여성 기준은 제 기능을 발휘할 수 없으므로 '여성 피해자' 기준이 가장 바람직한 성희롱 판단의 기준이 되어야 한다고 주장하기도 한다.[51] 그러나 '여성 피해자'라는 기준에 대해서는 '합리적 인간'뿐만 아니라 '합리적 여성'도 공감할 수 있는 반박 논거가 잘 제시되어 있다. "성희롱여부를 판단함에 있어서 피해자의 주관적 사정만을 고려하도록 한다면 동일한 성적 언동이라 하더라도 피해자마다 이에 대해 느끼는 감정은 다를 것이므로 국가의 판단과 그에

---

47) 서울행정법원 2004.2.11. 선고 2003구합23387 판결.
48) 09진차245, 2009.6.22 결정.
49) 대법원 2008.9.25 선고 2008두11921 판결.
50) 김예지, 앞의 논문, 115-116면 참조.
51) 김예지, 앞의 논문, 115-116면.

따른 법집행이 피해자의 일방적 의사에 전적으로 좌우되는 결과를 초
래하게 된다."는 것이다.[52]

그러므로 본고에서는 '합리적 인간'과 '합리적 여성'이란 기준의 선
택지 사이에서 타당한 결론을 도출해 보고자 한다.

2. 진화심리학적 관점에서 본
남성과 여성의 성희롱에 대한 인식차이

(1) 진화심리학적 관점의 필요성

대다수 여성주의적 연구문헌들은 성희롱이 젠더특수성을 지니고 있
으며, 따라서 '여성'의 관점에서 판단하는 것이 타당하다고 주장하며,
법원이나 국가인권위원회도 성중립적 입장을 견지하기보다는 젠더적
관점을 명백히 나타대고, 성희롱이 젠더 및 섹슈얼리티와 무관하지 않
다는 점을 선언해야 한다고 강력히 요청한다.[53] 성희롱의 배경에는 가
부장적 사회에서 우월적 지위를 가진 남성들이 여성을 동등한 인격체
로 여기지 않고 성적 유희의 대상으로 삼아 발생하는 사회구조적 문제
가 놓여 있기 때문에 이 점을 드러내지 않고는 성희롱 문제에 올바른
해답을 찾을 수 없다고 한다.[54] 따라서 성희롱 여부의 판단에는 여타
범죄의 피해감정처럼 합리적으로 계량화될 수 없는 특수한 측면을 고
려해야 한다고 주장한다.[55] 하지만 그 어떠한 '여성주의적' 문헌에서도

---

52) 강동욱, 구체적 사례를 통한 직장내 성희롱의 사실인정과 판단기준에 대한 고찰,
    형사정책연구 제22권 제3호, 2011, 89면. 강동욱 교수는 결론적으로 '보통의 합
    리적 피해자'라는 기준을 제시한다. 남성피해자도 발생할 수 있음을 고려한 것이
    다. 하지만 성희롱 피해자의 절대다수가 여성이라는 점을 고려하면, 이 기준은
    결국 '합리적 여성'이라는 기준과 일치하게 된다.
53) 김예지, 앞의 논문, 100면.
54) 김엘림, 앞의 논문, 291면.

그 특수한 피해감정의 실체를 '합리적인 남성'도 이해할 수 있게끔 해 명하려는 시도는 보이지 않는다. 이러한 사정은 성희롱에 대한 여성주 의적 관점을 비판하는 견해에서도 마찬가지다. 성희롱의 경우, 남성과 여성 사이에는 의사소통의 방식에 근본적인 차이가 존재하여 '의사소통 적 장애'가 발생할 수 있고 이는 '일상문화적'인 것이기 때문에 성희롱 을 형사처벌하는 것은 '문화 자체의 변혁'을 형법에 요청하는 것이 되 므로 부적절하다고 지적하는 견해56)도 상당히 호소력이 있지만 만일 남녀 간 의사소통 방식의 차이가 전적으로 '문화'에서 비롯된 것이 아 니라면, 여성주의 진영의 공격을 방어해 내기에는 다소 설득력이 떨어 질 수밖에 없을 것이다.

본고에서는 이 지점에서 적절한 해결안과 균형추를 잡아줄 수 있는 관점으로서 최근 다양한 영역에서 주목을 받고 있는 진화심리학적 연 구성과를 원용해 제시해 보고자 한다.

(2) 성희롱에 대한 진화심리학적 설명

여전히 논란의 여지는 남아 있지만, 남녀의 성적 행동방식의 차이점 에 대한 진화심리학적 기초는 비교적 잘 정립되어 있다고 평가받고 있다.

상세한 배경설명은 논외로 하고,57) 본고의 논지전개상 필요한 진화 심리학의 주요 명제와 논리를 간략히 제시해 보기로 한다.

오랜 진화사에 걸쳐서 남성은 많은 수의 여성과 성적 접촉을 하려는 강력한 욕망을 진화시켜 왔다. 그 결과 남성은 여성보다 단기적 짝짓기 (short-term mates) 기회를 얻는 데 많은 관심을 보인다. 그 이유는 자식 을 생산하는 전략에 있어서 부모로서의 투자가 적은 성인 남성에게는 단기적 짝짓기 전략이 유리했기 때문이다. 반면 여성은 장기적 짝짓기

---

55) 정도희, 앞의 논문, 176면.
56) 이상돈, 앞의 책, 84-91면 참조.
57) 남녀 간 성적 갈등이 발생하는 진화심리학적 배경에 대한 상세한 논의로는 데이 비드 버스/이충호 역, 앞의 책, 508면 이하 참조.

전략을 선호할 수밖에 없다. 임신, 출산, 육아 등 자식의 생산에 있어서 남성보다 훨씬 많은 투자를 해야 하는 입장인 이상 남성으로부터 오랜 기간에 걸쳐서 자원을 제공받아야 했기 때문이다. 따라서 여성은 짝짓기 상대를 선택하는 데 있어서 훨씬 까다롭게 하도록 진화했다. 배우자 선택을 까다롭게 하지 않은 여성은 큰 대가를 치러야 했던 것이다. 번식 성공률도 낮을 뿐만 아니라 자녀 중에 살아남는 비율도 낮았다. 이처럼 각기 다른 번식 전략(reproductive strategy)은 남녀 사이에 근원적인 갈등을 낳을 수 있다.

번식전략의 남녀 간 차이는 남성으로 하여금 성관계에 여성보다 몰두하게 만들어 그들이 '호색 안경(sexual glasses)'을 통하여 세상을 바라보게끔 만든다. 즉 어떤 상황을 보더라도 여성보다 성관계-중심으로 해석한다는 것이다. 그리하여 남성들은 여성의 호의(friendliness)를 성적 유혹(seduction)으로 오인하는 경향이 강한 반면 여성은 반대로 성적 관심을 보이는 행위를 단순한 호의로 해석하는 경향이 강하다. 이러한 의사소통의 장애(miscommunication)는 진화심리학적 관점에서 다음과 같이 설명된다. "여성이 성적으로 관심이 있다고 확신할 때까지 기다렸다가 성적 구애에 나아간 남성은, 특히 상대 여성이 성적 관심을 노골적으로 드러냈음에도 불구하고 성적 구애를 하지 못한 경우라면, 기회만 있으면 성적 구애를 시도한 남성만큼 번식에 성공적이지 못했고, 따라서 오랜 진화사를 통해 남성은 의심스러운 상황에서 여성에게 성적 관심이 있다고 추론하게끔 만드는, 즉, 여성의 성적 의도를 읽어내는 데 있어서 '낮은 문턱(lower threshhold)'의 심리적 기제를 진화시켜 왔다"58) 다시 말해 남성이 여성의 성적 의도를 오해(misperception)해 확대해석한 경우라도 종종 성적 구애에 성공한 경우가 있었다면, 자연선택을 통해 남성의 이러한 심리적 성향이 진화해 온 것이고, 따라서 남녀 간 성적 의사소통의 장애가 발생할 수 있다는 것이다. 이 점은 특히, 남성과 반대로 여성은 적어도 남성의 구애를 거부할 수 있는 기회가 제

---

58) 이 점에 대해서는 Kingsley R. Brown, *Ibid.*, at 25-26.

한된 상황에서는 남성에게 성적 강요의 위협이 있는 것으로 확대해석하는 심리적 성향이 진화된 점을 고려하면, 더욱 잘 납득할 수 있다. 여성은 성적 파트너 선택과 번식 타이밍에 대한 통제가 불가능한 상태가 되면, 중대한 적응비용이 들기 때문에 남성과 반대로 성적 강요(sexual coercion)에 대한 신중함(cautiousness)을 진화시켜 왔던 것이다. 요컨대 여성은 남성의 성적 구애를 거부할 가능성이 제한된 환경에서는 남성의 행동을 위협적인 것으로 인식하는 경향이 있고, 이러한 여성의 인지적 편향과 전술한 남성의 인지적 편향은 종종 성적 의사소통의 장애를 초래할 수 있다는 것이다. '성희롱'이라고 불리는 많은 사례들은 상당수는 사실상 이러한 갈등이 표면화된 것으로 볼 수 있다는 것이 진화심리학의 입장이다.

전술한 남녀의 각기 다르게 진화한 인지적 편향은 성희롱을 '바라보는' 시각에도 영향을 준다. 연구에 의하면 남성보다는 여성이 성과 관련된 대부분의 행위를 희롱(harassment)으로 보는 경향이 있다고 한다. 또 매우 중대한 형태의 희롱에 대해서는 남녀 간 인식의 차이가 적지만, 더 가벼운 형태 또는 더 애매모호한 형태의 성희롱에 대해서는 극명한 인식의 차이가 벌어지는 경향이 있다고 한다. 예컨대 성적 언사(sexual comments)나 성적 터치(sexual touch)에 대해서는 광범위한 성차가 나타난다는 것이다. 그 원인에 대해서는 앞서 설명한 진화론적 배경이 적절히 해명해 줄 수 있다. 분명 양성은 섹슈엘리티(sexuality), 즉 성적인 것에 대해서 상이한 관점을 지니고 있다. 그리고 이러한 차이는 오랜 진화사를 통해 남녀에게 각인된 인지적 편향에서 유래한다. 즉 남성이 '기회'라고 보는 상황을 여성은 '위험'이라고 인식하는 것이다.59) 즉 원치 않거나 모르는 이성이 성적인 접촉이나 농담을 했을 때 남성은 '기회'라고 생각하면서 이를 불쾌하게 여기지 않지만, 이와 반대로 여성은 그러한 상대로부터 성관계를 암시하는 언행, 즉 신체적 접촉이나 농담 등을 접하게 되면 전형적으로 혐오감과 불쾌감을 느끼게 된다는 것이

---

59) Kingsley R. Brown, *Ibid.*, at 28.

다.[60] 따라서 남성은 성희롱 또는 성적 괴롭힘이 아니라고 보는 사례도 여성이 보기에는 신체적·정신적 고통을 수반하는 성희롱이 되는 것이다. 결국 이와 같은 남녀의 차이를 무시하거나 모를 경우 남성은 여성에게 크나큰 고통을 초래할 수 있다.

3. '합리적 여성' 기준의 타당성

이상 검토해 본 바와 같이 진화심리학적 관점에서 볼 때, 적어도 '성적 갈등'의 문제에 관한 한, '합리적 인간' 기준은 무의미하다고 볼 수 있다. 성과 섹슈엘리티(sex and sexuality) 문제에 관한 한 합리적 인간은 존재하지 않고, 오로지 합리적 남성과 여성만이 존재할 뿐이다. 성적 문제를 바라보는 남녀의 인식차이, 즉 인지적 편향은 오랜 진화사를 거쳐 각기 다르게 진화된 심리적 메커니즘(EPM)이 남녀에게 생래적으로 각인되어 발생한 것이기 때문이다.

미국 성희롱 관련 판례에서 합리적 인간이란 기준은 실무적으로 세가지 양상을 보인다고 한다.[61]

첫째, 합리적 인간이 특정한 성의 관점에 묵시적으로 의존하고 있는 경우다. 이 점에 대해서 많은 페미니스트들은 합리적 인간이라는 기준이 곧 남성 중심적인 합리성을 묵시적으로 채택하고 있는 것이라고 비판한다.

둘째, 합리적 인간이 양성 모두의 관점에 의존하고 있는 경우다. 이 경우는 양성 모두가 성희롱이라고 동의할 수 있는 행위만이 법적 제재의 대상이 된다. 그러나 대부분의 남성은 성희롱이라고 인정하는 범위

---

60) 김성한, "진화심리학으로 성 규범 되짚어 보기", 철학논총 제74집 (2013), 89면 참조.

61) 이에 대해서는 Kingsley R. Brown, *Ibid.*, at 32 참조. 이러한 분석은 국내 판례의 경우에도 대동소이하게 적용될 수 있을 것이다. 다만 이 점에 대한 논증은 별도의 장을 요하므로, 추후 다루어 보기로 하며 따라서 본고의 입장은 이러한 범위 내에서 제한된 타당성만을 지닐 것이다.

가 여성보다 좁기 때문에 이 역시 결국 합리적 남성기준에 불과하다는 비판을 받게 된다.

셋째, 합리적 인간이 어떤 가정적인, 성적 특성이 제거됐거나 자웅동체인 존재(a hypothetical desexualized or androgynous being)에 의존하는 경우다. 즉 피해자가 정체모를 그 무엇(neither fish nor fowl)인 경우다. 이 기준은 성희롱 피해자의 반응을, 성적 특성이 제거된 세계에 최대한으로 몰입된(most committed to a desexualized world) 존재의 반응과 비교를 한다.

생각건대, 합리적 인간이란 기준은 위 어떤 양상을 띠는 경우든 모두 수용하기에 부적절하다. 첫째 경우는 그 실질상 '합리적 남성'이란 기준을 적용하면서 이 점을 은폐하고 단지 '합리적 인간'이란 표현으로 가장하고 있기 때문이고, 둘째 경우는 결국 불공정하게 남성 중심적인 관점에 도달하게 되기 때문이다. 끝으로 마지막의 경우는 한 마디로 '비현실적(unrealistic)'인 기준이기 때문에 수용하기 어렵다. 우리는 그러한 중성적 존재에 대한 공감능력이 없다.

결론적으로 성희롱 피해자의 반응의 합리성이 문제되는 경우라면, 성을 의식하는 기준(a sex conscious standard)만이 양성의 각기 다른 성 심리(different sexual psychologies)를 적절하게 다룰 수 있고, 진화심리학적 관점에서 보면 이 기준은 결국 '합리적 여성'이 되는 것이 바람직하다고 본다. 이에 대해서 남성들은 납득하기 힘든 행위의 결과로 인해 법적 제재를 받게 되므로 부당하다는 비판도 제기될 수 있을 것이다. 하지만 오늘날 성희롱예방교육은 국내외를 막론하고 사회 전반에 걸쳐 이루어지고 있고,[62] 그 결과 "남성들은 남녀의 성 심리가 다르며, 성희롱, 성적 접촉 등이 여성에게 해악이 됨을 분명하게 파악할 필요가 있다"[63]는 점은 사회생활을 함에 있어서 남성의 여성에 대한 '주의의무'의 한 내용을 구성한다고 보아야 한다. 그리고 법이 '합리적 인간' 및

---

62) 미국과 영국, 캐나다의 조직 내 성희롱 예방교육의 현황에 대해서는 Afroditi Pina, Theresa A. Gannon, & Benjamin Saunders, *Ibid.*, at 134.
63) 김성한, 앞의 논문, 89면.

'합리적 남성'에게 그러한 주의의무를 요구하는 것은 결코 부당하지 않을 것이다.

또 다른 측면에서, '합리적 남성'의 기준에서 보면 해악이 아닌 행위를 '합리적 여성'의 기준에서 해악이 된다는 이유로 '성희롱'이라고 판단하는 것은 불평등하다는 비판도 제기될 수 있을 것이다. 하지만 법이 개입해야 할 해악의 유무를 판단함에 있어서 개별 피해자가 아닌 평균적인 '합리적 여성'을 기준으로 삼는 것은 정당하다고 본다. '합리적 남성'의 기준에서는 해악이 아니더라도 '합리적 여성'의 기준에서는 이미 '해악'은 명백히 발생한 것이고, 피해자는 성적 괴롭힘의 고통을 받고 있는 것이기 때문에, 이러한 사실을 의도적으로 '합리적 남성' 기준에 비추어 은폐하는 것이 오히려 불평등한 차별에 해당하는 것이고, 법이 발생한 악결과에 대한 책임을 논정하는 데 있어서 이렇게 남녀의 '성차'를 고려하는 것은 필요하고 지극히 정당한 것이라고 판단된다. 이것은 "국가의 판단과 그에 따른 법집행이 피해자의 일방적 의사에 전적으로 좌우되는 결과를 초래하게 되는" 문제와는 전혀 다른, 합리적인 법적 고려방식이라고 믿는다.[64]

4. 성희롱의 다양한 유형과 '합리적 여성' 기준

이상 고찰해 본 바에 따르면 일반적으로 성희롱이 남성이 여성에게 가하는 행위라고 규정할 수 있는 한, 그 판단기준은 '합리적 인간'이나 '개별적 피해 여성'이 아니라 평균적인 '합리적 여성'으로 보는 것이 타당하다. 그런데 이 '합리적 여성'이란 기준은 앞서 검토해 본 바 있는 다양한 유형의 성희롱 사례에 일관되게 적용될 수 있는 기준일까? 결론적으로 말하면 "그렇다." 왜냐하면 어떤 유형의 성희롱 사례든 그 피해자는 대체로 '여성'이고, 또 '여성'일 것이기 때문이다. 이 점은 특히

---

64) 이러한 결론은 만일 성희롱 피해자가 남성인 경우에는 '합리적 남성'이 판단기준이 되어야 함을 함축한다.

'성차'에서 비롯된 성희롱과 '성적 접근의도'에서 비롯된 성희롱 및 '성
차별적 맥락의 성희롱' 사례에서 잘 드러난다. 물론 드물게 남성이 성
희롱 피해자가 된 사례에서는 역으로 '합리적 남성'이 성희롱 판단의
기준이 되어야 함은 '성차'를 고려해야 한다는 진화심리학적 논리를 일
관되게 적용해 볼 때, 당연한 귀결이라고 할 것이다.65)

다만 순전히 '권력관계(지배욕)'에서 비롯된 성희롱의 유형에는 '성
적인 의도'는 없는 경우도 있을 것이고 그렇다면 굳이 '합리적 여성'이
그 판단기준이 되어야 할 필요는 없다고 생각할 수도 있을 것이다. 하
지만 어떠한 행위에 '성적인 의도'가 없다고 하더라도 행위의 성격상
'성적 괴롭힘'이 될 수 있는 경우는 분명 존재한다. 예컨대 순전히 '권
력관계'의 확인차원에서 여성에게 특정한 행위를 지시하거나 강요했을
경우 그것이 사회문화적으로 '성적 의미'를 내포하고 있다고 볼 수 있
는 행위 - 예컨대 술따르기나 러브샷 - 라면, 비록 가해 남성에게는 '성
적 의도'는 없었다고 하더라도 '성적 행위'가 되며, 따라서 남녀 간 상
이한 '인지적 편향'을 고려할 때 '성적 괴롭힘'이 될 수 있음은 진화심
리학적으로 충분한 근거가 있기 때문이다.66) 또 '사회적 인지이론'에서
지적하고 있는 바와 같이 만일 가해 남성이 성희롱 성향이 높은 자라면,
비록 스스로 '성적 의도'가 없었다고 생각하는 경우라 하더라도 그 행
위가 '성적 의미'를 내포한 경우, 그가 지닌 스키마 즉, '성과 권력'은
매우 밀접하게 결합돼 있다는 신념체계로 인해 그에게 성희롱이 될 수
있다는 자각이 없었을 뿐이지, 실제로는 권력적 행위를 통해 '성적 행
위'를 하고자 한 것으로 볼 수 있기 때문에 그의 잠재의식 속에는 분명

---

65) 흥미롭게도 일부 연구결과에 의하면 '합리적 여성기준'과 '합리적 남성기준'이
    남녀를 불문하고 성희롱 여부를 판단하는 데 있어서 유의미한 차이를 가져오지
    않았다고 한다. 이러한 연구결과의 소개로는 Kingsley R. Brown, *Ibid.*, at 40-41.
    만일 이 연구결과가 타당하다면 성희롱 판단기준 논쟁은 단지 '상징적 중요성
    (symbolic importance)'만 가질 수 있기 때문에 이 점에 대한 면밀한 후속연구도
    보완될 필요가 있을 것이다.
66) 반대로 만일 '성적 의미'를 내포하지 않는 행위를 지시하거나 강요한 경우라면
    성희롱이라고 보기는 어려울 것이다.

'성적 의도'가 있었다고 보아야 하는 사례도 존재할 것이다. 이와 관련해 "가해자의 위 행위가 성적 욕구를 충족시킬 목적으로 행해졌다고 보기는 어려우나 사회통념상 허용되지 않는 위법한 성적 접촉행위인 이른바 성희롱이라고 하는 것은 피해자로 하여금 성적 굴욕감이나 혐오감을 느끼게 하는 것으로 충분하고 가해자의 성적 흥분이나 만족을 충족시킬 것을 요하지 않는다(서울지방법원 1998. 4. 30. 선고 97나51543 판결)"는 판결은 남녀 간 성차를 적절히 고려하고 있다는 점에서 매우 고무적이라고 판단된다.67)

V. 결론

대학 내 교수 성희롱은 전체 교수집단의 명예와 대학의 품격의 문제이기도 하다. 이는 단순히 어느 한 개인의 성적 일탈로 치부하기에는 사회적 파장이 매우 크다고 본다. 신화적, 종교적, 도덕적 권위에 대한 신뢰와 존경이 점차 상실되어가고 있는 현대 사회에서, 우리 사회의 구심점이자, 시민들이 세속적 차원에서나마 정신적으로 의존할 수 있는 '고아(高雅)한' 대상으로서의 대학의 품격은 기본적으로 교수들의 품행으로부터 나온다고 보아도 크게 무리는 없을 것이다. 교수도 물론 인간 본성, 즉 진화된 심리적 기제의 영향을 받는 평범한 인간이다. 하지만 진화적 본성이 그러하다고 해서 전체로서의 교수집단에 요구되는 사회적 책무, 역할을 몰각한 채 명예와 품격을 쉽게 방기하게 되면 '고등교육기관'이자 '정신적 구심점'으로서 대학의 위상은 흔들리게 마련이고, 교수집단은 더 이상 우리사회를 견인하는 중심적 역할을 할 수 있는 떳떳한 명분과 위상을 유지할 수 없게 될 것이다.

---

67) 본 논문은 성희롱에 대한 시론적 연구로서 우선 '남성의 여성에 대한 성희롱'을 주된 논제로 삼았다. 하지만 오늘날 성희롱은 양성 간 성희롱을 넘어 동성 간 성희롱도 사회적 문제가 되고 있는바, 이 쟁점에 대한 연구를 향후 과제로 남겨두고자 한다.

　　본고는 성희롱이 발생하게 되는 맥락을 다양한 측면에서 분석해보고자 하였으며, 그 결과로서 '성차', '성적 접근의도', '권력관계(지배욕)', '성차별' 등의 주요 맥락을 중심으로 네 가지 유형화를 시도해 보았고, 각각의 유형화 사례에 있어서 일관되게 '합리적 여성'이란 기준이 성희롱 판단의 타당한 기준으로 적용될 수 있음을 진화심리학을 원용해 입론해 보았다. 본고의 입론이 옳다면, 페미니스트 진영의 기본입장은 결과적으로 타당하지만, 극단적 형태의 기준, 즉 '개별 피해자 여성'이란 기준은 다소 완화될 필요가 있을 것이고, 평균적이고 중립적인 '합리적 인간'이란 기준은 적어도 '성적 갈등의 문제'에 관한 한, 그 타당성이 의심되며 따라서 '합리적 여성' 기준으로 수정될 필요가 있을 것이다.

§ 9. 미국 판례 상 집단인식의 법리와
의도적 인식회피
-결합론에 대한 비판과 조직모델적 대안의 검토-

[글 소개]

근대형법의 구상 속에서 형법적 규율의 대상이 되는 행위자는 오직 自然人임은 일견 명백해 보인다. 자연인 인간만이 자유이익을 향유할 수 있고, 타인의 법익침해가 문제되며, 따라서 그 자유의 한계에 대해서 상호 관점의 교환이 필요하고, 이를 통해 합의할 수 있는 존재인 것처럼 보이기 때문이다. 아울러 앞서 논급한 마이클 토마셀로가 말한 바와 같이 문화집단의 정체성에 기반하여 사회계약의 공동체결자가 될 수 있는 대상도 오직 자연인만 가능한 것처럼 보이기 때문이다.

그렇다면 여기서 크게 두 가지 핵심적인 질문을 던질 수 있다.

첫째, 근대형법의 구상으로는 法人에 대한 형법적 규제가 전혀 무의미한 것인가?

둘째, 위 질문에 답하기 위헌 선결질문으로, 법인은 자연인과 관점의 교환을 할 수 없는가? 법인은 사회계약의 수혜자가 될 수 없는가? 법인은 이성에 의한 자율적 삶을 영위할 수 없는가? 이 세 가지 질문이 면밀히 검토되어야 하고, 결론적으로 이에 대해 긍정적인 답변이 가능해야 법인에 대한 형사적 제재의 정당성이 인정될 수 있을 것이다.

위 질문에 답하기 전에 독자들의 이해의 편의를 위해 법인의 범죄능력에 대해 필자가 현대 형법학 제1권에서 입론했던 바를 간단히 논급할 필요가 있을 것 같다. 필자는 본서의 제1권에서 법인 역시 인간사의 총체적 역사를 구성하며 명백히 독립적으로 활동하는 행위주체로서 우리

의 지각 속에서 자율적인 행위자로 인식되는 '관념적 실체' 내지 '상호
주관적 실체'이자, 제반 인적/물적 상호작용에 의해 자연인과 인격적 상
호작용을 할 수 있는 '조직적 실체'로 관념할 수 있으며, 자연인 개인과
는 구별되는 고유한 의사를 지니고 법인 자신의 자유로운 의사결정을
내릴 수 있으므로 그에 대한 형사처벌은 '책임원칙'에 반하지 않는다는
점을 긴 지면을[1] 통해 논증하였고, 지금도 그 논증이 타당하다고 생각
한다. 안타깝게도(?) 필자는 아직까지 납득할 만한 반론을 접해보지 못
하였다. 부연하자면, 법인의 의사는 조직모델을 통해 입증되었듯이 대
개는 자연인 개인의 그것과는 구별되며, 법인의 고의는 정책(policy), 표
준운영절차(SOPs) 등 법인 문화와 에토스(corporate culture and ethos)
등 '제도화된 형태의 고의(institutional intent)'로 표출되고, 아울러 법인
은 무정형의 '조직적 실체'로서 외부세계와 물리적 상호작용을 할 수
있다는 점에서 '행위성'도 관념할 수 있다는 것이다. 게다가 법인과 자연
인은 '삶의 형식(form of life)'을 일정부분 공유하며 상호 맞물려 있다는
점에서 법인에게도 '자유의사'를 긍정할 수 있는 여지가 있고, 그러므로
법인의 행위에 대한 법적 비난과 형벌은 전통적인 책임원칙에도 반하지
않는다는 것이다. 법인의 의사결정과 행위가 자연인과 마찬가지로 인과
적으로 결정되어 있지 않다는 점은 법인에 대한 윤리적 비난이 무의미
하지 않다는 사실로부터도 확증된다. 이처럼 우리가 법인과 인격적 상호
작용을 함으로써 때로는 책임을 묻고 때로는 법인으로부터 책임을 추궁
당할 수 있다는 측면은 칸트의 말을 빌리자면 부인할 수 없는 '실천이성
의 사실'이고, 이는 또한 자연인과 공유하는 '삶의 형식'의 일부를 구성
하는 요소이기도 하다. 즉, 법인을 자유로운 행위주체로 수용하는 삶의
형식 속에 살고 있다는 것이다. 법인은 분명 우리의 역사를 구성하는 단
일한 행위주체의 하나임이 분명하고, 따라서 범죄의 주체가 될 수도 있
다. 자연인 개인사만으로는 역사는 완전히 기술될 수 없다. 법인은 물론,
정당, 대학, 나아가 국가 등이 고유한 인격적 실체로 기술되지 않는다면,

---

1) 안성조, 현대 형법학 제1권 (경인문화사, 2011), 470-500면 참조.

정치, 경제, 사회, 문화현상을 충분히 납득할 만한 수준으로 기술하기 어렵게 된다. 그러한 면에서 법인도 명백하게 독립적인 '행위주체로서의 실체성'을 인정할 수 있다. 아리스토텔레스의 정의에 따르면 '실체'란 '보다 큰 다른 실체의 경계를 정해주고, 그것이 사라지면 전체도 사라지는 부분들'이다.[2] 이에 의하면, 선은 면에 대해, 점은 선에 대해 실체의 관계에 있다. 이상의 배경지식에 의하면 법인은 분명 범죄의 주체인 동시에 형사처벌의 대상이 된다고 법적으로 평가할 수 있다.

자, 그럼 위 두 번째 질문에 대해서 먼저 검토해 보기로 하자. 법인은 과연 자연인과 관점의 교환을 할 수 있을까? 이 질문에 대해서는 전술한 바와 같이 법인과 자연인이 인격적 상호작용을 할 수 있다는 사실로부터 긍정적 답변을 내일 수 있다고 본다. 비록 자연인들 간의 관점교환처럼 완전한 수준은 아니겠지만, 법인과 자연인은 상대방의 입장이 되어볼 수 있고, 따라서 상대 관점을 이해할 수 있다. 그렇기 때문에 상호간 책임을 묻고 책임을 질 수 있는 것이다. 그러므로 근대형법의 구상 속에서도 자연인뿐 아니라 법인은 행위자로서의 1차적 자격을 갖추게 된다.

다음, 법인은 사회계약의 수혜자가 될 수 있을까? 이에 대한 답변은 명백히 "그렇다" 이다. 이는 특히 회사법인, 예컨대 기업의 사례를 보면 쉽게 이해된다. 경제활동의 주체로서의 기업은 지속가능한 법질서의 형성 및 유지가 없이는 온전한 경제활동을 영위해 나아갈 수가 없다. 자유로운 경제활동의 필수요소로 물적 자본, 인적 자본 외에 사회적 자본(social capital)이 요구되며, 사회적 자본의 핵심은 바로 신뢰와 안정성이라 할 수 있는바, 이것은 바로 사회계약의 내용을 구성하는 요소인 안정된 법질서에 다름 아니기 때문이다.[3] 사회계약은 전술한 바처럼 개인의 자유이익의 한계를 침범하는 것을 국가의 법집행을 통해 막고자 하려는 계약이라고 볼 수 있고, 그렇다면 법인 역시 사회계약의 수혜자가 된다고 보아야 할 것이다.

---

2) 아리스토텔레스/김진성 역, 형이상학(Metaphysica) (EJB, 2007), 222-223면.
3) 한상훈·안성조, 형법입문 (피앤씨미디어, 2018), 6-7면.

마지막 질문이다. 법인도 자연인처럼 자율적 삶을 이성적으로 영위할 수 있을까? 법인의 활동과 역사를 한 데 묶어서 '법인의 삶'으로 규정할 수 있다면, 이에 대한 답변도 역시 긍정적이다. 왜냐하면 과거와 현재 우리의 지각 속에서 하나의 행위주체로서 활동해 오고 있는 실체인 법인은 분명 자연인의 관점에서도 상당부분 이해가능한 선택과 결정을 내리는 행위자이고, 앞서 논급한 바와 같이 우리와 인격적 상호작용을 할 수 있다는 사실로부터 그들 역시 실천적인 윤리적 판단을 내릴 수 있는 존재로 보아야 하기 때문이다. 우리가 법인의 책임을 묻고, 법인이 그 구성원들 혹은 법인의 이해관계자들에 대해 책임을 물을 수 있다는 사실은 '실천이성의 사실'로서 자연인과 법인 모두 자율적으로 판단하며 자신의 삶을 영위할 수 있는 존재라는 점을 드러내 보여준다고 말할 수 있다.

이상 간략히 살펴본 바와 같이 독립된 행위주체로서의 법인의 성격은 근대형법의 구상 속에서도 여전히 유지될 수 있다. 이하의 글은 그러한 법인의 '고의'를 법리적으로 해명해 보고자 하는 미국 법원의 이론적 시도를 비판적으로 고찰해 보고 있다. 과연 어떠한 논리적 근거로 법인의 고의를 관념할 수 있다고 판시를 하고 있는지, 앞서 살펴본 본서의 내용에 비추어 가며 읽어 가면 매우 흥미로울 것이라고 생각한다.

Ⅰ. 기본개념과 문제의 제기

1. 집단인식의 법리와 의도적 인식회피의 개념

미국 판례에 의해 형성, 발달한 "집단인식의 법리(collective knowledge doctrine)"란, 법인 종업원의 개별 인식들이 합해지면, 비록 그 각각의 인식은 처벌할 수 없는 무책한(innocent) 것이라 하더라도 법인의 주관적 범죄성립요소인 범의(mens rea)를 구성할 수 있다는 법리이다. 예를 들어 어느 회사의 A라는 종업원은 새로 고용될 회사직원이 미성년자라는 사실을 서류기록을 통해 알고 있었으나 어느 부서에 배치될지는 몰랐고, B라는 종업원은 그 신입직원이 미성년자라는 사실은 몰랐지만 매우 위험스러운 업무를 담당하고 있다는 사실은 알고 있었으며, C라는 종업원은 그 신입직원의 존재는 물론 채용여부도 모르고 있었는데, 미성년자를 그러한 위험스러운 업무에 고용하는 것은 불법이라는 사실을 알고 있었다고 할 때, A, B, C 각각의 인식은 전혀 책임 없는 무책한 인식(innocent knowledge)[4] 임에도 불구하고 회사는 그 모든 것을 알고 있었던 것으로 간주되어 처벌될 수 있다는 법리인 것이다.[5] 그런데 모든 종류의 무책한 인식이 단순히 합쳐진다고 해서 법인자체에 범죄사실의 인식이 있었다고 간주할 수는 없다. 만일 집단인식의 법리가 이와 같다면 종업원을 통해 저지른 모든 기업범죄는 법인의 책임이 될 것이기 때문이다. 따라서 그것이 범죄사실의 인식으로서 인정되기 위해서는 종업원 개개인의 인식의 총합에 반드시 구성요건적 사실에 대한 인식뿐만 아니라 법규위반사실에 대한 인식도 포함되어야 한다. 좀 더 정확히 설명하자면, 그것이 합해져 법인의 범의를 인정하게 되는 '무책한 인식'이란 "전체 범죄사실의 인식"에 필요한 어느 한 국면(facet)이라고 볼 수 있다. 예컨대 기준치 이상의 환경오염물질을 배출한 어느 기업의 법인책

---

4) 여기서 '무책한 인식'이란 달리 말하면 '위법성의 인식이 없으며 책임을 인정할 수 없는 개별 정황에 대한 인식'을 뜻한다고 볼 수 있을 것이다.

5) '집단적 인식(collective knowledge)'이란 개념은 프랑스의 사회학자 모리스 알박스(Maurice Halbwachs)가 주창한 개념인 '집단적 기억(memoire collective; collective memory)'의 영향을 받은 것으로 보인다. 이러한 분석으로는 Eli Lederman, Models for Imposing Corporate Criminal Liability: From Adaptation and Imitation Toward Aggregation and The Search for Self-Identity, *4 Buff. Crim. L. Rev. 641*, 2000, at 664. 한 민족이나 한 사회, 혹은 사회 집단이 공통적으로 겪은 역사적 경험은 그것을 직접 체험한 개개인의 생애를 넘어 집단적으로 보존, 기억되는데 이를 집단적 기억이라고 한다. '집단적 인식(collective knowledge, aggregate knowledge)'을 통해 법인의 책임을 인정한 선도적 판결로는 Inland Freight Lines v. United States, 191 F.2d 313(10th Cir. 1951); United States v. T.I.M.E.-D.C., Inc., 381 F. Supp. 730 (W.D. Va. 1974) ; United States v. Bank of New England, N.A., 821 F.2d 844(1st Cir. 1987) 등이 있다.

임은, 그 회사 종업원 중 누군가가 어느 물질이 기준치 이상의 환경오염물질이라는 사실을 알고 있고(facet 1), 다른 누군가는 그 물질의 배출 사실을 알고 있었으며(facet 2), 또 다른 누군가는 그러한 행위가 위법하다는 사실을 알고 있는 경우(facet 3), 각각의 종업원의 인식을 종합해 회사의 인식으로 귀속시킨다면 그 회사는 환경오염물질의 불법배출사실을 알고 있는 것이 된다(facet 1+2+3=범죄사실의 인식). 이 법리는 유책한 종업원을 확정할 수 없는 경우에도 법인에게 형사책임을 인정할 수 있게 해 주는 바, 다수의 판례에 의해 인정되고 있는 최근의 판례경향이고,[6] 따라서 현실적으로 미국 내에서 기업활동을 하고 있는 외국 기업들이라면 분명히 유념하고 있어야 할 법리이다.[7] 최근 우리나라에서도 법인 고유의 범죄의사를 인정해 법인의 형사책임을 구성하려는 논의가 활발히 전개되고 있으며,[8] 그 중 상당수 문헌이 주목하고 있는 것도 바로 이 집단인식의 법리이다. 필자는 다른 논문에서 집단인식의 법리에 대한 기존의 잘못 알려진 점을 지적하고, 일반적인 설명을 시도한 바 있다.[9] 본고에서는 동 법리의 의미를 보다 명확히 구명해 봄으로 법인의 형사책임에 관한 국내 논의에 유용한 시사점을 제공해 보고자 한다.

---

6) Ann Foerschler, Corporate Criminal Intent: Toward a Better Understanding of Corporate Misconduct, *78 Cal. L. Rev. 1287*, October, 1990, at 1304-1305.

7) 이러한 지적으로는 Martin J. Weinstein & Patricia Bennett Ball, Criminal Law's Greatest Mystery Thriller: Corporate Guilt through Collective Knowledge, *29 New Eng. L. Rev. 65*, 1994, at 90-91.

8) 송기동, 영미 기업범죄 형사책임의 전개, 형사정책 제20권 제2호, 2008; 최대호, 법인에 대한 형사책임 귀속의 요건, 중앙대학교 법학논집 제33집 제1호, 2009; 김재윤, 현대형법의 위기와 과제, 전남대학교 출판부, 2009, 194-246면 참조. 이러한 주장은 이미 이전부터 있었다. 이기헌·박기석, 법인의 형사책임에 관한 비교법적 연구, 한국형사정책연구원, 1997; 박기석, 양벌규정의 문제점과 법인범죄의 새로운 구성, 형사정책 제10호, 1998; 노명선, 회사범죄에 관한 연구, 성균관대학교 박사학위논문, 2001, 78-79면 참조. 기타 독일 내의 최근 논의 상황에 대한 소개로는 Roxin, AT⁴, § 8 V 63 참조.

9) 안성조, 미국 판례 상 집단인식에 의한 법인책임의 법리 연구, 부산대학교 법학연구 제51권 제1호, 2010.

미국 내 대부분의 주석가들은 집단인식의 법리가 그 자체로 독자적 (stand-alone) 법리라고 해석하고 있으나[10], 이와 달리 집단인식의 법리는 그 자체로는 불완전한 것이기 때문에 전체 범죄사실의 한 국면을 인식하고 있는 종업원이 다른 종업원들이 인식하고 있는 사실에 대해 "의도적 인식회피(willful blindness)"가 있다는 점이 사실관계에 드러난 경우에만 이 법리가 위헌의 소지 없이 적용될 수 있는 법리라고 주장하는 견해가 있다.[11] 다시 말해 집단인식의 법리는 의도적 인식회피와 결합될 때에만 정당하게 적용될 수 있으며 실제로 이 법리가 적용된 기존의 선도적 사례들에도 의도적 인식회피가 사실관계에 노정되어 있었다는 것이다. 의도적 인식회피란, "범죄의 요소가 되는 사실에 대한 적극적 인식을 의식적으로 회피하려는 노력(a conscious effort to avoid positive knowledge of a fact which is an element of an offense charged)"을 의미한다.[12] 예컨대 어느 운송업자가 많은 돈을 받고 화물을 멕시코에서 미국으로 운송하기로 했을 때, 그는 화물에 마약이 포함되어 있는지 확신할 수는 없었지만, 그러한 가능성은 인식하고 있었고, 그럼에도 불구하고 확인하지 않기로 결정을 내린 경우를 말한다.[13] 다만 마약의 포함여부를 확인하지 않은 것만으로는 악의적 회피가 되지 못하고, 그가 운송하는 화물에 마약이 포함될 수 있다고 믿을 만한 근거가 있어야만 한다.[14] 그렇게 무지의 상태가 되기로 결정함으로써 피고인은 범죄사실에

---

10) 이 점에 대해서는 Michael Viano & Jenny R. Arnold, Corporate Criminal Liability, *43 Am. Crim. L. Rev.311,* 2006, at 320.

11) 이에 대해서는 Thomas A. Hagemann & Joseph Grinstein, The Mythology of Aggregate Corporate Knowledge: A Deconstruction, *65 Geo. Wash. L. Rev. 210,* 1997, at 228; Anthony Ragozino, Note, Replacing the Collective Knowledge Doctrine with a Better Theory for Establishing Corporate Mens Rea: The Duty Stratification Approach, *24 Sw. U. L. Rev. 423,* 1995.

12) 악의적 회피는 의도적 무지(deliberate blindness, deliberate ignorance, willful ignorance), 의도적 무관심(deliberate indifference), 의식적 회피(conscious avoidance) 등으로도 알려져 있으나, 본고에서는 의도적 인식회피가 가장 적절하다고 생각되어 이 번역어를 채택하고자 한다.

13) Arnold H. Loewy, Criminal Law, 4th ed., 2003, at 128.

대한 적극적 인식이 없었음을 항변할 수 있게 된다. 그러나 법원은 만일 피고인이 의도적으로 사실인식을 회피했음이 입증된 때에는 이는 법을 우회(circumvent)하려는 시도로 보아 사실에 대한 인식이 있었던 것으로 간주한다. 즉, 피고인은 사실에 대한 인식이 없었음에도 불구하고 이를 인식하고(knowingly) 범죄를 저지른 것이 된다.[15] 이 법리의 정당화 근거는 의도적 인식회피나 적극적 인식은 똑같이 유책하기(equally culpable) 때문이라고 한다. 한 마디로 행위자는 그 사실을 인식하였더라도 범행을 저질렀을 것이기 때문이라는 것이다.[16]

2. 법인에게 의도적 인식회피가 있어야만 하는가?

집단인식의 법리가 적용되려면 의도적 인식회피가 전제되어야 한다는 것은 법인의 범의를 인정함에 있어서 단순히 다수 종업원의 무책한 인식의 총합이 법인에게 귀속되어 법인을 유책하게 만드는 것이 아니라, 법인의 각 종업원에게 범죄사실에 대한 인식의 충분한 가능성이 있었음에도 불구하고 이를 의도적으로 회피했다는 점이 입증되어야만 집

---

14) 이와 관련된 판례로는 U.S. v. Campbell, 777 F. Supp. 1259(W.D.N.C.1991), aff'd in part and rev'd in part, 1992 U.S. App. LEXIS 23805(4th Cir. 1992)를 참조할 것. 동 사건에서 피고인인 부동산중개업자의 인식과 관련해, 고객의 생활방식이 비정상적이고, 특이한 습관을 갖고 있다는 사실을 알고 있다는 것만으로는 그 고객의 불법활동 가능성을 인식하였다고 볼 수 없고, 또한 지역사회에서 마약밀매자로 소문나 있다는 것만으로는 피고인의 인식을 추정할 수 없다고 판시함으로써 의도적 인식회피 법리에 대한 한계를 제시하고 있다.

15) 예컨대 United States v. Restrepo-Granda, 575 F.2d 524, 528 (5th Cir. 1978)에서 법원은 만일 피고인이 불법행위가 존재할 것이라는 매우 높은 가능성을 주관적으로 인식하고 있었고, 그러한 불법행위에 대한 인식을 의도적으로 회피하려 했음(purposely contrived to avoid learning of the illegal conduct)이 입증된 경우 범죄성립에 필요한 인식(knowledge)이 있었던 것으로 본다고 판시하였다.

16) U.S. v. Jewell, 532 F.2d 697 (9th Cir. 1976) at 700; Arnold H. Loewy, *supra* note 8, at 128.

단인식에 의해 법인책임을 귀속시킬 수 있다는 의미이다.

그렇다면 과연 집단인식 법리는 범의를 입증하기 위한 독자적 법리인가 아니면 그보다는 각 종업원의 의도적 인식회피가 입증될 경우에만 비로소 의미를 가질 수 있는 법리인 것인가? 이하 본고에서는 두 입장의 타당성을 검토하기 위해 집단인식의 법리를 인정한 대표적 리딩케이스를 분석 대상으로 삼아 각 사례의 사실관계에 의도적 인식회피를 인정할 만한 요소가 있었는지 면밀히 검토해 보고(II), 이 법리가 독자적 법리라는 견해를 동 법리의 형성배경을 통해 살펴본 뒤(III), 의도적 인식회피가 반드시 전제되어야 한다는 주장의 당부를 가려보고자 한다. 결론적으로는 집단인식의 법리가 인정된 사례의 경우 법인 종업원에게 의도적 인식회피가 있는 것으로 해석될 소지도 있지만, 반드시 그렇지는 않다는 점을 논증하며, 조직모델을 통해 새로운 대안적 해석론을 제시할 것이다(IV). 마지막으로 동 법리가 지닌 이론적 한계를 지적함으로써 향후 연구 과제를 지적해 두고자 한다(V).

II. 리딩케이스의 검토

일반적으로 집단인식의 법리가 확립된 선도적 판례로는 Inland Freight Lines v. United States Case(1951)와 United States v. T.I.M.E.-D.C., Inc. Case(1974), 그리고 United States v. Bank of New England Case(1987)가 널리 논급되고 있다. 세 개의 사례를 차례로 검토해 보기로 한다.

1. Inland Freight Lines v. United States

이 사건의 사실관계와 판결요지는 아래와 같다.

당시 주간통상법(Interstate Commerce Act)에 의하면 자동차 운수업자가 알면서(knowingly), 의도적으로(willfully) 허위 기록을 작성하거나 보존하는 것을 경범죄(misdemeanor)로 규정하고 있었다. 공소사실에 따르면 어떤 운전기사들이 자신들의 운행시간과 결근시간을 일지(log books)와 운행보고서(travel reports)에 틀리게 기록하였다. 그러나 운수회사의 그 어떤 종업원도 일지와 운행보고서의 불일치를 알고 있지 못했다. 이에 대해 법원은 만일 적어도 어느 한 직원이 일지의 내용을 알았고 또 다른 직원은 운행보고서의 내용을 알고 있었다면, 두 직원의 인식은 집단적으로(collectively) 회사에 귀속된다고 보았다.17) 비록 항소심에서 파기되기는 하였지만 이 판결은 회사의 인식이, 그 종업원들이 주요 사실(key facts)에 대해 집단적으로 가진 인식을 증명함으로써 입증될 수 있다고 보았다는 점에서 집단인식의 법리를 발전시키는데 있어서 중대한 이론적 첫발을 내디딘 판례로 평가된다.18)

집단인식의 법리가 악의적 회피와 결합되어야만 정당하게 적용될 수 있다고 보는 입장(이하 '결합론'으로 칭함)에서는 이 사례에도 회사 종업원의 의도적 인식회피가 있다고 해석한다. 예컨대 제1심에서 법관은 배심원들에게 다음과 같이 설시하였다. "만일 회사가 정을 알면서 틀린 일지를 받아들였거나, 오류유무에 대한 조사 없이 받아들인 경우에는, 감독의무(duty of inspection)를 다했더라면 일지의 오류는 발견될 수 있었을 것이기 때문에, 그 회사는 유죄가 된다."19) 이에 대해 결합론자들은 회사는 일지와 운행보고서의 불일치를 확인·감독할 의무가 있음에도 불구하고 이를 이행하지 않은 경우, 이것은 알면서도 틀린 일지를 받아들인 것과 마찬가지로 간주된다는 취지의 설시를 한 것이라고 주장한다.

2. United States v. T.I.M.E.-D.C.

이 사례에서 배차원들은 회사의 새로운 병가(sick-leave) 정책을 운송기사들에게 고지할 책임이 있었다. 새 정책에 따르면 병가를 내기 위해

---

17) Inland Freight Lines v. United States, 191 F.2D 313 (10th Cir. 1951) at 313-316.
18) 이러한 평가로는 Martin J. Weinstein & Patricia Bennett Ball, *Ibid.*, at 71.
19) Inland Freight Lines, 191 F.2D, at 316.

서는 의료진단서를 제출해야만 하고, 만일 진단서 없이 병가를 내면 면책 받지 못하고 고용상의 불이익을 입게 되어 있었다. 이 정책은 불완전하고 모호한 정보를 기사들에게 고지함으로써 종업원들의 치솟는 결근율을 낮추려는 의도로 회사에 의해 고안된 것이었다. 관련 증거에 의하면 두 명의 운송기사가 처음에 병결을 전화로 알렸으나, 배차원들이 그들의 결근은 면책 받지 못할 것이라고 알려주자, 고용상의 불이익을 염려한 두 기사들은 결근신청을 철회하고 몸이 안 좋은 상태에서 운송업무를 했다. 그런데 주간통상법에 의하면 운송업자와 그 운송기사들이 운송능력에 장애가 있는 상태 하, 또는 그들의 운송능력에 장애를 줄 수 있는 환경 하에서 운전을 함으로써 운행을 불안전하게 만드는 것은 경범죄로 규정되어 있었다. 입증된 증거에 따르면 그 두 명의 운송기사들은 배차원들로부터 결코 공식적으로 또는 명시적으로 새로운 병가정책에 대해 고지 받은 적이 없었다. 이에 대해 운수회사는 비록 주간통상법이 운송능력에 장애가 있는 자의 운송업무를 금지한다는 점을 알고 있었지만, 두 운송기사들이 병가를 철회하고 정상업무에 들어갔기 때문에 그들이 병이 있었다는 사실은 몰랐다고 항변하였다. 그러나 법원은 회사 측의 주장을 배척하고 회사가 자신들이 병든 운송기사를 사용하고 있다는 사실을 충분히 인식하고 있었다고 설시하였다. 그 이유는 비록 운송기사들이 병가신청을 철회했다고 하여도, 배차원들은 분명히 그들이 병에 걸렸다는 사실을 고지 받아 이를 알고 있었기 때문이라고 하였다. 즉, 배차원들은 병든 기사들을 운송업무에 사용하고 있다는 인식을 지니고 있었고, 이러한 인식은 그러한 행위를 금지하고 있는 주간통상법의 내용을 알고 있는 회사 내의 다른 종업원들의 인식과 결합되면 회사의 인식이 된다는 것이다.[20) 이 사례 역시 Inland Freight Lines v. United States와 마찬가지로 회사 종업원들의 무책한 인식이 범죄사실의 인식에 필요한 각각의 단계를 충족시킬 때 그 총합은 곧 회사

---

20) United States v. T.I.M.E.-D.C., Inc., 381 F. Supp. 730 (W.D. Va. 1974) at 730-741.

의 인식으로 귀속될 수 있다고 본 점에서 전형적인 집단인식 법리의 맹아로 평가되고 있다.21)

결합론자들은 이 사례에도 운수회사에 악의적 회피가 있다고 본다. 왜냐하면 이 사례에서 회사는 새로운 병가정책이 병가신청을 억제하는 효과가 있을 것이라는 점을 알았거나 알고 있어야 했고, 따라서 운수회사는 기사들에게 병이 있다는 사실을 기술적으로(technically) 모른 채, 그들을 영업에 투입하려는 의도를 가지고 있었던 것이기 때문이다.22) 따라서 회사의 새 병가정책은 병이 있지만 진단서를 받아 오지 못한 기사들에게 눈을 감으려는 의도적 시도(deliberate attempt to turn a blind eye to)를 드러내는 것으로 볼 수 있다는 것이다. 법원도 피고 회사는 결근율을 낮추기 위해 새로운 병가정책에 대해 상세하게 충분히 설명하는 것을 금지했고, 그렇게 함으로써 병들거나 피로한 기사의 운송업무를 금지하는 관련 법규를 의도적으로 무시했다고 설시했다.23)

3. United States v. Bank of New England

집단인식의 법리를 확정적으로 인정한 사례로 가장 보편적으로 인용되는 것으로는 United States v. Bank of New England가 있다. 사실관계와 판시내용은 아래와 같다.

맥도너프(James McDonough)라는 은행 고객이 1983년 5월부터 1984년 7월 사이에 총 31번에 걸쳐 New England 은행의 Prudential 지점을

---

21) 이후에도 집단인식의 법리가 직·간접적으로 원용된 판례로는 United States v. Osorio, 929 F.2d 753, 761 (1st Cir. 1991); United States v. Ortiz de Zevallos, 748 F. Supp. 1569, 1576 n.7 (S.D. Fla. 1990); United States v. Shortt Accountancy Corp., 785 F.2d 1448 (9th Cir. 1986); United States v. Sawyer Transp., Inc., 337 F. Supp. 29 (D. Minn. 1971) 등이 있다.

22) T.I.M.E.-D.C., Inc., 381 F. Supp. at 739-740; Thomas A. Hagemann & Joseph Grinstein, *Ibid.*, at 229-230.

23) T.I.M.E.-D.C., Inc., 381 F. Supp., at 736-737.

방문해 5,000달러에서 9,000달러에 달하는 복수의 수표를(multiple checks), 어느 한명의 은행 창구직원에게 동시에(simultaneously to a single bank teller) 제시하고 10,000달러 이상의 현금을 인출했다. 그 당시 현금거래 보고법(Currency Transaction Reporting Act)에 의하면 10,000달러 이상의 현금거래가 있을 경우 15일 이내에 현금거래보고서(CTRs: Currency transaction reports)를 작성하도록 되어 있었다.24) 분명 각각의 수표는 10,000달러 이하의 금액이었지만, 매번 인출한 현금총액은 10,000달러 이상으로 현금거래보고서의 작성대상이었음에도 불구하고 은행은 보고 서를 작성하지 않았다. 이에 대해 제1심법원은 은행 종업원의 인식의 총합은 은행에 귀속될 수 있다고 설시하며, "만일 A 직원이 현금거래보 고서작성요건(currency reporting requirements)의 어느 한 국면(one facet) 을 알고 있고, B라는 직원은 그 요건의 다른 국면을 알고 있으며 (another facet), 그리고 은행직원 C는 세 번째 국면을 알고 있다면, 은행 은 그 모든 단계를 알고 있는 것이라고 판시하였다. 따라서 설령 (각각 10,000달러에 미치지 못하는) 복수의 수표가 사용되었다 하더라도, 만 일 어느 종업원이 자신의 업무상 그 경우 현금거래보고서가 작성되었 어야 한다는 점을 알고 있었다면 은행은 그것을 알고 있었던 것으로 간 주된다. 마찬가지로 만일 각각의 여러 종업원이 현금거래보고서작성요 건의 일부를 알고 있었고, 그러한 인식의 총합이 요건의 모든 단계를 충족시킨다면, 은행은 그것을 알고 있었던 것으로 간주된다." 즉, 비록 현금을 인출해 준 창구직원이 복수 수표에 의한 10,000달러 이상의 현 금인출이 현금거래보고법의 규제대상이라는 점을 몰랐다 하더라도 최 소한 10,000달러 이상의 현금인출을 한 사실은 알고 있었고, 또한 어느 은행직원은 그와 같은 현금인출이 현금거래보고서의 작성대상이라는 사실을 알고 있었다면 은행직원들의 인식의 총합은 현금거래보고법을 위반한 사실에 대한 은행자신의 인식이 된다고 판시하였다.25) 현금인출

---

24) 주지하다시피 현금거래보고제도(CTR)는 자금세탁(money laundering) 방지를 위
   해 도입된 것으로, 미국뿐만 아니라 각국의 자금세탁방지관련 법규에 입법화 되
   어 있다. 이 점에 대해서는 조균석, 자금세정규제론, 1993, 131면 이하 참조.

을 담당한 창구직원은 10,000달러 넘는 금액의 거래가 있었던 사실을
알고 있었으나, 10,000달러 미만의 복수의 수표에 의한 그와 같은 거래
가 현금거래보고법의 규제대상이라는 사실을 모르고 있었지만, 관련 증
거에 의하면 분명 어느 직원은 그러한 거래라도 현금거래보고서를 작
성해야 한다는 점을 충분히 인식하고 있었기 때문에 은행 종업원들의
인식의 총합은 은행의 범죄사실의 인식이 될 수 있다는 것이다.[26)

이 사례의 제1심에서 법원은 배심원들에게 다음과 같이 설시하였다.
은행은 기관(institution)이자, 조직(organization)으로서 일정한 책임이 있
다. 그렇기 때문에 은행은 현금거래보고서의 요건을 인지하고 있어야
하고, 또 이를 준수해야 한다. 이 점을 의식적으로 회피했는지 여부를
배심원은 판정해야 한다. 은행이 유죄임을 입증하려면 보고서를 작성하
지 않은 것이 은행의 "악의적인 조직적 무관심(flagrant organizational
indifference)"의 결과라는 사실을 입증해야 한다. 이러한 점에 비추어
볼 때, 배심원들은 은행이 직원들에게 관련 법규를 고지하려는 노력을
기울였는지, 또 직원들에 대한 준법감시 노력을 기울였는지, 현금이 복
수의 수표에 의해 인출되었던 기간 동안 얻게 된 다양한 정보에 적절히
대처했는지, 은행의 정책을 어떻게 수행했는지 등을 검토해 보아야 한
다. 그리하여 만일 은행 직원이 자신의 직무범위 내에서 현금거래보고
서 작성을 의도적으로 하지 않았거나, 은행(직원)이 악의적으로 자신의
의무에 무관심했다면, 은행은 의도적으로 보고서를 작성하지 않은 것으
로 간주된다.[27) 한 마디로, 의도적 무관심은 곧 의도(willfulness)를 입증
할 수 있는 수용 가능한 수단(permissible means)이 될 수 있다는 것이
다.[28) 결론적으로 법원은 다음과 같이 판시하였다. "맥도너프의 은행거

---

25) United States v. Bank of New England, N.A., 821 F.2d 844 (1st Cir. 1987), at
   844-857.
26) 동 판례의 정확한 사실관계와 판시내용에 대한 해설로는 Thomas A. Hagemann
   & Joseph Grinstein, *Ibid.*, at 212-228; Martin J. Weinstein & Patricia Bennett
   Ball, *Ibid.*, at 75-80 참조.
27) Bank of New England, N.A., 821 F.2d, at 855.
28) *Ibid.*, at 855-857.

래 방식이 일정기간 상습적인 것이었고, 그의 거래가 보고할 수 있는 성격의 것이라는 점을 알려주는 정보가 많았기 때문에, 이로부터 불거지는 의혹들이 있었다면, 은행직원들은 최소한 맥도너프의 거래가 과연 보고할 만한 것인지 문의해 보았어야 함에도 불구하고 그러지 않았던 바, 이는 현금거래보고법이 부과하는 금지의무에 대해 악의적 무관심이 있었던 것으로 배심원들을 평결할 수 있다."[29] 한 마디로 은행의 책임은 "죄가 될 만한 정보(inculpatory information)"에 대해 의식적으로 회피했거나 악의적으로 무관심했다는 데에서 찾을 수 있다는 것이다.[30]

결합론자들은 이러한 판시내용을 근거로 위 사례도 은행의 의도적 인식의 회피가 있었던 대표적 사례로 해석한다. 바로 그렇기 때문에 집단인식도 의미를 지닐 수 있다는 것이다. 즉, 이 사례에서 종업원들의 집단인식은, 만일 그것이 필요하고 정당하다면, 형사책임을 면하기 위한 은행의 의식적 노력을 수포로 만들기 위해(to defeat the Bank's conscious attempts to avoid criminal liability) 인정되었을 뿐이라는 것이다.[31]

이상 집단인식의 법리를 인정한 선도적 판례를 분석 대상으로 하여 과연 사례에 회사법인의 의도적 인식회피가 있었는지 여부를 검토해 보았다. 결합론자들의 주장처럼 세 개의 사례 모두 일견 의도적 인식회피가 있었다고 해석할 소지는 있다고 보인다. 다만 과연 판례의 취지가 "집단인식의 법리에는 의도적 인식의 회피가 요구된다는 것"으로 반드시 해석할 필요가 있는지는 의문이다. 왜냐하면 위 판례들은 관점에 따라서는 회사의 일정한 내부관행이나 운영절차 및 정책을 그 법인 자체의 의사로 보고 이에 대해 책임을 추궁한 것으로 해석할 여지도 충분히 있기 때문이다. 사례는 보는 이의 관점에 따라서 달리 해석될 수 있는 것이다. 이하에서는 최근 법인 고유의 의사를 이론적으로 재구성하려는 여러 시도 중에서 '조직모델'의 관점을 살펴보고, 집단인식의 법리가 바로 조직모델을 반영한 것이라는 사실을 논증해 보기로 한다. 이를 위해

---

29) *Ibid.*, at 857.
30) *Ibid.*, at 857.
31) Thomas A. Hagemann & Joseph Grinstein, *Ibid.*, at 224-226.

우선 집단인식의 법리가 태동할 수밖에 없었던 배경을 검토해 보기로
한다. 집단인식 법리의 형성배경은 집단인식의 법리가 고유한 원리를
토대로 한 독자적 법리라는 견해는 물론, 조직모델이 고안된 이유와도
무관하지 않기 때문이다.

III. 집단인식 법리의 형성배경

집단인식의 법리가 형성·발전된 배경에 대해서는 두 가지 설명이 제
시되어 있다.

우선 사회경제적인 배경이다. 즉, 미국처럼 시장경제가 고도로 성숙
한 나라에서는 이러한 독자적인 법리에 의한 기업규제의 필요성이 커
질 수밖에 없다는 것이다. 즉, 미국 내 기업, 특히 다국적 기업의 경우는
수천 명의 종업원을 고용하고 있을 뿐만 아니라 회사업무를 독립적인
개별 부서에 위임함으로써 회사조직의 기능을 분권화(decentralize) 시키
고 있기 때문에,32) 그 규모와 복잡성이 증대하여 만일 회사 내 범죄가
발생하더라도 그 관련 책임자를 색출해 내는 데 수개월에서 수년이 소
요되는 지경에 이르렀다는 것이다. 예컨대 회사 내 어느 부서가 과세기
록을 작성하는 업무에 대해서 고유한 권한이 있다고 하더라도 사실상

---

32) 예컨대 현대의 많은 기업들은 개별 사업부가 책임경영을 할 수 있도록 개별 사업
    부장에게 권한을 위임하는 사업부제 조직구조를 채택하고 있다. 권한의 대규모
    위임은 사업부의 자발적인 경영을 촉진시키고 빠른 의사결정을 가능하게 하여
    책임경영을 할 수 있는 장점이 있는 반면, 각각의 사업부가 다른 사업부와 자원
    공유나 기술이전과 같은 협력관계가 어려워지고, 사업부끼리 불필요한 경쟁관계
    가 될 위험도 있다. 이처럼 개별 사업부가 지나치게 독립적으로 운영되어, 사업
    단위 간 자원 및 지식, 정보의 공유 같은 협력관계가 없어지는 것을 전문용어로
    '사일로(silo)'로 라고 한다. 현대 기업의 이러한 특성에 대해서는 장세진, 삼성과
    소니, 2008, 233면 이하 참조. 서로 다른 전문성을 가진 조직을 통일적으로 운영
    할 수는 없기 때문에 사일로는 현대 기업조직에 필수적인 측면도 있고 또 경영의
    본질이기도 하지만, 후술하듯, 이는 분명 기업범죄에 악용될 소지도 있다.

법인의 소득신고서에 기재된 모든 내용은 또 다른 부서에 의해 작성되는 경우가 있다는 것이다. 극단적으로는 회사 내 한 부서가, 수천마일 떨어진 곳에 위치한 독립적인 부서에 의해 제공된 정보에 전적으로 의존해 신용대출을 신청하는 경우도 있을 것이다. 이처럼 기업 내부의 의사결정과정이 복잡하고 분권화된 위계구조에 의해 조직적으로 이루어질 경우, 기업 경영진의 일부가 외국의 정치인에게 뇌물을 전달해 주기로 결정을 내린 때에, 다른 부서의 사원들이 그러한 뇌물지급에 대해 궁극적 책임을 지는 일도 발생할 수 있게 된다. 시장경제가 고도화됨에 따라 바야흐로 미국법원은, 기업조직이 자신의 의사결정 메커니즘이 복잡화, 분권화 된 점을 이용해, 기업 내 각 부서 간 정보가 상호 영향을 미치지 않도록 부서조직을 엄격히 업무적으로 분화시킬 수 있는 고유한 능력을 갖추게 되었다는 점을(unique capacity to compartmentalize information) 인식하기 시작하였고, 그 결과 한 기업 내 여러 직원들의 집단적 인식이 기업의 고의로 인정될 수 있다고 법리구성을 할 수 있게 된 것이다. 요컨대, 기업조직의 고도발달로 인해 기업 내 부서 간 업무가 엄격하게 분리되어 자율적 체계를 갖추게 됨에 따라 기업은 각 부서별 상호간 인식의 공유가 없어도 정상적인 업무를 수행할 수 있듯이 각 부서 종업원들의 상호 무관한 개별적 인식의 총합을 통해서도 범죄사실을 인식하고 범죄를 저지를 수 있게 되었다는 것이다. 바로 이 점은 집단인식의 법리가 고유한 원리를 토대로 형성된 독립된 법리라는 주장을 뒷받침해 준다.[33] 즉, 집단인식의 법리는 현대 기업조직에서 빈번하게 발생할 수 있는 '조직적 무책임(organisierte Unverantwortlichkeit)'을 방지하려는, 고유의 원리 위에 형성된 독자적 법리라는 것이다.

다음으로는 기업의 형사책임에 관하여 미국 내에서 전개되어 온 고유한 이론적 배경이 있다. 전통적으로 미국 법원은 대위책임(vicarious liability)에 입각하여 기업의 형사책임을 인정해 왔다. 즉, 회사 종업원이 그의 직무범위 내 또는 직무수행 중에 기업의 이익을 위해 저지른 행위

---

33) Martin J. Weinstein & Patricia Bennett Ball, *Ibid.*, at 66-70.

에 대한 책임은 해당 기업에 귀속될 수 있다는 것이다. 그러한 사고방식의 원류는 불법행위의 영역에서 종업원의 직무범위 내의 행위에 대해 법인이 손해배상책임을 지는 사용자책임의 법리(Respondeat superior)에서 유래하고 있었다.34) 미국법상 대위책임이 인정되기 위해서는 그 전제로서 종업원의 범의가 인정되어야 한다. 그러나 전술한 바와 같이 경제가 고도화되어감에 따라 기업조직은 더욱 복잡화, 분권화 될 수밖에 없고, 따라서 누가 발생한 결과에 대해 책임있는 종업원인지 찾아내는 것이 점점 더 어려워지게 된다. 이렇게 될 경우 기업의 형사책임을 묻기가 어려워지는 바, 이러한 난점을 극복하기 위해 집단인식의 법리가 탄생할 수밖에 없었다는 것이다.35)

IV. 집단인식의 법리와 조직모델

1. 조직이론(organizational theory)의 특성과 의의

조직모델에 따르면 회사의 성격은 단순한 사업가들의 집단도 아니고, 그렇다고 막스 베버식으로 위계적 구조에 의해 단일한 목표를 추구

---

34) 물론 카먼로 국가들도 처음부터 대위책임의 원칙이나 사용자책임의 법리를 형사적 법리로 인정해 왔던 것은 아니다. 영국의 경우 이러한 법리가 형사적 법리로도 인정되기 시작한 것은 18세기 이후이다. 이에 대해서는 Amanda Pinto & Martin Evans, Corporate Criminal Liability, London: Sweet & Maxwell, 2003, at 17-24.

35) 이 점에 대해서는 Ann Foerschler, Ibid., at 1297-1298. 동 문헌에 의하면 현대사회에서 회사는, 자신의 업무를 처리하기 위해, 이를 나누어 전담할 하위부서로 이관시키는 고도로 복잡한 조직구조를 갖추게 되었고, 이러한 구조 하에서는 유책한 개인을 찾아낸다는 것이 거의 불가능하기 때문에 미국법원은 집단인식의 원리를 통해 유책한 개인을 찾을 수 없더라도 종업원의 인식의 총합이 회사의 인식이 될 수 있다는 법리구성을 하게 된 것이라고 평가한다. Ibid., at 1304-1306; 역시 동지의 송기동, 앞의 논문, 44-48면 참조.

하는 관료제(Bureaucracy)모델로도 설명하기 힘들다. 왜냐하면 그러한 모델들은 조직의 복잡성이 크지 않을 때에는 들어맞을지 모르지만, 고도로 복잡해진 조직의 경우에는 더 이상 타당하지 않기 때문이다. 조직모델은 이러한 설명방식 대신 회사를 "지능을 가진 기계"로서의 조직(organization)으로 설명하는 이론이다.[36]

조직모델(organizational model)은 법인의 활동을 법인 구성원 개인들의 선택의 집합이라기보다는 법인의 조직구조적 산물(product of the organizational structure)로 본다. 즉, 조직은 개인들의 집합이라기보다는 활동들의 집합(collection of activities)이라는 것이다.[37] 따라서 법인의 목적과 결정은 법인 내 어느 특정 개인의 목적이나 결정과 반드시 일치하는 것은 아니다. 조직이론은 법인을 하나의 개인처럼 취급하는 전체론적(holistic) 관점도 거부한다. 전체론적 관점은 회사를 이윤극대화를 추구하는 이성적 행위자로서 하나의 의사결정 단위로(single decisionmaking unit) 파악하지만,[38] 회사라고 항상 이윤을 극대화하는 행동을 하지는 않으며, 따라서 이러한 모델은 비현실적이라고 보기 때문이다.[39] 다시 말해 법인을 단순한 개인들의 집합으로 보는 것도 잘못이지만, 법인을 단일한 의사를 지닌 하나의 이성적 행위자로 보는 것도 실제에 부합되지 않는다는 것이다. 이 이론은 법인의 복잡한 성격을 총체적으로 파악하기 위해 법인 내부의 '의사결정절차'에 대한 이해가 필요하다고 본다.[40] 따라서 조직이론은 법인의 의사(corporate intent)를 구명해 내는데 있어서 개별적 법인 구성원의 의사로든 단일한 인격체로서의 법인자체

---

36) M. Dan Cohen, Rights, Persons, and Organizations: A Legal Theory for Bureaucratic Society, Univ. of California Press, 1986, at 16-25.
37) M. Dan Cohen, Ibid., at 35.
38) G. Allison, Essence of Decision: Explaining the Cubean Missile Crisis, Boston : Little, Brown, 1971, at 32-33.
39) C. Stone, Where the Law Ends: The Social Control of Corporate Behaviour, New York : Harper & Row, 1975, at 38-39.
40) Simeon M. Kriesberg, Decisionmaking Models and the Control of Corporate Crime, 85 YALE L.J. 1091, 1976, at 1976.

의 의사로든, 그 어떤 종류의 환원주의도 시도하지 않는다. 그 대신 법
인의 조직구조상의 특성에 주목한다. 잘 알려진 조직모델로는 다음과
같은 두 가지 모델이 있다.

우선 조직적 절차모델(organizational process model)은 조직 내 업무
의 전문적 분담(task specialization)이란 개념을 토대로, 조직 내부의 복
잡한 업무가 다루기 쉬운 하부문제로 분리되고, 이는 조직 내부의 하위
부서에 이관 돼 처리되는 과정에 주목한다. 회사들의 경우 각각의 부서
는 독립적인 결과물을 산출하므로 회사의 활동이란 결국 이러한 개별
부서의 의사결정을 종합하여 부분적 조정을 거친 결과(result of the
partial coordination of all of these incremental decisions)이다.41) 이와 같
은 의사결정메커니즘 하에서는 회사 내에 책임이 분산되며, 따라서 책
임소재를 명확히 해 책임자를 가려내는 것이 어려워진다.42) 즉, 이러한
의사결정구조 하에서 법인범죄가 발생했다면, 유책한 개인이나 의사결
정단위를 찾아내는 것은 거의 불가능해 진다.

다음으로 관료적 정략모델(bureaucratic politics model)은 게임이론
(game theory)을 토대로 회사의 의사결정과정을 개인들 간의 협상절차
(bargaining process among individuals)로 이해하려는 이론이다. 관료적
정략모델은 회사 내부의 의사결정이 정치적 협상결과라는 관점을 취한
다. 때때로 특정 개인의 목표가 관철될 수도 있지만, 그보다 그 어떤 특
정 개인의 목표와도 일치하지 않는 협상결과에 도달하는 경우가 더 많
다.43) 한 마디로 회사와 같은 조직에서는 목표에 대한 명백한 합의는
존재하지 않는다는 것이다. 조직적 절차모델과 마찬가지로 관료적 정략
모델은 법인의 활동을 어떤 특정 개인의 행위로 환원시키려 하지 않는
다. 또한 회사의 활동결과 범죄가 발생한 경우, 유책한 개인을 찾아내는

---

41) J. March & H. Simon, Organizations, New York : John Wiley & Sons, 1958,
   at 158-161, 190.

42) K. Brickey, Rethinking Corporate Liability Under the Model Penal Code, *19
   RUTGERS L.J. 593*, 1988, at 625-626.

43) M. Dan Cohen, *Ibid.*, at 33; G. Allison, *Ibid.*, at 145.

것은 거의 불가능하다고 본다.

이상 살펴본 바와 같이 조직모델은 법인의 의사와 활동을 법인 내부의 특정 개인의 의사나 행동으로 환원시키는 것이, 불가능하지는 않더라도, 매우 어렵다는 사실을 잘 해명해 주고 있다. 법인의 정책과 활동은 종종 그 구성원 개인들의 선택의 단순한 총합 이상이다. 또 많은 경우 법인의 활동은 구성원 개인들의 선택과, 회사 내에는 자주 발생하는 특정 문제를 처리하기 위한 표준운영절차(standard operating procedures), 그리고 조직의 구조 자체, 이 모든 것의 상호작용에 의존한다. 결론적으로 법인의 정책과 행동은 법인의 조직구조 전체(corporate structure as a whole)로 귀속되어야 하며, 개념적으로 법인 내부의 구성원 개인들의 의사와는 독립적인 것으로 보아야 한다는 것이 조직모델의 입장이다.44) 다시 말해 조직모델은 법인의 조직구조 자체를 의사를 지닌 행위주체로 보아야 한다는 이론인 것이다.45)

2. 조직모델과 법인 고유 의사의 재구성

조직모델은 회사의 정책과 내부적 관행 및 표준운영절차에 초점을 맞춘다. 다시 말해 조직모델이 강조하는 회사 고유의 의사란 그 회사의 정책과 관행 및 운영절차에 의해 관념할 수 있다는 것이다. 전술한 바와 같이 회사법인의 의사결정과정이 어느 특정 개인의 의사를 그대로 반영한 것이라기보다는 표준운영절차 및 정략적 협상 등이 상호작용하여 이루어진다. 따라서 회사 고유의사란 회사의 조직적 구조 전체에 의해 결정된다. 그러므로 회사의 정책은 물론 내부적 관행과 표준운영절차는 모두 회사 고유의 의사로 평가할 수 있다고 한다. 실제로 미국 법원이 법

---

44) 조직모델을 주장하는 입장에서는 회사조직을 조직적 지능과 의사를 지닌 시스템 (intentional system with organizational intelligence)이라고 규정하기도 한다. M. Dan Cohen, *Ibid.*, at 34.

45) *Ibid.*

인의 정책을 '제도화된 고의(institutional intent)'로 파악한 이래[46] 회사의 정책에 초점을 맞춰 법인에 대한 비난가능성(blameworthiness)과 형사책임을 인정할 수 있다는 학설과[47] 판례가 꾸준히 전개되어 왔다. 이 점에서 특히 집단인식의 법리는 조직모델의 관점을 적절히 반영하고 있는 것으로 보인다.[48] 예컨대 전술한 United States v. Bank of New England Case를 분석모델로 삼자면, 이 사례에서 법원은 "회사는 특정한 직무와 운영(specific duties and operations)에 대해 (이를 좀 더 쉽게 처리할 수 있는) 보다 작은 단위부서로 업무를 이관·분담시킴으로써, (종업원들의) 인식(knowledge)을 업무적으로 분화시킨다(compartmentalize). 그 작은 단위부서의 (인식의) 총합은 바로 그 특정한 운영에 대한 회사의 인식이 된다. 그 특정한 운영의 어느 한 단계를 수행하는 종업원이 그 운영의 다른 단계를 수행하는 종업원의 활동을 아느냐의 여부는 중요하지 않다."고 덧붙였다.[49] 이러한 법리는 조직모델, 특히 조직적 절차모델의 입장을 수용한 것으로 볼 수 있다. 조직적 절차모델에 의하면 조직 내부의 복잡한 업무는 보다 다루기 쉬운 하부문제로 분리되고, 이는 조직 내부의 하위부서에 이관 돼 처리되는 과정을 겪는다. 회사들의 경우 각각의 부서는 독립적인 결과물을 산출한다. 그러므로 이와 같은 의사결정메커니즘 하에서는 회사 내부에서 책임이 분산되며, 따라서 책임소재를 명확히 해 책임자를 가려내는 것이 어려워진다. 그렇기 때문에 종업원들의 무책한 인식의 총합이 곧 회사 자신의 인식이 된다고 간주하는 것이다. 더욱이 이 사례는 회사의 내부 관행 및 표준운영절차를 책임비난이 가능한 회사의 의사로 파악한 대표적 사례이기도 하다. 동 사례에서 은행의 의사가 비난 가능한 것은 31번에 걸쳐서 동일한 방식

---

46) Keyes v. School District No. 1, 413 U.S. 189 (1973); Oliver v. Michigan State Bd. of Educ, 508 F.2d 178 (6th Cir. 1974).
47) Seth F. Kreimer, Note, Reading the Mind of the School Board: Segregative Intent and the De Facto/De Jure Distinction, 86 YALE L.J. 317, 1976, at 333-334.
48) 동지의 Ann Foerschler, Ibid., at 1305-1306.
49) Bank of New England, N.A., 821 F.2d, at 856.

의 현금인출 행위가 있어도 이에 대한 현금거래보고서를 작성하지 않았던 바, 이는 곧 회사의 내부 관행 또는 표준운영절차로 볼 수 있고, 바로 이러한 관행과 절차가 관련법규를 명시적으로 위반하고 있었기 때문이다.[50] 그렇다면 집단인식의 법리는 조직모델의 관점을 잘 반영하고 있다고 평가할 수 있을 것이다.

3. 조직모델에서 범의 성립의 세 가지 요건

조직모델에 따라 조직구조적 특성을 법인 고유의 의사로 볼 수 있다 하더라도 과연 어떤 경우에 그 의사가 범의를 구성하게 되는지 구명될 필요가 있다. 이에 대해서는 세 가지 경우를 상정해 볼 수 있다. 첫째, 조직구조적 특성에 비롯된 회사정책이나 내부관행 및 표준운영절차가 명시적으로 관련법규를 위반하는 때이다. 예컨대 United States v. Bank of New England 사례처럼 31번에 걸쳐서 복수 수표에 의해 한도를 초과한 현금인출을 허용한 것은 회사의 표준운영절차가 법규를 명시적으로 위반한 것으로 평가할 수 있을 것이다. 둘째, 그 정책이나 관행 및 운영절차가 회사 종업원의 범법행위를 초래할 가능성이 상당히 높음(reasonably foreseeable)에도 불구하고 이를 의도적으로 무시한 경우이다. 이 경우는 United States v. T.I.M.E.-D.C. 사례에서 찾아볼 수 있다. 이 사례에서 운수회사는 결근률을 낮추기 위해 새로운 병가정책을 개발해 실시했던 바, 결과적으로 결근률을 낮추기 위해서는 배차원들로 하여금 그 정책을 기사들에게 상세히 설명하지 못하게끔 하여 병으로 신체적 능력이 저하된 기사를 운송업무에 투입함으로써 주간통상법을 위반하도록 만들 가능성이 높았기 때문이다. 회사의 병가정책 자체가 통상법을 위반한 것은 아니었지만, 종업원의 위반행위를 초래할 가능성을 상당히 높았음에도 불구하고 회사는 이에 무관심했다는 것이다. 마지막으로 회사의 정책과 관행 및 운영절차가 종업원의 법규위반에 대

---

50) *Ibid.*, at 848.

한 확인 및 감독의무를 의도적으로 또는 과실에 의해 내부적으로 강제하고 있지 않은 경우이다. 한 마디로 준법감시의무를 다하지 않고 있는 경우를 말한다. 이 경우 의도적으로 감독의무를 강제하지 않는 경우는 회사가 종업원의 위법행위로부터 이익을 얻기 위해서이다. 반면 과실에 의한 경우는 감독과실로 인해 종업원의 위법행위가 발생한 경우를 뜻한다.[51] 준법감시의무를 다하지 않은 법인의 책임이 인정된 예로는 전술한 Inland Freight Lines v. United States 사건을 들 수 있을 것이다.[52]

이렇게 본다면, 집단인식의 법리는 변화하는 기업구조에 수용하여 조직모델상의 범죄성립의 세 요건을 반영한 것으로서 해석할 수 있을 것이다. 이 법리를 반드시 의도적 인식회피가 사실관계에 전제되어야만 성립하는 것으로 이해할 필요는 없다. 사실 전술한 세 개의 리딩케이스들 중에서 종업원의 의도적 인식회피가 사실관계에 반드시 전제되어 있다고 보아야 할 당위성이 있는 것은 없다. 세 경우 모두 단순히 과실로 인해 각 종업원들에게 범죄사실의 인식이 없었다고 해석해도 무방

---

51) 감독과실로 법인의 책임을 묻는 형식은 현행 양벌규정에서도 찾아볼 수 있다. 주지하다시피 "법인, 단체의 대표자나 대리인, 종업원이 저지른 위법행위에 대해 책임유무를 묻지 않고 양벌규정에 의해 법인 또는 대표이사를 처벌하는 것은 책임주의에 어긋난다."는 헌법재판소의 위헌결정으로 인하여 양벌규정의 개정이 불가피해짐에 따라 법무부는 양벌규정의 개선을 추진하게 되었다. 법무부가 추진하는 양벌규정의 개선안의 주요 내용은 업무주 처벌에 대하여 면책사유 등 아무런 조건을 두지 않은 양벌규정 단서에 업무주가 범죄행위를 방지하기 위한 관리 및 감독의무를 다한 경우에는 책임을 면제하는 면책규정을 두어 책임주의를 관철시키는 것이다. 개정된 양벌규정 하나를 소개하면, 자격기본법상 양벌규정에 해당하는 제42조는 "법인 또는 단체의 대표자나 법인·단체 또는 개인의 대리인, 사용인, 그 밖의 종업원이 그 법인·단체 또는 개인의 업무에 관하여 제000. 조의 어느 하나의 위반행위를 하면 그 행위자를 벌하는 외에 그 법인·단체 또는 개인에게도 해당 조문의 벌금형을 과한다. 다만, 법인·단체 또는 개인이 그 위반행위를 방지하기 위하여 해당 업무에 관하여 상당한 주의와 감독을 게을리 하지 아니한 경우에는 그러하지 아니하다."로 개정되었다.

52) 이상의 세 가지 요건은 Ann Foerschler, *Ibid.*, at 1306-1311에서 포쉴러가 제시한 요건을 수정, 응용한 것임을 밝혀둔다.

하기 때문이다. 반드시 각 경우에 의도적인 인식의 회피가 있었다고 보아야 할 필요는 없다는 것이다.[53] 예컨대 Inland Freight Lines v. United States의 경우 의도적 인식의 회피가 있었다고 보려면 회사가 일지의 오류 가능성을 충분히 인식하고 있어야 하나, 단지 한 종업원이 일지의 내용을 알고 있었고, 다른 종업원은 운행보고서의 내용을 알고 있었다는 사실만으로는, 그들이 비록 한 회사에 소속되어 있다 하더라도, 그러한 일이 상습적으로 발생하지 않은 이상, 일지의 오류 가능성을 회사가 충분히 알고 있었다고 보기는 어렵다.[54] 이외에 두 사례의 경우도 각 종업원에게 의도적인 인식의 회피가 있었다고 보아야 할 당위성은 분명 없다.

이상 검토해 본 바와 같이 집단인식의 법리를 인정한 리딩케이스들은 조직모델에 의해 법리적 토대가 설명될 수 있다고 본다. 의도적 인식회피가 전제되어야만 동 법리가 정당하게 설명될 수 있다는 견해가 있으나, 이는 다소 무리한 해석이라고 판단된다. 끝으로 결합론자들은 악의적 회피가 전제되지 않은 집단인식의 법리는 위헌의 소지가 있다고 주장하는바, 이 점에 대해 검토해 보기로 한다.

4. 위헌론에 대한 검토

미국판례상 최소한 인식(knowledge)이라는 범의를 요구하는 범죄는 단순히 과실(negligence)에 의해서는 저질러질 수 없다는 것은 확립된 원칙이다.[55] 그런데 집단인식의 법리가 적용된 사례들 중, Inland Freight Lines v. United States 사례와 같은 경우 주간통상법에 의하면 자동차 운수업자가 알면서(knowingly), 의도적으로(willfully) 허위 기록을 작성하거나 보존하는 것을 경범죄로 규정하고 있었다. 즉, 법규가 명

---

53) Eli Lederman, *Ibid.*, at 671.
54) 의도적 인식회피 법리의 한계(각주 14)를 참조할 것.
55) Browder v. United States, 312 U.S. 335, 341 (1941); United States v. Crippen, 570 F.2d 535, 538 (5th Cir. 1978).

시적으로 인식과 의도를 범죄성립에 필요한 범의로 요구하고 있는 것이다. 그럼에도 불구하고 법원은 집단인식의 법리를 통해 회사의 책임을 인정하였던바, 회사의 책임이란 이 경우 일지와 운행보고서 간의 불일치를 조사함으로써 그러한 잘못을 방지해야할 의무를 해태한, 일종의 감독의무의 불이행에서 초래된 과실책임(negligence)인 것이다. 즉, 관련 법규의 범죄의 성립에 인식과 의도를 요하고 있음에도 불구하고 법원은 사실상 과실만으로 회사의 범죄성립을 인정하였던 것이다.56) 따라서 결합론자들은 이 사례의 경우 만일 집단인식의 법리가 악의적 회피와 결합되지 않는다면 법원이 판결에 의해 의회가 명시적으로 규정한 법규를 폐기하는(judicial abrogation) 결과를 가져오게 되는 바, 이는 헌법상 권력분립의 원칙에 반하는 흠을 안게 된다고 주장한다.57) 더 나아가 집단인식의 법리를 철저히 관철하면, 회사가 그 종업원에 감독의무를 충실히 이행했음에도 불구하고 우연한 사정에 의해 범죄가 발생한 경우까지도, 다시 말해 회사에 그 어떠한 범의를 찾을 수 없는 경우에까지도 회사는 형사책임을 져야 한다는 부당함이 노정된다는 점도 법리적 문제점으로 지적될 수 있다고 한다.58) 바로 그렇기 때문에 악의적 회피와 결합되지 않은 집단인식만으로는 합헌적이고 정당한 법리가 될 수 없다는 것이다.

그러나 이러한 논변에 대해서는 다음과 같은 반론이 가능하다. 우선

---

56) 사실 범죄성립에 필요한 범의를 의도가 아닌 과실로 축소시켰다는 점은 동 판결이 항소심에서 파기된 이유이기도 했다(The convictions were reversed, with the appellate court finding that the jury charge had, in effect, reduced the requisite mens rea from willfulness to negligence). Inland Freight, 191 F.2d at 316. 또한 유사한 맥락에서 회사 측은 설령 종업원들의 집단인식(collective knowledge)에 의해 회사의 인식(knowledge)가 입증되었다 하더라도, 여전히 의도(willfulness)는 입증되지 않았다고 항소심에서 항변하였다. 한 마디로, 의도까지 요구하는 범죄를 인식만으로 인정하였다는 것이다. 이 점은 Inland Freight Lines, 191 F.2D, at 314-316.

57) 이러한 지적으로는 Thomas A. Hagemann & Joseph Grinstein, *Ibid.*, at 238-239.

58) *Ibid.*, 239.

입법자가 말하는 인식과 의도는 법인과 자연인에게 각각 다른 뜻으로
사용된다는 것이다. 앞서 살펴 본 조직모델에 의하면 법인 고유의 의사
란 조직구조적 특성 자체에서 비롯된 정책이나 관행 및 표준운영절차
등으로 설명할 수 있다. 이러한 것들은 조직모델이 밝혀주었듯, 어느 종
업원 개인의 의사도 아니고, 단순히 종업원들의 의사의 총합도 아니다.
그렇다고 법인을 단일한 의사를 지닌 이성적 행위자로 보는 것도 실제
에 부합되지 않는다. 그러므로 법인의 의사를 자연인의 의사, 즉 일반적
의 의미의 고의 나 과실과 동일시된다고 보기는 힘들다. 이러한 관점에
서 보면 집단인식의 법리에서 말하는 인식의 집합은(collectivization) 단
지 법인의 범의를 입증하기 위한 방법(methodology of proof)일 뿐이고,
따라서 자연인에 대한 고의나 과실의 입증방법과는 다른 방식을 통해
서 결과적으로 입법자가 설정한 '인식'과 '의도'를 입증하는 것으로 해
석할 수 있다고 본다.[59] 또 다른 반론으로는 조직모델에 따라 회사의
정책과 관행 및 표준운영절차 등을 법인 고유의 의사로 볼 수 있다면,
자연인에게 있어서의 고의와 과실처럼 그 경중을 구분하기 위해서는
그러한 정책과 관행 및 표준운영절차 등이 법규위반에 기여하는 방식
과 정도, 또는 얼마나 오래 유지되었는지 등으로 판정할 수 있을 것이
다. 이렇게 본다면 입법자가 설정한 인식과 의도, 또는 과실이란 표지는
법인의 의사를 판단함에 있어서는 명목적인 것이 되며, 따라서 위헌론
은 결정적인 문제점이 될 수는 없다고 생각한다.[60]

　다음으로 의도적 인식회피와 결합되지 않은 집단인식의 법리는 회
사가 그 종업원에 감독의무를 충실히 이행했음에도 불구하고 우연한
사정에 의해 범죄가 발생한 경우까지 회사가 형사책임을 지게 만든다
는 반론에 대해 살펴보건대, 이는 일회성 범죄가 종업원들의 집단적 인
식에 의해 저질러진 경우에는 분명 타당한 지적이다. 이 경우 우연한
사정에 의해 종업원들의 과실로 저질러진 범죄를 회사에 귀속시킬 수

---

59) *Ibid.*, 240.
60) 물론 궁극적으로는 입법론적 해결이 필요하다고 본다.

는 없을 것이다. 또한 조직모델의 관점에서 보더라도, 이처럼 종업원들의 우연한 과실에 의해 범죄가 저질러진 경우 법인 고유의 범의가 정책이나 내부관행 및 표준운영절차 등을 통해 외부로 표출되고 있다고도 보기 힘들 것이고, 따라서 집단인식의 법리가 적용될 여지는 없다고 본다. 집단인식의 법리가 조직모델의 관점을 수용하고 있는 것이라는 본고의 입론이 타당하다면, 우연한 사정에 의해 범죄가 발생한 경우까지 회사가 형사책임을 지게 되는 경우는 없을 것이다.

V. 맺음말

이상 미국 판례상 형성, 발달되어 온 집단인식의 법리에 대한 결합론의 입장을 비판적으로 검토해 보았다. 결론은 동 법리가 반드시 의도적 인식회피와 결합되지 않아도 성립할 수 있다는 것이다. 즉, 법인 구성원에게 의도적 인식회피가 인정되지 않아도 집단인식에 의한 법인책임은 인정될 수 있다. 그 대신 이 경우에 법인 고유의 범의가 정책이나 내부관행 및 표준운영절차 등을 통해 외부로 표출되고 있음이 입증되어야 한다는 점을 조직모델을 통해 제시해 보았다. 집단인식에 의해 법인의 형사책임을 인정하는 원리를 제한할 수 있는 조직모델적 대안을 제시해 본 것이다.

물론 집단인식의 법리가 그 자체로 독자적 원리에 기초한 법리라고 하더라도 동 법리가 전제하고 있는 독자적 원리 자체의 정당성에 대한 의문은 여전히 남아있다. 예를 들어 집단인식의 법리는 개별 종업원의 인식을 법인이 종합할 수 있는 능력이 있다고 전제하고 있으나, 이는 자연인처럼 살아있는 유기체의 경우에는 가능할지 몰라도 법인이란 집단적 실체에 그러한 능력이 있다고 보는 것은 분명 과대의인화(over-personification)라는 비판을 벗어날 수 없을 것이고, 결과적으로 이를 통하여 법인의 형사책임을 인정하는 것 또한 과대범죄화(over-criminalization)가 될 것이란 우려를 불식시킬 수 없을 것이기 때문이다.[61] 이러한 문제점에 대한 검토는 향후의 연구과제로 남겨두고자 한다.

---

61) Eli Lederman, *Ibid.*, at 673-674. 동지의 Alan Norrie, Crime, Reason and History:
   A Critical Introduction to Criminal Law, Cambridge University Press, 2006, at
   95.

§ 10. 플레처의 집단책임론에 대한 비판적 재론

[글 소개]

이하의 글은 미국의 저명한 형법학자 플레처가 9.11테러 이후 계기를 얻어 주창한 바 있는 '집단책임론'을 비판적으로 고찰한 것이다. 그의 이론의 요체는 이러하다. 오늘날 (형)법이론을 지배하고 있는 자유주의적 사고는 책임을 전적으로 개인적인 것으로 바라보지만, 낭만주의적 관점에 의하면 국가, 정당, 법인과 같은 집단이나 단체도 (형사)책임의 주체가 될 수 있다고 한다. 예컨대 낭만주의자들의 사고방식은 전시(戰時)에 개인을 국가와 동일시할 수 있도록 만들어 주는데, 그것은 바로 '상상력의 비약'을 동원해 자신 삶이 국가의 운명과 일치하며, 국가의 역사적 운명으로부터 자신의 명예를 드높일 수 있다고 생각하기 때문이라고 한다. 이처럼 개인들의 상상력에 의해 국가는 의사를 지닐 수 있고, 독립적인 행위를 할 수 있으며, 위업을 달성함은 물론 패배를 경험할 수도 있는데다가, 심지어 범죄를 저지를 수도 있고, 결국 자신의 범행에 대한 책임을 질 수도 있게 된다는 것이 그의 집단책임론의 핵심 주장이다.

플레처는 자유주의와 낭만주의를 대비하며 그 차이점을 부각시키고 있지만, 사실 구성원 개인이 집단과 자신을 동일시하는 사고는 앞서 논급한 바 있지만, 인류의 진화사에서 자연스럽게 발달한 인지기술의 하나이다. 마이클 토마셀로는 이를 '집단적 지향성(collective intentionality)'이란 개념으로 설명한 바 있다. 다만 토마셀로는 이 '집단 지향성'이 객관적 도덕이 싹틀 수 있는 인지적 토대가 되었다는 점에 초점을 맞추고 있는 반면, 플레처는 개인과 집단의 동일시를 가능케 하는 낭만주의적 사고방식을 이성을 중시하는 계몽주의에 기초한 자유주의와 대립시키려는 시도를 한다. 즉, 계몽주의적 자유주의 하에서는 오로지 이성을 통해 진리에 도달할 수 있다고 보지만, 낭만주의자들은 본성과 감각적 충동, 그리고 내적 감정의 세계를 진리의 등불로 여긴다는 점에 초점을 맞춘다. 또한 낭만주의자들은 '상상력의 비약'을 통해, 세계를 해석함에 있어서 추상적 실체를 가지고 설명하려는 성향이 강하여 예를 들어 이슬람 국가에 대한 전쟁을 '선과 악'의 대립으로 생각하는 '확장주의적 (expansionist) 사고'를 하게 되며, 이는 자유주의적 개인주의자들이 널리 합의된 단위, 예컨대 개인의 욕구나 원자 등과 같이 관찰가능한 요소들로 축소시켜 설명하려는 '환원주의적(reductionist) 사고' 경향이 강한 것과 대비된다고 한다.

플레처의 집단책임론은 예일 로스쿨의 스토스 강연에 초청될 정도로 학계의 많은 주목을 끌었지만, 근대형법의 구상과 집단 지향성이라는 인지기술의 자연사에 비추어 볼 때, 새로운 시각에서 비판적으로 검토될 필요가 있다고 생각한다. 그 이유는 첫째, 자유주의와 사회계약설에 토대를 둔 근대형법이라도 앞서 살펴본 바와 같이 집단이나 단체의 행위주체성 인정가능성을 원천적으로 차단하는 것은 아니다. 둘째, 낭만주의적 사고의 핵심, 즉 개인이 자신을 집단의 동일시하는 인지적 기술이 반드시 이성의 부정을 통해 성취되는 것은 결코 아니다. 집단 지향성이 발달한 자연사를 살펴보면, 이는 사회적 협력을 강화하기 위해 과거보다 고도로 거대화, 조직된 집단의 구성원들에게 합리적으로 요구될 수밖에 없는 인지기술이기도 하기 때문이다. 물론 진화적 합리성이 반드시 개별 개체에게 인식될 필요는 없기 때문에 이를 개인의 이성적 결정이라고 확언하기는 어렵겠지만, 어쨌든 이성적 판단을 부정해야만, 혹은 상상력의 비약을 통해서만 개인과 집단의 동일시가 이루어지는 것은 아니라는 것이다. 바로 이러한 맥락에서 아래 글에서 소개하고 있듯이 미국의 저명한 형법학자 허버트 모리스가 플레처의 집단책임론에 대해 "집단의 책임을 입론함에 있어서 반드시 낭만주의를 원용할 필요가 있는가?"라는 비판적 질문을 던지고 논박한 것은 적절한 측면이 있다고 본다. 간단히 말해 자유주의적 사고방식에 의하더라도 일정한 조건 내지 상황 하에서 개인과 집단은 동일시될 수 있다는 것이며, 이러한 맥락에서 플레처가 자신의 이론을 입론하기 위해 낭만주의를 원용하는 과정에서 간과하고 있는 지점이 어디인지 찬찬히 살펴보는 것은 많은 독자들에게 매우 유익하고 흥미로운 논점이 될 것이다.

Ⅰ. 집단책임론에 대한 몇 가지 반론

미국의 형법학자 플레처(George G. Fletcher)가 주창한 집단책임 (collective guilt) 이론[1]이 최근 국내·외 학계에서 다각도로 검토되고 있다.[2] 근대 이후 형법상 책임은 개인책임이 원칙이지만 이제 바야흐로 집단책임이 본격적인 학문적 논쟁의 수면위로 부상하고 있는 것이다. 물론 집단책임이 플레처에게서 처음 인식된 것은 아니다. 여러 형태의 집단책임론이 이전부터 꾸준히 논의되어 왔으나,[3] 플레처와 같은 주장

---

1) 잘 알려져 있다시피, 플레처는 이 이론을 2001년 예일대 로스쿨의 STORRS 강연을 통해 처음 주창하였고, 이후 그의 강연원고를 수정한 논문(George P. Fletcher, The Storrs Lectures: Liberals and Romantics at War: The Problem of Collective Guilt, *111 Yale Law Journal,* 2002)과 저서(각주 4 참조)가 출간되었다. 논문과 저서 간에 목차 및 내용 상 많은 변화가 눈에 띄나, 핵심 논지에는 변화가 없는 듯 보인다.

2) William B. Michael, Romanticizing Guilt, *112 Yale L.J. 1625,* 2003; Herbert Morris, "George Fletcher and Collective Guilt: A Critical Commentary on the 2001 Storrs Lectures," *78 Notre Dame L. Rev. 731,* 2003; David N. Cassuto, Crime, "War & Romanticism: Arthur Andersen and the Nature of Entity Guilt", *13 Va. J. Soc. Pol'y & L. 179,* 2006; 조병선, "형법에서 행위자의 특정: 개인책임과 단체책임", 서울대 법학 제50권 제2호, 2009.

3) 예컨대 칼 야스퍼스(Karl Jaspers)는 그의 저서 "The Question of German Guilt(E. B. Ashton trans., 1947)"에서, 책임(guilt)을 형법적, 도덕적, 정치적, 형이상학적 차원의 책임으로 분류하였다. 그는 일정한 그룹의 집단책임을 긍정하면서도, 유대인 대학살에 대한 독일의 집단책임(German guilt)은 부정하였다. 그 이유는 첫째, 독일인(German nation)이라는 집단의 경계(contours)가 불확실하기 때문이고, 둘째, 역사적으로 볼 때, 집단책임은 반유대주의(anti-Semitism)와 같은 해악을 낳았기 때문이다. 즉, 유대인 대학살에 대한 독일의 집단책임을 묻는 것

을 한 경우는 거의 찾아볼 수 없다는 점에서 그의 이론의 독창성과 가
치를 찾을 수 있다 할 것이다. 하지만 이론이 독창적인 만큼 그 수용과
정이 결코 순탄하지만은 않은 듯 보이며 관련 학계로부터 다각도로 비
판을 받아 왔던 바, 이하 본고에서는 그 이론의 핵심내용을 개관해 보
고, 이에 대한 몇 가지 주요 반론을, 형사법적 측면에만 국한하여 특히
Morris 교수의 비판적 논평을 중심으로 검토해 보기로 한다. 나아가 플
레처의 집단책임론이 법인책임의 재구성에 어떠한 역할을 할 수 있는
지도 다루어 보고자 한다.

1. 집단책임의 이론

형사책임을 인정함에 있어서 분명 개인책임만을 인정하는 것이 만
족스럽지 않은 경우에까지 왜 군이 집단 또는 단체에 대한 책임인정을
포기해야만 하는가? 이에 대해 플레처는 적확하게도 우리가 자유주의
적 형법관을 너무도 당연하게 받아들이고 있기 때문이라고 간파해 낸다.

은, 마치 유대인이 예수의 십자가 처형에 협조한 것에 대해 유대인 전체의 죄책
을 묻는 것과 같다는 것이다. 플레처는 칼 야스퍼스의 견해에 대해, 독일인의 경
계가 분명하지 않다는 주장에 대해서는 반대하지만, 독일의 집단책임을 인정하
는 것은 결국 반유대주의를 되풀이하는 과오를 범하는 것이라는 지적은 수용하
여, 집단책임은 결코 개인을 통해 유전되지 않는다는 이론적 탈출구를 찾는다.
다시 말해 집단책임이 곧 그 구성원 모두의 개인책임을 의미하지는 않는다는 것
이다. 한편 이 밖에 일정한 단체나 조직의 집단책임을 인정하는 견해는 주로 법
인의 형사책임(corporate criminal liability)과 관련하여 폭넓게 논의되어 오고 있
다. 대표적인 논문을 두 편 소개하자면 Martin J. Weinstein & Patricia Bennett
Ball, "Criminal Law's Greatest Mystery Thriller: Corporate Guilt through
Collective Knowledge", *29 New Eng. L. Rev. 65* Fall, 1994. John Hasnas, "The
Century of A Mistake: One Hundred Years of Corporate Criminal Liability", *46
Am. Crim. L. Rev. 1329* Fall, 2009가 있다. 전자는 법인의 형사책임을 긍정하는
입장이고, 후자는 New York Cent. & H.R.R. Co. v. United States, 212 U.S. 481
(1909) 판결 이래로 지난 1세기 동안 법인의 형사책임을 인정해 왔던 판례의 입
장을 비판하고 있다. 양자 모두 흥미로운 제목으로 눈길을 끈다.

바로 이러한 문제의식에서 그는 최근 자유주의가 아닌 낭만주의적 관점에서 집단책임의 이론을 구성해 관련 학계로부터 지대한 관심을 이끌어 낸 바 있다. 이하에서는 그의 이론을 간략히 소개해 보기로 한다.[4]

우리는 때때로 발생한 사건의 책임을 어느 한 개인에게 돌리는 것이 부당한 경우를 볼 수 있다. 예컨대 제2차 세계대전 당시 진주만을 공습했던 일본군 파일럿이나 그 공습을 명령한 사령관에게만 개인적인 책임을 물을 수 없다. 그들은 모두 대일본제국이란 이름하에 공습을 감행한 것이기 때문이다. 이것은 911 사태의 항공기 납치테러범들과 그 배후에서 테러를 조직한 Al Qaeda라는 단체, 더 나아가 배후의 이슬람 세력전체 간의 책임을 논할 때에도 마찬가지다. 911 사태가 벌어진 후 미국인들은 국가와 개인적 자아를 동일시하는 낭만주의적 충동에 빠져들었다. 국가의 명예를 위해 자신을 위험스러운 일에 내던지려는 의욕을 불사르게 된 것이다. 이러한 분위기는 국가의 명예가 곧 자신과 직결된다는 점을 깨닫게 해주었고, 애국심을 불러일으켰으며 국가의 이익을 위해 전쟁에 뛰어들려는 의지를 고무시켜 주었던 것이다.

낭만주의는 계몽주의의 낙관적 전망처럼 이성이 모든 문제에 올바른 답을 제시해줄 수 있다는 신념이 실패하면서 싹튼 사조이다. 낭만주의는 '속박되지 않는 자유로운 의지'를 강조하면서 '사물의 본성이 있다는 진리'나, '만물에 불변하는 구조가 존재한다는 개념'을 파괴하고 전복하려는 시도이기도 하다. 그래서 자유는 행동이고 어떤 관조적인 상태가 아니며, 삶은 행동에서 출발하고 지식은 도구일 뿐이라고 주장한다. 즉 "우리는 머리로 알고 있기 때문에 행동하는 것이 아니라 행동에의 요청이 있기 때문에 아는 것이다." 또 "음식이 옆에 놓여 있기 때문에 배고픔을 느끼는 것이 아니라, 나의 배고픔이 그 대상을 음식으로 만든다." 요컨대 내가 어떠한 특정한 방식으로 살기 때문에 세계가 내게 어떤 특정한 방식으로 보인다는 것이다.[5] 이들의 사상은 계몽주의자

---

4) 이하의 내용은 George P. Fletcher, *Romantics at War: Glory and Guilt in the Age of Terrorism*, Princeton Univ. Press, 2002의 핵심적 내용을 요약한 것이다. 이 책은 플레처의 위 논문을 단행본으로 엮은 것이다.

들, 특히 그 대표자라 할 수 있는 칸트와 매우 대조적이다. 칸트는 이성의 보편성을 신뢰하고, 인간의 존엄성은 오로지 이성적 능력에서 찾을 수 있으며, 모든 감각적 충동을 배제한 순수한 이성적 추론만이 진리에 도달할 수 있다고 보는 반면, 낭만주의자들은 본성과 감각적 충동, 그리고 내적 감정의 세계를 진리의 등불로 여긴다. 문화, 국적, 역사, 인종, 성별과 관계없이 누구나 선천적으로 지니게 되는 '인간의 존엄성'이란 개념은 칸트가 남긴 지적 유산이다. 이러한 '보편적 존엄성' 개념은 "모든 인간은 신의 형상으로 창조되었다"는 기독교 사상과 함께 "인간의 생명은 절대적인 것으로 다루어야 한다."는 도덕적 명제를 정립해 서구 법사상에 지대한 영향을 끼쳤는바, 오늘날 대부분의 법계에 보편적으로 받아들여지고 있는 인권 및 법 앞의 평등사상은 바로 이러한 계몽주의적 유산에 기초하고 있는 것들이다. 그러나 낭만주의자들은 칸트적 도덕의 보편성보다는 개인과 국가적 경험(역사)의 특수성에 주목한다. 이들은 '보편적 존엄성'보다는 '명예'에 관심을 갖는다. 명예는 사회적 상호작용 속에서 우리가 자신의 역할을 수행하는 과정에서 부각된다는 점에서 '타인에 대한 체면'과 관련이 있고, 얼마든지 상실될 수 있다. 국가에게는 선천적 존엄성은 없다. 단지 국가는 국제적 경쟁의 장에서 어떻게 행동하느냐에 따라 명예를 획득할 수 있을 뿐이다.

낭만주의자들은 또한 자유주의자들과도 다르다. 낭만주의자들은 세계를 해석함에 있어서 확장주의(expansionist)적 사고로 추상적 실체를 가지고 설명하려 드는 반면, 자유주의적 개인주의자들(liberal individualists)은 널리 합의된 단위들, 예컨대 개인의 욕구나 원자 등과 같이 관찰가능한 요소들로 축소시켜 설명하려는 환원주의적(reductionist) 경향이 강하다. 따라서 낭만주의자들은 이슬람에 대한 전쟁을 '상상력의 비약(leap of imagination)'을 통해 "선과 악의 대립"으로 보는 반면 자유주의자들은 전문적 '정책통'의 시각으로 사태를 해결하려 든다. 자유주의자들은 세

---

5) 낭만주의에 대해서는 조홍식, "법에서의 가치와 가치판단: 원고적격의 규범학 (I)", 서울대 법학 제48권 제1호 (2007) 참조.

계를 그 요소들로 나누어 보며, 집단의 행동은 개인들의 행동의 총합으로 파악하지만 낭만주의자들은 확장주의적 충동에 의해 절대적이고 무한한 그 무엇으로 설명한다. 자유주의자들은 세계를 주체성을 가진 개인의 욕구와 충동에 의해 설명하려 들지만, 낭만주의자들은 신이 수호하는 국가 같은 추상적 용어에 더 매력을 느낀다. 예컨대 낭만주의자들은 미국의 남북전쟁을 역사의 새 장을 여는 위대한 사상에 따른 행동으로 보지만, 리차드 포즈너같은 경제학자들은 노예제의 유지와 폐지에 따른 각각의 실익에 의해 남북전쟁을 바라본다는 것이다. 이러한 낭만주의자들의 사고방식은 전시(戰時)에 개인을 국가와 동일시할 수 있도록 만들어 주는데, 그것은 바로 '상상력의 비약'을 동원해 자신 삶이 국가의 운명과 일치하며, 국가의 역사적 운명으로부터 자신의 명예를 드높일 수 있다고 생각하기 때문이다. 이처럼 개인들의 상상력에 의해 국가는 의사를 지닐 수 있고, 독립적인 행위를 할 수 있으며, 위업을 달성함은 물론 패배를 경험할 수도 있는데다가, 심지어 범죄를 저지를 수도 있고, 결국 자신의 범행에 대한 책임을 질 수도 있게 된다.

이상의 논의로부터 플레처는 "국가가 집단적으로 자신의 죄에 책임을 질 수 있다고 보는 것은 타당하다"고 입론하고 있다. 다만 플레처는 집단책임의 의미를 엄격히 정의하고자 하는데, 그 자신은 범행에 가담하지 않았음에도 불구하고 단지 그가 소속된 단체의 어느 다른 구성원이 범죄를 저질렀다는 이유만으로 책임을 진다는 의미의 집단책임은 명백히 거부한다. 다시 말해 단순한 "소속에 의한 죄책(guilt by association)"[6] 또는 모든 구성원 개인이 처벌되어야 한다는 의미의 "집단적 처벌(collective punishment)"[7]은 그가 말하고자 하는 집단책임에서 제외됨을

---

6) '소속(association or membership)에 의한 죄책'이란 1901년 미국 대통령 William McKinley가 무정부주의자인 Leon Czolosz에 의해 암살된 후 미국 의회가 무정부주의를 신봉하거나 불법테러단체에 소속된 자의 입국을 불허하는 이민법을 제정한 데서 유래한다. 이에 대해서는 Keisha A. Gary, "Congressional Proposals to Revive Guilt by Association: An Ineffective Plan to Stop Terrorism", *Gergetown Immigration Law Journal*, 1994, at 228-232.

분명히 하고 있다. 이러한 것은 '미개한' 책임개념이기 때문이다. 그보다 플레처는 집단책임의 내용으로서 책임 있는 양 당사자 간의 책임을 분배(distribution of guilt among responsible parties)하는 기능을 제시한다. 즉, 행위자가 국가나 단체 등의 집단적 실체(collective entity)의 존재에 호소하는 방식으로 범죄를 저지른 경우에는 그의 책임은 감경되어야 한다는 것이다.[8]

플레처의 집단책임 이론은 형법이론상 공범이론과 차이가 있다. 유명한 스타신스키 사례(Staschinskij Fall)를 보자. 이 판례는 구소련 KGB로부터 암살지령을 받은 스타신스키가 소련의 한 정치망명객을 살해한 사건에서, 독일연방최고법원이 전체적인 행위상황을 보면 이는 KGB 책임자와 간부의 행위로 보아야 하므로 비록 스타신스키가 스스로 실행행위를 하였더라도 방조범으로 보아야 한다고 판시해 형을 감경해준 사례이다.[9] 이 사례는 조직적 명령체계를 갖춘 권력집단이 그 구성원을 이용해 범죄를 저지른 경우로서, 현대 형법이론에 따르면 살인을 실제로 행한 스타신스키가 정범이고, 그 배후의 KGB는 소위 "정범 배후의 정범이론(Die Lehre vom Täter hinter Täter)"에 의해 간접정범이 된다는 것이 지배적 견해나, 플레처는 독일연방최고법원의 판결을 정당하다고

---

7) 예컨대 어느 점령군이 주둔하는 마을에서 점령군의 한 병사가 어느 마을 주민에 의해 살해되었다고 할 때, 그 마을 주민을 모두 집단 처형하는 경우를 들 수 있다.

8) 플레처에 의하면 집단책임은 일상적으로도 호소력이 있다. 많은 사람들은 노예제도와 미국 토착문화 파괴에 대한 미국의 책임과, 유태인학살에 대한 나치독일의 책임, 인종분리정책에 대한 남아프리카공화국의 책임을 기꺼이 인정하려 든다는 것이다. 물론 그는 자유주의자들은 개인형사책임(individual guilt)이나 집단책임(collective responsibility) 및 집단수치(collective shame)는 인정하지만, 집단형사책임(collective guilt)이라는 용어법은 거부할 것이라고 본다. 이는 미국을 비롯한 서구 법문화에 환원주의적 자유주의가 만연해 있기 때문이라고 보는데, 현재의 법적 관행이 법인의 형사책임을 인정하는 것도 회사 역시 그 복잡한 유기체적 구조가 한 명의 행위자로 환원될 수 있다는 사고방식 하에서만 가능하다는 것이다. 환원주의적 자유주의가 지배하는 법적 사고방식에서 볼 때, 다원적인 집단(polycentric collective) 자체를 행위주체로 보는 사고는 여전히 낯설다고 그는 지적한다.

9) BGHSt 18, 87.

보고 있다. 왜냐하면 법정에서 스타신스키가 주장한 바대로 정범의사를 가진 자는 KGB이고, 그 자신은 단지 KGB의 하수인으로서 시킨 대로 할 뿐이라는 공범의사를 갖고 범행을 저질렀을 뿐이기 때문이다.[10] 플레처는 스타신스키 사례가 나치독일과 유대인 학살의 실무책임자였던 아돌프 아이히만의 관계와 얼마나 유사성이 있는지를 논한다.[11] 그에 따르면 외견상 비슷한 구조를 갖는 듯 보이지만 양자는 엄연히 다른 사례다. KGB와 스타신스키의 관계는 "지배와 복종(domination and subordination)"의 관계로서, 양자는 상호 구분되는 독립된 당사자이다. 또한 KGB의 지령에 의해 스타신스키가 암살을 저질렀다는 점에서 '인과적(causal)' 관계에 있다. 그러나 나치독일과 아이히만의 관계는 이와 다르다. KGB는 스타신스키가 범행을 저지르도록 야기했지만(causal), 나치독일은 아이히만을 통해 그 자신을 표현했을(express) 뿐이다. 후자의 관계는 지배와 복종의 관계가 아니며, 양자는 상호 뚜렷이 구분되는 별개의 당사자도 아니다. 이 관계는 흡사 오케스트라와 그 단원 바이올린 연주자의 관계에 비유될 수 있다.[12] 오케스트라는 하나의 집단적 실체(collective entity)로서 다른 단원들과 마찬가지로 바이올린 연주자를 통해 자신을 표현한다. 이 때 오케스트라라가 그 단원들을 지배하여 연주하게 만든다고 볼 수는 없다. 따라서 양자의 관계는 전혀 '인과적'이지 않다. 단지 연주자를 "통해" 자신을 표현할 뿐인 것이다. 이것이 바로 '조직적 지배'에 의한 공범관계와 집단책임 사례 간의 결정적인 차이라고 플레처는 설명한다.

그렇다면 집단책임이 인정될 경우 그 구성원인 개인의 형사책임은

---

10) 정범과 공범의 구분을 '정범의사'와 '공범의사'에서 찾는 것을 형법이론에서는 '주관설'이라고 한다.
11) 아이히만은 1960년 이스라엘의 정보기관인 모사드에 의해 체포되어 이스라엘에서 공개재판 후에 1962년에 처형되었는데, 그 역시 재판정에서 자신은 상부의 지시에 따랐을 뿐이라고 항변하였으나, 이는 배척되었다.
12) 플레처는 2002년 논문에서는 5인의 즉흥 재즈그룹(five person improvisational jazz group)과 그 구성원인 드러머(drummer)의 관계에 비유했다. George P. Fletcher, *supra* note 1, at 1539-1540.

왜 감경되어야 하는가? 이에 대해 플레처는 '자유의지'에 관한 최신 논의 중 하나인 프랭크퍼트(Harry G. Frankfurt)의 1차적 욕망/2차적 의지 이론을 도입한다.[13] 프랭크퍼트에 의하면 1차적 욕망이란 우리가 범죄를 의도할 때 경험하게 되는 전형적인, 예컨대 절도, 살인 등의 유혹을 말한다. 이와 달리 2차적 의지란 바로 1차적 욕망에 순응할 것인지 거부할 것인지를 결정할 수 있는 의지다. 인간은 모두 2차적 의지를 지니고 있으며, 2차적 의지가 없는 인간은 모든 일차적 욕망에 굴복하고 마는 '방종체(wanton)'에 불과하다. 우리가 죄책감을 느끼는 경우는 바로 2차적 의지가 억제함에도 불구하고, 1차적 욕망에 굴복해 행동할 때이다. 플레처는 프랭크퍼트의 이론으로부터 집단도 2차적 의지를 지닐 수 있다는 아이디어를 얻는다. 따라서 집단이 2차적 의지에 순응하지 못하고 1차적 욕망에 굴복하면 형사책임을 져야 한다고 본다. 그런데 낭만주의적 충동에 의해 자신이 속한 집단의 범죄적 태도에 충성스러운 행위자는 그 자신이 속한 문화의 진실한 대변자로서 죄책을 묻기가 어렵다. 그 자신이 속한 국가나 사회의 모든 지배적 사회규범이 범죄를 장려하고 부추기고 있기 때문이다. 다시 말해 이 경우에 집단은 1차적 욕망에 굴복했기 때문에 책임을 져야 하지만, 개별 행위자는 집단의 범행을 부추기는 지배적 문화로 인해 자기교정 능력을 상실해 2차적 의지에 순응할 수 없었던 것이기 때문에 책임이 감경되어야 한다는 것이다. 집단의 부도덕한 환경은 우연히 발생한 것이 아니다. 교사와 종교적 지도자, 정치인, 국가 정책, 그리고 법조차 그러한 범행을 지지해 주기 때문에 조성된 것이다. 이와 같은 상황에서 행위자에게 올바른 행동을 기대하기는 어려우며, 이는 흡사 법률의 착오가 있는 경우에, 한 사회의 지배적 환경이 그 착오에 기여한 바가 있으면 행위자의 책임이 감경될 수 있는 것과 유사한 법리라고 볼 수 있다. 요컨대 국가와 사회는 그 구성원 개인이 육체적으로도, 도덕적으로도 성장, 발전할 수 있도록 조력해

---

13) Harry G. Frankfurt, Freedom of the Will and the Concept of a Person, in: Free Will (Gary Watson ed., Oxford Univ. Press, 1982) 참조. 프랭크퍼트의 이론에 대해서는 본서의 제1장에서 상세히 다루고 있다.

야 할 의무가 있으며, 만일 특정한 교의를 강요하거나 도덕적 선택의
폭을 제한함으로써 도덕적 자기비판의 가능성을 박탈할 경우, 그로 인
해 발생한 개인적 범죄에 대해 책임을 분담해야 한다는 것이다. 따라서
아돌프 아이히만에게 사형을 선고해서는 안 된다는 것이 플레처의 집
단책임 이론의 결론이다.[14]

2. 집단의 책임을 입론함에 있어서
반드시 낭만주의를 원용할 필요가 있는가?

미국의 저명한 법철학자이자 형법학자인 허버트 모리스는 2003년에
발표한 논문, "플레처와 집단책임: 2001년 스토스 강연에 대한 비판적
논평"에서 플레처의 집단책임론에 대해 몇 가지 중요한 문제점을 지적
하였다.

우선 그는 집단책임을 인정함에 있어서 반드시 낭만주의를 끌어올
필요가 없다고 말한다. 예를 들어 법인의 형사책임(corporate criminal
liability)은 굳이 낭만주의가 아닌 자유주의적 관점 하에서도 개념적으
로 얼마든지 인정될 수 있다는 것이다. 즉, 로스쿨 교수진이라든지 정부
와 같은 집단적 실체(collective entities)에 대해서도 우리는 다양한 속성
을 부여할 수 있으며, 따라서 자유주의자인 로스쿨 교수도 그가 속한
로스쿨 교수진 전체가 어리석게 또는 부정하게 행동했다고 생각할 수
있다고 한다. 이런 경우에도 책임귀속(attribution of guilt)에 전혀 문제

---

14) 플레처의 집단책임 구상에서 개인책임을 감경시켜야 하는 또 다른 이유는, 예컨
대 아이히만 개인만 처벌하는 것으로는 불충분하기 때문이다. 왜냐하면 그럴 경
우 그러한 범죄에 기여했던 집단(나치독일)의 부도덕한 문화의 역할을 망각하거
나 면책시켜 줄 위험이 있기 때문이다. 즉, 집단의 책임을 인정한다는 것은 집단
이 저지른 범죄를 기억하고 그 만행으로 발생한 불화(rift)에 대한 주의를 환기시
킴으로써 결국 사회적 재통합의 가능성을 열어주는 기능을 한다는 것이다. 이 점
에 대한 정확한 지적으로는 William B. Michael, "Romanticizing Guilt," *112 Yale
L.J. 1625*, 2003, at 1628.

가 없는데, 왜냐하면 자유주의적 관점에서도, 개인책임에 기초해서(by virtue of attachment to individual responsibility) 정부(government) 또는 부처(department)가 위법한 행위를 할 경우, 그에 대한 책임을 묻는 것이 불가능하지 않기 때문이다.[15] 이 점은 특히 자유주의자건 낭만주의자건 개인 행위자의 책임으로부터 집단책임을 도출해내는 데 있어서 그 행위자 개인이 단순히 집단의 구성원이라는 사실만으로는 부족하고 그 집단을 대표하는 능력(one's capacity as a representative of the collective)이 요구된다는 점에 비추어 볼 때, 낭만주의와 자유주의의 구분이 집단책임의 인정에 기여하는 바가 무엇인지 의문시된다고 비판한다.[16]

3. 집단책임은 모든 집단구성원의 개인책임을 함축하는가?

다음으로 모리스는 집단책임이론에 대해 누구나 품게 되는, 그러나 매우 중요한 질문을 던진다. 이는 바로 집단책임을 인정하게 되면, 과연 모든 개인도 책임을 지게 되느냐는 것이다. 이에 대해 플레처는 그의 논문에서는 다소 불명확한 태도를 취하고 있다. 그는 집단책임이 후대에 유전될(passed by birth to next generation) 수 있다는 전제 하에, 모든 독일인에게 책임을 지우는 것은 명백히 반유대주의 같은 오류를 범하는 것이라고 본다. 즉, 나치독일 당시의 모든 독일인은 집단적으로 책임을 질 수 있지만, 그렇다고 집단책임이 유전되어 후대의 모든 독일인에게 책임이 있다고 볼 수는 없다는 것이다.[17] 다시 말해 집단책임은 후대에 유전될 수 있으나, 그것은 집단에서 집단으로 이어지는 것이지, 후대의 개인에게까지 책임이 유전되는 것은 아니라는 것이다. 그런데 집단책임이 후대의 개인책임과는 무관하다는 점은 명확히 하면서도 당대의 개인책임에 대해서는 명확한 언급이 없다. 이러한 태도는 그의 논문

---

15) Herbert Morris, "George Fletcher and Collective Guilt: A Critical Commentary on the 2001 Storrs Lectures", *Notre Dame Law Review,* 2003, at 735.

16) George P. Fletcher, *supra* note 1, at 736.

17) *Ibid.,* at 1533.

에 계속 등장한다. 그는 집단책임은 개인책임에 대해서 아무 관련이 없다고 말하면서도, 이 말의 의미를 과거에 국가에 집단책임이 있다는 사실과 현재의 특정한 국민이 유책한지 무책한지 여부는 무관하다(nothing follows)는 뜻으로 다시기술하고 있다.[18] 나아가 특정한 개인들의 책임여부는 열려 있는 문제라고 결론내리고 있기 때문에,[19] 후대가 아닌 당대의 개인책임에 대해서는 명확한 입장을 이해하기 힘들다.

이에 대해 모리스는 집단책임으로부터 개인책임을 도출할 수 없게 만드는 것은 행위자 개인이 당대에 살아 있었느냐 아니냐의 여부가 아니라고 비판한다. 다시 말해 후대의 사람에게만 개인책임이 부정되고, 당대의 사람에게는 인정될 수 있지는 않다는 것이다. 예컨대 예수가 살던 시대에, 몇몇의 유대인이 유대인의 이름으로, 그러한 권한을 부여받고, 예수에게 중대한 부정행위를 한 책임이 있는 경우에, 우리는 유대인 전체에게 집단책임을 인정할 수 있겠지만, 그렇다고 그 당시에 살았던 또는 그 이후에 살았던 모든 특정한 유대인에게 책임이 있다고 할 수는 없다는 것이다. 또 나치독일 당시에도 유아(乳兒)여서 책임을 물을 수 없거나, 명백히 나치의 만행에 생명의 위험을 무릅쓰고 반대한 사람은 책임이 있다고 볼 수 없다고 한다. 역시 마찬가지로 당대의 범법자가 살아있어야만 후대에까지 집단책임이 인정되는 것도 아니라고 모리스는 지적한다. 요컨대 행위 당시 행위자의 출생여부는 집단책임과 개인책임의 관계에 중요하지 않다는 것이다.[20]

4. 집단책임은 개인책임의 감경사유로서 형법상 필요, 적절한 것인가?

모리스의 비판은 무엇보다도 집단책임이 개인책임의 감경사유가 된

---

18) *Ibid.*, at 1549. 플레처는 집단책임의 이러한 성격을 '비젼이적(nontransitive)'인 것이라고 칭한다.

19) *Ibid.*, at 1572.

20) Herbert Morris, *supra* note 15, at 736-739.

다는 플레처의 가장 핵심적이고 독창적인 이론에 집중되어 있다. 그 주요한 내용을 살펴보면, 우선 그는 플레처의 논변이 국가의 부도덕한 규범형성으로 인해 개인의 비판적 판단능력에 장애가 발생한 점에서 출발한다는 사실에 초점을 맞춘다. 즉, 플레처에 따르면 개인은 국가의 범행을 부추기는 지배적 문화로 인해 자기교정 능력을 상실해 2차적 의지에 순응할 수 없어서 범죄를 저지른 것이기 때문에 책임이 감경되어야 한다는 것인 바, 이는 행위자가 올바른 행위를 판단할 수 없도록 시비변별능력에 영향을 미쳤다는 것이고, 이러한 논리구조는 법적으로 심신장애(legal insanity)가 행위자의 책임능력에 미치는 영향과 유사하다는 것이다. 다만, 전자는 사회적 환경(societal environment)이 원인이 되는 것이고, 후자는 정신적 장애요인(psychotic condition)이 원인이 된다는 점에서 차이가 있다. 하지만 모리스는 이에 대해 다음과 같은 질문을 던진다. 첫째, 행위자의 개인책임의 감경에 반영되어야 하는 것이 왜 굳이 집단(collective)이어야 하는가? 둘째, 만일 그것이 집단이라면, 꼭 그 집단은 유책해야(guilty) 하는가? 셋째, 만일 그것이 집단이고, 그 집단이 유책하다 하더라도, 그러한 개인책임의 감경을 정당화시켜주는 것이 과연 바로 그 집단책임인가?[21]

　모리스의 질문은 이런 취지이다. 첫째, 책임이 감경되는 이유가 행위자의 도덕적 자기비판능력이 그 어떤 실체에 의해 영향을 받았기 때문이라고 볼 때, 그렇다면 그 영향을 준 실체가 반드시 집단이어야 한다는 논리필연적 이유는 없다는 것이다. 다음으로 설령 그 어떤 실체가 집단이 될 수 있다 하더라도, 그 집단이 유책해야 할 논리필연적 이유도 없다는 것이다. 그렇기 때문에 집단책임이 인정될 수 있다고 하더라도 개인책임의 감경을 초래하는 것은 집단책임이 아니고 바로 그 행위자의 도덕적 판단능력이, 반드시 책임감경을 요하는 방식으로(in the requisite manner) 영향을 받았다는 사실 그 자체라고 모리스는 지적한다. 예를 들어 아이히만의 경우를 보더라도, 그가 유대인 학살에 앞장선

---

21) Herbert Morris, *supra* note 15, at 744-745.

것이 나치독일의 집단책임 때문이 아니라 뇌종양 때문이거나 히틀러에게 세뇌를 당해서(mesmerized)라고 생각할 수 있다는 것이다. 또한 설령 아이히만의 행동에 영향을 준 것이 집단이라고 하더라도, 반드시 집단이 유책해야 할 필요는 없는데, 왜냐하면 그 집단의 광기(collectively psychotic)로 인해 아이히만에게 영향을 주었을 수 있고, 집단적으로 정신병을 앓고 있었다면 집단 그 자체는 책임이 없기 때문이다. 나아가 설령 그 집단이 유책하고, 집단이 아이히만의 도덕적 판단능력에 책임감경에 요구되는 방식으로 영향을 주었다 하더라도 그에 대한 책임감경의 근거가 되는 것은 집단책임이 아니라 도덕적 능력에 대한 영향 그 자체(the effect on capacity)라고 모리스는 강조한다. 요컨대 행위자의 도덕적 능력의 상실에 영향을 주는 것은 집단도 집단책임도 아니라는 것이다.[22]

이 밖에도 책임감경사유로서 집단책임에 대한 모리스의 비판은 더 철저하게 전개된다. 플레처에 의하면 집단책임이 개인책임을 감경하게 되는 논리구조는 행위자의 시비변별능력을 저해하기 때문이다. 그렇다면 만일 집단의 모든 외부적 신호가(all the external signals) 행위자가 실제로는 범행을 저질렀음에도 불구하고 정당한 일을 한 것처럼 가리킨다면, 다시 말해 집단의 지배적 도덕규범이나 정서(prevailing moral norms and sentiments) 또는 세론(世論)의 일반적 분위기가(general climate of opinion)[23] 행위자의 2차적 의지를 저해하여 도덕적 판단능력을 완전히 떨어뜨린 경우라면 어째서 책임이 완전히 조각되지(exculpating) 않고 감경(mitigating)되어야 하는가라고 모리스는 의문을 제기한다. 한 마디로 집단책임이 왜 책임감면요소가 아닌 책임감경요소로만 기능하느냐는 것이다.[24]

---

22) Herbert Morris, *supra* note 15, at 745.
23) 집단의 모든 외부적 신호란, 문맥상 지배적 도덕규범이나 정서, 그리고 세론의 일반적 분위기는 물론, 지배적 견해(dominant opinion), 지배적 신념체계(dominant systems of beliefs) 등과 호환되어 사용되고 있다. 이에 대해서는 George P. Fletcher, *supra* note 4, at 173-174; George P. Fletcher, *supra* note 1, at 1541.

나아가 모리스는 만일 집단책임을 책임감경사유로 인정하게 된다면 빈곤(poverty)이나 동료집단에서 가해지는 사회적 압력(peer pressure) 및 가족의 영향(familial influence)도 행위자의 도덕적 비판능력을 저해할 수 있는 한 모두 책임감경사유가 될 위험이 있다고 지적한다. 너무 많은 사회·환경적 요소가(societal environments) 법적 고려대상이 된다는 것이다. 그러나 모리스는 그러한 요소를 모두 책임판단에 필요한 사유로 관념할 수 없고, 또 그러한 요소들이 행위자에게 영향을 줄 수 있다 하더라도 과연 어느 정도로 중요한 의미를 지닐 수 있는지 확실성(certitude)을 담보할 수 없기 때문에 법은 책임감경사유를 인정하는 데 있어 보수적인 태도를 취할 수밖에 없다고 본다.[25]

끝으로 그는 행위자에 대한 도덕적 비난가능성에 영향을 미치는, 집단책임 등의 사회·환경적 요소들에 대한 평가는 궁극적으로 신에게 맡길 수밖에 없으며, 그렇다고 하더라도 신은 결코 히틀러에게 관용을 베풀지 않을 것이라고 통렬히 논박한다. 한 마디로 플레처의 집단책임 이론의 책임감경 구상은 우리의 직관에도 배치된다는 것이다.[26]

II. 견해의 검토

1. 첫 번째 반론에 대한 평가

낭만주의를 원용함이 없이도 집단의 책임을 인정할 수 있다는 모리스의 지적은 옳다. 일상적 언어관행을 보더라도 "S전자 주식회사의 잦은 회계처리방식 변경은 분식회계에 상당할 정도로 지나치다."라든지, "일본 T자동차 회사는 리콜 사태에 책임이 있다." 또는 "P광역시가 그 소속 공무원의 과적차량 운행에 책임이 있다."[27]라는 등의 책임비난을

---

24) Herbert Morris, *supra* note 15, at 746.
25) *Ibid.,* at 748-749.
26) *Ibid.,* at 749.

개인이 아닌 집단 혹은 단체에 가하는 경우를 쉽게 발견할 수 있다. 또 법인 구성원의 행위 중에는 분명 그 구성원 개인의 행위라기보다는 법인의 행위로서의 성격이 더 강한 경우가 있다는 사실도 잘 알려져 있다. 이를테면 H라는 기업의 대표이사 갑이 신규 법인활동의 허가를 받아내기 위해 관련 공무원에게 뇌물을 준 경우에 이는 갑 개인의 행위라고만 보는 것은 부당하고 H법인의 행위로서의 성격을 지닌 것으로 보아야 한다는 것이다.[28] 그러나 자유주의적 사고방식 하에서도 법인 등 단체에 대한 책임비난이 가능하다고 해서 자유주의와 낭만주의적 관점을 대비시키는 플레처의 이론적 구상이 무의미해지는 것은 아니다. 왜냐하면 책임귀속의 방식과 결과에 있어서 분명 자유주의와 낭만주의는 차이를 보이기 때문이다. 모리스는 자유주의적 관점에서도, 개인책임에 기초해 법인의 형사책임을 인정하는 것이 불가능하지 않다고 지적한다. 이 경우 자유주의적 관점에 따르더라도 행위자 개인이 단순히 집단의 구성원이라는 사실만으로는 부족하고 그 집단을 대표하는 능력이 요구된다는 점에서 집단과 개인의 강력한 내적 응집을 요구하는 낭만주의적 구상과 별 차이가 없다는 점도 지적한다. 일견 옳은 듯 보이는 지적이나, 좀 더 신중히 검토해볼 필요가 있다.

개인책임에 기초해 법인의 형사책임을 인정할 수 있다는 것은, 그가 명시적으로 설명하고 있지는 않지만, 이는 미국법상의 대위책임론(vicarious liability)을 염두에 둔 것으로 보인다. 전통적으로 영미법은 법인의 형사책임을 인정함에 있어서 종업원 개인의 행위책임을 법인에게 귀속시키는 법리를 발전시켜 왔다. 다만 그 전개양상은 차이가 있는 바, 영국은 법인의 두뇌에 해당하는 고위 관리직(high management; inner circle)의 범주에 해당하는 종업원의 의사와 행위만을 법인자체의 의사와 행위와

---

27) 부산지법 2004.4.22 선고, 2003노4401 판결; 대법원 2005.11.10 선고 2004도2567 판결. 참조. 동 사안은 양벌규정의 적용대상에 사법인뿐만 아니라 지방자치단체도 포함된다고 인정한 예이다.
28) 오영근, 형법총론 (2005), 142면; 이천현, "법인의 범죄주체능력과 형사책임", 형사정책연구 제22권 (2004), 74면 참조.

동일시할 수 있다고 보는 동일시원리(Identification doctrine; alter ego doctrine)를 채택하였고, 미국은 직급과 직무에 관계없이, 일정한 조건하에서, 예컨대 자신의 직무범위 내에서 기업을 위해서 한 행위라면, 모든 종업원의 행위를 법인에 귀속시킬 수 있다는 대위책임론(vicarious liability)으로 각자 법인범죄에 대한 고유의 형사책임 법리를 전개시켜 왔던 것이다.[29] 따라서 모리스가 보기에는 자유주의적 책임론 하에서도 대위책임론을 통해 집단책임을 인정하는 것이 불가능하지 않으며, 이 경우 낭만주의적 관점이 집단과 행위자 간의 특수한 관계를 요구하듯, '집단을 대표하는 능력'이 요구된다는 점에서 양자 사이에는 별다른 차이가 없다는 것이다.

그러나 플레처의 집단책임 구상은 전통적 대위책임의 원칙과는 분명히 다르다. 대위책임의 원칙 하에서는 범죄를 저지른 행위자가 확정되어야만, 그 책임을 집단에 귀속시킬 수 있다. 그런데 집단책임론에 의하면 범죄를 저지르는 것은 집단 그 자신이며, 따라서 집단 구성원은 집단의 범의를 표현하는(express) 수단에 불과하다. 플레처의 예시처럼, 양자는 오케스트라와 그 바이올리니스트 단원의 관계인 것이다. 그렇다면 대위책임 원칙과는 달리 행위자가 구체적으로 누구인지는 중요하지 않다. 이러한 사고방식의 차이는 실제 사례에서도 법인책임의 법리구성에서 매우 중요한 차이를 가져올 수 있으며, 이를 잘 보여주는 실례는 다음과 같다. 2002년 6월 15일, 미국 휴스턴 연방지법 배심원단은 회계법인 아더앤더슨(Arthur Andersen)에 대해 관계당국의 수사를 방해한 사법방해죄(obstruction of justice)로 유죄평결을 내렸다. 엔론 사의 회계부정사실을 은폐하기 위해 회계장부 및 컴퓨터 파일 등을 파기했기 때문이다. 이 사건에서 법리적으로 쟁점이 되었던 것은, 전통적 대위책임

---

29) 영미 법인책임법리의 발달과정에 대해서는 Ann Foerschler, "Corporate Criminal Intent: Toward a Better Understanding of Corporate Misconduct," 78 Cal. L. Rev. 1287, October, 1990, at 1292-1298; 조국, "법인의 형사책임과 양벌규정의 법적 성격", 서울대학교 법학 제48권 제3호 (2007), 61-62; 송기동, "영미 기업범죄 형사책임의 전개", 형사정책 제20권 제2호 (2008), 44면 이하 참조.

의 원칙에 따르면 범죄를 저지른 법인 구성원을 확정할 수 있어야만 그
의 행위를 법인에 귀속시킬 수 있지만 이 사건에서는 누가 유책한 행위
자인지에 대해 배심원들의 의견이 일치되어 있지 않았기 때문에, 아더
앤더슨의 형사책임을 어떻게 구성할 것인지가 문제였다. 이에 대해 하
만(Harmon) 판사는 "앤더슨의 유죄를 입증하기 위해서는 합리적 의심
의 여지없이(beyond a reasonable doubt), 적어도 한 명의 앤더슨 직원이
범의를 지니고 범행을 저질렀음을 입증해야 하며, 그러나 그가 누구인
지에 대해서 만장일치로 동의할 필요는 없다"고 배심원들에게 설시함
으로써 법인책임 법리구성에 새로운 장을 열었다.[30] 이러한 법리구성은
전통적 대위책임의 원칙에서 벗어나 플레처의 집단책임 구상과 유사한
사고방식이 반영된 결과였던 것이다.[31] 그렇다면 플레처의 낭만주의적
집단책임론은 자유주의적 집단책임 혹은 단체책임 귀속방식과는 분명
다른 측면이 있다고 봄이 옳을 것이다.

---

30) 이 사안에서 과연 누가 유책한 행위자인지 논란이 되었던 인물들은 엔론의 회계
감사를 담당한 아더앤더슨의 수석파트너(lead partner)인 데이비드 던컨(David
Duncan)과, 엔론 감사팀의 마이클 오둠(Michael Odum), 그리고 아더앤더슨의 사
내 변호사(in-house attorney)인 낸시 템플(Nancy Temple) 등의 세 사람이었다.
동 사안의 사실관계와 법리적 공방에 대해서는 David N. Cassuto, "Crime, War
& Romanticism: Arthur Andersen and the Nature of Entity Guilt," 13 Va. J. Soc.
Pol'y & L. 179, 2006, at 190-207. 아더앤더슨 평결의 법리적 의의에 대해서는
안성조, "2002 아더앤더슨 유죄평결의 의미 – 미국 판례 상 집단인식 법리의 형
성과 변용 –," 형사법의 신동향 통권 제25호 (2010) 참조. 2002년 앤더슨 판결은
2005년 5월 31일 배심원에 대한 법관의 설시가 잘못되었다는 이유로 미연방대법
원에 의해 파기되었지만, 대법원이 지적한 설시의 오류는 관련 법조문을 잘못 해
석하였다는 것이지 행위자의 확정 없이도 법인의 형사책임을 인정할 수 있다는
하만 판사의 논증방식을 명시적으로 문제 삼지 않았다는 점에서 여전히 그 생명
력이 살아 있다고 볼 수 있다. 이 점에 대해서는 David N. Cassuto, supra note
3, at 203-204, FN4, FN84; Arthur Andersen, L.L.P., v. United States, 544 U.S.
696, 125 S. Ct. 2129 (2005), at 2130-2132.
31) 이러한 분석으로는 David N. Cassuto, Ibid., at 217-231.

2. 두 번째 반론에 대한 평가

플레처의 이론에서 집단책임과 개인책임의 관계가 불명확하다는 지적은 일면에 있어서만 옳다고 본다. 플레처가 다소 불명확한 태도와 표현을 취함으로써 양자의 관계에 대해 모호한 입장을 보이고 있는 것은 사실이다. 예컨대 그는 나치독일 하에서 범행에 생명의 위험을 무릅쓰면서 범행에 명백히 반대한 사람에게도 적어도 형이상학적 책임 (metaphysical guilt)은 인정될 여지가 있다고 보고 있기 때문이다.[32] 그러나 전술한 바와 같이 플레처는 단순한 '소속에 의한 책임'이나 '집단처벌'이란 개념에는 명백히 반대한다고 밝히고 있다. 나아가 그는 논문 이후 저서에서는 집단책임이 인정되더라도 당시의 범행과 무관한 후대의 개인은 물론 범행에 가담치 않은 당대의 개인에게도 형사책임은 없거나 감경된다고 보고 있다.[33] 물론 모리스의 비판이 저서가 아닌 논문에 대해 가해지고 있다는 점에서 논문에는 플레처의 정확한 입장이 반영되지 않았기 때문에, 타당했다고 볼 수 있겠으나, 저서의 내용까지 고려한다면 집단책임과 개인책임의 관계에 대한 모리스의 입장과 플레처의 입장은 상이한 것이 아니라고 볼 수 있을 것이다.

---

32) 형이상학적 책임이란 형법적, 도덕적, 정치적 책임 등의 모든 책임을 초월하는 것으로 타인과의 연대의식(solidarity with other human beings)에서 비롯되는 것이다. 다시 말해 곤궁해 처한 사람을 보았을 때, 그를 구할 가망이 전혀 없는 경우에도 구하지 못한 데 대해 발생하는 유형의 존재론적 책임(existential guilt)이다. 탈무드에도 이러한 유형의 무조건적인 책임이 언급되고 있는바, 예컨대 어느 유대인 마을이 적에게 포위되어 적으로부터 누군가 한 명을 인질로 제공하라는 요구를 받았을 때, 랍비의 가르침에 의하면 이러한 경우 마을주민들의 의무는 그들 중 어느 한 명을 지명하여 인질로 제공하는 것이 아니라 함께 죽는 것이다. 이에 대해서는 George P. Fletcher, *supra* note 4, at 79-80.

33) George P. Fletcher, *supra* note 4, at 73-78.

3. 세 번째 반론에 대한 평가

모리스의 지적처럼 책임이 감경되는 이유가 행위자의 도덕적 자기
비판능력이 그 어떤 실체에 의해 영향을 받았기 때문이라고 본다면 그
영향을 준 실체가 반드시 집단이어야 한다는 논리필연적 이유는 없고,
설령 집단이 될 수 있다 하더라도, 그 집단이 유책해야 할 논리필연적
이유도 없다. 그의 지적처럼 일반적으로 책임감경의 근거가 되는 것은
집단책임이 아니라 도덕적 능력에 대한 영향 그 자체라고 볼 수 있기
때문이다. 또 집단책임을 개인책임의 감경사유로 인정하게 되면 너무
많은 사회·환경적 요소가 법적 고려대상이 될 수 있다는 그의 지적도
옳은 것이다. 그러한 요소를 모두 책임판단에 필요한 사유로 관념할 수
도 없고, 과연 책임판단에 어느 정도로 중요한 의미를 지닐 수 있는지
불확실하기 때문이다. 그러나 모리스의 비판은 어딘가 방향이 잘못된
느낌이 든다. 왜냐하면 플레처가 집단책임을 입론하는 것은 개인책임의
새로운 감경사유를 제시하고자 하는 것이 아니며,[34] 집단책임이란 법형
상이 존재할 수 있다는 논증을 하는 과정에서, 집단책임이 인정되면 논
리필연적으로 개인책임이 감경될 수밖에 없다는 결론을 내리고 있는
것이기 때문이다. 다시 말해 모리스는 플레처의 이론이 새로운 책임감
경사유를 입론하려는 시도로 이해하고 있지만, 이는 본말이 전도된 평
가로서, 플레처는 사실은 집단책임의 논리적 귀결(logical corollary)로서
개인책임의 감경을 입론하고 있는 것으로 봄이 옳다. 이렇게 본다면 모
리스의 비판은 그 자체로는 옳지만, 전체 맥락에 비추어볼 때, 플레처의
이론구상에 대한 것이 아니며, 그가 지어낸 가상의 관념적 대상을 향한
것으로, 실제에서 빗나간 것이다.

다음으로 집단책임이 어째서 책임감경사유로만 기능하고 책임감면
사유는 될 수 없는가에 대한 해명이 필요하다는 점에 대해서 살펴보건
대, 플레처가 개인책임이 감경되는 원리를 금지착오에 비유해 설명한

---

34) 이에 대한 적확한 지적으로는 William B. Michael, *supra* note 14, at 1627.

것에 비추어 보면, 모리스의 지적처럼 모든 지배적 문화와 규범이 행위
자로 하여금 범죄를 허용하는 경우, 이는 독일형법 제17조의 규정처럼
회피불가능한 금지착오가 될 것인 바, 어째서 책임이 조각되지 않고 단
지 감경될 뿐이냐는 질문으로 대체할 수 있다고 본다. 그러나 금지착오
의 경우라도 그에 대한 법적 효과는 법계와 나라별로 다를 수 있다. 또
형사미성년자의 경우 도덕적 판단능력이 있다 하더라도 책임무능력자
로 구분할 수 있듯이 이는 어디까지나 규범적 결단의 문제이고, 단지
도덕적 판단능력의 유무가 책임감경이냐 책임감면이냐를 판정하는 결
정적 조건은 아니라고 본다. 또한 모리스도 논박하고 있듯이 직관적으
로 봐도 "신은 결코 히틀러에게 관용을 베풀지 않을 것"이라면, 집단책
임에 의한 개인책임의 분배수준을 감경에 그치도록 설정하는 플레처의
구상은 적절한 것이 아닌가 생각된다. 이 점은 플레처 역시 집단책임이
개인책임을 감경할 수 있다 하더라도, 많은 경우 그 책임은 중한 형벌
(severe punishment)을 받기에 충분한 정도로 남아있을 것이라고 시인하
고 있는 사실[35]에 비추어 볼 때 더욱 그러하다고 볼 수 있다.

III. 추가 논점

1. 플레처의 보론: 집단책임은
필연적으로 집단에 대한 처벌을 수반하는가?

플레처의 집단책임론에 대해 누구나 가질 수 있는 한 가지 의문은
그렇다면 과연 예컨대, 국가의 집단책임이 인정될 경우 국가에 대한 처
벌을 어떻게 하느냐는 것이다. 이에 대해 플레처는 국가의 집단책임은

---

35) George P. Fletcher, *supra* note 1, at 1539. 플레처는 다음과 같이 말한다.
"Recognizing the mitigating effect of the nation's guilt would mitigate the
responsibility of the offender, though perhaps in many cases this guilt remain
sufficiently grave to justify severe punishment."

행위자 개인의 책임을 감경시켜주는 책임분배의 기능을 하며, 그렇게
함으로써 국가의 책임을 기억하도록 하고, 나아가 피해자에게 사죄와
응분의 조치를 할 수 있게 함으로써 양자 간의 화해를 도모할 수 있는
사회적 기능을 하게 된다고 설명하고 있을 뿐, 처벌에 대한 내용은 명
시적으로 논급하지 않고 있다.

하지만 플레처는 자신의 논문과 저서에 대한 보론 형식으로 출간한
두 편의 논문 "집단책임과 집단처벌(2004)"36)과 "성서적 사고에 나타난
처벌, 책임, 그리고 수치(2004)"37)에서 이에 대한 자신의 입장을 밝힌
다. 그 결론은 한 마디로 책임과 처벌 간에는 필연적인 관계는 없으며,
따라서 집단책임에 대해 참회(confession)로써 처벌에 갈음할 수 있다는
것이다.38) 그리고 그 근거로서 성서 속에 등장하는 책임개념과 처벌 및
참회의 관계를 다양한 성경내용과 구절을 통해 제시한다.39)

그런데 문제는, 집단책임에 대해 공개적 참회에 의해 피해 당사자와
의 화해의 길을 열어줄 경우 반드시 처벌을 수반할 필요는 없다는 주장
은 직관적으로 수긍하기 힘든 면이 있다는 것이다. 예컨대 나치독일의
책임이나 태평양 전쟁당시의 일본의 만행에 대해 단지 참회로써 그 책
임이 면제될 수 있다면 그 누가 이를 흔쾌히 받아들이겠는가? 범죄의
정도가 가벼운 경우라면 참회로써 갈음하는 것이 가능하겠지만, 매우
중한 범죄를 저지른 경우 이를 처벌 없이 용서할 수 있다는 사고방식은
직관적으로도 논리적으로도 설득력이 약하다. 그보다는 차라리 국가의
경우에는 그 성격상 국제법적으로나 현실적으로 기소와 처벌이 불가능
하기 때문에 개인책임의 분배 및 참회에 의한 피해자와의 화해 기능을

---

36) George P. Fletcher, "Collective Guilt and Collective Punishment," 5 *Theoretical Inquiries L.163*, 2004.

37) George P. Fletcher, "Punishment, Guilt, and Shame in Biblical Thought," *Notre Dame J.L. Ethics & Pub. Pol'y 343*, 2004.

38) George P. Fletcher, *supra* note 4, at 176-178.

39) 형법상 책임(Schuld; guilt) 개념의 기원을 성서에서 찾으려는 시도는 그다지 낯선 것은 아니다. 이러한 시도를 하고 있는 또 다른 문헌으로는 Hellen Silving, "Guilt", 서울대 법학 제4권 제1/2호 (1962), 31면 이하 참조.

하는 데 만족해야 한다고 시인하는 것이 더 타당하다고 본다. 그렇다면 국가가 아니라 형사소추가 가능한 집단에 대해서는 중대한 범죄에 대해 집단책임이 인정될 경우 그 집단자체에 대한 형사처벌이 가능한 것으로 봐야 하지 않을까? 물론 이 경우 집단구성원 모두에 대해 개인적인 처벌을 할 수 있다는 의미는 아니다. 집단자체에 대한 형사적 제재를 통해 죄값을 치르게 함으로써 집단범죄에 대한 예방적 효과는 물론 집단구성원들로 하여금 집단 내 부도덕한 지배적 규범과 문화를 바꿀 수 있도록 개선·교화하는 효과를 기대할 수 있다는 것이다. 집단책임 이론을 이렇게 재해석하더라도 집단책임이 개인책임을 함축하지 않는다는 플레처의 구상을 훼손시키지 않으면서, 오히려 더 타당한 결론에 도달할 수 있다는 장점이 있다.

그렇다면 과연 플레처가 제시한 성서적 근거는 어떻게 이해하는 것이 타당한가? 그가 성서적 전거로부터 집단책임이 처벌을 반드시 수반하지 않는다는 결론을 도출해 내는 방식이 왜 설득력이 없는지 살펴보기로 한다.

2. 보론에 대한 비판: 성서적 근거에 대한 의문

플레처는 성서, 그 중 창세기의 구절을 인용하며 고대 히브리의 법사상 속에는 집단책임에 대해 공개적 참회(confession)로써 처벌에 갈음할 수 있다는 사고가 존재했다고 주장한다. 이를 위해 그는 죄책에 대한 대가로 희생제물(sacrifice)을 바침으로써 속죄(cleansing)하는 방식과 공개적 참회에 의한 화해라는 두 가지 방식이 병존했음을 몇 가지 사례를 통해 논급한다.[40] 그리고 제물과 속죄를 요구하는 방식은 죄책에 대해 처벌을 요구하는 고대시대의 법적 사고방식의 하나로, 범죄와 형벌을 분리하여 생각하기 힘든 현대적 형벌관으로까지 이어져 온 것으로

---

40) 그는 창세기 12장, 20장, 26장의 아브라함의 이야기와 37장부터 42장까지의 요셉의 이야기를 대비시키며 다루고 있다.

분석한다.[41] 자신이 저지른 범죄에 대해 속죄에 의해 용서받을 수 있다
는 규범적 사고방식은 비단 고대 서구의 법사상에서뿐만 아니라 동양
의 법사상에서도 찾아볼 수 있는 매우 보편적인 사고였던 것으로 보인
다. 예컨대 레위기(제5장 17~18절)나 민수기(제15장 27~28절)에서 여
호와의 금령(禁令)을 위반한 경우 일정한 제물을 바치는 제의식에 의해
속죄될 수 있다는 내용은, 인도 최고(最古)의 성전(聖典)인 리그베다
(Rgveda)나 베다전통의 인도 고대법전의 하나인 마누법전에서도 유사
한 방식으로 나타난다.[42] 따라서 성서로부터 현대적 규범의식을 구명해
내려는 플레처의 접근방식은 충분히 수긍할 만하다. 그러나 문제는 '참
회'를 처벌에 갈음할 수 있는, 양자택일적일만큼 일반적인 죄책의 상쇄
방식으로 해석하는 데 있다. '참회'로써 처벌에 갈음할 수 있는 경우는
대체로 가벼운 경죄에 한한다고 봄이 상식에 부합된다. 예를 들어 고대
사회의 규범적 사고방식의 일면을 엿볼 수 있는 불교 계율을 보더라도
범한 죄의 경중에 따라서 바라이(波羅夷), 승잔(僧殘), 바일제(波逸提),
바라제제사니(波羅提提舍尼), 돌길라(突吉羅)의 5편으로 나누어,[43] 이
중에서 가장 중한 죄인 바라이에 대해서는 불공주(不共住), 즉 교단에
서 영구 추방하는 처벌이 내려지고,[44] 그 다음의 중죄인 승잔죄는 대중
앞에서 참회하고 일정 기간 근신생활을 하는 처벌을 받게 된다. 단, "교
단에는 남을 수 있다(殘)"는 점에서 바라이와 구분된다.[45] 다음으로 바
일제죄는 계율에 어긋난 물건을 내놓고 참회를 부과하는 벌에 처해진
다.[46] 바라제제사니법은 받아서는 안 되는 음식물을 받은 경우에 성립
하는 죄이고 바일제죄보다는 경미한 죄로서 이 경우는 이미 음식물을
먹어버린 뒤이기 때문에 내놓는 물건은 없고 참회만이 부과된다.[47] 끝

---

41) George P. Fletcher, *supra* note 36, at 172.
42) Rgveda VII.86.4; Manu V.20, 21; Manu XI. 45, 147 참조.
43) 이에 대해서는 平川彰/석혜능 역, 원시불교의 연구 -교단조직의 원형 -, 2003,
    252- 253, 264면 ; 목정배, 계율학 개론 (2001), 129면.
44) 平川彰/석혜능 역, 앞의 책, 270면.
45) 平川彰/석혜능 역, 앞의 책, 274-280면.
46) 平川彰/석혜능 역, 앞의 책, 260면.

으로 가장 가벼운 죄로서 돌길라는 계율상의 죄가 될 정도에는 이르지 않기 때문에[48] 범계(犯戒)자는 입으로 말을 내어 회과(悔過)할 필요는 없고 그저 마음속으로 "이제부터는 범하지 않을 것이다"라고 심회(心悔)하기만 하면 된다.[49] 즉, 죄의 경중이 가벼워야 참회로써 처벌에 갈음할 수 있고, 또 가벼울수록 참회의 정도도 단순해진다는 원리를 쉽게 이해할 수 있다. 그렇다면 플레처는 성서해석상 어떤 오류를 범했다고 말할 수 있을까?

우선 그가 '참회'에 의한 '처벌'의 대체가능성을 주장하기 위해 인용하는 개소는 요셉의 이야기이다(창세기 제37~42장). 잘 알려져 있지만, 간략히 정리해 보면 요셉에 대한 아버지의 총애를 시기한 그의 형들이 그를 구덩이에 빠트려 죽이기로 모의한 후 요셉을 구덩이에 던졌으나 구덩이에 물이 없어 죽지 않은 채 한동안 시간이 지나자, 형들 중 유다가 같은 피를 나눈 형제인데 동생을 자신들이 피를 보며 직접 죽이는 것보다는 상인들에게 팔아넘기는 것이 낫겠다고 제안하자 이에 동의한 다른 형들은 요셉을 애굽의 상인에게 팔아 넘겼다. 훗날 애굽의 총리가 된 요셉은 그를 몰라보며 자신을 찾아 온 형들을 정탐꾼으로 몰아 단죄할 기회를 얻게 되고, 만일 그들이 정탐꾼이 아니라는 사실을 입증하려면 그들의 막내 동생(요셉)을 데리고 오라고 하자, 그들은 자신의 동생을 죽이려 했던 사실에 대해 서로 깊이 참회하게 되고, 그 모습을 목격한 요셉은 눈물을 흘리며 그들을 풀어, 용서해 준다는 이야기이다. 창세기의 이 구절을 통해 플레처는 형제들의 집단책임에 대해 참회로써 처벌에 갈음한 사례라는 일반적 결론을 이끌어 낸다. 그러나 이러한 해석은 다소 성급해 보인다. 우선 성서에 기록된 사실관계가 명확하진 않지만, 형들의 살인공모는 분명 미수에 그쳤다. 따라서 이 사례는 책임감경의 여지가 있는 특수한 사례다. 그렇다면 이 사례는 불교 계율처럼 경한 죄에 대해 처벌이 아닌 '참회'의 효과를 부여하고 있는 사례로 해석

---

47) 平川彰/석혜능 역, 앞의 책, 289-290면.
48) 이에 대해서는 平川彰/석혜능 역, 비구계의 연구 Ⅰ (2002), 142면 참조.
49) 平川彰/석혜능 역, 앞의 책(각주 43), 297면 참조.

하는 것이 보다 적실하다고 본다. 이렇게 본다면 요셉 사례를 통해 집단책임이 꼭 처벌을 수반하지는 않는다는 결론을 도출하는 플레처의 논증방식은[50] 설득력이 약하다고 할 수밖에 없다.[51]

3. 플레처 집단책임론의 재해석: 법인책임의 재구성

전술한 바와 같이 집단책임이 반드시 처벌을 수반하는 것은 아니라는 플레처의 성서해석은 제한적으로 해석될 필요가 있다. 참회로 처벌에 갈음할 수 있는 경우는 흔치 않을 것이기 때문이다. 그렇다면 플레처의 집단책임론은 국가가 아니라면, 즉 형사소추가 가능한 단위의 집단에 대해서는 처벌을 허용하는 이론으로 재해석할 수 있다고 본다. 만일 이러한 입론이 옳다면 그 이론은 여러 갈래의 법적 함의를 가져올

---

50) 플레처의 이러한 해석을 선해하자면, 그것은 어쩌면 독일 및 프랑스 등과는 달리 미수범을 처벌하는 영미법 전통의 사고방식에서 기인하는 것인지도 모른다. 다만 영미법계의 판례와는 달리 모범형법전(Model Penal Code 5.1.4)은 중지미수에 해당하는 범의의 포기(renunciation; abandonment of purpose)를 항변(defense)으로 인정한다. 이 점에 대해서는 George P. Fletcher, *Rethinking Criminal Law*, 1978, at 184-185.

51) 흥미롭게도 집단책임을 인정하는 사고방식은 비단 히브리 전통에만 존재하는 것이 아니다. 불교에서도 공업(共業)이라고 하여, 카르마(업)의 원리가 개인에게 뿐만 아니라 일정한 집단에도 적용될 수 있다고 본다. 즉, 그 과보를 다른 사람과 공유하는 업을 공업이라고 한다. 예컨대 불교경전인 대정신수대장경에는 다음과 같은 사례가 소개되어 있다. "그때의 인민들은 마구잡이로 비법을 행하고, 죄악을 습관적으로 수습하여 복력이 쇠미해졌습니다. 선신이 버리고 떠나서 재난이 다투어 일어났습니다. 공업(共業)이 초감(招感)되어 하늘로 하여금 대단히 가물게 하였습니다. 여러 해가 지나도록 단비가 내리지 않아 초목은 말라 비틀어졌고, 샘물이 말랐습니다." 집단으로 범한 죄책에 대해 집단적 과보가 돌아오고 있는 사례인 것이다. 이에 대해서는 남궁선, "불교 業思想의 생태철학적 연구", 동국대학교 박사학위논문 (2005), 139면. 불교에도 집단책임과 유사한 공업사상이 있다는 사실에 대해서는 플레처의 집단책임론에 관한 대화를 나누다 울산대학교 법학과의 이정훈 교수로부터 알게 되었다. 귀중한 조언에 감사의 마음을 전한다.

수 있다. 이는 특히 법인책임을 재구성하는 데 유용하게 원용될 수 있다.

법인의 독자적인 범죄의사와 형사책임을 인정하려는 법리와 이론들이 20세기 중후반부터 국내·외에서 다양하게 전개되어 오고 있다. 예컨대 기업조직의 '부서별 업무적 독립성(compartmentalization)', 즉 기업조직의 고도발달로 인해 기업 내 부서 간 업무가 엄격하게 분리되어 자율적 체계를 갖추게 됨에 따라 기업은 각 부서별 상호간 인식의 공유가 없어도 정상적인 업무를 수행할 수 있듯이 각 부서 종업원들의 상호 무관한 개별적 인식의 총합을 통해서도 범죄사실을 인식하고 범죄를 저지를 수 있게 되었다는 사실에 착안하여, 어느 개별적 구성원 개인도 처벌할 수 없는 경우라 하더라도, 그 구성원들 전체의 집단적 인식(collective Knowledge)을 법인의 범의(mens rea)로 귀속시켜 법인책임을 인정하는 미국의 판례나,52) 최근에 일본에서 주장되고 있는 기업조직체

---

52) '집단적 인식(collective knowledge)'을 통해 법인의 책임을 인정한 선도적 판결로는 Inland Freight Lines v. United States, 191 F.2d 313(10th Cir. 1951); United States v. T.I.M.E.-D.C., Inc., 381 F. Supp. 730 (W.D. Va. 1974) ; United States v. Bank of New England, N.A., 821 F.2d 844(1st Cir. 1987) 등이 있고 이를 지지하는 대표적 문헌으로는 Martin J. Weinstein & Patricia Bennett Ball, "Criminal Law's Greatest Mystery Thriller: Corporate Guilt through Collective Knowledge", 29 New Eng. L. Rev. 65 Fall, 1994. 집단인식 법리의 개념과 형성배경, 대표적 리딩케이스의 분석 및 이론적 근거에 대해서는 안성조, "미국 판례상 집단인식에 의한 법인책임의 법리 연구", 부산대학교 법학연구 제51권 제1호, 2010 참조. 간단히 말해 집단인식의 법리란, 회사 종업원의 개별 인식들이 합해지면, 비록 그 각각의 인식은 가벌성이 없는 무책한(innocent) 것이라 하더라도 법인의 주관적 범죄성립요소인 '범의(mens rea)'를 구성할 수 있다는 법리이다. 예를 들어 어느 회사의 A라는 종업원은 새로 고용될 회사직원이 미성년자라는 사실을 서류기록을 통해 알고 있었으나 어느 부서에 배치될지는 몰랐고, B라는 종업원은 그 신입직원이 미성년자라는 사실은 몰랐지만 매우 위험스러운 업무를 담당하고 있다는 사실은 알고 있었으며, C라는 종업원은 그 신입직원의 존재는 물론 채용여부도 모르고 있었는데, 미성년자를 그러한 위험스러운 업무에 고용하는 것은 불법이라는 사실을 알고 있었다고 할 때, A, B, C 각각의 인식은 범의를 구성할 수 없는 무책한 인식(innocent knowledge) 임에도 불구하고 회사는 그 모든 것을 알고 있었던 것으로 간주되어 처벌될 수 있다는 법리인 것이다.

책임론53) 등이 바로 그것이다. 이러한 일련의 시도는 논의의 층위는 다양하지만 법인에게 독자적인 고의 또는 책임을 인정한다는 측면에 있어서는 공통점을 지닌다. 이러한 이론적 시도의 연장선상에서 플레처의 이론은 주로 국가책임을 염두에 두고 고안된 것이지만, 전술한 바와 같이 이를 재해석해 법인책임의 구성에 접목시키는 것이 충분히 가능하다고 본다.54) 이하에서는 그의 집단책임이론이 법인의 형사책임에 시사

---

53) 기업조직체책임론이란 기업의 전체조직을 하나의 개체로 파악하여 구성원 개인의 고의인정 여부와 상관없이 객관적으로 업무관련성이 있는 조직 내 모든 업무담당자의 행위를 법인의 행위로 파악하는 이론이다. 이기헌·박기석, 법인의 형사책임에 관한 비교법적 연구, 한국형사정책연구원, 1996, 88-90면. 유사한 맥락에서 기업자체의 조직책임(Organizationsverschulden)을 인정하는 독일의 학자들로는 Klaus Tiedemann, "Strafrecht in der Marktwirtschaft", *Stee/Wessels-FS*, 1993, 527 ff; Harro Otto, *Die Strafbarkeit von Unternehmen und Verbänden*, 1993, 28 ff. 이밖에도 독일 내 법인책임을 인정하는 다양한 견해에 대해서는 Claus Roxin, *AT⁴*, § 8 V 63 참조. 미국에도 기업의 조직(organization)으로서의 특성에 대한 경험적 연구를 바탕으로 기업의 정책, 내부관행, 그리고 표준운영절차(standard operating procedures) 등이 곧 기업 고유의 범의(mens rea)가 될 수 있다고 이론구성하는 견해가 있다. 대표적으로 Ann Foerschler, "Corporate Criminal Intent: Toward a Better Understanding of Corporate Misconduct," *78 Cal. L. Rev. 1287*, October, 1990. 이처럼 기업의 조직구조적 특성에 주목하는 견해를 조직모델(organization model)이라고 하며, 조직모델의 관점에 서 있는 대표적인 연구로는 M. Dan Cohen, Rights, Persons, and Organizations: A Legal Theory for Bureaucratic Society, Univ. of California Press, 1986 참조. 미국 판례에서 형성, 발달해 온 집단인식의 법리도 이러한 조직모델을 토대로 한 것이다. 이 점에 대해서는 안성조, "법인의 범죄능력에 관한 연구 –낭만주의모델과 조직모델의 비교검토–", 한양법학 제21권 제2집 (2010) 참조.

54) 이미 국내에는 이러한 이론적 시도가 있었다. 조병선, "형법에서 행위자의 특정: 개인책임과 단체책임", 서울대 법학 제50권 제2호 (2009) 참조. 외국에도 그의 이론이 다양한 층위의 집단에 적용될 수 있다고 보는 견해를 찾아볼 수 있다. 예컨대 Herbert Morris, *supra note 15*, at 733. Morris 교수는 그의 이론이 정부와 정당(political party) 등에도 적용될 수 있다고 보는 듯하다. 또한 플레처 자신도 집단행동에 대한 집단책임을 질 수 있는 행위주체로서, 회사(corporations)와 대학 및 전문 조직(professional organization)은 물론 군대와 가족까지도 논급하고 있다. 다만 그들이 책임을 지게 되는 메커니즘은 국가와 다르기 때문에 이를 설

하는 바는 무엇이며, 그 한계는 무엇인지 구명해 보기로 한다.

IV. 집단책임과 법인책임

현행 법제는 기업에 대한 처벌의 필요성이 있는 경우 양벌규정을 두어 법인 자체를 처벌할 수 있도록 규정하고 있다. 양벌규정은 법인의 범법행위에 대한 일반적 규제방식이 아니라 특수한 경우에 한해 법인을 처벌할 수 있다는 한계점을 지니고 있다. 그렇기 때문에 양벌규정의 적용범위 밖의 사안에 있어서 법인처벌의 필요성이 절실한 경우에도 부득이 이를 포기하지 않을 수 없다. 형법총칙에 법인범죄의 구성요건 및 법인의 형사책임에 관한 명시적인 규정을 두고 있는 외국의 법제[55] 등과 비교해볼 때 현행 양벌규정은 입법자가 법인의 형사책임에 대해 명확한 결단을 내리지 않은 상태에서 임시방편적으로 법인범죄에 대처한데서 비롯된 과도기적 입법으로 볼 수 있다. 따라서 기업조직의 규모와 복잡성, 사회적 비중이 크지 않던 사회에서는 양벌규정만으로도 기업범죄의 규제가 가능했을지 모르나, 기업의 사회 전반에 대한 영향력과 중요성이 커진 현대 사회에서는 이에 상응하는 보다 적극적인 새로운 대처방안이 강구될 필요가 있을 것이다.

그것은 바로 법인 자체를 독자적 범죄주체로 인정하고 처벌하는 것이다.[56] 이를 위해서는 무엇보다도 법인의 범죄능력이 이론적으로 긍정

명하기 위해서는 상이한 방법론(methodology)이 요구된다고 한다. 이 점에 대해서는 George P. Fletcher, *supra* note 1, at 1526-1537.

55) 예컨대 프랑스 형법 제121-2조, 스위스 형법 제102조, 오스트레일리아 형법 제12.2조.

56) 기업에 대한 처벌이, 단지 벌금형에 한정될 경우 실제 범죄를 행하는 개인에게는 억지효과를 가져오지 못한다는 비판도 있다. 즉 고도로 복잡한 관료적 조직을 갖는 대기업에 있어서는 개인과 조직의 이해관계가 분화되어 기업이 처벌되더라도 개인은 여전히 자신의 성과를 내는 데 수월한 방법인 범죄를 저지르게 된다는 것이다. 하지만 이러한 맹점은 벌금형 외에 기업보호관찰제도를 도입함으로써

될 수 있어야 하는데 바로 이 점에서 플레처의 집단책임론은 집단(단체) 자체를 독자적 범죄주체로 인정하는 결정적인 논거가 될 수 있는 이론이다. 법인의 범죄능력을 부정하는 논거는 여러 형태로 제시되어 있지만, 그 핵심은 "책임은 비난가능성"이며, 이는 의사의 자유를 갖춘 자연인에게만 인정될 수 있으므로,[57] 주체적 자기결정능력이 없는 법인

극복될 수 있을 것이다. 이 점에 대한 상세한 논증으로는 김재봉, "기업에 대한 보호관찰의 도입가능성 검토", 비교형사법연구 제8권 제2호 (2004), 806면 이하 참조. 물론 형사제재와는 별도로 기업 지배구조를 개선하거나, 내부통제시스템을 도입하는 방안도 충분히 검토되어야 한다. 이러한 구상으로는 김화진, 기업지배구조와 기업금융 (박영사, 2009), 17면 이하; 윤영신, "회사지배구조에서 법규제(Legal Rule)와 소프트 로(Soft Law)의 역할 및 관계", 서울대 법학 제48권 제1호 (2007), 95면 이하 참조. 한편, 법인처벌을 지양하고 대신 민사제재로 대체하는 것이 사회적으로 보다 바람직한 결과를 가져온다고 논증하는 견해도 있고(V.S. Khanna, "Corporate Criminal Liability: What Purpose Does It Serve?", *109 Harv. L. Rev. 1477*, 1996, at 1477) 형벌의 보충적 성격으로 법인에 대해서는 행정제재로 충분하고 형벌을 부과할 필요가 없다는 주장도 있으나(강동범, "경제범죄와 그에 대한 형법적 대응", 형사정책 제7호, 1995, 26면), 범법행위를 저지른 기업을 처벌하지 않게 되면 법에 대한 신뢰를 떨어트려 기업범죄를 조장하여 사회적으로 바람직하지 못한 결과를 가져온다는 반론도 첨예하게 맞서고 있다(John E. Stoner, "Corporate Criminal Liability for Homicide: Can the Criminal Law Control Corporate Behavior?", *38 Sw. L.J. 1275*, 1985, at 1294). 생각건대, 법인에 대한 형사처벌은 분명 최소한 지배주주에 대해 심리적 위하력을 지닐 수 있고 (조국, 앞의 논문, 65면), 또 법인의 내부 구조(internal structure)에 영향을 주어 재범을 방지하기 위한 각종 조치를 취하게 만들 수 있기 때문에(John E. Stoner, *Ibid.*), 비형사적 제재와 별도로 필요하다고 본다. 법인처벌이 아닌 이사회 구성원 등 대표적 행위자만을 처벌하는 것으로 충분하다는 반론도 가능하나, 조직의 규모가 크고 복잡한 현대적 기업구조 하에서는 이사회나 고위 임원진들이 일상적인 의사결정에 기여하는 바가 거의 없다는 점(Ann Foerschler, supra note 53, at 1295), 그리고 자연인에 대한 처벌만으로는 당해 법인은 물론 타 법인에 대해서도 형벌이 효과적인 위하력을 발휘하기 어려울 것이라는 점(Günter Heine, *Die Strafrechtliche Verantwortlichkeit von Unternehmen: Von Individuellem Fehlverhalten zu kollektiven Fehlentwicklungen, insbesondere bei Großrisiken*, 1995, S.322)에서 타당하지 않다.

57) 이재상, 형법총론, 2006, 96면.

에게는 범죄능력이 인정될 수 없다는 것이다.[58] 즉, 그러한 책임비난, 다시 말해 인간의 윤리적 가치결단을 이해하고 받아들일 수 있는 정신적·윤리적 능력이 없는 법인에게 범죄능력을 인정하는 것은 형벌의 본질에 반한다는 것이다.[59] 그러나 범죄능력이 인정되는 주체로 자연인만을 관념할 수 있다는 주장은 자유주의적 형법관[60]에 입각할 때에만 정당성을 가질 수 있다. 플레처가 주창한 낭만주의적 집단책임론에 따르면 집단(단체)도 고유의 의사를 갖고 행위를 할 수 있다. 또 그에 대한 윤리적 책임비난도 가능하며, 따라서 법인도 범죄능력이 있다고 볼 여지가 있을 것이다. 다만 낭만주의적 관점을 수용한다 하더라도 자연인과 집단(단체) 사이에 엄연한 차이가 있다는 점을 간과할 수는 없다. 예컨대 법인에게는 자연인과 동일한 정신적, 윤리적 판단능력이 없다는 점은 분명하다.[61] 그렇다면 법인의 범죄능력을 자연인의 속성을 기준으로 결정할 게 아니라 법인 고유의 속성을 토대로 구성하는 것이 타당할 것이다. 이를테면 법인은 자연인의 의사와는 다른, 그 고유의 의사적 요소, 즉 법인의 정책과 운영절차, 그리고 내부관행 등의 문화와 에토스(corporate culture and ethos)를 통해 자신의 정체성을 형성할 수 있고, 범죄를 저지를 수 있다.[62] 그러므로 생각의 틀을 달리한다면 법인에게

---

58) 박상기, 형법강의, 2010, 48면.

59) 신동운, 고시연구, 1998.4, 163-164면. Roxin도 법인에게는 심리적, 정신적 요소가 결여되어 있기 때문에 법인의 범죄능력은 부정된다고 한다. 나아가 Tiedemann 등이 주장한 조직책임(각주 53)에 대해서도 조직의 결함은 엄밀히 말해서 법인자체에서 비롯되는 것이 아니라 그 법인의 경영진(Leitungspersonen)에 의해 초래된 것이기 때문에 허구에 불과하다고 논박한다. Claus Roxin, AT⁴, 8/59-63 참조.

60) 자유주의적 형법관 하에서는 형법은 개인의 자유를 최대한 보장하는 소극적 임무, 즉 보호막 역할만을 하게 된다. 그 안에서 개인은 성숙한 판단능력과 행위능력을 갖춘 자율적 행위주체로 상정된다. 따라서 여기서는 개인의 형사책임만이 논해질 수 있으며, 집단(단체)책임은 개인의 자유를 축소시키므로 거부될 수밖에 없다.

61) 이 점에 대해서는 Günther Jakobs, "Strafbarkeit juristischer Personen?", Luderssen-FS, 2002, 559 ff. 야콥스는 자연인에게 관념할 수 있는 전통적 의미의 책임개념을 법인에게 그대로 적용할 수 없다고 본다.

도 그 고유의 의사와 범죄능력을 관념할 방법은 얼마든지 찾을 수 있다.[63] 그런데도 왜 굳이 자연인 개인만을 형법상 행위주체로 인정해야 하는가?

법인은 자연인처럼 '자유의사'나 '주체적 자기결정능력'을 명확히 관념할 수 있는 인격체는 분명 아니다. 하지만 그러한 의사와 능력의 차이는 정도의 차이일 뿐이다. 법인도 그 고유의 조직구조와 기관, 즉 인적·물적 조직체계의 복합적 작용에 의해 시비를 변별하고 행위를 통제할 수 있는 능력을 지니고 있다.[64] 또 형벌은 법인으로 하여금 정책이나, 내부적 관행, 또는 표준운영절차 등을 통해 범죄를 예방하게끔 위하력을 발휘하여 그 내부구조에 영향을 줄 수 있다. 이처럼 법인도 '그 고유의 의사'라고 볼 수 있는 '정책과 표준운영절차 및 내부관행'을 통해 형사제재를 회피하기 위한 적절한 반응을 보일 수 있다는 것이다.[65] 그렇다면 법인의 정책과 표준운영절차 및 내부관행이 반사회적이거나 종업원으로 하여금 범죄를 저지르도록 유도하는 경우가 있다면 이로부터 해당 법인의 '범죄의사'를 관념할 수 있을 것이고 결과적으로 그에 대한 윤리적 '비난가능성'도 인정할 수 있다고 본다.[66] 다시 말해 일종

---

62) Ann Foerschler, *supra* note 53, at 1298-1305. 이처럼 정책 및 관행 등 법인의 문화적 풍토(climate)가 법인 고유의 인격과 정체성을 형성할 수 있다는 이론을 "법인 고유의 정체성 모델(Separate Self-Identity Model)"이라고 칭할 수 있다. 이 점에 대해서는 Eli Lederman, "Models for Imposing Corporate Criminal Liability: From Adaptation and Imitation Toward Aggregation and th Search for Self-Identity", *4 Buff. Crim. L. Rev 641*, 2000, at 678-700.

63) 김일수·서보학, 새로 쓴 형법총론 제9판, 2003, 136-137면. 동 문헌에 따르면 법인의 책임능력도 개인의 정신적·윤리적 능력을 기준으로 할 것이 아니라 법적·사회적 책임이란 관점에서 보아 사회유해적(社會有害的) 행위 또는 위험을 회피할 수 있는 능력에서 찾는다면 법인에 대한 책임귀속과 책임능력의 인정도 불가능하지는 않다.

64) Eli Lederman, *supra* note 62, at 690-692.

65) John E. Stoner, *supra* note 56, at 1294.

66) 법인에 대한 윤리적 비난이 가능하다는 견해로는 임웅, 고시연구 (1998.12), 135면; 임웅, 형법총론 (2003), 77면.

의 '제도화된 고의(Institutional Intent)'를 입론할 수 있다는 것이다.[67] 예를 들어 법인의 정책이 관련 법규를 명시적으로 위반하거나, 표준운영절차 및 내부관행이 법인 구성원의 범법행위를 조장하거나 묵인하는 경우에는 법인의 범죄의사와 형사책임을 인정할 수 있다.[68] 따라서 플레처가 논급한 집단(단체)의 고의는 법인의 경우 정책과 표준운영절차 및 내부관행 등으로 구체화시킬 수 있다고 본다.

집단책임은 진주만 공습이나 911 사태와 같이 자연인 행위자에게만 책임을 묻는 것이 우리의 도덕적 직관에 배치되는 부당한 결과를 가져오는 특정한 경우를 전제로 인정되는 것이다. 즉, 행위자와 그 수뇌부, 다시 말해 기업에서 종업원과 이사회 구성원, 나아가 지배주주까지 모두 공동정범으로 처벌하더라도 여전히 책임귀속이 불충분하다고 판단되는 경우에 적용되는 이론인 것이다. 따라서 양벌규정이 상정한 경우가 아니더라도 법인의 처벌이 요구되고, 또 정당한 경우라면 법인을 처벌할 수 있는 이론으로 이해하는 것이 타당하다고 본다. 그러나 플레처의 논의를 법인과 그 구성원 간의 관계에 그대로 적용할 수 있는지에 대해서는 좀 더 신중한 검토가 필요하다. 우선 법인, 예컨대 회사와 그 구성원 사이에도 전시의 낭만주의자처럼 국가의 영광과 자신을 동일시할 수 있을 만큼 강력한 '내적 응집(internal cohesion of self and nation)'이 과연 있다고 볼 수 있는지 구명되어야 할 것이다. 즉, 전시의 낭만주의자나 이슬람 테러리스트들만큼 그들의 행위가 곧 배후 집단의 의사를 "표현한다(express)"고 보기에 '충분한' 내적 응집이, 회사와 그 직원 간에도 존재할 수 있는지 밝혀져야 한다는 것이다. 이에 대해 긍정적인 대답이 내려질 수 있어야만, 또 그러한 경우에 한해서만 집단책임은 법인책임을 구성하는 논거가 될 수 있을 것이다. 낭만주의가 주로 국가적

---

67) 이러한 입장으로는 Seth F. Kreimer, "Note, Reading the Mind of the School Board: Segregative Intent and the De Facto/De Jure Distinction", *86 Yale L.J. 317,* 1976, at 333-334. 관련 판례로는 Keyes v. School District No. 1, 413 U.S. 189 (1973); Oliver v. Michigan State Bd. of Educ, 508 F.2d 178 (6th Cir. 1974).
68) Ann Foerschler, *supra* note 53, at 1306-1311.

영광이나 애국심을 부르짖는 문학사조와 긴밀히 얽혀 있는 점으로 미
루어 볼 때, 국가에 대한 소속감이 아닌 실리적 계약관계로 맺어져 있
는 회사와 그 구성원 간의 관계에도 이 모델이 그대로 적용된다고 보기
는 어려울 것이다. 조국의 영광을 위해 진주만에 자살공습을 감행하거
나 항공기를 납치해 자살폭탄테러를 일삼는 경우와 회사 직원의 범행
을 동일 평면상에서 바라본다는 것은 분명 무리가 있을 것이다. 다만
오늘날 각 기업 및 단체는 그 구성원의 소속감을 높이기 위한 다양한
프로그램을 마련하고 지속적으로 그 유대감을 강화하고 있다는 점에서
낭만주의모델은 분명 유효하게 적용될 여지가 있다고 본다. 물론 이 경
우에도 법인에 대한 형사처벌이 가능하기 위해서는 법인책임에 대한
명확한 입법이 전제되어야 함은 물론이다. 그 과정에서 낭만주의적 관
점이 법조문에 반영되려면 법인과 그 종업원 간의 내적 응집의 '충분
성'이라는 요건을 명시적으로 두어, 그 종업원의 행위가 곧 법인의 의
사를 '표현하는' 것으로 볼 수 있을 만큼 긴밀히 접착된 관계[69]가 필요
하다는 점이 명문화되어야 할 것이다. 그런데 이처럼 "내적 응집의 충
분성"을 요하는 입법례는 현재까지 비교법적으로 찾아보기 어렵다. 법
인의 형사책임을 법전에 명문화하고 있는 관련 입법례를 살펴보면 대
부분 법인의 기관이나 대표 및 기타 종업원이 법인의 이익 또는 법인의
목적과 관련된 행위를 한 경우에 그에 대한 책임이 법인에게 귀속된다
는 구조를 취하고 있다. 이러한 조문구조는 앞서 살펴본 영미의 동일시

---

69) 예컨대 S기업이 수년째 자동차사업 진출을 시도했으나 번번이 실패한 결과 현재
　　라이벌 기업과의 선두다툼에서 크게 뒤졌을 뿐 아니라 재무구조도 크게 악화되
　　었고, 수년 내 자동차사업을 유치하지 못할 경우 더 이상 시장에서 살아남기 어
　　렵다는 보고서가 제출된 상태라고 할 때, 동 기업의 지배주주이자 대표이사인 L
　　이 회사의 사운을 걸고 자동차사업 인가를 받기 위해 관련 공무원에게 거액의
　　뇌물을 준 경우 이것을 L이라는 개인의 행위라고만 보고 L만 단죄하는 것은 부
　　당할 것이다. 이 경우 대표이사 L의 범행은, 누군가 그러한 방법이라도 취하지
　　않을 수 없도록 직·간접적으로 부추겨 온 회사내부의 부도덕한 분위기를 반영하
　　는 것으로, 대표이사 L이 곧 S기업의 집단적 고의를 표현한(express) 것으로 볼
　　수 있을 것이다.

원리(identification doctrine)나 대위책임(vicarious liability)과 유사한 귀
책방식을 채택한 것으로 볼 수 있다.[70] 그러나 이와 같은 방식의 규정
만으로는 플레처의 관점을 적실하게 반영할 수 없다고 본다. 낭만주의
모델에서는 "자연인의 행위가 곧 법인에게 귀속된다"는 식의 동일시모
델 또는 대위책임모델이 아니라, "법인의 고의가 자연인을 통해서 표현
된다"는 식의 집단책임모델이 요체이기 때문이다. 따라서 플레처의 관
점이 법인책임의 구성에 수용가능하고, 또 필요하다면 "내적 응집의 충
분성"이라는 구성요건표지를 여하한 형태로든 명문화할 필요가 있을
것이다.[71] 플레처의 집단책임론을 이렇게 재해석하는 것은, 양벌규정

---

70) 동지의 Emilia Mugnai & James Gobert, "Coping With Corporate Criminality —
Some Lessons from Italy", *Crim. L. R. AUG, 619,* 2002, at 625. 동 문헌에 따르
면 이탈리아는 2001년 "법인, 회사, 기타 (권리능력 없는) 사단의 행정적 책임에
관한 법률"이라는 특별법(원어로는 Disciplina della responsbilità amministrativa
delle persone giuridiche, delle società e delle associazioni anche prive di
personalità giuridica, D.Lgs. 231/2001)의 제정을 통하여 법인의 두뇌에 해당하는
고위관리직은 물론 하급직(subordinate) 종업원의 행위까지도 법인에게 귀속시킬
수 있게 규정함으로써 동일시원리와 대위책임을 모두 수용하였다. 한편 동일시
원리와 유사한 조문구조를 채택한 입법례로는, 몰타(Malta) 형법 제121D조와 벨
기에 형법 제5조 1항, 이스라엘 형법 제23a조 2항과 프랑스 형법 제121-2조 및
핀란드 형법 제9장 제2절 1항을 참조. 미국의 대위책임과 유사한 구조를 채택한
입법례로는 네덜란드 경제형법(Wirtschaftsstrafgesetz) 제15조와 노르웨이 형법
제48a, 48b조, 그리고 오스트레일리아 형법 제12.2조를 참조.

71) 바로 이 점에서 이스라엘 형법 제23a조 2항에서 엄격책임(strict liability) 범죄와
는 달리 범죄성립에 범의(criminal intent)나 과실(negligence)가 요구되는 범죄의
경우, "(관리직) 임원의 행위와 범의 및 과실이 법인의 행위와 범의 및 과실로
간주될 수 있는(deemed to) 경우에는 법인이 형사책임을 진다"고 규정하고 있는
점은 주목할 만하다. 이것은 흡사 법인과 구성원 간의 "내적 응집의 충분성"을
달리 표현한 것으로 볼 여지가 있기 때문이다. 그러나 동 조문은 명백히 동일시
모델을 채택한 것이다. 이 점에 대해서는 Eli Lederman, *supra* note 62, at 658(Eli
Lederman은 이스라엘 텔아비브 법대의 학장을 역임). 이처럼 동일시모델은 일견
집단책임모델과 유사한 측면이 있다. 자연인 행위자의 행동이 곧 집단의 의사결
정을 반영한다는 점에서 "내적 응집의 충분성"을 관념할 여지가 있기 때문이다.
그러나 양자는 분명 다르다는 점에 유의해야 한다. 후자에 의하면 "내적 응집의

등에 의한 개별적 규제방식이 아니라 법인책임의 총칙화를 요구하는 것이다.[72]

다만 이 경우 플레처의 이론대로라면 법인의 의사를 표현하여 범죄를 저지른 행위자 개인의 형은 감경되어야 한다는 점이 의문시될 수 있다. 법인처벌을 위해 그 구성원에 대한 처벌을 경감시키면 오히려 형벌의 위하력이 제 기능을 발휘하지 못하지 않겠느냐는 것이다. 이 난점은 플레처의 이론을 법인책임에 그대로 적용하는 과정에 수반되는 한계점이기도 하다. 하지만 플레처의 이론적 구상을 전적으로 수용한다 하더라도, 개인적 자아와 법인의 집단적 의사간의 내적 응집이 충분한 경우는 그리 많지 않을 것이고, 만일 저지른 범죄가 중할 경우 개인책임의 감경 수준은 형벌의 위하력을 떨어트릴 만큼 크지 않을 것이란 점을 고려한다면, 형사처벌 상의 흠결은 중대한 정도가 되지는 않을 것이다. 따라서 플레처의 이론의 미덕, 즉 어떻게 집단이 고의를 지닐 수 있고 범죄를 저지르며 책임을 질 수 있는가에 대한 낭만주의적 설명방식이 타당하다면, 여전히 그의 구상은 음미할 가치가 있다고 본다.

V. 맺음말

최근 몇 년 새 불어 닥친 전 세계적 금융위기와 경기침체는 그동안 우리에게 익숙해져 있던 많은 것들에 대해 반성하게 만드는 계기가 되고 있다. 바로 기업과 법의 적절한 관계도 그 중 하나며, 경제와 법을

충분성"이 존재하는 한 자연인 행위자는 누구나 될 수 있겠지만 전자에서는 반드시 두뇌에 해당할 만큼의 외관을 갖춘 행위자여야 하기 때문이다. 물론 그렇다고 집단책임모델이 대위책임모델과 동일한 것도 아님은 전술한 바(II-1)와 같다.

72) 다만 이러한 법인책임의 총칙화를 형법전에 할 것인지, 아니면 독자적인 단체형법전에 할 것인지는 별도의 논의를 필요로 한다. 이는 특히 법인의 주관적 구성요건은 자연인의 고의나 과실과는 다르다는 점에서 더욱 신중한 검토를 요한다 할 것이다. 예컨대 오스트리아는 단체책임법(Verbandsverantwortlichkeitsgesetz)이라는 특별법을 제정하여, 2006년 1월 1일부터 시행해 오고 있다.

지배하던 자유주의 사조에 대한 맹목적 신뢰도 그러하다. 이는 형사사법의 영역에 있어서도 예외는 아니다. 그동안 경제영역에 대한 형법의 투입은 이른바 형법의 보충성 원칙에 입각해 필요최소한도에 그쳐야 한다는 것이 지배적 사고였다. 경제영역은 고유의 원리에 의해 자율적으로 작동하기 때문에 법의 과도한 개입, 특히 형사처벌이라는 강력한 방식으로 그 자율적 작동원리를 훼손시켜서는 안 된다는 것이었다. 그러나 엔론의 회계감사기관이었던 아더 앤더슨에 대한 유죄평결에서 볼 수 있듯, 대위책임에 의해 전통적으로 법인의 형사책임을 인정해 왔던 미국 법원도 기업에 대한 형사소추를 보다 용이하게 해주는 새로운 법리를 형성하기 시작했고, 그동안 법인의 형사책임을 부정하던 나라들도 상당수가 입법을 통해 법인처벌이 가능하도록 하는 추세다. 바야흐로 기업활동에 대한 형사 규제의 목소리가 높아지고 있는 것이다. 본고는 이러한 맥락에서 자유주의의 한계를 지적하며 낭만주의적 관점에서 집단책임론을 새롭게 구성한 플레처의 논증을 검토해 보았다. 여러 측면의 비판에도 불구하고 그의 이론은 논리적 일관성과 타당성이 있고, 법인의 형사책임을 재구성하는데 매우 유용한 기여를 할 수 있다는 것이 주된 논지다. 다만 기업에 대한 형사적 규제가 적절히 이루어지기 위해서는 플레처의 집단책임론 외에도 집단인식에 의해 법인책임을 인정하는 법리나 기업조직체책임론 등에서 제시하는 관점73)을 적정한 수준에

---

73) 집단인식의 법리나 기업조직체책임론의 요체는 발생한 범죄에 대해 책임을 져야 하는 유책한 종업원을 찾아낼 수 없는 경우에도 법인의 책임을 인정할 수 있다는 것이다. 이러한 관점을 법전에 수용한 입법례로는 대표적으로 노르웨이 형법 제48a조와 스위스 형법 제102조 1항, 오스트레일리아 형법 제12.4조 (2)-(b)항과 이탈리아 D.Lgs. 231/2001의 제8조 및 핀란드 형법 제9장 제2절 2항을 참조. 이상의 입법례 중 가장 최근(2003)에 발효된 스위스 개정 형법 제102조 1항은 "기업 내에서 기업의 목적범위 내 영업활동의 수행 중에 중죄나 경죄가 범해지고, 이 범행이 결함 있는(mangelhaft) 기업조직으로 인하여 특정 자연인에게 귀속될 수 없는 경우에 이러한 중죄와 경죄는 기업에게 귀속된다. 이 경우 기업은 5백만 스위스 프랑 이하의 벌금에 처한다."고 규정하였고, 역시 비교적 최근의 입법례인 오스트레일리아 형법(1995) 제12.4조 (2)-(b)항은 "법인의 종업원, 대리인 또

서 종합적으로 수용하여 입법을 통해 법인의 형사책임에 대한 구성요건을 설정하는 것이 필요하고, 또 바람직하다고 본다.

는 임원 중 누구에게도 과실(negligence)이 없는 경우에, 전체적으로 보아(즉, 다수의 법인의 종업원들, 대리인들 또는 임원들의 행위를 종합해 보았을 때) 법인의 행위에 과실이 있다면, 법인에게는 과실이 인정된다."고 규정하고 있다.

찾아보기

아

차

안성조

현 제주대학교 법학전문대학원 교수
변호사시험·사법시험·행정고시·외무고시·입법고시 출제위원
한국형사소송법학회·한국법철학회 연구이사
한국형사법학회·한국경찰법학회 편집위원

주요저서

형법상 법률의 착오론(경인문화사, 2006/2008)
사이코패스 I - 범죄충동·원인론·책임능력 -(경인문화사, 2009/2010, 공저)
기초법연구 제1권 - 언어·논리·역사 -(경인문화사, 2009)
기업범죄연구 제1권(경인문화사, 2011, 공저)
현대 형법학 제1권 - 이론과 방법 -(경인문화사, 2011)
현대 형법학 제2권 - 형법과 진화이론 -(경인문화사, 2015)
법과 진화론(법문사, 2016/2017, 공저)
법학에서 위험한 생각들(법문사, 2018, 공저)
형법입문(피앤씨미디어, 2018, 공저)

현대 형법학 제3권 - 형법에서 자유와 근대성의 재조명 -

초판 인쇄 ‖ 2019년 08월 05일
초판 발행 ‖ 2019년 08월 16일

지은이 ‖ 안성조
펴낸이 ‖ 한정희
펴낸곳 ‖ 경인문화사
편집부 ‖ 한명진 김지선 유지혜
마케팅 ‖ 전병관 하재일 유인순
주 소 ‖ 파주시 회동길 445-1 경인빌딩 B동 4층
전 화 ‖ 031)955-9300   팩스 ‖ 031)955-9310
출판신고 ‖ 제406-1973-000003호
홈페이지 ‖ http://www.kyunginp.co.kr
이 메 일 ‖ kyungin@kyunginp.co.kr

ISBN 978-89-499-4828-7   93360
값 34,000원